Being of Greek Philosophy
and Trinity of Early Christianity

希腊哲学的 *Being*
和早期基督教的上帝观

章雪富◎著

中国社会科学出版社

图书在版编目（CIP）数据

希腊哲学的 Being 和早期基督教的上帝观/章雪富著.—北京：中国社会科学出版社，2005.10（2009.9 修订重印）
ISBN 978-7-5004-5093-1

Ⅰ.希… Ⅱ.章… Ⅲ.古希腊罗马哲学－关系－基督教－研究 Ⅳ.①B502②B972

中国版本图书馆 CIP 数据核字（2005）第 059143 号

特约编辑	陈林等
策划编辑	陈 彪
责任校对	蒋海军等
封面设计	河东河西工作室
技术编辑	王炳图

出版发行	中国社会科学出版社		
社　　址	北京鼓楼西大街甲 158 号	邮　编	100720
电　　话	010—84029450（邮购）	010—64031534（总编室）	
网　　址	http://www.csspw.cn		
经　　销	新华书店		
印　　刷	北京金瀑印刷有限责任公司	装　订	广增装订厂
版　　次	2009 年 9 月第 2 版	印　次	2009 年 9 月第 2 次印刷
开　　本	880×1230 1/32		
印　　张	18.5	插　页	2
字　　数	465 千字		
定　　价	39.00 元		

凡购买中国社会科学出版社图书，如有质量问题请与本社发行部联系调换
版权所有　侵权必究

序

源自"两希文明"的基督教,一方面从希伯来文明接受了其宗教传统,另一方面则从希腊文明承袭了其"智慧"、"思辨"传统。这种以"爱智慧"为表述和特色的希腊哲学对基督教思想体系究竟有多大影响,是思想界、学术界乃至整个文化界都非常关心的。在西方思想文化传统中,对"在"或"存在"的认知与辨识有着非常重要的地位,它乃西方文化的本质特征之一,并构成了其博大精深、源远流长的形而上学或本体论思想构建,对西方文化及整个人类文化产生了深远的影响。这种"思辨"特色和对"在"的究诘与华夏文化的"实践"特色和对"行"的持守形成了鲜明对照,亦给双方带来了深深的灵性触动和不尽的精神思索。

就基督教信仰原则和神学本真而言,其置于首位和核心的即"三位一体"教义及其理论表述。这种"三位一体"神学的正统及权威表达,经历了漫长的过程;它既反映了基督教思想的复杂发展,亦揭示了希腊思想对这一观念之熔铸构建所起到的关键作用。在此,基督教信仰中"上帝"观念的体认与希腊思想中对"在"之本真或本质的体悟,通过受希腊思想文化熏染的教父们尤其是东方教父们的不懈努力,而达到一种有机共构、天衣无缝的"化"境。

众所周知,渊源于希腊哲学的"在"(Being)之探究,在当今西方哲学体系中仍占据着极为重要的地位,其衍化的现代存

2　希腊哲学的 Being 和早期基督教的上帝观

在主义思潮甚至对东方各国都产生了深远的影响，而"三位一体"的上帝观亦作为基督教的正统信仰及神学理论保持至今，仍体现出其不可动摇的权威。二者如西方精神史上的双子星座，持久不断地放射出其耀眼而神秘的光芒。一般而言，人们对二者各自的原初性和原创性均有一些基本认识，但对二者的本质相融、共构及其理论观念的融会过程却知之甚微，颇为模糊。在此，章雪富博士的专著《希腊哲学的 Being 和早期基督教的上帝观》揭开了这一奥秘，为我们做出了精彩解答。

在这部寻根溯源、追问究竟的研究著作中，章雪富博士搜集了大量资料，阅读了众多著述，其历史钩沉、探幽析微的努力获取了可喜的成果。章博士对希腊哲学的 Being 观念进行了深入考究，对早期基督教三位一体理论的发展演变有着极为细致的勾勒，对关涉希腊哲学与基督教思想文化如何连接的许多问题加以了辨析。这部著作系统探讨了 Being 观念从古希腊哲学到早期基督教神学思想的发展，阐述了基督教三位一体神学理论的内在构建及其蕴涵的希腊哲学因素，再现了古代教父思想家们对这一上帝观的发展完善，并剖析了他们围绕基督教上帝论核心观念及其"三一"模式之基本架构所产生的分歧与争论。在此，章博士对许多涉及基督教思想基础和理论根源的重要问题都有澄清、阐释和说明。这样，我们从章博士的研究中看到了早期基督教上帝观形成、发展和演变这一复杂历史过程的再现，并由此对希腊思想中的"存在"观念及其与基督教三位一体理论的内在关联有了新的体认、得到了新的解读。

章雪富博士专攻古希腊哲学和早期基督教思想，在这一方面著述颇丰。仅我拜读到的著作就有《基督教的柏拉图主义》、《圣经和希腊主义的双重视野》、《早期基督教的演变及多元传统》等，自己从中获益匪浅。我非常高兴，我国能有像章雪富博士这样的一群年轻学者对基督教思想进行寻根溯源、从头开始的研究，并衷心祝愿他们能不断取得新的学术成果。

章雪富博士这部新著《希腊哲学的 Being 和早期基督教的上帝观》，是其对西方精神和宗教之源的新探，亦是其以往研究的进一步深化。阅读这部研究专著，随着其思路进入西方早期的理论潮流，感到颇有启迪和收获。我是在 4 月底从北京到洛杉矶开会的旅程中读完这部著作的。因此，这种环境中的上述阅读使我不仅在时空上，而且在精神上亦经历了一次跨越东西方之旅，再次意识到西方智慧持久、不断的延续和扩散，并体悟到思想交流的独特魅力和意义。

是为序。

卓新平
2005 年 5 月 15 日
于望京德君斋

目　录

序 …………………………………………… 卓新平（1）

导　论 …………………………………………………（1）

第一章　希腊哲学的 Being 的语义学预备性分析 …………（32）
　第一节　Being/ Ousia：从巴门尼德到柏拉图 …………（36）
　第二节　亚里士多德论 Being/ Ousia ……………………（50）
　第三节　早期基督教思想家论 Being/ Ousia ……………（63）
　第四节　希腊哲学与基督教思想家论 ousia 和
　　　　　hypostasis 的关系 ……………………………（78）

第二章　早期基督教三位一体理论的演变 ………………（89）
　第一节　早期基督教的经世三一和内在三一 …………（90）
　第二节　早期基督教上帝观传统中的圣灵论 …………（141）

第三章　前尼西亚三位一体理论的希腊和拉丁传统 ……（187）
　第一节　德尔图良的经世三一和希腊哲学的 Being ……（188）
　第二节　奥利金的内在三一和希腊哲学的 Being ………（215）

第四章　哪个柏拉图，谁的尼西亚？
　　　　——从尼西亚到后尼西亚：基督教上帝观与
　　　　希腊哲学 Being 的新探究 ……………………（271）

2 希腊哲学的 Being 和早期基督教的上帝观

   第一节 阿他那修的上帝观和中期柏拉图主义 ………（274）
   第二节 卡帕多西亚教父的上帝观和新
              柏拉图主义 ……………………………………（297）
   第三节 奥古斯丁的上帝观和新柏拉图主义 …………（320）

第五章 卡帕多西亚教父的上帝观和希腊哲学的 Being ……………………………………………（341）
   第一节 卡帕多西亚教父论 koinonia、ousia 和
              hypostasis ………………………………………（341）
   第二节 尼撒的格列高利论内在三一和经世三一 ……（401）
   第三节 卡帕多西亚教父的圣灵论和介词
              形而上学 ………………………………………（425）

第六章 奥古斯丁的上帝观和希腊哲学的 Being …………（456）
   第一节 奥古斯丁上帝观的拉丁特性 …………………（457）
   第二节 奥古斯丁的上帝—共同体模式 ………………（517）
   第三节 奥古斯丁的"和子句"的神学逻辑 ……………（538）

结 论 早期基督教的上帝观和希腊哲学的 Being ………（569）

参考书目 ……………………………………………………（573）

后 记 ………………………………………………………（581）

导　论

一

本书讨论希腊哲学的 Being 和早期基督教上帝观的关系。探究 Being 是希腊形而上学之思的根基，凝思三位一体的上帝则体现着基督教信仰的特质。公元二世纪，基督教逐渐从犹太传统的表述中脱离开来，在浸润于希腊主义的汪洋大海之时，基督教神学家们一个主要的神学探索是，为耶稣基督的敬拜与旧约传统的一神论传统不相冲突作辩护。因此，基督教上帝观首先探索的是基督论与独一神论的关系。公元四世纪，随着基督教神学家内部关于圣灵神性问题的争论，圣灵论与基督教上帝观的关系开始浮出了水面。基督教的上帝观即三位一体神学的形成，与基督教在希腊世界中的发展及受到的挑战有密切的关系。此后的漫长历史时期内，基督教的上帝观主要是以希腊哲学的语言作为其神学话语形式。

基督教上帝观的演化历经相当长的时期，其间有复杂的挑战和辩论，规范过程相当精微。公元 325 年，东西方教父确立了三位一体神学的正统表达即尼西亚信经（Nicene Creed），经过公元 381 年君士坦丁堡大公会议（Council of Constantinople）[①] 的某

[①] 为区别于后来的六次君士坦丁堡公会，公元 381 年的这次公会被称为第一次君士坦丁堡公会。尼西亚－君士坦丁堡信经全文如下："我们信独一上帝，全能的父，

2 希腊哲学的 Being 和早期基督教的上帝观

些增删，主要是增加关于圣灵的更具体表述，最终形成了基督教上帝观表达的完整文本，史称尼西亚－君士坦丁堡信经（Niceno-Constantinopolitan Creed）。若从新约时代算起，中间历经几近400年。

然而，随着拉丁神学的崛起，尤其是奥古斯丁（Augustine）对尼西亚－君士坦丁堡信经的神学诠释，基督教的上帝观之争再起波澜。在《论三位一体》中，奥古斯丁这样表述圣灵的源出方式："圣灵乃是从圣父和圣子而出"，此即著名的"和子句"（filioque）。奥古斯丁之后的拉丁基督教传统逐渐接受他的公式，奉为"尼西亚－君士坦丁堡信经"的正统解释，这导致了希腊基督教与拉丁基督教无法妥协的激烈争论。公元1054年，东西方教会大分裂，从此有天主教和东正教之分。"和子句"的争论是大公教会分裂的重要原因之一。本书认为希腊基督教与拉丁基督教在上帝观问题上之所以形成不同神学范式，主要原因乃在于它们对希腊哲学的 Being 的不同解释。以此为基本思路，本书探究希腊哲学的 Being 在基督教传统中所获得的以及被更新的含义。

早期基督教的上帝观理论发展的这千年（以东西方基督教分裂为标志），如以三位一体神学与基督信仰之关系而论，大致可以分为两个阶段。第一阶段是大公教会在多元中寻求合一的艰苦努力，"尼西亚－君士坦丁堡信经"以其确立的艰难历程体现

（接上页）创造天地和有形无形万物的主。我们信独一主耶稣基督，上帝的独生子，在万世以前为父所生，出生于光而为光，出生于真上帝而为真上帝，受生而非被造，与父一体［本质同一——引者注］，万物都是藉着他造的。他为要拯救我们世人，从天降临，因着圣灵，并从童女马利亚成肉身，而为人；在本丢彼拉多手下，为我们钉于十字架上，受难，埋葬；照圣经，第三天复活，并升天，坐在天父的右边；将来必有荣耀再降临，审判活人死人，他的国度永无穷尽。我信圣灵，赐生命的主，从父出来，与父子同受敬拜，同受尊荣，他曾藉众先知说话。我信独一神圣大公使徒的教会，我认使罪得赦免的独一洗礼，我望死人复活，并来世生命。"（汤清编译，《历代基督教信条》，香港：基督教文艺出版社，1989年第4版，第20—21页。）

了早期基督教信仰之于大公性的卓越追求。① 然而，多元性始终内在于合一性寻求之中，基督教神学视野内部一直存在张力。这种张力表现为"分离"并使"分离"成为不可避免，则是基督教思想演变第二阶段的主要特征。第一次君士坦丁堡会议之后，先是以弗所会议（Council of Ephesus，公元431年）和迦克墩会议（Council of Chalcedon，公元451年）关于基督一性说（Monophysitism）的争论，建立了"圣子"位格的神人两性论，②埃及（Egypt）和叙利亚（Syria）教会因为支持基督一性说从大公教会中分离出去。第二次君士坦丁堡会议（公元553年）试图挽回这样的分裂，然而第三次君士坦丁堡大公会议（公元680年）表明这种裂痕之无可弥补。随着教会发展规模和地域的扩大，基督教分裂的趋势不可避免。如果说基督论诠释的差别只引起大公教会局部分裂的话，那么"和子句争辩"（filioque controversy）则使整个基督教世界卷入其中，希腊（东方）教会从大公教会中分离出去，可谓是一场"大地震"。表面上看，"和子句"虽只涉及圣灵论，但它却关乎圣父、圣子和圣灵之关系的全盘重新理解，牵涉三位一体神学整体框架的调整。据此可见，

---

① 我曾在《早期基督教的演变及多元传统》（北京：社科文献出版社，2003年）一书的第五章中对此作过详细的追溯。

② 迦克墩信经表达了关于基督神人两性的正统认信。信经全文如下："我们跟随圣教父，同心合意教人宣认同一位子，我们的主耶稣基督，是神性完全人性亦完全者；他真是上帝，也真是人，具有理性的灵魂，也具有身体；按神性说，他与父同质（homoousios）；按人性说，他与我们同体，在凡事上与我们一样，只是没有罪；按神性说，在万世之先，为父所生，按人性说，在晚近时日，为拯救我们，由上帝之母（theotokos），童女马利亚所生；是同一基督，是子，是主，是独生的，具有二性，不相混乱，不相交换，不能分开，不能离散；二性的区别不因联合而消失，各性的特点反得以保存，会合于一个位格（prosopon），一个实质（hypostasis）之内，而并非分离成为两个位格，却是同一位子，独生的，道上帝，主耶稣基督。正如众先知论到他自始所宣讲的，主耶稣教训自己所教训我们的，诸圣教父的信经所传给我们的。"（汤清编译，《历代基督教信条》，第24—25页。）

不同的文化在神学的建构上起到的作用不能低估，基于不同的话语背景，基督教三位一体神学的不同建构倒更合乎基督教发展的历史趋势。

因此，纵观早期基督教的发展史，合一和多元的张力贯穿于始终，基督教三位一体神学不同范式的形成只是一个范例而已。如果只把多元性看作是基督教发展的第二阶段的主要形态，认为第一阶段是完全合一的，那么无疑是对于早期基督教历史（包括教义史和教会史）的曲解。早期基督教在追求教义的规范的同时，在三位一体神学上的多元性诠释，先是基督论后是圣灵论，总体讲是整个三位一体神学的多元性诠释，始终并存于合一性运动之中，并向着东西方分别规范的方向各自深入发展。所该惊奇的应是，基督教神学家们是如何在深刻多元的含混性中找到表述的平衡点，使得基督教的东（希腊）西（拉丁）方分野维持在合一的总方向中。

本书第一章描述了由希腊哲学的 Being 语义学发展出来的与 Ousia 的复杂关系，以及与 hypostasis 之间的关联。第二章分两节描述了三位一体神学的大公性品质以及整体性进路；第三章到第六章，以大量的篇幅讲述三位一体神学的多元演进的特点以及和希腊哲学 Being 的关系。

本书关于三一神学的论域止于奥古斯丁，而不涉及后续的"和子句"之争的纯历史描述。在奥古斯丁时代，拉丁（西方）基督教塑造了与希腊（东方）基督教判然有别的神学规范，希腊和拉丁从卡帕多西亚教父（Cappadocian）与奥古斯丁的文本出发，推进其各自关于上帝观的基本形态的表述，形成明显的比照。卡帕多西亚教父和奥古斯丁对三位一体神学的塑造，体现出基督教神学家在希腊传统内的希腊哲学与拉丁传统内的希腊哲学的智力创造的卓越成就，他们至今都是基督教传统无法逾越的高峰。

二

就三位一体神学规范的主要历史时段而言，早期基督教三位一体神学主要以基督论为建构的轴心。从时间上讲，则一直从公元二世纪延续到公元四世纪中后期，这还不包括迦克墩信经之前的神人两性论之争。公元二、三世纪的基督教神学家，例如殉道者查士丁（Justin）和奥利金（Origen）等意识到，阐释作为圣子的基督与作为圣父的上帝的关系，是基督教护教士与希腊罗马知识分子在本体问题争辩中的关键。希腊罗马知识分子和统治者把基督徒看成是敬拜一个死刑犯即耶稣的群体，这成为他们难以释怀的疑虑。此外，基督教一方面宣称秉持犹太教的独一神论，另一方面又与犹太教分离，敬拜独一上帝之外的耶稣，这都使希腊罗马知识分子意识到，基督教不是单纯地延续了犹太教框架内的希伯来传统，而有质的更新。这也激起了他们对于基督教信仰及性质的怀疑。在护教文献中，基督教神学家们主要围绕为何敬拜耶稣基督与敬拜上帝是二而一的事做出阐释，从而产生了三位一体神学中的一个有趣问题：介词形而上学，即借着（dia/through）基督的敬拜，人们与作为父的上帝重归于好。

三位一体神学的最初的介词形而上学只处理圣父与圣子的关系。首先，dia/through 的介词形而上学包含着一个重要的神学设想：父和子是有分别的；父是作为永生的、始初的位格存在。这一点在希腊（东方）基督教的上帝观中尤为突出。先是希腊基督教神学家奥利金、后有卡帕多西亚教父更彻底地运用介词形而上学，以阐释圣灵位格的特殊性：圣灵藉着圣子从圣父而出。因此，希腊教父认为，这个介词 through 包含着 Being 的丰富意涵，不可以随意取消，事关圣子和圣灵的位格特征。希腊基督教神学家关于介词形而上学的理解与他们深受柏拉图主义传统影响有密切关联。从哲学渊源而言，这种介词的形而上学倡导者先是中期

6 希腊哲学的 Being 和早期基督教的上帝观

柏拉图主义者（Middle Platonist）和斐洛（Philo），[1] 后来者则有奥利金和新柏拉图主义者（Neoplatonist）普罗提诺（Plotinus）。[2] 卡帕多西亚（Cappadocian）教父以柏拉图主义为神学的基本脉络继承了"介词"与 Being 之间关系的本体论范式，又以 homoousia（本质同一）的本体同等的思想修正其从属论的神学意涵。显然，"尼西亚-君士坦丁堡信经"也包含这种神学的假设。然而，就公元四世纪的拉丁基督教神学家而言，他们缺乏对这神学表述背后哲学背景的精微了解。拉丁基督教神学的开创者德尔图良（Tertullian）主要受斯多亚主义（Stoicism）的影响，开展出一种不同于柏拉图主义从属论传统的神学。后来的许多拉丁基督教思想家包括耶柔米（Jerome）和安布罗修（Ambrose）也都深受斯多亚主义的影响，奥古斯丁也不能例外。奥古斯丁的三位一体神学虽然与柏拉图和新柏拉图主义者有深切的关系，《论三位一体》的第八、九和十卷明显采用了新柏拉图主义的哲学方法，然而他采用的是普罗提诺的心理学，而不是本体论。

其次，dia/through 的介词形而上学还包含着三位一体神学的另一个重要方面，这体现了基督教之于希腊哲学的 Being 在诠释上的突破：中保即本体。在希腊哲学的 Being 学说认为，本体的自然秩序与 Being 的实在性不可分离；在自然秩序中处于较次级别的，其 Being 也必不完满。基督教的三位一体神学突破了这个

---

[1] John Dillon, "Origen and Plotinus: The Platonic Influence on Early Christianity", in Thomas Finan and Vincent Twomey (eds.), *Relationship Between Neoplatonism and Christianity*, p. 15, Four Courts Press, 1992. John Dillon, *Middle Platonists*, 80 B. C. to A. D. 220, pp. 138—139, Ithaca: Cornell University Press, 1977.

[2] Origen, *Commentary on the Gospel According to John*, 2. 70, English Translated by Ronald E. Heine, Washington, D. C.: The Catholic University of America Press, 1993. Plotinus, Ennead II. 9. 1. 1—2; V. 3. 3. 17; V. 6. 3. 12—16, in *Plotinus, VII Enneads*, English Translated by A. H. Armstrong, Massachusetts: Harvard University Press, 1966—1988.

本体理论，虽然圣子在秩序上是第二 Being，其神性仍然与圣父一致。

如果说介词形而上学还只是希腊基督教与拉丁基督教三位一体神学细微而重要的区分的话，那么它们在 ousia（拉丁文是 substantia）和 hypostasis（拉丁文的对应语是 persona）之间的复杂辩难则是早期基督教三一神学最为艰难、最令人困惑、也是最关键的部分。这一辞源之间的混淆和分辨主要发生在希腊基督教世界，直至卡帕多西亚教父的领袖巴西尔才使它们的用法定型。这已经是四世纪中叶后的事情了。就拉丁基督教神学语境而言，substantia 和 persona 之于三一神学的用法早已得到了澄清，这要归功于德尔图良。他在清晰地阐释语义方面发挥了重要作用。在《驳普拉克勒亚斯》（*Against Praxeas*）一书中，德尔图良已使这两个概念定型化了：substantia 指三位格共有的神性，persona 指三个位格，两者不可以互换使用。

德尔图良努力使三位一体神学术语清晰化固然是好事，然而这对了解位格间关系的深刻性和复杂性却未必有益。当希腊教父在 ousia 和 hypostasis 问题上辩得焦头烂额的时候，拉丁基督教思想家却在一边拈花微笑。然而拉丁基督教神学家对于三位一体神学术语的清晰而简单的理解，导致他们在介入亚历山大里亚主教阿他那修（Athanasius）与几乎所有东方主教的争论中，未能深入地了解希腊基督教三位一体神学的精微，更多做的是简单化处理。在这方面，奥古斯丁沿袭的是拉丁基督教三位一体神学的传统，他是把它作为一个已经自明的教义来接受，现在要做的只是作更多的理智阐释而已，让更多的基督徒分辨正统的规范所在。然而，希腊基督教尤其是卡帕多西亚教父则把三位一体神学看作是仍然有待建构的理论，尽管此前已经有了诸如阿他那修和奥利金这样的大思想家的努力。

当然，这不是说拉丁基督教有意地"简化"了三位一体神学的语境，毋宁说它与基督教成长的文化背景之间有不可分离的关系。本书较为突出希腊基督教思想家对 ousia 和 hypostasis 的处理，把拉丁基督教神学的理解作为比照，是为了显示希腊基督教思想家在上帝观上的贡献。同样，也正是他们在这个问题上的更为深刻且复杂的处理，使得希腊哲学的 Being 在与早期基督教的上帝观关联中呈现出更丰富的内容。

在希腊哲学中，本体（Being）的多元性是与从属论共进退的，这就是所谓的"一元多层"的希腊本体论。"一元多层"理论为了肯定本体世界的多元性，从分有说的角度指出存在着与本体阶梯相对应的实在性（神性）阶梯。这是柏拉图以及中期柏拉图主义的理论，以中期柏拉图主义的希腊 Being 学说为基础的希腊基督教思想家中也随之陷入了另一种困境：圣子作为在自然秩序上处在圣父之下的神圣 Being，是否其神性也显得更低一些呢？奥利金是这样看的。尽管奥利金与新柏拉图主义者普罗提诺在哲学上有许多相同之处，其 Being 学说却差别较大。普罗提诺当然也持一元多层的看法，然而普罗提诺认为太一、理智和灵魂都是一，区别只在于太一是"纯一"，理智是"一——多"，灵魂则是"一和多"。

以新柏拉图主义为神学基础的卡帕多西亚教父不仅在分辨 ousia 和 hypostasis 并划定它们各自的使用范围上作出了贡献，在理解 ousia 和 hypostasis 所对应的新从属论模式上也有新的尝试。尽管圣父、圣子和圣灵在自然秩序上是三个 hypostasis，然而依据新柏拉图主义和尼西亚信经，这三个 hypostasis 是同一个 ousia。在分析希腊基督教的三位一体神学时，本书主要关注 ousia 和 hypostasis 的关系是如何被神学家们在塑造上帝观时展开并改变的。本书第一章分析了从希腊到基督教从 eimi 到 ousia 的演变，还分析了 ousia 和 hypostasis 之间的用法分离，第三章（第一节）和第五章结合奥利金和卡帕多西亚的三位一体神学与 Being

的关系，分析了希腊基督教上帝观的自然神学基础。当然，我不是要把三位一体神学简化为辞源学分析，然而希腊基督教神学家依凭于词义的阐释、分辨和丰富，获得关于基督教上帝观的信仰直观。希腊基督教神学家尤其是卡帕多西亚教父游走于神学与哲学的智慧，值得赞叹。

本书没有把拉丁基督教神学家所塑造的三位一体上帝观视为无足轻重。值得一提的倒是，由于国内学术界在希腊罗马和中世纪哲学研究中，刻意抬高奥古斯丁哲学的地位，反而陷入西方中心主义的进路。在许多研究中，通常被忽略的是东方（希腊）的传统，而不是西方（拉丁）的传统。本书以相等的篇幅分析了拉丁基督教神学家主要是德尔图良和奥古斯丁在三位一体神学和希腊哲学 Being 阐释上的贡献。本书试图以一种均衡的态度回归早期基督教神学的多元语境，说明诸如"正统"这样的概念的外延有一个不断扩展的过程。本书在卡帕多西亚教父和奥古斯丁的三位一体神学之间没有设立价值判断的标准，只是指出在奥古斯丁主义之外，存在一种同样强有力的独立地发展出来的基督上帝观。

三

相比较于基督教神学家们在基督论问题上的漫长而激烈的争论，圣灵论与三位一体神学建构的关系要清楚简单得多。不过，它的后续争论即"和子句"引发的反响则很强烈，最终成为东方教会分裂的重要诱因。

西方学者对圣灵与三位一体神学关系的研究相对较少。为了完整地呈现早期基督教三位一体神学的形态，本书尽可能详细地讨论了圣灵论的形成以及早期基督教神学家的建构过程。诚然，圣灵论迟至公元四世纪中后期才成为一个被充分关注的问题，这是由于卡帕多西亚教父、安布罗修和奥古斯丁等思想家的充分重视，然而不等于说圣灵论完全是四世纪的神学成就。尼西亚会议之前，基督教已经有关于圣灵位格的论述，尽管没有像基督论一样着重讨论圣灵位格的特征。前尼西亚教父在其关于圣灵的有限的、分散的表述中已经意识到，基督教的上帝乃是一个共同体。圣灵是上帝的共同体的不可或缺部分，与早期基督教神学家关于教会、礼仪的象征性和救赎的有效性、基督徒与上帝的共在等一系列问题联系在一起。这体现了早期基督教圣灵论的特征。神学家们虽然很少直接从理论上论说圣灵的位格特征，却在圣灵与教会、礼仪、人的成圣等一系列教义中推进了关于圣灵位格的阐释。这也表达出圣灵在三位一体神学中的位格特殊性：他是一个更体现实践特征的位格。

早期基督教关于圣灵的讨论也富于争议。基督教神学家在基督论上的争论相对集中，而圣灵论的焦点却相对分散。圣灵论有许多不同的诠释，神学家们有许多敌人，例如，先有诺斯底主义（Gnosticism）、孟他努主义（Montanism），后有多纳图主义（Donatism）和佩拉纠主义（Pelagianism）。正如圣灵的位格主要表现为实践性层面，圣灵的讨论也多围绕教会展开。诺斯底主义、孟他努主义和多纳图主义主要就圣灵与教会的纯洁性问题向大公教会提出挑战。四世纪向卡帕多西亚教父提出挑战的马其顿派（Macedonians）以及新阿里乌主义者（Arianism）优米诺斯（Eunomius）的问题要更理论化一些。可以说，早期基督教三位一体神学对圣灵的讨论先从基督信仰的实践角度发动，最后才落实为理论的塑造。

这些都表明圣灵与基督教上帝观的特殊关系。就三位一体神学与圣灵关系的理论建构而言，首先是希腊教父的阿他那修开始了由实践向理论的突破。他批评当时埃及教会的一个名为赤道派的宗派，指出圣灵与圣父和圣子是同一的，然而他还没有将"本质同一"（homoousia）用于描述圣灵与其他两位格的关系。

随后，卡帕多西亚三大教父与马其顿派和新阿里乌主义者优米诺斯展开辩论，指出圣灵不仅与圣父和圣子一样有着同等的尊荣，还与他们本质同一。赤道派、马其顿学派和新阿里乌主义都把圣灵看成是受造的，认为圣灵在神性等级上处于较低位置，希腊教父的主要工作则是恢复圣灵的神性尊严。除此之外，希腊教父在讨论圣灵与三位一体神学的关系上，还关注这样一个问题：圣灵的完全神性与位格的关系。基于这些探究，卡帕多西亚教父推进了对三位一体神学的介词形而上学的理解。对于他们来说，eks/of、dia/through 和 eis/in 不只是介词用法的区别，还体现着位格间关系的特点。需要说明的是，这里并不是要将介词的形而上学用法作为神学原理来论证，在《论圣灵》一书中巴西尔反对这个看法，然而他确实比较钟爱使用介词用法的特殊性来解释与位格之个殊性。

奥古斯丁在圣灵论上的贡献在于他的表述引发了东（希腊）西（拉丁）方教会后来的大辩论。很难说奥古斯丁是有意将尼西亚-君士坦丁堡信经有关圣灵的表述解释成"和子"的句式，他的"和子句"似乎是不经意而为之的，后来的争论倒是有意地强化了各自的权威性。奥古斯丁的时代，大公教会已经有了三位一体神学的"信条"。奥古斯丁写作《论三位一体》，主要不是为了辩论，而是为了阐释。他更多地是一个尼西亚-君士坦丁堡信经的解释者，卡帕多西亚教父则可以说是三位一体神学信条的重要塑造者（不是唯一的塑造者）。作为解释者的奥古斯丁，他有一个拉丁基督教的神学传统和教会传统，这种解释学的"前见"是不可避免的。他把尼西亚-君士坦丁堡信经看成是一个"一般性的/抽象的"信条，希腊语境以及希腊语境背后的神学辩论的复杂性则不为他所关注。对于他来说，所谓的希腊传统就是尼西亚-君士坦丁堡信经。从另一个角度看这也是合理的，作为大公的关于三位一体上帝观的教条并不必然依附于希腊传统的框架。然而，是哪一个尼西亚？奥古斯丁采纳的是一个以经世三一为主导的西方教父的尼西亚。虽然奥古斯丁与卡帕多西亚教父一样都深受柏拉图主义的影响，然而是哪个柏拉图？奥古斯丁接受的是一个拉丁化了的柏拉图和新柏拉图主义。

奥古斯丁的圣灵论诠释还受他论辩对象的影响。奥古斯丁先是与多纳图主义，后又与佩拉纠主义论战。多纳图主义将圣灵与教会的事务关联起来，与基督徒行为的纯洁性或者说伦理性联系起来，强调"真基督徒"的形象，把圣灵的事工限制在极小的共同体范围之内。奥古斯丁与佩拉纠主义争论的焦点却显示了圣灵事工的另一个层面。佩拉纠主义认为人的自由意志的善性和自我的伦理进展是获得圣灵浇灌的前提，人的自我净化与德性之间的关系是圣灵作工的前提。由此，奥古斯丁转入到圣灵与恩典之关系的主题，强调圣灵圣化的绝对权威。多纳图主义与佩拉纠主义在有关圣灵与人的救赎上处于两个极端，它们都采用经世的视野，在这一点上他们是相同的。奥古斯丁的圣灵论也采用这个进路，强调圣灵经世的绝对主权，表述三位一体之共同体的经世特征。在诠释上帝的内部关系时，奥古斯丁把圣灵解释为联结圣父和圣子的关系位格，在与人的关系中，圣灵则是救赎的动力。这样，在三位一体神学的框架中，对关系性位格的安排是不同的。奥古斯丁把圣灵看作是圣父和圣子的联结者，卡帕多西亚教父则将圣子看作是圣灵和圣父的联结者。

奥古斯丁对三位一体的诠释，还受布道对象的影响。奥古斯丁受过极好的教育，然而成为希坡的主教后，听众多是学识一般的基督徒，从牧养教会和反击多纳图主义关于教会与圣灵关系的双重角度而言，都会影响他对圣灵的表述，侧重于圣灵与原罪的关系。奥古斯丁的圣灵论较多注意到实践性的（牧养的）层面，卡帕多西亚教父（三大基督教思想家巴西尔、拿先斯的格列高利和尼撒的格列高利）的圣灵论则是理论理性的，极为哲学化和富于思辨色彩。换言之，奥古斯丁的圣灵论取的是经世（oikonomia）的进路；卡帕多西亚教父取的则是神学（theologia）的进路。奥古斯丁和卡帕多西亚教父著作倾向上的差别，既是由于神学争论对象、阐释对象的不同所致，也是希腊罗马文化对于基督教影响角度的不同所致。[①]

据此，我勾勒了希腊基督教和拉丁基督教三位一体神学的差别。它与文化背景、基督徒群体、基督教传统和论争的对象都有深切的关联，本书对于上述四个方面作了不同程度的阐释，尤其以阐释希腊主义与基督教在 Being 问题上的理解差别最为着重。Being 的诠释又演化出相关的语义分析：根据 eimi 和 ousia、homoousia 和 homoiousia、hypostasis 和 persona、oikonomia 和 monarchia、oikonomia 和 theologia 等的复杂关系，展开基督教与柏拉图主义和斯多亚主义，以及不同形态的新柏拉图主义之间的关系：谁的柏拉图：中期柏拉图主义，亚历山大里亚学派［Alexandria School，克莱门（Clement）和奥利金］的柏拉图，抑或新柏拉图主义的柏拉图？这些问题构成本书论辩三位一体神学的东方（希腊）和西方（拉丁）的叙事脉络。第二章和第三章则分析了前尼西亚基督教传统与三一神学的关系：奥利金塑造的内在三一（immanent trinity）神学传统之于卡帕多西亚教父的影响；德尔图

---

① 西方学者对此有深入的研究，参看 John F. Callahan, "Greek Philosophy and the Cappadocian Cosmology"; Constantine G. Bonis, "The Problem Concerning Faith and Knowledge, or Reason and Revelation, as Expounded in the Letters of St. Basil the Great to Amphilochius of Iconium"; David L. Balas, "Christian Transformation of Greek Philosophy Illustrated by Gregory of Nyssa's Use of the Notion of Participation"; Gerhart B. Ladner, "The Philosophical Anthropology of Saint Gregory of Nyssa"; Robert E. Cushman, "Faith and Reason in the Thought of St. Augustine"; John A. Mourant, "The Emergence of a Christian Philosophy in the Dialogues of Augustine", in Everett Ferguson (ed.), *Studies in Early Christianity: A Collection of Scholarly Essays* (Vol. VIII): *The Early Church and Greco-Roman Thought*, New York: Garland Publishing, Inc., 1993。

良确立的经世三一（economic trinity）传统之于奥古斯丁的可能关系。第四章则进一步分殊尼西亚教父时代神学基础的哲学基础。

四

本书分析希腊哲学的 Being 与基督教上帝观关系的基本视域是经世三一和内在三一的关系。在《三位一体》这本书之中，卡尔·拉纳（Karl Rahner）论述了经世三一和内在三一的辩证关系，反思了存在于基督教传统中三位一体神学的上述两种进路。本书把希腊教父的三位一体神学放在内在三一的传统内进行分析，指出它所指向的或者向着经世三一运动的进程；把拉丁教父的三位一体神学放在经世三一的框架之内，以显示他们主要是从上帝之为世界历史的介入者和救赎者的角度表述三位一体上帝的共同体性质。

这里要对内在三一和经世三一的关系多说几句。现代基督教神学对此存在颇多争论。首先是关于拉纳的三位一体神学理论的争论。有些学者对拉纳所谓的"内在三一就是经世三一，反之亦然"的说法表示怀疑；[1] 也有学者批评说拉纳的三一神学有形态论的色彩。[2] 本书不专门讨论拉纳的三位一体神学，以避开这

---

[1] 例如西方学者 Yves Congar 同意拉纳的观点：内在三一就是经世三一，然而他不同意经世三一就是内在三一。他之所以同意前半句的表述，在于他认为上帝的自我共契是真正的自我的共契，在外在的和内在的之间都存在神圣的自我共契。然而他注意到经世三一和内在三一是不对称的，即自我共契发生在一个并非是与神圣位格的存在完全合一的形态之中。（Congar, I Believe, 3: 15, see in Catherine Mowry LaCugna, The Trinitarian Mystery of God, Fortress Press, 1991, p. 175.）.

[2] 例如林鸿信博士在讨论莫尔特曼的上帝观时指出了他对于拉纳的三一上帝的独一神论倾向的批评。林博士表明拉纳的三一神学没有充分自觉到经世三一与内在三一的不对称性，莫尔特曼则将"内在三一设定在颂赞的层次，表达了认识上帝有限的自觉，正是改革宗神学一向带有对上帝敬畏的特质之表现。"（林鸿信，《莫特曼神学》，台北：礼记出版社，2002年，第363页。）

些复杂的争论。拉纳反思三位一体神学这两种模式的关系提供了观照传统的一个视野，本书只是采取这种观照的视野。其次，对于把奥古斯丁的上帝观放在经世三一的框架内解释的看法，西方学者近来也有不少的争论，本书第六章作了详细介绍和相关讨论。然而，我坚持认为拉纳和他这一派的神学家在论述奥古斯丁的上帝观上所持的立场具有相当的合理性。

在经世三一和内在三一的关系上，无法避开这样的问题：它们是否统一或对称？是从经世三一向着内在三一的运动抑或是从内在三一向着经世三一的运动的统一？在这个问题上，采取不同的进路表现了希腊教父和拉丁教父建立上帝观范式的不同意图。在现代基督教神学中，莫尔特曼和拉纳分别代表了上述两种不同的进路。

拉纳认为三位一体神学须以经世为视野。他说三位一体神学必须从经世三一的角度切入进去，"在三一和人之间必然存在着某种联系。三一就是救赎的奥秘，不然，它决不能被启示出来。"[1] 如果直接去思辨上帝的内在关系，关于上帝的言说就失去基础，因为基督徒关于上帝的领会以圣经启示为基础。圣经所启示的是一个与人类有着关系的上帝的奥秘，这种奥秘表现为创造尤其是救赎的奥秘。因此，三位一体神学必然以上帝的经世为其基础。拉纳又说，"这一基本主旨是确立这些论题之间的联系，把三一呈现为救赎的奥秘（在实体上而非只在教义上）。它可以表达如下：'救赎三一'就是'内在三一'，'内在三一'就是'救赎三一'。"[2] 拉纳又认为，这不等于说内在三一和救赎（经世）三一的内容是相同的，只能说它们讨论的是同一个上

---

[1] Karl Rahner, *The Trinity*, Translated by Joseph Donceel, New York: The Crossroad Company, 1997, p. 21.

[2] Ibid., pp. 21–22.

帝，以及内在三一以圣经的上帝救赎为文本，不能越出圣经的启示解释上帝的诸位格间的关系。尽管如此，内在三一讨论的是"在自身中的上帝"，经世三一讨论的是"为我们的上帝"，内在三一和经世三一存在着区分。①

莫尔特曼同意经世三一就是内在三一的观点，然而他的解释更为激进。他并不认为还存在拉纳所谓的经世三一和内在三一的区分，"这种历史的三位格的统一性因此必然被理解为自契的统一性，一种敞开的、吸引性的统一性，能够进行整合。"② 他接着说，"如果我们探究与圣经关于三一上帝见证相一致的统一性观念，我们就必须抛弃一本质/本体和同一对象的概念。剩下的则是：联合性（unitedness），有着相互关系的三位格所在的一性，或者：联合性，三一上帝所在的一性（at-oneness）。因为只有这个联合性的概念才是自契的和敞开的统一性概念。……因此，它不需要关于神圣本质统一性的特殊教义或者一神圣统治的特殊教义作保证。"③

在莫尔特曼看来，内在三一就是经世三一，实际上是只有经世三一没有内在三一。莫尔特曼批评拉纳和巴特的上帝观，因为后者认为"上帝把自己启示为在耶稣基督中的Being，他在永恒之中"。④ 莫尔特曼认为不应该把三位一体想象成为天国中完美存在的封闭的圈子。他认为早期教会就是这样想象内在的三位一体的。卡帕多西亚的"伟大的希腊神学毫无疑问把所有的神学

---

① Karl Rahner, *Foundations of Christian Faith: An Introduction to the Idea of Christianity*, English Translated by William V. Dych, New York: The Crossroad Publishing Company, 1989, pp. 119-120.

② J. Moltmann, *The Trinity and the Kindom: The Doctrine of God*, English translated by Margaret Kohl, Minneapolis: Fortress Press, 1993, p. 149.

③ Ibid., p. 150.

④ Ibid., p. 159.

都理解成关于三位一体的教义。但这种神学对'内在的三位一体'与'拯救行动中的三位一体'作了区分,从而以自己的方式如区分复制与原型、理念与呈现那样区分了上帝的内在本质与拯救历史"。① 莫尔特曼则认为,"经世三一清楚地指出一个在救赎的计划中被启示出来的三一上帝。因此,经世三一被称为启示的三一。内在三一之名被给予那在自身之中的三一上帝。内在三一也被称为本质三一。这样的区分并不是说存在两种不同的三一。毋宁说它是同一个上帝作为在他的救赎启示中和在他自身中的三一上帝。"② 关于上帝,只能取经世三一的路径。只有这样,才能真正理解上帝是一个经世的上帝,才能摆脱上帝观的柏拉图主义。③ 因此,莫尔特曼赞赏路德化了的拉丁基督教神学的经世三一进路。

拉纳则不同,他显然更欣赏希腊教父主要是卡帕多西亚三大教父的内在三一的神学进路,而批评奥古斯丁-托马斯·阿奎那(Thomas Aquinas)及新经院神学传统。拉纳本人对于两者的考辨比较晦涩且略嫌散漫,我们在书中其他章节均有所引用。这里,我们引用《论三位一体》一书英译本导言的作者 Catherine Mowry LaCugna 的长篇评论来总结拉纳的观点。LaCugna④ 的总结清晰而且有力:

为了把基督教的实践和三位一体的教义重新结合起来,拉纳感觉到必须重估前奥古斯丁的希腊教父关于上帝的神

---

① 莫尔特曼,《被钉十字架的上帝》,第294页。
② J. Moltmann, *The Trinity and the Kindom: The Doctrine of God*, p. 151.
③ 参看 Siu-Kwong Tang, *God's History in the Theology of Jurgen Moltmann* 5. 2. 1. 4. 3, Bem: Peter Lang, 1996。
④ 我要向 Evylen and James Whiteheades 夫妇致谢,他们为我提供了 Catherine Mowry LaCugna 的有关拉纳三一神学的论文。

学。根据希腊教父的观点，上帝父是泉源，是圣子和圣灵的神性之源。无形的、不可思议的上帝藉着圣灵的权柄在基督中穿戴上肉身。神的自我共契（self-communication）必然是三一的，构成是其所是的救赎历史：上帝的自我向藉着基督被造为上帝自我共契的接受者的人类、藉着圣灵而能够白白地接受上帝恩赐的人类全然地给予。拉纳意识到确保三一教义和救赎教义被看作一和同的唯一进路是，坚持圣经的、信经的、仪式的和希腊教父所强调的我们救赎中的神圣位格的多元性。

相比较而言，在拉丁西方，奥古斯丁及其追随者的教义开始于神圣本质的统一性，永恒的生发（eternal processions）和历史使命的某种分离。这一进路导致了日渐加重的一元论的幽灵，丧失了为圣经的救赎秩序和我们在圣灵里面藉着基督关于上帝的经验的见证。奥古斯丁看到神圣的生发在每个人的灵魂中展示出来，即记忆、理智和意志是上帝的三位一体生命的镜像。这样一种轨迹，尽管就其自身而言，富有洞见地意识到人的灵魂中的三位一体的形象，然而它把人观加在救赎历史的事件中，偏爱神圣本质的统一性甚于神圣位格的多元性。父、子和灵被设想为是在内部的一神圣术语，强调他们的绝对同等性和完全的统一性，而付出的昂贵的代价是忽视了救赎历史中的神圣位格活动之独特性的生动意义。"上帝的所有事工最终是一"的格言使奥古斯丁的着眼点回归到神圣的统一性之中。实际上，父、子和灵总是共同地行动这一点是真的；任何关于我们的救赎活动总是三一的活动也是真的。然而，存在于位格中的任何差别却无法为我们感知。适用的教义应该是，在历史中的活动应该被归结为某一神圣位格（父创造，子救赎，圣灵祝圣），以弥补那种削弱历史中上帝救恩计划的具体显圣的做法。①

拉纳和莫尔特曼的区别为我们了解早期基督教三位一体上帝观的不同进路提供了重要启示。无论希腊教父还是拉丁教父，他们都以经世作为构造三位一体神学的基础，正如拉纳和莫尔特曼，他们在这一点上也持相同的看法。所不同的是，希腊教父持从内在三一向经世三一运动的看法，认为存在内在三一的思辨形态。我们当然会问这何以可能？探究这一点是理解卡帕多西亚教父三位一体神学洞见的关键。拉丁基督教思想家则让内在三一停留在经世的视野之内，这就是有些学者称奥古斯丁的三位一体神学为超越的而非内在的三一的原因。

希腊基督教神学家和拉丁基督教神学家的这些表述背后还隐藏着更深的分歧，体现出他们关于上帝和历史的关系的不同理解：上帝对于救赎历史的关系是位格的多重施加抑或单重施加？希腊教父从本体论指向救赎论，从三一上帝观指向人观。这是要确立上帝的多元共契向着人作为恩典承受者的运动关系。多元共契使上帝作为不同位格从各个层面各个角度与人的历史相关，因此内在的神性自我的相关性决定了上帝作为不同位格与人的历史相关性的经世性质，展示内在三一神学所包含的人多重地与上帝相关的向度。相对而言，奥古斯丁则是要从人观来察知上帝的位格性，即从经世来了解超越性。在奥古斯丁看来，每一个位格的事工都必然是其他位格共契并临在于人的心灵的印记。因此，共契的关联性和位格间的同等性即一元性是其三位一体神学的基本视域。奥古斯丁固然对基督教的心灵哲学有深刻的洞察，然而，

---

① Catherine Mowry LaCugna, "Introduction", x-xi, see in Karl Rahner, *Trinity*, English Translated by Joseph Donceel, New York: The Crossroad Publishing Company, 1997.

20　希腊哲学的 Being 和早期基督教的上帝观

人与上帝的关系更多地被看成是神圣一元的位格的恩典彰显，圣父、圣子和圣灵的位格分殊在救赎历史中的多重施加的特征反而得不到彰显，由人观而上帝观的三位一体神学的进路使我们看到的是上帝之于救赎历史的单重施加，尽管奥古斯丁强调说三位格确实存在分殊。

这里必须对经世三一和内在三一的概念做出说明。经世三一指被启示出来的神圣位格以及他们在救赎历史中的活动；① 内在三一则指神圣位格之间的交互性。② 这样的讲法有些简单，似乎有割裂三位一体神学之嫌。然而，如果我们简单地把拉纳所谓的"内在三一就是经世三一，反之亦然"的论述仅视为从经世三一可以反观上帝的"内在生命"，为内在三一的形而上学探索确定依据的话，那么就曲解了拉纳三一神学的本意或者贡献，没能理解他所获得的关于早期基督教三一神学的洞见。拉纳这样说：

> 现在，我们必须更加准确地解释用"经世"三一意指"内在"三一的正确意图。当然，我们必须对"经世"三一有预备性的理解。救赎历史、我们关于它的经验和它的圣经表达所给予我们以前的知识，永远是根本性的、取之不竭的、就其源头而言有着无比的丰富性，即使在它被系统化以后也是如此。准确地说，这种以前的知识在基督论和有关恩典的教义中得到了真正的具体发展。然而，就满足我们当下目的所做的而言还是不够明显的。因此，即使我们忽视了这一问题，即在基督论和有关恩典的教义之前讨论三位一体教义是否得到了充分的证明，从救赎历史和和圣经而来的有关

---

① "*Important Terms*", see in Ibid, p. 1.
② Ibid., p. 2.

经世三一的先前知识，在这里不能简单地作预设。它也不能按照圣经神学的方式得到真的阐释。因此，所剩下的唯一方法是进行勇敢的尝试，以一种简洁的系统性说明对它进行概念化。这种尝试可能是有问题的，然而是不可避免的。尽管我们不可能阐述关于圣经和救赎历史的所有经验（即整个基督论和恩典的教义），然而我们不是简单地越过了它。而且它得到了确切的表述，即系统地概念化，它以这样一种方式可以立即帮助我们神学化地表达"内在三一"，我们的真正目的。①

拉纳的论述蕴含着某种有待进一步探究的神学洞见。首先，他认为在经世三一和内在三一是循环的关系。一方面，经世三一的系统神学概念不可能先于内在三一被表达出来，只有以内在三一为基础，才可能真正对经世三一包含的基督教上帝观作准确清晰的言说。另一方面，内在三一又以经世三一为基础，因为神学起源于基督徒透过生活历史对于上帝的经验。这后者就是拉纳所谓的"经世"是神学之源的依据。拉纳注意到早期基督教神学家，无论是卡帕多西亚教父还是奥古斯丁都强调三位一体上帝的这种救赎历史里面表达出来的人与上帝的特殊的经验关系。LaCugna 这样总结拉纳所注意到的早期基督教三位一体神学与经世的关系：

> 作为慷慨的、充盈的恩典的经世，上帝的救恩经世的观念与为人的匮乏、穷困和浪费所驱动的经世形成鲜明对比。与创造相关的三位一体的爱的观念和环保联系在一起的，对圣灵的兴趣的更新则成为基督教与其他宗教的接触点。

---

① Karl Rahner, *Trinity*, pp. 82–83.

一般而言，一种新的三位一体的观念意味着一种解释"上帝的内在生命"的新方式，即父、子和圣灵相互之间的关系（指作为内在三一的传统）。然而，现在天主教和新教的神学家，他们虽致力于恢复三位一体教义的生机，却把焦点从有关"上帝的内在生命"的理论建构中挪开。取而代之的是，他们回归到更具体的圣经、仪式和信经的形象和概念，这使得创建教义的最初目的变得清晰起来，即为了解释我们救赎中的基督的地位，在我们圣化或成圣中的圣灵的地位，以及为此我们需要对于上帝的永恒存在（eternal being）的有所言说。由于更多地聚焦在上帝和我们的同在以及上帝为了我们这一奥秘上，而较少是关于上帝自身的上帝本性，三位一体教义再一次成为信仰的中心就成为可能——这正是我们的修辞艺术所一直宣称的。三位一体教义得以恢复，首先是出于我们对所信的上帝需要一个概观，即因着圣灵的权柄藉着耶稣基督的救赎，其次是出于整个神学事业需要一个合适的文本，无论是教会论、圣礼还是基督论都有这种要求。①

其次，拉纳的论述还包含了更重要的观点，他认为内在三一能够更准确地说明经世三一：唯有以 theologia 为"前见"，oikonomia 才能获得神圣经验的真正含义。简而言之，尽管圣经被基督徒视为是一本与人类救赎息息相关的圣书，然而对于许多一般的读者而言，它或许只是一本犹太教的历史文献，一本道德手册，或是某些精彩的散文或诗歌集成等等。基督徒与这些人看法的不同在于，他们已经在用 theolo-

---

① Catherine Mowry LaCugna, "The Practical Trinity", see in *The Christian Century* 109 (July, 1992), pp. 678–679.

gia 来看待圣经所表达的 oikonomia。他们与其他人不同，不是把圣经看成是一种普通的家园怀想的诗意、感叹人生如白驹过隙的经验，而是上帝寻找人和人在寻找过程中得到救赎的历程。

再往深处说，希腊教父和拉丁教父之所以在内在三一和经世三一的关系上有不同看法，也是由于他们对 theologia 和 oikonomia 的关系有差别。对此，Basil Studer 有很好的论述，我们不妨引用如下：

> 上帝和我们在耶稣基督里的救赎：这里似乎有一个双重的问题。一方面是父、子和灵，独一的上帝是成问题的。更准确的说法是，极须解决这样的问题：这三者是如何依照第一世纪的基督教的教导和信仰在历史中合作的，他们如何形成经世的（economic）三一，他们如何启示他们是作为父、子和灵生活的，如何总是一种内在的（immanent）三一。另一方面，就如耶稣的救赎活动总是在救赎论中被沉思的，基督的位格总是在基督论中被沉思。必须要提出的问题是，三位一体的第二位格如何为了引导所有人趋向神圣生命而成为人的。
>
> 本质而言，这个问题的双重构成相当于一个问题，或者它至少是一个问题的两种相互密切关联的看法。当然，三位一体上帝的问题和在神子而找到的救赎的问题须回溯到早期教会时代本身。四世纪以降，在神学思考甚至在信条中，人们碰到 theologia 和 oikonomia 对立的情况，它甚至在尼西亚信经（325 年）之后得到发展。[1]

---

[1] Basil Studer, *Trinity and Incarnation: The Faith of the Early Church*, English translated by Matthias Westerhoff, Edinburgh: T & T Clark, 1993, pp. 1-2.

卡帕多西亚教父与奥古斯丁的三位一体神学的阐释,就显示出这种 theologia 和 oikonomia 的差异。卡帕多西亚教父如尼撒的格列高利将"在自身中的上帝"的三位一体神学与道成肉身和圣礼分为两个部分,以前者为后者的基础,这正是由 theologia 而 oikonomia 的路径。在卡帕多西亚的论述中,自然神学是整个这样一种探索进路的基础。这也是希腊教父注重逻各斯学说的原因,把自然理性看成是神圣真理探究的发动者,而不是被动工具。奥古斯丁和德尔图良这样的拉丁教父由于对于人的罪性问题的关注,以及强调人的被败坏,就削弱了这种自然理性的正当性。因此,拉丁教会的三位一体神学依照由 oikonomia 而 theologia 的进路,让三位一体的上帝显示为 oikonomia 的视野。

五

无论是 theologia 还是 oikonomia,经世三一还是内在三一,早期基督教神学家的上帝观建构最后落实在 hypostasis 和 being/ousia 的相关性的阐释中。本书也视此为核心问题:首先,希腊基督教是把 hypostasis 作为优先的问题,强调 being/ousia 是一种位格(hypostasis)的存在;拉丁基督教则视 being/ousia 为优先概念。其次,希腊基督教和拉丁基督教的上帝-共同体意识是有区别的。早期基督教都把上帝视为共同体。然而,他们仍然有重要的差别。卡帕多西亚教父以内在三一为进路,把"一"分析为位格性的"一",把三位一体的上帝分析为三个"一"的自我关系。这样,一种关于 being/ousia 的希腊性内涵就隐含其中:希腊人把个体看成是有着共同体法则的个体,[①] 共同体天然自然

---

① Werner Jaeger, *Paideia: The Ideals of Greek Culture*, Vol. 1, xx, Oxford: Oxford University Press, 1965.

地与个体性的存在和谐合一。当卡帕多西亚教父以个体的关系或家庭的关系例如保罗、彼得、雅各的关系来比喻三位格的一体性时，可以看到内在性原理被表达为个体分殊的进程，而不应该看为一个个体之间需要弥合的在先断裂。后一种观念是文艺复兴之后的个体主义的观念。

因此，卡帕多西亚教父的"社会三一"与希腊哲学的being/ousia 的共同体意识联系在一起，此为"内在性"的含义，它依据希腊式的共同体或统一性原理或城邦或教会共同体的精神来了解。当这样一种上帝-共同体观落实在人观中时，就可以看出希腊思想崇尚个体、强调人的智性的特征。卡帕多西亚教父的人观明显体现出这种倾向。

拉丁基督教思想家如德尔图良和奥古斯丁则有不同的理解。拉丁教父不是以 theologia 为中心来理解 substantiae（being/ousia）和 persona（hypostasis），它是以 oikonomia 为中心。德尔图良已经清楚地界定了 substantiae（being/ousia）和 persona（hypostasis）的使用范围。表面上看，德尔图良的《驳普拉克勒亚斯》和奥古斯丁的《论三位一体》都讨论 substantiae（being/ousia）和 persona（hypostasis），两个概念频繁地交织于他们的叙述之中。不过，由于它们的使用已经定型，对它们的理解也就不会出现歧见。拉丁教父着重探究在历史中的 substantiae（being/ousia）和 persona（hypostasis），探究与人相遇的 substantiae（being/ousia）和 persona（hypostasis）的形态。这是以 oikonomia（经世）作为三位一体神学的核心。

基于这两种关于 substantiae（being/ousia）和 persona（hypostasis）的不同表述，在有关上帝的 monarchia（君主制）的形态上，教父们也有不同的理解。首先，要肯定的是，无论希腊教父和拉丁教父都主张一种君主制形式的上帝观，然而谁是与 oikonomia 相关的 monarchia 呢？分歧就显示出来。奥利金及卡帕多西亚教父的三位一体神学是从 hypostasis 坚持 being/ousia 的君主制原理，因此，内在三一把父的位格与 being/ousia 的合一看作是 monarchia。希腊教父使用"经世"这个术语，奥利金、阿他那修和卡帕多西亚教父都使用过这个术语，但是在他们的神学中，"经世"是在内在三一的基本视野下展开的，有些类似于柏拉图主义的下降之路，先是宇宙论构造，然后才是救赎论展示，由上帝自我共契的位格交互性展示出教会共同体之间的交互性，以及人作为上帝的共契的个体的自由。拉丁基督教则把人在历史中与上帝相遇看作 being/ousia 的核心。这又以斯多亚主义和柏拉图主义两种不同的方式进行理解。从斯多亚主义角度看，历史是一种同一平面不断扩展的过程；就柏拉图主义而言，则是一个超越历史进入上升之路的过程。最后，教父们都达成这样一种非历史性的上帝观念：人所承担的上帝的形象不只是关系性的位格，更是实体性的。当上帝观念被置于非历史状态之中时，即是说非经世的上帝容易理解成是实体性的却非位格的上帝，因为位格是在 oikonomia 中被理解，而 being/ousia 是以实体性方式被理解。如果说希腊教父认为与 monarchia 更为相关的是 hypostasis 的话，那么拉丁基督教神学则认为，与 monarchia 相关的则是 being/ousia。

本书分析 eimi 和 ousia、homoousia 和 homoiousia、hypostasis 和 persona、oikonomia 和 monarchia、oikonomia 和 theologia 的语义，旨在把它们融入早期基督教思想家的思辨脉络。其中，being/ousia 和 hypostasis/persona 的关系堪称是所有其他语义分析的基本。在第一章中，我作了专门的分析。这里，我只就 substantiae（ousia）和 persona（hypostasis）的中译作些讨论。首先是 being/ousia 的中译。研究希腊哲学的中国学者常把它译成"实体"或"本体"。在亚里士多德的《形而上学》中，它也被译为"本质"，因为亚里士多德认为"本质"是"Being"十大范畴的核心，是 Being 所有含义中的"第一本体"。就是说，在把 being/ousia 译为"本质"时，不能脱离"本体"去理解，而要把它理解为普遍的"本体"。把 being/ousia 译为"本体"而非"实体"，是由于两个中译的意指有些重要区别。这就是汪子嵩先生说的，"在'实体'和'本体'这两个译词中，我们以为：'实体'指的是具体实在的东西，用它来翻译亚里士多德比较早期的思想，即认为具体的个别事物是首要的 ousia 时是恰当的，但亚里士多德在《形而上学》Z 卷中改变了他的看法，认为只有形式即本质才是首要的 ousia 时，这个 ousia 已经是抽象的而不是具体实在的，再译为'实体'便不够恰当了。所以我们主张译为'本体'，它既有实在的意义，也可以有抽象的意义。"①

希腊基督教神学家和拉丁基督教神学家在翻译这个术语时也存在某些区别。希腊基督教神学家遵循的是柏拉图和亚里士多德以来的将 being/ousia 理解为本质的本体的做法，拉丁基督教神学家更多把 being/ousia 理解为实体的本体。在描述希腊基督教的上帝观时，当奥利金和卡帕多西亚教父用它们阐释三位格的神性统一性时，我们还是认为把 being/ousia 译为"本质"比较妥当。将 being/ousia 译为"本体"，可能会造成如下两个方面的误解：第一，"本体"之"体"常被与"形体性"的理解关联起来。亚里士多德将它理解为"本体"，是由于作为形式性的本质与质料因复合成具体的存在物。然而，基督教主张上帝的无形体性，因此，这里译为"本质"更妥当。第二，译为"本体"还容易造成这样的误解：在圣父、圣子和圣灵之外存在第四个位格。阿他那修曾经指出过这一点，巴西尔通过阐释 being/ousia

---

① 汪子嵩、范明生、陈村富、姚介厚，《希腊哲学史》第三卷下，北京：人民出版社，2003 年，第 729–730 页。

与 hypostasis 的相对性，强调 being/ousia 的普遍性特征。所不足的是，将 being/ousia 译为"本质"，容易把三位一体上帝的统一性视为抽象的概念，而卡帕多西亚教父认为 being/ousia 是具体的，是存在于 hypostasis 之中的 being，而不是希腊哲学所谓的"抽象的一般"。本书多数的时候直接地用 being/ousia 标出早期基督教思想家的用法，有的时候也用本质/本体来指出这是本质性的本体，而不是作为个体存在的类本体（hypostasis）。

再是 persona（hypostasis）的中译。persona（hypostasis）的中译很复杂。这里着重提一下陈士齐博士谈到的翻译该词的建议，这不是说我接受他的译法，而是要借陈博士的阐释来说明 persona（hypostasis）的含义。陈博士这样说：

> 那么，我们应该怎样翻译"person"/"prosopon"/"hypostasis"一词？在钻研神学的过程中，每当我思想人之所以成为人的实质，脑海就浮现出中国儒家的说话——"仁者，人也"以及孙隆基博士对儒家"仁"的观念的讨论。他指出儒家的中心观念"仁"，必须通过二人关系来体现，"仁"的字形结构——二人——已隐含这个观念。然后，我进一步想到如何形容神本体（being）的身份？神既不是"物"，却也不是"人"，但人又拥有与神共通的许多质素，所以我想用"者"字这身份性的字眼来形容神的本体。于是"仁"字加"者"字，构成了国人很容易掌握理解，同时兼具 prosopon 和 hypostasis 两者丰富含义的一个新词。我不敢说这个翻译天衣无缝，但它是一个有理据又切合文化本色的提议，可供有心人再详加讨论。
>
> 但就目前为止，我想说"仁者"是一个最可能翻译"person"这一个观念的名词。"仁者"不但是一个身份性名

词，更是中国文化中最具深刻关系向度的身份性名词；更重要的，它也是中国文化中具有终极意义的身份性名词。从孔子所谓的"求仁"，到文天祥所说的"成仁"，"仁"都是中国知识分子千百年来所追求的理想；成为一个"仁者"更是中国知识分子一直以来冀望能体现的完人境界。通过翻译"person"为"仁者"，我们可以指出：只有那位创造天地万物又道成肉身的上帝，才是真正的"仁者"。①

陈博士的建议确实值得思考。我觉得重要的是，他阐释了 persona（hypostasis）这个术语在希腊拉丁传统中的丰富意含。陈博士指出了两个重要意思：身份性和关系性。这两层含义又是严格地连贯的：身份本身就是关系性，表述了关系中的"个体性"，关系性则阐释了身份的"共寓"关系。因此，persona（hypostasis）不是指与 being/ousia 相分离的观念，而是基于它们的共寓而被理解的。

进一步讲，这就是希腊哲学的 being/ousia 所蕴含的"共同体"。希腊和拉丁基督教神学家都持守这一点：上帝是 being/ousia 的意思是说上帝是共同体。希腊思想重在强调以自然秩序为基础所确立的共同体和个体之间的和谐关系，当基督教神学家接受了这个思想后，他们也就接受了 being/ousia 和 persona/hypostasis 的个体和共同体的不相分离。

就此而论，如何译 persona（hypostasis）反而并不重要，重要的是如何理解或者是否准确地了解 persona（hypostasis）在早期基督教神学家中的含义赋予。确实，把 persona（hypostasis）译为"位格"令人费解。然而，"位格"强调个体性存在的意

---

① 陈士齐，"位格与仁者"，见刘小枫、何光沪主编，《基督教文化评论》，贵州：贵州人民出版社，1997年，第214页。

义，可以通过"一本质，三位格"的表述中"一"和"三"的对比将上帝作为共同体这个词解释出来。毕竟，基督教的上帝观需要一种对应性的观念来表述。早期基督教神学家尤其是希腊教父在本质/本体和个体/本体之间形成的阐释平衡才更值得注意，他们不仅规范地提出了基督教三位一体上帝的神学，更接纳并更新了希腊文化。因此，在讨论基督教神学的希腊化表述中，如果没有注意到希腊文化已经被基督教改变，而急着要以中国文化的表述形式取代希腊文化的形式，也就抛弃了基督教神学家更新希腊文化的洞见。从这个角度来说，早期基督教三位一体神学的术语虽然采用了希腊的形式，用"希腊的语言"表述基督信仰的本质，然而，它的表述却使希腊文化获得了一种大公性的特质。以此而论，我相当同意赖品超博士在"从大乘佛学看迦克墩基督论"讲论上述术语的翻译及延续中所阐明的：

> 从（一个中国式的）大乘哲学的角度看，迦克墩信经可以是一有效之教理，不一定需要更动或否定，但需要恰当地理解。迦克墩信经有如一巧妙之公案，容让众生随缘各自分解。智慧与悲心不足者，会由朴素实在论/实体式之思考方式去理解，无法进入信经之奥妙，以神性与人性为二元对立，并会作一以人为中心之了解，以为上帝所要拯救的就只有人类。有菩萨慈悲与智慧者，可以空慧解之，不执名相为实有，并见神性与人性之互融，更见上帝之拯救包括一切众生（包括人及其他种种的生物体）。如用天台判教中的"藏、通、别、圆"来分判，信经一方面似是"圆"，因它揭示了基督乃是因一大事因缘（"为拯救我们"）而出现于此世；但更恰当的可能是"通"，因它能对应于不同根器，甚至可助慧根与悲心仍未充分发展者由浅（小）入深

(大）；正因为如此，迦克墩信经堪称一大公（ecumenical）之信经。①

这样的阐释当也适用于早期基督教神学家塑造希腊的 being/ousia 和 hypostasis/persona 以适合基督教上帝观表述的意图。

---

① 赖品超，"从大乘佛学看迦克墩基督论"，载于台湾《辅仁宗教学研究》第二期（2000年秋），第262页。

第一章

希腊哲学的 Being 的语义学预备性分析

在形成基督教上帝观的表述过程中，神学家们采用希腊哲学的 Being 解释圣经启示出来的经世的上帝以及他介入人类历史的过程以展示诸位格的"上帝的自我关系"。尽管旧约圣经也对上帝作为 Being 有所言说，例如最常为学者们引用的，也是最常为早期基督教神学家如尼撒的格列高利和奥古斯丁引用的是，"我是自有永有的"（I AM WHO I AM）。[①] 然而旧约所表述的 Being 并不必然自明地呈现三位一体的观念，它同样可以论证犹太教的独一神论。基督教的上帝现在使用 Being 时，采取了 oikonomia 和 theologia 的进路，这比犹太教精妙。oikonomia 指的是圣经启示里包含的圣子和圣灵的事件及参与，theologia 则来自于希腊哲学资源即 Being 的形而上学。本书讨论 Being 作为 theologia 的核心运思，如何与 oikonomia 的把握达成解释的平衡。

要了解基督教三位一体神学的演进，先要对 ousia/being 作预备性分析。圣经没有从 theologia 的角度提出三位一体的教义主张，它是从 oikonomia 给出有关事件的叙述。在公认的尼西亚信经中，基督教神学家则清楚地从 theologia 角度解释了 oikonomia，依据希腊哲学表述了圣经启示出来的父、子和灵与人类的历史关系，"我们信独一主耶稣基督，上帝的独生子，在万世以前为父

[①] 《出埃及记》三章 14 节。

所生，出生于光而为光，出生于真上帝而为真上帝，受生而非被造，与父一体［本质同一 homoousios toi Patri］。"信经所使用的 homoousios 的词根即是希腊哲学的 ousia/being，显然基督教在神学上受惠于希腊哲学，这主要又是借助于希腊教父的探究。早期基督教神学家认为，oikonomia 和 theologia 是合一的。"在这个教会会议有关 homoousion 的公式中，尼西亚公会的教父在真理的驱动下，忠实于圣经之于基督的见证和已经在教会的使徒传统中被给出的基本解释，他们清楚地表达了他们必得思考和言说的。"① 透过把 being/ousia 运用于基督信仰，早期基督教神学家使得圣经脱离了犹太叙事的 theologia 限制，而形成希腊哲学的框架。

希腊哲学的 being/ousia 是一个有着广泛语义关联、用法复杂的术语，希腊化哲学和早期基督教思想家对此的发挥和最终收敛是一个相当复杂的过程。本章所勾画的只是它的基本脉络，以显示早期基督教所形成的 theologia 基本框架。

作为抽象名词的 ousia 是由系动词 eimi 转变而来的。这个演变过程对于希腊哲学的 being 而言包含着重新阐释的倾向，是对于作为系词的 eimi/being 作了抽象名词 ousia 的解释。这种阐释方式的转换对于早期基督教思想家使用这个术语的方式产生了相当重要的影响。基督教三位一体神学所谓的"One Ousia, Three Hypostasis"，也就是"One Being, Three Hypostasis"，希腊基督教思想家把它们看成是可以相互替换的术语。②

---

① Thomas F. Torrance, *The Christian Doctrine of God*, *One Being Three Persons*, ix, Edinburgh: T & T Clark, 1996.

② 在亚里士多德的思想中，关于 ousia 和 being 是否相同是有争论的。在《形而上学》Γ 卷中，亚里士多德认为有一门"作为是的是"/"作为存在的存在"（to on hei on/ being as being）的学问（1003a21-33）；在 Z 卷中他又认为这个 Being 的首要含义是 ousia，因此他转而研究"是什么"（ti esti）和"这个"（tode ti）的问题。（1028a10-15）（参看汪子嵩先生的研究《希腊哲学史》第三卷下，第 690—697 页；

34　希腊哲学的 Being 和早期基督教的上帝观

当教父们以 ousia 来诠释 being（eimi 的动名词形态）时，他们的思考有别于希腊哲学，后者从系动词 eimi 思考 Being。本章关于"希腊哲学的 Being 的语义学预备性分析"至少从以下四个方面关联于全书的主题：

1. 希腊哲学如何演化出以 ousia 为中心的 Being 语义学？这对于早期基督教思想相当重要。基督教三位一体神学是以 ousia 表达 Being，而不是将 Being 作为系词 eimi，海德格尔采取的是后一种方式。就此而言，基督教改变了希腊的 Being。问题是，希腊哲学本身是否已经有使 Being 名词化/实体化的倾向。如果有，基督教的上帝观则可以说延续了希腊的 Being 学说，至少在部分的意义上讲是这样的。

2. 在此前提下，一个跟进的问题是：ousia 是本质、本体还是实体？在希腊哲学中，这些内涵不同程度地被包括在 ousia 之内。希腊哲学的 ousia，是否可以这样理解：尽管它被认为是一种本质性的本体，然而它不包含个体性，只有 hypostasis 才指向个体性本体？在《范畴篇》中亚里士多德倾向于上述立场。就此而言，希腊哲学的 Being 是非"位格性"的存在，是观念存在。基督教的上帝观在延续希腊哲学的 Being 时，尽管如巴西尔所致力的尽量将 Being 的本体观念和 hypostasis 的本体观念分离开来，然而 Being 被表达在 hypostasis 中的想法，说明基督教 Being 具有独特性：神学家们使用 oikonomia，使得 hypostasis 被重新塑造。希腊哲学认为 Being 所具有的聚集万物的力量来自逻各斯，希腊基督

（接上页）728～732 页）汪先生认为两者是一致的，ousiology 就是 ontology。（同上书，第 624 页）我们不想卷入这个问题的争论，只是想指出，希腊教父们是在一种含糊的不明确的多重用法上使用这个术语。直至卡帕多西亚教父之前，他们都不甚清楚这个 ousia 到底是指"作为是的是"/"作为存在的存在"，还是指"是什么"和"这个"。正因为如此，三位一体神学的早期发展中充满了误解。

教上帝观则突出圣灵位格的动力性以及三位一体之间相互交通的性质，它通过转化 hypostasis 的语义达成对 Being 的动力性形式。拉丁基督教则把表达上帝动力性的概念安排在 oikonomia 这个词，指出基督教的上帝不同于希腊哲学的静态的优雅的旁观的神，他是一个干预的历史主体。

3. Being 的关系性向度或共同体特征。hypostasis 是以个体性明确身份的，身份本身又是"关系"。亚里士多德把 hypostasis 作为绝对主体，即只作为被述谓者而不是作为述谓者使用，它的身份性只在被述谓时获得。亚里士多德根据被述谓的原理来理解种和属的关系，因此，Being 是关系性的赋予者。个体性之所以为个体性乃是基于它的被述谓，是它显示了 Being，身份性和关系性是一体两面的。如果进一步分析这种 Being 的观念，可以看到 Being 不单纯是表述普遍性的一个本体，还表现关系性的本质。前者可以根据"实体"或者"hypostasis"的角度分析，后者则根据"关系性"的本质性本体分析。希腊哲学的 Being 观念包含了这两者。但是，拉丁基督教和希腊基督教作了两种不同的理解。

4. 希腊哲学的 Being 也有比较负面的含义，它与质料的含义有关。亚里士多德认为有形式－质料的含义。希腊化哲学，尤其是斯多亚学派，纯从质料性的含义阐释 being/ousia。德尔图良沿用了这种语义学传统，而希腊基督教思想家则为此迷惑不已，尼西亚教父对于是否采用 homoousios 表述圣父和圣子的关系有过激烈辩论，而拉丁基督教思想家对于德尔图良慨然接受质料性的暗示并纳入其神学，却似乎没有心理障碍。就希腊教父而言，如果 being/ousia 包含质料性的思想，上帝就会被看成是形体性存在。本章要讨论的一个问题是，在希腊哲学的 being/ousia 中，质料性的 being 是希腊思想的一部分呢？抑或只是希腊化思想的结果？

第一节 Being/Ousia：从巴门尼德到柏拉图

一

eimi 的哲学用法始于巴门尼德（Parmenides）。陈村富先生在《希腊哲学史》第一卷的"巴门尼德篇"中作过专门讨论（第 594～618 页），其他讨论可以参考杨适先生的新著《古希腊哲学探本》第 216～237 页。杨、陈二位都指出巴门尼德是从 eimi（Be）的第三人称直陈式 estin（it is）出发讨论"是/存在"的问题。陈先生着重讨论了 estin 的两种不同讲法，一是作为实义动词的"存在"，一是作为系动词的"是"。① 考察了 eimi 从系动词"是"向"存在"范畴的演变后，他认为：

> 以 as 为词根的 eimi 成为系动词以后，随之而来的语言现象就是动名词、分词、不定式的出现。这样，eimi 不仅有时态、语态、人称等的变化，而且也名词化了，也就是个体化、实体化了。作为动名词，同名词一样有性、数、格的变化，还有词义的问题。作为名词，人们就要追问它"是什么"？这样，语言发展的本身就推动人们追问：作为动名词的"是"是什么意思？本来在印欧语中，as、bhu 就有依靠自身而存在、成长的意思。"某某是什么"就等于"某某作为什么而存在，而成长"。现在，系词"是"还有个动名词形式，很自然地，人们就像研究别的名词一样，要去思考这

---

① 汪子嵩、范明生、陈村富、姚介厚，《希腊哲学史》第一卷，人民出版社，1988 年，第 596 页。

个"是"的意思了。①

陈村富先生认为，eimi 的希腊哲学用法经历了动词形式 eimi 名词化的过程，最后使得 Eimi 的动名词形式 to on（being）成为哲学研究的对象，这个 being 通常被译为"存在"。最近汪子嵩和王太庆两位先生提出应译为"是"，这是要回到陈康先生《巴曼尼得斯篇译注》（《巴门尼德篇》）的翻译上来。② 如果不考虑译法问题，有一点实可谓定论：在希腊哲学中，eimi 经历了从系动词"是"向哲学范畴"是/存在"的转变。

那么，哲学范畴的"是/存在"与系动词的"是"有无发生过完全分离呢？这是本章要着重考察的。杨适先生最近的研究表明，在巴门尼德的哲学中，两者还是紧密联系在一起的。他是从 estin 入手来阐释这个道理的，主要讨论了巴门尼德的残篇第二第 3 行，认为这里讲的 estin 既包括"持存着"的含义，也包含一个隐藏着的补语形式，建议把 estin 与 eimi 的动名词形式 on 或不定式 einai 联系起来理解：

> 说到这里，我要再次强调并请读者始终记住：on 和 einai，或中文用来表示它的"有"、"存在"、"是"等都不仅是词，而是对作为一个哲学命题的 estin 的多方面的概括，并且彼此相通。例如，对于"有"要读成"任何一个对象、事物都是有规定性的"，因而它总是"有规定者"；对它作为"存在"的含义必须先读作"事物有其持存不变的规定性或静态"，因而和"自然"的存在含义所表达的"事物都

---

① 汪子嵩、范明生、陈村富、姚介厚，《希腊哲学史》第一卷，人民出版社，1988 年，第 612 页。

② 汪子嵩、王太庆，"关于'存在'和'是'"，《复旦学报》2000 年第 1 期，第 612 页。

是流动不变的"命题对立着;而作为"是",就不仅是一个系词,而是一个"事物是如此如此",进而是"事物果真是如此"、"肯定是如此"、"确实是如此"、"必然是如此"、"它不可能不是如此"等确定不移的知识论证。我相信,如果我们是这样来看待 on, einai,或中文的相应表达如"有"、"存在"和"是",就可以减少许多误解,达到读懂读顺,进而就能理解其中的深意了。①

杨先生的意思非常清楚,在巴门尼德的残篇中 estin 包含着 eimi 的丰富含义。它既指出了思维之真,因为哲学就是求真的学问,它包含有与"真"相关的真实存在或实在性,后者含有动态的意思。这个时候希腊哲学对 eimi 的理解,还没有发展出尤其是亚里士多德所谓的一个完全名词化了的 ousia（本体）。当然,作为一个哲学范畴,eimi 具有名词性,即所谓的 on。然而,巴门尼德的 on 具有使事物如此的意思,即 estin 所隐含的补语形式,这也是 einai 所指的含义。②

据上述分析看,陈村富和杨适两位先生关于巴门尼德的 eimi 的分析基本一致,尽管角度有所不同。陈先生强调范畴演变的名词化,杨先生更强调巴门尼德哲学 eimi 的述谓形式。陈、杨两位先生都认为巴门尼德是就 eimi 的其他同源的词性形式例如 estin、on 和 einai 来讨论"是/存在"的。

然而,希腊哲学在发展到柏拉图的时候,情况出现了变化,eimi 与 ousia 广泛地联系了起来。柏拉图依据 ousia 讨论 estin、on 和 einai 的关系。希腊哲学关于 eimi 的认识变得复杂起来,亚里士多德最终使得本体论思考从以 eimi 为中心转向以 ousia 为

---

① 杨适,《希腊哲学探本》,商务印书馆,2003年,第230页。
② 同上书,第224页。

中心。

二

学者们讨论 eimi 的辞义史时，常忽略了柏拉图所建立的 Being 与 ousia 的相关性。在《亚里士多德关于本体的学说》中，汪子嵩先生曾详述过它们的关系。然而汪先生是从亚里士多德开始讨论的，虽然提到了柏拉图的"相论"，却略过了这段讨论。在《希腊哲学史》第三卷中，汪先生则提出了明确的阐释，他认为 ousia 一词在巴门尼德和柏拉图时没有专门的意义，是亚里士多德给了它新的特殊意义。[1] 现代西方学者的研究成果则有不同的看法。他们认为，在柏拉图的对话录中 ousia 已经有丰富的意义，它构成从巴门尼德的"ontology"向亚里士多德的"ousiology"的重要环节。《希腊哲学史》第二卷有关柏拉图哲学的探讨，也略去了这一重要过渡阶段。本节则拟对柏拉图哲学中的 eimi 和 ousia 的关系作些讨论，这对我们理解 Being 的学术史会有益处。

希腊人关于 eimi 的使用是从 ousia 介入哲学视野时才真正复杂起来的。ousia 原是 eimi 的阴性分词 ousa 的名词形式，与 eimi 的动名词 on 同义，然而不同性。亚里士多德是第一个赋予 ousia 以本体意义的哲学家，把它作为 on 的核心含义即"本体"。然而，最早在哲学意义上使用 ousia 的并不是亚里士多德，类似努力在柏拉图之前就已经开始。柏拉图把 ousia 用作特殊的抽象名词，以区别于诸如"财富"和"财产"之类的抽象名词。此时，ousia 的哲学用法还未定型，柏拉图没有把 ousia 使用为诸如亚里士多德这样的纯粹名词形式。柏拉图的用法中仍然包含着如 Ei-

---

[1] 汪子嵩、范明生、陈村富、姚介厚，《希腊哲学史》第三卷下卷，人民出版社，2003年，第 728—729 页。

mi 的不定式形态（einai）。在柏拉图的早期对话中，ousia 一词被使用的频率不高，中期对话尤其是《理想国》则大大提高了使用次数。据学者们的研究，在柏拉图的对话录中，ousia 的哲学用法计有 193 次，半哲学用法 6 次，非哲学用法至少 66 次。[1] 所谓 ousia 的哲学用法是指与 einai 或 on 同义；《智者篇》则发展了 on 的含义，对 on 与 ousia 之间的关系作了某些区分。[2] 至于柏拉图的后期对话（《蒂迈欧篇》例外）则对基督教影响不大，这里不作讨论。

柏拉图[3]认为 eimi 指的是事物的同一性。所谓同一性，不是指 eimi 不用于表示两个相同事物的关系，例如 a is a，《智者篇》批评了 eimi 的这一用法，同一性的正确用法是 a is b 的形式。柏拉图"相"论正是要回答 a is b 中的 eimi，给出定义。例如"什么是公正"？不能只说"公正是公正"，而是为了找到与"公正"相当的表达。寻求 eimi，就是要阐释"两个事物""同一"的标准。[4] 由 eimi 的"同一性"，才进入"可理知"的世界，它代表稳定和持久的事物，趋向"知识"而非"意见"。这样，关于 eimi 的讨论就通过寻求定义与知识论关联起来。在柏拉图的对话录中，他诉求 eimi 的不定式 einai 及其具体意指，认为它与 gignesthai（生成）[to become（such and such）/to come into being] 和 phtheiresthai（毁灭）（to decay/ to perish）形成对比关系。einai 虽然有将来式或过去式等时态变化，柏拉图认为它的

---

[1] H. H. Berger, *Ousia in de dialogen van Plato*, p. 16, Leiden, 1961. 转引自 Christopher Stead, *Divine Substance*, Oxford: Oxford University Press, 1977, p. 25。

[2] Christopher Stead, *Divine Substance*, p. 25.

[3] 本节关于柏拉图的 Eimi 和 Ousia 的讨论主要依据 Christopher Stead 的 *Divine Substance* 一书，文中只注出该书的页码，文中所引的柏拉图的希腊文资料也出自该书。

[4] Christopher Stead, *Divine Substance*, p. 26.

时态不会干扰 a is b 的同一性，einai 也没有拉丁文 fuit 的"已经不再是"（it has ceased to be）的含义。柏拉图认为，onsia 非常适用于表达 being 的永恒性特性。在一些对话中，柏拉图把 ousia 作为与 pathos（状态）① 以及 genesis（生成）对立的术语。② 不过，柏拉图也并不是对这两个词作比较使用，例如《智者篇》的 eis age ousian in 是指 to bring into existence（成为存在）。③ 通常情况下，柏拉图用 ousia 指"持久性"、"持久的实在"，与流变的东西形成对比。柏拉图的结论是，只有存在完美不变的知识对象——相或形式时，真正的知识才有可能，ousia 指的就是这样的可理知世界。④

在其他一些对话中，柏拉图用 ousia 指 existing（存在着）。这不表明柏拉图在某事物的纯是/纯存在（a thing's simply being/existing）和它是它之所是（its being what it is）中间作了区分，后者还可区分为 Whether x is（x 是否是）和 what x is（x 之所是）。然而，柏拉图没有明确地予以论述。他只是说某事物因为分有它专门的 ousia 或存在样式才成为存在。不过，柏拉图已经看到 x is……的动词形式包含了某种重要的含糊性，可以用来表达 x 的本质特征，也可以指 x 的时间性特征，例如"他感觉到冷"；《斐多篇》还专门讨论过一种属性，它虽非本质或定义却不可分离，例如白是雪的特征就是如此。在讨论某事物的 ousia 时，柏拉图通常不将上述第二种情况包括在内。比起 x is……这种动词形式来说，x's being（x 之所是）和 x's ousia（x 之本体）有各自特殊的含义。ousia 不是指 existence，它倾向于指一种述

---

① Plato, *Euthyphro* 11a, Hippias Major 301b.
② Plato, *Sophist* 219b.
③ Ibid.
④ Christopher Stead, *Divine Substance*, p. 27.

谓或属性，那是与事物存在同在的属性。只有很少几节段落，柏拉图用 ousia 指事物所可能失去的特性。① 这表明在柏拉图哲学中，已经出现了亚里士多德区分 onsia 和 Being 的尝试。亚里士多德有时候用柏拉图的术语区分 ousia 和 pathos（状态），有时候则使用更专门的术语 ousia 和 sumbebekos（偶性）。②

在《理想国》中，柏拉图用 ousia 指"真理"，类似的用法却没有出现在《智者篇》。《理想国》用 ousia 指价值性的观念，柏拉图把善的相与太阳作比较就是最好的证明。"当你的眼睛朝太阳照耀的东西看的时候，你的眼睛就会看到很清楚；当心灵朝着至善所照耀的东西看的时候，心灵就会领会得很清楚。"苏格拉底宣称，"这个给予知识的对象以真理（ousia）、给予知识的主体以认识能力的东西，就是善的相。"③ 这里的 on 不是指某种无可辩驳的存在，而是指能够满足需要的有序的可信赖的事物。类似地，ta ouk onta 也不是指非存在（non-existent things）或虚构的事物，而是指"无有"（non-entities, good-for-nothings），这与保罗的意思相同，"神也拣选了世上卑贱的，被人厌恶的，以及那无有的，为要废掉那有的"。④善的相是要废掉人的种种"非存在"（例如贪婪表现的"好"）。

这里，柏拉图使用 ousia 有两点不甚明确之处，一是语法上的，指述谓，相当于 ho estin（it is/它是），指 x 的基本特征；二是柏拉图似乎有一个特殊用法，用 ousia 指存在/是本身（being as such），相当于 to einai，意指 something that is（其所是），即

---

① Plato, *Philebus* 32b.
② Christopher Stead, *Divine Substance*, p. 28.
③ 柏拉图《理想国》508E，张竹明等译。引文把"善的理念"改为"善的相"。
④ 《哥林多前书》一章 28 节。

第一章　希腊哲学的 Being 的语义学预备性分析　43

to einai 或 on。① Christopher Stead 用一张表来描述前面所述的柏拉图的 ousia 一词观念的变化，但他没有包括 ousia 指可理知的实在（noete ousia），或者指那真实的存在（that which is real/something which is real）的用法。柏拉图也没有用 prote ousia 指特殊的个体实在，这是亚里士多德的术语；他没有用 ousia 指质料，只是用它指观念的实在或观念的世界。②

以上的讨论是概要性的，不过大致可以表明柏拉图对 eimi 的用法。与巴门尼德不同，柏拉图没有单纯停留在 eimi 一词的性、数、格变化上，他已经侧重于从 ousia 使用 eimi。希腊哲学家中，柏拉图是较早将 ousia 用于哲学，ousia 的哲学用法还有许多不稳定性。ousia 仍然保存了 eimi 的不定式 einai 形式，einai 的不定式仍然影响到作为 eimi 的 ousia 与诸"相"的关系。就此而言，柏拉图的 ousia 还不是亚里士多德的纯粹名词意义上的"本体"，它还保留着巴门尼德的动词含义，这对于理解柏拉图把 ousia 解释为 ti esti 是重要的：因为这个 ousia，公正、友爱等诸"相"的是其所是，就是诸"相"之 esti－述谓。因着这个述谓，诸"相"具有个体的"实在性"。这已经呈现出亚里士多德本体观的某些重要方面，用汪子嵩先生的话说就是，"亚里士多德以 ousiology 代替 ontology，以调和它和神学的矛盾；从而出现两种 ousiology：先是《范畴篇》、《物理学》和 Λ 卷中的 individualistic ousiology（个体的本体论），然后是 Z 和 H 卷中的 essentialistic ousiology（本质的本体论），以及作为其补充的 Θ 卷中的潜能和现实的学说。"③ 柏拉图使用 ousia 和 eimi 时，两者的关系还不似

---

① Christopher Stead, *Divine Substance*, p. 29.
② Christopher Stead, *Divine Substance*, p. 29.
③ 汪子嵩、范明生、陈村富、姚介厚，《希腊哲学史》第三卷下卷，第 688—689 页。

亚里士多德本体观那样有明显张力，还相对含混，然而我们确实可看到柏拉图已经按 ousiology 来理解 ontology。早期基督教思想家多数是柏拉图主义者，他们从柏拉图的著作中获得关于 ousia 和 Being 关系的了解，多类似于亚里士多德对柏拉图的诠释，这也合乎情理。

三

学者们有关于柏拉图的 eimi 和 ousia 关系的研究并不多见，这里略多些讨论。① 柏拉图的早期对话主要寻求事物的"定义"，但还没有从"定义"中发展出超验的实在；中期对话则在"定义"与超验实在（"相"）之间建立密切关系，然而已经由 eimi 的动词形态扩展出 ousia 的名词形式，《斐多篇》、《理想国》和《斐德若篇》都讨论了 ousia 与 eimi 的关系。柏拉图晚期对话中涉及 ousia 的，主要有《智者篇》。我们的研究主要涉及：（1）在柏拉图的早中期对话中，ousia 是如何发展出来的？（2）柏拉图的 ousia 对于早期基督教的上帝观有什么意义？

在早期对话中，柏拉图把 ousia 与 what is x 关联在一起。《查米达斯篇》讨论自制，《拉西斯篇》讨论勇敢，《游西弗伦篇》讨论虔敬，《大西庇亚斯篇》讨论美。这些对话指向单一的、唯一的、为这一事物所真正所是的（that which so‑and‑so really is）性质，描述的不是……is x，而是 x is……。柏拉图反对以举例的方式表达"是之所是"，而是问例如"公正因何是公正？"这个"因何"在柏拉图看来就是 ousia，它作为 what is x 的相应术语出现在早期对话中。例如《美诺篇》（Meno 72b），"当我问蜜蜂是什么时？我问的是它之所是。"［ei mou eromenou mer-

---

① 这里继续根据 Christopher Stead, *Divine Substance* 一书关注柏拉图的论述作些研究上的介绍。

ittes peri ousia oti pot estin——If, when I asked about the being of a bee, what it (the bee) is……] 格思里的英译是 Suppose I asked you what that a bee is, what is its essential nature[①]。(当我问你蜜蜂是什么时？我问的是其本质特性。) 其他对话也有类似情况，例如《游西弗伦篇》(Euthyphro) 11a "ti pote on"（它之所是）；《斐多篇》(Phadeo) 65d, "ho tugchanei hekaston on"（what it actually is? 它之实际所是）；《克拉底鲁篇》(Cratylus) 423e, "mimeisthai hekastou ten ousian"（inmitating the being of each thing/ shows what each thing is. 显明每一事物之所是）。在这些对话中，柏拉图都提到 ousia，都指向 x itself（x 本身）。《大西庇亚斯篇》(Hippias Major) 286d8 kai me didakson hikanos auto to kalon oti esti（我希望你告诉我美本身之所是）回应的是对 d1 的 echois an eipein ti estin to karon（没有找到它之所是）。有趣的地方在于，柏拉图早期对话似乎承继了巴门尼德的 ti estin 的表述。如果说巴门尼德的 ti estin 只能理解为 it is so 和 it is 的话，柏拉图则推进了一步，建立了 ti estin 与 ousia 之间的联系。柏拉图依据 ousia 讨论巴门尼德所谓的 ti estin。在巴门尼德，ti estin 只讨论"存在/是就是存在/是"，而没有进一步言说是之所是，然而，柏拉图依据 ousia 来诠释 on，则希望对于 on 有所述谓，宾词随之形成。这也表明，在柏拉图的哲学中，eimi 逻辑化和关系化了。亚里士多德对 ousia 与 eimi 的讨论，是顺着柏拉图往前推进的。

在早期对话中，柏拉图没有将 ousia 的分析推进到亚里士多德的程度，即把 ousia 与 on 同等使用。oti pot estin 和类似表述所指的仍然是"某某之所是"（what is so–and–so），动词 estin 仍

[①] Edith Hamilton & Huntington Cairns (ed.), *The Collected Dialogues of Plato: Including the Letters*, NewJersey: Princeton University Press, 1987.

然是述谓性的。然而,《大西庇亚斯篇》287c 有新的进展,苏格拉底迫使对话者西庇亚斯承认 Oukoun esti ti touto, he dikaiosune("因为公正本身,公正的是公正的")。这一表述的重点是 esti,指称"公正是实在"。与早期对话不同,这里柏拉图没有把 ousia 解释为存在的状态,而是用了 justice is something 的表达。这显示了问问题的新方式,类似的情况出现在《克拉底鲁篇》结尾(439c) phomen ti einai auto kalon kai en ekaston ton onton outo, e me(存在着诸如美本身等等,Benjamin Jowett 的完整的英译是 tell me whether there is or is not any absolute beauty or good, or any other absolute existence,告诉我存在抑或不存在任何绝对的美或善,或者任何其他绝对的存在)。与前述一些对话的侧重不同,这里所涉及的一些段落不是只通过事物的形象(它被认为是事物实在的对立面)来认识实在,柏拉图认为"发问"应该针对实在本身(the realities themselves)。因此,it itself(beauty itself)第一次被引入进来指持久和不变的实在本身。这表明柏拉图的思想有一个从……is justice 到 justice is ……,即从述谓到定义,从作为与名称的事实对立的观念到定义的观念(that of definition)的转变。① 柏拉图用 ousia 指不变的实在,重新理解他以前的"定义"。这样的 ousia 就不只是述谓,而是"相",或者甚至是"本体"了。

《斐多篇》推进了《大西庇亚斯篇》对 ousia 理解的转变。在《斐多篇》所论述的回忆说中,einai 的用法占绝对地位,然而也不可否认 ousia 的重要性。首先,ousia 出现在 65D 之中,希腊文为 lego de peri panton, oion megethous peri, hugieias, ischuos, kai ton allon heni logoi hapanton tes ousias ho tugchaton hekaston on. 英译为 Is there a thing as justice itself……beauty, goodness?, which

---

① Christopher Stead, *Divine Substance*, p. 33.

being agreed the questioner continues, did you perceive such things with your eyes, or other senses? ——I mean size, health, strength and in short the being of all things, what each of them is. (是否存在诸如公正……美和善本身？在得到肯定的回答后，苏格拉底继续问道，"你是凭你的眼睛或其他感觉器官感知到的吗？"……我所意指的是尺度，健康和力量，总之是万物的存在，是它们之所是。) ousia 给出的不只是诸如关于善这类事物的定义，还指"实在"。其次，《斐多篇》75C 也以类似方式提到 ousia。在柏拉图的上述论证中，有两点值得注意：第一，柏拉图的"相"论有了新发展，它不仅指抽象的表达，还包含原先那些对话中所没有的想法，即特殊的个体事物都有相应的"相"。第二，出现了从……is justice 到 justice is ……的变化，后一表达又包括两种含义：(1) 作为普遍一般的 justice 有某种具体的 just 无法包含的内容。(2) 柏拉图所要讲的 ousia，不是 seems（表象），而是 is（"是"）；不是 becomes（生成），而是 is（"是"）：客观的和不变的存在。"回忆说"指出要返回先在灵魂的此种状态，它所依赖的就是 ousia 与 Being 的关系。

柏拉图对 ousia 的分析，还包含了下面两种含义：一是我们用 the x 指 x 的集合体，即众多的 x；二是指众多个体事物所拥有的 x 的普遍性，这是他真正要讲的 x itself，例如 the equal itself（同等性本身）是完全同等和始终同等，是一切同等的因。《斐多篇》对 ousia 的这一讨论还在 76D 和 77A 出现过，用以指"相"的整体和"实在"本身。《斐多篇》78C – D 继续使用 ousia，指出"真实存在"的本性是不变的，这是"相"的整体。这显示柏拉图的本体思想经历了从 what each thing is 到 what is or reality 的转变：aute he ousia hes logon didomen tou einai……auto to ison, auto to kalon, auto hekaston ho estin, to on, me pote metabolen kai hentinoun endechetai. (实在本身，即我们规定为存在的……

同等本身，美本身，和作为真正之所是的每一事物本身，即真正的存在……这些能容许任何丝毫的变化吗？）在《斐多篇》92D中，西米亚斯（Simmias）表示赞成灵魂和谐的观点：errethe gar pou outos hemon einai he psyche kai prin eis soma aphikesthai, hosper autes estin he ousia ekousa ten eponumian tou "ho estin". （我认为我们说我们的灵魂在进入身体之前就已存在，正如它拥有被称为"其所是"的实在本身。）《斐多篇》78C–D和92D与76E–77A相呼应，也认为绝对的实在、灵魂与无形的和不变的实在类似。①

如果说《斐多篇》对ousia的讨论还只是eimi诠释的预备性工作的话，那么在《理想国》中，ousia就已经是不变的实在。《理想国》的首次用法出现在第二卷，谈到"公正的起源和本质"（ousian），第六卷和第七卷把ousia作为非常重要的术语，并发展了《斐多篇》76–78的用法。这里ousia不再指定义，而是指绝对的存在，指称实在的名词或者真正的存在整体，以绝对性用法指永恒的实在整体。在《理想国》中，柏拉图还用Ousia指存在的类型，也就是alethia（真理/真）和on。在第七卷中，柏拉图反复询问至美和不变的实在世界的知识的产生，论证数学知识是引导灵魂上升的最好途径，它使灵魂趋向being、reality（ousia）、truth：

521d ti oun an eie……mathema psuches holon apo tou gignomenou epi to on. （这种把灵魂拖着离开变化实在世界的学问是什么呢？）②

523a helktikoi onti pantapasi pros ousian. （它确实能引导灵魂

---

① Christopher Stead, *Divine Substance*, p. 36.
② 中译文均据商务版的《理想国》中译本：柏拉图，《理想国》，郭斌和、张竹明译，商务印书馆，1994年。

到达实在。)

524d – e ouk an holon eie epi ten ousian. (它就不能牵引心灵去把握实在了。)

524e – 5a ton agogon an eie kai metastreptikon epi ten tou ontos thean. (对"一"的研究便会把心灵引导到或转向到对实在的注视上去了。)

525b tauta de ge phainetai agoga pros alethian. (这个学科看来能把灵魂引导到真理。)

525b philosophiae de ……tes ousias hapteon……geneseos eksanadunti. (哲学家也应学会它……脱离可变世界,把握真理。)

525c metastrophes apo geneseos ep' aletheian te kai ousian. (将灵魂从变化世界转向真理和实在。)

《理想国》认为"相"表示完美的原型世界,509B 集中阐释了这个思想。柏拉图把它们与至善的相联系在一起。"知识的对象不仅从善得到它们的可知性,而且从善得到它们自己的存在和实在(ousia),虽然善本身不是实在(ousias),而是在地位和能力上都高于实在(ousias)的东西。"[①] 当柏拉图说"善高于实在"的时候,他的意思不是说它因为过于卓越而不是真实的,而是说它的真实性超过某个具体的存在者的存在的真实性。很可能,这里所谓的 ousia/being 是指 being so – and – so。公正的相是善的,然而它所展示的善性依赖于公正之所是这类存在,它不能展示区别于例如车的相所展示的善。善本身高于诸如此类的理念,后者是善的特殊类型;它是所有善的原型。在《理想国》中,柏拉图没有说过善的相本身是可理知的理性存在。只有到《蒂迈欧篇》30B 的时候,他才说到理智的存在高于缺乏理智的存在。在《理想国》中,至善是最高的实在,有着最高的价值,

---

① 引文据商务版的《理想国》。

据此而论，它充满于所有处所中，后来被基督教归给一个位格的上帝。然而，柏拉图并没有按照有神论的术语来思考，通常它以此指宇宙的最高统治者，把它视为沉思的最高的最完全范型，是完全自身独立的。因此，我们必须把柏拉图的立场与后来的柏拉图主义发展出来的两个类型区分开来，一是简单地把世界的统治者与《理想国》的善同一起来的做法，这包括柏拉图后来探索的一些主要思想；二是把善、太一作为终极的不可知的神性，成为世界的统治者和创造者本身从中存在的最初源头，只有在晚期柏拉图主义中才出现的这种倾向，[①] 却在卡帕多西亚教父的神学中得到了体现。

第二节 亚里士多德论 Being/Ousia

从巴门尼德到柏拉图，从把 eimi 理解为 on/being 再到 ousia，希腊哲学有关 being 的语义学理解出现的变化对于希腊化哲学和早期基督教同样重要。柏拉图使 being 的用法朝着本体论演变，他把 on/being 理解为 ousia，主要是把实在性和普遍性理解为两个可以相互贯通的概念。柏拉图及其学派在普遍性程度的下降和实在性层级之间建立起的联系，被称作是从属论模式，它为早期基督教上帝观处理位格间神性同等带来不少困难。

亚里士多德所处理的 on/being 与 ousia 关系要复杂得多。一方面，他追随了巴门尼德-柏拉图从本体论角度探讨 Being 的方式，另一方面他更加着力于推进巴门尼德-柏拉图思路中的逻辑方法，把 ousia 蕴含的逻辑关系当作是 on/being 语义学的主要内涵。巴门尼德的哲学主题是本体地讨论 on/being，他的直陈式包含着逻辑述谓上的主词与谓词的关系。柏拉图的定义法也包含类

[①] Christopher Stead, *Divine Substance*, pp. 41–42.

似的逻辑主词研究，然而上一节关于柏拉图的研究表明他显然意不在此。亚里士多德的 on/being 和 ousia 的关系研究，则显然与他的逻辑形式研究相关。

亚里士多德认为 on/being 和 ousia 是基于逻辑和本体的双重关系，《形而上学》透过研究 ousia，把 on/being 与逻辑主词联系起来。由此，亚里士多德对 eimi 的解释平添了许多复杂性。一方面，他与柏拉图哲学有更多的一致性，而不是如通常所言的，亚里士多德的形而上学与柏拉图尖锐对立，只能说他尖锐地批评了柏拉图。柏拉图对于 ousia 的下述理解都为亚里士多德所接受：（1）柏拉图对 x is……的研究，即是对 on/being 作了"是其所是"，或"怎是"（to ti hen einai）的研究。（2）柏拉图关于"怎是"之"是"的理解与相的实在性（on/being 本身）的相互贯通。换言之，"是"就是"怎是"；on 既是唯一的最高实在，是实体，又是完全的 ousia。

如同柏拉图，亚里士多德把 ousia 作为 on 的核心含义，并且使这一点更加明确、清晰和坚定。亚里士多德确实使 ousia 含义更加复杂。在希腊化哲学和早期基督教的上帝观使 ousia 和 on 可以相互替代使用的进程中，即在驱动"是"与"怎是"之间等同使用的过程中，亚里士多德起着重要的作用，只是希腊和拉丁基督教的柏拉图主义者可能更倾向于认为他们的思想来自于柏拉图。亚里士多德影响早期基督教上帝观之处还在于，他透过使 ousia 含义复杂化，也因着后来斯多亚主义的发挥，造成更多的复杂阐释。亚里士多德的 Being 的语义学对于基督教的上帝观的贡献还表现在，他使得 ousia 这个术语与 hypokeimenon 的概念联系起来。在这一点上，他对于基督教上帝观形成的影响远过于柏拉图。

一

本节分析亚里士多德的本体思想，主要依据《形而上学》

一书。ousia 与 on 的关系是该书的核心，汪子嵩先生有清晰、精到的阐释。在《希腊哲学史》第三卷中，汪先生补充了《亚里士多德关于本体的学说》一书不曾涉及的许多内容，尤其讨论了 ousia 与 on 的关系。汪先生是这样说的：

> ……在如何理解亚里士多德的这个术语和思想上，[①] 从古以来，西方学者一直是有不同的意见和争论的。他们争论最大的一个问题是：亚里士多德所说的"是"和"作为是的是"究竟是最普遍的东西呢，还是最完善的神圣的东西？我们看到：巴门尼德最初提出的"是"，实际上已经包含有这两方面的意思：一方面他将一切归为"是"，这是包含一切的，它具有普遍共同性；另一方面"是"和变动的现象对立，是永恒不变的真实的东西，所以是完善的；而且巴门尼德的"是"从塞诺芬尼的单一的不动的无生灭的神发展过来的，所以也带有神圣性。从巴门尼德的"是"演变而成的柏拉图的"相"也有这两方面的意义：一方面"相"是多中之一，是这一类事物共同的东西，具有普遍性；另一方面"相"是具体事物追求的目的，是事物永远不能达到的理想——善，所以它也具有完善性和神圣性。亚里士多德的"是"和"作为是的是"是从巴门尼德的"是"和柏拉图的"相"这条思想路线发展下来的，当然也具有这两方面的意义。学者们争论的是：在这两种意义中究竟是哪一方面是主要的？有的学者认为，亚里士多德是将"是"归结到它的首要的核心——本体，又将各种本体归结到最高的一种即不动的分离的本体，他称为"不动的动者"也就是神，所以亚里士多德将他自己的形而上学叫做神学，说它是最高

[①] 指 Eimi 及其分词形式 on。

的理论学科。但是另外一些学者认为，亚里士多德说研究"作为是的是"是一门普遍的学问，它所研究的基本范畴和原理是其他一切特殊学科都要使用，但却并不专门研究的。它研究普遍的本体，研究本体的特征和分类，而不动的分离的本体只是其中一类特殊的本体。所以亚里士多德说他的形而上学是研究"作为是的是"的学问，是普遍地研究"是"的本体论，神学只是其中的一个特殊的方面和部分。前一种意见可以在 E 卷第一章中找到根据，后一种意见可以在 Γ 卷第一章中找到根据，两千多年来研究亚里士多德的学者们一直在这个问题上争论不休。[①]

汪先生指出，学者们在《形而上学》研究上讨论的核心问题是：它把 ousia 作为 on 来研究呢，还是把 on 作为《形而上学》的主题，而把 ousia 只作为其中的一个问题？汪先生的看法是不应该将两者分开。他认为，这场争论的缘起更多是因为西方学者将"作为是的是"归结为神学，然而我们"不能将亚里士多德所说的'作为是的是'的学问归结为神学。这门学问以'是（on）'为研究对象，所以被称为 ontology（本体论，严格地说应该译为'是论'）。本体（ousia）是'是'的核心，所以研究本体的 ousiology 应该是这门学问的最主要的内容，这是没有问题的，在《形而上学》书中，研究本体及其有关问题的 Z、H、Θ 三卷被称为全书的中心。"[②] 在《形而上学》中，这两个看起来有分别的主题是统一的。在本体论上，柏拉图也是作为同一问题讨论的：神学抑或哲学，on 抑或 ousia？然而亚里士多德增加了

---

① 汪子嵩、范明生、陈村富、姚介厚，《希腊哲学史》第三卷下，第 677—678 页。

② 同上书，第 697 页。

"作为是的是"的方面，即逻辑学层面，这恐怕是柏拉图与亚里士多德有重要分别的地方。[1]

苗力田先生大约是持不同的看法的。他认为"作为是的是"的学问和作为神学的学问是不同的，所译的《形而上学》所加的唯一长注中，他这样说：

> 亚里士多德哲学中有个词组形式的词汇 to on hei on（作为存在的存在）早已为人所共识，但还有另外一个同样的词汇，由于简单化、现代化的翻译，至今鲜为人知。这就是 to ti en einai，这一词汇亚里士多德经常和 ousia（实体）相通用。此处很显然不是指质料和载体意义下的实体，而是指形式或本质意义下的实体，一旦被简单化、现代化为一个单词（本质），就失去了亚里士多德原来用法的古朴风采和深邃内涵。这一词组是从日常生活而来，它就是要回答：何以事物是如此如此的样子。能使事物成为如此如此的原因，当然只能是实体，这里的内容不难索解，问题出在文法上，因为词组具有人称和时态的变化，不用现在时态，而用表示过去了的未完成时态 en。研究亚里士多德的学者们多方查证了词类的用法，他们以不同的论证，认为这一未完成体所表示的是先于，甚至把它作为形式先于质料的佐证。为了更深入细致地了解古典西方哲学，本书中我们试将它还原为词组形式："是其所是"。遗憾的是汉语中没有时态变化，这里也万难对未完成体和不定式做出区别。"作为存在的存在"表现存在的普遍性，"是其所是"表示实体的先在性，两者

---

[1] 参看 Joseph Owens, *The Doctrine of Being in the Aristotelian "Metaphysics": A Study in the Greek Background of Mediaeval Thought*, Toronto: Pontifical Institute of Mediaeval Studies, 1978, p.1。

都是亚里士多德哲学精髓的结晶。①

苗先生主张译为"是其所是"的 to ti en einai 就是汪先生所说的 ousia，to ti en einai 和 ousia 是通用的。然而，to ti en einai 不等同于 to on hei on，亚里士多德的意思恐怕是说应该按照 to ti en einai 理解 ousia。to ti en einai 具有动词的形式，即"使之成为"的本意。在柏拉图的哲学中，ousia 也有动词性质，吴寿彭先生将 ousia 译成"怎是"很有道理，因为它不仅从汉语语境中体现出 ousia 的动词性，重要的是它还体现出柏拉图的基本用法之一。② 从这个角度来说，亚里士多德的 ousia（本体）可以作为 on 的相关义项，to ti en einai 和 to on hei on 尽管有所不同，即苗先生说的前者强调本体的先在性，后者强调存在的普遍性，然而只是从不同角度丰富了 ousia。在柏拉图哲学中，ousia 还只是诠释 eimi 的相关术语，而现在 eimi 却借助于 ousia 的具体用法获得了进一步的阐释。这就是说，eimi 和 ousia 之间的联系，并不真是希腊哲学在本体论上发生了什么转折，尤其是，它不是说从柏拉图到亚里士多德，真有什么根本性的变化，而是说，催助于两者之间关系的清晰建立，希腊的 Being 语文学才真正清晰起来。

当然，苗先生的顾虑确实有道理。把 ousia 译为过分现代的"本质"，会导致对 to ti en einai 作过分静态的理解。早期基督教思想家，尤其是希腊基督教思想家在这个问题上把握住了柏拉图－亚里士多德传统的精髓，把 to ti en einai/ousia 作为本体性原

---

① 亚里士多德，《形而上学》，苗力田译，第33页注1，见《亚里士多德全集》第七卷，中国人民大学出版社，1993年。

② Joseph Owens 认为 W. Jaeger 的"发生说"的解释是合理的，即亚里士多德有一个从采纳柏拉图的思想到发展出自己的思想的过程。参看 Joseph Owens, *The Doctrine of Being in the Aristotelian "Metaphysics": A Study in the Greek Background of Mediaeval Thought*, p. 2。

理理解。他们将它理解为本质性的本体，把 to ti en einai/ousia 和 to on hei on 结合在一起。这样，我们可以理解亚里士多德为何以 ousia 为 on 的中心，从 ousia 诠释 on，这两者其实不相矛盾，也不会掩盖彼此的差异。吴寿彭先生所说的下面这番话的意思正在于此：

> on，出于动词 eimi，意谓"是"或"存在"。凡"物"各为其"是"，各"有"其所"是"。故"是"为物之"本体"（ousia）。或问"这是何物"？答曰"这是某物"。又问"这怎么是某物"？答"这因这么而是某物"。故"怎是"（to ti en einai）为某物之所以成其本体者，包括某物全部的要素。

吴寿彭先生把 to ti en einai（ousia）、to on hei on 理解为 eimi 的不同层面，认为反映出 ousia 的双重用法。其一，如吴先生所说，作为万物各有其所是的"是"，颇类似于柏拉图的"相"的普遍性寻求；其二，"怎是"，如吴先生所说，"这是某物"，包含了某物之全部要素的具体性。这个具体性也就是个体性！这显示了亚里士多德与柏拉图对 ousia 思考也有不同方面的指向。

柏拉图认为，to on hei on 的实在性与 to ti en einai（ousia）相一致；亚里士多德保留了这个看法，然而他又认为 to ti en einai（ousia）指向的个体性也是实在性。这后一方面的看法是基于亚里士多德的动力因，ousia 在使普遍性成为个体的普遍性上有了特殊内涵。如果说在柏拉图的哲学中，ousia 是在巴门尼德的纯存在/是的绝对普遍性意义上使用的话，那么亚里士多德显然使它的用法趋于复杂。早期基督教神学家在塑造上帝观的前尼西亚神学时期，不能够确认 ousia 在这个方面的意义：它是使用在个体性意义上抑或普遍性意义上？使用在 to ti en einai 抑或在 to on hei on 的意义上？因为三 ousia 可能被理解为三本质，也可能被理解为三个体。在 ousia 的用法上，如何从亚里士多德的复杂蕴含中开出新的认知道路，这不是退回到柏拉图－巴门尼德提供的古典进路所能解决的。因此，早期基督教思想家在塑造三位一体神学的同时，还必须提供关于 on 的语义的卓越洞见。事实上，早期基督教思想家塑造三位一体神学的规范，正是建立在对于 on 的语义学的新的洞察的基础上。

二

亚里士多德对 ousia 与 hypokeimenon 的探讨，影响了晚期希腊哲学，尤其是早期基督教上帝观。在《范畴篇》中，第一本体（hypokeimenon/ousia）是个体存在物：既不表述主体又不存在于主体之中的存在者；第二本体是属性之类的范畴，它不存在于主体之中，然而可以表述主体。借用 hypokeimenon，亚里士多德指出"本体"的个体性，把它用作个体性的本体。在《形而上学》中，本体概念更加复杂。《形而上学》各卷关于本体有不同的说法，在 Δ 卷（第五卷），亚里士多德说，第一种本体是那些单纯的物体，比如水、火、土和气等等，因为它们不述说其他主体，却为其他事物述说。[1] 这是就 hypokeimenon 来说 ousia。第二种本体诸如灵魂之类，它们是事物存在的原因。[2] 第三种本体是这些事物的某些部分，例如面之于体，线之于面，点之于线等。[3] 第四种本体是本质，即 to ti en einai（是其所是/怎是），也就是公式、逻各斯和定义。[4] 这是《形而上学》第一次明确地

---

[1] Aristotle, *Metaphysics* 1017b10, see in *The Completed Works of Aristotles*, 2 Vols., The Revised Oxford Translation, Edited by J. Barnes, Princeton University Press, 1985.

[2] Ibid., 1017b14 – 16.

[3] Ibid., 1017b17 – 21.

[4] Ibid., 1017b21 – 22.

把本质视为本体。在 Λ 卷（第十二卷），亚里士多德说本体有三种：质料、形式和二者的结合物。① 与前述有所不同，这是从事物的生成来看待本体。然而，在 Z 卷（第七卷）中，亚里士多德说本体有四种：本质（ousia）、普遍（the universal）、种（the genus）和基质（hypokeimenon）。② 在 Z 卷，亚里士多德提出了本体的三大标准，（1）不表述别的东西却为别的东西所表述；（2）分离性和独立性；（3）这一个、个体性。③ 汪子嵩先生作了如下的精细分析：

> 按照第一个标准，就应该承认：质料是本体。而且它比任何别的本体还是本体；因为别的范畴都是表述主体的，而本体又是表述质料的；决不能反过来说，质料是表述本体的。所以，质料应该是最后的本体。
> 但是，除了这个标准以外，还有两个别的标准，即分离性和个体性。用这两个标准来衡量，就不能说质料是本体，而是形式，以及由形式和质料组成的具体事物才是本体。这个道理很容易理解：所谓个体性，就是它所有的性质都是已经规定了的，它是"这一个"，与别的任何一个不同；所以它可以和别的分离开，独立存在，这就是它的分离性。质料当然不能有这两种特性，因为质料就是没有规定性的东西，它不能是"这一个"，不能和其他东西分离存在。因此，从后两个标准说，质料不

---

① Aristotle, *Metaphysics* 1017b10, see in *The Completed Works of Aristotles*, 2Vols., The Revised Oxford Translation, Edited by J. Barnes, Princeton University Press, 1070a9 –13.

② Ibid., 1028b30 –36.

③ Ibid., 1029a26 –30.

是本体，形式和具体事物才是本体。①

汪子嵩先生认为亚里士多德所属意本体——形式/本质，这是定论。就本书而言，我要讨论的是，亚里士多德提出的诸多"本体"形态与早期基督教上帝观的词义关联。其一，ousia 作为质料的意义，是亚里士多德引进来的。在亚里士多德的思想中，把 ousia 作质料理解是合理的。既然就具体的本体而言，任何存在物必然是个体性存在者，那么纯形式的 ousia 作为逻辑关系或者本体关系理应通过与质料的结合形成具体的存在物。其二，与此相关，亚里士多德把形体的思想引入了本体观。在柏拉图而言，本体是非形体性的，亚里士多德也把作为纯形式的第一本体看作是非形体的。然而，亚里士多德也使这种形体性本体的 ousia 成了希腊思想的一种选择。这一点为早期基督教思想家在是否使用 homoousia 作为尼西亚信经表述圣父和圣子的同一性关系的激烈争辩埋下了伏笔。其三还是本体与个体的关系。在《范畴篇》和《形而上学》的前几卷，亚里士多德都认为"本体"就是"这个"，把 hypokeimenon 当成了本体。我把这作为一个要点提出来讨论，是出于这样的想法：hypokeimenon 不是一个附属性的，而是独立性的，它满足亚里士多德所说的关于本体的三原理，"（1）不表述别的东西却为别的东西所表述；（2）分离性和独立性；（3）这一个、个体性。"

因此，在亚里士多德哲学中，hypokeimenon 与 ousia 相通。当然，无须否认的是，hypokeimenon 侧重个体性，ousia 侧重普遍性。这种分别和关于"本体"的三重原理的看法混合在一起，

---

① 汪子嵩，《亚里士多德关于本体的学说》，人民出版社，1983年，第102—103页。

早期基督教思想家在塑造上帝观时必须分辨其间的混乱。在《形而上学》中，亚里士多德以"本质"为第一本体是清楚的：ousia 是 to ti en einai。ousia 的个体性是这个事物作为该事物的规定性，ousia 的个体性也应从这个意义理解：

> 开头我们就说明了决定本体的各个项目，其中之一即所谓的"怎是"，我们现在必须研究这个。让我们先做些言语上的诠释。每一事物的怎是均属"由己"，"由于什么"而成为"你"？这不是因为你文明。文明的性质不能使你成为你，那么什么是你？这由于你自己而成为你，这就是你的怎是。但这于"怎是"，还没有说得完全明确；所以为"面"与所以为"白"是不同的，因此白性之由于表面就不能作为"由己怎是"，但若复合起来说"由于这是一白面"，这也不是面的怎是，因为以"面"说"面"是不能解释原事物的。说明一名词不应该用原名词，应该用别的字来表示它的涵义；怎是的公式也得如此。因此释一"白面"就说这是一"平滑的面"，以平滑释白，白与平滑因相同而成一。①

hypokeimenon 的个体性用法与 ousia 有所不同。它指"存在为这个"，不是 ousia 的"规定为这个"。亚里士多德的上述引文也显示出这一点，ousia 就事物本身而言之所以是本体，乃在于它是事物的是其所是，是事物的"形式"。从定义上说，它就是事物的"公式"，是最大的"属差"，因此，ousia 是"定义"。这些复杂的层面交织成 ousia 一词的语义学，它也把 hypokeimenon 包括在内，然而是从 hypokeimenon 之被规定、之被述谓的角

---

① 亚里士多德，《形而上学》1029b1–24，据吴寿彭译本，商务印书馆，1959年。

度来包括的。

从这个角度说，亚里士多德关于 hypokeimenon 和 ousia 的论述也是一致的。Ousia 所涉及的本体三原理所涵盖的个体性，是 ousia 使个体成为可能的构成，hypokeimenon 所表达的个体性，则是指真实的不可剥夺的个体性。亚里士多德注重 hypokeimenon 的真实性个体，就希腊基督教思想家则把它用于反对幻影说。那么 ousia 本身是否有个体性呢？这须讨论分离问题，ousia 是否能够作为分离的普遍而存在？如果是，那么它可能不具有个体性；如果不是，那么 ousia 就具有个体性。

这是分析亚里士多德的 ousia 的语义学所需要辨明的。在《形而上学》中，亚里士多德没有非此即彼地将上述观点贯彻到底。在一些地方，他说形式不是生成的，本质（ousia/to ti en einai）也不是生成的。[①] 纯形式或本质是第一本体，是自身永恒存在的，不在个体性存在之中，因为个体性的存在需要质料作为基质（hypokeimenon/hypostasis）。基督教的三位一体神学选择 hypokeimenon/hypostasis 为圣父、圣子和圣灵的"位格"术语，在于三个 hypokeimenon/hypostasis 是以同一神性（ousia）作为基质。神性"基质"不是质料性的，而是非质料无形体的。在另一些地方，亚里士多德又认为形式不在质料之外，如果形式在质料之外，那么它对于生成和具体事物没有用处，[②] 据此而言，ousia 又体现着个体性。在基督教三位一体神学塑造的前尼西亚时期，ousia 在双重的意义上得到使用，既是广体性本体，又是非个体性本体。只是到后尼西亚时期，作为具体存在形态的上帝即圣父、圣子和圣灵的 ousia 的个体性才被分给 hypokeimenon/hypostasis，作为非个体性运作之基础的共同神性的 ousia 则被专门使用。

---

① Aristotle, *Metaphysics* 1033b5-7.
② Ibid., 1033b24-29.

总的来说，在《形而上学》中，亚里士多德认为本质是第一本体，① 它不含质料性，从定义角度说它是最高的属差。② 这在《形而上学》的 1037b29-35 中说得很清楚。亚里士多德按照二分法解释了定义方法与 ousia 的关系，汪子嵩先生简析了亚里士多德关于 ousia 和定义的关系：

> 他[亚里士多德]说，这种分法[二分法]可以继续分下去，一直到不能再分的最后一个属。因为这种"属差"，不是根据事物的偶性来区分的，而是根据上一个"属差"的特征来区分的，所以，下一个"属差"必然包含上一个"属差"的内容。比如，"有足的"再分为"两足的"，后一个"两足的"已经包含了前一个"有足的"在内。所以，如果重叠地说"有足的两足的"，就没有必要，就是多余的了。因为"两足的"当然是"有足的"。后一个"属差"已经包含了前一个"属差"的内容，"有足的"和"两足的"已经在"两足的"中统一了起来，不必再去重复叙述，它们也没有那个在先和那个在后的问题。亚里士多德说，只要运用这种正确的方法，我们得到那个最后的（也就是和具体事物最接近的）"属差"，那就是本体的公式，本体的定义。③

从"定义"角度看亚里士多德的 ousia，它与柏拉图的确有所不同。柏拉图认为 ousia 的普遍性和实体性同等重要，亚里士多德则将它使用为一个抽象的、最少内涵的概念，以表达普遍性和实体性（指个体性意义上的含有质料的实体）的分离。然而，

---

① Aristotle, *Metaphysics*, 1037b3-4.
② Ibid., 1038a25-30.
③ 汪子嵩，《亚里士多德关于本体的学说》，第 157—158 页。

亚里士多德在两者之间建立起来的这种关系又是有益的。阿他那修在讨论三位一体神学时已经注意到这一点，他认为不应该把神性理解为类似于圣父、圣子和圣灵之外的第四"本体"（ousia），而应理解为 nature。卡帕多西亚教父把这个思想发展到极致，他们以 nature 诠释 ousia，把 nature 作为与 hypokeimenon 分离的相对的普遍性。这种思想与亚里士多德有一定的渊源关系。

亚里士多德的 ousia 还启发了早期基督教思想家的另一种用法。他将同种或同属的个体事物放在"关系"中理解，就定义而言是种+属差的关系。依他的看法，最高的"种"——第一本体、纯形式、to on hei on 是具体事物其所是的（to ti en einai）"因"。这个思想对于早期基督教的三位一体神学非常重要，尤其是卡帕多西亚教父，他们把 ousia 理解为"关系性"的因：父的位格是首因，圣父和圣子是作为父的因之所致。

亚里士多德关于 ousia 的语义学分析，至少从三个角度来讲对早期基督教的三位一体神学来说是重要的。首先是它作为 on 的核心观念，获得了与 on 同等使用的地位。希腊化哲学和早期基督教神学传统已经不区分这两个术语的用法。这当然会导致后来如海德格尔式的批评，成为早期基督教三位一体神学的重要的语义学预备。其次，ousia 的个体性意涵以及它与 hypokeimenon 的义理关系成为早期基督教三位一体神学的重要词源学难题。第三，亚里士多德把 ousia 理解为关系性的因，对于塑造早期基督教三位一体神学意义重大，尤其在塑造希腊基督教的上帝观传统时有重要作用。

第三节　早期基督教思想家论 Being/Ousia

前面已经分析了巴门尼德、柏拉图和亚里士多德对 ousia 的看法。接下来要讨论早期基督教的 ousia 用法。早期基督教神学家延续了柏拉图的进路,从 einai 诠释 ousia。他们通过对 einai 作分类,澄清 ousia 的复杂含义,这表明早期基督教文献保持了 ousia 的复杂用法。

Christopher Stead 认为 einai 的用法主要分为两类:一表示存在(existence),二表示特性(character)。柏拉图曾据此区分"x 是否是……"(ei esti/whether x is)与"x 是……"(ti esti/what x is),早期基督教思想家则保持了这一区分。有些时候,"x 是否是……"不是在问"是否存在这种像 x 的事物",而指"x 是否作为一个独立的实在(reality)存在"。循此理解,ousia 从"单纯的存在"(mere existence)转化为"本体/实体的范畴"(in the category of substance)。换言之,ei esti 不单指存在的状态,还与 ti esti 有密切关系。亚里士多德把 ousia 作为 on 的核心含义,这使柏拉图的用法明晰化:本体/实体的存在状态与存在/是(on)本身几近等同。

巴门尼德、柏拉图和亚里士多德在 ei esti 与 ti esti 间建立起的内在关系对理解早期基督教思想的脉络相当重要。ousia 表示圣父、圣子和圣灵的位格性存在状态(经世),显出上帝本身(on)。上帝的自我显示不是柏拉图主义式的现象和本体关系,而是本体将自身呈现为经世的关系性。"对于古代的作家来说,在 substance(实体)的意义上把 x 称为一 ousia(本质/本体),既是说 x 比状态(states)和过程(processes)等更真实,又是说把它放在事物分类的最前列。说得更通俗些就是:ousia 与 einai 的上述两重主要含义是联系在一起的。"[1]

---

[1] Christopher Stead, *Divine Substance*, pp. 131–132, Oxford University Press, 1977. 以下的论述主要参考 Christopher Stead 本书的第 133~146 页的资料写成,恕不一一注明。Stead 的分析纯粹是针对 ousia 的语义学的,我在采用时作了一些删改,并增加了不少的分析。本小节的教父著作也均转引自上述页码内所标识的文献。

一

根据 einai 的上述分类,以及柏拉图和亚里士多德的 ousia 观点,ei esti 与 ti esti,它所包含的 it/x 与 ousia 的关系可以分为以下七种。

A. 存在（existence）

B. 范畴或状态（category/status）

C. 实体（substance）

D. 材料或质料（stuff/material）

E. 形式（form）

F. 定义（definition），各种范畴的使用

G. 真理（truth）

ousia 的这七种意思已经包含在前面巴门尼德、柏拉图和亚里士多德的分析中。柏拉图注重 A（如《智者篇》和《泰阿泰德篇》）、E 和 G 三种含义,亚里士多德则提到所有七种含义,并认为 C、E 和 F 的含义相当。

Stead 还对 ousia 作了细分。他认为当 ousia 相当于 to einai 或 to on 时,又可以分三种情况:一是指某种事实或事情的状态;二是指作为存在或如此这般存在的某个或系列对象;也可以指第三种情况,ousia 不表示动词不定式 einai,也不表示主语,而指述谓。在第三种情况下,ousia 不指"所是之某物"（ho esti/something that is）,而指"某物之所是"（ho esti/what something is）。一、二和三分别对应于上述的 A、C 和 B。ousia 的这三种含义又可以分为下述四种指称方式:

1. 动词的,指向事实,= to einai,或 hoti esti

2. 述谓的,= ho esti, what x is

3. 主词的,作为集体名词 = ho esti, what something is

4. 还可以用作个体名词的主词

ousia 的含义既包含关于 on 的陈述又指向定义，即述谓性陈述。教父们认为，being/ to on 逐渐变化出"如此这般"（being such‐and‐such），然后变化出"存在为那样"（being just that）。据此，教父们把个体性从集体性和整全性的 on 中分别出来。据此则可以进一步细细分辨 ousia 的各种意思，研究它的变通，发现它是如何从一个含义变化出另一个含义。这表明在 ousia 的语义学中，包含着从集体名词向个体性名词的变化，而亚里士多德则为本质性本体和个体性用法奠定了语义学基础。作为神性的一包含着位格之多的集体名词，ousia 蕴含着一上帝向圣父、圣子和圣灵之多元的自然联结。

学者们还分析了 2 和 3 之间的关系。有的学者认为不能把它们区分开来，因为在 to be 这样的动词形式中，主词和谓词应该一致：what x is 与 x 无法区别，述谓的 ousia 与主词的 ousia 不可区分。Christopher Stead 指出用这种阐释古典思想有失准确。例如，亚历山大的克莱门提到过"血是灵魂的 ousia"。① 他既没有暗示灵魂就是血；也没有说除了血，灵魂就不是别的什么，而是指灵魂是血的产物。克莱门的意思还可能是，牛奶以血为 ousia，即基本质料。② 此前，克莱门提到"牛奶的赋予生命（life‐giving）的 ousia，流自仁慈的胸部"。③ 这表明"牛奶的 ousia"并不意指"牛奶之所是……"（what x is），即不是指基本材料或血。它意指 that which x is，这是牛奶的指代性说法。因此，ousia 作为"述谓的"和作为"主词的"并不相同。作为"述谓的"，在克莱门就是"是的/成为关于……的是"；作为主词的，则是个体性的称谓；前者指一般性的存在，后者指个体性的存在。

---

① Clement, *Paedagogus*, 1. 39. 2.
② Ibid, 1. 39. 5.
③ Ibid, 1. 35. 3.

第一章 希腊哲学的 Being 的语义学预备性分析 67

亚里士多德所区分的普遍本体和个体本体的用法,成为早期基督教思想家塑造三位一体神学的语义学根据。它既可以是一般性表达,即作为"述谓的"ousia。例如"人是什么?"那么,它指 ousia 的就是"双足的会笑的生物"。再如"哺乳动物是什么?""动物是什么?"等等也是如此,它们都把人的定义放在某个属差之中。关于"人是什么?"也可以这样回答:人是"肉体",就如牛奶"是"血。这个"人"的术语没有越出人的"种",用于某个内部的有限范围。"人"指集体的人种,"一个人"指一个个体的人,在某种情况下,也指一群人。这就从"述谓的"(hoesti)演化出"作为集体名词的主词"和"作为个体名词的主词"。

早期基督教思想家的"x 的 ousia"的用法继续了两种语义样式:一种比 x 更一般,由此上推至最大的种或属差,指本质性的本体 ousia;另一种指"一个 x",可以指一个亚种,或一个组成,或 x 的种类,或个体的 ousia。基督教思想家把前一种 ousia 称之为"一神性";后一种 ousia 称之为"三位格"(three hypostasis)。

二

我们先分析作为"存在"(existence)的 ousia。亚历山大的克莱门、奥利金和阿他那修都这样使用过 ousia,用它肯定或否定某物的存在,或指"使某物存在"。奥利金说 eis ousian ta panta 和 eis uparksin egaren ta panta(在无法分辨的差别中,他使万物存在),[1] 这是在肯定的意义上使用 ousia。他也在否定的意义上使用 ousia,例如他说 to dogma……ton pantei atheon kai tan ousian tou theou arnoumenon(那些彻底的无神论者和否定上帝存在

---

[1] Origen, *Commentary in Johannem*, Fragment 1 and 2.

的人的意见)。麦梭迪乌（Methodius）也在否定的意义上说，ou men huphethtosa eti kat ousian.（当某种状态受破坏时，也就失去了它的形式。）otan choristhen ti apo tinos meketi huparchoi, hypastasin ousias ouk echon.（在这样的情况下，就不具有存在的实在性。）① 奥利金说，希腊的神是虚构的存在。他要求希腊哲学家凯尔苏斯（Celsus），后者认为希腊神灵是真实的，论证他们何以可能真正存在（ousian kai hypostasin，或者 kat ousian hyphestekenai）。②

这些希腊基督教思想家都把 ousia 用作"存在"，但不是将 ousia 表述为抽象的形式。若单纯就纯粹而言，ousia 所表明的只是述谓的及语用学问题。基督教思想家们在"存在"的意义上使用 ousia 时，意在指出这种表示存在状态的 ousia 与实在或实体有关联，包含质料、形式或者真理（truth）的含义。例如，奥利金在《驳凯尔苏斯》中说，女神内莫绪涅（Mnemosyne）只是虚构的，不是真正的存在（ousia）。依据柏拉图《智者篇》的观点，虚构的内莫绪涅也是一存在/是（being），是"非存在/非是（non-being）存在"；"存在/是（being）存在"则是"存在/是（being）之实在"，显然，因为主词和述谓之间的关系，述谓不只表示状态的"存在"，也表示实在性的"居于"。因为名称和实在的同一，ousia 被称为真理；前一种"真理"即"非存在/非是存在"，它只是名称，不是实体（substance）。内莫绪涅的非存在是在非实在性的意义上讲的，同样上帝创造万物使它们存在也使他们具有实在性。就这个意义来说，当基督教思想家把 ousia 称为一神性时，或者说一神性存在时，指的是实在的普遍性，在等前尼西亚神学则还包含实体的含义。因此，基督教思想

---

① Methodius of Olympus, *De Rusurrectione*, 3. 6. 1.
② Origen, *Contra Celsum*, 1. 23.

家说一神性/一本质（one ousia），指的是类似于"存在/是实存"的意思，而不是指一述谓形式。这样的用法明显受柏拉图主义的影响。

这种 ousia 的用法以集合性名词出用，指的却是个体，它处理的是模式 3 和 4 的关系。亚历山大里亚的克莱门曾说，ousia estin to di horou hyphestos（ousia 是所有成为存在者的整体）。① 类似的还有阿里乌主义者（Arianist）埃提乌（Aetius），他抨击 ousia 是永生的（ingenerate）位格（hypostasis），反对一切造物的序列（包括圣子，他认为圣子也是受造的）如父那样是永生。② 只是在两者之中，ousia 与造物者的关联以及 ousia 与创造者本身的关系是不同的。在创造者本身的关系中，作为存在的 ousia 和作为本体/本质的 ousia 是同一的，因为其作为存在的 ousia 的神性是完全的，不是有待充满的。

这种关于"存在"的 ousia 的用法还有质料的含义。ousia 的存在既可以是质料的，也可以是非质料的。斯多亚主义用 he ousia 指"一般或普遍"。与其宇宙论相关时，它认为宇宙由 ousia 或材料构成，为虚空环绕。他们并不区别"所有的存在"和"所有的质料"，说明他们把 ousia 用于物质主义，或者说遵循的是亚里士多德把 ousia 与 hyle 混合使用的方法。当亚里士多德的类似用法以及希腊化时期哲学家关于 ousia 的此种质料性理解带入基督教思想时，教父们表现出用 ousia 指"存在"的困惑，认为 ousia 有物质主义的意涵。在此之前，就有基督教思想家担心"存在"与 ousia 的这种质料性关联。希坡律陀

---

① Clement, *Fragment*, 37.
② Aetius, *Syntagmation*, 22, ed. L. R. Wickhman, JTS, 1968, pp. 532 – 569.

(Hippolitus)说，hreusten te einai ten ousian pasan（所有 ousian 是不稳定的）。① 这里的 ousian 包含质料的含义它的存在与质料相关。还有的干脆就认为 ousia 就是指"质料"，把 ousia 用作一个集体性名词。② 然而，正如亚里士多德表明 ousia 的用法不是唯一的；教父们也有类似的看法。关于存在的含义和 ousia 的关联的实存性还有另外一个线路，希坡律陀认为毕泰戈拉（Pythagoras）的观点是 esti gar he ousia kai ho kosmos hen（ousia 和宇宙是一或一个统一体）。③ 麦梭迪乌也把 ousia 与 physis 合在一起使用，eks hores tes pases ousias kai physeos（从存在和自然秩序的整体而来）。君士坦丁大帝建议用 homoousios 表达神性的统一性，也是基于上述背景，而不是基于物质主义传统，he gra toi ousia chairei men eudokiais apostrephetai de pasan dussebeian [世界秩序或本体（ousia）秩序因恩典的行为而喜悦，拒绝一切的不敬虔]。④

总之，作为"存在"的 ousia，主要有两种用法：质料（hyle）和本体/本质（on）。在后一中，又包含着抽象名词和具体名词的差别，即集体性名词和个体性名词的差别。由此，古典希腊哲学的 ousia 在希腊化和教父时期的哲学中获得了更复杂的词语处境。一神性（ousia）是一个集体性名词，它不等同于纯粹的抽象一般，因为集体性名词是个体性名词的集合体。然而，教父们又拒绝认为，这等于说本体意义上的 ousia 与质料性之间存在联系。如果说作为集体性名词的 ousia 可以被解释为一神性的话，那么作为个体性名词的 ousia 可以表示位格的含义。教父们这样

---

① Hippolytus, *Refutatio Omnium Haeresium*, 1. 23. 2.
② Philo, *De Somniis*, 2. 253.
③ Hippolytus, *Refutatio Omnium Haeresium*, 6. 25. 2.
④ Christopher Stead, *Divine Substance*, p. 136.

使用时并不是自觉的，又有相当的含混性。①

以上分析了 ousia 作为"存在"与 ousia 作为"本体/本质"的实在性关联，主要有两个方面：(1) ousia 不存在于其他事物之中，而是万物存在于它里面或者是它的某个层面中。也就是说，ousia 是绝对主体。(2) ousia 本身是存在的恒久形式（恒是），它常住于变化之中。这里讲的是希腊本体思想的一个主要方面：ousia 本身固然不可流变，然而可以表征为流变的形式，不影响本体自身的恒是。

三

接下来要讨论作为本体意义的 ousia，相关以上 B、F 和 G 的含义项，通常译为"本质"、"实体"和"神性"。这些概念都包含着实在性的意思，不是使用在唯名论的意义上。

基督教思想家都注意到这一意义上的 ousia 也有它实际的复杂性。奥利金的《论祷告》讨论过 ousia。他说，proegoumenen ten ton asomaton hypostasin einai（非质料的实在/"是"是原初的）。在与 ousia 关联地使用 hypostasin 的时候，hypostasin 没有质

---

① 德尔图良从拉丁语境的角度有较清醒的认识，这可能是因为他没有受到希腊语复杂演变的含混性的困扰所致。他明确地认为 ousia 应指神性、上帝，是一个普遍性名词或者说集体性名词，不认为 ousia 也可以用为个体性名词。"我们认为他［指上帝］一向拥有神的名称，但并非一向都拥有主的名称，因为这两个名称的特性是不同的。神这个名乃指本质，神性。主这个名称则是指能力……当有事物变为存在，他开始运用他的能力凌驾其上时，他成为主，得到这个名称；因着他拥有能力而得到此一地位及名称。神是父，也是审判官，但我们不能因为他一向是神，便推论他一向是父，一向是审判官。在他没有儿子以前，他不能被称为父；在没有犯罪以前，他不能被称为审判官。"［Tertullian, *Adversus Hermogenem* 3. 译文引自麦葛福，《基督教神学原典菁华》（杨长慧译），台北：校园书房，1999 年，第 125 页。］德尔图良的论述体现出经世三一的视野，带有君主制的独一神论色彩。他认为有一个从神性独一到父的过程，似乎有否认位格永恒性存在的倾向。

料的含义。因而，ousia 是一个非质料性实在的集体名词，有着"存在的稳定性"（to einai bebaios echonta），它不增不减，独立存在。尽管 ousia 也处在流变过程中，然而它保持自身不变。这说明作为本体的 ousia 的自我性和封闭性。所谓本体，就是 to pasas dechumenon tas metaboras te kai arroioseis, auto de anarroioton kata ton idion logon（那认可万物变化或改变而它因为自身的缘故保持不变的存在）。① 奥利金的 ousia 用法有双重性：第一是质料；第二是无形体者或非质料的实在，后者就是柏拉图的相或纯粹理智（pure intelligence）。奥利金把两个概念对比使用，注意到这两者的区分，避免把作为质料的 ousia 用为本体的 ousia，造成有关"神圣本体"的斯多亚主义式的质料性理解。

这说明作为柏拉图主义者的奥利金在理解 ousia 的时候，与作为斯多亚主义者的德尔图良确实有所不同。中期柏拉图主义者曾在"不变的（真正的因此是非质料的）实在"的意思上把 ousia 使用为集合性名词，例如普卢塔克（Plutarch）。在基督教的柏拉图主义者中，奥利金的老师，亚历山大里亚的克莱门也曾援用过类似的说法，ousian auten eph heautes（纯粹的形式或样式与有着样式的形体相对立）。② 总之 ousia 是相关于实在的非形体性存在。它既是非个殊性的实在自身，又是与理智的。这种理智性的 ousia 是无形体的，是超验的。

这一语义分析表明，ousia 具有终极性/实体性的指向。第一，把 x 视为一 ousia，已经预设了 x 的真实性，排除了 x 是虚构的本体。第二，说 x 是本体，不是说它是具体的质料性个体，而指它是一个范畴，是在最普遍的意义上说"x 是什么"。第三，基督教思想家们把 ousia 归为特殊的范畴，说明他们在运用这个

---

① Origen, *Treatise on Prayer*.
② Clement, *Stromateis*, 6. 80. 2.

术语时，不是说它如何是，或者它何为，而是说"它是"。如果把 ousia 视为一个概念，如柏拉图所谓的"相"，那它就是实在的。因此，"一神性"（ousia）指的是"它是"，这个"它是"体现出 on 的始源性和终极性，类似于《启示录》所说的，"我是阿拉法，我是俄梅戛，是昔在、今在、以后永在的全能者。"①

这还体现在早期基督教思想家对 ousia 与 sumbebekota（偶性）的比较使用上。"偶性"指本体以外的意义，表达与变化相关的偶然属性。别的术语例如 poiotes（属性）也有类似的暗示，例如，奥利金称行动（energeiai, poieseis, action）为属性；② 麦梭迪乌称房屋的建造（suntheis, construction）为属性（poiotes）；③ metousia 也表示偶性的存在，它可能是柏拉图 methekis（participation，分有）一词的动名词形式。不过，早期基督教思想家很少在与构成形式和本体的关系中使用 metousia。与 ousia 相比，metousia 表示状态或状况，或者人们喜乐地接受的事实，例如阿他那修认为逻各斯的临在是一种 metousia，即他作为礼物而非作为本性拥有。④ 尤其有意思的还在于，教父们把本体意义（圣父、圣子和圣灵）的属性与人的生存的偶性作比较。他们说，ousia 之为属性也是本体化的，具有内在的、自然的、永恒具有的、非时间性特征；人作为 ousia 的分有者，其属性只是通过分有得来的，是时间性的、非自有的存在。

基督教思想家还把事物之"是"（ousia）与事物之"活动"（energeia/ergon）比较使用。一般而言，energeia 与 ousia 不能等同使用。energeia 与 ousia 的对比与偶性（sumbebekota）和本体

---

① 《启示录》一章8节。
② Origen, *De Oratione*, 27. 8.
③ Methodius, *De Autexusio*, 10. 4.
④ 参看 Christopher Stead, *Divine Substance*, p. 141。

(ousia)不同，它指事物专门的必然的功能，例如尤斯塔修（Eustathius）称energeia phusike[①]（眼睛的视力功能）是眼睛的专属功能，这里energeia与ousia的关系要强于偶性与ousia的关系，这里的energeia是本体性属性。作为神学术语，energeia指道成肉身，是上帝自我启示的专门活动（proper activity）；有时候与道成肉身的活动没有关系，专指上帝给予圣徒的特殊恩赐（occasional gift）。energeia与ousia的关系，在尼撒的格列高利（Gregory of Nyssa）的三位一体神学中相当重要。

还要提到ousia与epinoiai（观念/概念）的对比关系。奥利金似乎是第一个作对比性分析的神学家。他认为，根据事物的功能、活动（action）或关系，ousia可以指由某事物所形成的概念或者给予它的称号，尤其指上帝或逻各斯的功能、活动或关系。因此，与epinoiai比较使用时，ousia可以是"实体-名称"（substance-designation），含有"定义"的意思，而不是严格意义上的"本体"。ousia与epinoiai的这一对比类似于ousia与onoma（name/noun）的关系。据此，ousia可以解释为与单纯的"名称"对立的"实在"或"事实"。

上述ousia的用法所涉及的相关术语，在基督教三位一体神学中都有体现。一方面，当基督教神学家把energeia/ergon和epinoiai与ousia相关使用时，并不意味着ousia的本体性下降，而是要强调其本体性。这意味着，位格只要与ousia属性相关，位格间的关系就是同等的。另一方面，在基督教上帝观中，ousia的用法不是单向度的，而是发散性的。与不同的术语相关，体现出不同的本体关系。例如在与sumbebekota相关使用时，它表现了上帝与人的关系及与上帝自身的关系是不同的。上帝与人的关系是本质相似的关系，上帝自身的关系是本质同一的关系。这样

[①] Eustathius, *Fragment*, 81, Spanneut.

作为上帝本身与作为人类认识中的上帝之间,即作为经世三一的上帝与内在三一的上帝,两者是从不同的关系性显示其本体性。

四

我们还要略为讨论 ousia 七种用法中的 D——"材料"/"质料"的含义。亚里士多德和希腊化哲学已经广泛地采用质料和材料的含义。哲学家们认为,ousia 可以指金或其他复合物,诸如骨头之类的组织或者"肉身"等;既可以专门指一事物,也指多种事物。这就是说,x 的 ousia 可以表达各种不同层面的普遍性。例如,他们有时候用 hugra ousia 指一般的"液态的质料",有时候又指元素诸如水以及由此生成的其他液体。宇宙的四大元素水、火、土和气被称为 protai ousiai。[1] 斯多亚派认为,它们来自于原初的无差别的或者无属性的质料(hen te legousinoi etoikoi proten ousian kaiproten hylen)。[2] 不管用法有多大差别,希腊化哲学家们强化亚里士多德以"质料"为 ousia 的基本含义的用法。这种词义学的扩展增加了希腊基督教神学 ousia 用法的复杂性。

希腊化时期的哲学家和基督教思想家认为作为质料的 ousia 包含本体的意义。当 ousia 用于指"x 的材料/质料"时,能够比较清楚地说明 einai 的含义,例如青铜制品可以是一堆具有形式的铜。当青铜制品的形式消失后,它仍然还是青铜;青铜作为 ousia,有着与现存形式相对立的永久构成。亚里士多德已经有这种想法,希腊化思想家们则扩大了它的用法,把它应用到神圣本体中。ousia 作为质料性本体则又可以分为三种:

第一,ousia 作为存在-起源性的原理-质料因-质料。如

---

[1] Hippolytus, *Refutatio Omnium Haeresium*, 10. 33. 4.

[2] Galen, *De Qualitatibus Incorporeis*, 5.

果一事物成为存在，ousia 描述的是该事物从非存在到存在，指的是一种状态。阿他那修经常谈到上帝对造物所起的作用是使它们从非存在成为存在，例如他说 kratesas auta eis ousian enegke（他创造它们使它们成为存在）。① 但是如果说事物是由质料和形式构成的，那么就只能说一事物获得质料前，它已经作为观念或计划先行存在。然而实际上，很难区分"使一事物成为存在"和"赋予质料以观念"这两者。此外，由于质料造成了存在于相和存在于实在之间的差异性，就又演变出"开端"、"原因"、"起源性的原理"，这相当于"本原"，希坡律陀就曾做过这样的引申。②

第二，ousia 指"质料"或"材料"，与作为范畴的 ousia 相关。麦梭迪乌、奥利金和阿他那修都曾指出过这一点，他们认为水变酒的奇迹包含水的本体的变化。③

第三，质料性的 ousia 与各种归入灵魂、天体和相的 ousia 之间的界分。斯多亚学派认为，灵性的 ousia 是较纯粹的、精微的和显明在活着的思虑性物体中的火或有着生命活力的有力形式。他们认为星辰完全由火构成，是全然理智的。柏拉图主义则倾向于区分有形体的世界与无形体的世界，把理性存在与感知性存在对立起来，强调藉着心灵的上升，可以穿过有形体的世界到达无形体的实在。诺斯底主义者的看法不同于柏拉图主义和斯多亚主义，认为最高的实在是灵，它源于永世，但是由于许多世代以前出于下降到人类世界的冲动，一种类似人类情欲的冲动，导致了两种别的本体即"灵魂-质料"和"hylic"〔一种可见宇宙的质

---

① Athanathius, *Contra Arius*, 2. 64.
② Hippolytus, *Refutatio Omnium Haeresium*, 1. 2. 13.
③ Origen, *Commentary in Johannem*, fragment 30; Athanathius, *De Incarnatione*, 18.

料]的出现。诺斯底主义提出了介于无形体宇宙和有形体宇宙的一种中介性本体，把它视为一种新的心理学原理。

可见，教父没有简单地否定 ousia 的质料含义。教父们认为质料包含一种本体性，是原始性的构成原理和形成性能力。这主要是受了斯多亚主义质料观的影响。对于 ousia 一词的这种双重性，既是质料又是构成性的，教父们的运用较为复杂。这也激发了尼西亚教父对于采用 homoousia 表述父和子关系的合理性持怀疑态度。

从希腊哲学的本体论到基督教的上帝观，ousia 的词义变化扮演着重要的角色。一方面，它是希腊哲学延续在基督教上帝观中的表征；另一方面，又体现基督教思想家更新希腊哲学本体论的努力。

如果说希腊哲学有一个逐渐由 estin（第三人称直陈式形式）向动名词形式演变的过程，其名词形式又有 ousia 和 on 的分别，从而出现亚里士多德在《形而上学》中提出"是/存在"本身和"怎是/本体"的区别的话，那么在基督教思想家们探讨基督教的上帝观时，这些分别并不重要。他们所看重的是从 ousia 理解 on；探究的是上帝的"怎是"，而不是探究上帝的"是"本身/自有永有，后者永远是一个奥秘。上帝的"怎是（ousia）"的探究在于言说上帝作为"是"本身如何又是圣父、圣子和圣灵。在这个层次上，上帝本身进入到关于上帝的言说之中。因此，关于上帝"怎是"的言说不是要取代或僭越上帝的"是"的本体论。

同时，基督教思想家又从 on 理解 ousia。这包含两层含义：一，ousia 不是纯粹的抽象名词。ousia 是抽象的，然而只是就上帝的非形体性、非神人同形同性角度而言。由于抽象的普遍性表达在上帝的具体位格中，不能与位格分离，故而上帝的存在不是抽象的存在。从这个角度看，基督教位格上帝改变了希腊哲学的非位格理性的本体论。二，尽管三位一体神学研究"怎是（ousia）"，但仍然与"是"相关。这涉及信仰与神学的差别。信仰与神学的自然性基础有所不同：神学以人的理智科学性地参与神圣启示的内涵，是理智地关于信仰的反思，而信仰是基于人的存在的自然属性，表现的是人的自然品质，是非反思性的，是人在自然中并按照自然性延伸出来的信心。神学则有所不同，它是反思性的，是对于信仰经验的塑造；理智是这种塑造的基础，至少它的虔敬的品质基于理智的内在性。同时，两者又存在视界融合，关于上帝的"怎是"的研究，是基督徒看待信仰的理论论证。

因此，从希腊的本体观向基督教上帝观的演变，实际上将 ousia 推进到一个特殊的视域。首先，ousia 被用作一个集合性名词。古典希腊哲学本体观较少有这种情况，中期柏拉图"一元多层"的思想为亚里士多德的 ousia 思想提供了可能。基督教的三位一体神学沿着这个方向发展出一种精致的阐释方式，从亚里士多德所说的"怎是"（ousia）中发展出一种柏拉图主义的解决方式。其次，把 ousia 作为一种动力性的"关系"，也为基督教的三位一体神学提供了哲学资源。在柏拉图哲学中，ousia 的动力性是通过与 einai 的相关得到表述的，亚里士多德则把它表述为动力因，与形式因分开。然而，基督教神学家塑造三位一体上帝观时，ousia 的复杂性被简化了：ousia 是一种关系性的本体，是 hypostasis 的共同"基质"。

第四节　希腊哲学与基督教思想家论 ousia 和 hypostasis 的关系

在关于 ousia 的讨论中，我已经提到 hypokeimenin/hypostasis，一个相关的同样重要的希腊哲学术语。在基督教的三位一体神学中，hypokeimenin/hypostasis 用来表述圣父、圣子和圣灵的

"位格"。

基督教思想家的语境是如何翻译希腊哲学的 Being/ousia，重述其本体论传统。在三百年左右的发展史中，基督教思想家关于 Being 的讨论始终与 hypostasisi 密切关联在一起。本节不可能展示整个历史画卷，仅以几个最主要的思想家奥利金、普罗提诺和巴西尔为这一时期思想史的关节点，来钩沉希腊化时期这两个术语之间的语义学关联。

一

希腊化哲学和基督教三位一体神学讨论 Being 和 hypokeimenin/hypostasis 关联的起点是亚里士多德哲学，尽管奥利金、普罗提诺和巴西尔等多数思想家都是柏拉图主义者。亚里士多德在巴门尼德关于 Being 及柏拉图关于本体问题的基础上，引入了 ousia 这一术语，"本体 ousia 是亚里士多德创造的一个重要的哲学术语。它原来是希腊文动词'是'（eimi）的阴性分词，和中性分词 on 一样，本来也应译为 being，在巴门尼德和柏拉图使用时，还没有特殊意义；是亚里士多德改写为 Ousia，并给它特殊意义，说它是其他范畴的主体（hypokeimenon）。"[①] 这里所涉及的内容很多，一个主要方面是 ousia 与 hypokeimenin 的关系。由于亚里士多德引入 ousia 作为其本体学说的主要内容，又引入 hypokeimenon 描述作为第一本体的 ousia，以区别于第二本体（属和种）。相对于亚里士多德所提出的其他九个 on 的范畴来说，ousia 在 on 的诸范围中获得了优先性，这一点被希腊化哲学和基督教思想家作为前提接受了下来。总之，希腊化哲学和基督教三位一体神学的 Being 的语义学就是 ousia 的语义学，而澄清 ousia 语义学的重

---

① 汪子嵩、王太庆，"关于'存在'和'是'"，《复旦学报》（社会科学版）2000 年第 1 期。

要方面在于理解它与 hypokeimenon 的关系。

这里还需引入关于 hypokeimenon 的语义学说明,它是 hypostasis 的古典形式,两者在词源上是可以互换的。如果一定要在它们之间做出区分,那么可以说 hypokeimenon 意指"放在……后面",hypostasis 则指"立在……底下";hypokeimenon 是柏拉图和亚里士多德时期使用的专门哲学用语,hypostasis 则是在后亚里士多德哲学中才获得哲学的意义。[1] 然而,在使用上,它们也不是非此即彼的,例如奥利金基本上使用 hypokeimenon,普罗提诺和巴西尔则主要使用 hypostasis,两个术语并存于希腊化哲学和基督教三位一体神学之中。

亚里士多德关于 hypokeimenon 与 ousia 关系的论述并不非常清楚,这为晚期希腊哲学 Being 的语义学分析带来了困扰。尽管亚里士多德用 ousia 指本体,然而他又说本体必须符合两个原则:(1) 述说一个主体;(2) 不在一个主体之中。这里所谓的"主体"就是 hypokeimenon,被赋予 ousia 的意义,陈康先生认为,"这个作为 hypokeimenon 的主词在述词背后,是它的本体论基础……既然柏拉图的'相',从表述的逻辑的观点看,不过就是共同的述词;所以,按照亚里士多德,它们后于它们的 hypokeimenon,即表述的主词……表述的主词,说到底,那最后的表述的主词,那永远不会成为自己又成为述词的主词,倒是本体,因为他们是在先的,这就是个别事物。"[2] 在《形而上学》中,hypokeimenon 作为 ousia(本体)的意义被说得更加清楚,"这 hypokeimenon(基质)就是其他事物皆被述谓的,而它自己则不被

---

[1] Harry Austryn Wolfson, *The Philosophy of The Church Fathers: Faith, Trinity, Incarnation*, Massachusetts: Harvard University Press, 1976, p. 319.

[2] 汪子嵩、王太庆编:《陈康:论希腊哲学》,商务印书馆,1990 年,第 289 页。

其他事物述谓。因此，我们先得决定这一事物的本性；因为作为事物的原始的 hypokeimenon，它是最真实意义上的事物的 ousia（本体）"。① 在这样一种语境中，hypokeimenon 与 ousia 被混淆起来，没有获得清楚界分；更加糟糕的是 hypokeimenon 具有"这一个"的意思，指向某个个体，这与亚里士多德在其他地方所说的纯形式（普遍性）才是真正的本体似乎又相互矛盾。

亚里士多德上述的 Being 的语义学难题均存在于希腊化和基督教哲学的 Being 中。令思想家们备感困扰的是，如果 hypokeimenon 与 ousia 用法相同，如何才能表现出本体的同一性及个殊性的区别及关联，在基督教的三位一体神学中，这表现得尤其明显。

二

我先来讨论奥利金和普罗提诺哲学中的 hypokeimenon 与 ousia 关系。这两位思想家都是中期柏拉图主义者阿谟尼乌斯·萨卡斯的学生，然而，他们使用 hypokeimenon 与 ousia 术语的着眼点有所不同。奥利金并用它们，普罗提诺侧重于 hypostasis/hypokeimenon。因此，他们关于 Being 的语义学的本体论用法有所同，亦有所不同。

奥利金关于 Being 的语义学分析是与基督教的三位一体神学联系在一起的。基督教的三位一体神学认为上帝是一位，却有父、子和灵三个位格。这一理论中最困难之处是如何表达三位格与一本体/本质的关系，不至于因为说上帝是一本体而损害到位格的三，也不因为三位格以至于分裂位格寄寓的一体性。希腊基督教思想家中，奥利金是第一个用 hypokeimenon 与 ousia 来解决这个三位一体神学问题的思想家。

---

① Aristotle, *Metaphysics* VII 1028b36 – 1029a1.

受亚里士多德不分 hypostasis/hypokeimenon 与 ousia 的影响，奥利金也将它们交叉使用。他在谈到基督或子的本体/位格时说，"当我们称基督为神的智慧时，请不要以为我们指他为某种非个体的［Aliquid insubstantivum］事物；或者以为我们不是把他理解为一个具有智慧的个体/本体（hypostasis），而是理解为那叫人聪明的事物，把自己赐予并种植在那些因他之助而能够接受他的美德和理智的人的心灵之中的事物。"① 在这节话中，hypostasis 被使用为 ousia/being。在别的著作中，奥利金则从 Ousia/Being 使用 hypostasis/hypokeimenon，"就其本体（ousia/being）而言，救主［指基督］超越了等级、权柄、神性（因为道是活的）、智慧以及诸如此类伟大且古老的存在，在一切方面都不逊色于父。"② "因为他是善性和光的影像，不是上帝而是上帝的荣耀和永恒之光的影像；他不是父的气，而是他权柄的气；他是上帝的万能之荣耀的永恒流溢，是其活动的无瑕之镜。藉着这面镜子，保罗和彼得告诉其同时代的人们他们看见了上帝，因为他说，'人看见了我，就看见了那差遣我的父'（参看《约翰福音》第十四章 9 节；十二章 5 节）。"③ 奥利金把作为第二本体的基督比喻为"气"容易引起误解，因为"气"是依附性的，以亚里士多德的话说就是自身缺乏基质（hypostasis/hypokeimenon），没有个体性。然而，这只是误解而已，因为奥利金使用"气"的比喻没有任何以 ousia/being 来削弱基督作为 hypostasis 的本体性真在，"圣经以有形体的事物作为比喻；然而，神圣实在是无形体的。因此，气的比喻只是给出了复杂性真理的一个方面；它没

---

① Origen, *On First Principles* 1. 2. 2.

② Origen, *Commentary on the Gospel According to John*, Books 13 – 32, English Translated by Ronald E. Heine, 13. 152, Washington, D. C.: The Catholic University of America Press, 1993.

③ Ibid., 13. 153.

有任何意图想动摇子是一个 hypostasis（本体）的信念，因此子必然是一个有分别的和第二位的 hypostasis。"① 在《驳凯尔苏斯》一书中，奥利金更加明显地把 hypostasis/hypokeimenon 当作 ousia/being 使用，"因此，我们敬拜真理的父和真理的子；他们是两个在同一 hypostasis 中的不同存在，然而他们在思想上是一，是协调一致的，在意志上是同一的。因为他是荣耀的流溢，体现上帝这一 hypostasis 的形象，因此凡看见子的，就看见了作为上帝的形象的他的里面的上帝。"② 后尼西亚的基督教思想家会认为，前一个 hypostasis 应改用为 ousia/being，以与后一个 hypostasis 区别开来。

奥利金不加分别地使用 hypostasis/hypokeimenon 和 ousia/being，导致基督教三位一体神学的最大问题是无法找到关于"一体性"和"三位格"的专门表述。当他把 hypostasis/hypokeimenon 用在 ousia/being 的意义上，父、子和灵作为同一位上帝的三个位格就可能被误解为是三个上帝，这显然违背基督教的独一神论；当用 ousia/being 取代 hypostasis/hypokeimenon 时，hypostasis/hypokeimenon 的个体性存在的特殊意指会被削弱，也就是父、子和灵作为个体性存在的意义会被遮掩，以至于人们以为他们不是三个真实的个体，只是三种不同的表像，这就没办法将基督教的独一神论（位格的神）与犹太教的独一神论区别开来。正是因袭了亚里士多德哲学的语言混乱和囚笼，奥利金在三位一体神学表达上进退两难。在上述语词的混乱使用的支配下，他只好采取从属论的办法描述父、子和灵既是一体又是三位。这就是说，父、子和灵在神性上是同一源头，然而他们在等级和神性上有所

---

① Christopher Stead, *Divine Substance*, p. 213.
② Origen, *Contra Celsum*, English Translated by Henry Chadwick, VIII. 12, Cambridge: Cambridge University Press, 1953.

分别，即父高于子、子又高于灵。① 这后一点不合乎基督教的三位一体神学正统，尼西亚时期的基督教思想家认为父、子和灵是同等的、是均有着完全神性的在神性一体性（ousia/being）中的不同位格（hypostasis/hypokeimenon）。

与奥利金相反，普罗提诺因为不是基督徒，倒没有上述的理论顾虑。他从 hypostasis 重新规定亚里士多德关于 ousia/being 和 hypostasis 两术语的用法，因为亚里士多德以 ousia/being 为本体论之优先术语，普罗提诺则以 hypostasis 为优先。《九章集》第五卷第一章是以 hypostasis 作为三本体太一、理智和灵魂为专门用语的；第六卷第八章第 13 节 43 至 44 行称"至善这一本体"（agathou hypostasei）。这当然不等于说普罗提诺不使用 ousia/being 指称"本体"，他只是倾向于用 ousia/being 说明太一和理智两本体（hypostasis）的永恒超验性，即说明它们与造物包括灵魂的区别，"太一之后是存在/是（On/Being）和理智，第三位是灵魂。既然存在着我们所说的三种本性，它们也必存在于我们自身之中。我指的不是感觉世界的存在物，[因为这三本性（Psyche）乃是独立于（感觉事物的）]而是指感觉－知觉领域之外的存在。"② 他认为理智作为本体也能够永远地居有 ousia/being，这是理智之能够自足而是 hypostasis 的原因。理智"思考不是出于寻求，而是出于保有。它的福分并非后天获得，乃是天生固有，它的一切都是永恒的。这是真正的永恒。时间群起效之，使环绕灵魂的事物不断新旧更替。事物环绕灵魂，真是穿梭如飞，宛如过客：一忽儿是苏格拉底，一忽儿又是一匹马，这都是些具体的实在，而理智就是万物。它在同一处所静止不动，却

---

① 参看 William J. Hill, *The Three-Personed God: The Trinity as a Mystery of Salvation*, Washington D. C.: The Catholic University of America Press, 1982, pp. 37-41。

② Plotinus, *Ennead* V. 1. 10. 1-7.

拥有万物，它仅仅是'是'（on），而这'是'（on）乃是永恒的，没有未来或者过去，因为在它里面无物消亡，万物永在；它里面的万物也必永远静止，因为它们都是同一的，仿佛对自己的现状自满自足"。① 可见，ousia/being 是理智作为 hypostasis 所"是"的规定性。

"太一"作为 hypostasis 与 ousia/being 的关系也是如此，"作为首要本体（hypostasis），它当然不是无灵魂的，也不是非理性的生命，这样的生命太软弱不可能存在，它是理性原理的消散，是一种不确定。但只要它向理性原理前进，就把偶性抛在身后，因为那与理性原理一致的不可能出于偶性。就我们来说，我们所升到的不是理性原理，而是比理性原理更美的本性，它离偶然发生的事是如此之远。因为它乃是生发出理性原理的根，万物都终止在它里面。"② 在另一个地方，他说，"剥夺至善本身的自决性就更为荒唐可笑了，因为它就是善，因为它固守着自己，它不必转向别的事物，相反，别的事物倒要转向它，它不缺乏任何事。所以可以说，当它的存在就是它的活动，其实就是如此——因为倘若连理智也不是这样的话，一事物就不是一事物，另一事物也不是另一事物了，因为与其说是它的活动照着它的存在（einai），还不如说是它的存在（einai）按着它的活动——所以，它不可能是根据它本性的所是而是活跃的，从某种意义上也可以说，它的活动并它的生命，如我们所称谓的，也不可能指归它的本质（ousian），实际上，它里面某种类似本质（ousia）的物质伴随着它的活动，并且可以说，与它的活动一同产生，它自己从自己的本质和活动中造出自己，也从虚无中造出自己。"③ 可见，

---

① Plotinus, *Ennead*, V. 1. 4.
② Ibid., VI. 8. 15. 28–34.
③ Ibid., VI. 8. 7. 45–50.

如同看待理智的 hypostasis 与 ousia/being 的关系一样，普罗提诺以同样的眼光看待太一本体（hypostasis）与 ousia/being 的关系，即后者是前者的规定性。

在晚期希腊哲学中，普罗提诺重新定位 hypostasis 与 ousia/being 的关系非常重要。基督教思想家看到可以借鉴他的理论解决奥利金三位一体神学的术语困境。普罗提诺以 hypostasis 指称本体的个体性，强调诸本体之间的真实区分，又以 ousia/being 专门表示诸本体之间的内在一致性即本质，这已经在区分 hypostasis 与 ousia/being 两词使用的界限，起着澄清奥利金神学的混淆性的作用。

三

巴西尔的神学起点是奥利金，哲学基础则是普罗提诺。在奥利金和巴西尔之间，基督教三一神学又经过了 120 多年的发展，依然无法达成有关一位上帝和三个个体（父、子和灵）的确切性描述，其主要的纠结依然是没有清楚地意识到应该对 hypostasis 与 ousia/being 作分别性的使用。在公元 325 年基督教的第一次大公会议上所确立的尼西亚信经虽然号称是基督教三位一体神学的正统典范，也是混淆地使用这两个术语。尼西亚信经称，"圣公和使徒教会谴责那些认为'曾有一个时间他不存在的人'和'在他出生之前不存在及他是从无中被造的人'，还谴责那些认为他从异于父的别的本体（hypostasis）或本质（ousia）来的人，或者认为他是被造并会变化的人。"[①] 在这句话中，也是不分 hypostasis 与 ousia/being 的。

巴西尔是公元四世纪中叶最主要的基督教哲学家，对于基督教传统有着广泛而深刻的影响。他看到了基督教三一神学表述难

---

① Socrates & Sozomenius, *Ecclesiastical History*, I. 8.

题中的关键是以 hypostasis 来表述 ousia/being，导致三位一体神学中的神性一元性和三位格的个殊性表述上的混乱。他说，"在研究这一神圣教义的时候，许多人都没有能够在本质（ousia）的共性和位格（hypostasis）的含义之间做出区分，同样对待它们，认为 ousia 抑或 hypostasis 并无区别。结果是，在不求索解的情况下，他们说'one hypostasis'时，就如同说'one ousia'；另一方面，那些接受 three hypostases 的人又被与下面这种宣信联系在一起，即按照数字类比被认为是接受 three ousias 的断言。"①如果把 ousia 固定为事物的共性，在三一神学中就是父、子和灵三者的统一性，而用 hypostasis 专指父、子和灵三个个体，混乱的情况就会得到改善。这样做也不会割断个体性与普遍性的关系，即 hypostasis 是一 ousia 内的个殊，ousia 则又是必然由三 hypostases 体现出来，"当我们这样说，我们是用名字指共性，而不限于以彼名为人所知的某一专门个体。例如彼得、安德鲁、约翰和雅各都是同样的人。因此，这一断言是普遍的，涵盖同一名称之下的所有个体，需要注意的只是，我们所理解的不是一般的无区别的个人，而是彼得或约翰这样的特殊个体（hypostasis）。"②

因此，巴西尔主张将 hypostasis 与 ousia/being 分开。当我们谈论一个上帝时，我们实际是在谈论一种神性，把 ousia 称为本体，乃是指属性本体，而非实体本体。相对于古典希腊的本体论来说，这可能是一个非常奇怪的说法，然而却是巴西尔关于 being 的语义学的创造性演绎。当我们讨论父、子和灵时，我们不是说有三个本体（ousia），而是说有三个位格（hypostasis）。在这里，hypostasis 从亚里士多德哲学所谓的"主体"、"本体"和

---

① Basil, *Letter* XXXVIII. 1.
② Ibid. XXXVIII. 2.

"第一本体"的含义中摆脱出来，而获得独立清楚的意义，它既保持了亚里士多德哲学中原先所有的个殊性，在基督教哲学中相当于肯定了父、子和灵是三个真实存在的个体，而非一神性（ousia）的幻影；又修改了亚里士多德及奥利金主义的从属论，即从种、属到个体，其神性的完全性是下降的等级。巴西尔认为，从父、子到灵，他们之间虽然有源头和源出的关系，但是三位格的神性都是完全的 ousia/being。这是对于古典希腊 ousia/being 理论的另一重要修正。最后，巴西尔在谈到一神性（ousia/being）和三位格（hypostases）的关系时说道："他们之间的结合和分别某种意义上说是不可思议的，因为 hypostases（位格）所致的分别从没有摧毁本性的连续性，诸 hypostases（位格）间特有分别的含义也不因为 ousia（本质/本体）的共性变得混乱。"①

上面，我已经分析了晚期希腊 Being 的语义学走向，可以看到从古典希腊到晚期希腊及基督教神学的走向，关于 Being 的理解既存在着连续性又有着非连续性。其连续性的一面表现在晚期希腊的哲学家和基督教思想家如亚里士多德一样，把 Ousia 作为 Being 的本体论中心概念；其非连续性一面则表现在，无论是柏拉图还是亚里士多德，他们都把 Being 或者 Ousia 作为抽象性的原理和纯形式，然而，晚期希腊哲学尤其是基督教神学则把 Ousia 作为有位格性（hypostasis）的存在，是自身多元的上帝。这对于古典希腊的 Being 学说是一个重要的改变，也可以说是从希腊本体论向基督教本体论的重要转变。

---

① Basil, *Letter* XXXVIII. 4.

第二章

早期基督教三位一体理论的演变

本章讨论早期基督教三位一体理论演变的概况和总体进程，分为两个部分。在第一节中，我讨论早期基督教三位一体理论与基督论的关系。因为公元 325 年尼西亚会议之前，基督教思想所要解决的关键问题是上帝论与基督论的问题：为何对于基督的敬拜不至于使基督教成为二神论，而仍然是一神论？公元 325 年之后，基督论依然是一个主要问题，然而基督的神人两性论逐渐成为基督论的主题。本书没有把它作为讨论的内容，这需要专门的论述。在第二节中，我讨论了三位一体与圣灵论的关系。在整个早期基督教上帝观的演变中，圣灵论不如基督论那样令人卓目。在前尼西亚时期，关于圣灵神性和位格的讨论颇为零碎。本节把这些论述的碎片缀成整体，使它具有某种清晰的脉络，为尼西亚会议之后卡帕多西亚教父和奥古斯丁的圣灵论的不同发展作一个预备性的阐释。因此，本章讨论的主要是基督教三位一体理论的前尼西亚时期的总体脉络。

本章的基本视野还在于早期基督教的三位一体理论如何从更具大公性的前提演化出不同的上帝观框架，即内在三一和经世三一两种传统。我根据 J. N. D. Kelly 的分析指出，希腊（东方）和拉丁（西方）在最初期的时候有两个颇为接近的古东方信经和古罗马信经，后者又是源于前者的。然而，后来，因为基督教广泛地浸润于希腊主义的海洋之中，它对于希腊哲学的 Being 有着不同的运用。因此，本章所关注的另外一个内容是：希腊的

Being 与早期基督教三位一体理论是如何相关的？它又如何影响到内在三一和经世三一的不同塑造？

第一节 早期基督教的经世三一和内在三一

在许多关于教会史的研究著作中，早期基督教三位一体神学教义的演变多被描述为两条相互平行的、不存在交叉的历史轨迹：一条是信经的，另一条是神学的。[1]从这些教会史的观点看，

---

[1] 在本篇论文中，我把"信经"和"神学"作为早期教会探讨教义的两个不同但又相关的层面。关于"信经"，香港基督教文艺出版社出版的《历代基督教信条》一书的"总论"有一个较细密清楚的说明。"原始教会宣认信仰，在东方有'真理标准'（kanon tes aletheias），因其是基督教与异教及异端之间的试金石和真理的标准；在西方有'信仰标准'（regula fidei），因其是教会公认为合乎使徒的教训，是应由基督徒信奉的标准。但'表记'乃是最通用的名称，因其是基督徒由于内心信仰相同，而在灵里彼此联系的外在表记，互相认识的表记，以及基督徒与异端派分野的表记；教父居普良和亚他那修（我们译为'阿他那修'——作者注）便用这名称。""这种信仰宣认在原始教会中散而无纪。虽然教会间彼此间的基要信仰相同，但是尚无由全教会公议而规定的固定方式，名称为'信经'的。'信经'一名原出拉丁文'我信'，意即基督徒对教会所认可的最基本福音的摘要，宣称承认相信。换句话说，信经乃是大公教会全体或其代表，将圣经中为个人得救所必需，为教会所不可或缺的信仰加以摘要，而规定为大家宣认并守信的条文。"[《历代基督教信条》（汤清译），"历代基督教信条总论"第1页，香港：基督教文艺出版社，1989年。]"神学"的含义在早期教会中原从它的动词形式"赋予意义"或"称之为神"而来，经常用于后来的基督论及圣灵的神性的讨论。到了公元200年以后，神学一词的意义似乎被限定于三位一体方面的讨论，用来指有关神的本体的知识，很少有教父以它来指一般教会的教义。[参看杨牧谷主编，《当代神学辞典》（下册）"神学"条目，台北：校园书房，1997年。]可见，就早期教会来说，信经和神学之间有一个共同的主题：三位一体。但是，它们似乎被传统教会史分成两个不同的部分，"信经"似乎是一些单纯的"表记"，这些表记所隐藏着的后面的内容（神学争辩和传统）似乎有意被忽略了。既然前述引文中所指出的，原始的信经是要将基督徒与异端派区别开来，那么这后面必然存在着神学的论辩，同时信经"在原始教会中散而无纪"，后来又形成如此精致的神学化的表达，更加说明它是有神学支撑的结果。同时，传统的教会史似乎将神学作为外在于信经的内容，事实上，正如我将要指出的，任何神学的辩论都是基于不同教会传统的"真理标准"，并以信经为前提。

信经似乎是教会事务之信仰平面的需要,不属于神学论辩的范围,不存在与教义史的交汇点。然而,也有另外一种教会史的观点,它们认为信经是神学辩论的结果,是教义史的从属部分,与教会的信仰实践没有根本的关系。上述两种不同的视野,导致早期基督教三位一体神学研究中两个方面的问题:一是历史地观之,拉丁(西方)教父对尼西亚-君士坦丁堡信经(Nicene - Constantipole Creed)之塑造的介入纯粹是事务性的,对于早期基督教三位一体神学的形成似乎没有实质的贡献,三位一体理论纯粹是希腊(东方)教会智力努力及探索的成就;二是由于信经被看成是希腊(东方)教父纯粹神学演绎的结晶,早期基督教在三位一体神学中所体现的信心历程(作为洗礼和忏悔的教条,以及血与火的生存经验)有意无意间被弱化,智力和理性的表面性形式消解了三位一体神学作为信仰体验的切己性。这样两种倾向又诱导出教会史的一个总体倾向:信经和神学是希腊(东方)教会和拉丁(西方)教会各自发展并探索出来的,希腊(东方)拉丁(西方)教会之间最早期的互动关系被隐藏在于真实的背后,早期三位一体神学的发展尤其被描述为希腊(东方)教会教义史的辩史。并且,存在于信经之中的神学辩论遭到弱化,例如《使徒信经》被看成是十二使徒四散传道前确立的信仰规范,成为完全非历史的关于三一的神学陈述,隐去了信经和神学,从而是希腊(东方)和拉丁(西方)在三位一体理论上一开始就存在的互动,不能确切地彰显早期教会的大公性。

一般教会史关于上述问题的陈述似乎成了确定无疑的预设,长期以来都未受到有力的质疑。这遮掩了教会史研究中实际存在的几个问题:第一,如果三位一体神学是纯粹智力努力的结果,那么关于三位一体理论的教义史更多是类似于哲学批判的理性主义的历史过程,它所根基的早期基督教教会意识及在历史中的上帝的自我启示的信息就受到严重削弱。如果这样,我们就无法在三位一体神学和关于三与一的希腊式的辩证哲学之间做出有效区分。第二，如果三位一体神学教义纯粹地或主要地被看成是希腊（东方）基督教努力的结果，那么尼西亚会议之后，拉丁（西方）教会与亚历山大里亚（Alexandria）主教以及玛尔塞鲁斯（Marcellus）的联合会被认为是出于纯粹的教会政治的企图，妨碍我们深入探究拉丁（西方）在三位一体神学上的特质与它接受阿他那修（Athanasius）等希腊（东方）主教为其同盟的神学基础，不能有效地看到早期教会大公性之构成特征。事实上，如果把三位一体理论的争论仅看成是纯粹希腊（东方）教会的神学事务，那么我们在理解早期教会的大公性上必大有缺失。第三也是最为重要的地方在于，如何理解三位一体理论所关涉的早期教会大公性的基础，如果不能够明确阐明早期教会之信经和神学间存在的复杂互动，就没有足够理由可以说明早期教会在多元性中寻求合一性的基础，不能令人信服地阐释早期基督教之多元性聚合的合一性根据。诚然，我们也可以简单地说，大公性是建立在使徒传统之上并通过使徒传统表现出来的，然而一旦信经和神学间的互动被割裂，整个早期基督教支撑的根基就无法得到确切的说明，所谓的使徒传统也将失去真正的意义。

因此，教会史关于三位一体理论的探讨的视野需要更新，须从信经和神学两种不同的话语中整合出教义史研究的公共领域，这正是本节所致力的。本节希望能够勾勒出两种不同语话体系关于三一神学教义表达的交叉点之形成的基本脉络，即神学如何体现信经所隐藏的教会传统，又如何推动早期教会根据不同的神学传统重述信经之表达的大公性。① 本节把三位一体神学的早期演

---

① 哈耐克这样说，"从两约中衍生出来的早期基督教的信念和盼望包含着其斑驳的多样性，因为过于脆弱而无法完全重述，也不能阐述其核心内容。然而藉着神学的技巧，其中绝大多数的观点成功地得到了掌握，其信仰的规条被转变为教义的体

第二章　早期基督教三位一体理论的演变

变放在希腊（东方）拉丁（西方）教会关于信经和神学的不同历史意识所体现出来的信仰经验这一基础上进行重塑，希望能够提供关于早期教会三位一体神学演变的新视野，更为切实地说明早期教会的大公性特征。这就是说，本篇论文包含着三位一体教义两个层面（信经和神学）的叙事方式，认为它们对于三位一体理论的塑造具有同等的重要性。这样，拉丁（西方）基督教的三位一体传统在历史叙事上就不是可以忽略的。我力图阐明，尼西亚会议之前的各地教会的信经如何融入各种神学争论，规定神学争论的界限，最终又如何通过尼西亚信经将神学的争论凝聚为正统的标记。我还将进一步追溯尼西亚会议之后，基督教思想家们如何因神学的差异，提出关于尼西亚信经之重新解释的神学基础，要求作多元性的重述并扩展尼西亚信经的解释空间，并在君士坦丁堡会议上确立更加完善的信经的新的三一神学基础。总之，本篇论文固然着眼于把早期基督教神学家们建构三一神学的智力成就，然而同样关注神学家背后的教会传统及信仰的原初性或者说标记的本土性。因此，在我看来，早期教会关于三一神学的争论主体不是神学家，而是后面所蕴藏的教会的多元性。由这样一种多元性整合而来的合一性，正体现着三位一体理论之大公性视野。

一

关于信经与神学间互动之讨论的首要问题涉及两个方面：一

系。在教义体系中，这些古老的信条某种程度上只占有象征性的位置。"（Adolph Harnack, *History of Dogma*, English Translated by Neil Buchanan, Vol. II & III, p. 7; New York: Dover Publications, Inc., 1961.）我同意哈耐克前面半句的意思，但是不认为他的后半句话是正确的。哈耐克在信经和神学的关系中，把神学看成是取消神学的实质性的相对立的信条，在本文中，我承认它们之间是有张力的，并且这种张力始终存在，但是在早期教义的大公性的意识中，这种张力又是在大公性的视野中得到维持的。

是须明确信经是否能够规定神学，包含神学，或者说信经是否就是最源初的神学；二是信经是否受到过神学争论的影响。就信经的具体情况而言，不同类型的信经在与神学互动关系上所体现的支配地位是有所不同的。基于这一点，信经大致可以分为两个类型：第一类是那些明显包含着神学争论的信经，例如尼西亚-君士坦丁堡信经。对于这一类信经，所要留意的是它们如何以神学解释三位一体理论的信仰意含？第二类是那些以前被教会史认为是非争论性的、天然具有权威地位的信经，例如《使徒信经》，然而经现代学者研究，被证明是包含着神学争论的信经。现代学者的研究可能会削弱关于其权威的天然性认知，但是并没有削弱其所传达的认信的权威本质，因为这类信经无论是在表达上还是在实质上，都表明它是由更原始的信仰规则演化而来，经受了神学争辩的洗礼，保持着形式上的单纯性，对于三位一体理论的形成有着强大的规范性力量。对于这类信经，主要要考察信仰规则与神学争论的互动，以规则构成神学。与第一类信经和神学的互动相反，在第二类信经与神学的互动中，信仰规则占据着更为主导的地位。由此，所要进一步追问的问题是，什么是东西方信经传统与不同教会的三一神学教义的互动所形成的分野？它在多大程度上影响着早期基督教大公性的内部张力？从中可以勾略出早期基督教的怎样的基本图景？

我的讨论从《使徒信经》与神学之间的互动开始。西方学者关于《使徒信经》的考证有力地表明它是长期神学辩论的结果。最有力的证据是，《使徒信经》的名称到公元390年才在安布罗修（Ambrose）的书信中出现，[1] 尽管此时关于《使徒信经》之创始于使徒五旬节圣灵降临后赴各地传道的传说已经极

---

[1] Ambrose, *Epistle* 42. 5.

为流行。①《使徒信经》形成之传说流行之晚以及其名称在相当晚的时期才提出，说明它可能并非是基督教历史上最早的信经。"若干学者曾对使徒信经作历史的考据。他们发现其中有若干神学辩论的结果。这信经按圣父，圣子，圣灵三位一体而分三大段，似为反对撒伯流派（Sabellians）以三者只是同一位的三个不同名称，和三种连续的表现或能力的谬说。第一条在原有的以外加上'创造天地的主'，乃是为求反对诺斯底主义（Gnosticism）的异端，说天地的创造者是创造神（Demiurge），而非真神。第二条承认神为人的耶稣和福音中的历史事实，并且第三条在原有的以外加上'身体复活'，都是为求反对诺斯底主义的幻影说（Docetism），和对身体的蔑视。第三条加上'大公'，'圣徒相通'，和'罪得赦免'，乃是为求反对孟他努派（Montanists），诺洼天派（Novatians），和多纳图派（Donatists）的分裂主义。"② 西方学者倾向于认为，《使徒信经》是一个较短的《古罗马信经》的具体化。③ 这暗示了一个需要深入说明才能清晰起来的神学与信经的互动关系，把《使徒信经》的神学背景

---

① Rufinus 提供了关于这一故事的完整阐释。他说，"我们的前辈教父为我们传下了这一传统，在主升天后，藉着圣灵的降临，舌头如火焰落在使徒各人头上，当此之时，他们说各种方言，尽管他们中没有外邦人，却能用各种乡谈，那是他们不曾接触过，也在他们能力之外的。他们受主的诫命，就前往列国去布讲神的道。在彼此分别的前夕，他们首先彼此之间形成一个他们将来布道的标准，在他们分离后，他们可以在各种不同的场合，都可以这样的陈述邀请他们来信仰基督。于是所有人都聚在一起，由于他们都受圣灵充满，正如我们所说，他们就构思完成了他们将来布道的简洁的信条，他们就为这共同的述要每个人贡献一句，他们规定这形成的规条应该给予每一个信的人。" [Rufinus, *A Commentary on the Apostles' Creed*. 128 (Post–Nicene, III)]

② 《历代基督教信条》（汤清译），香港：基督教文艺出版社，1989 年，第 13 页。

③ F. L. Cross, *The Oxford Dictionary of the Christian Church*, 3rd "Apostle's Creed", Oxford: Oxford University Press, 1997, p. 89.

显明出来，由此进一步追溯三一神学到底来自于神学的争论，还是早期教会直接从圣经获得宣信之规范及其基础的？《使徒信经》来自于《古罗马信经》这一研究结果表明，在早期三位一体神学的演变过程中，早期基督教的教会而不是某个神学家，历史而不是超历史的真空，才是三位一体神学教义的切实来源。

我的研究侧重点不在于《使徒信经》形成的历史，这也不是我的能力所及的领域。我只是同意《使徒信经》是历史地形成的观点，而把重点放在早期教会关于信经与神学的相互转换的问题上，寻求更切合历史之轨迹的两者间互动的原点。据学者们考证，拉丁基督教传统中，最初出现的用于洗礼和各种仪式的信经可能是《古罗马信经》，它的拉丁文版本迄今为止还被保存在鲁菲努（Rufinus）的著作中，而其形成时间可以追溯至公元二世纪，"最早之一的地方性教会信经以此种方式形成并被规范化的当数罗马教会的信经……事实上，《古罗马信经》的源头可以一直追溯到二世纪……《使徒信经》本身，它在后来被抬高到独一无二的权威地位并被作为罗马和一般西方教会的洗礼信条，只是《古罗马信经》之众多流传版本之一：事实上，正如我们将表明的，《古罗马信经》因着那些流行于各地的争论问题而被大大丰富。"[①] 这里已经提到，信经并没有因为神学争论而被减去权威性，相反，正是因为它能够包含神学争论并提供神学争论的聚焦点而更具超越性。根据 J. N. D. Kelly 的研究，《古罗马信经》还不是最早的，它的源头可能是希腊（东方）教会。[②] 这一重要证据来自于卡帕多西亚地区安库拉的主教玛尔塞鲁斯

---

① J. N. D. Kelly, *Early Christian Creeds*, 3rd, p.101, "Essex", Longman Group Linited, 1981. 本节有关早期教父记载的信经历史文献以及论证来自于该书。

② 通过这种研究，我们可以看到早期基督教的大公性的与众不同之处。他们之间确实有所不同，即有本土性，但是这种本土性的张力一直在一种公共性的框架之内。

(Marcellus of Ancyra)所提供的古东方教会信经版本。玛尔塞鲁斯本人是尼西亚教父,他热切地为尼西亚信经辩护,然而其三一教义有撒伯流派的危险,受到欧西比乌(Eusibius)派的贬黜,逃往罗马并在那里得到庇护。在公元340年一次由罗马主教主持的会议上,他引用上述信经为自己的三一神学辩护。它的版本独立于鲁菲努的《古罗马信经》拉丁译本,说明它有独立的来源,即直接来自于东方教会的记载和记忆。根据玛尔塞鲁斯的记载,这一东方教会的古信经,在内容上除了与罗马信经存在极细微的差别外,基本内容高度一致。① 《古罗马信经》全文如下:

> 我信上帝万能的父;信耶稣基督他的独生子,我们的主,他从圣灵和童女马丽亚所生,在本都彼拉丢手下被钉十字架及埋葬,第三天从死中复活,升入天国,并将再临审判活人和死人,坐在父的右边;我信圣灵,圣教会,罪得赦免,和肉身复活。②

据 J. N. D. Kelly 的研究,《古罗马信经》与同时或稍早的东方教会信经只存在细微差别。在第一节,古东方教会信经仅略去了"父";在最后一节,东方教会的古信经于肉身复活后面加了"永生",以及在"死中复活"和"升入天国"之间加上联结词"和"。J. N. D. Kelly 认为这足以说明早期教会无论是东方还是西方,它们曾有一个最原始的共同信经。③ 这引出一些重要的问题:一方面,早期教会的大公性有着具体的内容和共同准

---

① 早期教父如 Epiphanius [*Pan. Haer.* 72. 3. 1 (Holl III, 258)] 以及十七世纪中期的 James Ussher 和 东方主教 St. Athan 都证实了存在这样一个有着独立来源的信经的存在。

② Tyrannius Rufinus, *A Commentary on the Apostles' Creed* 20. pp. 133 – 182.

③ J. N. D. Kelly, *Early Christian Creeds*, 3rd, p. 104.

则，它是直接来自于圣经的信经、与圣经有着天然的联系，因为与神圣话语的临在有直接关系因而具有强大的约束力，这体现着原始信经之三一神学与基督教的共同体之间的紧密关系。另一方面，原初信经的大公性在早期基督教发展中又经受着巨大的考验，尤其在长期浸润于希腊思辨传统的东方教会中就更是如此。《古罗马信经》或者更原始的古东方教会信经，它们作为三位一体的宣信可能是充分的，然而它们作为神学则是需要予以阐明的，尤其是当基督教在希腊化根深叶茂的东方，当信经的质朴的三一宣信面对希腊哲学的辩证性质询时显得更为迫切。对于原始的基督教和相对单纯不崇尚思辨传统的拉丁教会传统来说，信经本身起着神学的作用，然而在东方，关于信经的神学思考的重要性逐渐取代信经本身与圣经的直接关系，关于信经的神学在某种程度上取代了信经表达的直接性。东西方教会在三位一体理论上由此走上了两条不同的道路。

希腊基督教和西方基督教从这种原先共享的信经的大公性出发，却形成三位一体理论的不同道路，这根基于信经和神学在信仰上的支撑点的偏移。是要让 theologia 成为 economia 的视野还是让 economia 成为 theologia 的视野？这一分歧是原始基督教进入教父时期的视界融合之不同解释学语境所致。在我看来，由于希腊和拉丁基督教三位一体神学的不同语境，神学与信经间之互动显示出希腊和拉丁基督教教义和实践的不同转换机制，这种机制的不同正是希腊拉丁关于信经与神学关系之支撑点偏移的基础。在希腊教父看来，神学反思之于信经的重要性在于它使原先比较模糊或者通过信仰之表记来说明的内容，现在要放在理智的显微镜下来确定关于圣经的领会是否存在内在的一致性。在进入公元二世纪后，神学反思的外在性成为希腊基督教的古信经向神学转换的迫切要求，圣经更多被领会为哲学的意义思辨，三位一体上帝的基本关系须由希腊式思想来阐明其关系上的意义缕析。

对于希腊基督教来说，这种传统并不陌生，早在犹太思想家斐洛以及其他希腊化犹太教那里，它就已经是一种重要的神学视野内的圣经传统。在希腊基督教而言，"这种早期基督教信经①的进一步发展总体来讲还是停留在它的专属的福音布讲（Kerygmatic）的框架内。它不能反映关于上帝及其救赎工作的深化了的神学反思，尽管与原始基督教传统②相比，它确实包含了促使更新反思的新因素。因此，它没有触及传统的独一神论和子及灵的敬拜如何调和的问题，尽管父、子和灵较从前更多地被承认是地位同等的。"③ 希腊基督教关于三位一体信仰的神学反思加强了三位一体教义之本土性，它可以被理解为是希腊哲学关于信仰的精确性的探究心理的理智性激发，这迫使它们在古希腊教会信经那些直陈式的语句中加入论证性的表述。

二

这当然不是说，拉丁教父在三位一体理论上缺乏思辨精神和理智的建构能力，而是说，他们的努力方向与希腊教父有着相对不同的特点。在前尼西亚教父中，以德尔图良（Tertullian）为代表的拉丁教父形成了"经世三一"（Economic Trinity）的神学传统，以奥利金为代表的拉丁教父则主张"内在三一"（Immanent Trinity）的神学进路。"经世"一词原指神的合乎时宜的救赎计划、救恩的安排和布置及其他诸多复杂的意义，G. L. Prestige 在回顾了"经世"一词的概念史后，指出"有着如此宽广意义

---

① 指经过《克莱门一书》、依纳爵书信及《十二使徒遗训》所表明出来并达到的《古罗马信经》。
② 指福音书、保罗书信及大公书信中的三一宣信。
③ Basil Studer, *Trinity and Incarnation*: *The Faith of the Early Church*《三位一体和道成肉身：早期教会的信仰》, English Traslated by Matthias Westerhoff, Edited by Andrew Louth, p. 30, Edinburgh: T & T Clark, 1993。

范围的这个词语,特别适用于表达神圣的秩序。它涵盖了诸如上帝以佑助的方式派送或给予的恩赐,或者诸如他设计或安排这些事件"。① 当"经世"概念用于三位一体神学时,"经世三一"就容易与指上帝在救赎历史中启示出来并行动着的神圣位格联系在一起,因而又被称为"救赎三一"。"内在三一"则讨论三位格之间的先在关系,揭示"存在于先在关系"中的诸位格的特性。卡尔·拉纳(Karl Rahner)认为,"经世三一指上帝在救赎历史中的事工和临在,尤其指圣灵和子在救赎和成圣中的使命。"内在三一,就拉纳而言,"指'在上帝内面'的位格间的相互关系……经世三一显明在时间和历史状态中上帝的持续的自我交通,因而是以基督和圣灵的使命显现出来的。"在卡尔·拉纳看来,经世三一就是内在三一,反之亦然;如果说两者间有区分,也只是概念上的区分,而不是本体的区分。② 然而,在早期基督教的思想中,两种三位一体神学之间并非如拉纳所认为的有着如此乐观的语境。在拉丁教父如德尔图良看来,他的三位一体神学是以圣经之陈述性历史叙事为基本视野,经世三一的重要性在于表达上帝之于历史的内在性,而不在于上帝本身的内在性。

德尔图良的"经世三一"认为,上帝根据救赎计划(oikonomiai),在不同阶段显现出的形象有位格性的差别。根据圣经,上帝的救赎计划共有三个阶段,它们分属三个不同位格,旧约是父的阶段,福音是子的阶段,从五旬节开始属圣灵的阶段。就位格的显现过程而言,第一阶段的上帝是创造之前的,独一的,非超验性的(因为此时还不存在与之相对的经验世界),但已包含

---

① G. l. Prestige, *God in Patristic Thought*(《教父思想中的上帝》), London: SPCK, 1964, p. 59。

② Catherine Mowry LaCugna, *Introduction*(导论)xiii – xiv, see in Karl Rahner, *The Trinity*《三位一体》, English Translated by Joseph Donceel, New York: The Crossroad Publishing Company, 1997。

分别性的一;① 第二阶段是上帝生育和创造的阶段，上帝的诸位格性开始显现，并创造不同种类的事物，上帝作为一个在时空中的团契不再独自一位;② 第三阶段则是神圣三位格的团契共同介入人类历史。③ 由此，基督从童女出生，降临，并从死中复活，以道成肉身升天，并且将在父的荣耀中"都在基督里同归于一"（以《弗所书》，一章10节），高举人的肉身，审判世人，差派永恒的火以灵的权柄除去罪和一切的不敬，使信徒得生命和不朽。④ 德尔图良的三位一体神学把创世之前的上帝与创世之时的上帝分别开来讨论，这一点是颇让人疑惑的。由于学者们在讨论德尔图良的三位一体神学时，多只注意他所提出的"位格"一词的贡献，以及关于一与三之关系的精确性表达。因此，令人遗憾的是，学者们通常没有注意到德尔图良的三位一体神学区分创世前的上帝与创世时的上帝分属两个阶段的特殊意含。

我要对德尔图良所做出的两个不同阶段的上帝的意图作些深入说明，它显明了经世三一不同于内在三一的特殊进路。德尔图良作此微妙区分，其神学指向是要限定三位一体神学的讨论范围，即从圣经叙事进入三位一体神学，限制非叙事式的关于上帝之内在性的超验思辨。无疑，德尔图良并不否认即使在创世之前，三位格已经存在。"因此我首先制定这样的规则（作为坚定

---

① Tertullian, *Against Praxeas* (《驳普拉克勒亚斯》), 5, see in Alexander Roberts and James Donaldson (eds.), *Ante - Nicene Fathers Translations of The Writings of the Fathers down to A. D. 325* (《至公元325年的前尼西亚教父著作集》), Vol. III, Edinburgh: W. M. B. Eerdmans Publishing Company, 1989。

② Ibid., 2.

③ Ibid.

④ 参看 Irenaeus, *Adversus Haeresies* (《驳异端》), 1.10.2, 3.19.2, 4.33.1, see in Alexander Roberts and James Donaldson (eds.), *Ante - Nicene Fathers Translations of The Writings of the Fathers down to A. D. 325*, Vol. 1, Edinburgh: W. M. B. Eerdmans Publishing Company, 1989。

不移的原则）绝不是轻率的，即甚至在上帝创造宇宙的太初之前，他就已不是独自的一位，因为他在自己的内部有着理性和内在于理性的道，藉着激发活动，他使道成为在他之后并在他内部的第二位。"[1] 这清楚说明超验的上帝已经有着内在性的分殊。然而，什么是这一分殊的确切含义呢？学者们没有注意到德尔图良用理性（Reason）及所谓的激发活动（agitating）所表达出来的意思的微妙性，以为此理性和道与经世三一中的"子的身份"是两个完全相同的概念。然而，事实上，在德尔图良的三位一体理论中，却存在着一个"理性"／"道"成为"子"的过程，这个过程也就是从创世前的上帝到创世时的上帝的过程，在下面的这段话里，德尔图良的这层意思可能表达得要更加清楚些，"因此，这道既总是在父里面的，因为他说，'我和父原是一'，又总是与父同在，这就是经上所写的，'道与上帝同在；从未有片刻的分离或者与父有差别，因为''我与父原是一'。这就是藉着真理而教导的延伸（prolation），统一性的保卫者，我们据此宣称子是从父而来的延伸，不曾与父有片刻的分离。因为父生发出道，就如溪水生成河流，太阳发出光线，因为这些都是他们所自来的本质的延伸或流溢物。"[2] 这节话表明存在一个上帝之分殊的内在性关系转化为位格性关系的过程，德尔图良的三一神学更注意后者，即是我们所谓的经世三一。德尔图良的三一神学的这一特性，可能与他的思想渊源于斯多亚主义而非柏拉图主义有关。

另外一位西方教父伊利奈乌（Ireaneus）[3] 持相近的立场。

---

[1] Tertullian, *Against Praxeas*, 5.
[2] Ibid., 8.
[3] 伊利奈乌虽说是西方教父，然而不属于用拉丁语写作的基督教思想家（他用希腊语写作，另外一个西方教父希坡律陀也属于同样的情况），然而他在思想的传统上更接近于后来的拉丁传统。

在解释《创世记》上帝创造万物时,他说,"不是天使造我们,天使没有权柄来创造上帝的形象,除了主的话语,也没有别的……因为上帝不需要这些存在物来帮助他完成他先前就决定要做的事,就仿佛他没有双手一样。因为道和智慧,子和灵总与他同在,藉着他们并在他们里面,他自由而主动地创造万物,他对他们说,'我们要照着我们的形象,按着我们的样式造人。'他从自己造出万物的本质,造出万物的样式和世界上所有类型的饰品。"① 伊利奈乌把子和灵称为父的"双手",意味着他所强调的上帝的内在性关系有些类似于德尔图良所谓的理性和道在创世之前的先在状态中是父的延伸,虽然指出了三者间的分殊,却没有说明此分殊的确切性质。伊利奈乌阐释了上帝的永恒性,却没有进一步说明其比喻的具体含义,他本人反对思辨创世之前的上帝的存在状况,这可能使他的基督教上帝观比德尔图良更倾向于君主制的存在形式。从另一个角度来说,也能够说明伊利奈乌限制理智之于基督教神学的倾向性,他限制理智的作为,限规定理智之于信仰真理的限度,不同于希腊基督教在一种自然神学的态度上去追求使三位一体的关系。

伊利奈乌不试图去探索上帝的先在状态的三位一体关系,满足于描述历史中的上帝的救赎作为。他依据经世三一和内在三一是不对称性的原理,指出历史的经世三一并不必然就是先在的三一关系。这就是说,在伊利奈乌看来,经世三一就是内在三一的论断并非必然成立。这是伊利奈乌的三位一体理论与希腊教父重要区别之所在,他完全倾向于经世三一的视野,"他的三一论完全地限于经世。"② 伊利奈乌用"双手"比喻子与灵和父的关系

---

① Irenaeus, *Against Heresies*, 4, 20, 1.
② Basil Studer, *Trinity and Incarnation: The Faith of the Early Church*, p. 64.

足以说明这一点:他是从历史的救赎作用即功能角度看待父与子及灵之间的差别的,他的理论表述的不是一个显明内在性差别的位格上帝。说得极端一些,在伊利奈乌的三位一体神学中,经世的差别取代了内在性差别的言说,在他的神学中内在性的位格上帝的理解没有地位。当然,我们没有必要以现代神学的立场要求伊利奈乌,这是过于苛求了;然而,我们也没有必要非要将伊利奈乌关于父、子和灵的观点解释成尼西亚神学的规范。伊利奈乌强调父、子和灵是具有差别性的存在,不必然意味着他认为存在位格性的个殊,至少他没有作这样的明确的说明。① 由于伊利奈乌偏向于从"经世三一"着眼讨论"一"的"三",他的神学内含着"一"的存在的优先性,我更倾向于把他的"三"理解为历史中的真实作用的"三",这将他与撒伯流主义区分了开来。伊利奈乌之所以强调一的优先性,与西方基督教受犹太传统的强大影响有密切的关系。

德尔图良似乎更加辩证些,主要表现在他于 substantiae(本质)之外增加了 persona(位格)一词,然而这没有改变 substantiae 在其神学中的优先地位。有些学者注意到这一点,指出德尔图良的"位格概念还完全没有得到发展……德尔图良完全依赖

---

① 我这里的讨论是针对 Basil Studer 的论述的,"尽管伊利奈乌没有进而反思子和灵的永恒源起,他却一直记着他们在创世和历史(oikonomia)中的差别。因此,父是万物所寄寓且是它们自觉地往回追溯的一,子充当父的形象,同时作为父施行于万物的权柄,灵则确立万物的秩序并把万物保守在它的里面。后来的基督教传统没有忘记掌握父、子和灵的这种活动方式的差别。奥利金(Origen)和巴西流(Basil)尤其牢记着这一点。"我同意 Basil Studer 所谓的伊利奈乌把"一"作为经世三一的轴心的观点,认为这确是他神学的主旨:捍卫上帝的统一性。在我看来,伊利奈乌拒绝谈论神的先在状态也是出于这样的考虑,避免使人误认为存在三位上帝。当借助于"双手"的比喻时,在历史中的三个上帝更容易避免引发误解。但是,Basil Studer 认为奥利金和巴西流也是倾向于这么看。我认为他忽略了他们背后的视野:他们是从上帝的先在位格性区分来讨论一性及经世状态的神圣活动的差别的。

于他的'经世'概念，因着它受造的世界得以存在，藉着它世界才能得到神圣的统治"。① 就此而言，在德尔图良的思想中，位格只是用于说明救赎历史中的三一。与伊利奈乌相同，在描述关于创世之前的上帝的状态时，位格概念受到了限制。学者们又认为，"尽管位格首次出现在'一本质的三位格'这个值得庆贺的公式中，然而，在德尔图良的研究中，它还没有获得同样的关注程度，或者它还没有博得与其相关词'本质'同样重要的地位并为此深感鼓舞。首先，在德尔图良的所有著作中，本质有着众所周知的哲学的和日常的用法，并被证明是一种灵活的工具，而他所使用的位格一词的词源并不清晰。同样，在三位一体的上下文中，本质一词在《驳普拉克勒亚斯》（*Adversus Praxean*）表达神圣统一性时占有主导性地位，位格却不能支配神圣的分殊。"② 从词源学上而言，德尔图良的 persona 所对应的也不是希腊文 Hypostasis，亚里士多德（Aristotle）用后者指"个体的存在"，一种有着个体性支撑的本质性存在，可以译为"实体"或"本体"。③ 德尔图良用以表达父、子和灵位格的 persona 对应的是希腊文 prosopon，有"面具"和"面罩"的意思，指戏剧演出中同一个体扮演的不同角色，缺乏所演角色的个体存在的独立性支撑，即所谓的身份性后面的 substantiae，更强调身份性本身。

同时，还由于德尔图良哲学的斯多亚主义背景，"在德尔图良的三位一体理论中，一本质代表质料或实在，被称为灵，第二

---

① J. P. Mackey, *The Christian Experience of God as Trinity*（《基督教所经验的三位一体上帝》），London: SCM, 1983, p. 72。

② Roy Kearsley, *Tertullian's Theology of Divine Power*（《德尔图良的神圣权能理论》），Cumbria: Paternoster Press, 1998, p. 135。

③ 参看亚里士多德《范畴篇》2a10-20，《范畴篇 解释篇》，方书春译，商务印书馆，1986年。

和第三位格则来自于第一位格。"① 德尔图良认为理性/道是 substantiae 或者所谓的灵性质料（本质）的延伸物，这更加削弱了德尔图良三位一体神学中的创世前的上帝作内在分殊的论证。因此，我认为德尔图良的三一神学还是侧重于经世三一的视野，由于他的注意力在于创世前的上帝的独一性，他在一性和三性的关系论述上不充分均衡。

希坡律陀（Hippolitus）与德尔图良几乎同时代，他关于三位一体神学的观点与此颇为相近。希坡律陀的神学进一步印证了三位一体神学之西方的经世传统。他写的《驳诺伊图》约略早于《驳普拉克勒亚斯》十多年。在书中，希坡律陀批驳了诺伊图的观点，即父本身就是子，他出生、受苦并从死中复活。他批评说，我们不应该因为承认一位上帝却否认上帝的经世，也就是上帝有三种显现的方式。为了区分上帝的一位和三位，他论证说上帝的统一性是由上帝的权柄是一所显明的。② 这显出西方早期的三位一体神学的特点，把上帝看成是一权柄。就权柄而言，存在一上帝；至于就经世而言，他的显现是三重的。③ 他认为《约翰福音》一章 1 节所宣称的"太初有道，道与上帝同在，这道就是上帝"，讲的是经世的观念。"如果道与上帝同在，就是上帝，那么是什么意思呢？会有人断言他是在说两个上帝么？我不认为是两个上帝，只是一个上帝，却有两位呈现，还会有第三经世，即圣灵的恩典。"④ 希坡律陀的神性权柄的概念相当于德尔图良的 substantiae 观念，父、子和灵作为经世之呈现的角度等同

---

① Christopher Stead, *Divine Substance*（《神圣本体》），Oxford: Clarendon Press, 1977, p. 203。

② Hippolytus, *Contra Noetum*（《驳诺伊图》），3, Ed. and English Translated by R. Butterworth, London: Heythrop Monographs, 1977。

③ Ibid., 8.

④ Ibid., 14.

于位格概念。即使不管两者之间对比的确切性程度,两人在下面的观点上确实具有共识:不讨论先在的神性,只讨论历史中的上帝;这一立场体现为他们的经世观念,把三位一体神学局限于经世三一,缺乏对创世之前的上帝的内在性问题的关切,在神性统一性这个起点上止步不前。因此有学者指出,在希坡律陀和德尔图良的三一神学中,"功能性的活动观念是存在的……经世的最初含义显然就是神性存在中的协调性的区分。"①

我已经阐释了伊利奈乌、希坡律陀和德尔图良三大西方基督教教父的三一神学的基本观点。他们共同塑造了西方经世三一的最初传统,注视的是历史中的上帝的位格的真实性,不欲深切地卷入上帝的内在性品质的争论之中,不想把三位一体神学的范围延伸到非时间性状态的上帝的内在性的纯哲学思辨,在永恒性和时间性(历史/经世)之间划出明显的界限,这帮助他们避免了许多无端的争辩。在这样的三位一体神学视野内,关于上帝的陈述性宣称与信经本身具有内在的适切性,信经关于上帝的认信主要集中在历史中的上帝的位格及其显现的真理性意义之上,即基督本身的神性和人性以及整个历史事件的神学意义。伊利奈乌著作中的《信仰规条》与《古罗马信经》在基本内容上存在的基本一致性,证明早期西方的经世三一传统之内神学与信经间的非张力性互动关系,表明西方基督教教父神学没有偏离早期基督教的犹太传统,或者说犹太传统与拉丁传统之间的张力远没有犹太传统出现在希腊传统中所显得如此之巨大。

这教会,尽管分散在世界各地,甚至直到地极,都从使徒及其门徒接受了这信仰:[她信]独一的上帝,万能的父,天地海洋及存在于其中的万物的创造者,信基督耶稣,神子,他为我们救赎的缘故,道成肉身;我们信圣灵,他藉着先知宣布

---

① G. L. Prestige, *God in Patristic Thought*, p. 107.

上帝的安排。①

如《古罗马信经》那样，伊利奈乌的《信仰规条》的用词也是力求简单、没有任何生僻的哲学语言，按照宇宙论和历史本体论相一致的思路，陈述上帝在圣经之历史记载中的介入及其位格性，表明救赎的历史确是由超验的上帝所发动的。在像伊利奈乌和德尔图良这样的西方教父的眼光看，信经的三一语言之陈述特质就是神学家的语言特质，圣经语言的原始性一直保存于西方三位一体神学的历史演变中。在此神学语境中，《古罗马信经》得以在拉丁传统中保持风格措辞的一致性和连续性。在公元四世纪的安布罗修和奥古斯丁的著作中，西方教会的信经基本上保持着罗马信经的原始样式，奥古斯丁和安布罗修所载的《古罗马信经》全文如下：②

> 我信上帝万能的父；信耶稣基督他的独生子，我们的主，他从圣灵和（或从）童女马丽亚所生，在本都彼拉丢手下<u>受难</u>，被钉十字架③及埋葬。第三天又从死中复活，升入天国，并将再临审判活人和死人，坐在父的右边，<u>从那审判里再临活人和死人</u>，我信圣灵，圣教会，罪得赦免，和肉身复活。

除了文中画线部分标出的文字外，安布罗修和奥古斯丁记载的拉丁基督教的信经与原始的《古罗马信经》基本一致。直到十四和十六世纪，除了某些细微的变化外，《古罗马信经》的用

---

① Irenaeus, *Against Heresies*, 1. 10. 1.

② 参看 Augustine, *Explanatio Symboli ad Initiandos*, P. L. 17. 1155–1160; Ambrose, *Epistle* 42, P. L. 16. 1125。

③ 安布罗修所载的信经中没有这一内容。

语和格式在西方教会中仍然得到延用。"地方性的信经对于《古罗马信经》的依赖性说明它们必是在罗马信经获得了独一无二的威望之后才形成的。"① 这至少说明两点：第一，在拉丁基督教传统中，罗马信经具有无与伦比的地位，保持着对于拉丁（西方）各地方教会的影响力。神学的三一与信经的三一表现出相互加强的一元性的互动关系。第二，这不是说，《古罗马信经》在历经基督教数世纪的三位一体神学争论中，在内涵上没有历史的任何痕迹。正如学者们的研究表明的，在《古罗马信经》基础上发展起来的《使徒信经》，它是基于若干神学争辩之背景发展出来的一种陈述，然而，《使徒信经》的表达仍然非常单纯，它努力避免出现那些有争议的神学术语，保持语言的单纯性，表明圣经语言在包容神性指向的一与位格之三分殊的涵度。这种情况与西方基督教三位一体神学的表达和诉求是根本一致的。从这个角度说，获得经世三一神学视野支持的《古罗马信经》、流传于西方教会传统中基本一致的信经语言和风格以及教父神学的教义旨趣，其焦点都在于圣经本身。就拉丁基督教神学而言，圣经就是神学，从希腊哲学中寻求关于上帝之自我关系的表述，相反成了一件极其危险的事业。这表现出拉丁基督教传统之于自然神学的更持批评性的态度。

三

如果说，拉丁（西方）基督教思想家和《古罗马信经》以经世三一的神学视野反对撒伯流主义，强调上帝在创世及救赎历史中显现的是三个真实的位格，而非幻影的话，那么希腊基督教思想家所要反驳的则是流行于当时的幻影说（Docetism）。幻影说的主要代表人物是一些诺斯底主义者（Gnostist），他们认为尘

---

① J. N. D. Kelly, *Early Christian Creeds*, 3rd, p.181.

世基督的人性和受苦只是表象而非真有。安提阿（Antioch）的主教瑟拉庇安（Serapion）是第一个用 Doketai（幻影说者）批评诺斯底主义思潮的护教者。[①] 在教会内部，也有些教会领袖持此种神格唯一派的观点，例如安提阿主教撒摩撒他的保罗就是一个代表人物。幻影说与撒伯流主义在有关父与基督（子）的关系理论上颇有相似之处，他们认为只存在唯一的神格——父，子和灵都只是父的显现形式。然而，希腊基督教思想家对于幻影说的批评以及由此形成的神学进路与拉丁（西方）思想家颇为不同。拉丁（西方）思想家针对撒伯流主义否定历史中的基督的人性以保证基督的神性的做法，回应以历史中的基督是完全人性和完全神性统一的理论。拉丁（西方）的经世三一关注道成肉身的历史性形态及其与神性自我的位格多元性的关系，却不重视讨论创世前的上帝的神性统一性中的位格个殊问题。在希腊基督教思想家看来，这会是一个明显的理论漏洞：经世三一不能彻底清除神格唯一派的理论残遗，只是讨论了神性分殊的上帝的历史形态。希腊思想家的神学立场是，须就先在神性的位格分殊展开讨论。在他们看来，这是三位一体神学的关键。拉丁（西方）思想家所谓的"一本质三位格"强化了"一本质"的重要性，削弱了"位格"的个殊性，[②] 希腊思想家则认为回避神性统一性原理的个殊性探讨，很难与神格唯一论分别开来。实际情况也是如此，如果不讨论先在神性的位格性，又如何可能表明教父哲学与撒伯流主义等神格唯一论根本分歧？如何表明基督教的上帝是位

---

① F. L. Cross (ed.), *The Oxford Dictionary of the Christian Church*, p. 493, "Docetism"。

② 事实上，德尔图良只是回避先在神性统一性与位格个殊性关系的讨论，参看 Tertullian, *Against Praxeas*, 2。然而，后来的拉丁（西方）教父发展出的西方三一论确实侧重于本质同一，有否定位格独立存在的嫌疑，尼西亚会议至君士坦丁堡会议之间的神学辩论无疑加深了希腊教父的这一印象。

格的上帝呢？因为神格唯一派完全可能从经世三一中引申出有利于他自己的观点：经世三一中的三位格只是创世前唯一神格的父神的显现。如果是这样，即使这两个学派放弃了三位一体上帝仅有形式的分别，非真实三位格的顽固观点，依然可能会导致半撒伯流主义或者半幻影说。这就是说，他们一方面同意经世三一的观点，承认作为创造者的上帝自显为父，作为救赎者的上帝自显为子，作为圣化者的上帝自显为灵的撒伯流主义或幻影说的观点，[1]另一方面又说，创世前的上帝因为不存在历史之显现的神性自我的内在分殊，仍然是神格唯一的。也就是说，他们可以拒绝从经世三一反推回内在三一。

希腊基督教思想家从幻影说的挑战中清楚地意识到三位一体神学所包含的理论上的细微和精巧之处。要想彻底地反驳类似于撒伯流主义或者幻影说，必须严格地考虑创世前的上帝的位格个殊性问题。这显然困难得多、也复杂得多，拉丁（西方）教父若以为内在性就是上帝的奥秘的观点可以回避这些历史中的异端的挑战，那反而使其理论成为神格唯一派的挡箭牌。把三一神学引向上帝本身的内在性，正是"内在三一"神学关于上帝之探讨往纵深扩展的表现。内在三一的神学传统始于查士丁，在奥利金思想中获得最初的系统表达，后以修正的形式延续在卡帕多西亚教父的神学之中。

查士丁是第一个注意到《创世记》用复数形式称谓上帝的基督教思想家，在此之前，已经有犹太思想家注意到了这一点。[2]查士丁从《创世记》一章2节入手开始了三位一体理论的

---

[1] 参看杨牧谷主编《当代神学辞典》（下册）"三位一体"条目（台湾：校园书房出版社，1997年）。

[2] Gerald O'Collins, *The Tripersonal God: Understanding and Interpreting the Trinity*, p. 89. New York: Paulist Press, 1999.

最初分析,"上帝(Elohim)说:'我们要照着我们的形象,按着我们的样式造人。'"还引用《创世记》第一章 26 至 28 节的话,"'我们要照着我们的形象,按着我们的样式造人,使他们管理海里的鱼、空中的鸟、地上的牲畜和全地,并地上所爬的一切昆虫。'上帝就照着自己的形象造人,乃是照着他的形象造男造女。上帝就赐福给他们,又对他们说:'你们要生养众多,遍满地面,治理这地。'"查士丁与犹太人特里风(Trypho)辩论道,"你不可以改变上述话语[的力量],我们不妨再复述你们的导师所说的话——要么上帝对他自己说,'我们要照着';要么上帝对于这些元素,对湿的、土和别的我们所相信的人赖以构成的类似实质说,'我们要照着',——我们要再次重引摩西自己所说的话,从这里面,我们无可辩驳地认识到[上帝]与某个在数上与他有别的存在者,也是一个理性的存在者说,'按着我们的样式造人'。还有这些话语,'看哪,亚当已经与我们相似,能知道善恶。'(创世记,三章 22 节。和合本原文为:'那人已经与我们相似,能知道善恶'。)因此,在说'与我们相似'时,摩西实际上是宣称有某几个位格(hypostasis)结合在一起。"① 学者们或许认为,与拉丁(西方)教父一样,查士丁讲论的是创世时的上帝的位格。然而,这并不准确。查士丁注意的是创世前的上帝的复数形式,上述引文从两个方面表达了他关于位格上帝的数的关系,第一,父是先于一切,包括造物和子,子是从父所生;第二,父在特性上是永生的、源生的,子则有一个出生的过程。② 然而,他又说,"他的子(只有他才能合适地被称为子),道'逻各斯',

---

① Justin, *Dialogue with Trypho*(《与特里风的对话》), LXII。
② Gerald O'Collins, *The Tripersonal God*: *Understanding and Interpreting the Trinity*, p. 87.

他与上帝同在，并在万物被造前出生。"① 这引入了一个重要的问题：如何理解"出生"一词的时间性联想以及道与上帝同在的非时间性之关系的矛盾呢？这显然是一个难题。然而查士丁并没有回避，他还是把"出生"放在神性内部予以考虑，把"出生"与上帝的内在性联系起来，寻求消除所可能带来的"时间性"疑虑。

子的"出生"和上帝的内在性，是前尼西亚三位一体神学所要处理的一个主要难题。由于经世三一讨论的是上帝的经世计划与神性自我的交通关系，三位格关系的难点不在于位格的神性是否完全同等，而在于耶稣的肉身是否完全真实。查士丁所创导的内在三一的神学向度与此不同。从他的观点看，如果内在的神性中已经存在位格的分殊，那么分殊本身对于神性的内在性和统一性就是一个挑战。内在三一的关注在于，如果位格的复数具有"数"的真实意义，那么分殊之于位格的神性是什么意思呢？依照查士丁的柏拉图主义观点，这意味着子是第二位的，那么第二位又是什么意思，如果不是如出生所暗示的时间的先后关系？从柏拉图主义的本体论看，第二位是指从第一位（太一/至善）的完全中流溢出来的，用查士丁的话来说就是出生的，此种出生或流溢无损于两位格的非时间的先在性。然而，柏拉图主义者会认为，在这个过程中，第二位的本质要低于第一位。查士丁的神学继承了柏拉图主义的这一逻辑，这就形成了内在三一神学的从属论难题，为了避免神格唯一说，只有回到从属论，这似乎是一个无法回避的无奈选择。在这里面，我们可以看到作为柏拉图主义者和作为基督教思想家的查士丁的冲突，事实上希腊的基督教思想家是一直从冲突中寻找其更适合的解决之道的。

查士丁的两个神学难题（"出生"的非时间性和从属论）为

---

① Justin, *Apollogy II*（《护教次篇》），5。

奥利金的内在三一神学继续探索。他有的解决得比较好，有的则未必尽善尽美。在讨论奥利金的解决之道以前，我先要略为说明奥利金与德尔图良三一神学的哲学基础的区别，可以称之为柏拉图主义和斯多亚主义的区别。斯多亚主义从形体性的角度理解上帝，他们称神（上帝）为一种有着特殊形体的灵；[1] 柏拉图主义则强调神（上帝）的非形体性。在《理想国》第三卷 386－392，柏拉图批评荷马以神人同形同性论的观点描述超验的神，他认为神是纯善的、不变的，"永远停留在自己单一的既定形式之中。"[2] 关于神（上帝）的思考是理智之于存在（神）的纯粹形而上学探索，属于相论所要讨论的相与相之间的关系。在柏拉图主义传统的影响下，关于上帝的内在性关系的探索成为了亚历山大里亚学派三位一体神学的基本旨趣。他们不是本着上帝在历史中的位格探索位格性关系的原理，对于他们来说，这只是呈现出来的位格的历时性表证。他们更想探索上帝的内在关系所表现出的位格的个殊性。这样的思想方法把查士丁所提出的位格的"数"的含义推向位格的"关系性"含义，有利于用更完善的希腊本体论来解答查士丁面对的内在三一的难题。

以此为基础，奥利金试图回答查士丁关于上帝的内在性探索所碰到的两个问题。首先是第二位从第一位"出生"的时间性问题：如果子是出生的，如何保证这一位格的非时间性？奥利金的回答是，"出生"只是表示关系性的概念，而非实存性的时间流。奥利金的高明之处在于他使用了"永恒出生"的概念，以"永恒"来遮盖"时间"所带来的"在时间中"与"永生的"

---

[1] 斯多亚主义坚持认为一切宇宙中的存在，包括灵魂和神都是形体。他们认为如果这些存在物不是形体/物体，那么它们与其他物体例如水、火、土和气相互作用就很难理解，因为只有物体/形体才能够相互作用。

[2] 柏拉图，《理想国》381c。

两者间的冲突。① 奥利金让自己的智力思索就此止步，因为更深入的探索已经属于上帝的奥秘，是无法言说的。其次，如何解释查士丁所谓的父与逻各斯之二不只是数的二，而是体现位格之关系性的二呢？奥利金引入了 hypokeimenon 的术语，以表示位格性始终是与本体性密切联系在一起的。奥利金说，"根据本体（ousia）和个体/位格（hypokeimenon），子不同于父。"② 又说，"当我们称基督为上帝的智慧时，请不要以为我们指他为某种非个体的 [Aliquid insubstantivum] 事物；或者以为我们不把他理解为一个具有智慧的个体/本体（hypostasis），而理解为那叫人聪明的事物，把自己赐予并种植在那些因他之助而能够接受他的美德和理智的人的心灵之中的事物。"③ 他以非常肯定的语气说，"我们坚信确实存在三个个体（hypostases/hypostaseis），那就是父、子和灵。"④ 奥利金并没有将 hypokeimenon 和 ousia 分开使用。这种含混性有一定的好处，就是强调三 hypokeimenon 的关系是 ousia 的关系，是在 ousia 之内的，是统一的。然而，其理论的不清楚之处在于容易引致另一个更为复杂的问题，即三位格是指三个 ousia，在西方的语境中会形成三神论的误读。

相对于拉丁（西方）基督教的经世三一重视三位格的历史性显现与救赎的关系而言，希腊（东方）基督教的内在三一关注三位格的关系性和神性自我的相关性。历史性的显现可以通过三位格的自我呈现表证出来，并且藉着圣经的原始语言表述为类

---

① 奥利金：《论首要原理》（石敏敏译），1.1.2，香港：道风书社，2002年。
② Origen, *De Oratione* 15, Ed. by P. Koetschau. II (Leipzig: Hinrichs, 1899).
③ 奥利金：《论首要原理》，1.2.2。
④ Origen, *De Johanneskommentar*, 2.10 (6) (GCS 10: 64.32 – 65.10, 15 – 21), 转引自 Jon F. Dechow, *Dogma and Mysticism in Early Christianity: Epiphanius of Cyprus and Legacy of Origen*, Macon: Mercer University Press, 1988, p. 289.

似于信经的历史陈述；关于位格的关系性语言就并非如此简单，它需要从希腊哲学中寻找到合适的表达以确证位格间关系的新的平衡点。基于希腊基督教传统对于内在三一神学的新的寻求，即以位格间关系的表述作为经世之上帝的历史性自我交通的基础，希腊基督教在信经语言及表述上的运用呈现出不同的特征。

四

奥利金的三位一体神学对于希腊基督教的影响是不可磨灭的，再加上这些教会本身就处在希腊化的中心区域，受希腊文化影响之深远甚于拉丁教会的文化背景。就此而论，希腊基督教形成有强烈柏拉图主义的思想色彩的内在三一神学传统并不奇怪。公元三世纪之后，希腊基督教在关于信经的表述上逐渐与拉丁基督教拉开了距离，虽然希腊教会似乎更早地使用希腊版的与《古罗马信经》同源的古老的信经形式，然而基于其奥利金主义及柏拉图主义传统，希腊教会的神学旨趣越来越多地转向内在三一，信经中也增加了关于父和子两位格的内在性关系的解释。可想而知，这类有关三位一体的信经富于神学思辨的色彩，可称之为解释性信经，以区别于从洗礼、忏悔等宗教实践中发展出来并偏重于实践需要的《古罗马信经》。

解释性术语之于希腊基督教的信经而言相当重要。它的信经与《古罗马信经》的最大区别在于往往包含着一些惊人的用语，通常是一些非圣经的措辞，来自于希腊哲学的传统。这也意味着，希腊基督教的信经更加神学化。有意思的是，希腊教会并非如拉丁传统一样有突出的一元性。希腊教会的地方性色彩比较明显，这也在信经上有所反映，也相当多元化，在措辞到信经表述自由的幅度上差别甚大。这说明希腊教会因着希腊化的不均衡性以及奥利金主义神学影响的不同程度，以及对位格内在性关系思辨之准确性的追求，导致它们关于神圣位格关系之内在性的理解上存在差别。

前尼西亚会议时期,希腊教会的著名信经有如下一些。我们先来评论凯撒利亚(Caserea)教会的信经,这是欧西比乌(Eusebius)在公元325年尼西亚会议中曾经向尼西亚教父和君士坦丁大帝当面宣读的用于凯撒利亚教会的洗礼仪式的信经。

> 我们信独一的上帝,万能的父,所有有形的和无形的事物的创造者;我们信耶稣基督独一的主,上帝的逻各斯(Logos),来自上帝的上帝,来自光的光,独生的子,万物的头生子(first-begotten of all creation),在万世之前从父所生,藉着他万物得以存在,为着我们的救赎他道成肉身,住在人们中间,受难,在第三天复活,升到父那里,并将在荣耀中再临审判活人和死人。我们也信独一的圣灵。①

凯撒利亚的欧西比乌是一位奥利金主义者,奥利金后半生的岁月又是在凯撒利亚度过的,因此凯撒利亚教会受奥利金影响很深。相比较于《古罗马信经》,比较容易发现凯撒利亚教会信经的浓厚的奥利金主义的神学色彩。《古罗马信经》在形式上相当单纯,所用的语言均是非思辨性的。然而,凯撒利亚的信经不同。它一开始就把诸如"有形的"、"无形的"和"逻各斯"这些神学术语引用到信经里面,它们都是奥利金的《论首要原理》广泛使用的一些术语,用于描述上帝的特征。更值得注意的是,凯撒利亚教会信经试图去准确地表述耶稣基督的存在性质。它从耶稣基督的出生与万物的比较中寻找描述的坐标,以耶稣基督的头生子和独生子的性质区别于万物的存在,具体地描述他与上帝的关系,这些都是《古罗马信经》不曾有过的。它的动机可能

---

① 参看 Socrates, *Ecclesiastical History*(《教会史》)1.8。

是为了解释奥利金所谓的"永恒出生"概念。然而,凯撒利亚教会的信经在具体化奥利金的神学意图上显出其潜在的危险,例如"万物的头生子"的表述容易导致耶稣基督被视为受造物之一,属于时间性的存在。欧西比乌以"在万世之前从父所生"来解释奥利金的"永恒出生"未必是可取的选择。因为"在万世之前从父所生"只是一个相对性的术语,而永恒出生则是一个关于子之存在与父之源初性(而不仅是与父)的关系的绝对性用语。"在万世之前从父所生"似乎是表现他与父的关系,却隐藏着一个逻辑结论,即父与子的关系是上帝与受造物的关系,这会导向极端的从属论——阿里乌主义的基督被造论。这表明凯撒利亚教会信经包含着的神学与阿里乌主义(Arianism)之间存在关联,至少部分是出于这个原因,在尼西亚会议前后,欧西比乌一直与阿里乌主义藕断丝连。

耶路撒冷教会信经与凯撒利亚教会信经在内容和神学态度上颇为相似。它保存在耶路撒冷的西里尔(Cyril of Jerusalem)的《教义问答录》中,在约公元350年的一次教义问答讲座中,西里尔评注过这一信经,它因此得以保存下来。耶路撒冷教会信经全文如下:

> 我们信独一的上帝,万能的父,天地、有形和无形万物的创造者;我们信独一的主耶稣基督,上帝的独生子,他是从父所生在万世之前的真神,藉着他万物得以存在,他道成肉身,取了人的形象,被钉十字架、埋葬、在第三天从死中复活,升入天国,坐在父的右边,并将在荣耀中再临审判死人和活人,他的国将没有穷尽;我们信圣灵,保惠师,信赦罪的忏悔的洗礼,信圣而公的教会,信肉身复活,信永生。[1]

---

[1] 转引自 N. D. Kelly, *Early Christian Creeds*, 3rd, pp. 183–184。

耶路撒冷教会信经与凯撒利亚信经的相似之处是，它们都强调耶稣基督万世之前已经存在。这是它们比较特别的地方，试图通过与人的区别来说明耶稣存在的超越性。这是奥利金主义神学的普遍特征，是希腊哲学给基督教神学所施加的深刻影响的结果，以及与希伯来传统冲突情况下形成的神学的生态，也就是说它是体现希腊的自然哲学/神学的特征的。相比较而言，拉丁基督教传统因为其文化中没有太强的哲学思辨，其犹太基督教传统能够保持比较强的支配地位，即信仰不至于承受或至少比较少地承受神学的挑战。然而，凯撒利亚和耶路撒冷教会就不同，一方面他们有很强的犹太传统，另一方面，又有漫长的希腊化历史，希腊的思辨和犹太传统的信仰的具体性作为相互对立的因素存在其中，需要整合，希腊化给强大的犹太传统思维带来深刻的挑战。"由于非犹太人对基督教信仰感兴趣，社群就被迫寻找新的方式，以思考并向同时代的异教徒有意义地讲说他们作为基督徒的信念。他们自身的希伯来遗产给予他们关于思考的具体的、存在的和经验的方式。现在，他们的世界性使命就是要让自己与异教徒对话，与希腊人的抽象的、神学的思考特征对话。"[1] "然而，关于自身的历史渊源的记忆总是与希伯来和犹太基督教经验尖锐地对立。"[2] 对于希腊教会来说，信经面临着表述和经验上的复杂性，它以一个神学式的信经架起三位一体神学跨越文化差别的桥。

凯撒利亚教会和耶路撒冷教会的信经都可以看作是在文化差异及冲突中重新界定三位一体表述之准确性的尝试。它们界定基

---

[1] Mary Ann Fatula, *The Triune God of Christian Faith*（《基督信仰的三一上帝》），Collegeville: The Liturgical Press, 1990, p. 59。

[2] Ibid., pp. 59–60.

督出生性质的尝试最初肯定是基于文化差异性的挑战。然而，问题也正在于此，当它们试图以希腊式神学术语消解或者架起跨越之桥时，却导致了对于犹太基督徒之信念具体性的某种程度的伤害，进而导致关于耶稣在出生及神人关系上的模糊性。尽管最初的时候，希腊教父们是想以准确性来消除模糊性，然而因为凯撒利亚教会信经和耶路撒冷教会信经强调耶稣生于万世存在之前，因此原先表达永恒的时间观被误释为表达生存的相对性的时间观念。这两个信经都不是以耶稣基督与上帝关系的本体性来谈论位格关系的，这正是问题所在。基督虽然可以被理解为上帝，也可能是与父神在源头上存在间隔的神。从这个角度来说，阿里乌主义产生于东方并非偶然，希腊文化及哲学是其沃土。

公元430年或431年，约翰·卡西安（John Cassian）应当时尚为助祭后成为罗马主教的大列奥（Leo the Great）邀请，写了《驳涅斯多留》（Contra Nestorius）一书，批评后者的教导不合安提阿信经（Antiochene Creed），应该加以摒斥。这说明此书所提到的安提阿信经在公元三世纪已经存在，其具体内容如下：

> 我信独一的真神［上帝］，万能的父，所有有形和无形造物的创造者；我信我们的主耶稣基督，他的独生子和所有造物的头生子，在万世之前从他所生而不是被造，是从真神［上帝］来的真神［上帝］，与父本质同一（homoousia），所有世代藉着他得以形成，万物得以创造，为着我们，他降临并从马丽亚所生，在本都彼拉丢手下被钉十字架，埋葬，根据圣经所说在第三天复活，升入天国，并将再次降临审判活人和死人；以及其他。①

---

① John Cassian, *Contra Nestorius*（《驳涅斯多留》）6, see in *Preschenig* I, 327.

与凯撒利亚信经及耶路撒冷信经相比，安提阿信经的贡献是提出了"本质同一"（homoousia）的术语。在尼西亚会议上，这个术语备受争议。安提阿教会传统却早已在使用这个词，不仅用于神学，还用于信经。安提阿教会的"本质同一"词语史可以追溯至三世纪初的撒摩撒他的保罗，近则有安提阿信经为证。这说明尼西亚信经不是如传统教会史所言的只是以凯撒利亚信经为基础修改而成的，它还有其他的渊源，例如叙利亚-安提阿教会传统。公元三世纪，由于当时的安提阿主教撒摩撒他的保罗（Paul of Samosata）在幻影说的意义上使用"本质同一"，受到希腊教会包括亚历山大里亚和凯撒利亚教会的抵制。这说明东方教会在这一用语的理解上有不同看法，它是东方教会后来陷入尼西亚信经神学争辩的根本原因。不同之处还有，安提阿信经以"在万世之前从他所生而不是被造"来限定"我信我们的主耶稣基督，他的独生子和所有造物的头生子"，以此表明基督不是被造的。这有力地说明在尼西亚会议上，安提阿教会为何支持亚历山大里亚教会反对阿里乌主义，而不与凯撒利亚教会站在同一立场。当然，这不是说安提阿教会关于三位一体的神学真的与亚历山大里亚教会相同，它们在关于父与子本质同一的观点上还是有相当大的张力。这又解释了尼西亚会议上，安提阿主教尤斯塔修斯（Eustathius）为何受到尼西亚教父的谴责，尽管他与尼西亚教父一样强烈抨击阿里乌主义。据此，我们可以概括出安提阿教会的神学立场是介于凯撒利亚和亚历山大里亚传统之间的第三种立场，因为持父与子本质同一的观点，它反对阿里乌主义的从属论；因为它的本质同一说有神格唯一论的嫌疑，又遭到凯撒利亚、亚历山大里亚及其他教父的反对。

把尤斯塔修斯关于三位一体神学的解释与安提阿信经联系起来理解是非常有意思的。安提阿信经所谓父与子"本质同一"是否与尼西亚信经的"本质同一"用法相同呢？并非如此。现在所能知道的只有尤斯塔修斯与撒摩撒他保罗之间有密切关系，他使用"本质同一"是为了避免奥利金主义的从属论，因为奥利金主义包括阿里乌主义及亚历山大里亚的亚历山大（Alexander of Alexandria）都倾向于强调子是低于父的另一位格，当然阿里乌主义是从属论的一个极端。尤斯塔修斯从反从属论或者说反奥利金的角度认为，基督作为子与父完全同一。这是安提阿信经使用"本质同一"术语的神学视野，与奥利金及奥利金主义者使用"本质同一"的解释空间有一定差别，后者强调两位格是同一神性，然而由于奥利金不分 ousia 和 hypostasis，容易误解为奥利金的观点是存在两个上帝，尽管他们有内在关系。由此可以看出，尤斯塔修斯和奥利金及奥利金主义者所用的"本质同一"的角度是相当不同的。前者更接近于撒摩撒他的保罗神学及撒伯流主义。基于上述立场，尤斯塔修斯强调基督神性与人性的分离以保卫子与父的"本质同一"，他说不是逻各斯或智慧被钉十字架，而是耶稣这个人被钉十字架。[1] 住在人里面的父的神性不可能如羔羊一样被屠杀，"父与子同在这一 hypostasis 中令人惊叹不已。这神圣的书卷反复地指出他们是庄严的一，因此他们是从单一性中生出二元性或者是以二元性显出单一性，因为在神性里面只存在一 hypostasis"。[2] 这显示了他与奥利金及奥利金主义者的区别，"他必定发现了奥利金所谓的在独一神性中存在三个 hypostasis 是不可认同的，他也不同意亚历山大里亚的亚历山大复述奥利金的子是永恒出生的观点。"[3] 诸信经关于三一表达的多

---

[1] Eustathius of Antioch, *Fragment* 25 (103), Remains in M. Spanneut *Recherches sur les écrits d'Eustache d'Antioche*（《尤斯塔修斯著作研究》），1948。感谢胡锐兄为我翻译了这则法语资料。

[2] Ibid., fragment 38 (107).

[3] R. P. C. Hanson, *The Search for the Christian Doctrine of God: The Arian Controversy 325–381*, Edinburgh: T & T Clark, 1988, p. 215.

第二章 早期基督教三位一体理论的演变

元性预示着尼西亚会议及此后半个多世纪三一神学的争论将是必然的、持续的并且是一时无法克服的。

总之，尼西亚会议以前，希腊拉丁基督教在神学和信经上已经明显地形成了有关三一神学表达的不同进路。希腊教会的神学传统侧重于上帝之三一关系的"内在性"思辨，拉丁教会的神学传统侧重于"救赎"的上帝，探究作为"经世"之上帝的位格真实性。相对而言，作为经世三一的上帝观由于关注历史中的上帝的位格性，位格的"三"的真实性容易得到具体说明。然而，希腊教父的三一的内在性并非如此，他们需要说明作为无形体的三与无形体的一的上帝的自我之内在关系。希腊和拉丁神学传统因此形成了三一神学的两个不同向度：拉丁（西方）三一神学是藉着历史的时间性（因为三位格在不同的历史时段分别显出其主导性，同时又以一为上帝的本质）来说明上帝是一又是三；希腊基督教则藉着形而上学的思辨说明一个完全的作为自我之交通的上帝的特性，一个超历史的上帝的内在性。这两种上帝观当然并不矛盾，他们只是关注点不同。然而，当拉丁教父以为他们所意识到的经世之三一应该是并等同于希腊教父的内在之三一时，就会出现相互间的误解。从希腊教父的观点看，神学具有使圣经得到塑造的形而上学意义，拉丁教父则限于圣经体现的历史框架溯及启示历史的超验性塑造其神学。

若从三位一体神学本身而言，由于拉丁（西方）教父止步于经世三一的框架之内，它关于创世前的上帝很可能还是犹太基督教式的一神论，从分析德尔图良的三一神学中发现确实存在类似的问题。若是这样，希腊教父就会倾向于认为拉丁（西方）教父没有真的与撒伯流主义或者备受他们反驳的撒摩撒他保罗的神格唯一论分清界限。就拉丁（西方）教父而言，希腊教父的探索及信经的描述似乎有些僭越，他们居然认为人类可以用自己的理智来探索创世前上帝的内在的三，居然以具有个体性特征的 hypostasis 来表达基督教上帝的一性的对等性，在希腊教父的视野中，三位格有裂变为三位上帝的危险。尽管希腊拉丁教会神学真正关于三位一体神学上的分辨是在尼西亚会议之后，主导尼西亚会议的也是希腊神学，然而这种潜在的神学视野上的分歧已经存在。

五

尼西亚会议前后的历史，是早期基督教世界关于三位一体神学争论最复杂、最激烈的辩论时期，也是大公教会诞生以来所面临的最困难的整合时期之一。如果说，此前希腊拉丁基督教传统基本上是各自发展并以自身的传统界定大公性的话，那么现在大公性似乎一下子有了一个神学的聚焦点：三位一体。如果说尼西亚会议之前神学和信经的互动的突出表现是希腊各教会传统的多元性的话，那么尼西亚会议之后，拉丁教会加入进来，与部分希腊教会神学家一起成为信经与神学互动之多元性的重要部分。神学的东西方分野不仅仅作为思辨的原理存在于神学家的头脑之中，还通过辩论直接影响基督教教会的各自的认同感。

阿里乌主义及其三位一体教义是希腊教会神学争论的直接诱发者。阿里乌本人原是亚历山大里亚教会一个堂区的长老，曾是安提阿释经学派大师卢奇安（Lucian）的学生，在神学上隶属东方传统，深受奥利金思想的影响。传统教会史认为，阿里乌为了维护神性的单一性和三位格的独立性，降低了基督的神性，以父的绝对独特性及排他性为起点，指出独一的上帝是独一非受造、独一永存、独一真实、独一不朽、独一智慧、独一的善和独一的权能，上帝的本性不可能为任何其他位格分享。为了避免使三位一体理论陷入到多神论的境地，他坚持认为子是受造的，是父本于旨意和能力而造的,因此子有时间的起始。① 阿里乌主义神学可以归纳为:子是受造物,与父相似,而不同一。学者们最近的研究则表明,阿里乌主义关于三位一体神学的表述可能是被简化了,它关于三位一体神学的具体论述要复杂得多。根据阿他那修(Athanasius)的记载,阿里乌的看法是,"当子不存在时,父就是上帝"。在写给欧西比乌的信中,阿里乌表达了类似的观点,"上帝先于子存在。"② 后来,教会史家关于阿里乌主义的批评性理解似乎曲解了阿里乌本人的观点,他们认为阿里乌神学的核心在于区分父与子,保证上帝作为父的身份的绝对性。基于这样的观点理解阿里乌,那么阿里乌与安库拉的玛尔塞鲁斯毫无区别,然而后者被拉丁教父视作尼西亚信经的正统阐释者,尽管在公元381年的君士坦丁堡大公会议上也受到谴责。现代学者认为,阿里乌的真实观点并非如传统教会史所认为的那样,他的真实意图是要区分作为上帝的上帝和作为父的上帝。"在阿里乌的用法中,'父'这个术语标志着父所具有的对于子的关系,而非他自身内部的属性。这一观点得到了阿里乌区分上帝与父之做法的佐证。他论证说,上帝只是在创造子时接受父的名。事实上,'子的身份'是神圣的'父的身份'的限定性因素。"③ 我觉得以这样的观点去理解阿里乌,可以比较清楚地了解阿里乌与拉丁教父及安库拉的玛尔塞鲁斯的区别。显然,阿里乌主义指向一个非位格的上帝,拉丁教父及安库拉的玛尔塞鲁斯的神学基础是一个位

---

① 参看杨牧谷主编《当代神学辞典》(上册)"阿里乌主义"条目(台湾:校园书房出版社,1997年)。

② Athanasius, *De Synodis* (《论大公会议》) 15, see in Philip Schaff and Henry Wace (eds.), *A Select Library of Nicene and Post-Nicene Fathers of the Christian Church*, Vol. IV, Edinburgh: WM. B. Eerdmans Publishing Company, 1980。

③ Robert C. Gregg & Dennis E. Groh, *Early Arianism: A View of Salvation*, Philadelphia: Fortress Press, 1981, p. 83.

格性的上帝，当然他们关于上帝的位格性的认识是基于经世三一。就希腊教父而言，阿里乌的观点是无法容忍的：阿里乌主义否定上帝的位格性，就是否定了上帝的纯一性中的内在性分殊。拉丁教父之不能接受阿里乌主义则在于，阿里乌把父、子和灵作为上帝的非本质性原理时，已经意味着上帝在救赎历史中显现出来的同源性无法得到保证。因此，希腊和拉丁教父在批评阿里乌主义时，他们的神学视野是有差别的。就希腊教父来说，拉丁教父的观点很可能会被理解为阿里乌主义，他们同样没有探究位格性上帝的先在性，经世三一之历史性在论证位格的先在性上还不够充分；就拉丁教父而言，希腊教父在反对阿里乌主义时走得太远，越来越倾向于三神论。

观点虽有不同，希腊和拉丁教父在反对阿里乌主义否定上帝是位格的上帝这一点上却是一致的。希腊教父和拉丁教父的三位一体神学的进路虽有不同，位格的上帝的观念则是共识。公元325年的尼西亚会议及其信经最大的成就不单在于形成了三一教义的大公性陈述，而在于将一个位格性上帝的共识明确地表达出来，把圣父、圣子和圣灵作为位格的观念来看待。尼西亚信经全文如下，"我们信独一的上帝，全能的父，是天地和一切可见与不可见事物的创造者。我们信独一的主，耶稣基督是上帝的独生子，在永久之前，为父所生，是从神的神，从光的光，从真神的真神，不是受造的，是与父神本质同一（homoousia），万物都是藉他造的。又为我们，为了救我们他从天降下，藉着圣灵的力量，从童贞女马丽亚取肉身成为世人。为我们的缘故从本丢彼拉多手下被钉十字架受死，埋葬，根据圣经的话，第三天升天并坐在天父的右边；他将来必从荣耀里再来，审判活人和死人，他的国就没有穷尽。我们信圣灵是主。但是圣公和使徒教会谴责那些认为'曾有一个时间他不存在的人'，和'在他出生之前不存在及他是从无中被造的人'，还谴责那些认为他从异于父的别的本体（hypostasis）或本质（ousia）来的人，或者认为他是被造并会变化的人。"①传统的教会史认为这一信经是以凯撒利亚教会信经为基础修改形成的，也有认为是阿他那修斡旋的结果。然而，近来西方学者如凯利（J. N. D. Kelly）认为，所谓尼西亚信经是建立在欧西比乌信经基础上的观点是不准确的，他比较了尼西亚与凯撒利亚教会信经之间的重大差别，认为尼西亚信经与安提阿传统有关。②过于强调阿他那修在尼西亚会议中的作用则肯定是历史的曲解。在尼西亚会议召开时，他还不是亚历山大里亚的主教。毋宁这样说，尼西亚信经是希腊基督教会各方妥协的结果，它们需要击败共同的敌人阿里乌主义。它们在确立位格性上帝的立场上是一致的，即使欧西比乌派倾向于同情阿里乌主义，在这一点上也是持相同的观点；即使最初的时候，亚历山大里亚的主教亚历山大因为前任主教狄奥尼修（Dionysius）批评撒摩撒他保罗的立场可能并不认可"本质同一"这个术语，但是他最终首肯这一重要术语也表明他看到这一术语在维护神性统一性的同时，不至于妨害关于上帝的位格性陈述。尼西亚信经在神学上的另一重要贡献是，它重新评价了奥利金主义神学传统，把奥利金的内在三一传统固定为一个可以接受的不趋于极端的表述，"本质同一"这个术语的出现可以理解成是对于奥利金的内在三一以及其他希腊教会的三位一体神学多元性的重述。然而，尼西亚信经的"本质同一"观念，到底是亚历山大里亚学派所理解的奥利金主义传统，抑或凯撒利亚教会所理解的奥利金主义传统，尚是未定之天。可以肯定的是，尼西亚信经在吸收安提阿信经的合理因素后，最终将撒摩撒他的保罗的神学传统从尼西亚神学中剔除了出去，为塑造尼西亚神学及之后的君士坦丁堡信经的

---

① Socrates, *Ecclesiastical History*, I. 8.
② 参看 J. N. D. Kelly, *Early Christian Creeds* (third edition), pp. 217–220。

新神学起了开创作用。

若单纯就尼西亚信经采用 homoousia 一词以区别于阿里乌主义的上帝观而言,确实安提阿信经关于三一神学的表达取得了胜利。这也不应该有值得奇怪之处,在当时的东方基督教世界,巴勒斯坦地区关于基督教信经的探讨确要较亚历山大里亚教会更为成熟。从另一个角度来说,要想把阿里乌主义的观点与位格性的上帝观区别且不影响父与子作为神性的统一性,恐怕舍"本质同一"之外也没有更好的术语。反阿里乌主义的共识暂时地遮盖了东方教会对本质同一和本体(hypostasis)/本质(ousia)这些术语使用上的实质差异,因为希腊各教会关于位格间的关系是有不同表达的,早在撒摩撒他的保罗任安提阿主教的时候,巴勒斯坦其他的教会以及亚历山大里亚教会就反对"本质同一"的术语,谴责撒摩撒他的保罗用 homoousia 表达父与子的嗣子关系。① 尼西亚信经没有区分 hypostasis 和 ousia 两个术语的用法加深了希腊教会各方关于"本质同一"的不同理解。正如著名学者 T. F. 托伦斯(Torrance)指出的,hypostasis(本体/位格)在希腊文中被用来指他性(otherness)即诸位格客观性关系中的存在,ousia 则与位格性存在同一,或指在独一上帝本身中的内在结合,② 当 hypostasis 与 homoousia 结合在一起,奥利金主义中一体性和位格性的张力就会偏向于一体性。然而,如果像凯撒利亚及其他的希腊教会一样,把 hypostasis 和 homoiousia(本质相似)结合在一起表述位格间的关系,那么奥利金主义又会倾向

---

① 在公元 264—269 年的三次安提教会议都讨论过撒摩撒他的保罗的思想。保罗认为,耶稣有一个成为基督的过程。耶稣原只是一个人,后来因为圣灵的临在,才与基督合一,即具有与父本质同一的性质,这一理论否定了基督这一位格肉身真实性在救赎中的重要作用,与阿里乌主义刚好形成对照。

② Thomas F. Torrance, *The Christian Doctrine of God*, *One Being Three Persons*, Edinburgh: T& T Clark, 1996, p. 131.

于位格的分殊性。尼西亚信经没有将 hypostasis 与 ousia 区分开来使用，一方面表明此时教父们还没有充分意识到这种含混性，另一方面也确实表明尼西亚信经在神学上有待进一步澄清。

六

君士坦丁大帝死后，由于少了政治上的压力，尼西亚信经所隐藏着的神学立场的模糊性马上就显露出来，演变成激烈的神学争论。凯撒利亚教会率先发难，强烈反对"本质同一"，提出与尼西亚信经有很大差别的种种修正版本。这些信经篇幅很长，我们不拟作逐字逐句的翻译，只把它们反对"同质同一"的有关信经文本翻译出来，以为比较之用。[1]

公元 341 年，由凯撒利亚的优西比乌（Eusebius of Caserea）领导的东方教父提出了第一个修正方案。它这样表达父与子的关系，"我们信上帝的独生子，在万世之前与生他的父同在（sunonta toi gegennekoti）"，[2] 没有提到"本质"（ousia）一词，而是以极其含糊的"与……同在"一词替代。此后，所谓的安提阿第三信经说，"我们的主耶稣基督……是在万世之前为父所生，是来自完全之上帝的完全之上帝，他作为一个位格与上帝同在（kai onta pros ton theon en hupostasei）。"[3] 也没有使用 ousia/homoousia，而是使用了 hupostasei/hypostasis。这就是说安提阿信经与尼西亚信经的立场是对立的，它更倾向于强调子作为上帝这一位格之个殊性。安提阿第二信经则表达如下，"我们的主耶稣基督……是父的神性、本质、意志、权柄和荣耀的完全准确的

---

[1] 本节有关内容参考了石敏敏博士的《早期基督教神学之辩》一文，经她同意予以引用，这里特别表示感谢。

[2] Athanasius, *De Synodis* 22.

[3] Ibid., 24.

形象",① 不提父与子的本质同一,而是强调他们的本质相似(homoiousia)。在一个献堂礼信经中,东方教父们完全绕开了尼西亚信经的表达,"我们信独生子我们的主耶稣基督,是在万世之前从父所生,从上帝的上帝,从光的光"。② 安提阿第四信经把"本质相似"的思想推展到极致,"同样,那些说存在三个上帝,或者基督不是上帝,或者在万世之前他既不是基督也不是神子,或者父、子和圣灵是一和同,或者子是没有出生的,或者父不是藉着他的选择或意志生子,都将受到圣而公教会的谴责。"③把阿里乌主义的基督被造说与西方教父的本质同一说放在一起进行谴责,体现了安提阿教会与亚历山大里亚教会之外的东方神学传统的基本理念。

拉丁教父虽然努力捍卫尼西亚信经,然而他们自身的立场一直没有得到向其他教会阐述的机会。拉丁教父所奉的是经世三一的观念,对于希腊教父关于 ousia/homoousia 一词的形而上学的微妙性缺乏认识。他们关于尼西亚信经的 ousia/homoousia 基本上是从经世三一来理解的,是被迫卷入与希腊教会关于尼西亚信经的争论,因为希腊教父中的两个主张"本质同一"说的代表人物阿他那修和安库拉的玛尔塞鲁斯寻求罗马的帮助和联盟。阿他那修和玛尔塞鲁斯的观点存在实际上的重要差别,然而拉丁教父对于这两个人的观点不加分别地表示赞同,确实说明他们对于希腊神学传统的三一分辨之复杂性缺乏足够认识。

在公元 340 年的罗马会议和公元 343 年的萨提卡(Sardica)会议上,玛尔塞鲁斯的学说被拉丁教父奉为正统,④ 玛尔塞鲁斯

---

① Athanasius, *De Synodis*, 23.
② Ibid., 25.
③ Ibid., 26.
④ 参看 F. L. Cross (ed.), *The Oxford Dictionary of the Christain Church*, "Marcellus"条目。

第二章　早期基督教三位一体理论的演变

认为以欧西比乌为代表的东方教父把神性表达为"二"或"三"的数是非常危险的。① 他认为只存在一个被称为父的上帝。这个上帝有一个逻各斯，逻各斯是话语（Word）而非理性（Reason）。上帝和他的话语在力本论（dynamis）或位格（hypostasis）上无法区别，他们之间的关系就如一个人和他的话语的关系。② 这话语只在童女怀孕的时候才成为子，话语的所有别的称号都可以被用于道成肉身上。③ 正如只存在一位格（hypostasis），也只存在一种显现形式（prosopa）。他拒绝在父与子的关系上使用"二"这个数，认为不存在两本质（ousiai）或两位格（hypostaseis）或两显现形式（prosopa）。④ 他的三位一体理论实际上是一种非位格化（miahypostasis）神学，用他自己的话说就是"父和子的神性是不可分割的"，⑤ 由此导出的观点要么是二神论，要么逻各斯不是上帝。与阿里乌主义否定基督神性先在性的观点相比较，玛尔塞鲁斯充分肯定了基督的神性；然而与本质相似派要求在三一神学中表达出统一神性内部位格的区分相比较，他的观点过于极端，以至于基督的位格过于依附父。他的理论与其说是三一神论，不如说更接近犹太教的独一神论；这个上帝虽然有位格，然而只是就区别于希腊的神哲学传统而言，避免了将上帝理性化和抽象化而已。

玛尔塞鲁斯的上帝观不足以担当起为尼西亚信经辩护的重

---

① Marcellus, *frg.* 65. 此残篇见于刊印在 *GCS Eusebius* 4 上的 Marcellus's *Contra Asterium*。本文所引的 Marcellus 的残篇均来自 Joseph T. Lienhard, "*The Cappadocian Settlement*", see in Stephen T. Davis, Daniel Kendall, and Gerald O'Collins (eds.), *The Trinity: An Interpretation Symposium On the Trinity*, Oxford: Oxford University Press, 1999。后面不再一一注明。
② Ibid., 61.
③ Ibid., 43.
④ Ibid., 64.
⑤ Ibid., 129.

任。四世纪中叶之后，由于希腊拉丁教父在尼西亚信经表达和理解上争执不下，阿里乌主义卷土重来。他们在三位一体神学的争论中暂时占了上风，提出了被称为"相似派"（homoi）的新信经，认为子与父在所有的方面都"相似"，绕开了"本质"一词。这一新信经几乎得到了整个基督教世界的认可。亚历山大里亚的主教阿他那修挽狂澜于既倒，不折不挠，竭尽全力重树尼西亚信经的权威。普世教会几乎全都接受相似派信经的教训说明，经过几十年漫长的辩论之后，关于尼西亚信经的神学解释必须找到新的基础。这不是说尼西亚信经需要更正，而是说尼西亚神学思维需要超越希腊奥利金主义内在三一神学的张力并能够提升西方的经世三一。

阿他那修还不能算是这种新神学的塑造者，他更适合于被称为尼西亚信经的斗士，他的使命在于捍卫尼西亚信经的大公性，不在于铸造大公性的新神学基础。因此，阿他那修是通往新神学的开始，而不是最后的缔造者。信经与神学之间的互动需要更长时间的考量，阿他那修只是一个环节。阿他那修本人接受并采用"本质同一"的表达经历了一个过程。在尼西亚会议之后的前三十年（公元350年之前），他都没有使用过"本质同一"的术语，这至今仍是一个谜。在公元350年后的一系列著作中，他开始广泛而密集地使用"本质同一"，阐述本质同一对于表达父与子一体性关系的意义。他认为"本质同一"既肯定了父与子的位格独立性，又强调他们在神性上完全合二为一。阿他那修说，"他们是二，因为父就是父，而不是子；子就是子，而不是父。但他们的本质是一。所有父的，亦是子的。因此，既不能因为他是从无中所得出的，而说圣子是另一个上帝。否则，如果说从圣父之外得出神性，那么就会有很多个上帝。圣子与圣父在属性（in property）上、本性的个殊性（peculiarity of nature）和神性的同一（in the identity of one Godhead）上，都只是一。"① 显然，阿他那修以"本质同一"肯定父与子是"二"，然而更强调他们是"一"。从这一点来说，阿他那修无疑是坚守尼西亚信经之根基的，因为尼西亚信经的目的是反阿里乌主义。阿他那修充分意识到如果不承认本质同一，那么上帝的位格性之二就得不到保证。这后一点正是阿他那修关于尼西亚信经认识的核心之处。在玛尔塞鲁斯的神学中，一是排斥二的，这是传统的奥利金主义神学。然而，阿他那修则说，一是展示二的前提，因为一保证了二作为位格区分的合一性前提，一可以生出二，通过这样一种途径，一与二作为数的对峙性被化解为关系的适切性，它在奥利金的神学中是以永恒出生的术语来消解一与二的张力。现在，阿他那修把永恒出生的一的关系转换为位格的二，完成了奥利金主义神学关于"永恒出生"这一概念的巧妙转换，从这个角度来说，尼西亚信经中的奥利金主义的三位一体神学阿他那修化了。

阿他那修奉行的是"强"尼西亚信经神学，他坚决反对东方教父的"本质相似"一词。阿他那修认为圣经所说的，"当他再次显现时，我们将会像他"，"像"或"相似"的观念只适用于"人"与上帝的关系，因为人只是"在本质上与上帝相像"，而不可能在"本质上是上帝"，换言之，人的本质是从参与得来的，不是本体（hypostasis）本身，只能与本体相像（homoi）；由于只是"相像"，就存在可变性。然而，子不是因为分有父的本质是子，他是在本质上与父完全相同才是子，是光，是智慧，是上帝。阿他那修所奉行的神学原理表明"本质相似"（homoiousia）与"本质同一"（homoousia）之间不存在着通约性。② 这一点至关重要，由于阿他那修神学的强硬性，无异将希腊和拉丁

---

① Athanasius, *Four Discourses Against the Arians*, 23. 4.
② Athanasius, *Councils of Ariminum and Seleucid Of De Synodis*, 3. 18.

教会的妥协之门死死地关上了。

　　阿他那修的三位一体神学与安库拉的玛尔塞鲁斯也有共同的一面。他们都强调父与子的本质同一，两位格的神性一体。他们也有不同之处，阿他那修认为作为父的一与作为子的一，尽管都是一，却是两个独立存在的一，是个殊性的一。在阿他那修看来，这两个"一"都是具有位格性的，一的分殊不可以取消，位格的分别内在于独一的神性，而玛尔塞鲁斯显然不承认这一点。

　　拉丁教父及神学暂时还没有意识到阿他那修和玛尔塞鲁斯的微妙区分的重要性。他们看到两人都坚守尼西亚信经，这一见解并非出于偶然，也不是出于对东方教会之持"不同政见者"的一味庇护。这后面蕴藏着东西方三位一体神学立场的含混性的深刻分别。拉丁教父基于自身的经世三一的观点，不热衷于神性之先验分殊的探索。在经世三一的视野里面，希腊教父内在三一的求索本身存在着僭越的危险。就此而论，玛尔塞鲁斯的神性统一性和阿他那修因反对阿里乌主义高抬神性统一的先验性，与拉丁教父的经世三一观念是基本一致的。就反对阿里乌主义降低耶稣神性以及批评希腊教父突出位格分殊这一主要使命而言，他们与阿他那修及玛尔塞鲁斯之间的微妙差别反而显得并不重要。

　　然而，拉丁教父的经世三一神学的单薄性不足以承担起基督教世界三一神学的整合。现在，希腊拉丁教父不是要面对撒伯流主义及阿里乌主义的神学错误，而是如何整合双方及缩小理解的差别。从一个角度来说，也就是如何把内在三一与经世三一整合成为贯穿于神性先验和历史的统一整体之中的连续完整的上帝观。由于希腊教父和拉丁教父都不可能放弃自己的传统立场，必须提出能够涵盖东西方神学差别的新神学基础，使经世三一与内在三一相互寓居。显然，关于尼西亚信经的神学基础的艰巨性在尼西亚会议之初并没有清晰的意识，尼西亚信经必须不能单纯地以东方教父的神学为基本立场,简单地以阿他那修的神学为尼西亚信经的基本立场也不足以构成信经之大公性的"解"。希腊和拉丁神学家越来越意识到,关于尼西亚信经的新理解不应该死守传统思维,即以位格性为优先抑或以统一性为优先,而在于如何看待三一之经世和三一之内在两者共同构筑的上帝之奥秘问题。在这种新神学语境下,卡帕多西亚教父对于 hypostasis 和 ousia 在三一神学表达中的专门性的深刻论述,为构筑 homoiousia 和 homousia 之间的可通约性营造了神学基础。

七

关于尼西亚信经的新神学基础取决于如何定位尼西亚信经中 hypostasis 和 ousia 两词的用法。阿他那修并非不知道奥利金主义神学的关键性问题,即内在三一之一和三的辩证,然而,由于他坚持沿用尼西亚信经将 hypostasis 和 ousia 作为可以通约的术语,[①]使他自己无法为在两者之间作区分的东方教父接受,也无法得到他们的同情。拉丁教父方面也存在同样的问题。他们因为语言及文化上的差别,甚至都不能准确理解东方教父一直争论的 hypostasis 和 ousia 之间的微妙的神学意义,在理解尼西亚信经上的三一神学背景有着它自身的局限。出于上述原因,尼西亚信经的新神学基础出现在后阿他那修的神学家中,由尼西亚教父之后的新一代思想家完成东西方三一神学类型的转换,卡帕多西亚三大教父和拉丁教父波依提的希拉流(Hillary of Poitiers)是实现这一转换的重要人物。从他们开始,尼西亚信经与三一神学互动

---

① 甚至在公元 362 年的亚历山大里亚公会上,阿他那修都把 three hypostases 和 one hypostasis & one ousia 两公式作平行使用,即 three hypostases, one hypostasis/ one ousia(Athanasius, *TomAntioch* 5;MG 26, 800)。这说明阿他那修仍然没有意识到两者之间的任何区分,这正是问题之所在。

的范式出现了新的发展。

在拉丁教父中，希拉流对于希腊教父的三一神学的真实意义有着最为准确的了解。他是尼西亚派/本质同一说的坚定支持者，最初的时候也反对希腊教父的"本质相似"说。公元356年，他被支持阿里乌派的君士坦丁二世放逐到东方的弗里吉亚（Phrygia），获得在东方学习希腊语并研究希腊教父著作的机会，全面了解了尼西亚信经关于三位一体的"本质同一"的表述。他的《论三位一体》一书可以引来作为他的转变的证据。在前三卷中，还没有出现过"本质同一"的术语，然而写于公元356至390年的后九卷则频繁地予以使用。[1] 他认为希腊教父的"本质相似"和拉丁教父及阿他那修的"本质同一"没有实质区别。希腊教父并不是如拉丁教父所认为的那样与阿里乌派同流合污，拉丁教父也并没有如希腊教父所认为的那样倾向于神格唯一论。

凯撒利亚的巴西尔、拿先斯的格列高利和尼撒的格列高利三位教父对于尼西亚信经神学解释的贡献在于，他们意识到hypostasis和ousia之间的区分并固定了它们的各自用法，这是尼西亚信经的新神学基础。巴西尔是第一个意识到两者之区分的神学家，一方面，他把"永生的"术语用于hypostasis而不是ousia身上。[2] 这就是说，他认为尽管子是作为个殊性的存在者，然而他们是永生的，相当于奥利金的永恒出生的神学，以拒斥阿里乌主义的理解，即出生意味着时间性。这固定了hypostasis的专门用法，即它必须是表示个殊性之存在的术语，而与ousia所要表述的普遍性相区别开来。关于ousia，他在《论圣灵》一书中表述得最为清楚，指出它不同于hypostasis，把ousia看作是hypos-

---

[1] 参看 Everett Ferguson (ed.), *Encyclopedia of Early Christianity*, Second Edition, "Hillary of Poitiers" 条目 (New York & London: Garland Publishing, Inc., 1998)。

[2] St. Basil, *Contra Eunomius* I. 9; II. 28.

tasis/ hypokeimenon 所共有的属性。① 巴西尔的弟弟尼撒的格列高利对于 hypostasis 和 ousia 的区分解释得更加清楚，他按照亚里士多德的术语把 ousia 解释为种，把 hypostasis 解释为个体。他又说这并不意味着他自己是三神论者，hypostasis 和 ousia 之间的天然联系没有被割断。② 这就是说，当根据父、子和灵的身份来谈论他们是三个 hypostasis 时，他们已经接受那使他们是一的 ousia。③ 这使卡帕多西亚三大教父与撒摩撒他的保罗及撒伯流主义区别了开来。

之所以说卡帕多西亚教父提供的是一种新神学，主要因为他们提出了一种建立在区分 hypostasis 和 ousia 的基础上，在用法上将两个术语专门化。他们的神学不仅与阿里乌主义及撒伯流主义分别开来，还与阿他那修及凯撒利亚的欧西比乌有了一定区别。他们从 hypostasis 的视野理解 ousia，使得"本质同一"有了一定的"间性"。这样，当内在三一延伸到历史中的上帝的三位格即经世三一时，"经世"之于"位格"的内在性就获得了支撑的基础，并且是从内在性来显出经世之耶稣基督的真实性。卡帕多西亚的教父们认为"本质同一"讲的就是"本质相似"，说的其实就是这个意思。巴西尔这样认为，"假如［在父与子的关系上］不加上'没有差别'……我更愿意接受'本质相似'的措辞。我认为它与'本质同一'有同样的含义……这就是尼西亚教父

---

① St. Bsail, *On Holy Spirit* 18. 47; cf. 16. 38. 巴西尔这样说，"因此认识神的途径经由子到父而来自于灵，相反，本性上的善性、内在的神性和王的尊严经由独生子到灵来自于父。因此，这样既承认了 hypostases，君主制的真正的教义又没有丧失。"(*On Holy Spirit* 18. 47)

② "就本质（Ousia）而言他是一，因此我们的主告诫我们要信靠这独一的名；然而，关于位格（Hypostasis）属性的陈述，我们的信就应分别为父、子和圣灵；他是没有分离的分别，不具混淆的统一。"(Gregory of Nyssa, *Contra Eunomius* 2. 2)

③ Basil Studer, *Trinity and Incarnation: The Faith of the Early Church*, English Translated by Matthias Westerhoff, Edinburgh: T & T Clark, 1993, p. 143.

的意见,当他们给予独生子以下述称号时,'来自光的光','来自真神的真神',以及作为自然之推断的'本质同一'。因此在光与光之间、真理与真理之间或者独生子的本质与父的本质之间不可能推想任何的差别。诚如我所说的,如果想要它被正确理解,我愿意加上'本质相似'的措辞。但是如果'没有任何差别'的限定被删除,如在君士坦丁堡会议上所发生的,那么我会怀疑这一术语,因为它削弱了'独生子'的荣耀。"[1] 就卡帕多西亚教父来说,本质相似也罢,本质同一也好,在以它们来理解三一神学时,必须牢牢记住这是建立在关于 hypostasis 和 ousia 两术语区分的基础上的。卡帕多西亚教父提供的关于尼西亚信经之神学基础的另一方面是,他们意识到"本质同一"一词对于尼西亚信经和拉丁教父的重要性,尽管这个术语不是后者首先提出的。基于这一新神学的包容态度,他们不像凯撒利亚的欧西比乌那样一定要废去"本质同一"的表达,相反还用本质同一来表达三位格的关系,把本质同一用于三位格在神性上的同等性、地位上的并列性和意志上的合一性。他们在三一神学的立场上使东西方之间的争论有一个较为平衡的解释。

希腊教父关于尼西亚信经的新的神学阐释通过希拉流与拉丁教父获得了沟通。希拉流向卡帕多西亚教父及其他东方教父解释说,当拉丁教父用"本质同一"表达父与子的关系时,他们是在表述有着位格区别的位格的父和子之间的结合,他们是用"本质同一"指有区别的实在间的"相似",所谓的"同一"不是数的"独一",可以取消位格的"三",而是指有着同等之"一性"的"三",因而仍然是一。换言之,拉丁教父承认父、

---

[1] Basil, *Epistle*, 9. 3, see in Henry Bettenson (ed. & trans.), *The Later Christian Fathers: A Selection from the Writings of the Fathers from St. Cyril of Jerusalem to St. Leo the Great*, London: Oxford University Press, 1970.

子与灵是三个有着独立性品质的"一"之间的关系，只不过他们倾向于从"一"说明"位格"个殊之"三"。① 关于希腊教父的"本质相似说"，希拉流则向拉丁教父解释道，"亲爱的弟兄，我知道有些人承认相似性，却否定同等性……如果他们说在相似性和同等性之间有差别，那我就要问什么是同等性的基础。如果子在本质、善性、荣耀和时间上都像父，那么我要问他们以何种方式是不同等的……如果父所赋予子的……本性与他自己的没有任何不同，与他自己无别，那必是他给予子以自身的本性。因此'相似'意味着'他自身'；那就意味着同等性和差异性的缺失。没有差异的事物就是一；不只是位格的统一，而且是本性的同等。"② 希腊教父在用"本质相似"表达父与子之间的关系时，是从个殊的"三"表达父与子及灵之间的完全同等性，与阿里乌主义的"相似说"有根本的区别。

经过近半个世纪的漫长争论，以及主要是希腊教父理论上的修正，东西方教父在尼西亚信经的理解上达成了新的神学基础，回归到一种有着更深刻的神学底蕴的大公性意识中。尼西亚－君士坦丁堡信经的新神学基础，乃在于认识到 homoousia、homoiousia 与 hypostasis 之于三位一体之表述的分别性和关联性。无论是尼西亚－君士坦丁堡信经的"本质同一"抑或东方教父惯用的"本质相似"，它们都陈述了一个同样的原则，即父、子、灵三位格是合一的、同等的。基于这一考虑，公元381年君士坦丁堡大公会议保留了尼西亚信经"父与子本质同一"的说法，③ 这是从尼西亚信经到君士坦丁堡信经的最重要延续，也可以看成是

---

① Hillary of Poitiers, *de synodis seu de fide Orientalium*. 67, see in Henry Bettenson (ed. & trans.), *The Later Christian Fathers: A Selection from the Writings of the Fathers from St. Cyril of Jerusalem to St. Leo the Great* (London: Oxford University Press, 1970).

② Hillary of Poitiers, *de synodis seu de fide Orientalium*, 74.

③ 参看《历代基督教信条》，第20页。

希腊教父对于尼西亚信经表述的回归。同时，为了避免东西方教会将 hypostasis 和 ousia 混为使用所导致的误解，君士坦丁堡信经删除了尼西亚信经将它们并置起来的表达，[①] 这又可以看成是希腊教父对于自身神学传统之多元性的澄清，避免由多元导向分裂，由此也可以看见早期教会大公性意识追求上的强烈愿望。

以上，我分三个阶段讨论了早期基督教三位一体神学的总体发展。在第一阶段，即初期基督教阶段，希腊和拉丁基督教有一个基本共同的信经来源，就是保存在《古罗马信经》之中的三一神学的样式，反映出三一神学的宣信是古大公信念的基本内容。在接着的第二阶段，普世教会尤其是希腊教会关于信经的理解进入到一个多元化的时代。拉丁教会一直坚守《古罗马信经》的措辞和表述，虽然历经争论，然而其三位一体神学与《古罗马信经》始终遵循经世三一的路线，关注一个在历史之中的指向位格上帝的救赎视野。希腊教会则因为其强大的希腊思辨传统以及奥利金主义的影响，主要从思辨的角度探讨上帝的内在性，引出内在三一神学的进路和争论，希腊教会的神学对于尼西亚信经有直接的贡献，例如采用"本质同一"术语。第三阶段则由于拉丁教会的神学视野的介入而趋于复杂化。拉丁教会之所以庇护阿他那修以及玛尔塞鲁斯，是因为他们从经世三一的神性内在一元性的角度理解上述两位教父的"本质同一"观念，忽视了希腊教父在内在三一关于一的分殊的张力，没有清楚地意识到希腊教父在这一争论过程中逐渐形成的尼西亚信经的新神学，拉丁教父虽然是尼西亚信经的支持者，却不能洞悉由 hypostasis 和 ousia 并置所引起的尼西亚信经神学的复杂性。直到卡帕多西亚三大教父关于尼西亚信经的新的神学描述以及希拉流等拉丁（西方）神学家的解释，关于"一"的个殊性之内在三一的立场的东西

[①] 参看《历代基督教信条》，第 20 页。

的误解才得以消解,尼西亚-君士坦丁堡信经以本质同一术语的沿用及相关表达的修正确立了历经纷争的三位一体的新神学。

第二节　早期基督教上帝观传统中的圣灵论

在早期基督教的三位一体神学中,圣灵论是一个迟起的问题,教父们甚少专门把圣灵作为三位一体神学的主题作深入讨论。直到卡帕多西亚三大教父的兴起,这种状况才真正被改变。早期三位一体神学有意无意地忽略圣灵论,是有许多原因引起的。首先,早期基督教三位一体神学着重要解决耶稣的身份问题,这受如回应凯尔苏斯这样的希腊罗马知识分子的批评即基督教的基督敬拜是二神论的挑战的影响。[①] 因此,早期基督教思想家最关心如何协调父与子的关系,它是三位一体神学的主题,圣灵与父和子的关系尚在护教者的辩护之外。其次,圣灵的角色的特殊性也是重要原因之一。在早期三位一体神学中,圣灵似乎是附属性的。圣灵引导基督徒去认识父和子,不是把信徒的注意力吸引向他自身。圣灵启示了子,子又启示了父,他自己则是在基督徒的内在生活中才被启示的。他的身份在早期基督教神学家看来是比较间接的,也是难以确定的,尽管教父们确实以大量的证道表明了他的存在。然而,他存在为何?这样的问题又难以回答。第三,在圣经中,父和子分别被显示为位格,他们与人类对话,说话并且聆听。圣灵却非如此,他是通过启示人类而说话,不是自己直接向人类说话。[②] 这会导致一个令基督徒困惑的问

[①] Origen, *Contra Celsum* 8. 14.

[②] J. Patout Burns and Gerald M. Fagin, *The Holy Spirit* (Wilmington: Michael Glazier, Inc., 1984), pp. 12 – 13. 本书汇编了早期基督教思想家的《圣灵论》的主要文献。本节的资料均来自此书,但是只注明原始资料来源。

题：圣灵以位格存在吗？或者他只是上帝的一种属性，就如善性、万能这样的属性一样？或者他只是一种权能，如天使？如果把位格一词归给圣灵，那么位格一词是否因圣灵具有更丰富抑惑更含混的意义？诸如此类的原因和问题，导致圣灵在早期三位一体神学中的形象中比较模糊，一时无法得到确切的解答。

种种原因决定了早期基督教关于圣灵问题的讨论不会如父与子的关系那样立即成为基督教三位一体神学的主题。早期基督教神学家关于圣灵角色、地位、作用进而归结为位格的论述，经过了一个漫长的循序渐进的过程。二世纪的教父们对于圣灵的位格缺乏基本的意识，在圣灵论上相对比较混乱。到了三世纪，教父们基本上仍是以从属论者的眼光看待圣灵论，对于圣灵的个体性存在虽说有了比较充分的认识，然而仍然无法确定圣灵与"上帝"这一称号的关系，这也意味着对于圣灵之"位格性"存在的认识缺乏足够的自信。出于这一情况，"位格"一词仍然没有被教父用来表述圣灵存在的特性。进入四世纪后，直到公元四世纪中叶至末期，早期基督教才清晰地以"本质同一"的术语来描述圣灵与父和子的关系。在本篇论文中，我们将按照这个时间序列描述早期基督教的圣灵论的发展及其不同模式。

本节关于圣灵的讨论的时间下限是君士坦丁堡公会，不涉及"和子句"（Filioque）问题。"和子句"所涉及的圣灵论改变了整个早期基督教三位一体神学的走向，而不简单是改变了一个介词。从这个原则来说，奥古斯丁所提出的三位一体神学是一迥然不同的类型，"和子句"引发的圣灵论需要放在他的文本里作专门讨论。

一

公元二世纪的时候，基督教的教义还处在草创阶段。教父们护教、证道的重点在于：基督耶稣作为上帝自身在历史中的显现即道成肉身是否是真实的？如果是真实的，他与作为父的上帝的关系又是怎样的？这一直是基督教三一神学理论前三百年发展时期的核心。在公元二世纪的时候，这种倾向更加明显：圣灵被隐藏于父和子关系的背后，或者说圣灵是作为超验的父与历史中的神子的关系以及超验的父与历史中的人及教会的关系被表述出来的。罗马的克莱门（Clement of Rome）、安提阿的依纳爵（Ignatius of Antioch）、赫马（Hermas）、殉道者查士丁（Justin Martyr）、阿塔那哥拉（Athenagoras）和塞奥菲若（Theophilus）从上述两个方面探索了圣灵的作用，主要围绕圣灵与先知以及与救赎的关系。我们需要追问的是：二世纪的基督教神学家在他们的著作中关于圣经之于圣灵的描述意识到了什么？他们是否已经从"关系性"角度察看到圣灵的"位格性"？在今天这当然是毫无疑问的，因为圣灵之所以能够起着联结的作用，必须得以圣灵的"位格性"为基础。[1] 然而，我们不能以今天的三一神学的范式要求二世纪的神学家。二世纪教父的圣灵问题自有它的处境性，任何神学都是不可能超越处境性而进行有效探索的。那么，什么是二世纪教父圣灵论的处境性呢？

在接近二世纪末期的时候，诺斯底主义（Gnosticism）的兴起，促使教父们意识到必须把圣灵纳入到三位一体神学的考察中。在诺斯底主义看来，救赎与圣灵而不是基督紧密地联系在一起。第一上帝即父，通过圣灵浇灌于人的灵魂之中，形成灵智，一种"内在的人"，而与世界的恶分离开来。甚至耶稣、基督（诺斯底主义认为他们是两个相互分离的存在者）都需要通过圣

---

[1] Robert Morey, The Trinity: Evidence and Issues, pp. 188 – 189, Michigan: World Publishing, 1996.

灵重新与父联系在一起。① 因此，诺斯底主义是以圣灵中心论（也可能是第一父的中心论）取代基督教的基督中心论。子/基督虽然依然通过圣灵与父联系在一起，即三者依然具有关系性，却削弱了存在于圣经中的基督的位格性。圣灵虽然被作为一种关系，但是他更多被强调为是上帝的权柄，非个体性的存在者（位格）。在此背景下，伊利奈乌在批驳诺斯底主义理论的同时，把圣灵与基督关联在一起予以讨论，对他们的关系作了较为清楚的说明。这是二世纪三一神学的一个重要环节：圣灵不只是父与子联系的桥梁，他与基督也有特殊的相关性。这从有别于父和灵的角度大大丰富了三位一体神学的内容。

在《克莱门一书》(*I Clement*) 中，罗马的克莱门（Clement of Rome）关注的是基督，圣灵要把匿藏的基督指引出来，或者把经文中相关的解释与基督联系起来，是基督的代理者。例如他说，"上帝宝座的权杖，主耶稣基督，临在时并不带着骄傲或傲慢的浮华，尽管他完全可以这样。但正如圣灵谈到他时所说的，他在谦卑中来到世间"。② 又说，"这就是基督藉着他的灵向我们说的话；'众弟子啊，你们当来听我的话！我要将敬畏耶和华的道教训你们。有何人喜好存活，爱慕长寿，得享美福，就要禁止舌头不出恶言，嘴唇不说诡诈的话。要离恶行善，寻求和睦，一心追赶'。（《诗篇》三十四篇 11–14 节③）"④ 这里，圣灵所扮

---

① 参看 R. McL. Wilson, *The Gnostic Problem: A Study of the Relations Between Hellenistic Judaism and the Gnostic Heresy*, p. 217, London: A. R. Mowbrary & Co. Limited, 1964; Giovanni Filoramo, *A History of Gnosticism*, English Translated by Anthony Alcock, p. 123, 149, Oxford: Basil Blackwell, 1991。

② Clement of Rome, *First Clement*, 16. See in J. Baillie et al., eds., *The Library of Christian Classics*（后面均缩写为 LCC）1, 50–51 (Philadelphia: Westminster, 1953–1966)。

③ 本文引用的经文根据和合本《圣经》。

④ Clement of Rome, *First Clement*, 22. See in LCC. 1, 54.

演的是基督徒认识基督的引导者,指向圣经中所隐藏的父与子的关系。而圣灵似乎是一个旁观者,一个关于基督奥秘的发言人。圣灵在指出了父与子的关系后,就把这重关系落实到与人的关联中,根据基督论指出道成肉身在三位一体神学中的核心意义:救赎与仿效基督的关系,也是人作为上帝的形象的救赎意含。圣灵所起的作用是将人凝聚成教会的团契。[1] 在后一层面上,圣灵将父与子的神性形象落实在人的历史中,也就是落实在救赎的方式中。在这一思想里面,圣灵才不是作为旁观者,而是行动者,父和子与人的关系最后要落实在圣灵向教会及基督徒所宣称的"爱"的行为中。这种爱由基督而来,并体现为基督徒之间相互的爱。"我们关于三位一体经验的核心在于感受爱的行动,以及其莫大的怜悯,并做出我们的回应和表达。上帝自身与我们的关系是间接的,更多的是奥秘。圣灵的活动也是奥秘,然而当经验他的时候,核心就是为爱所包容。在基督徒精神历险的顶峰,追寻上帝之奥秘所说的就是对于爱的无与伦比的经验。在这种情况下,在耶稣离世之后,圣灵确实被经验为上帝的有意的指引。厌恨,甚至仇恨虽充满了世间,但它们必因爱而被战胜,而这爱源于对圣灵的接受,即使他是显明在人的灵和躯体之中。"[2] 因此,在《克莱门一书》中,圣灵作为三位一体之团契的"爱"的行为者被体现出来,三位一体的团契对于克莱门就是教会体现出的爱的团契。

由于圣灵最终被落实为教会团契的临在者,二世纪的圣灵论更多地与教会及基督徒的团契密切联系在一起,并从团契和教会的合一来说明基督徒作为有别于希腊罗马人和犹太人之第三种人

---

[1] Clement of Rome, *First Clement*, 22. See in *LCC*. 2. 2.
[2] Frederica Sontag, *The Acts of the Trinity*, New York: University Press of America, Inc., 1996, p. 209.

的上帝形象的含义。基督徒作为"第三种人",缘于基督离世之后,仍有上帝派遣而来的圣灵的引导。这正如城邦教化希腊公民,旧约经典和会堂教化犹太人一样,圣灵教化着作为上帝形象的教会。安提阿的依纳爵和赫马都把圣灵论的重点放在圣灵之于人的引导上,尤其是放在圣灵感动先知说话以及藉着圣灵基督徒关于自身的罪的认识上。在《致斐勒德弗教会》(Letter to Philadelphians)的信中,依纳爵宣称圣灵藉着他的先知式语言说话,劝勉基督徒要与主教保持统一,"若以人的方式可能会产生误导,但是圣灵不会,因为它来自于上帝。因为'它晓得风从哪里来,往哪里去',(参看《约翰福音》三章8节)揭示奥秘,当我与你一道时,我就大声喊说——它就是上帝的声音——'倾听主教、司祭(presbytery)和会吏(deacon)的话语'……圣灵一直以这样的话语教诲我们,'主教若不在不可以做任何事情;照管你们的身体如它们是上帝的殿;保持高度统一;避免分裂;仿效耶稣基督就如他仿效他的父'。"[①] 这里,还是隐约现出从圣灵论而来的三一论的思想踪迹。依纳爵指出圣灵的指引,遵照主教的教训,目的都在于维护基督徒与基督和父的团契。然而,依纳爵没有说圣灵与基督和父构成怎样的团契?或者可以这样说,由于圣灵总是间接地表现出自身,他与父和子的团契总是通过他与人的关系指引出来的。这一点在赫马的话中说得更加详细。赫马详细阐明了圣灵临在与人的关系,"那被灵从上而下充满的人是温柔的、宁静的和谦卑的,他们离弃了我们这个时代一切的恶和无益的欲望,使自己比所有的人更为匮乏,当被别人质问时就敛声缄默。他既不凭私意说话,圣灵也不在他自己想说话时说话。这个为圣灵充满的人无论何时参加相信圣灵的义人的聚会,当会众向上帝献上祷告时,那指派给他的先知之灵的天使就

---

① Ignatius of Antioch, *Letter to Philadelphians* 7, see in *LCC* 1, 109–110.

会充满这个人,那这个为圣灵充满的人就会如主所愿的向团契说话。"① 教父们确实对于圣灵与父的关系有着清楚的意识,赫马明确地肯定圣灵与教会的关系是受上帝指派的。这样一种团契关系尽管还是不清楚的,然而指出这种关系的存在仍然是重要的。因为在这种观念中,圣灵不是与父分离地出现的,而是与父一起作为上帝的信使出现的。使徒教父们有一种明确的意识,强调神圣一体性是圣灵作为独立能力的前提;圣灵总是与父同在,又间接说明在圣灵运作于历史的背后,总是有作为父的上帝的意志。

这不是说使徒教父关于圣灵与圣父及圣子关系中的身份特征的意识是清楚的。使徒教父没有明确地说出圣子是与圣父一样具有位格,他们只是意识到圣父和圣子都是个体性的真实存在而已,然而对于圣子的个体性例如道成肉身中的神人两性、与圣父的既一又二的关系的复杂性缺乏足够的了解。然而,在圣灵问题上,使徒教父甚至可能都没有意识到圣灵作为个体性存在之于圣父和圣子的团契关系的意义,圣灵是团契关系中最缺乏被作为个体性来陈明的。这种情况与旧约及新约对于圣灵的最初看法的可塑性是有关系的。"旧约关于圣灵的间断性活动的看法以及上帝的非位格性能力的观点,在新约中经历了两方面的发展。圣灵被认为是所有成员受洗时的赐予以及根据基督的理解,这一概念被保罗和约翰位格化并给予伦理的意义。"② 这就是说,使徒教父时期,关于圣灵是上帝的能力还是与圣父和圣子一样有着个体性

---

① *The Shepherd of Hermas*, Mandate 11, see in J. B. Lighfoot and J. R. Harmer, trans., *The Apostolic Fathers*(后面均简写为 AF), 6. 84 – 85, Edited by M. W. Holmes, 2nd ed., Grand Rapids, Mich.: Baker, 1989。

② F. L. Cross (ed.), *The Oxford Dictionary of the Christian Church*, 3rd. Oxford: Oxford University Press, 1997, p. 784.

上是含糊其辞的,他们更倾向于把圣灵看成是一种伦理性的力量,①如果伦理性救赎只是一种灵魂的净化,而不是历史中的个体的存在方式的改变,那么这样的关于圣灵的理解是无法与希腊人的非位格性的"pneuma"区分开来的。

基于上述情况,早期的护教者通常不能够清楚区分住在基督里的神圣的道和赐予以色列先知的灵两者。②殉道者查士丁在与犹太人特里风(Trypho)的对话中,就曾遭到后者诸如此类的批评。特里风质问查士丁基督徒对于《以赛亚书》十一章1至3节的解释,《以赛亚书》说,"从耶西的本必发一条,从他的根生的枝子必结果实。耶和华的灵必住在他身上,就是使他有智慧和聪明的灵、谋略和能力的灵、知识和敬畏耶和华的灵。他必以敬畏耶和华为乐,行审判不凭眼见,断是非也不凭耳闻"。特里风说既然基督徒认为这些话语讲的是已经作为上帝存在的基督,他藉着上帝的意志道成肉身,并从童女出生,那么,特里风说,"我的问题是:你如何证明基督已经存在,因为他被赋予的那些礼物,《以赛亚书》将之归为是圣灵的赐予,仿佛他缺乏它们似的。"③

查士丁认为这个问题很重要,他试图区分圣灵和基督以回答特里风的问题,为基督的先在性辩护。他认为这个问题是可以回答的。"圣经说圣灵的这些礼物被赋予基督,不是好像他需要它们,而是好像它们将寄寓于他,即与他一道完成,因此将不再如同有许多先知出现在你们祖先那里一样向你们清楚明白地呈现出

---

① Simon Tugwell OP, *The Apostolic Fathers*, Harrisburg: Morehouse Publishing, 1989, pp. 69 - 79.

② J. Patout Burns and Gerald M. Fagin, *The Holy Spirit*, pp. 26 - 27.

③ Justin Martyr, *Dialogue with Trypho*, 87. See in *Fathers of the Church: A New Translation*(后面简写为 FC), 1, 286 - 288, Washington, D. C.: Catholic University Press of America Press, 1947.

来,因为在他之后你们中间将不会有一位先知。因此,仔细倾听我的话,这样你可领会你们的每一位先知,他们是藉着从上帝那里接受一种或两种能力,行或说我们从圣经中所了解的那些事。所罗门拥有智慧的灵,但以理富于理解和智谋,摩西强有力且敬虔,以利亚敬畏,以赛亚知识渊博,其他先知例如有一种或两种恩赐,就如耶利米、十二先知、大卫,总之所有其他的先知。当基督来临时,圣灵因此休息即停止。因为当他完成了人性的救赎后,这些给予你们的赐予也就中止了,在他里面就中止了,如我们前面所述的,藉着他从圣灵权柄的恩典中临到依据他们的功绩的信徒中间。我已经说过并重申这是在他升上天国后才会被宣称的。"[1] 查士丁似乎认为圣灵与基督的先在性在理解圣经时会出现相互干扰的情况,为了避开这种混淆所造成的困难,他试图按照一种从属论和时段论的方式区分圣灵与基督。这是他回答的关键之处。当圣灵活动时,基督隐藏起来,上帝通过先知向犹太人传递悔改的消息。他认为基督与圣灵的能力以施展出的智虑是完全一样的,所不同的是,圣灵将不同的能力赋予各位不同的先知,基督则将它们完全地寄于一身。然而,由于基督的所有这些属性是以道成肉身出现的,它们通常被显现为人的样式,因此不如圣灵降临在先知中那样有特别的震撼力。这是他区分旧约的灵与新约的基督的分界线。这样的解释,表面上接近于经世三一,却将经世三一原先所要求的个体性关系,即基督与圣灵的同在的神学维度彻底地切断了。这可能是这一时期的三位一体神学共同的问题,尽管教会在洗礼等仪式上都注意到圣灵与基督的关系,在神学上却一直得不到反映。

---

[1] Justin Martyr, *Dialogue with Trypho*, 87. See in *Fathers of the Church: A New Translation* (后面简写为 FC), 1, 286-288, Washington, D. C.: Catholic University Press of America Press, 1947。

在查士丁之后，雅典的阿塔那哥拉和安提阿的塞奥菲若虽然也有关于圣灵问题的讨论，他们同样没有涉及基督与圣灵关系的维度。从二世纪教父的圣灵论讨论看，要想对三位一体神学的诸位格之特征有深刻理解，须以"关系性"说明"位格性"。换言之，圣灵的位格性是通过与圣父的关系才能拥有属于圣灵的含义，这种含义是编织在与圣父的关系中的，不是圣灵自身个体性的结果。圣灵的位格性还须通过与圣子的关系来说明，当然这种关系性并不缺失个体性，但它确实是通过关系性来维系的。然而，位格性本身所得到体现的关系性的维度，尤其是基督与圣灵之相关性的维度以及包含的位格性意识，在二世纪教父的思想中是极其稀缺的。即使他们意识到圣灵与圣子有关系，事实上他们也肯定意识到这一点，然而他们仅只是从外在性理解他们的关系，没有把关系推演为圣灵的位格性内涵。这种情况不仅存在于圣灵与圣子的关系上，同样存在于三位格的各种相互关系之中，这意味着二世纪的三位一体理论还只是一种关系之抽象性的三一。正是这种三一关系的抽象性，教父们在涉及三一的讨论时，极容易倾向于成为一神论。他们对于圣灵和圣子作为位格的独立性与永恒性缺乏足够的认识，就此而论，他们的三位一体论可能是事实上的独一神论。雅典的阿塔那哥拉和安提阿的塞奥菲若基本上是从这个角度来看待圣灵论的。圣灵似乎被更多地看成是维系圣父和圣子关系的能力，或者是圣父和圣子之间被指出的某种关系的内容。

阿塔那哥拉和塞奥菲若关于圣灵的讨论也有某种进步。例如，阿塔那哥拉首先提出了独一神中的三的问题。他说，"我已经非常充分地向你们证明我们不是无神论者，因为我们承认一位上帝，他是非造的、永恒的、无形的、无法超越的、不可思议的和无限的。他只能为心灵和智性所理解，为光、美、灵和无法言表的权能所环绕，藉着他并经他的道，宇宙得以创造，并被布置得井井有条和聚集起来,我说'他的道',因为我们认为上帝有一个子。"① "不要因为我说上帝有一个子就认为我非常愚蠢……上帝之子就是他的观念和现实性中的道;万物就是藉他而被造,父和子是一。由于藉着圣灵的统一和权柄,子在父中和父在子中,因此上帝之子就是父的心灵和道。"② 他转而谈到圣灵,"事实上,我们说圣灵本身就是那启示人说预言的,是从上帝而来的流出物,流溢自上帝,并将像阳光一样回归。那些称我们是无神论的人,不要为我们承认父神、神子和圣灵而大惊小怪,也不要为我们教导他们在权柄上统一和在等级上有别而惊骇莫名。"③ 阿塔那哥拉的贡献是,在与希腊罗马知识分子的辩论中,他看到基督教的上帝观中,确实存在一个无法回避的"多"。这是基督教被指责为无神论的主要原因,因为希腊罗马文化认为唯有一神论才是有神论。阿塔那哥拉的辩护集中在如何看待这个"多"或"三"的问题。需要肯定的是,阿塔那哥拉能够看到这"一"中的"三"已经是比此前的教父有相当的进步。包括查士丁,此前的教父更多倾向于三层的关系来理解"一",这是回避无神论指责的办法之一,却容易走向从属论,阿塔那哥拉的要求是在"一"本身之内注视"多","一"本身缘何又是"多"? 不把它理解为外在的关系。他的解决办法是,圣灵将回归到上帝里面,他虽然没有这样来说圣父和圣子,然而从他的表述看,他也是如此认为的。上帝显现为圣父、圣子和圣灵,其中心是圣子的出现;因为圣子,上帝才是父;因为父与子之间的关系性,圣灵才会流溢出来。作为最终状态的圣父就是上帝本身,就是唯一的无差别的一。

---

① Athenagoras, *Plea Regarding Christians*, 10. See in LCC 1, 308 – 309.
② Ibid.
③ Ibid.

二世纪三位一体神学的独一神论倾向在安提阿的主教塞奥菲若的思想中也有体现。塞奥菲若是第一个使用"三一"（Triad）术语的神学家，尽管后世的"三位一体"一词来自于德尔图良。塞奥菲若在三位一体理论中的一个重要尝试是从解经的角度区分子和圣灵，这是查士丁曾面临的问题，确也是证明三位已经存在于圣经中的必不可少的进路。塞奥菲若称子为上帝的道和逻各斯，称灵为神圣智慧。他说，"上帝在他自身的内面有他自身的固有的逻各斯，与从他心里涌出的智慧（《诗篇》四十五篇1节）一起在所有其他事物之前生出。他使逻各斯成为创造的仆从，并藉他创造万物。他被称为太初，因为他引导并统治藉他而造的万物。这个他，就是上帝的灵（《创世记》一章2节）、太初（一章1节）、智慧（《箴言》八章12节）和大祭司的权柄（《路加福音》一章35节），他临到先知身上，并藉他们讲说创世及所有其他的创造。因为世界存在之时，先知并不存在；但是上帝的智慧在他里面，神圣逻各斯与他永恒同在。"[1] 塞奥菲若从创造论的角度区分基督和圣灵的作用，他认为在创造中基督是创造的中介，是万物之首，是统治者；圣灵是引导者，他引导犹太人凝视上帝而不是世界的诱惑。他虽然没有谈到救赎的主题，然而已经对于基督和圣灵在救赎中的作用有所分别。尤其是旧约时代，圣灵通过先知呼吁犹太人悔改。然而圣灵只是使他们知道自己的罪，只有在基督道成肉身之后，救赎才具有这个词的真正含义。这对于后来教父区分圣灵在历史中不同于基督的职分是有贡献的。塞奥菲若还主张圣灵与逻各斯一同生出，而不是藉逻各斯从上帝生出。这一论述说明二世纪的教父还不能理解圣灵的产生方式之与基督的受生的区分。这种情况也存在于阿塔那哥拉的

---

[1] Theophilos of Antioch, *To Autolycus* 2. 10, see in J. Patout Burns and Gerald M. Fagin, *The Holy Spirit*, pp. 29 – 30.

思想中，他认为圣灵是流溢的结果，这可能是受了斯多亚主义（Stoicism）的影响。然而塞奥菲若说圣灵与逻各斯一起从父那里出生也有积极的意义，他把圣灵与逻各斯平等对待，在东方教父的三位一体理论中，这是非常少见的。后来的希腊教父受奥利金影响太深，圣灵的神性地位相比圣父和圣子而言要低，这是相当一段时间内无法消除的偏见。

二世纪的圣灵论在教父伊利奈乌的论述中达到了一个高峰。伊利奈乌从各个方面分析了圣灵的作用，是二世纪教父中最为全面地了解圣灵的职能和地位的神学家。他指出圣灵赐予使徒们有关福音的完全的知识；[1] 圣灵在教会中起重要的作用，临在于布道者身上，使他们能够分真理与错误；[2] 他先临在耶稣身上，然后再临在追随者身上，使教会与信徒成为一体，结出丰富的果实；[3] 伊利奈乌分别圣灵和圣子在创造、救赎和荣耀中所承担的不同角色，批评诺斯底主义所谓的创造和救赎是两个不相关的主题的论断，说明父是藉着子和圣灵的工作逐渐展开启示，赐予世界和人类生命的。[4] 圣灵透过一系列的教诲、象征性行动和异象为人类认知上帝的道成肉身作预备，使人类能够接受世界的启示；[5] 伊利奈乌还批评诺斯底主义的灵性观，指出圣灵在圣化中所起的作用，他分别人的体、魂和灵，并净化人的灵，使人能够控制肉身的软弱。[6] 他的三一论和圣灵论在《使徒宣道论证》中

---

[1] Irenaeus, *Against the Heresies* 3. 1. 1, see in Alexander Roberts and James Donaldson (eds.), *Ante-Nicene Father Translations of The Writings of the Fathers down to A. D. 325*, Edinburgh: WM. B. Eerdmans Publishing Company, 1989.

[2] Ibid., 3. 4. 1-2.

[3] Ibid., 3. 17. 1-3.

[4] Ibid., 4. 20. 1 and 6.

[5] Ibid., 4. 20. 8.

[6] Ibid., 5. 9. 1-3.

得到了系统的表述，"这就证明有独一的上帝，他就是圣父，非受造的，不能见的，万物的创造者；在他以上没有别的上帝，在他以后也没有别的上帝。上帝既是有理性的，所以他藉着有理性之道创造了受造之物；上帝是灵，所以他藉着（圣）灵装饰万物，正如先知也说：'诸天藉主的道而立，诸天的权能藉他的灵而有'（参见《诗篇》三十三篇6节）。既然道叫万物得以建立，既使之有形体，成为实在，而圣灵使各种权能具有规模；所以道称为圣子，而圣灵称为上帝的智慧，乃是正确适合的。他的使徒保罗也说得好：'上帝，就是众人的父，超乎众人之上，贯乎众人之中，也住在众人之内'（《以弗所书》四章6节）。因为超乎众人之上的，就是圣父；贯乎众人之中的，就是圣子，因藉着他万物为圣父所造；住在众人之内的，就是圣灵，他呼叫阿爸父，并且使人像上帝。圣灵既表扬道，所以诸先知宣告上帝的儿子要来，道既宣布圣灵，因此道本身就是藉诸先知说话的，将人吸引到圣父那里去。"①

伊利奈乌的圣灵论把圣灵的先知式职能与上帝逐步启示的救赎历史整合在了一起。他既阐述了圣灵运作的图景，又指出圣灵是本体性的存在。圣灵为人类接受上帝的逻各斯预备了道路，并藉着对父的认知得到生命的完全。基督徒在圣灵的先知式活动的启示下，预先知道逻各斯在人世的活动并将以人身的形式显明神性。基督的肉身形成根源于道本身，但是圣灵在他受洗时降临在他身上并经由他而住在人类历史之中。耶稣复活后，圣灵临在于教会并引导教会。圣灵与布道者同在，在皈依者的内心深处启明上帝的福音。所有这些运作都适合于人类向着上帝的完全的生命

---

① 伊利奈乌，《使徒宣道论证》5，见《尼西亚前期教父选集》（汤清译），香港：基督教文艺出版社，1990年。

而逐渐成长。①

伊利奈乌全方位地透视了圣经中的有关圣灵的记载并作了系统的解释,圣灵作为整个创造和人类历史的始终相随者被显示出来。他是圣父创造时的助手,是要人悔改的呼告者,是人圣化的动力之源,是认识上帝的引导者,荣耀道成肉身的基督,是使徒们的权柄所在。正是从这些全面的解释中,原先作为呼告者、认识的指引者的圣灵在基督之后成为救赎者的圣灵。他又总结前人如塞奥菲若的探讨,区分经文中关于圣灵和道的不同指引,进一步说明三位已经存在于神学解释之前,三位一体理论有着可靠的圣经源头。伊利奈乌的圣灵论还有一个重要的内容,他把人受圣灵的引导看作是人的成长过程,而这个成长过程与受圣灵引导认识上帝的过程是紧密相连的。人的救赎的历史就是三位一体的教化历史,这与道成肉身的理论又形成了密切的关系,成为基督教成圣理论的重要基础。

此后的基督教神学家例如希坡律陀(Hippolytus),德尔图良,西普里安(Cyprian),诺瓦洼(Novatian)和奥利金都或多或少受伊利奈乌的圣灵论影响,他们均侧重于强调圣灵在教会中的祝圣权柄和引导基督徒适当领会耶稣教诲所起的作用。这种情况与教会由使徒教父时期转向教父时期有密切关系。使徒教父时期他们还可以说通过某种意义上的与基督之统绪关系,保持直接承受并聆听基督教诲的可能性。查士丁和伊利奈乌这样的教父多是从异教徒后来皈依为基督徒的,他们需要建立与基督教诲之聆听的另一种进路,藉着圣灵倾听基督并从其启示的视野内看见基督的形象,是从神学返回到信仰的主要方法。在这种神学视野下,圣灵与基督的关系获得了更多的强调,与旧约以及使徒教父时期更多地讲论圣父与圣灵的关系多有不同。据此而言,二世纪

---

① J. Patout Burns and Gerald M. Fagin, *The Holy Spirit*, pp. 42–43.

教父的圣灵论已经获得了较为丰富的内容，尽管远不能够算是完善的。

二

在三世纪基督教思想家中，圣灵论上的建树要提及两位主要的神学家——德尔图良和奥利金。两人在圣灵论上的贡献是，他们都注意到应该从上帝自身的团契来理解圣灵的作用。这样，在阐释圣灵的运作时，圣灵之于圣父和圣子的指向逐渐地理解为神圣上帝之自我指向，因而圣灵在指向圣父和圣子时，自己并不是间接被指，而是直接被指。德尔图良和奥利金关于圣灵位格性的讨论确立了早期圣灵论的微妙转变。

具体地讲，三世纪圣灵论的主要内容有两个方面。第一是圣灵与教会的关系，这曾是二世纪思想家们的主题，只是侧重点有所不同。伊利奈乌和其他的二世纪教父还是比较侧重于从圣灵的导师身份进行讨论：圣灵引导认识圣父和圣子，圣灵作为教会之团契的直接言说者。三世纪教父关于圣灵与教会的关系倾向于询问什么样的教会才是真正的教会？什么样的教诲才是真切的符合真理的教诲？涉及的是"教会"与"圣灵"的本真关系的性质。这在德尔图良和奥利金的神学中，表现为灵恩以及使徒教诲之秘义的探究。三世纪圣灵论的第二方面是圣灵的位格。这也是这里所要探讨的主要内容。三世纪前半叶的教父在阐述圣灵的位格性上并没有取得多大进展，主要还是停留在圣灵职分的神学意义上，可以说是通过讨论圣灵的职分引向位格的意义的。例如，希坡律陀认为不同品级的神职人员接受各种的灵，西普里安论证说只有某些信徒才保有并传达圣灵。这些论述与伊利奈乌的圣灵论只是解释角度不同而已，教会和基督徒获得的印象是圣灵是权柄的赐予者。相比较而言，德尔图良和奥利金关于圣灵的位格性的讨论，不可不谓是前尼西亚三位一体神学的圣灵论的转折点。

第二章 早期基督教三位一体理论的演变

三世纪教父在圣灵位格的讨论上有新的贡献。在西方（拉丁），主要是德尔图良和诺瓦洼，在东方（希腊）则主要有奥利金。他们的圣灵论至少引起了四世纪教父对于圣灵位格的关注，在继后的这个世纪里，使圣灵论成为一个独立的主题，就如基督论在公元二至三世纪是三位一体神学中受关注一样。他们还提供了三位一体神学的主要术语，对于圣灵论的确立也同样重要。与二世纪的教父一样，三世纪的教父虽然同样重视圣灵的职能和运作这些主题，但是他们已经是从位格方面来考虑圣灵作为救赎工作之参与者的神圣本体（Being）地位。这使得圣灵的各种分散的层面有了一个聚焦点。

首先要提到的是德尔图良。在使圣灵论成为三位一体神学的主题方面，德尔图良起了重要的推动作用。德尔图良后来成了孟他努主义者，特别强调灵恩之于他所在的团契的垂顾，给予圣灵以神学的中心地位。基于圣灵的圣化和圣洁作用，他对于基督徒的道德纯洁性，甚至是文化的纯洁性都有着很高的要求。基督徒在圣灵的引导下，要遵守更严格的规条，这特别表现在德尔图良对于犯罪的信徒的严厉态度上，他认为无论是主教还是殉道者都没有权柄宽恕他们。在《致殉道者》一文中，他劝勉被囚的基督徒，圣灵会加固他们的信心，使他们平安和保持一体，藉此感化排斥他们的团体，把圣灵的恩赐带给他们。[1] 在《驳异端的药方》一文中，他延续了伊利奈乌与诺斯底主义关于圣经解释的辩论，相信圣灵被赐予使徒，保证他们领会耶稣所教导的真理；[2] 他还指出圣灵是上帝的管家，他的使命是让教会行在真理之中。[3] 德尔图良强调圣灵在洗礼中的角色，他寄寓于施洗的水

---

[1] Tertullian, *To the Martyrs* 1, FC. 40, 17-19.
[2] Tertullian, *On Prescription against Heretics* 22, ANF3, 253.
[3] Ibid., 28, ANF3, 256.

中，洁净人们的罪。① 作为实践生活的引导，圣灵将完成基督的工作。② 圣灵禁止配偶死后的再婚，③ 拒绝让洗礼后犯重罪的基督徒回到教会。④ 总之，在基督徒的日常生活中，圣灵占据着最重要的地位，并且，正如我们所看到的，甚至是非比寻常的。德尔图良关于圣灵作用的观点，除了延续了二世纪教父们仪式上的重要性之外，还特别地以道德为圣灵工作的中心内容。道德与救赎之间的关系似乎是德尔图良圣灵论的一个中心点，而道德的细密要求又与罪的诸形态严格地联系在一起，从而与基督徒对于圣灵在日常生活中的警诫联系在一起，使日常生活从道德的主题下显出救赎的品质以及圣灵与信徒同在的见证。

德尔图良的圣灵论的核心部分是使圣灵的事工有一个神圣本体的基础，具体地说就是圣灵与父和子一样是上帝的一个位格。他指出上帝生出道，就如树根抽出枝条，小溪流自小河、光线出自太阳一样。我们完全可以称枝条是树根之子，小溪是小河之子，光线是太阳之子，同样道乃是上帝之子。因此上帝是父，道是子，他们是二。但是他们又是联结在一起的，是不可分的，正如太阳和光线是两个方面，但他们又是聚合在一起的一样。圣灵也是如此。正如只要存在一个第二就存在二一样，存在一个第三就存在三。因为圣灵是和父和子一起的第三，就如果实来自于枝条，枝条来自于根，因此果实是第三一样，圣灵在任何方面都与他所出的源头完全同一。两位格主要是藉着与父的位格的联结或混合，既保持了独一神论，又保存了三位格运作的属性。⑤ 从未

---

① Tertullian, *On Baptism* 6, see in *Corpus Christianorum Series Latina*（后面均缩写为 *CCL*）1, 282。Turnhout, Belgium: Brepols, 1953。
② Tertullian, *On the Veiling of Virgins*, 1. *CCL*2, 1209 – 1210.
③ Tertullian, *On Monogamy* 2, *CCL* 2, 1229 – 1230.
④ Tertullian, *On Modesty* 21, *CCL* 2, 1326 – 1328.
⑤ Tertullian, *Against Praxeas*, 8, *CCL* 2, 1167 – 1168.

有二世纪的教父如德尔图良那样强调圣灵与圣父和圣子一样具有同等的神性品质，就如同没有任何二世纪教父如德尔图良那样关注道德严格主义。德尔图良关于圣灵与圣父和圣子的神性一体性和同等性的强调最后落实在救赎论上。由于圣灵有着同等的神性、完全的神性，他就不只是父的命令的执行者和救赎使命的代理者，也不只是圣子工作的协助者，而是独立的作工者。这种独立的作工，因为他的完全的神性而具有了与圣父和圣子一样的权威和尊严。这是二世纪以来在三世纪圣灵论中体现出的一个转折，圣灵不再只是通过代理圣父和圣子、指出圣父和圣子工作的间接被显示对象，他在向信徒和教会启示父的旨意和子成就的美意的同时，让人们从中直接看到圣灵自身的身份。因此，在三位一体理论中，尤其在德尔图良的理论中，圣灵是直接地自我启示的位格，这种自我启示是建立在他关于三位一体自我团契的启示的基础上的。就此而言，圣灵所启示出来的直接的自我，不只是他的位格自我，更是三位一体神格团契的自我。

既是位格，德尔图良特别地强调位格一词有着团契的神圣一体性所不能剥夺的存在的个体性。因此，德尔图良说，"在腓力和那一问题的整个文本之后（《约翰福音》十四章8节），福音书接下来部分至结束都持续在讨论同一问题，即父和子被作为各别的自身分别开来。他保证说，当他升入天国，他会恳求父保惠师，赐下他作为'另一位。'（《约翰福音》十四章16节）但是我们已经解释过在何种意义他指'另一位'。而且他说，'他要将受于我的告诉你们'（《约翰福音》十六章14节），正如父受于我的告诉你们一样。因此父在子中和子在保惠师中的密切的系列使这三聚合在一起，使他们彼此相连。这三是一事物，不是一位格，在这个意义上，当圣经说，'我与父原为一'，它指的是同一本质，而非只有数的单一性。"① 德尔图良非常清楚地说明了圣灵是一独立的位格。这一神学的意义何在呢？如果说圣子道成肉身，使基督徒从中看到父被启示出来的途径，以及子与父原是一，并通过子看到父的话，那么圣灵作为一独立位格的意义除了更加肯定圣灵的权威以外，基督徒更从中看到上帝的权威，以及三位一体的本质。因为圣灵是父和子的联结者，藉着这种联结，他成为三位一体的联结本身，或者说关系本身，那就是"爱"。圣灵的爱，从而是整个三位一体的爱，是所有基督教的仪式和道德诫命的基础。唯有当道德体现爱，而不只是表面上的戒律之时，道德的规范中才有三位一体的形象，圣灵对于基督徒在道德上的引导才会是灵性上的引导，即对于三位一体本身的认识。

继德尔图良之后，另一位西方教父诺瓦注在《论三位一体》一文中也对圣灵问题作了深入讨论。相比于德尔图良，诺瓦注关于圣灵论的论述主要体现在他更专门地说明了基督与圣灵的相互关系。诺瓦注的贡献是，他不是简单地指出圣灵指认了基督的神子身份，更在于具体地阐明这种神子身份的指认以及所表现出的救赎意义与圣灵作工之间的关系。因此，神子身份的指认不单纯是基督身份的客观性确立，而是把这种客观性与基督事工的救赎论意义联系起来，使圣灵从救赎的角度进入到整个人类历史的事工之中，转化为三位一体神学的基本内容。诺瓦注与德尔图良的不同点还表现在他们论述风格上的差异，他的朴素关于圣灵的神学描述不具有德尔图良式的鲜明的术语锤炼的形态，保持着圣经的话语形式。

诺瓦注关于圣灵与基督关系的讨论可以分为两个方面。在《论三位一体》一文中，他先是从基督的角度讨论与圣灵的关系。在解释了旧约中有关圣灵的经文及新约中圣灵的话题后，诺

---

① Tertullian, *Against Praxeas*, 25, *CCL* 2, 1195.

瓦洼说，"因此，在先知和使徒身上的是同一个灵。然而，他只是有时停留在前者身上；却永远地住在后者中间。换言之，他虽在先知中间却并不总是停留在他们身上，在使徒中却是永久地住了下来。对于前者，他是适度地分给；对于后者，则是悉数地浇灌……在救主复活之前他还没有显明出来，藉着救主的复活却得到了探讨。事实上，基督说道，'我要求父，父就另外赐给你们一位保惠师，叫他永远与你们同在，就是真理的圣灵，乃世人不能接受的，因为不见他，也不认识他；你们却认识他，因他常与你们同在，也要在你们里面。'(《约翰福音》十四章16—17节)以及'我若不去，保惠师就不到你们这里来；我若去，就差他来了'。(《约翰福音》十六章7节)此外，还有'只等真理的圣灵来了，他要引导你们明白一切的真理'。(《约翰福音》十六章13节)由于救主要升入天国，他就把保惠师给他的门徒，使他们不至于成为孤儿。(《约翰福音》十四章18节)"[1] 诺瓦洼借基督之口说出圣灵在引导认知上与救赎的密切关系。这与德尔图良是有所不同的，德尔图良主要是从道德与圣灵的爱的角度来说明圣灵的事工的。诺瓦洼则说圣灵在指引门徒们去认识父和他自己的过程中，领会到真理，也就领会到圣灵与他们同在，进一步明了在圣灵中，圣父和圣子与他们同在。因此，如他所强调的，圣灵将与门徒永恒同在，而不是如同在先知们身上只是暂时地显现，其意义在于在圣灵中圣三位一体将永恒与他们同在。圣灵被作为基督之后神性一体性展示位格的主要象征，始终是要指引门徒们认识到关于他的认识就是关于圣父和圣子的认识，就是关于神圣一体性的认识。这显示出诺瓦洼圣灵论的特殊之处。他从基督之中说出圣灵的认识功能，却又借圣灵之事工回到圣子和圣父与门徒们的关系，这种方式使得圣子与圣灵之间的历史性，即通

---

[1] Novatin, *Treatise Concerning the Trinity* 29, see in *FC* 67, 99-104.

过门徒的认识和历史的在场充分表现出圣灵和圣子之间的相互寓居关系。

诺瓦洼认为,从圣灵方面说,圣灵与圣子的关系表现在他对于基督身份的特别认定之上。"基督受洗后,圣灵就化作一只鸽子降临在他身上,并住在他里面。(《马太福音》三章16节)他完完全全地住在基督一人里面,在尺度或部分上都不缺任何东西,而是完完全全地丰足,并分给其他的人,因此别人就从基督那里接受他的第一次浇灌,就如是他的恩典一样。圣灵的完全的源头住在基督里面,因为圣灵丰丰富富地住在基督里面,恩典和奇迹就从中源源不断地而来。事实上,当以赛亚这样说时,'耶和华的灵必住在他身上,就是使他有智慧和聪明的灵、谋略和能力的灵、知识和敬畏耶和华的灵。'(十一章2节)他已经预言了这一点。在有关主本身的位格的另一段落中,他重述了同一事情,'主耶和华的灵在我身上,因为耶和华用膏膏我,叫我传好言给谦卑的人,差遣我医好伤心的人,报告被掳的得释放,被囚的出监牢。'(《以赛亚书》六十一章1节)大卫也这样说,'所以神,就是你的神,用喜乐油膏你,胜过你的同伴。'(《诗篇》四十五篇7节)使徒保罗也这样说到圣灵,'人若没有基督的灵,就不是属基督的。'(《罗马书》八章9节)又说,'主的灵在那里,那里就得以自由。'(《哥林多后书》三章17节)"① 显然,这种圣灵关于子就是基督和神子的认定,与基督关于圣灵是有着同等神性的认定相互补充。诺瓦洼所引的全部经文都是为了表明,自基督道成肉身之后的这段历史,圣灵一直住在基督里面即与基督同在,因此基督在人世间的事工,也就是圣灵的事工。然而,诺瓦洼可能认为这种事工与耶稣离世之后的事工有所不同。在基督传福音之时,圣灵的事工是要指认基督的身份,这种

---

① Novatin, *Treatise Concerning the Trinity* 29, see in *FC* 67, 99–104.

指认当然一样是通过行奇迹等方式进行的，不过，圣灵在这样做的时候，他都是退居幕后的，他指认了耶稣的基督身份，却不至于因这样的指认被认为耶稣与基督是分离的，即他试图避免幻影说和嗣子论。在耶稣离世之后，圣灵的事工成了一种直接展现其位格性特征的活动，当然，更主要的目的也是要传达上帝一直与人同在的消息。从这一层面的圣灵和圣子的相互寓居的特点来看，圣灵之于圣子不是神性上的补充或赋予，而是要藉着圣灵向世间的人昭示出圣子的神圣位格，引导人们认识圣子的经世行为。

在德尔图良和诺瓦洼的圣灵论中，我们看到理论上的明显进步。他们主要从圣灵的事工、救赎和位格的相关性上丰富了基督徒关于圣灵的认识。从中，还可以看到的是，他们侧重于从圣灵的经世行为中确定这一神圣位格与圣父和圣子的关系。圣灵论这一进路的特殊性在于通过圣灵之于基督徒的引导、认识圣父和圣子从而认识圣灵。关于经世三一的圣灵论的特点正在于此：圣灵的位格是被间接认识到的，然而三位格的神性同一性被直接地呈现了出来。

希腊教父奥利金的圣灵论则是另一种进路。奥利金所选择更为思辨的方式，直接进入关于圣灵与圣父和圣子的形而上学关系的描述中，主要还是因为他受了柏拉图主义的影响。这意味着，奥利金是直接思考圣灵的本性，不是通过如德尔图良和诺瓦洼的曲折方式展开的，圣灵被作为三位一体的主题直接地显示出来。在奥利金的理论中，需要论证的不是圣灵的职分与位格的关系，而是圣灵的位格与圣父和圣子的区别。这对于奥利金来说无疑是极为困难的。从德尔图良和诺瓦洼的角度来说，圣灵与圣父和圣子之间的位格的区分性是可以通过许多途径得到保证的。例如，三位格在不同的时段作为三位一体的不同主角、圣灵位格的间接性、圣灵经世行为的独特性等等。然而，在奥利金的形而上学思考中，这些时间性的特征都消失不见了。他是在永恒性的层面上考虑圣父和圣子和圣灵的区分，其神学主题主要涉及两个方面，一个是出生方式，二是神性的同等性。在德尔图良和诺瓦注的神学中，他们似乎就没有考虑过出生方式的问题，他们不需要以此来区分圣子和圣灵的位格的标准，他们也不担心圣灵与圣子和圣父有着同等的神性而影响三位格的区分，他们的区分主要表现在经世的行为上。然而，奥利金既然不能依赖于经世来区分三位格，他就须对三位格的上述两个方面有所设定，而这一方面把我们引入到三位一体神学的另一种重要进路——内在三一；另一方面在没有找到关于内在三一的正统的描述途径之前，奥利金求助于从属论的方案。

作为其三位一体神学的有机组成部分，奥利金的圣灵论也遵循从属论的思路。他认为圣灵在存在上要低于圣父和圣子，"使宇宙成为一体的上帝和父要优于一切存在着的存在物，因为他从自身的存在分与每一个存在物以存在；子，虽在存在上低于父，但只有他高于所有理性的造物（因为他是次于父的第二位）；圣灵要更低些，但他只住在圣徒之中。因此，在这个意义上，父的权柄要大于子和圣灵，子又要大于圣灵，顺次而下，圣灵的权柄又要大于其他神圣的存在。"[①] 奥利金关于三位格的神性统一性的思路这里已经表现得最明显不过了，即神性按照程度的高低，与圣父、圣子和圣灵的位次高低是相同的。这里有明显的等级制倾向，正是柏拉图主义思想的基本特征。柏拉图曾把神圣的存在分为三层，从查士丁、亚历山大里亚的克莱门和奥利金，都是继

[①] Origen, *On First Principles*, 1. 3. 5, see in H. de Lubac, J. Daniélou et al. (eds.), *Sources Chrétiennes* 252, 152（后面简称为 SC），Paris: Editions du Cerf, 1941 –; cf. Rufinus 所译的《论首要原理》的版本，中文版可以参看石敏敏译的奥利金（奥利金）《论首要原理》，香港：道风书社，2001 年。可以看出 Rufinus 在翻译过程中所作的重要修改。

第二章　早期基督教三位一体理论的演变

承了这种等级制三层次论的神正论观点,^① 这甚至在尼西亚教父如阿他那修那里都是存在的,^② 因此,是早期基督教内在三一神学的一般性特征。然而,把神性等级与位格分别联系在一起,则是奥利金三位一体神学的中期柏拉图主义的处理方式。在阿他那修的神学中,等级制只是意味着存在方式上所暗示出来的下降,而不是神性等级上的下降,这已经是基督教神学家对于柏拉图主义的比较成熟的处理方式,它的目的是为了显出位格的分殊,无须以牺牲神性同一性为代价。然而,就奥利金而论,他的三位一体神学和圣灵论却为了直接描述三位格间的区分,被迫选择了上述柏拉图主义的从属论方式。这体现出中期柏拉图主义的一般思想特点。

奥利金关于三位一体神学以及圣灵论的其他看法都须与内在三一的从属论进路联系起来看。就三位一体本身与宇宙及人的存在而论,奥利金认为三一的形象是内在于宇宙及人的形象之中的。他从圣父、圣子和圣灵在创造中的不同作用论证三位格的不同职分,据此显示三位一体与人之救赎的不同关系,也就是说他的论述是从宇宙论进展为救赎论的,从上帝的内在性出发来了解上帝之于经世的历史性,与德尔图良和诺瓦洼从历史的进路说明上帝显现出的位格特征的经世三一有显著的区别。奥利金说,"父上帝赋予万物以存在;基督是上帝的理性之道,使凡分有他的,皆成为理性存在物。从这里可以看出,它们或因善德而得到奖励,或因邪恶而受到惩罚。在这一点上,圣灵呈现出恩典,叫那些本性并非神圣的,由于分有神圣恩典而变为圣洁。它们首先

---

① 我曾在《基督教的柏拉图主义:亚历山大里亚的逻各斯基督论》(上海人民出版社,2001年)中专门对这一柏拉图主义的本体论传统做过分析。请参看该书第388—399页。

② 参看 G. C. Stead, *Divine Substance*, Oxford: Oxford University Press, 1977, p. 260。

从父上帝接受了存在；其次从道得了理性本身；再次，从圣灵得它们的圣洁。而那些已经被圣灵圣洁的存在物，又能得着基督，因为基督就是上帝的义；那些凭藉圣灵的圣洁而得以进升这个阶段的，必按照上帝的灵的权柄和工作获得圣灵的恩赐。"① 从创造论而论，三位一体有一个下降的过程；就救赎论而论，则是上升的过程，人在救赎中经圣灵藉圣子最终达到对于圣父的仰望。正如创造一样体现神性内在性外延的推展，救赎也是神性内在性的推展，它被称为经世。因此经世是由内在而生；经世三一要依据内在三一来说明。在救赎论中，圣灵居在联系上帝与人的内在性之端点，是人的不完全神性逐渐趋向完全圣洁的基点。因此，人的救赎之路乃是一个成圣过程，与拉丁（西方）教父的圣灵观与罪论或代赎论的观点之间有显著区别。

奥利金关于圣灵的从属论理解还表现在产生方式的论述上。德尔图良认为圣灵是流溢的结果，使用的是斯多亚派的术语；诺瓦洼则认为圣灵如基督一样出生，后世的教父可能会质问他，如是而论，那么基督和圣灵岂不都是神子？奥利金又是如何看待圣灵的产生的呢？他还是按照从属论的方式，依据柏拉图主义的思路，认为圣灵是与等级制相符的形态由上帝藉着基督在万物之先创造出来的。奥利金在《〈约翰福音〉评注》中有一段很长的论述，因为非常重要，我全文试译如下。他说："如我们看到的，现在如果万物都是藉着他［道］所造的，我们也必须问圣灵是否藉着他所造的。就我而言，那些坚持圣灵是被造的以及承认'万物是藉他所造的人'，必定假设圣灵是藉着逻各斯而造的，因此认为逻各斯要年长于他。如果有人拒绝承认圣灵是藉着基督被造的，如果他承认这一福音书的陈述是真理，那么他就假设了

---

① 这里的译文引自石敏敏所译的《论首要原理》卷一章三节八。为了上下文的统一，我把译文中的"神"统一改为"上帝"。

圣灵不是被造的。除了这两种（即承认圣灵是藉逻各斯被造的和认为它是非受造的）之外，还有第三种观点，认为圣灵不具有超越父和子之外的本质。如果作进一步思考，也许会发现我们完全有理由认为尽管子是父之外的第二位，但是他与父是同一的。然而在下面这段话里，圣灵和子的分别已经作了清楚的界定，'凡说话干犯人子的，还可得赦免；唯独说话干犯圣灵的，今世、来世总不得赦免。'（《马太福音》十二章 32 节）因此，我们承认存在三个位格：父、子和圣灵。同时我们也相信除了父之外，没有非被造的。因此，作为最虔敬和最真实的经历，我们承认万物都是藉着逻各斯造的，圣灵则是父藉着逻各斯被造的万物中首出的和最好的。这也许是圣灵不被认为是上帝自身的子的原因。唯有独生子出于本性在太初就已经是子，而圣灵似乎需要子的帮助为他提供他的本质，使之不仅能够存在，而且智慧、理性和公正，所有这些都使我们视之为存在。他所具有的都是因为他分有了我们上面所言的基督的特性。我认为圣灵把从上帝而来的恩赐作为礼物提供给的那些人，他们因为藉着他并分有他而被称为圣徒，因此这些恩赐的礼物出于上帝的权柄，是由基督所提供，在人类中存在则还要归于圣灵。我倾向于认同保罗在某个地方所写的观点，'恩赐原有分别，圣灵却是一位；职事也有分别，主却是一位；功能也有分别，上帝却是一位，在众人里面运行一切的事。'"①（《哥林多前书》十二章 4—6 节。）

  奥利金的这一节论述在后世引起轩然大波，是他被判定为异端的重要依据。② 有些基督教思想家认为奥利金依据世界万物被造的角度认定圣灵甚至基督是被造的，这已经是后来阿里乌主义

---

① Origen, *Commentary on John* 2. 10, ANF 9, 328 - 329.
② 构成关于奥利金是异端的三条主要教义是：（1）基督和圣灵是受造的，且在神性上要低于父；（2）先在灵魂论；（3）魔鬼最终得救。

理论的雏形。然而，需要分析的是，奥利金究竟是依据世界万物的产生方式还是上帝的存在方式来阐释基督和圣灵的存在方式呢？在我看来，奥利金依据的是后者，因为他说"我们也相信除了父之外，没有非受造的"。同时，为了将基督与圣灵的产生方式区分开来，他又以受造万物为参考区分两者。如果是这样，那么可以肯定，奥利金没有任何要借"受造"贬低圣灵之存在的意思，只是为了按照从属论的方式，按照由先到后、由高到低在柏拉图的观念式世界中作一个分别。这一点在他认可圣灵是如圣父和圣子那样的位格得到佐证。他说父和子是同一的，又引保罗的话说明圣灵不可被干犯，甚至高于对圣子的强调，圣灵的神性是与圣父和圣子同一团契，而不是与万物的本性同一团契。基于这一点，可以肯定奥利金所谓的圣灵受造，如同德尔图良说圣灵是流溢的，诺瓦洼说圣灵是子一样被生，都没有否定圣灵神性的永恒。我们应该同情地理解这一点，二、三世纪的基督教思想家还远没有今天那样足够丰富和固定的术语来描述他们理解中的神圣存在的合适观念。有学者辩护说，"在奥利金的三一论视野中，创造的特殊意义是基于圣经语言的基础而被应用于子与父及子与灵的关系。这些关系藉此得到揭示。《箴言》第八章22节有助于解释子何以被称为'造物'（facture 或 creatura）"。[①] 这样的论断较为合理。当奥利金说圣灵是"被造的"时候，他不是在"质料"的意义上使用，也没有把圣灵贬低到造物的层次上，依然使用在超越的、神性充满的意义上。在今天看来，这固然显得有些奇怪，然而在奥利金看来，却完全可能是合理的，是他所能够选择的神学用语。

奥利金的圣灵论的第三个重要特点是，他通过阐释圣灵与圣

[①] Jon F. Dechow, *Dogma and Mysticism in Early Christianity: Epiphanius of Cyprus and the Legacy of Origen*, Macon: Mercer University Press, 1988, p. 290.

子联合的必要性说明两位格各自的特点。奥利金解释说，圣灵之所以把子送入世界，是因为圣灵自身无力承担行使救赎的使命，他需要与子联合，加入他的工作，临在他身上并住在他里面才能够发挥作用。他说，"当我们发现如主在《以赛亚书》中所说的，[比较《以赛亚书》四十八章16节]他受父和圣灵所差遣时，我们这里也必须指出，圣灵并不在源头上高于救主。救主取了较低的位置，是为了实行已经预定的成为肉身的救赎计划。如果有人攻击我们的救主在成为肉身时要比圣灵低一点的观点，我们就请他思量一下《希伯来书》中的措辞，保罗清楚地表明耶稣由于死亡的苦难要比天使小一点。他说，'唯独见那成为比天使小一点的耶稣，因为受死的苦，就得了尊贵、荣耀为冠冕，叫他得着上帝的恩，为人人尝了死味。'（《希伯来书》二章9节）当然，还必须加上，为了释放那受败坏的捆绑，创造尤其是人类，赐福和神圣的权柄被要求介入到人性之中。这种行动成为圣灵的一部分。然而，圣灵没有能力完成这样的使命，提出唯有救主才能够承担这样一种冲突。因此，父，这首要的，差遣子，但是圣灵也差遣他，并在他之前为他开路，并允诺将在时机已到的时候，临在神子的身上，与他一道来完成人类的救赎使命。他化身为鸽子，在耶稣受洗之后飞临在他身上。他就住在他身上，没有离开他"，① 因为约翰清楚地写道，"那差我来用水施洗的，对我说：'我看见圣灵降下来，住在谁的身上，谁就是用圣灵施洗的。'（《约翰福音》一章32~33节）"它没有只说，"你只看见圣灵降临在他身上"，无疑圣灵也降临在其他人身上，但他"降临并住在"耶稣身上。② 这里涉及奥利金圣灵论中非常有意思的一点，即他认为圣子是受圣父和圣灵同时差遣的，我们在其他教

---

① Origen, *Commentary on John* 2. 11, ANF 9, 329.
② Ibid.

父的著作中没有发现过类似的论述。不过，他又说，圣灵差遣基督不是因为圣父与圣子的关系，而是因为圣灵与圣子的特殊关系，这批驳了某些论者所认为的圣父与圣子的关系可以同样加诸于圣灵与圣子的观点。在三位一体理论中，圣父和圣子、圣灵和圣父的合作更多是创造论上的、对人的罪表示宽恕上的。父作为他的位格的特性在于他愿意通过人在圣子里面藉着圣灵的忏悔宽恕。然而圣子和圣灵的合作更多是在救赎论上的，这正是奥利金这里所强调的圣灵和圣子关系的特殊性。他认为圣灵独自无法行使救赎的能力，只能圣化、引导人们认识自己的罪，然而人的罪又不是因着这样的反躬自问可以成全的。圣灵在救赎中体现出的位格特征使人从与外物关系中内转为与上帝的关系，然而这种内转成全为救赎，则又必须落实在圣子身上，相信耶稣基督是唯一可以承担人的罪，这是接受圣灵浇灌的前提。因此，奥利金的看法是，只有在基督里面圣灵才能完成其救赎，这不只是指福音时代的救赎状态，也指基督之后圣灵事工的前提。

总之，奥利金的圣灵论以及三位一体理论的特点，是把圣父、圣子和圣灵在创造论的关系转换成救赎论的关系，最终又落实在柏拉图的成圣理论之中。因此，圣灵论体现着上帝的内在性与救赎的关系，与德尔图良从历史中的上帝的作为即救赎论反观三位格在经世中展现出的相关性是不同的。形成这种区别的哲学基础是：奥利金以柏拉图主义为思想背景，关注灵魂的上升之路和下降之路的关系。奥利金的三位一体神学提供了柏拉图主义在这个问题上的动力学原理，即创造论的神圣等级下降与人的罪的关系以及救赎论中的人的悔改与三位一体自我交通的相互显现的关系。德尔图良的哲学背景则是斯多亚主义的，后者更重视神性与四大元素（水、火、土和气）之间的渗透关系，神性因着渗透于质料之中以自己的逻各斯主动作用而生成世界，把世界看成是一团永恒的活火的循环过程。这种哲学观注重历史中的存在者

第二章　早期基督教三位一体理论的演变

特征以及神在这些存在者身上显现出的特征，德尔图良的圣灵论所显示的也是历史中的事工的上帝的特征。

如果说二世纪基督教思想家的圣灵论还处于基督论的强大阴影下没有得到强有力的论述的话，那么三世纪的思想家则已经有了很大的进展，由此形成了两种有所不同的进路：拉丁（西方）教会的圣灵论与经世三一神学相对应，形成了经世三一视野内的圣灵论；希腊（东方）教会以奥利金为代表，是一种内在三一视野内的圣灵观。圣灵论的形成反过来又起着固定希腊基督教三位一体神学整体框架的作用，思想家们形成了圣灵是藉着子从父而来的观点的雏形。这已经是一种较成熟的从属论模式，卡帕多西亚教父继承的就是这种神学模式，只不过作了重新的阐释，然而一元多层的柏拉图主义的思想传统的基本形态没有改变。拉丁（西方）思想家由于更关注上帝在历史中事工的特性，关注经世的救赎功能，反而在三位一体神学的整体框架上没有成形。

三世纪教父的圣灵论当然也有许多问题和争论。例如圣灵的产生方式，再如圣灵职事与位格之间的关系固然已经被联系在一起，然而还没有被表达为位格的个体性。至于圣灵论涉及的其他问题，也还没有得到澄清。例如有些教父关于圣灵的恩赐予主教制下的教会架构圣灵运作的解释的冲突：德尔图良之于孟他努主义的辩护；希坡律陀之于罗马主教卡利斯图（Callistus）与受洗后犯罪的基督徒和解的指控，认为纵容了人性的软弱和谬误；诺瓦注领导下分离出来的基督教团契拒绝与逼迫期间否认信仰的基督徒以及重新承认他们的教会合作的行为，[①] 这些辩论都使圣灵的恩赐予位格之间的真切关系被模糊了。这也意味着圣灵论的问题，只有在基督教上帝观的框架得到较具完整性的阐释之后，才能够得到最终的解决。

---

① Novatian, *Treatise Concerning the Trinity*, 29. FC 67, 99–104.

三

进入四世纪之后,随着基督教三位一体神学进入一个大争论时期,圣灵论作为三位一体神学之完整性的必然内容,也成为亟待澄清的一部分。这场争论虽然来得比较迟,激烈程度却不较基督论的分歧有丝毫逊色。与基督论的争辩一样,关于圣灵的争论基本上也是发生在东方。针对马其顿学派提出的诸如圣灵被造论,关于圣灵的产生方式及由此而来的他与圣父和圣子关系的辩论,希腊教父催生了圣灵论的全面建构。从圣灵论和基督论争论的哲学语境来看,希腊基督教思想家继续按照柏拉图主义的传统,更完整和成熟地处理三位一体理论。①

四世纪关于圣灵论的争辩主要是对于尼西亚信经有关圣灵陈述的挑战。尼西亚信经只讲"我们信圣灵",丝毫没有讲到圣灵的位格、与圣父及圣子的关系。信经的这一状况与二至三世纪在圣灵论问题上的不定型有关。显然,作为大公教会的信经不会在神学上没有充分一致的洞识情况下贸然就被采纳进来。遮掩教父们的圣灵论视野的,还在于二至三世纪神学争论的中心是基督论。种种原因之下,关于圣灵的全面讨论在四世纪才浮出水面。

希腊基督教的代表人物阿他那修站在圣灵论塑造的历史转折点上。当时,埃及有一个所谓的赤道派(Tropici)也反驳阿里乌主义的圣灵受造论,然而它提出的圣灵论非常特别。它认为圣灵

---

① 这里所谓的"新的柏拉图主义传统"当然不是新柏拉图主义的同义词。诚然,卡帕多西亚三大教父确实受新柏拉图主义传统影响较深,然而他们除了继承一元多层的本体论传统之外,他们关于圣灵这一位格的产生方式以及他与其他两位格关系的丰富性的认识远远超出了新柏拉图主义。我们之所以称为新的柏拉图主义传统,是相对于奥利金神学的柏拉图主义传统。阿他那修和卡帕多西亚教父实际上是重塑了奥利金主义传统以及在新的神学规范要求下的柏拉图主义传统,缓解了其从属论思想的过重张力而导致的教义上的极端性。

既不是如前尼西亚教父所谓的是一位格,也不是如阿里乌主义所说的是一造物,而是诸灵之一。圣灵与天使的差别主要是神性程度上的,他要比天使具有更高的神性。这种怪论引起了阿他那修的注意。阿他那修认为所谓的赤道派是假借反阿里乌主义为名而行推翻神圣信仰之实。[①] 他揭示了阿里乌及赤道派否定圣灵神性的错误所在,"他们为什么认为圣灵是一个造物,事实上圣灵与子是同一的,正如子与父同一一样?为什么他们不能理解,正如为了保证上帝是一就不能将子从父中分离出去一样,为了保证三合一(Triad)中的神性是一,他们也不能将圣灵从道/逻各斯中分离出去?他们为什么要把圣灵视为一种混合了外在的本性的不同种类的存在,并把他放在造物的层次上呢?据他们的观点,三合一不是一,而是两种不同本性的混合;因为圣灵,如他们所想的,是根本不同的。这是哪一种上帝的教义,竟说他混合了创造者和造物?如果略去造物的意义,他就不是三合一,而是二合一。或者如果他是三合一——事实上他是!——他们如何能够把属于三合一的圣灵列为三合一之后的造物之中?因为这样做,就再次分离并消解了三合一。因此当他们对圣灵作错误的思考时,他们实际上也就没有正确地思考圣子。因为他们如果正确地思考了道,他们也就会正确地理解圣灵,他是从父而出,属于(belonging to)圣子,受他指派,赐予门徒以及所有信他的人。当他们犯这样的错误时,他们也就没有保持关于父的正确信仰。因为正如大殉道者司提反所说,那些抵制圣灵的,也就否定了圣子。[《使徒行传》七章51节]但是那些否定子的也就否定了父。"[②]

[①] Athanasius, *To Serapion* 1, see in J. -P Migne (ed.), *Patrologia Graeca* (后面简称为 *PG*) 26, 529-533, Paris: Migne, 1844-1864. 下面有关阿他那修和 Epiphanius、Didymus the Blind 关于圣灵的译文转译自 J. Patout Burns and Gerald M. Fagin, *The Holy Spirit*, pp. 97-110; 117-120 所选译的资料,后面不再一一注出。

[②] Ibid. 2, *PG*. 26, 529-533.

阿他那修所阐述的观点的重要性在于，他认为圣灵与圣子是同体的。相对于此前的圣灵论而言，阿他那修对此作了异乎寻常的强调。他除了说明并肯定圣灵有与圣子完全一样的神性之外，还想以此说明圣灵从圣父藉着圣子而出的确切意义。在阿他那修看来，"藉着圣子"乃是受圣子派遣的意思，进而言之就是，只有在基督里面才能真正得着圣灵，圣灵的位格性除了表现在他在基督之后于历史的经世之外，还在于他始终与基督同工，也就是说圣灵的作工与圣子的寓居始终是不能分开的。因此，"藉着基督而出"，当然不是指"从基督而生"的意思；同样，"藉着基督而出"当然不只是多了一个"介词"而已。"藉着基督而出"有着它真实而确切的意思，这就是基督论始终是三一论的中心。

阿他那修的思想中有一个相当有意思的变化：以基督论为关联勾画圣灵与圣父的关系。二至三世纪的思想家极少这样来思考的，殉道者查士丁、伊利奈乌，还有德尔图良都是以圣父为论述三位一体理论与圣灵的关系。在这一点上，阿他那修与奥利金倒是有某种相近的看法。阿他那修以基督为联结圣父和圣灵的中心说明他在这个问题上还是接受奥利金主义的从属论，也是他接受希腊思想，把逻各斯作为核心的范畴，强化基督中心论的表征，削弱了存在于犹太教传统中的耶和华中心论的结果。这个变化的意义在于，三位一体作为团契的特征被表达得更为完整。按照二至三世纪的三位一体理论模式，圣灵与圣子的关系相当欠缺，所谓的"藉着圣子"只是说圣子向圣父恳求派遣，以表明基督之后圣灵事工中的三位一体的本质。这样，圣灵论虽然显现了出来，与基督论的联结却依然有所缺失。阿他那修的贡献在于，当以基督论为中心审视基督之后圣灵的工作时，基督论是圣灵论的轴心，在神学上能从与基督的联合事工体现圣灵的位格性。

以基督论为中心，阿他那修深刻地陈述了圣灵与圣父的本质同一关系。二至三世纪教父关于圣灵与圣父关系的论述，虽然表明两者之间有某种相关性,然而没有能够阐明这种相关性之于上帝与其他神圣权能之相关性的区别,例如上帝派遣天使与派遣圣灵有什么区别呢?奥利金已经指出上帝派遣圣灵乃是基于神性自我的内在关系,然而他使用的是有缺陷的从属论的模式。这个问题解决的关键在于要以位格为阐释圣父与圣子相关性的中心,阿他那修以基督论为中心则又修正了奥利金的从属论形态。就从属论的角度而言,三位一体的位格关系的基本内容是神性等级的关系。然而,从阿他那修修正了的视野看,三位一体诸位格性内容是神圣同一性(ousia)不同地呈现出来,它是圣父、圣子和圣灵的位格的内在相关性的依据。圣灵藉着圣子从圣父而出的表达是以 ousia 为同一性呈现的基本。圣灵是圣子的形象,圣子又是上帝的形象,圣灵也必是圣父的形象,因为作为某个事物之形象的形象也必是该事物的形象,[①] 既然圣父与圣子本质同一,那么藉着圣子也可以表明圣灵与圣父是本质同一的。[②] 尽管阿他那修本人从没有把这个术语用在圣父、圣子与圣灵的关系上,然而他确实在奥利金所描述的三位一体关系的从属论的整体模式上向本质同一的整体模式方面发展出来,完整地确立了圣灵、圣子和圣父作为团契的完整性。我们还注意到阿他那修虽然继承了奥利金主义表述三位一体的从属论模式,然而他把表述的中心下移到基督论上,而不是如奥利金所主张的圣父论上,这是他所阐释的三位一体理论特别之处,与其他的希腊教父都有所不同。

阿他那修以本质同一为三位一体"团契"的中心,有力地反驳了阿里乌主义和赤道派。公元 362 年的亚历山大里亚教会议之后,阿他那修为了调解希腊(东方)教父的"三位格"与拉丁(西方)教父的"一本质"在表达三位一体神学上孰更优

[①] Athanasius, *To Serapion* 1. 24.

[②] Alvyn Pettersen, *Athanasius*, London: Geoffrey Chapman, 1995, p. 185.

先的问题,写信给安提阿的教会,询问他们"三位格一本质"的真正含义,指出强调三位格的优先性不应该损害一本质的神性 ousia。他在信中写道,"我们问他们,'你们用它指什么,或者你们为什么要使用这样的表达[三位格]?'他们回答说,这是因为他们相信一个圣三位一体,不只是名义上的三位一体,而是作为真理存在而固有的三位一体,'父和子都是真正存在而固有的,圣灵是我们所承认的固有而真正存在的。'他们没有说存在三个上帝或者三个起源,他们也不能容忍这样的说法或持这种观点的人。他们承认一个圣三位一体,只有一神性,一太初,子与父本质同一,正如父所说的。圣灵不是一个造物,不是外在的,而是父和子的固有本质且不可分离。"① 这也是以基督论为中心呈现三位一体的"一"的,其更进一步的理论上的依据是:神性之"一"是关系性的"一",不是抽象的数的"一"。根据关于"一"的这种关系本体论的理解,圣灵被作为位格性的存在形式纳入到神圣团契之中。

阿他那修的三位一体神学中比较复杂的地方在于他接受了希腊基督教的从属论传统的形式,而代之以本质同一的解释。这可能确实是准确地解释了尼西亚信经的教条,是所有尼西亚教父中最为特殊的一种解释。然而,从另外的角度讲,这到底是以 ousia 为中心来阐释整个三位一体神学的模式呢,还是以 hypostasis 为中心?如果以"一"为中心,那么之后的希腊教父所论述的位格间的"相互寓居"关系就是没有意义的(阿他那修注意并论述了相互寓居的观点),正如在拉丁基督教神学中没有发展出这样的思想,正是在于他们所讲的三位一体不是动态的模式,而是静态的。阿他那修的三位一体神学有东方的形式,却有西方的实质。

---

① Athanasius, *Tome or Synodal Letter to the People of Antioch* 5, PG 26, 797-801.

第二章 早期基督教三位一体理论的演变

阿他那修之后,有两位希腊基督教思想家把"本质同一"的术语从圣父与圣子的范围扩展到圣灵。他们是失明者狄地模(Didymus the Blind)和爱比芳尼(Epiphanius)。狄地模是从圣灵之于圣父和圣子的神性本质的指向性,据此返观圣灵自身之于神性本质的关系,论证圣灵与圣子和圣父是本质同一的。他说,"……因此,那些分有圣灵的,也就同时分有了圣父和圣子。那些从父分有爱的,也就从子有爱,并与圣灵联合,那些藉着耶稣基督分有恩典的,也有藉着圣灵分有父的恩典。这些事足以证明父、子和灵的运作是同一的。但是那些有着同样运作的,就有着同样的本质,因为在同一本质中本质同一的那些事物有同一运作,那些不同本质且非本质同一的,在运作中也就各不相同并且相互分离。"① 失明者狄地模的观点相当清楚,他认为分有圣灵的,就分有了三位一体本身;分有圣子的,也是如此。他又特别指出,分有圣灵的是分有爱;圣灵之为圣父和圣子的联合,是说在爱中显现出三位一体的本质同一性,这就如分有圣子,是从恩典里面显现出三位一体的形象一样。三位一体在不同的位格中显现出的关系是不同的。在圣灵中,三位一体显出的是爱的关系,爱就是圣灵与圣父和圣子之本质同一关系的表达。这就把圣灵与三位一体的关系说得更为具体。狄地模思想的有趣的地方在于,他是从柏拉图主义的分有说来表述"一"之间的共同性,因此很可能是在实体论的角度来论断"一"的。他把圣灵表达为"爱"的位格,预示了奥古斯丁的观点。

爱比芳尼在论述圣灵与圣父和圣子的本质同一时,则侧重于他们与圣父之间的源出关系的不同,表明圣子与圣灵不是兄弟的关系。这从一个侧面弥补了阿他那修圣灵论的不足之处。阿他那

---

① Didymus the Blind, *On the Holy Spirit* 17, see in J. -P Migne (ed.), *Patrologia Latina*(后面简称为 *PL*)23, 119, Paris: Migne, 1844 - 1864。

修虽然也称圣灵是从圣父"发出"的,然而,他并没有在意"发出"这个术语的专门性,也没有注意到它用于圣灵与显出圣灵位格的特殊关系。爱比芳尼则充分注意到使用"发出",可以区分圣子和圣灵与圣父的不同关系。他说,"当我们提到'一本质'时,它清楚地指一本质;但是它也说明父是这一本质的,子是这一本质的,圣灵是这一本质的。无论何人说'同一本质',他都只是指同一神性(子是上帝并来自上帝,圣灵是上帝并来自于同一神性),而不是三个上帝……并不存在两个子,因为独生子是唯一的,而圣灵则是神圣的灵,是与父和子永恒同在的神圣的灵。这灵没有任何之处不同于上帝而是来自于上帝,'从父出来并受于子'[《约翰福音》十五章26节,十六章14节]。但是这独生子是不可思议的,圣灵也是如此。父和子并不是联合;毋宁说他们是有着同一本质(Being)的永恒存在的三位一体,此外不存在神性之外的本质(Being),也不存在存在之外的神性;它是同一神性,子和圣灵都是那同一神性。"① 爱比芳尼强调圣父与圣子的关系不同于圣父与圣灵的关系。圣父与圣子的关系不是联合的关系,因为圣子是从圣父所生,两位格的本质同一是源生的、随着圣子的出生而天然自然的。然而,圣灵与圣父的关系以及圣灵与圣子的关系就不同了。圣灵是从圣父"发出"的,是与圣父联合的;圣灵与圣子是在事工中显明他们在位格之中的密切关系的,他们也是联合的。他们虽是本质同一的,却因为出生方式的不同,又显出位格的区别。这与失明者狄地模从圣灵是"爱"来说明他与圣父和圣子的联合关系有所不同,从不同的方面丰富了圣灵位格的具体性。

除了阿他那修、失明者狄地模和爱比芳尼这些希腊思想家之外,我们还要简单提一些其他思想家的贡献,包括希腊(东方)

---

① Epiphanius, *Ancoratus* 6. 4. *PG* 43, 25.

第二章　早期基督教三位一体理论的演变　179

教父耶路撒冷的西里尔（Cyril of Jerusalem）、拉丁（西方）教父波提亚的希拉流（Hilary of Poitiers）和米兰的安布罗修（Ambrose of Milan）。耶路撒冷的西里尔的圣灵论侧重于教会的仪式和实践，强调圣灵在基督徒中的事工、成圣和祝圣的功能。[①] 在西方，与阿他那修同时代的神学家有波提亚的希拉流，他是沟通东方和西方三一神学范式的重要人物。在圣灵论上，他宣称圣灵与圣父和圣子在位格上存在分别，把圣灵视为上帝在信徒中的恩赐。[②] 米兰的安布罗修是与卡帕多西亚教父同时代的人物。他强调神性的统一性和三位一体运作的统一性，视圣灵为万物的创造者和救主道成肉身的发起者。[③] 这些四世纪教父们关于圣灵论述的角度虽有不同，他们在论证圣灵位格中包含着的神性同一性和位格独立性却是不遗余力的，直接或间接地证明圣灵 ousia 上就是上帝。四世纪基督教思想家的探讨和贡献，在卡帕多西亚三大教父的思想中形成一个高峰。他们全面具体地讨论了从位格间关系指出的不同位格的具体内容，力图在三位格和一本质的张力中寻找表达的平衡。我还要在"卡帕多西亚教父的上帝观"的专门论述中作讨论，这里只就他们的主要观点来说明他们在圣灵论的主要思路。

卡帕多西亚教父的领袖巴西尔分三个方面论述了圣灵的位格性存在。第一，他清晰地指出三位格起源的不同，"我们没有说圣灵是非受生的，因为我们认为万物只有一个非受生的（unbegotten）唯一的源头，那就是耶稣基督我们主的父。我们也没有说圣灵是被生的（begotten），因为根据信仰的传统，我们得到的教诲说只有一个独生子，我们得到的教诲说真理的灵从父发出

[①] Cyril of Jerusalem, *Catechetical Lectures* 15, *NPNF* 2. 7, 119.
[②] Hilary of Poitiers, *On the Trinity*, 2. 29. *NPNF* 2. 9, 60.
[③] Ambrose of Milan, *On the Holy Spirit*, 2；33；34. *NPNF* 2. 10, 118 – 119.

(proceed from),我们承认他是上帝而不是出于创造"①。在此之前,阿他那修还没有清楚地意识到三位格与源出方式的关系,爱比芳尼则把"发出"与圣灵的位格专门联系起来。在巴西尔这里,三位格源出方式的区分清楚地表述为:父是非受生的(永生的)、子是受生的(被生的)、圣灵是从父"发出的"。"发出的",不是流溢的,这把基督教的三一神学与新柏拉图主义区分开来。"发出"是指受圣父上帝的派遣,流溢则是从非位格之太一而来。源出方式不同,作为位格的具体运作方式和对于三位一体的呈现方式也不同,这表明他们虽然本质同一,然而是不同存在形态的三个"一"。

第二,圣灵与圣父和圣子永恒同在,不可须臾分离,在创造和祝圣中相互联合,成为团契。② 巴西尔的这一观点值得注意:他把三位一体看作是一个动力性的"一",而不是柏拉图主义的那个静态的"一"。动力性的"一"在 ousia 上依据圣父说明,在事工上依据圣灵说明。圣灵作为使人内转使上帝显现其本体性的爱,是三位一体作为团契性的力量显现。相比之下,如德尔图良的经世观念就显得比较狭小,他们讲的是单纯的历史中的上帝以及上帝在历史中的神圣形象。巴西尔藉着圣灵的动力性力量展示的 ousia 历史性,表明圣灵是上帝自身的永恒关系向着人间展现出来的救赎性异象。

第三,三位格的本质同一不影响三位格的分殊。巴西尔从论述圣灵之于圣父和圣子两位格的指向中表明,圣灵的位格虽然是隐藏的,却是确实的。"当我们依靠那照亮我们的权柄,凝视无形上帝的形象,并借着这形象被导向原型的壮观的至美时,我认为我们与圣灵的知识不可分离。在他里面,他赐予那些热爱真理

---

① Basil, *Letter* 125, *NPNF* 2. 8, 195.
② Basil, *On the Holy Spirit*, 18. 44, *NPNF* 2. 8, 28 - 30.

之异象的人以凝视形象的权柄。他不是在虚无中生出这种展示，而是要在他自身里面引导到完全的知识。'除了父，没有人知道子。'[《马太福音》十一章27节]因此'若不是被圣灵感动的，也没有说耶稣是主的'。(《哥林多前书》十二章3节)因为《圣经》不是说借着(through)而是说被(by)圣灵感动。'上帝是个灵，所以拜他的，必须用心灵和诚实拜他。'(《约翰福音》四章24节)正如所写的，'在你的光中，我们必得见光'。(《诗篇》三十六篇9节)即借着圣灵的光照，'那光是真光，照亮一切生在世上的人。'(《约翰福音》一章9节)因此，在圣灵里面他表明了独生子的荣耀，在圣灵里面他赐予真正的敬拜者关于上帝的知识。因此，关于上帝知识的道路来自于圣灵并藉独生子导向独一的父。相反，本性上的善性、内在的神圣和王的尊严则从父而来并经独生子延伸到圣灵。因此，当圣灵的位格被承认时，君主制的真正教义并没有失去。"① 巴西尔的观点在于指出，只有在圣灵里面，才能真正明白"上帝的形象"、"在基督里面"这些词的真正意思。在巴西尔看来，这意思就是上帝是光。在蒙受圣灵光照之中，三位一体呈现出真正为心眼而非肉眼所理解的上帝的形象，在那无形性的上帝之中，上帝作为位格性的神圣自我之三的关系才得真正的区分。

拿先斯的格列高利也讨论了圣子和圣灵两位格的不同源出方式与其位格性的关系。首先，他指出圣灵从父的"发出"如同基督从父的出生，两者都是奥秘之事，"我们不同意你的第一个区分，宣称在被生和非被生之间不存在第三种选择。结果，除你所作的大的区分外，你的弟兄和你的孙辈的区分就消失不见了；当这错综复杂的第一环链条断裂了，他们也就随之断裂，并在你的神学体系中消失不见。告诉我，你将把那发出的置于什么位

---

① Basil, *On the Holy Spirit*, 18. 47, *NPNF* 2. 8, 30 – 31.

置，它被定位于你前面所作区分的两个术语之间，并被比你要好的神学家我们的救主他自身引入进来？或者也许为着你自己的第三福音你可以取消这个词语，'就是从父出来的真理的灵'。(《约翰福音》十五章26节）因为他从父的源头而出，因此他不是造物；因为他不是被生的，因此他不是子；因为他是在未被生和被生之间，因此他是上帝。因此他无须像你的三段论一样缓慢推进，而是比你的区分更有力地显示他自己就是上帝。何谓发出？如果你可以告诉什么是父的非被生，我就将向你解释子的出生和圣灵的发出的生理学，我们双方以此方式刺探上帝的奥秘无论如何都是极度不合适的"①。拿先斯的格列高利由圣灵是从父"发出"的，且"发出"是与子的出生有着同等奥秘的神圣方式，反推圣灵的 ousia 就是上帝的 ousia，与父本质同一。这个思想方式是以 hypostasis 为中心的，把"发出"与"本质同一"两个概念关联为圣灵位格之本质同一性之中。拿先斯的格列高利的论证不仅论证了"发出"是独特地用于圣灵位格的，他更由此简洁有力地证明圣灵就是上帝。这在早期基督教的三位一体理论中是一个了不起的突破，甚至尼西亚信经，以及阿他那修神学都没有将圣灵是上帝的表述言说出来，这也是卡帕多西亚教父的思想影响尼西亚-君士坦丁堡信经的记号所在。

其次，拿先斯的格列高利还从源出方式论证上帝缘何有父、子和灵位格的区分。他说，"因着非被生、出生和发出的事实，所以给第一位以父的名、给第二位以子的名、给第三位以灵的名。因此一本性和神性的尊严不因为三位格的区分有所损失。由于父是一，所以他不是子。由于子是一，所以他不是父；他是父之所是。这三位在神性上是一，但在属性上是三。一体既不是撒

---

① Gregory of Nazianzus, *The Fifth Theological Oration* 31. 8, *LCC* 3, 197–199.

伯流主义的一,三位一体也不赞成坏的区分。"① 按照拿先斯的格列高利的论述,上帝之所以区分为父、子和灵三个位格,并非如奥利金的从属论所认为的是神性程度的差别,而是源出方式的区分。源出方式又与存在样式的区分有关,例如圣子的出生与道成肉身包含的出生方式是内在一致的。同样,圣灵是发出的,不是被生的,这个论述一是说明圣灵与圣父永恒同在,二则说明他如风一样,如气息一样,是生命本身,因为灵在希腊文中本身就是气的含义,而气曾被希腊人视为宇宙之本体,就如圣经把气视为亚当生命的来源一样,"耶和华神用地上的尘土造人,将生气吹在他鼻孔里,他就成了有灵的活人,名叫亚当"(《创世记》二章7节)。

从源出方式来理解三位一体之位格性区分,使得卡帕多西亚教父的三位一体理论与圣灵论的希腊形式极为浓厚。首先,它与奥利金的从属论的三位一体理论有分别,从属论把"第一"、"第二"和"第三"理解为数的等级区分,不是序列的区分,数的分别只是关系的分别。这就免除了上帝作为从属论模式的神性从属的误解。第二,它也与撒伯流主义区分了开来。撒伯流主义认为,圣父、圣子和圣灵虽然是三个一,然而这三不具有任何真实性,他们认为只是显现方式的不同。第三,它也不至于导致三神论,使三位格的区分裂变为三个上帝。在尼撒的格列高利看来,在历史中的三位格的分野只是因为他们工作时段所显明的不同,父在旧约时代特别地显明出来,子在福音书中有最确实的记载,圣灵则从五旬节起一直住在门徒中间。② 圣灵被给予了足够的历史时空以说明他的经世特征。由于卡帕多西亚教父的经世三一有内在的神性一体性作为联结的基础,因此位格间的三不是张

---

① Gregory of Nazianzus, *The Fifth Theological Oration* 31.8, LCC 3, 31.9.
② Gregory of Nazianzus, *The Fifth Theological Oration* 31.26, LCC 3, 209-210.

力意义上的三,更不是分裂的三。卡帕多西亚教父所确立的这个理论基础在于四世纪教父明确了圣灵的源出方式,赋予了它与圣灵位格的充分关联。

尼撒的格列高利在整个三位一体神学的基础上,对于一和三作了详备的辩证思考,总结了卡帕多西亚三大教父在三位格与一元性问题上的总体思考脉络。他说,"正如我们总是以单数称呼一个民族、一群人、一支军队和一个集会,然而每一个总都是包含着复数形式。因此,即使我们这些分有同一本性的构成了复数,我们还是非常正确和恰当地单数地使用'人'。因此,最好纠正我们的误用,即把用于一本性的人的术语用为复数,在有关上帝的教诲上也不要犯同样的错误。"① 尼撒的格列高利关于三和一的讨论推演到圣灵上就是,圣灵作为一位格是一神性本身所包含着的分殊的一。从一个更远的关联来说,他回应了希腊和希腊化哲学关于 ousia 作为集合名词的讨论。作为集合名词的 ousia 当然是一个单数的 ousia,是一的 ousia。然而由于它总是包含着复数的形式,因此又是多个个体的 ousia,这个个体在三位一体理论中就是作为 hypostasis 的 ousia。

纵观早期基督教神学家关于圣灵的思考,可以找到一些基本脉络。第一,早期基督教三位一体神学经历一个由圣父为中心向着以基督为中心的演变,与此相关,圣灵论也经历主要与圣父的关系为中心向着有圣子作为实际参与者的关系为整体的演变。这一变化使圣父、圣子和圣灵的关系找到了表述的平衡。以圣父为中心的三一论会导致例如奥利金的从属论,使得圣灵在神性和事工上的充分性很难得到恰当的估计,也使圣灵和圣子的关系变得抽象。肯定并建立健全的基督论使得圣灵与圣子的关系得到更多

---

① Gregory of Nyssa, *That We Should Not Think of Saying There Are Three Gods*. LCC 3, 257-262.

的肯定，从而也使圣父和圣子的关系通过圣灵的运作表达出来，在三位一体神学中圣父、圣子和圣灵的关系处在一个对称的状态。第二，早期圣灵论形成的另一点是思想家们对圣灵独特的源出方式的认识。基督教思想家们是逐渐地进展到这一点的，卡帕多西亚教父还用它来阐释位格神学的关节点。他们在关于圣父、圣子和圣灵源出方式与 hypostasis 关系的思考中，确立了关于 ousia 作为集体性名词与个体性内含的关系，从从属论的思考模式中彻底地摆脱了出来。第三，我们还需要注意虽然四世纪希腊基督教思想家（卡帕多西亚教父）在讨论圣灵的源出时，指出了基督论在整个上帝论中阐释圣灵论的重要性，然而这并没有离开希腊基督教的从属论传统。就希腊教父而言，这表现在他们坚持这样一个关于三位一体的公式"圣灵从圣父借着圣子而出"上。在拉丁（西方）教父如伊利奈乌和德尔图良的经世三一模式中，看到的则是圣灵与圣父和圣子作为团契的同等性模式的存在，圣灵强烈地被暗示为圣父和圣子共同的圣灵，尽管还没有被发展成为奥古斯丁所谓的"和子句"模式，然而这已经暗示了拉丁基督教在圣灵论上与希腊基督教的某种重要区别。

在尼西亚－君士坦丁堡信经中，关于圣灵位格的表述，在经过四世纪中叶主要是希腊基督教思想家们的努力后，获得了比较详备的形式。公元 381 年的君士坦丁堡会议制定的尼西亚－君士坦丁堡信经，大幅扩充了尼西亚信经有关圣灵章句之部分的内容，"我们信圣灵，生命的主；他从父而出，与父和子同受敬拜，同受尊荣；他曾借众先知说话"[1]。为了避免与坚持圣灵是造物的马其顿学派的决裂，避免类似于阿里乌主义之争造成的大公教会的分裂，参加君士坦丁堡会议的教父没有坚持把"本质

---

[1]《历代基督教信条》（汤清译），香港：基督教文艺出版社，1989 年，第 20 页。

同一"的术语用于描述圣灵与其他两位格的关系。公元 382 年的第二次康士坦丁堡会议上修正了这种状况,希腊教父在写给罗马的达玛苏（Damasus of Rome）、米兰的安布罗修以及其他拉丁（西方）主教的信中,宣称,"这信仰……教导我们要以父、子和灵的名相信——即是说,信父、子和灵的独一神性、权柄和本质,他们以完全的三 hypostases（位格）,就是以完全的三 persons（位格）同等尊严、共同而永恒地享有威严"[1]。公元 382 年,拉丁（西方）基督教思想家在罗马会议上肯定了希腊教父的神学表述。[2] 至此,早期基督教确立了有着广泛共识的圣灵论,一个完整的圣灵论成为早期基督教三位一体神学的有机组成部分。

---

[1] Synodical Letter of the Council of Constantinpole, 382. LCC 3, 344.
[2] The Tome of Damasus, 3; 10. PL 13, 358 - 361.

第三章

前尼西亚三位一体理论的
希腊和拉丁传统

　　本章讨论公元二至三世纪两位基督教思想家的三位一体理论，它们分别是希腊和拉丁基督教上帝观进一步发展的基础。这两位思想家是德尔图良和奥利金，他们基本上是同时代的人物，分别缔造了前尼西亚时期拉丁和希腊上帝观的两种不同范式。

　　本章从德尔图良和奥利金运用 Being 的不同角度出发，指出前尼西亚神学这两种不同传统的语义学基础。德尔图良在斯多亚主义 Being 学说的基础上，发展出重视经世之救赎的历史的上帝的三位格形态；奥利金从柏拉图主义的 Being 学说的视野中，发展出内在性上帝的观念。两者分别代表了三位一体理论的历史的和非历史的分析，其哲学基础分别是斯多亚主义和柏拉图主义。

　　本章重点分析希腊的 Being 的不同语义学关联。在第一节中，我主要分析了德尔图良依据 oikonomia 在 Being/Substantiae 和 persona 之间建立起的关联；在第二节中，我则分析了奥利金在 ousia、homousia 和 hypostasis 之间所建立的"永恒出生"的阐释。本章从理论上观察德尔图良和奥利金把希腊的 Being 用于三位一体的细致努力，论述了希腊的 Being 与经世三一/内在三一的不同关系。

第一节　德尔图良的经世三一和希腊哲学的 Being

早期基督教思想家在建立三位一体上帝观的探索中，西方教父诸如伊利奈乌（Irenaeus）、希坡律陀和德尔图良发展出一支拉丁传统，称为"经世"（oikonomia）① 三一。伊利奈乌是这一神学传统的先驱（也有学者认为是殉道者查士丁），希坡律陀和德尔图良则详细地阐释了"经世"与三位一体的关系。其中，德尔图良尤为杰出，把 oikonomia 与 substantiae 和 persona 深刻关联起来，揭示了西方基督教思想家关于 substantiae 和 persona 论述的基本层面。本节结合二至三世纪的基督教思想背景，还有伊利奈乌和希坡律陀的探索，阐释德尔图良所奠定的拉丁基督教经世三一的上帝观。

西方（拉丁）教父确立经世三一，主要是为了反驳形态论的各种变种。形态论最早出现在普拉克勒亚斯的教义中，② 后又以圣父受苦说（Patripassianism）、诺伊图斯（Noetus）、撒伯流（Sabellius）以及诺斯底主义的幻影说（Docetism）等不同形式改头换面地出现。除了诺斯底主义外，这些异端思想基本上都出现于西方。西方（拉丁）基督教思想家直接面对形态论这种思想语境，与东方（希腊）基督教思想家批评幻影说，发展三位一

---

① oikonomia 这个词含义极复杂，包括诸如管理、安排、排列和经世等等不同。德尔图良在使用时，基于不同文本灵活使用，我在中译时也尽量体现它的弹性。由于有时候中文中难于找到确切的对应译法，就在正文中采用英译本的做法，给出其希腊文的拉丁化形式即 oikonomia。在能够清楚准确翻译的地方，给出其中文翻译。我们主译为"经世"，是因为这个术语在中文中具有经过合理的安排，达到管理和完善国家、社会与家庭的秩序，实现人的福祉的意义，与西方（拉丁）教父用这个术语表明上帝的救赎目的有比较贴切的对应关系。

② Harold Brown, *Heresies*, Garden City: Doubleday, 1984, p. 100.

体神学有所不同。伊利奈乌、希坡律陀和德尔图良三位思想家在与不同形式的形态论论辩时,角度虽然有所不同,却都采用了 oikonomia,把三位一体上帝临在于人类历史的救赎活动当作主题。与伊利奈乌和希坡律陀有所不同的是,德尔图良始终把 oikonomia 贯彻在三位一体神学中,把 oikonomia 作为基本术语,锤炼出拉丁的准确用法,使之成为基督教三位一体神学的规范用语。

一

希腊文 oikonomia(阳性形式是 oikonomos)(拉丁文为 dispositio)的原始含义是家政事务及活动的安排。在《家政学》一书中,亚里士多德从两个方面分述了 oikonomos 的含义:一是指家务(oikonomos)管理者对财产的四种管理方法;二是指财政(oikonomia)管理的四种类型。亚里士多德认为,家务(oikonomos)管理者要想管理好财产,必须具备如下诸能力:首先,他得具备获取财产和保管财产的能力。如果没有保管能力,即使获取了财产也犹同漏壶盛酒,不可能达到积累财富的目的。其次,他应当能够合理安排财产,正确使用财产,物以致用,这是获取财产和保管财产的目的。[1] 财政(oikonomia)管理的四种类型则是:君王式的、地方政府官员式的、城邦式的和个人式的。四种样式涉及财产规模多有不同,领域也相互有异,"量入为出"则是共同特性。[2] 据此可以看到 oikonomia 的基本含义是安排、管理和计划,与统一的"权力源"例如君主式等职务联系在一起,有明显的目的论色彩。oikonomia 的后

---

[1] 亚里士多德,《家政学》1344b20-25(崔延强译),见苗力田主编《亚里士多德全集》(第九卷),中国人民大学出版社,1994年。

[2] 同上书,1345b5-1346a30。

一种意义也相当重要，就其辞源学而言，它关联于 monarchia（君主制）。

早期基督教思想家从信仰角度理解 oikonomia 时，加强了它的"目的论"含义，用于与目的有关的神学指向。例如"神圣经世"与"神意"，它们所相关的历史事件都是根据上帝的目的。因此，在基督教思想话语中，oikonomia 概念很快与"救赎"获得联系。《以弗所书》、安提阿的依纳爵（Ignatius of Antioch）、阿塔那哥拉、安提阿的塞奥菲若（Theophilus of Antioch）和殉道者查士丁都使用 oikonomia，取的正是"救赎"的含义。① 《以弗所书》这样提到它与救赎的关系，"要照所安排的，在日期满足的时候，使天上地上一切所有的，都在基督里同归于一。"（一章 10 节）"又使众人都明白，这历代以来隐藏在创造万物之上帝里面的奥秘，是如何安排的。"（三章 9 节）伊利奈乌把"救赎的经世"（economy of salvation）两个术语重叠使用，以强调由救赎历史展示出来的三位格在人类历史中的不同时期的介入和三位格之间在活动上的区分。在《使徒宣道论证》中，伊利奈乌明显地带出了"救赎的经世"的思想，"上帝，即圣父，是非受造的，非物质的，不能看见的；他是独一的上帝，万物的创造者，这就是我们信仰的第一点。第二点就是：上帝的道，上帝的儿子，我们的主耶稣基督，按照圣父启示先知的方法和众先知预言的方式向众先知显明了；而且万物是藉着他造的；他在末世为要完成并聚集万物，在人之中成了人，可以被人看见，触知，为要除去死亡，表彰生命，在人和上帝间产生和谐。第三点就是圣灵；先知们凭他说了预言，父老们凭藉他认识了上帝的事，义人凭他蒙引导，走了义路；并且在近世他是用新的样式浇灌了全地

---

① Everett Ferguson (ed.), *Encyclopedia of Early Christianity*, Second Edition, p. 825 oeconomia, New York: Garland Publishing, Inc., 1999.

上的人类,叫人更新,归回上帝。"① 德尔图良进一步上溯,强调创世和旧约的上帝内部已经存在"安排/经世"(oikonomia),在道成肉身中以救恩显现出来。② 他更发展出"位格"的概念,强调圣父、圣子和圣灵的区分是真实的而非名义的。这样,透过 oikonomia 西方教父"道成肉身"带入到三位一体神学中。上帝降卑为人,道成肉身,为着救赎的缘故,舍了他自己的独生子。这一信条成了经世三一的基本内涵。

经世三一主要思考的是上帝的历史性和位格性。由于经世三一关注道成肉身这一信条,上帝在人类历史中所显明的事实就成了探索上帝之 oikonomia 的基本依据,用拉纳的话说,就是从经世三一探索内在三一,经世三一即内在三一。从上帝的历史性存在反观所引出的这一关联可以分为两个方面:第一,在历史中化身为"人"的是父还是子?第二,耶稣基督的肉身是否真实?它是否有碍于上帝的本质同一性?两方面都围绕道成肉身这个主题,是理解圣父与圣子分殊及合一的关键,也是从 oikonomia 探究三位一体神学的新观点。如果是父自己降卑为人,那么道成肉身的就是"父"的位格,十字架上受苦的也是父了。这种道成肉身理论虽然肯定了神性自我历经诸般苦难的确实性,却否认了基督位格的先在性,导致三位一体的上帝被简单化为父的独一位格。这就是形态论学说。形态论把上帝看成只有一位格,就是神性本身,所指称的上帝实际上是非位格性的上帝。第二个问题则关系到基督的神性是否真实地受苦,这反过来关系到基督的 oikonomia 的真实性,或者说历史中的上帝的真实性。

---

① 爱任纽(伊利奈乌),《使徒宣道论证》6,见《尼西亚前期教父选集》(谢秉德等译),香港:基督教文艺出版社,1990年。
② Tertullian, *Against Praxeas* 2. 1; 31. 2, see in Alexander Roberts and James Donaldson (eds.), *Ante-Fathers Translations of The Writings of the Fathers down to A. D. 325*, Vol. III, Edinburgh: WM. B. Eerdmans Publishing Company, 1989.

正是在这个地方中,基督教与希腊哲学区别了开来。中期柏拉图主义虽然是基督教柏拉图主义的重要思想来源,然而它拒绝承认上帝会取有形体的形像。二世纪的希腊思想家、柏拉图主义者凯尔苏斯就认为基督教的道成肉身之说是无稽之谈:"基督教宣称上帝从天上降到地上,住在人中间。"① 这一论断"极其恬不知耻,不值一驳"。② 上帝是不变的存在,他不可能从纯洁、完全的上帝的状态变成有瑕疵、有缺陷的人的状态。"上帝是良善的,美丽的,快乐的,存在于最美好的状态中。若他降至人间,就必然要经历变化,从良善变为邪恶,美丽变为丑陋,快乐变为不幸,乃至从最好的变为最恶的……只有可朽者才可能经历变化,而不朽者始终不会有任何改变。所以上帝不可能经历这种变化。"③ 既然基督徒宣称他们相信上帝是不变的灵性存在,是"自生的,永恒的,不可见的,不可触及的,不可理喻的,无限的,他……被光、美、灵和无以言说的力量包围",为何又说是道成肉身的呢?一位绝对不变的上帝怎么可能像人那样存在?若有人承认上帝是全能全在的,在遥远的天座统治世界,那么"他为什么要降至人间呢?是为了学习人间之事吗?"④ 如果上帝是全能的,那么他为什么要来到人间进行道德革新?难道他不降至人间就无法"藉神力"做到吗?⑤ 基督教思想家想要透彻地论证道成肉身的真理性,必须作出更确切的神学阐释,从 oikonomia 理解上帝的不朽者、超越者本性与历史介入者的关系,可能

---

① Robert L. Wilken, *The Christians As The Romans Saw Them*, New Haven: Yale University Press, 1984, p. 102.

② Origen, *Contra Celsum*, 4. 2, Revised edition. Trans. and ed. by H. Chadwick, Cambridge: Cambridge University Press, 1980.

③ Ibid., 4. 14.

④ Ibid., 4. 2.

⑤ Ibid., 4. 3.

第三章　前尼西亚三位一体理论的希腊和拉丁传统

比单纯从道成肉身中神人两性的联合更具说服力。西方（拉丁）基督教思想家的经世三一提供了理解基督论的另一种进路。基于 oikonomia 的观念，一个有别于希腊哲学之理性神的基督教上帝观呼之跃出，它被奠基在一种新的思想之中：上帝不只是高在世界之上的超验注视者，还是世界历史的经验者。oikonomia 还有这样的含义：上帝之于世界的经验，不是通过作为父的上帝直接经验的，而是由作为子的上帝所经验的。oikonomia 概念从人类历史视野中的神性来说明父与子两位格的同等性，"如果我们只将'上帝'看作是'圣父'，圣子和圣灵便不免是被置于次要的地位了。"[①] 经世三一取的是人类视界中的上帝的位格性与人类的恩典关系。

据此看来，oikonomia 讲论的是历史中的"上帝"的三位一体特性，是在耶稣基督之中显现出来的三位一体上帝。由此，经世三一引出有关历史中的上帝的两个方面问题，"一方面讨论的是父、子和灵与独一上帝的关系。更准确的说法是，需要解决的是在历史中的三位如何根据第一世纪基督教的信仰和教诲运作；他们如何形成经世三一，他们如何启示他们始终作为父、子和灵存在，以及作为内在三一而存在。另一方面，正如耶稣的救赎活动以救赎论得到表达一样，基督的位格也以基督论得到思考。必须加上的一个问题是，三位一体的第二位格如何为了引导所有人的圣洁生活而化身为人。"[②] 本节不讨论作为"内在三一"的父、子、灵关系，这通常是希腊（东方）教父关注的问题。本节重点讨论德尔图良及相关几位西方教父提出的三位一体的历史的

[①] 布鲁斯·米尔恩，《认识基督教教义》（蔡张敬玲译），台北：校园书房出版社，1992年，第89页。

[②] Basil Studer, *Trinity and Incarnation: The Faith of the Early Church*, English Translated by Matthias Westerhoff, p.1, Edinburgh: T & T Clark, 1993.

oikonomia，并由 oikonomia 反观上帝的内在性，以期从耶稣基督的上帝把握神性统一性。

二

德尔图良主要在《驳普拉克勒亚斯》一书之中阐释了经世三一。有意思的是，伊利奈乌的《驳异端》和希坡律陀的《驳诺伊图斯》差不多写于同一时期，时间上相差先后不过十数年。这似乎表明西方教父按照 oikonomia 建立三位一体神学并非出于偶然，而有其共同的时代背景。

这就是西方（拉丁）基督教有一个共同的敌人：形态论。普拉克勒亚斯先是在罗马，后又到北非宣扬他的神格唯一说。与此同时，诺斯底主义的主要代表人物之一的瓦伦廷（Valentinus）和鞋匠塞奥图斯（Theodotus the Cobbler）都宣扬类似学说。据德尔图良记载，普拉克勒亚斯（鼎盛期约公元 200 年）"为了编造他的统一性教义之异端邪说，主张只有一位主，世界的万能创造者。他说父自身降到童女马利亚腹中，他自身为她所生，他自身受难，事实上他自身就是耶稣基督。"[1] "藉此，在罗马，普拉克勒亚斯在双重的事情上事奉魔鬼：他赶走了所有的预言，引入了异端邪说；他驱赶了保惠师，并把父钉死在十字架上。"[2] 撒伯流也持类似的观点，他大约是公元三世纪早期的利比亚（Libya）或潘忒城（Pentapolis）的思想家，与普拉克勒亚斯几乎活跃于同一时期。[3] 教会史家们认为他与当时的罗马主教卡莱图（Callistus）有某种关系，可能受到后者的支持。撒伯流主张

---

[1] Tertullian, *Against Praxeas* 1.
[2] Ibid.
[3] F. L. Cross (ed.), *The Oxford Dictionary of the Christian Church*, 3rd, "Sabellianism", Oxford: Oxford University Press, 1997. p. 1434.

第三章 前尼西亚三位一体理论的希腊和拉丁传统

"上帝是一个单一体,拥有三种能力,为着创世和救赎的缘故,在历史中显示为'父'、'子'和'灵'"。① 诺伊图斯也是一位形态论者,他大约是公元190年的人物,可能是士每拿(Smyrna)本地人,后来成了以弗所(Ephesus)教会长老。他认为父就是子,子就是父。普拉克勒亚斯、撒伯流和诺伊图斯的观点基本一致,他们都主张圣父受苦说,认为父降生、生活,死于十字架、复活、升天并伪装成神子。

德尔图良、希坡律陀和伊利奈乌三位基督教思想家都意识到形态论上帝观的共同性,就是主张一个非位格的上帝。如果依照普拉克勒亚斯、撒伯流和诺伊图斯的说法,上帝只是单一体,父、子和灵只是单一体的能力,他们都不是真实的个体,这就否定了上帝的位格性。进而言之,如果上帝是非位格的,那么也就否定了上帝作为子降临人间所受的苦的历史性,以及它所承载的牺牲的爱的意识,也无法确证"救赎"即"免去人的罪"之神义论。就德尔图良这些西方教父而言,形态论的"上帝"否定追加在"成为人的上帝"的历史性,也就否定了救赎行为的位格性,因为经世的上帝,即成为真实的人的上帝,是第二位格的根本特性,否定这一点,就必然引发基督教神学的整体危机。

由于形态论者取消了历史中"上帝"的个体存在的真实性,德尔图良、希坡律陀和伊利奈乌就着意发展历史中的上帝的位格性与救赎的关系,这都已经涉及到经世三一的主旨,因为经世三一讨论的正是被启示在救赎历史中的神圣诸位格及其作为。西方基督教思想家正是要讨论这种具有历史品质的上帝位格的真实性,聚焦在上帝的事工(work)、活动(doing)和职能(function),而非内在三一所关注的上帝本性(nature)、存在/是

---

① Robert Morey, *The Trinity: Evidence and Issues*. Grand Rapids: World Publishing, Inc., 1996, p.511.

(being)和本质(essence)。《以弗所书》界定了经世三一的具体内涵：上帝的职能是拣选，"愿颂赞归与我们主耶稣基督的父神！他在基督里曾赐给我们天上各样属灵的福气。就如上帝从创立世界以前，在基督里拣选了我们，使我们在他面前成为圣洁，无有瑕疵；又因爱我们，就按着自己意旨所喜悦的，预定我们藉着耶稣基督得儿子的名分，使他荣耀的恩典得着称赞。这恩典是他在爱子里所赐给我们的。"① 子为救赎人类而死，"我们藉着爱子的血得蒙救赎，过犯得以赦免，乃是照他丰富的恩典。这恩典是上帝用诸般智慧聪明，充充足足赏给我们的，都是照他自己所预定的美意，叫我们知道他旨意的奥秘，要照所安排的，在日期满足的时候，使天上地上一切所有的，都在基督里同归于一。我们也在他里面得了基业（注：'得'或作'成'），这原是那位随己意行作万事的，照着他旨意所预定的，叫他的荣耀，从我们这首先在基督里有盼望的人，可以得着称赞。"② 至于圣灵，他使我们受印，"你们既听见真理的道，就是那叫你们得救的福音，也信了基督，既然信他，就受了所应许的圣灵为印记。这圣灵是我们得基业的凭据（注：原文作'质'），直等到上帝之民（注：'民'原文作'产业'）被赎，使他的荣耀得着称赞。"③ 德尔图良这些西方教父的 oikonomia 神学沿用了新约圣经的上述提法，指出经世三一表述的是一个"为我们的上帝"。

德尔图良以 oikonomia 为原理，阐释父、子和灵在圣经中的分别显圣。"正如我们事实上一向所为的（尤其由于我们受那引领人们走向真理的保惠师的良好教导），我们相信只存在唯一的

---

① 《以弗所书》一章 3-6 节。
② 《以弗所书》一章 7-12 节。
③ 《以弗所书》一章 13-14 节。

上帝，然而是以如下的 dispensation/oikonomia［计划/安排］，如圣经所谓的，这独一的上帝也有一个子，是他的道，从他自身所出，藉着他万物受造，没有他无物受造。我们信他是由父送至童女腹中，从他降生——既是人又是上帝，既是人子又是神子，被称为耶稣基督的名；我们信他受苦，死亡，被葬，根据圣经，他又藉着父复活，被接回天国，坐在父的右边，并且再临审判死人和活人；根据父的允诺，我们也信那从父所派遣来的保惠师圣灵，他是那些信父、子和灵的人的祝圣者。"[1] 这是从圣经直接而来的宣信，是先于一切旧异端而提出的信仰规则。[2] 德尔图良表明，oikonomia 与形态论的最大不同是，子和灵作为父之所派，是分别于父而存在于历史中的。子作为"经世"的位格，他不是形态论所谓的仅是父的表像，而是子本身，有着位格的独立性；圣灵也是如此。由此，降临到马丽亚腹中的是子而非父，在历史中受苦、复活和升入天国的也是子而非父。

三

就基督教三位一体神学而言，德尔图良的 oikonomia 对于改善早期护教士的君主制（monarchy）式的独一神论有重要贡献。公元二至三世纪，希腊罗马知识分子猛烈抨击基督教上帝观其依据之一是基督教把耶稣基督和父放在同等地位，认为它动摇了罗马帝国的一神论。因此，早期护教士特别强调基督教是独一神论的宗教。最初的三合一（triad）术语所表达的甚至不是上帝的统一性原理，"相反，它强调构成基督教独一神论者必须面对的主要问题这一事实。这一用来表达独一神论的术语就是君主制。君主制来自于王权的隐喻，但是通常并不用于世俗王权，理由很简

---

[1] Tertullian, *Against Praxeas* 2.
[2] Ibid.

单，因为这个词附有绝对统治的意义。在古代市民社会的世界中，日常经验的唯一统治者即获得君主地位的人，他只是罗马诸皇帝的最为绝对者之一。因此，在实践中，父这个词被用于迹近上帝的绝对君王，其原初含义是万能者。然而，由于万能的整体意义只被用于一个终极权柄，因而它的真实意指是独一神论。"①简言之，就其辞源学的用法而言，君主制这个词是有张力的。在罗马王权中，它可能指多个执政者之一，为王者是多，绝对权力则为一。然而，由于早期基督教思想家的特定背景，他们把父用于"万能者"时，它的意义接近于那有着绝对权力的独一君王，那种原先包含着君主制的多元性反而得不到显现。在德尔图良使用 oikonomia 来说明"君主制"前，早期基督教思想家基本上是在后一意义上使用这个术语。

殉道者查士丁已经提到上帝作为统一性之存在的哲学传统。他同意犹太人特里风的下面说法，"为什么不呢？难道哲学家不是时时在讨论上帝吗？难道他们的问题一直都与他的统一性和天道有关吗？难道哲学的真正责任不就是研究上帝吗？"② 他提安（Tatian）指责荷马及其他诗人的多神敬拜，"呵，希腊人，你们也是如此，词汇丰富，却心怀偏见，你们承认多个神的主宰，却不承认一个上帝的统治，你们把自己交在魔鬼之手，仿佛他是万能的。"③ 伊利奈乌用双手与身体的关系比喻子、灵和父的关系，他更明显地表达这种君主制的意义。"不是天使造我们，天使没

---

① G. L. Prestige, *God in Patristic Thought*, London: SPCK, 1964, pp. 94-95.

② Justin, *Dialogue* 1. see in Alexander Roberts and James Donaldson (eds.), *Ante-Fathers Translations of The Writings of the Fathers down to A. D. 325*, Vol. I, Edinburgh: WM. B. Eerdmans Publishing Company, 1989.

③ Tatian, *Address to the Greeks* 14. see in Alexander Roberts and James Donaldson (eds.), *Ante-Fathers Translations of The Writings of the Fathers down to A. D. 325*, Vol. II, Edinburgh: WM. B. Eerdmans Publishing Company, 1989.

第三章 前尼西亚三位一体理论的希腊和拉丁传统

有权柄来创造上帝的形象,除了主的话语,也没有别的……因为上帝不需要这些存在物来帮助他完成他先前就决定要做的事,就仿佛他没有双手一样。因为道和智慧,子和灵总与他同在,藉着他们并在他们里面,他自由而主动地创造万物,他对他们说,'我们要照着我们的形象,按着我们的样式造人。'他从自己造出万物的本质,造出万物的样式和世界上所有类型的饰品。"①上帝作为父在意志、筹划和位格上都具有某种优先性,它体现在父对于整个创世计划和救赎事务的安排之中,子和灵是父安排的结果。这里,oikonomia [计划/安排/经世] 更多是从属于"君主制"。伊利奈乌的父作为神性之一的优先性之经世在另外一个地方得到了更清楚的表达,他说骨头和肌肉及其他人体的结构(oikonomia),都是由我们所谓的人体形象的复杂组织表现出来的。② 这一君主制之于 oikonomia 的优先性在他提安的思想中也得到印证,"因为身体的构造是唯一的安排(oikonomia),它根据预先所设想的被造。然而,尽管这是一个事实,在身体里面的事物存在着职责的差别,眼是一物,耳朵是另外一物,头发、肠的排列(oikonomia)以及骨髓、骨头和腱被结合在一起的方式又是另一回事;尽管一部分不同于另一部分,然而在他们的排列(oikonomia)中存在着音乐般的和谐。"③

在君主制的三位一体理论优先的情况下,早期基督教的上帝观更接近于犹太基督教的形式,通常表现为独一神论。德尔图良受犹太基督教思想影响很深,他的三位一体理论延续了君主制的基本形态,然而由于他强调"经世"一词在表达上帝的道成肉

---

① Irenaeus, *Against Heresies*, 4, 20. see in Alexander Roberts and James Donaldson (eds.), *Ante-Fathers Translations of The Writings of the Fathers down to A. D. 325*, Vol. I, Edinburgh: WM. B. Eerdmans Publishing Company, 1989.

② Ibid., 5. 3.

③ Tatian, *Address to the Greeks*, 12.

身上的重要性，使得 oikonomia 从属于独一神论的情况得到了改善：oikonomia 并不是"君主制"的补充，两者共生于他的三位一体神学之中。

德尔图良不介意别人攻击他坚持类似于诺伊图斯的君主制的上帝观，他认为自己使用这个术语时，表达的意思与希腊人有所不同。"在希腊人事实上拒绝按 oikonomia 或 dispensation［排列］（在一中的三）理解 monarchia 时，我们则是小心翼翼地使用 monarchia。至于我自己，我搜集关于两种语言的所有知识，我深信 monarchia 除单一的或独个的统治之外别无他意；然而不能因为 monarchia 是独一的统治，就排除他有一个子或者有一个执行他的意志的代理者实现统治。我不同意这样的统治只属于他一个人，或者单个这样的意义，或者在这一意义上的君主制；我也不同意这样的理解，即他和与他有着密切的其他人，委任他们职位以实现联合的统治。而且，如果子是属于那个君主的，它就没有与他分离，如果子被理解为是一个分有者，父就不会不再是一个君主；由于就其来源而言，他们完全同等，因此被完全地交托给了子；由于他们是完全地聚合在一起的，因而他们还完全是一个君主（或单一的帝国）。"① 这是把 oikonomia 的意思锲入到 monarchia 之中，改变了 monarchia 作为"一"或"单一"的意义。在世俗的君主制统治形态中，君主制作为政治制度与它所指向的国家统治者作为统治的独一性原理，就是 ousia/substantiae 作为集合性名词的含义。在一个集合性名词里面，是可以包含有着诸多同样、同等存在性质的个体的。一个君主制的国家可以由一个王统治，也可以由多个有着同等权力的王统治，这都不影响君主制在整体上是独一权力政治的原理。这种实践智慧更多地来自于拉丁传统。罗马共和国时代的执政官制度正是多头政治、行使同

---

① Tertullian, *Against Praxeas*, 3.

等权力的君主政治；与希腊（东方）的君主制有根本差别，后者强调一个君王的君主制。据此，德尔图良坚持认为就其源头而言，monarchia 是一，这个"一"可以是自我内部有着完全交通的"一"，正如父将权力完全地分有给子，不影响他仍然是君主，只是这个时候他又获得了另一个身份——"父"。这样，"个体性"就不完全是作为"某种实体存在"的真在的含义，而且有了"关系性"的向度。这种 ousia/substantiae 作为集合性名词下所获得的关系性被理解为 oikonomia，它有着神性之同一源头，完全分有神性，以及与父形成关系的安排和排列的执行者——子和灵。这是德尔图良不同于诺伊图斯这些形态论者的地方，也不同于早期一些基督教思想家过于强调独一神论的 monarchia，后者仍然处在明显的犹太教语境之中。

关于 oikonomia 和 monarchia 的特殊关系，希坡律陀也有大量论述。[1] 他认为承认独一神论并不需要抛弃 oikonomia；[2] 还认为这也是伊利奈乌的观点。[3] 在他看来，独一上帝所包含的圣父、圣子和圣灵不只是样式上的，而是真实的"三"。[4] 这种"三"是如何表现出来的呢？这就得依靠 oikonomia 的含义：父发出命令，子执行这些命令，圣灵启示这些命令。[5] 他把经世的核心落实到基督位格上面，认为他是 oikonomia 的奥秘。圣经的救赎历史是位格逐步显现的过程。犹太人不知道子，不能向父献上关于子的感恩；使徒们知道子，但是不知道他在圣灵当中；要以恰当

---

[1] 在《早期基督教的演变及多元传统》一书的第 224—230 页，我们对希坡律陀和伊利奈乌的观点已经有详细论述，这里不再赘述。

[2] Hippolytus, *Contra Noetum* 3. 4, ed. & English trans. by R. Butterworth, London: Heythrop Monographs, 1977.

[3] Ibid., 14. 1 – 3.

[4] Ibid., 8. 1.

[5] Ibid., 4. 5.

的方式认知独一上帝意味着藉着圣灵的方式在子里面看见父，"藉着这样一种三一（triad），父得荣耀；因为父所愿意的，子就付诸行动，圣灵则使这一意愿显明出来。现在，整个圣经就是宣讲这一点。"①

从上述西方三一神学传统出发，德尔图良认为不必担心 oikonomia 会损害神性统一性（monarchia）。"但是，就我而言，子除了父的本质别无其他源头，他从父那里接受了所有权柄，由于王权是父交给他的，当我说子保存着它时，如何可能说我摧毁了君主制呢？我还对上帝的第三位作了同样的评述，因为我相信圣灵除了藉着子来自于父以外别无其他源头。"② 相反，那些不愿在经世的意义上使用 monarchia 的人，反而是在摧毁君主制。"经世"的观念保持着神性之完全的单一性、稳定性和不变性，子事实上是把它完全地交还给了父。德尔图良引用圣经里的话说明这种同一性不受损害。"再后，末期到了，那时，基督即将一切执政的、掌权的、有能的，都毁灭了，就把国交与父神。因为基督必要作王，等上帝把一切仇敌都放在他的脚下。"③ "因为经上说：'上帝叫万物都服在他的脚下。'既说万物都服了他，明显那叫万物服他的，不在其内了。万物既服了他，那时，子也要自己服那叫万物服他的，叫上帝在万物之上，为万物之主。"④⑤子不构成对于君主制的损害，是基于同一 ousia/substantiae 所形成的相互承认关系。这传递出一个独特的视野：父和子之间不是相互排斥的关系，因为基于同一 ousia/substantiae，父通过肯定

---

① Hippolytus, *Contra Noetum* 3. 4, ed. & English trans. by R. Butterworth, London: Heythrop Monographs, 1977, 14. 8.

② Tertullian, *Against Praxeas*, 4.

③ 《哥林多前书》十五章 24-25 节。

④ 《哥林多前书》十五章 27-28 节。

⑤ Tertullian, *Against Praxeas*, 4.

并让万物顺服子来认识父，通过子的经世来认识父和子的合一，以及父在位格上的首位；子因为告诫万物所应顺服的是父，来说明子本身是一中保，从而获得父统治万物的委托权。这是从 oikonomia 的角度很好地阐释了 monarchia，表达了君主制之内的父和子的特殊的 ousia/substantiae 的相互性。有意思的地方在于，德尔图良并没有让这种相互关系性由 ousia/substantiae 来表达，而是将之归于"位格"的概念，"从受圣灵启示的使徒的上述书信的引文中，我们已经能够看到父和子是两分别的位格（separate Persons），不只是因为他们以父和子各别的名被称呼，而且因为如下的事实：那交给他国的和那被交给国的，——同样，那制服万物的和那万物向他臣服的——肯定是两个不同的存在者（Beings）。"[1] persona 这个术语是用来说明 monarchia 的 oikonomia 之含义的，它的重要性在于它可以更准确地表述君主制内部的 oikonomia 的多元性的理解限度，或者说使 monarchia 不至于变成类似于柏拉图《巴门尼德篇》的那个被隔离的"一"，一个甚至没有自我关系的"一"，当德尔图良用 persona 说明 oikonomia 时，persona 一词具有的分殊含义，使 monarchia 的诸一是真正的诸一，用德尔图良的话说就是"各别的位格"。

persona 可以看作是对 monarchia 与 oikonomia 两术语使用界限的说明。monarchia 就其相关于作为集合性名词的 ousia/substantiae 而言，persona 作为 oikonomia 的含义在于它是一种有秩序的排列，是顺序渐进的，是逐步展开的；oikonomia 就其作为一中的三而言，persona 与 monarchia 所获得的相关性在于它是基于神性统一性的三，是要将一作为神圣旨意执行并使之运行的救赎活动。这使拉丁的君主制三位一体神学有了新起点，"所有这一切都首先清楚地使得德尔图良的神学有着惊人的真理性，即他不

---

[1] Tertullian, *Against Praxeas*, 4.

是用oikonomia指创造和救赎的秩序，而是上帝自身存在内部的秩序；他用三位一体指上帝内部的一种排列（oikonomia），又包括机体的统一性（organic unity），他把这个理解为神性内部存在的原则性排列。"① 然而，这也引出一个有待进一步说明的问题：即oikonomia本身所包含着的"机体的统一性"和"排列"与德尔图良所谓的"在一ousia/substantiae［实体/本体/本质］中的三位格"之间到底存在怎样的关系。

还有一个需要说明的问题：ousia/substantiae作为集合性名词与作为实体的关系。严格地说，德尔图良并没有明确地以为ousia/substantiae是一种实体，然而若联系他的斯多亚主义的哲学背景，还是存在这种意含的。当然，这种暗示从来都不是真正清楚的。正是这一点上，我们不能不注意作为集合性名词的ousia/substantiae在德尔图良和西方（拉丁）基督教思想中也不是就应该可以武断地解释为"关系"的。就德尔图良而言，它更像是有着同样本质的个体性存在范畴，是性质，就是作为"存在"之共有性而言的ousia/substantiae。这与ousia/substantiae作为关系性的动名词概念是有区别的，后者将神性统一性作为一种能力、力量和合一的根源来探讨。

四

德尔图良有关monarchia与oikonomia的讨论修正了早期基督教及诺伊图斯的上帝观的非位格化倾向。他注意到自己的观点面临被误解为多神论的危险。② "一ousia/substantiae，三位格"的表述面临一种潜在的神学难题：如何让一般的基督徒了解到三位

---

① William J. Hill, The Three-Personed God: The Trinity as a mistery of Salvation. Washington, D. C.: The Catholic University of America Press, 1982, p. 36.

② Tertullian, Against Praxeas, 13.

第三章　前尼西亚三位一体理论的希腊和拉丁传统

格并不导致"三神论",在神学上就要能够提供"位格"与"ousia/substantiae"的非分离性关系,把握"三位格,一ousia/substantiae"所传达出的基督教上帝观的独一神论的新支点。德尔图良从 oikonomia 中找到了阐释"位格"和 ousia/substantiae 之交互性的方式。

德尔图良援引经文说明圣经文本本身已经包含上帝的多元性表述。《诗篇》把上帝描述为"两位","上帝啊,你的宝座是永永远远的,你的国权是正直的。你喜爱公义,恨恶罪恶,所以上帝,就是你的上帝,用喜乐油膏你,胜过膏你的同伴。"① 这节经文暗示了上帝为上帝所膏抹,存在两位永恒的上帝。以赛亚这样说到基督的位格,"身量高大的西巴人必投降你,也要属你。他们必带着锁链过来随从你,又向你下拜,祈求你说:'上帝真在你们中间,你们就是我们的上帝,此外再没有别上帝!再没有别上帝!'"② 以赛亚这里提到的"上帝真在你们中间,你们就是我们的上帝",说明上帝在位格上是复数的。除父神之外还存在另外的位格——"基督"和"圣灵"。《约翰福音》也是这样论述的,"太初有道,道与上帝同在,道就是上帝。"③ 这节经文讲到两位上帝,一位是上帝,另一位是与上帝同在的上帝——道、基督。④ 既然圣经明确启示说存在多个位格的上帝,问题的关键就是如何理解他的多元性?上帝的多元性是基于何种方式才能得到理解呢?德尔图良再三提出了 oikonomia 的观念,说明在上帝内部有着区分的两存在的关系是一种 oikonomia(因为经世的必要而产生的秩序安排),oikonomia 体现了神圣自我的交互性,

---

① 《诗篇》四十五篇 6-7 节。
② 《以赛亚书》四十五章 14-15 节。本节经文据英译者直接从七十子希腊文译本译出的英译,参考了和合本的翻译。
③ 《约翰福音》一章 1 节。
④ Tertullian, *Against Praxeas* 13.

"我们，藉着上帝的恩典拥有对圣经的时代和处境有着直觉的能力，我们尤其是保惠师的追随者而不是世间之导师的追随者，因此我们非常肯定地宣称这两位存在都是上帝，父和子外加一位圣灵一共是三位。根据那引入数的神圣经世（oikonomia）原理，这样就不至于如你们蛮不讲理地以为父自己被信为降生和受苦。"[1] 德尔图良阐明，oikonomia 蕴含"数"的特征。如果承认上帝以"他自身"经世（oikonomia），那么就要接受这样一个原理：上帝以他自身的多元性"经世"。由于位格的多元性是在神圣经世的范畴内表述的，德尔图良把基督教上帝观放在经世三一的视野内予以陈述。把上帝放在与人类历史相关之中，因此"位格"一词也成了与经世相关的术语。

德尔图良认为 oikonomia 与"位格"在共同表述上帝的"多元性"上存在内在相关性。oikonomia 表达"上帝的相互关系"，这也是耶稣基督本人讲论圣灵保惠师的"位格"时所说的意思。[2] 他引《约翰福音》十四章 16 节说，"我要求父，父就另外赐给你们一位保惠师（注：或作训慰师），叫他永远与你们同在。"在圣经中有关圣子和圣灵的位格论述中，通常都有这种关系性的述谓，例如"派"、"赐给"和"在……中"之类，都是为了说明圣父、圣子和圣灵之间的相互关联，说明"位格"是基于关系性的意指。这种关系性与圣经尽量以各种方式表达出上帝经世的 oikonomia 有完全契合的地方。无论是 oikonomia 还是 persona，它们都指向与人类历史相关视野中的上帝的自我交互性，例如基督自己承认，"你们听见我对你们说了，我去还要到你们这里来。你们若爱我，因我到父那里去，就必喜乐，因为父

---

[1] Tertullian, *Against Praxeas*, 13.
[2] Ibid., 9.

是比我大的。"① 《诗篇》第八篇 5 节说，"你叫他比天使（注：或作上帝）微小一点，并赐他荣耀尊贵为冠冕"。② 这些都是要显出父与子的分别，却又都属于上帝自我内部的关系。

oikonomia 所表明的上帝自我的数的分别与 persona 及 ousia（substantiae）相关性还在于：oikonomia 之交互性是诸一的交互性，这是 persona 和 ousia（substantiae）用以表达上帝的本体性意图所在。"藉着信仰规则，我见证父、子和灵彼此是不可分离的，你们会知道我是在何种意义上说这一番话的。现在，请注意我的论断是父是一、子是一和灵是一，他们彼此之间又有分别。未受过教育的人会错误地以为我说的位格一词包含着有悖常理的倾向，仿佛它是在表述一种多元，即是在父、子和灵相分离的意义上使用。然而，我必须说（当我以 oikonomia 颂扬 monarchia 时），他们被认为是父、子和灵同一，即他们不是以父和子是多元的方式，而是以分配的方式；父和子的不同不是以分离的方式，而是以分别的方式；因为父与子的不同在于他们是存在样式③的不同。因为父是完全的本质，子是从父所生。"④ 德尔图良以树和河流来说明父、子和灵的三者的同源性和方式上的区别。⑤ 他强调在经世观念中二者都是不可偏废的。存在样式的差别不因为样式而不重要，即完全被本质的同源性所吞没。所要特别说明的是，persona 的意义始终被限定在 oikonomia 的论域内，因此谈论上帝的多元也是在救赎历史中谈论的。在经世的视野内，位格 persona 与 ousia（substantiae）有同等重要的意义，然

---

① 《约翰福音》十四章 28 节。
② Tertullian, *Against Praxeas*, 13.
③ 这里的存在样式指的就是 oikonomia。参看 Tertullian, *Against Praxeas* 英译者注 13。
④ Ibid., 9.
⑤ Ibid., 8.

而这不意味着是在探讨上帝作为存在本身即内在三一。

以此为基础,德尔图良明确了"位格"与 ousia/substantiae 两术语共用所形成的三位一体神学。他还是从引用圣经经文中关于父和子是"二"的陈述入手,"我与父原为一"(ego kai ho pater heṅ esmen),① 这里的系词是复数形式,esmen 相当于英文的 we are。德尔图良认为这节经文是说"我们原是一事物"(unum),而非一位格(unus)。"如果他[指使徒约翰]是说'一位格',那么他可能在支持他们[指普拉克勒亚斯等异端]的观点。无疑,unus 指的是单数;然而(我们这里的情况是)'二'仍指两个阳性的主词。因此,约翰说 unum,一个中性的术语,并没有暗示数的独一性,而是本质、相似和联合的统一,从父方面是因为他爱子的慈爱的统一,从子方面是因为他遵循父的意志的顺服的统一。当他说,'我和父原为一'时,是指本质的一——unum——说明存在二,然而他含着同等性,结合为一。因此他又增加了这样的表述,他'显出许多善事给他们看',因为没有人能拿一件石头打他。"② 通过对上述经文的解经学考察,德尔图良指出这个一是指 ousia(substantiae)。然而,约翰又说"我们"是"一",这说明诸一是一,因此系词上使用了复数形式。"诸一"指 oikonomia 所包含的独一性和多元性,从而指出这个一即 unum 是 persona,是基于 oikonomia 的"一"。因此,由系词所显现出的复数形式所形成的关系的落脚点在于 persona。从 persona 和 ousia 的关系中,能清楚地看到德尔图良是从 oikonomia 使用 monarchia,ousia(substantiae)意义上的一就是指 monarchia。

德尔图良承认上述三位一体神学的理解方式会令人吃惊。

---

① 《约翰福音》十章 30 节。
② Tertullian, *Against Praxeas*, 22.

"事实上，单纯的信徒（我不称之为没有智慧和学问之人），他们总是教会中的多数，会非常吃惊于 oikonomia 的观点（即在一中的三），这主要是因为他们想从世界的多神论回到唯一的真正独一的上帝；然而尽管他是唯一的独一的上帝，他们还得相信上帝有他自身的 oikonomia。他们误以为三位一体的数的秩序和分配会分裂神性的统一性；然而在他们认为从神性自我而来的三位一体的统一性被摧毁的地方，却实际上因此得到支持。"[1] 一般信徒所以不能够接受三位一体的上帝，是因为他们不能理解上帝的 oikonomia。这本无可厚非，因为第一代基督徒都是些犹太人，他们依然从强烈的犹太教上帝观来处理基督教的上帝观。进入二世纪，教会的发展进行在一个希腊化时代，一个需要仔细处理基督论在独一神论中地位的神学时代，而此时基督教上帝观的主要敌人主要来自教会的内部，受到来自于诺伊图斯、普拉克勒亚斯、撒伯流和诺斯底主义的非位格上帝的独一神论的严重挑战，辩证地看待基督教的上帝观，显然不仅是为了消解希腊罗马文化的无神论指责，使关于独一神的信仰和基督信仰不相互排斥，也可以彻底清除基督教内部关于上帝的过于简单化的认识。

五

德尔图良上帝观的 oikonomia（经世）视野最后落实到道成肉身理论上，这是早期基督教三位一体神学拉丁（西方）传统的中心话题，也是前尼西亚三位一体神学的主要视野，与同时期的形态论思潮的挑战有密切关系。无论是撒伯流主义、诺伊图斯、普拉克勒亚斯还是诺斯底主义，他们除坚持君主制的独一神论外，还否定道所成肉身的真实性，这严重影响到关于基督位格真实性的认识。如果基督的位格只体现为神性真实性，而非人性

---

[1] Tertullian, *Against Praxeas*, 3.

的真实性，那么上帝作为历史中的救赎上帝的行为的真实性何在？换言之，上帝作为 oikonomia（经世）之三位一体上帝的真实性何在？道成肉身是上帝作为完全神圣自我共契与救赎之上帝的关联，oikonomia 正是从这个角度表述了三位一体理论的拉丁（西方）神学传统特质。

oikonomia 所表现出的是救赎之上帝的特征，不只是超验之上帝，创世之上帝，更是与人休戚相关之上帝，是要把人引导回到失落的伊甸园中的位格性存在。上帝的共契都需要据此理解。德尔图良之前，伊利奈乌已经注意到 oikonomia 所体现的道成肉身与人成圣的救赎关系：人只有与肉身之道结合，① 他是能够救赎人类的唯一中保，才能真正得救。② 德尔图良的贡献是，他以史诗般的解经策略说明人的这种归宗（recapitulation）都是道成肉身之上帝的引导，存在于圣经任何时期的经文之中。道成肉身之所体现出的三一与人的成圣的关系，是人由孩提的不成熟时代向着成熟时代的复归。这是他所谓的救赎之经世（oikonomia）的意义③：上帝在一开始就藉着三一的各种形态结合在全人类的救赎之中，只不过在基督论中 oikonomia 的救赎性质鲜明地被表现了出来。"出于这一原因，上帝的道成了人，原是神子的他成了人子，人若接纳了道，他也就接受了养子的身份，成了神子。除非我们与不朽的、不败坏的道结合，我们才会不朽，不被败坏。"④ 因此，道成肉身是三位一体上帝"经世"（oikonomia）的支点，唯有由道成肉身的"经世"才能反观上帝内在性的 oikonomia（排列）。介于伊利奈乌和德尔图良之间的希坡律陀的

---

① Irenaeus, *Against Heresies*, 5. 12. 2; 5. 5. 1.
② Ibid., 5. 14. 3.
③ Ibid., 3. 24. 1; 3. 16. 6; 3. 12. 12; 2. 68.
④ Ibid., 3. 19. 1.

《驳诺伊图斯》也从 oikonomia 的角度说明了上帝创世与救赎两大主题的关联乃在于三位一体之上帝的道成肉身。希坡律陀试图说明道成肉身之救赎是完全人性和完全神性的合二为一,是隐藏在基督之奥秘中的三位一体的父对于人性及其苦难的经历,"因为非肉身的上帝的逻各斯/道,从圣洁的童贞女穿戴上圣洁的肉身,以十字架的苦难为自己编织了它,因此把我们必死的身体与他自己的权柄混合在一起,把败坏的与不朽的结合在一起,把软弱的与坚强的糅合在一起,他就这样拯救人类。因此,这网(web-beam)是十字架之上救主的情感,穿戴在身体上的经线是圣灵的权柄,纬线是圣灵编织的圣洁的肉身,那藉着基督的爱把二结合成一的恩典是线,那道/逻各斯则是杆;那工人就是为基督缝制这优良的、悠长的完美之袍的众长老和先知;这道/逻各斯就贯穿于所有这些当中,就如一把梳子(或杆),藉着他们完成父所愿意的。"[1] 如何理解"经世"(oikonomia)呢?希坡律陀说就是父发出命令,子执行这些命令,圣灵则启示出这些命令。[2] 然而耶稣基督自己,这道成肉身的真神体现着"这经世的奥秘"。[3]

德尔图良推进了西方基督教上帝观关于道成肉身与 oikonomia 关系的理解。首先,他深入地论证了道成肉身的神人二重性不损害三位一体上帝的神性单一性。这既是肯定 oikonomia 在基督这个位格上的特殊性,上帝作为经世之上帝仍然具有不可理解的奥秘,也肯定上帝作为上帝的 monarchia 是不因为经世而有所改变,落实到关于 substantiae 一词的理解上,即是上帝的本体不

---

[1] Hippolytus, *On Christ and the Antichrist*, 4. Ed. H. Achelis, GCS1. 2 (Leipzig: Hinrichs Verlag, 1897), English trans. In *ANF* 5 (1887; repr. Grand Rapids, Mich: Eerdmans, 1986), pp. 204–219.

[2] Hippolytus, *Contra Noetum*, 14. 4–5.

[3] Ibid., 4. 5.

因为上帝成为基督而改变。这也是对于希腊神观的正面回应。基督教的上帝并不如希腊的神一样是静观的、完全超验、与造物无关的;基督教的上帝既可以亲自临在人类的救赎历史中受苦,又保持神性的永恒性和同一性。①

德尔图良用经世三一视野内的道成肉身学说批驳诺斯底主义派瓦伦廷说。耶稣基督是神人二性的,这不会损害上帝的本质同一性。"如果道是由于实体[/本体(substantiae)]的改变成了肉身的,那么立即会导致这样的结论,耶稣是两实体(本体)——肉身和灵——混合而成的一实体(本体),诸如折中,金和银的混合;结果就成了既非金(即金)又非银(即肉身)——成了一个被另一者改变了的存在,一个新产生的第三者。因此,耶稣就既绝不是上帝,因为他在成了肉身之后绝不是道;也非肉身之人,因为他已不全是肉身,而是道所成为的肉身,由于他是两者混合的结果,他实际上就什么也不是;毋宁说他是某个第三实体(本体),不同于任何一个。然而,我们所发现的真理是,他既被认为是上帝又被看为人……我们可以清楚地看到他没有被混合的双重状态,而是联合在一位格中——耶稣、

---

① 早期护教者和神学家所确立的基督教上帝的这一形象成为基督教信仰的基本原理。例如巴特这样说,"但是,没有任何保留地设定上帝真正地和整个地在基督之中,谈到他与这个真实的人的同一性,这是非常大胆、非常令人吃惊的,这意味着这一个人与所有我们人一样生于时间之中,他生活、思想和谈论,他可能被诱惑、受苦和死去。这种统一性的声明不能只被当作一个公式……它的目标非常高。在称呼这个人为上帝的儿子或上帝的内在的道的时候,在把这个与上帝统一的人归为一种神圣存在和性质之中,它并不只是指甚至不是首要地指他而是上帝。它告诉我们,为了他的缘故,上帝是在他与这个创造物、这个人的联结之中的上帝,在他的人类的和创造物的属性之中——这并不妨碍其成为上帝,并不改变或降低他的神性。但是,这个关于上帝的声明是如此的大胆,以至于我们不敢做出,除非我们认真地考虑了在哪种意义上我们能这样做。它必须不带有任何亵渎,无论是无意的或是有意的,也无论其是否虔诚。"[K.巴特,《教会教义学》(精选本)(戈尔维策精选,何亚将等译),三联书店,1998年,第105页。]

上帝和人。"① 这里说得很清楚,尽管基督神人二性,然而不是在神性上有别于父的第二个不同的 substantiae。神性和人性在他里面是联合,不是混合;不是混合的意思是说,他的人性不损及他在神性上所表现出来的合一性;但是他又与人性联合,这是经世这个词作为历史的含义在位格中的反映,而不是作为秩序的概念在救赎史中的反映。德尔图良指出从亚当到犹太长老和众先知,救主一直来到世间,在异象、梦、默示中与人们交谈;因此甚至自太初的时候,他就已经预备了 oikonomia,并且持续到末世。在上帝尚未道成肉身之前,他之所以与人交谈,是为他作为神子降临世间作预备,使人对他作为人子来到世间前已经预先有所了解;他以肉身的方式不是为了知道人的诱惑(他当然是全知的),而是为了感受诱惑,让世人知道他们的救主确实经历了一切诱惑。这是"经世"之"经"的实践含义。基督"位格"作为 oikonomia 的特殊性即在此。他预备穿上人的实际组成部分灵魂和肉身,仿佛不知晓地问,"亚当,你在哪里?"② 就仿佛缺乏远见似的后悔造人在地上③;仿佛不知人心中之所想似的,试探亚伯拉罕;触怒人类,然后与他们和解。至于异端们,德尔图良批评说他们抱着这样的态度,上帝不应有诸如种种的软弱和不完全,并怀疑创世主。他们全然不考虑诸如此类的处境非常适合于子,因为他将在某一天降临并经历人的苦难——饥饿、干渴、实实在在的出生和真实的死亡,并由于这样的 oikonomia,"叫他比天使微小一点"④。

其次,德尔图良又从道成肉身是救赎历史之中心内容来说

---

① Tertullian, *Against Praxeas* 27.
② 《创世记》三章9节。
③ 《创世记》六章6节。
④ 《诗篇》8篇5节。

明它所启示出来的上帝的 oikonomia，即上帝在创世、旧约和道成肉身之时的 persona。基于这样的信念，在德尔图良的思想中，persona 是始终与 oikonomia 联系在一起的，即是经世视野内的，是对上帝作为救赎者、救主身份的审视，而不是对于上帝作为上帝的有限审视。对于经世三一的上帝观来说，只可能思考历史视野中的上帝，而不能僭越地思考上帝的内在性。因此，他认为上帝的 substantiae 是能够包容 oikonomia，包含位格的个殊性，尤其是包含道成肉身中的人性，因为所谓的从 substantiae 而来的包含，实质是从 monarchia 而来的包含，是从作为唯一实体的上帝对于上帝一切形式的包含。这是拉丁基督教的上帝不同于犹太教的上帝的根本要旨所在。基督教的上帝藉着 oikonomia 看到神圣 substantiae 单一性中所包含的大爱，藉着这样的大爱他亲历人世的感受，这样 substantiae 藉着 oikonomia 为神性超验性增加了额外的意义；他又反映了它们之间的相似，都强调上帝的 monarchia，都强调独一上帝甚至创世之前上帝的 oikonomia。

我以德尔图良的经世三一为脉络、兼顾伊利奈乌和希坡律陀的相关论述，阐述了西方三位一体神学的经世传统。经世概念之于 substantiae/monarchia 的重要性在于，指出了当把上帝与人类历史的救赎行为联系在一起时，就会出现"数"的概念即 persona。因此，从 oikonomia 的视野观之，它所改变的上帝观图景不是落实在 substantiae 上，而是在 persona 上，显示上帝在世所承受的真实性，由此带来救赎目标的切实性。以德尔图良为前尼西亚的西方（拉丁）神学之先驱的思想家们的基本看法是值得注意的。他们把 substantiae 看成是一个实体。今天汉语基督教语境的学者们批评早期基督教过于从实体本体的观点看待圣经中的上帝，因此提倡形成汉语的特有表述，那么至少，我认为，这一批评应仅限于西方（拉丁）传统。

第二节 奥利金的内在三一和希腊哲学的 Being

相比于拉丁（西方）基督教的上帝观，希腊（东方）基督教神学家们更把 ousia 和 hypostasis 作为建构三位一体神学的中心术语，承受起多个世纪来希腊和希腊化哲学关于它们的复杂辩论以及含混性。在这个演进过程中，二和三世纪的亚历山大里亚学派的主要思想家奥利金扮演着承上启下的重要作用，他确立了希腊教父的内在三一进路，是四、五世纪希腊基督教三位一体神学得以规范的先驱。

奥利金的三位一体神学思想受希腊传统影响甚深，homoousios 和 hypostasis 是他神学中的主要术语。正如任何新用法出现之初，总带着许多含糊性，奥利金也不例外。他阐述两个术语也存在前后期的区别，后期思想趋于成熟而有意义的不同，然而其主流用法不曾有明显的变化：他始终没有明确区分 ousia/homoousios 和 hypostasis；在从属论的进路上讲论圣父、圣子和圣灵的关系。他的理论因为有一定的含混性和缺陷，此后的希腊基督教思想家从不同的方向和角度有不同的阐述，形成以亚历山大里亚主教阿他那修为代表的埃及教会和以凯撒利亚的欧西比乌为代表的叙利亚和巴勒斯坦教会的争论，实际情况还要复杂一些。公元四世纪的那场关于 homoousios 和 homoiousios 的著名争论，表面上看是围绕尼西亚信经的进与退，然而真实情况是围绕奥利金主义神学的不同侧重面。从今天的角度看，尼西亚信经关于三位一体的表述非常清楚，然而如果我们注意到它没有区分 homoousios 和 hypostasis 的用法，就会知道后世的基督徒已经是在依据更后来的传统在诠释了。对于那个时代的基督教思想家来说，这个传统却是不存在的，他们自己要铸造一个传统，因而争论在所难免。

如果说尼西亚会议的召开部分是由奥利金神学在希腊基督教世界的不同看法引起的,那么尼西亚信经关于 homoousios 和 hypostasis 使用的歧义性仍然保持着奥利金神学的特点;如果说阿他那修是依据 homoousios 为中心的尼西亚信经来批评半尼西亚学派的欧西比乌集团,那么欧西比乌坚持的则是以 hypostasis 为中心的尼西亚信经来反驳阿他那修神学,因为后者与拉丁基督教联合,对抗拉丁基督教神学传统。homoousios 和 hypostasis 共在于奥利金神学的不同侧面之中,尼西亚神学则让它们有所区分地浮现出来。这成为从尼西亚神学到新尼西亚神学的重要部分。

一

在展开有关奥利金和希腊基督教的内在三一神学之前,有必要先对内在三一的概念、它与经世三一的关系以及现代两大基督教神学家卡尔·拉纳和莫尔特曼在这个问题上的争论作进一步的讨论。林鸿信博士曾详细深入地讨论过两人之间的异同,可以作为参考。[①] 在本书中,我的着眼点有所不同,在林博士讨论的基础上再作些相关讨论。

由于本书是基于拉纳对经世三一和内在三一的论述展开希腊基督教三位一体神学的不同视野的,并且本章是专门讨论内在三一传统的,因此我们有必要在导论的基础上把内在三一的概念说得更仔细些。莫尔特曼批评巴特和拉纳的三位一体神学有强烈形态论倾向,并从与经世三一对比的角度清楚地指出了内在三一的含义。他说,"经世三一清楚地指出一个在救赎的计划中被启示出来的三一上帝。因此,经世三一被称为启示的三一。内在三一之名被给予那在自身之中的三一上帝。内在三一也被称为本质三一。这样的区分并不是说存在两种不同的三一。毋宁说它是同一

---

① 参看林鸿信,《莫尔特曼神学》,第 351—366 页。

个上帝作为在他的救赎启示中和在他自身中的三一上帝。"[①] 莫尔特曼把三位一体神学明确地划分成这样两个不同的论域与拉纳所讲的内在三一是涉及上帝位格间的相互关系,经世三一涉及救赎中的上帝临在的位格的活动历史性是一致的。不过,莫尔特曼讲内在三一就是本质三一,就是在他自身内部的上帝,则是指出内在三一的重要特征:即上帝的自契。自契这个概念能够比较好地说明"在他自身内部"的含义,因为"在他自身内部"说明有着诸个体性存在存在。要说清楚内在三一,又须对"自契"作深入说明。

严格地说,上帝"自契"的观念是与巴特以来的上帝观的转变相关。巴特和拉纳所代表的上帝观是主体论的上帝观,把上帝作为启示的上帝放在三位一体的神学之中,早期基督教的上帝观是实体论/本体论的上帝观,讨论 ousia/hypostasis 的问题。[②] 不过,由于自契观念与经世三一和内在三一密切关联,因此通过说明这两个概念的含义,我们可以认为它是与早期基督教上帝观有着相关性,"自契的过程是上帝的本质,神圣的本质构成于三位一体的自契过程。"[③] 按照这样的理解,内在三一的展开,即神圣本质就成为救赎中的三位格的上帝,即经世的上帝;而基于展开这一过程的经世品质,内在三一本身也显示出他自身的历史性。正因为历史性的特征,自契的上帝观表现为动力性理论,"这种历史的三位格的统一性因此必然被理解为自契的统一性,一种敞开的、吸引性的统一性,能够进行整合。"[④] 莫尔特曼接着说,"如果我们探究与圣经关于三一上帝见证相一致的统一性

[①] J. Moltmann, *The Trinity and the Kindom: The Doctrine of God*, English translated by Margaret Kohl, Minneapolis: Fortress Press, 1993, p. 151.

[②] J. Moltmann 认为阿他那修已经有主体论上帝观的思想。见 Ibid., p. 149。

[③] Ibid., p. 147.

[④] Ibid., p. 149.

观念，我们就必须抛弃一本质/本体和同一对象的概念。剩下的则是：联合性（unitedness），有着相互关系的三位格所在的一性，或者：联合性，三一上帝所在的一性（at-oneness）。因为只有这个联合性的概念才是共契的和敞开的统一性概念。这独一的上帝是与自己同在的在一中的上帝。这就预设了上帝位格的自我差别，而不只是形态差别，因为只有位格才是有着相互性的一，而不是存在的形态或者主体性的形态。这三神圣位格所在的一性既非被三位格设定为他们单纯的本质，也不会导致神圣统治或共契的同一性或一致性。这三一统一性的联合性，所在的一性已经与父、子和灵的团契同时给出。因此，它不需要关于神圣本质统一性的特殊教义或者一神圣统治的特殊教义作保证。"①

基于上述观念，莫尔特曼区分出在自身中的上帝（God in himself）和为我们的上帝（God for us）。所谓的从"所在的一性"说明独一神性中包含着相互寓居（perichoretic）的关系，本质上是为了说明上帝所在一性的自我性，即维护作为一个可能没有出现在经世上帝中的那部分本质；或者即使位格中出现了那种独一性却依然只是作为奥秘的那部分。他又说这是一种敞开的、吸引的统一性，说明他绝不只是一个旁观者的上帝，而是历史性地展示了自己的上帝，这就是经世的上帝。"这种区分通常得到神圣决定和人类救赎的恩典特征的支持。上帝是完全的；他是自足的；他并不必定要启示自己。我们期待藉着他的恩典得到救赎，这是我们不应得的，超出我们的应受。内在三一和经世三一的这种区分保证了上帝的自由和恩典。这是为了正确理解上帝的救赎启示的逻辑上必然的假设。"② 这就是说，莫尔特曼对于经世三一中的上帝的主体性是有所限定的，按照邓绍光博士的看

---

① J. Moltmann 认为阿他那修已经有主体论上帝观的思想。见 Ibid., p.150.
② Ibid., p.151.

第三章　前尼西亚三位一体理论的希腊和拉丁传统

法,"莫尔特曼强调三一上帝自身内的关系跟三一上帝与世界的关系并非单向的,亦即第一客体性与第二客体性之间并非一反映的关系,而是相互决定的。"① 经世三一只是上帝容让经世活动转过来塑造自己的神学,较内在三一而言,它具有相对性。当然这又是真实的上帝神性,是部分分有上帝的内在三一的自主性的。②

那么什么是莫尔特曼所要讲的内在三一呢？显然,如果纯粹的内在三一是与经世三一无关的话,它也不可能是神学的主题。如果不可能构成神学的主题,那么我们只能说存在一个设想中的可能的内在三一；如果只是可能,那么内在三一就是经世三一了,这就回到拉纳的观点上了。在他后期的这本著作中,莫尔特曼没有让内在三一只停留在可能性之中,而是指出确实存在内在三一。他认为"三一颂"即"颂赞归于圣父、圣子和圣灵"蕴含了这种三一形式,它反映出自身中的上帝有着在生命中的自身的状态。③ "意指上帝知识的真正神学在感谢、颂赞和敬拜中找到了表达。它就是在作为三一颂的真正神学中所找到的表达。不存在这样一种救赎经验：不在感谢、颂赞和喜乐中表达那经验。没有以这种方式表达的经验就不是释放的经验。只有三一颂释放这种全然得救的经验。在喜乐、奇妙和敬拜的感知中,三一上帝没有被确立为人的对象。毋宁说这个感知中的人参与了他所感知的,并藉着奇妙的感知转变为被感知的事物。这里我们只是尽我们的爱之所能而知道。这里我们只是为了参与而知道。那么知道上帝就是要参与到那神圣生命的全然性中。那就是为什么在

---

① 邓绍光,"潘霍华与莫尔特曼对巴特上帝的主体性的批判",见邓绍光、赖品超编,《巴特与汉语神学》,第 237—238 页。
② 同上书,第 239 页。
③ J. Moltmann, *The Trinity and the Kingdom*: *The Doctrine of God*, English translated by Margaret Kohl, p. 152.

早期教会中，为什么三一颂被称为真正意义上的神学，以区别于经世三一的救赎教义。'经世三一'是福音布讲和实践神学的对象；'内在三一'是颂赞神学的对象。"① 莫尔特曼说得很清楚：内在三一是指不把上帝视为对象的神学，而是全然地表达释放经验的神学，是感谢、颂赞和敬拜的参与性神学，是人在自己所获得的自由中获得的全然自由的感知经验。在这里面，固然与经世三一一样是基于救赎的经验的，却没有救赎经验而来的限定性。这是一种"应答的神学"，"它的颂赞和上帝知识是对于所历经验的救赎的回应。"②

莫尔特曼接着解释了从救赎经验转变到感知经验的途径和原因。"在三一颂中，接受者的经验从大量的恩赐中返回到了施与者。但是施与者不只因为好的赐予而得到感谢；他也因为他本身是善的而得到称颂。即是说，颂赞超越了感恩。上帝之被认识不只是因为在善的事工中，更因为是在善本身之中。而最后，敬拜超越了感恩和颂赞。它完全被吸引到相应的事物之中，我们也因为莫名的惊喜和无边的奇妙而被吸引。上帝最终是因为他自己被敬拜和热爱的。当然三一颂的所有术语都是因为救赎经验而具体化的。但是它们产生于关于超验状态的这一经验的结果，正是这一超验状态使得经验成为可能。它们必然以这种方式超越所有的个体经验，并最终达到经验的超验背景。它们与救赎的经验相关，正是因为它们指向其救赎和爱被经验的上帝本身。"③ 莫尔特曼的论述落实在作为救赎经验之超验背景的上帝的内在性的特征上。他的看法不是说因为内在三一研究的是上帝的内在性，它

---

① J. Moltmann, *The Trinity and the Kingdom*: *The Doctrine of God*, English translated by Margaret Kohl, p. 152.

② Ibid.

③ Ibid., p. 53.

第三章 前尼西亚三位一体理论的希腊和拉丁传统

就完全地处于神学的范畴之外,即不存在被描述的可能性。对于他来说,恰恰相反,这种描述的可能性基于个体的救赎经验的超越,基于个体的感恩的超越,而可能达到一种全然的普遍的关于敬拜的参与。因此上帝的全然的普遍性与在敬拜和颂赞中的人的全然自由构成一种"应答的关系"。正是在这种应答关系中,内在三一神学成为可能。当然,这种可能性不是基于抽象的逻辑的推究,正如他反复强调的,乃是基于经世三一。"那就是为什么在三位一体基督教教义背后的原理是:关于内在三一的陈述必然不与经世三一相矛盾。关于经世三一的陈述也必然与关于内在三一的颂赞陈述相一致。"[1]

莫尔特曼对于内在三一和经世三一关系的论述是基于对巴特和拉纳的主体性上帝观的回应。诚然,他也是赞成主体性上帝观的,然而他的回应中包含着两种有所分别的交织。第一个分别性是相对于巴特的。巴特认为上帝的主体有双重的客体性:一是自我关系的上帝;二是救赎经验中的上帝。如果上帝的这双重关系被看成是相互决定的,那么它们就只是进路的不同,而不是三一域限上的有所差别。莫尔特曼显然不是这样看双重客体性的。据上面的论述看,巴特所讲的第一种客体性在莫尔特曼神学中成为第二种客体性的有限主体性,因此第一种客体性的上帝观就不是经世三一中的对象性的上帝,而是基督徒反而作为对象被卷入的内在上帝,即进入上帝的自我关系中,而不是进入人与上帝的关系中。第二个分别性是相对于拉纳的。拉纳认为经世三一就是内在三一,反之亦然;莫尔特曼则有所保留立场。关于这一点,前面的阐释已经非常充分。这里所要提到的是,莫尔特曼提出一种有别于救赎中人与上帝关系的另一种关系即"应答的关系",这

---

[1] J. Moltmann, *The Trinity and the Kingdom: The Doctrine of God*, English translated by Margaret Kohl, p. 154.

是莫尔特曼能够为自己的经世三一与内在三一提供联结点的地方。

莫尔特曼的三一神学主要是针对巴特和拉纳提出来的,由于本书不以巴特而以拉纳的三一论为本书的重要思想来源,因此在莫尔特曼批评性的视野下我再次重申拉纳的观点以明确内在三一的含义。在导言中,我已经指出拉纳是强调三一论的位格的三的,即正如林鸿信博士所说是为了区分他的神学与形态论/形相论的关系,这是内在三一神学的重要内容。"拉纳最可能划分他与形相论之间的界限是:形相论把上帝本身与上帝彰显的形相分开了,而拉纳却反复强调上帝本身与上帝所彰显者完全等同,而且不得将上帝彰显的方式视之为层次较低,仿佛上帝本身可以自存于彰显方式之外。而这一点正是形相论必然的推论。"[①] 尽管如此,林博士认为,"拉纳宁可用'三重上帝'(The threefold God,意即三重彰显的上帝)而不用三一上帝(the triune God),而且他宣称三重上帝的本性就是存在于'形相的实在'(Mode of subsistence),莫尔特曼认为这种说法已经与形相论无异。据此说法,在上帝本身并没有相互的'你'(Thou),也没有相互的爱,只有在形相与形相中相互彰显的实在。对拉纳而言,上帝并非真正三一,而是三重上帝在三种形相中彰显自己,是一个位格的三重彰显。"[②] 我们同意莫尔特曼和林博士之于拉纳的一个批评,即拉纳所说的三重显现的三一上帝是有把三重彰显看作是相互彰显的实在的意思,然而这不能就可以断言说这是一种形相论的方式。相反,拉纳的三重显现的实在之相的说法是追溯到希腊教父的内在三一神学的路线。因为希腊教父在反对撒摩撒他的保罗和诺斯底主义的幻影说时发展出内在三一的进路,即三个位格

---

① 林鸿信,《莫尔特曼神学》,第 359 页。
② 同上书,第 354 页。

作为位格具有个体存在的真实性。正是基于这一立场，拉纳批评奥古斯丁以来的心理三一以知和爱的互动关系强调位格特性并不足以表明位格的实存性。[1]

因此，拉纳反复强调形相/形态的实在/存在的真实性与经世三一就是内在三一的观点是相辅相成的。他说之所以要反复强调救赎和启示历史中的三一就是内在三一，"是因为上帝因着恩典在创造中的自契和道成肉身真正地给出了他自身，真正表现出他是在自身之中，至于就新旧约在上帝自我启示的历史中被给出的救赎的经世的三位一体层面而言，我们可以说：在整体和个体的救赎历史中，在我们的直观中显示出来的不是某些权能和表示上帝的别的什么，而是独一上帝的真正呈现。在他的没有任何东西可以取代的独一性中，他临到我们自身之所在，我们接受他，这上帝自身，最严格意义上的他自身。"[2] 这是就经世三一必然显示上帝自身而说的，这个显示上帝自身就是上帝的实存性，即神性本身。接下来，拉纳又强调说应当把上帝的自我呈现看为真实的三。他先讲到圣灵，"由于他是作为最内在的个体位格存在圣化我们的救赎而临到的，我们真正地或真实地称他为'圣灵'或'圣魂'"。[3] 接下来，他讲到基督的位格，"由于是在我们具体的存在历史性中这个独一的同一个上帝严格地作为他自身在耶稣基督中、在他自身中，而不是在表象中向我们呈现出来的，因此我们在绝对的意义上称他为'逻各斯'或子。"[4] 最后，拉纳提到父的位格的真实性。"由于正是这个上帝，他作为灵和子降

---

[1] Karl Rahner, *Foundations of Christian Faith: An Introduction to the Idea of Christianity*, English Translated by William V. Dych, New York: The Crossroad Publishing Company, 1989, p. 135.

[2] Ibid., p. 136.

[3] Ibid.

[4] Ibid.

临，却总是并始终保持不可思议和神圣的奥秘、不可言喻的范围，以及作为子和圣灵的源头，因此我们称这个独一的上帝为父。"① 这样的分述表明拉纳并没有偏向于一。至于父的位格在三位一体神学中具有本体论的优先性，这是希腊教父三一神学的一个特征，与拉丁教父传统的经世三一又有不同。因此，拉纳不是从单纯的经世三一来讲救赎历史，而是把它放在内在三一的位格三的实存性的本体论视野里面来讲的。这一点非常接近于希腊教父。拉纳自己也表明他讲的上帝之于三位格的关系不是一个实体之于另三个实体的关系，"由于在圣灵、逻各斯－子和父中，我们所讲的是一个在最严格意义上给出他自身的上帝，而不是别的事物，也不是别的不同于他自身的某个事物，我们必须在最严格的同等意义上说灵、逻各斯－子和父，他们都是在独一神性的无限完美中和在独一的同一的神圣本质中是独一的同一的上帝。"② 在拉纳关于三位格和一神性的叙述中，有一个意图很清楚，即我们讲论上帝始终是在经世视野中的，否则我们就不可能讲论一个与我们无关的上帝。正因为如此，救赎论和经世的观点才如此深地被交织在他的实体论的上帝观中。这一点确乎与莫尔特曼是不同的。莫尔特曼虽然提出了"应答的关系"中的"三一"，实际上却是无法讲论的，因为它被放在经世的视野之外。如是观之，所谓的内在三一也就并没有真正存在。

拉纳认为，正是从这个经世三一与内在三一的立场看，"在三位一体中，在救赎和经世的历史中，我们在经世、救赎的历史和启示中已经经历了在其本身中的内在三一。"③ 就是说，在上

---

① Karl Rahner, *Foundations of Christian Faith: An Introduction to the Idea of Christianity*, English Translated by William V. Dych, New York: The Crossroad Publishing Company, 1989, p. 135.
② Ibid., pp. 136–137.
③ Ibid., p. 137.

第三章　前尼西亚三位一体理论的希腊和拉丁传统

帝自身中的神圣生命的本性正是临在我们身上的三一本性中的与我们相遇的事物本身。这里讲的意思也是非常明确，这个"在他自身中"的上帝正是"为我们"的上帝。然而，这个观点容易引起误解，学者们包括莫尔特曼会指责说这把上帝自身的不可穷尽性弃之一边，即上帝对于人来说是不可直观的、也不可能直观的奥秘的深部。如果把上帝作为纯粹的本体论看，这样的指责倒是击中拉纳神学的软肋。但是，拉纳的本意不在于这里。他并不否定上帝本身的奥秘，即使在说经世三一就是内在三一的时候，上帝本身的奥秘也不是人所能完全了解的。就拉纳而言，内在三一就是经世三一的观点，是三一神学作为智性形式进入探究视野的最重要原因。我得承认拉纳的观点包含着自然神学的特点，然而这种自然神学并不是单纯的自然哲学的形态，而是与经世关联在一起的，因为上帝无时无刻不在于这个世界。拉纳的着眼点在于把关于上帝和自我共契的探究带入到经世三一的视野，这也恰恰是在经世三一中，"自契"作为一个智性的主题才是可能的。若就经世三一与圣经启示的关系而言，关于上帝的智性理解只能局限于圣经经文的描述上，而不能深及经文背后的智性形式中的上帝观。在这一观点上，拉纳也是接近希腊教父的思想。希腊教父把内在三一作为一个智性领域的范畴，当然这种智性领域是以信仰和启示为前提的，然而对于他们来说，这是自明的前提。

因此，内在三一的探究目标非常清楚，就是上帝的自契；与经世三一的救赎历史中的上帝作为经世形象的侧重点有着区分。拉纳与莫尔特曼关于三一神学的看法最终也就落实到"上帝自契"的观念上。"我们用上帝的自契更准确地意指什么呢？为了解释这一点，我们必须再次回到在超验的经验中根本性和原初性地呈现出来的人的本质。这里，人把自己呈现为一个有限的、范畴性的存在，根基于与绝对存在的上帝的差别性中，作为来自于绝对存在并奠基于绝对奥秘的一种存在。他在上帝中有着永恒源头的事实以及他与上帝有着根本差别的事实就是在其统一性和交互处境性关系中的人的基本生存。"① 这里把一种意思说得很清楚：尽管经世三一就是内在三一，然而由于人与上帝的绝对差别，上帝自身永远处在奥秘之中。同时，由于人永恒地处在与上帝的关系之中，从经世三一中必然对于上帝的自契有所直观，而这种直观又与人的生存状态即历史中的人的存在有关：人是上帝自契所由敞开的历史事件。

现在，当我们说"人是上帝绝对自契的事件时"，这同时就是说，一方面上帝在其绝对的超验性向人呈现出来的不只是作为绝对的、永远间隔的、根本疏离的术语和只能逼近于理解的超验性源头，而且他也把自己在其实在性中提供出来。这种超验性的超验术语和它的对象即它的"在自身中"，在某种意义上是一致的，这是把两者——术语和对象——以及它们的差别归入到无法概念地分别的更源初的和最终的统一性之中。当我们说上帝在绝对自契中向我们呈现出来时，这是说一方面上帝的这种自契是以一种密切性的样式呈现出来，而不只是在间隔的样式中以超验性的术语呈现出来。在这种密切性中，上帝不是成为一个范畴和个体存在，而是真正地呈现为一个自契的他自身，不只是作为与我们的超验性所间隔的、不可思议的、逼近性的术语。

神圣的自契意味着上帝在他的神圣实在中向着那虽非神圣却永恒地追求实在和绝对奥秘的人显示出来，当然这个时

---

① Karl Rahner, *Foundations of Christian Faith: An Introduction to the Idea of Christianity*, English Translated by William V. Dych, New York: The Crossroad Publishing Company, 1989, p. 119.

候人还是不同于上帝的有限存在。这种自契并没有丝毫减少或否定前面所说的上帝的呈现乃是作为根本无法理解的绝对奥秘。甚至是在恩典和上帝的直观异象（immediate vision）中，上帝仍然是上帝，是无物可以尺度的首要的最终的尺度。仍然是唯一自明的奥秘，人类最高行为的术语，藉着这个术语人类的行为才获得支持和成为可能。上帝仍然是只在敬拜中才能真正进入的神圣的一。上帝仍然是绝对的无法命状的、不可言喻的太一，是人所不能理解的，甚至在恩典和直观异象中也是如此；他从不是人的对象；从不能被置入到知识或自由的人类参考系中。[1]

拉纳把内在三一和自契的关系已经说得非常清楚。首先，上帝的自契是永恒的奥秘，尽管他在经世三一中显现了出来，尽管它直观地表现在异象之中，然而它依然只能是自明的奥秘，而不是人在直观中有所言说的。这样，把内在三一置于经世三一，认为内在三一就是经世三一并没有任何削弱上帝的奥秘，也没有把上帝神人同形同性化，也不是把上帝当作希腊式的抽象本体论。第二，从内在三一的观点看经世三一，即自契向着救赎的历史开放出来，意味着无论是内在三一还是经世三一，都是基于启示的原则。这种启示的原则在希腊基督教中是基于本体论，而在现代基督教神学中则是基于主体论。以此进入与早期基督教三一论有关的论域，则表现为"观入"内在三一的经世视野的不同，奥古斯丁是从心灵三一的角度进入实体论原则中，希腊教父尤其是卡帕多西亚教父则是从社会三一的

---

[1] Karl Rahner, *Foundations of Christian Faith: An Introduction to the Idea of Christianity*, English Translated by William V. Dych, New York: The Crossroad Publishing Company, 1989, p. 119–120.

原则进入。因此拉纳的观点表面上看有着奥古斯丁主义的三一神学路线,然而实质上切换到了希腊教父的社会三一之中,这可以看作是现代经世三一的古典表达。第三,正因为始终是从内在三一的观点看,因此拉纳在启示的原则下演化出来的主体上帝论就保持了与幻影说及形相论的距离。三重显示的上帝却是有着三重关系的位格上帝,并不是三重形相的上帝。第四,最后,拉纳的观点为内在三一的讨论提供了合法性基础,上帝的自契既然是内在三一和经世三一的公共视野,那么从启示中就可以由经世有内在的范畴直观。希腊教父直接由希腊本体论讨论进入到内在三一上帝的讨论之中,并不是希腊文化僭越基督教上帝观,而是基于智性与救赎的密切性关系进入到上帝的自契中。

有关希腊教父的内在三一进路的讨论可以奥利金的三位一体神学为起点。尽管殉道者查士丁被认为已经有这一进路,然而真正提供了比较系统阐释的是奥利金。奥利金作为希腊教父中最有影响的神学家之一,他把希腊的本体论直接带入到基督教的上帝观中。他关于希腊本体论的思考主要表现在他关于 ousia、homoousia 和 hypostasis 三者的理解之中,并把它们应用于基督教的上帝观中,试图以柏拉图主义的本体论揭示基督教上帝三位格的自契性质。这与德尔图良寻找到的经世三一的进路是不同的。经世三一把人当作历史性的存在,而内在三一把人当作内在的人来看。这样,自契的性质就直接地表现在人的灵魂上面。然而,这仍然与奥古斯丁后来的心灵三一有所不同,奥古斯丁是把心灵当作三位格的形相来看的;而奥利金是把灵魂当作实在性的原则来看的,因此 ousia、homoousia 和 hypostasis 是作为实在性用语表达在上帝的自契之中的,这种表达使得 hypostasis 在相对于 ousia 的概念用法上获得了几分优先性,使得上帝的自契在其内在性中首先被表达为个体存

第三章　前尼西亚三位一体理论的希腊和拉丁传统

在（位格）。

二

奥利金阐释三位一体神学的背景，与德尔图良有相似之处。德尔图良的经世三一针对流行在西方和北非的形态论，奥利金所要驳斥的是诺斯底主义的幻影说，神格唯一论（Monarchianism）的一种。神格唯一说渊源于二世纪的伊便尼派（Ebionism）。其基本教义是：神是独一的，是一切存在的唯一原理，把monarchia用于上帝身上。Monarchia的思想既来自于旧约，也有着柏拉图、亚里士多德和斐洛的传统，为新约所继承。神格唯一说在神学上的主要缺陷是它片面地捍卫神性单一性（monarchia），否定子的实存性。公元二三世纪的时候，神格唯一说发展出两种形式。一是东方的嗣子论（Adoptionism），又称为动力神格唯一说（Dynamic Monarchianism）。拜占庭的塞奥图斯（Theodotus of Byzantium）和撒摩撒他的保罗（Paul of Samosata）都持这一观点，他们认为子只是一种力量/权能，是受父栖息于他身上而得影响。耶稣与凡人只是圣洁程度的区别，却没有本质的差异，因此人性受难，神性不受难。在这种学说中，以人性和神性的分离来保护神性的单一性。对于它来说，承认基督作为人子的真实性，就会影响到基督与父"本质同一"的完全性。它取的神学立场是基督与父在神性上"完全同一"，然而耶稣只是父的嗣子。二是形态论。我们在论述德尔图良的经世三一时已经指出这种神学思想的主要特点，它认为在神性上所存在的差别是形态和运作上的连续性之别。与嗣子论一样，它也是为了肯定神性的完全性和独一性的。它的神学侧重点在于否定基督位格的实存性，人子耶稣所受的苦难的真实性，又因为要肯定上帝真实地经历了人的苦难，就认为是圣父承受了这一切。故而，它又被称为圣父受苦说。诺伊图斯、普拉克勒亚斯和撒伯流都持上述观点。①

德尔图良批判的是神格唯一说的第二种形态。他的切入点是改变形态论者关于 monarchia 的看法，认为它包含着 oikonomia，这样，基督的位格在神性内部获得了合法的地位。奥利金所针对的是神格唯一说的第一种形态，更准确的说法是针对它的原始形态——幻影说，因为撒摩撒他的保罗的理论是在奥利金之后发展出来的。学者们通常只注意到奥利金用逻各斯的永恒出生和柏拉图主义的从属论（Subordinationism）反对幻影说所主张的圣子是嗣子的观点，然而，奥利金三一神学中的上述两个侧重面却是他使用希腊本体论思想的结果，关于 ousia 的奥利金式理解才是他整个三位一体神学构造的基础。奥利金接受幻影说的 homoousia 的术语，这预示了他与德尔图良在三位一体神学上的不同进路。德尔图良是从反对形态论的经世观点，即基督位格的形态中切入神性单一性的，他的目的仍然是要维护 monarchia，他的神学是要回到形态论的经世传统之中。幻影说或者诺斯底主义的立场有所不同，它的神性单一论才是其神学的真正归结点，因此诺斯底主义用大量的篇幅建构这种神性单一性的奥秘以及它与人救赎的关系，它努力地先在神正论上与基督教上帝观区别开来，然后再在救赎论上突出其神智论立场。奥利金在反驳幻影说时，受到了这一观点的明显影响。他既采用 homoousia 以示神性统一性，又反对诺斯底主义的繁琐的神圣宇宙论构造，其理论的关键是指出 homoousia 如何兼容诸位格的实存性。由 homoousia 进入上帝观，与由 monarchia 进入上帝观有根本的差别。后者开始于经世视野并经由经世来直观神性显示为位格的真实性，前者则直接进入到上帝

---

① 参看 F. L. Cross (ed.), *The Oxford Dictionary of the Christian Church*, p. 1102, "Monarchianism", Oxford: Oxford University Press, 1997；杨牧谷主编，《当代神学辞典》（下册），"神格唯一论"，台北：校园书房，1997 年，第 775 页。

观的位格的交互关系与 homoousia 的联结上，因此内在三一关键是考察这种位格间的相互关系来说明 homoousia 的特点，与经世三一通过 oikonomia 并不影响上帝是 monarchia 的进路判然有别。

关于内在三一的讨论始终与 ousia 和 homoousia 有密切的关联，homoousia 的字根正是 ousia。从奥利金关于 ousia 的用法上，我们可以理解他的 homoousios 的用法。奥利金在该词的使用上承袭了柏拉图和亚里士多德的双重性。与柏拉图一样，他视 ousia 为"本体"／"本质"；与亚里士多德一样，他否定 ousia 的动力性原理，予以个体化。奥利金的老师亚历山大里亚的克莱门已采用了上述用法，[①] 奥利金本人只是更加突出而已。在《论祷告》中，奥利金说，"非质料性的存在（hypostasis）是最初的"，在这里，他用的是 hypostasis，但指的是 ousia（存在／本体），指关于非质料性实在的集合名词，类似于柏拉图的作为理念整体的"本质／本体"或可理知世界。非质料性的存在具有"存在的稳定性"（to einai bebaios echonta），不增不减，独立存在，尽管它也进入流变的万物中间，但是它自身不变，ousia（本体／本质）就是那认可万物变化或改变而它因其之所是独立不变的实在（to pasas dechumenon tas metaboras te kai arroioseis, auto de anarroioton kata ton idion logon）。[②] 这节文献极为重要，我们把全文试译如下：

  根据准确的理解，ousia 被那些哲学家认为是无形的，他们坚持认为最杰出的实在是无形的。他们认为它有着不变的存在，不增不减。容许增减是有形事物的属性，因为它们服从于变化，需要某种事物维持和滋养它们。如果在特定的

[①] Clement, *Fragment* 37, 转引自 Christopher Stead, *Divine Substance*, p. 136。
[②] Origen, *Prayer* 27. 8, English trans. by Browan, New York Press, 1979.

时间内，它们获得多于失去，那么它们就增加；反之，则减少。再者，如果它们没有从外部接受事物，那么在这种情况下它们就会处在纯粹减少的状态。

然而，对于那些相信无形的实在是第二位的，有形的实在是第一位的，ousia 则可被描述如下。它就是所有存在万物的第一质料，万物都是从它而成为存在的；它是有形事物的质料，有形事物从它而成为存在；它是有名称事物的质料，它们从它而成为存在。它是首要的未定型的原理；它是容许万物变化和变形而其自身不变的范畴；它持存于万物的变化和变形之中。据此，ousia 是一个未定型的和无形式的范畴。它没有固定的尺度，可供任何现存事物的定型化取舍。一般的，他们以自己的术语称"定型"为运用和活动，运动和排列都与它们关联。他们认为 ousia 就其自身所专有的范畴而言是不分有任何这些事物的，然而出于同一道理，由于它的被动性，它始终与它们是不可分的，随时准备接受任何影响它或改变它的力量的所有运用。因为这样一种与 ousia 同在并渗透于万物的力量是一切定型的和与它相关的运用的因。他们说 ousia 是完全变化的和可分的，任何 ousia 都是与任何别的事物混合在一起的，然而正因为如此又结合为一。

在引导我们关于 ousia 意义的研究中，由于这个提到超实体的面包（epiousios bread）和我的［存在的］子民（periousios people）的文本①，我们可以把 ousia 这个术语表达

---

① 指《创世记》十九章 5 节提到的"在万民中作属我的子民"，七十子的希腊文译本为 Esesthe moi laos periousios apo panton ton ethnon。奥利金认为 periousios 与 epiousios 是同一词根 ousia。第一个表示面包与我们的 ousia 结合；第二个表示子民居于上帝的 ousia 之中，并分有它。Periousios 相当于 on，more than enough 和 abundant，和合本译文没有体现出这个意思。

为各种意义。在此之前，我们需要说明我们所寻求的面包是灵的 ousia。因此，这里我们必须把作为同一本性存在的 ousia 看作是面包，就如用于他身体滋养的物质性面包进入他的实体，有生命的面包和从天国来的面包也是如此，它供给心灵和灵魂，给予他分享它自身的合适力量，使他自己由它得到滋养。因此，这将是我们所寻求的超实体的面包。同样，根据食物的性质，它是运动员的强有力的合适性质，是牛奶和干粮的性质，因此他吃了这些食物就得到了各种力量的性质。同样如此，当上帝的道如同给予婴孩的牛奶，适用于病者的药草，和专用于战士的肉类食品，根据每个人对于上帝之道的委身情况，每一个得到滋养的人就能够做这做那，成为有着这样或那样特点的人。我们必须记住有些所谓的食物确实是有害的，有些是致病的，有些甚至是不能食用的。考虑到用来滋养的教义是有所差别的，在这个类比中也必须考虑这一点。超实体的面包最适用于理性本性，与其实体亲善，带给灵魂健康、福祉和力量，给予那些吃的人分享它自身的不朽，因为上帝的道是不朽的。[①]

以上的引证表明 ousia 在奥利金的使用中有一定的复杂性。在这节话的类比中，ousia 被使用为质料性意义的存在和无形的基质。奥利金还认为 ousia 是未定型的，是随着具体的存在而成为不同的个体性形式。关于质料和无形意义的基质（本质）给予后世基督教思想家使用 homoousia 带来不少的困惑，这一点我们以后再谈。这里所要指出的是奥利金在使用无形基质意义上的 ousia（本质）时，是往返于柏拉图和亚里

---

① Origen, *Prayer* 27. 8–9.

士多德之间。当他强调 ousia 在万物中的关系时，比较接近柏拉图的"本质"本体的看法；当用 hypostasis 指 ousia，又使 ousia 个体化了，比较类似于亚里士多德的本体观。因此，奥利金保留了希腊本体观的双重性，既在柏拉图的集合名词的意义上使用 ousia，又在亚里士多德的 hypokeimenon/hypostasis 意义上采用 ousia。

在奥利金的神学中，与 ousia 密切相关的是 homoousia。相对于 ousia 而言，homoousia 的词源学历史比较短些。根据目前保存的文献统计，诺斯底主义者托勒梅（Ptolemaeus）是使用 homoousia 的第一人。① 二至三世纪的学者中，希坡律陀用过 7 次；坡曼达（Poimandres）1 次；亚历山大的克莱门 7 次；奥利金至少 6 次，普罗提诺 2 次，坡菲利（Porphyry）3 次，亚历山大里亚的狄奥尼修（Dionysius of Alexandria）1 次，公元 268 年的安提阿会议 1 次（但是没有得到确实证明），麦梭迪乌 3 次，其中有 2 次存疑，帕弗路（Pamphilus）3 次（有待确证），《与阿达曼图斯的对话》(Dialogue with Adamantius) 2 次，《克莱门布道书》(Clementine Homilies) 2 次，②《亚基老行传》(Acta Archelai) 1 次（拉丁文本，但保留了希腊文），欧西比乌（Eusebius）1 次，共出现 47 次。③ 去掉奥利金之后的思想家，即这里所提到的普罗提诺等人的用法，奥利金之前（含奥利金）的思想家共使用过 28 次。

奥利金是第一个把 homoousia 用于三位一体的神学家。这一用法主要出现在他的《〈希伯来书〉评注》一书中。这一著作的希腊文版本现已逸失，但是部分的希腊文，尤其是与 homoousia

---

① Irenaeus, *Adversus Haeresies* 1. 5.
② 但是，这一著作是否是前尼西亚的，这一点无法得到确证。
③ Christopher Stead, *Divine Substance*, pp. 190 – 191.

第三章　前尼西亚三位一体理论的希腊和拉丁传统

有关的希腊文本由于四世纪的奥利金的崇拜者帕弗路（Pamphilus）的引用，得以保存在《为奥利金辩护》（Apology for Origen）一书中，后经鲁菲努（Rufinus）的拉丁版的《〈希伯来书〉注释》译本为人所知。①

公元四世纪的时候，那是奥利金逝世一个世纪之后，一些尼西亚教父指责奥利金的三位一体神学是极端的从属论，把他的思想与阿里乌主义看为同样的类型。帕弗路为此作辩护，而且这个辩护看起来似乎确是准确地理解了奥利金从属论的限度。他引用了《〈希伯来书〉注释》的一些内容。在其第1卷第5章中，奥利金阐述了道成肉身和子的永恒出生。他先是批评"那些不愿意承认上帝之子就是上帝"的人，接着讨论《希伯来书》第1章3节的"荣耀所发的光辉"，把它与《所罗门智训》第7章25节进行比较，后者把智慧描述为"上帝权能之气，万能者荣耀的纯粹流溢（effluent）"。在作了一些注释后，奥利金用"水汽"正是从其物理本质/本体（physical substance）而出的比喻，论证基督（智慧）也是从上帝的实在的本质/本体（ousia）发出（proceeds from），最后他结论道，"这两个隐喻最为清晰地表明，子与父有着共同的本质，因为流溢（emanation）就是homoousios，是同一本质，从那一物体出来的就是流溢或水汽。"②

在《〈约翰福音〉注释》中，奥利金曾五次提到homoousia。尽管这里提到的homoousia与他的三位一体神学没有直接关系，然而由于它涉及到教父们使用这个术语时所取的意义，还是要做仔细的分析。在这本书中，奥利金批评了一个赫拉克勒翁（Her-

---

① Christopher Stead, *Divine Substance*, pp. 209 – 214.
② Origen, *Commentary on Hebrews*, I. 3. 转引自 Christorpher Stead, *Divine Substance*, p. 212。

acleon）的诺斯底主义者。

奥利金所要注释的是《约翰福音》4 章 24 节，"神是个灵，所以拜他的，必须用心灵和诚实拜他。"在一番注释后，[1] 奥利金引入赫拉克勒翁的观点，"因为上帝的本性是非受玷污的、纯粹的和无形的"，因此采用的"相配的敬拜方式，必须是属灵的，而非属肉身的；因为这样的话，与父同一本性（nature）的他们也就是灵，他们也就以真理而非错误来敬拜"。奥利金于此展开批评，认为像赫拉克勒翁这样的诺斯底主义者，视自己就是以灵敬拜父的人，也就是与父的永生的和神圣的本性本质同一（homoousios）的人。[2] 在长达二十四节的论述中，奥利金围绕 ousia 一词在使用于上帝的时候应该作无形体性的解释，论述了 homoousia 一词对于表达三位一体上帝的意义。全文很长，我们试译如下：[3]

（123）许多人长篇大论地讨论上帝和他的 ousia。有些人曾经说上帝有一个形体的本性，它是由诸如以太这样的精微粒子构成的。也有人说他是无形的，是在尊严和权柄上都超越了形体的不同的 ousia。出于上述原因，我们完全应该去看看，如果我们能够从神圣的圣经里获得支持，我们能够对上帝的 ousia 说些什么。

（124）这节经文[4]陈述的似乎是，上帝的 ousia 是灵，

---

[1] Origen, *Commentary On John*, 13. 123-146. The Catholic University of American Press, 1989.

[2] Origen, *Commentary On John*, 13. 150ff.

[3] Ibid., 13. 123-146.

[4] 指《约翰福音》四章 24 节，"神是个灵，所以拜他的，必须用心灵和诚实拜他。"

因为它说"上帝是个灵"。① 但是在律法中,他的 ousia 似乎被表达为火。② 在《约翰福音》中,他似乎被表述为"光",因为约翰说,"光照在黑暗里,黑暗却不接受光。"③

(125)如果我们只是字面地理解这些语词,而不超越字面去追问,我们不得不说上帝是一个形体。现在,绝大多数人都不了解当我们这样说时我们所遭遇的荒谬感,因为只有极少数的人才会这样理解形体的本性,尤其是理性和神意的形体。然而他们做出一个一般性的断言:那提供了同一本质(homoousios)的形体就是那被提供者。那提供者的形体是完美的,而被提供者的形体只是复制品……④

(126)但是我要阐释如下,反驳那些人的观点,他们认为在四大元素之外还有一个所谓的第五形体。⑤

(127)如果任何质料性的形体在其独特的排列中都有着无性质⑥的本性,是变易的,并一般而言是服从变化和改

---

① 英译本作者这里作了一个很长的注释,指出奥利金是反对斯多亚主义的,这节经文评注特别清楚地说明了这一点,而德尔图良则是坚持从斯多亚主义的视野理解上帝的(《驳普拉克勒 底斯》7)。在《驳凯尔苏斯》6.70-71 和 1.21,《论首要原理》1.1.1-9 中都作了类似的论证。斯多亚主义说上帝/神是以太(西塞罗(Cicero),《论神性》I.14-15),也是火(欧西比乌(Eusebius),《福音的预备》15.16,引自坡菲利)。他们都是从亚里士多德那里采用了以太这个概念,认为它是神圣的第五种元素,把它用于天国之火(A. A. Long and D. N. Sedley, *The Hellenistic Philosophers* I, pp. 286-287, Cambridge: University Press, 1987)。

② 《希伯来书》十二章 29 节;比较《申命记》四章 24 节。

③ 《约翰福音》一章 5 节。

④ 这里仍然在批评斯多亚主义关于上帝/神的 ousia 的看法。斯多亚主义把人的形体看作是上帝/神的形体的模仿,把 ousia 看作是质料。

⑤ 英译者注:比较奥利金的《论首要原理》3.6.6,《驳凯尔苏斯》4.60;西塞罗的《论学园派》1.7.26。这里所提到的相关教义可能曾出现在亚里士多德的逸失的著作《论哲学》。在这本书中,亚里士多德认为有第五种元素,它是心灵和被认为是神圣的星辰所共同构成的质料。参看 Prestige, *God*, p. 17。

⑥ 英译者注:希腊哲学认为质料是没有性质的。

变，那么它就包含着西塞罗希望赋予它的一切性质，如果上帝是质料性的，那么他就是变易的，服从于变化和改变的。

（128）那些持上述观点的人厚颜无耻地说上帝是形体的，他也服从败坏，然而他们说他的形体是灵性的，像以太，尤其在灵魂的理性推理能力中是如此。而且他们说，尽管上帝是服从败坏的，他却不被败坏，因为不存在一个能够败坏他的存在物。

（129）但是，因为我们没有看到这种后果，当我们说甚至圣经都认为上帝是某种作为灵的形体，燃烧的火或光，除非我们接受那由这些断言而至的结论，因此我们认为上帝是形体，那么我们会为自己的愚蠢和明显的矛盾而脸上无光。因为火需要燃料，因此它终归是要熄灭的；同样，因为灵是形体，如果我们认为灵是单纯的，那么它也会转变回到他自身本性中的那些劣等的东西。

（130）在这些问题上，我们是为了保存字面意义，接受关于上帝的这许多荒谬的有害的事情呢，还是如同我们处理许多其他问题一样，检查和质问圣经说上帝是灵、火或光时的真正含义。

（131）首先我们必须说，正如当我们发现圣经写着上帝有眼睛、眼睑、耳朵、手、胳膊、脚甚至翼时，[1] 尽管那

---

[1] 英译者注：眼睛：比较《诗篇》五篇6节，三十一篇8节，三十四篇16节（见和合本三十四篇15节）；耳朵：比较《雅各书》五章4节，《诗篇》一百十五篇2节（见和合本十六篇2节）；手：比较《出埃及记》十五章6节，《申命记》三十三章3节；《诗篇》三十七篇3节（见和合本三十八篇2节）；胳膊：比较《申命记》十一章2、3节；《列王纪上》八章42节（武加大译本）；《诗篇》七十篇18节（见和合本七十七篇15节）；脚：比较《马太福音》五章35节，《使徒行传》七篇49节；翼：比较《诗篇》十五篇8节（和合本十八篇8节），二十五篇8节，九十章4节。比较奥利金，《〈创世记〉布道书》25；PG12. 93A－B。

第三章 前尼西亚三位一体理论的希腊和拉丁传统

些人赋予上帝以人的形式,我们还是要改变书写的表面文字为寓意,我们这样做有充分的理由,正如我们讨论前述的那些名字时那样所做的。现在,从下面的更直接的表述中,这是可以清楚地引出来的。"上帝就是光",根据约翰,"在他毫无黑暗。"①

(132) 让我们尽可能理智地考虑一下,我们是如何把上帝思考为光的。光这个术语可以有两个意义,一个是字面的,另一个是灵意的。如圣经所告诉我们的,后者要由理智来理解,是不可见的。希腊人称它为无形的。

(133) 对于接受历史叙述的人来说,"惟有以色列人家中都有亮光"的陈述的字面意思是众所周知的例子。在十二先知之一中,有一个理智的和灵性意义的例子。"你们要为自己栽种公义,就能收割生命之果,以知识之光照亮你自己。"②

(134) 现在"黑暗"这个表达也将被用于指两个一致的概念。"上帝称光为昼,称暗为夜"这个陈述是最普通不过意义的例子。属灵意义上的陈述则有下面这个例子,"那坐在黑暗里的百姓,看见了大光;坐在死荫之地的人,有光发现照着他们。"③

(135) 既然事情是这样的,那么就值得我们去研究思考上帝是光在他没有黑暗这句话的意思。④ 上帝是光,是照

---

① 《约翰一书》一章 5 节。
② 《何西阿书》十章 12 节。比较和合本的译文:"你们要为自己栽种公义,就能收割慈爱。现今正是寻求耶和华的时候,你们要开垦荒地,等他临到,使公义如雨降在你们身上。"
③ 《马太福音》四章 16 节;比较《以赛亚书》九章 2 节(武加大译本);九章 1 节(七十子译本)。
④ 比较《约翰一书》一章 5 节。

亮了肉体的眼睛,还是理智的眼睛?先知是这样说到后者的,"使我眼目光明,免得我沉睡死至。"①

(136)我以为,对于任何人来说这一点是清楚的,上帝所执行的不是太阳的工作,在指派另一项明亮人的眼目的工作,使他们不至于沉睡至死。因此,上帝是在明亮那些人的眼目,他们被认为配得上个人的照亮。

(137)根据这一陈述"耶和华是我的亮光",如果上帝照亮的是心灵,那么我们就必须假设他应该由理智来理解,是不可见的和无形的,因为他是心灵的光。或许当[上帝还被说成是]一堆燃烧的火时,作者并不是说他燃烧了形体性的质料,诸如木头、稻草和麦秆。②

(138)然而,如果[存在属灵的]木头、稻草和麦秆,也许当我们的上帝被说成是一堆燃烧的火时,它指的是燃烧这样的质料的火。③ 事实上,当说到主时,我们应该毁去这些事物,消除这些低等的质料。当心存这样的想法时,我认为是苦痛和患难,但这不是来自于物理上的惩罚,而是灵魂的主导部分,因为这应该被毁的建筑却存在于我们的灵魂中。

(139)因此,上帝被指为光,从字面的意思转换到不可见的和无形的光。他被指为光是因为他的权柄照亮属灵的眼睛。而且他被称为毁灭的火,应该从字面的和毁灭这种质料的火的属灵的意义上理解。

---

① 《诗篇》十三篇4节。
② 比较《哥林多前书》三章12节。
③ 比较《希伯来书》十二章29节。

第三章 前尼西亚三位一体理论的希腊和拉丁传统

（140）对于我来说，"上帝是个灵"这样的陈述也应该作类似的理解。由于我们是被灵造为活人的，[1] 就日常生活而言，我们通常是怎样理解生命这个术语的呢，当在我们里面的灵引导字面意义上的所谓的生命气息[2]的时候，我认为它就已经从那引导我们真生命的上帝的角度被称为灵了。在圣经中，灵被称为是叫人活的。[3] 非常清楚，"叫人活"不是指日常的生命，而是更神圣的生命。因为字句是叫人死的[4]并导致死，但这不是就灵魂与身体分离的意义上讲死，而是在灵魂与身体分离的意义上讲死，是指与主自己分离，与圣灵分离。

（141）也许［如果］我们假设被剥夺了圣灵的人成了尘土的，但是当他使自己适合于接受圣灵并接受他的时候，他将被重新创造，［当他被更新时］他将得救，我们也以同样的方面理解下面陈述中的更好的灵，"你收回他们的气［灵］，它们就死亡，归于尘土"，[5] 和"你发出你的灵，它们便受造。你使地面更换为新"。[6]

（142）现在，在理解这一陈述"他［上帝］将生气吹在他鼻孔里，他就成了有灵的活人，名叫亚当"时，[7] 情况也是相同的。因此，我们以同样的方式在属灵的意义上理解吹入、生命之气和灵魂的生命。

（143）我们必须解释这一陈述"我要在他们中间居住，

---

[1] 比较《创世记》二章 7 节；《哥林多后书》三章 6 节。
[2] 比较《创世记》二章 7 节。
[3] 比较《哥林多后书》三章 6 节。
[4] 比较《哥林多后书》三章 6 节。
[5] 《诗篇》第一〇四篇 29 节。
[6] 《诗篇》第一〇四篇 30 节。
[7] 《创世记》二章 7 节。

在他们中间来往；我要作他们的神，他们要作我的子民"①的意思，因为前面提到的权能把它自己交在灵魂的殿里面，如果我这样看是正确的，那么圣徒的灵魂就适合居住在这殿里面。

（144）然而，我们需要更多的习练以变得完全，根据使徒们所说的操练我们的感觉，我们就能分辨善恶，② 真假，能够知道属于灵性秩序的事物，我们能够尽可能地以人类之所能以更敏锐的态度更配得上上帝的方式理解上帝如何是光、火和灵。

（145）在《列王纪》第三卷中，主的灵临到以利亚（Elias）身上，使他作了关于上帝的下列陈述："耶和华说，你出来站在山上，在我面前。那时，耶和华从那里经过，在他面前有烈风［灵］大作，崩山碎石，耶和华却不在风中（但是在别的版本中我们发现是：'在主的灵中'）；风后地震，耶和华却不在其中；地震后有火，耶和华也不在火中；火后有微小的声音。"③ 也许，实际上，这些话语启示我们许多人都经验过关于主的火的直接洞察。这不是解释这些问题的合适时间。

（146）但是是谁更准确地向我们说子就是上帝？"除了子……没有人知道父。"④ 我们得到默示如子启示我们的知道上帝如何是灵，以赐生命的灵而不是那使人死的字面意思的灵敬拜上帝。⑤ 我们是在真理中，而不是以样式、形状和

---

① 比较《哥林多后书》六章 16 节；《利未记》二十六章 12 节；《以西结书》三十七章 27 节。
② 比较《希伯来书》五章 14 节。
③ 比较《列王纪上》十九章 11 – 12 节。
④ 比较《马太福音》十一章 27 节。
⑤ 比较《哥林多后书》三章 6 节。

第三章 前尼西亚三位一体理论的希腊和拉丁传统

影像来敬崇上帝,[①] 甚至天使都不是在天国实在的样式和影像中事奉上帝,而是在实在和属灵的天界的秩序中事奉,他们有着麦基洗德这样等次的大祭司[②]作为救赎敬拜作领袖,因为那样的人需要奥秘的和秘密的沉思。

奥利金关于上帝的 ousia 的分析对于希腊教父塑造内在三一的神学传统十分重要。他区分了有关 ousia 的两种理解:一是属灵的;二是质料的。基督教神学中的斯多亚主义传统是从质料的意义理解圣经中有关上帝是火、气和风等的比喻的,我们也知道这是亚里士多德哲学以来 ousia 所获得的一个基本含义。这种理解对于塑造经世三一是有帮助的,尤其对于德尔图良来说。因为斯多亚主义传统的本体观是认为神/上帝在世界之中并直接构成世界本身,而不是如柏拉图主义所言的,是以超越性的方式构成世界的内在性。例如埃提乌的看法是,"(1)斯多亚主义把神/上帝看成是可理知的,一种在方法上导向世界的创造的有尺度之火,它环绕着万物根据命运得以形成的全部种子原理。(2)这气渗透于整个世界,根据它所遍及的质料的变化而有不同的名称。"[③] 在《驳凯尔苏斯》中,奥利金有更直接的批评,"斯多亚派的神/上帝,由于他是一个形体,有时候有着作为支配性力量的全部 ousia;这就是无论何时大火总是在存在(being)中的;而在别的时候,当世界秩序存在时,他就在部分 ousia 中。"[④] 尽管 Jean Danielou 和 Moingt 的观点是正确的,德尔图良

[①] 比较《希伯来书》八章 5 节。
[②] 比较《希伯来书》五章 6 节;《诗篇》十九章 4 节。
[③] Aetius I. 7. 33 (SVF 2. 1027), see in A. A. Long & D. N. Sedley (eds.), *The Hellenistic Philosophers*, Vol. 1, Cambridge: Cambridge University Press, 1988, pp. 274 – 275.
[④] Origen, *Against Celsus* 4. 14 (SVF 2. 1052), see in Ibid. p. 276.

的神圣 ousia 与世界构成的 ousia 是对立的,① 奥利金早就注意到这一点,然而他不认为这可以构成关于神的属灵的 ousia 的原理。就斯多亚主义而言,无论两种 ousia 有多大差异性,两者都是实在的,因此是相互锲入的,神和人只存在实在性上的差异而且不是鸿沟,这构成德尔图良经世三一思想的哲学基础;正是由于上帝以他的 ousia 锲入到人和世界的 ousia 中,德尔图良的经世三一是从人与神的相互本体寓居角度来考虑的,当然现代经世三一在这方面的基本视野是有巨大差别的,然而从神人关系来考虑经世问题并构成三一神学的基本进路是共同的。

奥利金思考的是不同的进路。他认为圣经中任何与质料性 ousia 的有关上帝的经文必须作寓意解释,这把 ousia 完全放在 Being 中理解,这种意义的 ousia 又与无形性、不可见性和非质料性联系在一起。这样,人就不能从他与上帝的关系来理解上帝的内在交互的位格关系,尽管从神学的角度讲,有关上帝的思考还是基于圣经的启示,以经世三一为视野,然而内在三一中更多涉及上帝存在的智性形式,并从中获取关于 hypostasis 和 ousia 关系的解释,与德尔图良把 oikonomia 作为界定位格和本质/本体的关系不同。对于德尔图良来说,阐明 oikonomia, hypostasis 和 ousia 的意义和使用范围,三位一体神学的经世品质就清楚了,然而对于奥利金来说,homoousia 所表现出的含糊性才是真正需要阐释的,并且 hypostasis 和 ousia 不能完全地满足于圣经关于圣父、圣子和圣灵出现和行使事工的不同性质的描述,这是 oikonomia,应该把一种强有力的哲学传统即柏拉图主义置放于神学的基础地位,希腊和圣经共同构成内在三一的进路。这恐怕也是尼西亚教

---

① Jean Danielou, *The Origins of Latian Christianity*, English trans. David Smith and John Austin Baker. London, Philadelphia: Darton, Longman & Todd, The Westminster Press, 1977, p. 363.

父在讨论应否接受 homoousia 时所感不安的地方。

三

在奥利金而言，经过关于 ousia 的意义分层后，homoousia 在用法上就比较清楚了，即它不是与质料性内容相关，而是纯粹使用在灵性本质上。他在上引的《〈约翰福音〉注释》125 节中，还指出 homoousia 的另一个意思：处在 homoousia 关系中的诸方，其本质是同等的、合一的。这廓清了 homoousia 的基本用法。在讨论赫拉克勒翁对"魔鬼"的看法后，奥利金再次引入了 homoousia。这次是注释《约翰福音》八章 44 节，"你们是出于你父的魔鬼，你父的私欲，偏要行。"赫拉克勒翁认为这一文本指耶稣所批评的那些犹太人有"魔鬼的本质"，奥利金评论说，"他［指赫拉克勒翁］显然说有些人与魔鬼本质同一，而与那些所谓的属灵的人不同本质。"这也是针对诺斯底主义的批评，他们自认有着与第一父相通的属灵本质；非诺斯底主义者则没有，所有的是"魔鬼的本质"。奥利金反驳说，如果赫拉克勒翁的观点是正确的，那么人堕落就不应归罪于他自身，应归之于创造者（诺斯底主义认为旧约的上帝只是创造者，不是新约的"父"），这个司职创造的上帝使人有魔鬼的本质。[①]

在《〈约翰福音〉注释》中，奥利金所言的 homoousia 可以看作是对其早期著作《论首要原理》的回应。《论首要原理》已经框定了奥利金神学的基本思路，它在第一卷伊始就从上帝的 ousia 的无形性切入，然后描述了与上帝的"形象"的关系，指

[①] Origen, *Commentary On John*, 13. 168, 198 – 211; 13. 202. 这里的相关叙述可参看 Christopher Stead, *Divine Substance*, pp. 209 – 210。Commentary On John (The Catholic University of American Press, 1989) 的译文有较大的区别。

出上帝的形象是就父和子的共同归属而言,指神性的合一,① 尽管合一是以从属论的形态表述出来的。从另一个方面来说,这个关于父和子的 ousia 的共通性的描述,补充说明了《〈约翰福音〉注释》对 homoousia 的论述:父和子是神性完全彼此共属的,又是从属论的;是圣经的,却又具有柏拉图主义的典型特性。

奥利金是第一个在三位一体神学意义上使用 homoousia 的基督教思想家。从前面的表述来看,可以分为两个角度。第一,奥利金用 homoousia 指父与子本质完全合一。子生于父,这不影响他享有完全的神性,这种进路是内在三一的。奥利金思考 homoousia 所包含的父和子的两个 ousia 的相关性,以及它与出生方式、职事和身份的关系,作为定位 ousia 之普遍共性的基础。换言之,在奥利金的论述中,清楚地展示出一个思想,尽管父有 ousia,子有 ousia,然而这个 ousia 是超越了个体性的 ousia,是 homoousia。第二,是批评性的,这针对诺斯底主义者的救赎论。奥利金批评了诺斯底主义垄断他们与上帝的关系,把 homoousia 的灵性本质仅仅限于诺斯底主义宗派。这个批评是救赎论的,是从上帝"经世",成全人的救赎的角度进行,揭示了上帝救赎的普遍性,内在三一的上帝因着他的共同的 ousia,在创造中赋予普遍性,在救赎中也体现出普遍性。关于这一点,奥利金在《〈创世记〉布道书》注释"形象"与 ousia 的关系时,作了详细的说明。我们试译如下:②

[除《创世记》之外],③ 我在别的地方没有发现过关

---

① 参看奥利金,《论首要原理》(石敏敏译),1.1.8 – 2.1.9,香港:道风书社,2002 年。

② Origen, *Homilies On Genesis and Exodus* 1. 13, English trans. by Ronald E. Heine, Washington, D. C.: The Catholic University of America Press, 1982.

③ 这是笔者所加。

第三章　前尼西亚三位一体理论的希腊和拉丁传统

于人的状况的更与众不同的内容:"上帝就照着自己的形象造人。"① 我们发现这里没有把人的本性归于天、地、太阳或月亮。

然而,我们不应该如是理解,以为圣经所说的"照着上帝的形象"指的是有形的人。因为身体的形式并不包含上帝的形象,有形的人不被说成是"造"(made),而是正如圣经所说的"成了"(formed/ fashioned)。② 因为经文说上帝用"地上的泥土"造人是用"成了"。③

但是,那"照着上帝的形象"造的人是不可见的、无形的、不败坏的和不朽的。用这样的性质,我们才能更正确地理解上帝的形象。然而,如果有人认为"那照着上帝的形象和样式"造出来的人是肉身的人,那么他就会认为上帝自身是肉身的,有着人的形式。很清楚,这样思考上帝是不敬虔的。如果这些属肉的人读到圣经在不同地方说到上帝,"天是我的座位,地是我的脚凳",④ 那么他们就会简单地理解这神性的含义,以为是说上帝有着如此巨大的身体,并把脚伸展到大地之上。但是,他们这样认为,是因为他们虽有耳朵,却不配倾听圣经所言的有关上帝的上帝的言说。这个"天是我的座位"的陈述应该理解如下:我们可以知道上帝是安息和居住于那些"天上的国民"⑤ 中。但是在那些仍然迷恋于尘世细节的人看来,从关于脚的形象的比喻

---

① 《创世记》一章 27 节。
② 《创世记》一章 7 节。
③ 英译者注:这里的区分涉及两种不同的创造行为,事实上斐洛在《论创世记》里已经讨论了这样的不同点。奥利金著作的译者鲁菲努借用希腊文 eplasen 来解释 plasmavit。
④ 《以赛亚书》六十六章 1 节。
⑤ 《腓立比书》三章 20 节。

中，还是可以发现神意的最微小的部分。如果这后一种人他们藉着生活的成全和理解上的崇高成为天上的国民，那么他们自己也会成为上帝的冠冕，藉着他们的争战和生活方式首先造为天上的国民。这些经文也都说："他又叫我们与基督耶稣一同复活，一同坐在天上。"① 但是"那些积攒财宝在天上的"② 也是天上的国民和上帝的冠冕，因为"他们的财宝在哪里，他们的心也在那里"。③ 上帝不只是停临在他们的身上，而且也住在他们中间。

但是如果有人变得如此伟大，以至于他能够说，"或者你们寻求基督在我里面说话的凭据"？④ 那么上帝就不只是住在他里面，而且是行在他里面。至于那些人成全的原因，被造为天上的国民或成为天上的国民的原因，就是诗篇所说的，"求告当赞美的耶和华。"⑤ 因为这个简单的原因，门徒们也被派遣来求告赞美上帝，接受半尼其（Boanerges）的名字，"就是雷子的意思"，⑥ 藉着雷的威力，我们相信他们真是天上的国民。

因此，"上帝就照着自己的形象造人。"我们必须理解什么是上帝的形象，勤勉地追问人是在什么样形象的样式中被造的。因为这个经文没有说"上帝根据形象或样式造人"，而是说"根据上帝的形象，他造人"。除了我们的救

---

① 《以弗所书》二章 6 节。
② 《马太福音》六章 20 节，十九章 21 节。
③ 《马太福音》六章 21 节。和合本的译文为："你的财宝在哪里，你的心也在那里。"
④ 《哥林多后书》十三章 3 节。和合本的译文为："你们既然寻求基督在我里面说话的凭据。"
⑤ 《诗篇》十八篇 3 节。
⑥ 《马可福音》三章 17 节。

第三章 前尼西亚三位一体理论的希腊和拉丁传统

主,他是"首生的",① 关于他,经文这样写道,"他是上帝荣耀所发的光辉,是上帝本体(ousia)的真像",② 他也这样说到自己:"我在父里面,父在我里面"③ 和"人看见了我,就是看见了父"。④ 难道存在上帝的别的形象是人据以所造的形象吗? 正如那看见某人形象的就已看见了那成像的人,那么人也藉着上帝形象的道看见了上帝。因此,基督所说的是真的,"人看见了我,就是看见了父"。⑤

因此,人是根据他的形象的样式所造的,出于这个原因,作为上帝的形象的我们的救主,为对人的怜悯所触动,因为我们是根据他的形象所造的,由于他和他自己的形象被放在一边,他就穿戴上那恶者的形象;他自己为怜悯所触动,就穿戴上人的形象并临在人的中间,使徒证实了这一点并说:"他本有上帝的形象,不以自己与上帝同等为强夺的,反倒虚己,取了奴仆的形象,成为人的样式。既有人的样子,就自己卑微,存心顺服,以至于死,且死在十字架上。"⑥

照着那造人的形象,根据他们"内心一天新似一天"⑦的进展情况,那些来到他的面前并分有他的灵性形象的人就能"和他自己荣耀的身体相似",⑧ 但这是根据每个人的能力而定。使徒照着他的形象作了彻底的改变,因此他这样提

---

① 《歌罗西书》一章 15 节。
② 《希伯来书》一章 3 节。
③ 《约翰福音》十四章 10 节。
④ 《约翰福音》十四章 9 节。
⑤ 同上。
⑥ 《腓立比书》二章 6-8 节。
⑦ 比较《哥林多后书》四章 16 节。
⑧ 《腓立比书》三章 21 节。

到他们，"我要升上去见我的父，也是你们的父；见我的上帝，也是你们的上帝。"① 因为当他说"父"使"他们合而为一，像我们合而为一"② 时，他已经在为他的门徒代为向上帝恳求，使得他们的原初形象得到恢复。

因此，让我们总是沉思上帝的形象，这样我们就会被改变成他的形象。如果根据上帝的形象所造的人，更多地凝视那上帝的形象，那照着上帝所造的形象，而不是魔鬼的形象，那是照着罪恶的形象所造的，那么他就将接受那形式，它是藉着道和他的能力为人天生所有的。希望所有人都不要把自己的形象更多地与魔鬼而不是上帝联系在一起，尽管他能重新获取上帝形象的形式，因为主"来本不是召义人悔改，乃是召罪人悔改"。③ 马太（Matthew）本是一个税吏，无疑他的形象是像魔鬼的，但是当他来到上帝形象的面前我们的主和救主，跟随他的形象，他就被改变成了上帝的形象的样式。"西庇太（Zebedee）的儿子雅各（James）和他兄弟约翰（John）"④ 是渔夫和"没有学问的小民"，⑤ 他们无疑生来更多地具有魔鬼的形象，但是他们追随上帝的形象，变得像他，别的使徒也是如此。保罗（Paul）是上帝形象的逼迫者；但是由于他能凝视上帝的恩典和美，此后他就在上帝的形象中重新被造，以至于他说："你们寻求基督在我里面说话的凭据吗？"⑥

---

① 《约翰福音》二十章 17 节。
② 《约翰福音》十七章 21－22 节。
③ 《路加福音》五章 32 节。
④ 《马太福音》四章 21 节。
⑤ 《使徒行传》四章 13 节。
⑥ 比较《哥林多后书》十三章 3 节。和合本圣经的译文为："你们既然寻求基督在我里面说话的凭据，我必不宽容。"

第三章 前尼西亚三位一体理论的希腊和拉丁传统

在这节论述中,奥利金关于 ousia 的讨论涉及几个层面。第一,父和子是本质同一的,尽管他没有提到 homoousia,然而意思是清楚的。奥利金引用基督是上帝的"本体(ousia)的真像"的说法,说明父和子是同一 ousia。奥利金特别地把 ousia 解释为"形象",不是肉身的形式,而是天上国民的无形的 ousia,是属灵的本质。这就是说,如 ousia 使用在神性之术语上的时候,homoousia 也是使用在灵性同质的意义上,而不是如斯多亚主义使用 ousia 为作为宇宙形成的基质的四元素。第二,奥利金指出人据以所造的 ousia 是逻各斯/子的形象,不是圣父的 ousia。在这个思想里面,有从属论的暗示。可以推论的是,人与上帝不是本质同一,但这不意味着存在另外一种 ousia,后者是诺斯底主义的看法。换一个角度讲,人尽管是子的 ousia 的形象,却不是圣父 ousia 的形象。这又至少暗示了两点:一是子和父虽然本质同一,却是指子在神性上从属于父;由于子从属于父是在永恒中的实在性的相互关系,因此尽管是从属的,其神性上的自足是永恒的,是不败坏的。这是对于 homoousia 一词的从属论解释。二是人虽然是子的 ousia 的形象,然而子由于是在时间中被造的,人所得的 ousia 就不可能如子一样是永恒的,它有着时间的属性,受时间的支配,受属世的人间诸因素主要是恶的影响,这样的 ousia 是有可能遮蔽的。需要注意,尽管奥利金的 homoousia 有柏拉图主义分有说的痕迹,然而并非完全相同,主要在于他把子的分有与人的分有区分为"出生"和"受造"两部分,这就根本上区分了上帝自身的关系和人与上帝的关系。第三,基于上述原因,上帝自身的 homoousia 是父和子的相互寓居的关系,是在 ousia 里面的 ousia,是同一的;子所分有的 ousia 却只是父的 ousia 的现象世界的呈现。因此子要道成肉身来救赎世人,而这个道成肉身解释的重点不是在于肉身,尽管奥利金并不否定肉身的重要性,却在于 ousia。奥利金经世理论的关键不在于子承担人的罪的肉身所蒙受的苦难以及由此形成的承担人的罪与救赎的相关性，而在于指明人与上帝这种灵性关系的重新开通。这一解释有些诺斯底主义的影子，然而主要是柏拉图主义的。四是由此进一步下推，我们已经可以看出由内在三一下降到经世三一的过程，结果引向成圣的思想。这在德尔图良的思想中是极为罕见的，也可能是很难想像的。伊利奈乌虽然提到类似的思想，然而他是从人的成熟的角度来讲的。奥利金把经世三一的思想限定在成圣的道路上，规定为内在性的追溯。因此，经世三一是定位在内在三一的 ousia 之间的相互关系中，而不是定位在德尔图良所言的肉身的上帝与历史的关系中。这基本上也可以说明希腊教父上帝观的哲学基础，柏拉图主义本质上是一种非历史主义的哲学模式，奥利金按照这种非历史主义的模式把基督教圣经中承载在历史形式中的原理吸收到有关 ousia 的描述之中。

四

在奥利金的三一神学中，与 ousia 相关的是 hypostasis/hypokeimenon。它出现在其早期著作《论首要原理》中，也出现在他后期的著作例如《驳凯尔苏斯》中。奥利金一直在使用 hypostasis/hypokeimenon，说明这是希腊基督教思想家第一次把 hypostasis/hypokeimenon 与 ousia 对应起来描述三位一体上帝观。从这个角度可以看到，几乎与德尔图良塑造拉丁基督教的上帝观同时，在 oikonomia 中以 substanstiae 和 persona 确立历史中的上帝的位格关系，奥利金从 homoousia 的角度确立 ousia 和 hypostasis/hypokeimenon 的关系，塑造希腊基督教的内在性的上帝观。

我要略为回顾 hypokeimenon/hypostasis 这两个希腊词语的简史，便于我们理解奥利金思想的理论背景。著名的基督教哲学史家沃尔夫森（H. A. Wolfson）对此作过词源学的考证，我采用他的研究成果。hypokeimenon 和 hypostasis 在辞源学上是同义的，

hypostasis 的原意为"在后面立着的",与此相似,hypokeimenon 意指"在后面放着的"。两者的区别仅在于,hypokeimenon 是亚里士多德的古典哲学术语,hypostasis 则流行于希腊化时期。关于 hypokeimenon,亚里士多德在《范畴篇》中认为它涉及两条分类原则:(1)可以表述一个 hypokeimenon[表述主体];(2)在一个 hypokeimenon 中[在主体中]。陈康先生指出,hypokeimenon 在(1)中是指某某东西所表述的那个主词,而在(2)中却指有某某东西附存在其中的那个基质。因此,这两条原理性质完全不同:一个是逻辑原理,另一个是形而上学原理。① 在《范畴篇》中,亚里士多德关于 hypokeimenon 的看法最终是落实到第一本体的观念上的。②

亚里士多德在《分析前篇》的逻辑分析中将命题分为述词和述词所说明的东西。这样,表述是以有表述的主词为条件的。这个作为 hypokeimenon 的主词在述词背后,是它的本体论基础。所以,表述的主词先于述词——这是我们在亚里士多德《物理学》第一卷中看到他明白说出来的结论。既然柏拉图的"相",从表述的逻辑观点看,不过就是共同的述词而已;所以,按照亚里士多德,它们后于它们的 hypokeimenon,即表述的主词。因此,"相"不能是人们认为是的那个东西——本体,即亚里士多德认为是 protos on[第一存在]的 ousia;表述的主词,说到底,那最后的表述的主词,那永远不会使自己成为述词的主词,倒是本体,因为它们是在先的,这就是个别事物。

这个第一本体就是"这个"(tode ti)。按照姚介厚先生的说法,《范畴篇》主张第一本体是首要的中心,是一切所"是"的

---

① 汪子嵩、王太庆编,《陈康:论希腊哲学》,商务印书馆,1995年,第284页。
② 汪嵩、王太庆编,《陈康:论希腊哲学》,第289页。

中心的最基本载体，第二本体则是次级的本体。这里又包含着双重的意义：第一，"这个"（tode ti）是判断本体性程度的标准；第二，从认识的发生来看，事物存在本身先于认识。[①] 因此，亚里士多德的前期哲学把作为主词的 hypokeimenon 视为 ousia 的基础。这个意义上的 hypokeimenon 具有 ousia 的一般性意义：本体。至于在形而上学中，亚里士多德反过来把 ousia 作为第一本体，这容易使希腊基督教思想家如奥利金感到迷惑，以为两者可以互换使用，而没有注意到亚里士多德使用两个术语的特殊语境。在很长的一段时间内，希腊基督教思想家都无法廓清这个问题。

　　hypostasis 也有上述的双重意义。[②] 稍早于奥利金的基督教思想家希坡律陀在评论亚里士多德关于种、属和个体的划分时，就曾说个体就是 hypostasis 的本质（ousia），它是亚里士多德"最初地、特别地、卓越地称之为本质的东西"。[③] 斐洛也这样使用 hypostasis，赋予它以"独立于表象而存在的本体"的意义。他说，星光和火光的光，只是拥有光的表象，而不具有 hypostasis（基质）。如果光也需要依赖于煤和木料这样的 hypostasis（基质），由于煤和木料是可毁灭的，那么，它们也没有 hypostasis；理智的世界有 hypostasis（本体），然而只有理智才能分辨。[④] 这里，斐洛使用了 hypostasis 的双重含义：第一，当他说火光等光的 hypostasis 时，他认为质料是光的真正本体/基质，我们知道亚里士多德的 ousia（本体）也有"质料"的意义。不过，基于犹

[①] 汪子嵩、范明生、陈村富、姚介厚，《希腊哲学史》第三卷（上），人民出版社，2003 年，第 160－161 页。

[②] H. A. Wolfson, *The Philosophy of the Church Fathers: Faith, Trinity, Incarnation*, Harvard University Press, 1976, pp. 319－320.

[③] Hippolitus, *Refutation of all Haereresies*, VII, 18, 1－2.

[④] Philo, *De Aeternitate Mundi* 17, 88; 18, 92; 17, 87; *De Somniis*, I., 32, 188.

太教的立场,斐洛不承认质料/基质是真正的本体,因为它们最终是要毁灭的。第二,当斐洛提到理智世界的 hypostasis 时,他强调一种本质意义上的本体,是无形的、不败坏的、最后的存在。这说明斐洛是在本体的意义上把 ousia 和 hypostasis 互为使用,与亚里士多德的多重本体理论有明显不同。基督教思想家伊利奈乌也使用过 hypostasis。他说,道成肉身不只是"表象",而且是"真理的……hypostasis"。① 在这一意义上,他非常接近于说 hypostasis 就是 ousia(本质/本体)。

奥利金之后的希腊思想家主要都使用 hypostasis。例如,普罗提诺在《九章集》第五卷第一章,就以论"三个最初的本体(hypostases)"为题讨论太一、理智和灵魂及关系。巴西尔和阿他那修等等就更是如此。奥利金本人既使用 hypostases,也使用 hypokeimenon。据沃尔夫森考证,hypostasis 与 hypokeimenon 之间的意义区别甚微,一般情况下两者之间可以互换使用。② 然而,有时候用法上也有微妙之处,体现出其神学的特色。

总之,从希腊古典到希腊化哲学,hypokeimenon/Hypostasis 的基本含义是一脉相承的。它们的含义是双重的:第一,hypokeimenon/hypostasis 指"个体性"、"个体"、"主词"和"这个",它是被表述者而不是表述者。亚里士多德的《范畴篇》称之为第一本体;斐洛、希坡律陀和伊利奈乌在"基质"、"载体"的意义上使用,这被扩展了的 hypokeimenon/hypostasis 的意义与亚里士多德的 ousia 的含义重合。第二,hypokeimenon/hypostasis 与 ousia 在亚里士多德的《形而上学》中关系变得复杂起来。在《范畴篇》中,本体是从存在者的个体性显现程度来定义的,越

---

① Ireneaus, *Against Heretics*, V, 1, 2.
② H. A. Wolfson, *The Philosophy of the Church Fathers: Faith, Trinity, Incarnation*, p. 319.

个体化存在的 hypokeimenon/Hypostasis 就越是具有基础性，因此被视为第一本体；相反，越普遍化的 ousia 就越是成为次级本体。然而，在《形而上学》中，考虑本体是从"真实性程度"来考虑的。越是本质的/普遍的存在，其真实性就越强，这正如柏拉图的"相论"，"相"总在真实性上大于"现象"，因此，作为"形式"的 ousia 倒成了"第一本体"。在希腊化和早期基督教神学家的眼光中，这种复杂的关系倒是被简化了。他们几乎是在多重意义复合的角度共同使用 hypokeimenon/Hypostasis 和 ousia：个体性存在；载体、基质；普遍性的形式、本质和本体。

奥利金使用 hypokeimenon/hypostasis 并把它们与 ousia 相关起来理解时，包含了这些复杂的演变。在某些地方，他似乎强调 hypokeimenon/hypostasis 和 ousia 用法上侧重性的不同，以突出三位一体理论中既存在普遍性的 ousia，又存在个体化的 hypokeimenon/hypostasis。例如他说，"根据本体（ousia）和个体/本体（hypokeimenon），子不同于父。"[①] 据考证，所谓的 ousia 就是亚里士多德《形而上学》中的第一本体和普遍本质，即圣父和圣子共有的"形式"。那么奥利金说，子在 ousia 上不同于父是什么意思呢？是说圣父和圣子不同本质吗？这节引文中有后一个限定"根据个体/本体（hypokeimenon）"，这里的 hypokeimenon 是"个体性存在"的意思。hypokeimenon 还附带有另外一个意思，即"指前"的个体（proximate hypokeimenon）。[②] 所谓"指前"的个体，是指两个第三人称中的第一个主词，例如如果 hypokeimenon 包含着子和圣灵，那么它指的是"子"。在奥利金的神学

---

① Origen, *De Oratione*, 15.
② H. A. Wolfson, *The Philosophy of the Church Fathers: Faith, Trinity, Incarnation*, p. 318.

中，这有一个特别的意义，他以此强调"子"的"指前"性质，指出在子与圣灵作为父之"后面"的存在时，"子"要先于"灵"，这不是时间上的"先"，而是秩序上的"先"。这体现出奥利金的从属论倾向：先是父、再是子、再次是灵。"秩序"如此，神性拥有上也是如此。因此，奥利金才说，"根据本体（ousia）和个体/本体（hypokeimenon），子不同于父。"这里是从 hypokeimenon/hypostasis 限制圣父和圣子的 ousia 之别，即从从属论规定 ousia 的原始性和完全性。

奥利金也用 hypostasis 描述先在基督。"当我们称基督为上帝的智慧时，请不要以为我们指他为某种非个体的 [Aliquid insubstantivum] 事物；或者以为我们不把他理解为一个具有智慧的个体（hypostasis），而理解为那叫人聪明的事物，把自己赐予并种植在那些因他之助而能够接受他的美德和理智的人的心灵之中的事物。"① 这里的 hypostasis 对应于 Aliquid insubstantivum，就是说称子为 hypostasis 的时候，他是一个个体，一个"这个"。正如亚里士多德称 hypostasis 为主词乃是指一个有着个体性的存在，子是 hypostasis 同样如此。这样的强调是针对诺斯底主义的幻影说的，它不把子看成是与父同等的 hypostasis（这个），而只是父的表像。在这节讨论里，hypostasis 还与上帝的智慧相对应。或者可以这样说，他是从强调拥有 hypostasis（个体性）的"这个"子，同时是父的智慧，即在父里面，与父同在普遍性里面。这就是 ousia（本体）的意思了。在《〈马太福音〉注释》中，奥利金也特别强调子作为上帝的智慧即 ousia 所具有的 hypokeimenon/hypostasis（这个/个体性）。他说，有些人认为父和子的区别不具有数的意义，是 hypokeimenon（个体）的一，也有些人只根据思想的原理认为他们是多的，否认父和子是 hypostasis

---

① Origen, *On First Principles*, 1.2.2.

（本体）的一。① 奥利金对此作了批评,他认为第一种观点不仅否认三位一体理论中"数"的区分,还认为父和子不只是在ousia上还有hypokeimenon/hypostasis上是一。② 显然,这是针对诺斯底主义的幻影说的。在这节分析中,奥利金意识到ousia和hypokeimenon/hypostasis在指称三位一体时应有不同的侧重。他把ousia看作是三位格的共性、本体/本质;把hypokeimenon/hypostasis看作是指向个体性,这就是位格的含义了。《〈马太福音〉注释》是奥利金晚期的著作,相比起早期著作《论首要原理》而言,这已经在ousia和hypokeimenon/hypostasis的认识上有所修正了,在三位一体理论的表达上有所修正了。然而,奥利金的理论依然是从属论的,这主要涉及如何理解他的homoousia。根据奥利金的论述,这包含如下的暗示:三ousia和hypokeimenon/hypostasis(位格)是三个真正的个体,或者毋宁说是三个真正的个体的种(species),只在第二级的ousia即在种的属(specific genus)中他们才是一。本质同一(homoousia)被描述为这样的一种意义:在第二级ousia的意义上描述父和子的一性。因此,奥利金的三位一体理论是这样构成的:由三个有别的个体的种和他们所由构成的种的属的统一性组成。③ 这里有亚里士多德哲学的影子,把父、子和灵的ousia当作是种的ousia,它们共同统一于属的ousia。由于奥利金认为,这个属的ousia与父的ousia是实际的一,因此父的位格在三位一体理论中占有中心地位。把父的位格作为中心位格,是希腊基督教的内在三一的典型特征。

《驳凯尔苏斯》是继《〈马太福音〉注释》之后的著作,是

---

① Origen, Commentary On John, 10. 21 (PG 14, 376B), see in Harry Austryn Wolfson, The Philosophy of The Church Fathers: Faith, Trinity, Incarnation, p. 321.

② Ibid.

③ Harry Austryn Wolfson, The Philosophy of The Church Fathers: Faith, Trinity, Incarnation, p. 322.

第三章　前尼西亚三位一体理论的希腊和拉丁传统

奥利金的最后著述。在这本辩护性著作中，奥利金继续了《〈马太福音〉注释》关于 ousia 和 hypokeimenon/hypostasis 的思想。他说，父与子"是两 hypostasis（位格/个体）"。① 这是继续界定父和子是有着数的分别的存在。他又说父和子是"一"，尽管没有使用 ousia 这个术语。因此，《驳凯尔苏斯》是继承了《〈马太福音〉注释》一书的提法，两者之间有某种一致性。我把这节论述试译如下：

> 某些人可能认为他［凯尔苏斯］对我们下面的批评是中肯的：如果这些人［基督徒］只敬拜独一的上帝，那么也许他们就应该坚决地反对敬拜别的神。但是，事实上，他们极端地敬拜那个最近出现的人［指耶稣基督］，然而他们认为如果他们也敬拜上帝的仆人［耶稣基督］并不与独一神论不相一致。如果凯尔苏斯这样考虑这句格言"我和父原是一"以及子所说出的祷文"因为我和你是一"，那么我会这样回应他，他不应该作这样的想像，即我们还敬拜在至高的上帝旁边的另一个存在。"正如你父"，他说，"在我里面，我在你里面。"②

> 如果有人为这些话语困扰，唯恐我们重蹈那些否认存在两 hypostasis 的覆辙，即父和子，那么就请他注意这节经文，"那许多信的人都是一心一意的"，③ 他就会看到"我和父原是一"这经文的意义。因此，我们敬拜独一的上帝，父和子，我们还坚决地反对敬拜别的神。我们也不是极端地敬拜

---

① Origen, *Contra Celsum*, VIII, 12.
② 《约翰福音》十章 30 节；十七章 21－22 节；十四章 10－11 节；十七章 21 节。
③ 《使徒行传》四章 32 节。

那个最近出现的人，仿佛他以前不曾存在。因为我们相信他以前所说的，"还没有亚伯拉罕就有了我"，① 以及他所断言的，"我就是真理。"② 我们不会愚蠢到这样的程度，以至于认为在基督显圣之前，真理并不存在。因此，我们敬拜真理的父和作为真理的子；他们是两个不同的 hypostasis，但是他们在心志上是统一的，是一致的，在意志上是合一的。因此，那看见子的，他是那荣耀的流溢，是父的位格的形象的表达，就在那作为上帝的形象的他里面看见了上帝。③

奥利金既批评把父和子视为非"一"的二，又反对把他们视为非"二"的一。前者针对嗣子论，后者批评幻影说。在这节论证中，奥利金有一个很重要的观点，就是把 homoousia 解释为一种相互寓居的关系。这个"一"当然是 ousia 上的单一性，然而更重要的并不是如亚里士多德所谓的作为"形式"的 ousia，即不是"一形式"，而是"在……的里面"的意思。父在子之中，子在父之中，当然首先是作为两个 hypokeimenon/hypostasis 的相互之间的"在"，但是这个"在"不是体积上的空间性的相互外在的关系，而是 ousia 的"共在"。用奥利金的话说，就是"在心志上是统一的，是一致的，在意志上是合一的"。这里真正已经涉及上帝的共契的内在性问题，然而这并不是说我们真的完全可以了解到那种共契的奥秘。就奥利金来说，毋宁是说可以通过这样一种形式契入到上帝的内在性直观之中，或者把这种直观性放置在两个 hypokeimenon/hypostasis 的相关性上。这就使得奥利金的三一神学与德尔图良的经世三一有了显著的区别。在德

---

① 《约翰福音》八章 58 节。
② 《约翰福音》十四章 6 节。
③ Origen, *Contra Celsum*, VIII, 12.

尔图良,三位格的关系体现在他们的职能关系上,并通过它们体现出三者之间的同一 ousia。奥利金则把 ousia 放在"一"的"共契"关系中,使得"一"本身显出多元性,这就是说没有如经世三一那样把多元性放在"一"的外部。

就奥利金而言,关于 ousia 的内在性就最终落实为 hypokeimenon/hypostasis 的分析上。这样,奥利金就比较偏爱从 hypokeimenon/hypostasis 来说明父与子的"一"的关系。然而,这种说明是亚里士多德式的本体论,把父和子的关系视同"种"和"属"的关系,"子"成为次于父的"第二本体(ousia)"。由于奥利金在强调父和子的 ousia 时,使用 hypostasis,因此这个 ousia 就被 hypostasis 化了,换言之,ousia 成了一个主体,一个个体的 hypostasis。因为 hypostasis 与 ousia 之间存在这样的关联,子成了存在于父的"种"的 ousia 范围内的"属",一个具有个体性的属。可见,奥利金承继了 hypokeimenon 和 hypostasis 词源学上和哲学演变中的复杂关系,他基本上就是在"个体"和"在本质统一性中的个体"的双重意义上使用 hypostasis/hypokeimenon,并用这一语义的复杂关系表述他关于基督和父的关系的看法。这种双重含义由于是通过哲学和神学传统及词源学维系,用法上并不是固定的,再加上奥利金本人的神学思想确实存在着前后期的某些变化,并且他的《论首要原理》影响之广大,因此各种误解的形成在所难免。一旦 hypostasis 的词义在上下文中偏向"个体",三一神学就会出现"向左转"(三个神,后来的代表人物是阿里乌);若词义偏向"本质性本体"(ousia)就会出现"向右转"(否认三位格,如奥利金与之论辩的神格唯一论)。这说明在内在三一的进路上,由于像奥利金这样的神学家是从一个非历史的角度考虑上帝的共契,在神学上是容易诱导出表述上的不平衡。因此,希腊教父在建立其内在三一神学的传统时,不仅需将它置于思辨的基础上,而且必须给予这种思辨的传统以充分的经世视野，以经世的三一框定内在三一的架构。

五

hypokeimenon/hypostasis 和 ousia 在词源学演变包含着许多复杂的方面。当奥利金第一次把 homoousia 用于三位一体神学的时候，hypokeimenon/hypostasis 和 ousia 的关联的困难开始初步显现了出来。奥利金在界定两个术语在三一神学的用法上做了有益的尝试，然而它却只是一场更为激烈的争论的开端。公元 325 年尼西亚会议之后，神学家们围绕 Hypokeimenon/hypostasis 和 ousia 的关系展开的三位一体的争论，才真正地把两者关系的复杂性以及理解所基于的不同的思想及教会背景深入地展示出来。这场著名的关于 homoousia 和 homoiousia 的争论的基本背景是奥利金的 hypokeimenon/hypostasis 和 ousia 用法的不同理解上。我们已经指出，奥利金是把 hypokeimenon/hypostasis 当作 ousia 的中心意义来使用的，这带来了某种复杂性，在奥利金神学中，这还是潜在的，然而到尼西亚教父时期，它就被激发了出来。这个潜在的问题是：第一，在 hypokeimenon/hypostasis 获得 ousia 的含义时，即 hypokeimenon/hypostasis 被本体化时，三个 hypokeimenon/hypostasis 是什么意思呢？在亚里士多德的哲学中，这不会引起任何问题。亚里士多德是在逻辑的主词/主体上使用 hypokeimenon/hypostasis，并不是把它用为形式性的 ousia，在他看来，最高的本体依然只是唯一的。第二，由于使用 hypokeimenon/hypostasis，圣父、圣子和圣灵的 ousia 就被用作从属论的关系。可以这样说，奥利金使用并理解术语的方式是亚里士多德的，然而解决的方式却是柏拉图的。在奥利金看来，这样的解决办法是完全正当的，然而在尼西亚教父重新理解 homoousia 的时候，这种正当性就受到了质疑。这就提出了这样一个问题：当神学家们从圣父、圣子和圣灵神性同等的意义上解释从属论时，如何理解 hypokeime-

第三章　前尼西亚三位一体理论的希腊和拉丁传统

non/hypostasis？第一个问题涉及使用 hypokeimenon/hypostasis 时，它的双重含义"本体性"和"个体性"应该如何相互限制的问题；第二个问题则涉及如何重新理解从属论的问题，亦即如何使 hypokeimenon/hypostasis 和 ousia 两个具有张力的术语不导致彼此排斥，或者说以限制及有限度地肯定张力而达到两个术语的共存。

　　对于这两个问题的解决，不仅需要对于内在三一中上帝的自我共契有深刻的直观，也需要对于希腊哲学及奥利金对于这两个术语把握上的深入了解。然而，尼西亚教父们在很长的时间内都面临上述的难题。尼西亚会议之后，在东方教父中，就如何使用 ousia/homoousia 和 Hypokeimenon/hypostasis，以及如何解释它们的用法，东方教会中的两大奥利金主义传统凯撒利亚（Caserea）的欧西比乌和亚历山大里亚的阿他那修无法达成妥协。凯撒利亚和巴勒斯坦的教会教父坚持奥利金的传统立场，从 Hypokeimenon/hypostasis 来 ousia。公元 341 年，在安提阿的盛大的教会献堂礼上，皇帝康斯坦乌斯二世（Constantius II）和 97 位东方主教召开了一次会议，制定了"安提阿献堂礼会议之第二信经"（the Second Creed of the Dedication Council of Antioch），它成为东方教会后来提出的一系列信条如"安提阿第四信经"（the Fouth Creed of Antioch）的基础。信经内容如下，"我们信父是真正的父，子是真正的子，圣灵是真正的圣灵，这些名的来源不是无缘无故、没有意义的，而是确实地表示出这特定的位格（subsistence, hypostasis）的等级和每一位被命名者的荣耀，因此，他们在存在上是三，但又相合为一"。① 这明显是强调三位格间的区别，是把 ousia 当作 hypokeimenon/hypostasis 来理解。他们在对

---

① Leo Donald Davis, *The First Seven Ecumenical Councils (325 - 787): Their History and Theology*, p. 83. The Liturgical Press, 1983.

抗西方教父的 ousia/homoousia 时，甚至只字不提 homoousia，而只在使用 Hypokeimenon/hypostasis 时，以解释的方式说明位格之间的合一性。① 这是内在三一神学传统中比较极端的"三位格，一本质"理论。

因此，在欧西比乌这一派的奥利金主义立场上，ousia 用于三位一体表述上的词义的独立性似乎有所欠缺，这样，当 hypokeimenon/hypostasis 缺乏 ousia 作为本体/本质观念上的维系时，是容易导向阿里乌主义的极端从属论的。阿他那修意识到这一点，他在反对欧西比乌派的观点时，坚持应该从 homoousia 的尼西亚观点来了解圣父和圣子的关系。因此，阿他那修偏重于强调父和子的合一。他认为子不只是"像父"，而且来自于父的 (ousia)，是与父"为一"的。这意味着父的 ousia 就是子的 ousia，是一种在子里面的不可分离的持续的父的存在关系。② 然而，正如学者们指出的，阿他那修即使使用 homoousia，他还是受到亚历山大和奥利金的从属论的影响，认为父和子是一种等级论的关系。③ 不过，这不应该看成是一种阿他那修本人的局限，更应该看成是三位一体神学的从属论的传统局限。父和子的相互寓居的内在关系如何从从属论传统中解除出来，并不是容易的事。就阿他那修来说，他的神学的一大贡献是，坚持 homoousia 来平衡欧西比乌派和阿里乌派的从属论。

阿他那修在 homoousia 使用上的另一个贡献是，在他的晚期著作和护教活动中，他注意到应该明确地规定 ousia/homoousia

---

① 具体的讨论参看章雪富、石敏敏，《早期基督教的演变及多元传统》，"尼西亚会议之后的阿他那修和阿里乌主义之争"，第 247－266 页。

② Nathan Kwok-kit Ng, *The Spirituality of Athanasius: A Key for Proper Understanding of this Important Church Father*. Bern: Peter Lang, 2001, p. 59.

③ Stead, *Divine Substance*; Nathan Kwok-kit Ng, *The Spirituality of Athanasius: A Key for Proper Understanding of this Important Church Father*, p. 60.

第三章　前尼西亚三位一体理论的希腊和拉丁传统

与 hypokeimenon/hypostasis 的各自使用范围。这回到了后期奥利金著作的语言问题上。但是，奥利金提出这样的区分时没有明确的神学争论背景，阿他那修则是在思考了数十年的神学分歧后提出来的。他认为东西方三位一体神学上的一个相互的严重误解是，有些教父使用三个 hypostasis 只是指父、子和灵三个个体，不是指三个 ousia；有些教父使用一 hypostasis，指的实际上是一 ousia。① 他试图剥离 ousia/homoousia 与 hypokeimenon/hypostasis 之间的词源上的复杂性，对这一问题的彻底的解释是在圣巴西尔的时候，即在使用 ousia/homoousia 与 hypokeimenon/hypostasis 时，连同解决了从属论的问题。阿他那修还指出 ousia/homoousia，并不意味着存在一个有别于父、子和灵的另一本体，ousia 作为"本质性的本体"，而不是个体的本体性实体，是三位格的共有本质。② 这一点后来也为巴西尔所发展。

从这个方面说，阿他那修与欧西比乌派是有相同之处的。因此，尽管他与拉丁（西方）教父那样坚持使用 homoousia，但是他的等级论以及所体现的内在三一的立场与他们的从经世观念中发展出来的本质同一观念是有所不同的。然而，他们又有着相似性。阿他那修认为圣父与圣子本质同一，就是说圣子的神性也就是圣父的神性，圣父的神性也就是圣子的神性，但并不是说圣父就是圣子，圣子就是圣父。所以圣父和圣子在神性上完全同一，但圣父是圣父，圣子是圣子。正是由于圣父的神性形象就是圣子的神性和形象，耶稣才说，"我在父里面"，因此，"上帝在基督里叫世人与自己和好"。这说明有关圣父本质的恰当表达就是圣

---

① Athanasius, *Tomus ad Antichenos* 5 - 6.
② Athanasisus, *Councils of Ariminum and Seleucid Of De Synodis*, 3. 16, see in Philip Schaff & Henry Wace, Ed., *Nicene and Post - Nicene Fathers of Christian Church* IV, WM. B Eerdnans Publishing Company, 1980.

子，在圣子里面，上帝与万物和好。因此圣子所创造的万物就是圣父的工，因为圣子就是圣父的神圣形象，是他创造了万物。因此，看见了圣子就是看见了圣父，因为圣子在圣父的神性中，并且他是在圣父的神性中才被思考。而且在他里面的圣父的形象也表明了圣父在他里面，并因此圣父在圣子里面。因此，在圣子当中的从圣父而出的特性也表明了圣子在圣父里面。① 这一点在表述上与拉丁（西方）教父没有什么区别。然而，拉丁教父用 oikonomia 来统摄 substantiae 和 persona 之间的关系，阿他那修仍用 homoousia 统摄 hypokeimenon/hypostasis 和 ousia 的关系。如果不在 homoousia 中充分地对 hypokeimenon/hypostasis 有所使用和体现，位格的真实区分何以可能？从这个角度来说，阿他那修的立场又接近于拉丁（西方）神学的经世三一，因此他特别重视三位一体中的道成肉身问题，而与奥利金的逻各斯基督论有所区别。

因此，在希腊教父的内在三一传统中，奥利金、欧西比乌、亚历山大里亚的主教亚历山大和阿他那修有着共同的从属论传统。然而，他们对于从属论尺度的把握是不同的。奥利金的神学有前后期的微妙分别，这表示出他的神学旨趣在于 hypokeimenon/hypostasis 和 ousia 关系的协调，以避开幻影说和三神论的陷阱。因此他尽管强调"本质同一"，然而是以神性有等级分别却又相互贯通的角度来讨论的。欧西比乌和阿他那修由于都参加了尼西亚会议，并且经历了一系列复杂的辩论，为了相互之间与对方的立场分别开来，欧西比乌不愿意使用 homoousia，而使用 homoiousia，甚至这一派的成员都接受 homoi 的学说，这把奥利金

---

① Athanasius, *Four Discourses Against the Arians*, 23. 6. see in Philip Schaff & Henry Wace, Ed., *Nicene and Post - Nicene Fathers of Christian Church* IV, WM. B Eerdnans Publishing Company, 1980.

的从属论向着 hypokeimenon/hypostasis 和 ousia 分离的方向发展了。阿他那修则相反，他支持尼西亚信经的 homoousia 学说，尽管他依然承认父和子等级之分，却不肯定神性等级。这种"从属论"是以父的身份为中心，而不是以神性之分别为中心了。

这种内在三一的神学争论，到了卡帕多西亚三大教父的时候，达到了一种更平衡的解释。卡帕多西亚教父（巴西尔、拿先斯的格列高利和尼撒的格列高利）首先是回到奥利金的起点上，即注意 hypokeimenon/hypostasis 和 ousia 之间的分别。由于中间经历了尼西亚教父之争，这种回归获得丰富的内涵。作为与奥利金主义传统有着密切渊源关系的神学家，卡帕多西亚教父极为重视 hypokeimenon/hypostasis 在整个三一神学中的地位，即它用以表达集合性名词 ousia 之下的个体性存在。在充分了解东西方教父在 homoousia 一词的分歧后，他们理解了这个术语对于尼西亚信经的重要性。然而，巴西尔对此的解释却体现着东方教父神学家的特殊性，即他意在指明 homoousia 体现的是位格性的关系，ousia 则体现诸 hypokeimenon/hypostasis 之间的种属分殊。巴西尔说，"对于我来说，'无差别的相似'（like without difference）似乎要比'本质同一'更适合。如果一束光在程度上与另一束光有程度上的差别，那么我认为称它与别的'同一'并不正确，因为每一束光都以本质的个体性而存在；但是我们这样的描述是准确的，'在本质上完全相似，没有差别'。"[1] "在本质上完全相似，没有差别"两个术语是相互限定的，并非没有意义。"在本质上完全相似"的重点在"相似"上，意在指出有多个 hypokeimenon/hypostasis 存在，不然就没有必要说"相似"；

---

[1] Basil, *Epistle*, 361. see in *The Later Christian Fathers: A sekection from the writings of the Fathers from St. Cyril of Jerusalem to St. Leo the Great*. London: Oxford University Press, 1970, p. 65.

"没有差别"则意在强调 ousia 都是完全的、同等的。因此，巴西尔在后面的论述中都始终充满着这种从"多"中观"一"的神学基调：

> 父的个体性不是如那样的分发在子当中，而是说子的个体性是从那里得显明：在多样性中存在着同一性，在同一性中也存在着多样性，就如子被认为是在父之中，父也同样在子之中。（比较《约翰福音》十四章 11 节）因为只有差异性不能保护子的实在性；而实在性也同样不能保证位格的不可分性。每一者都是交织在一起并且是一统的；同一与差异同在，差异也存在于同一之中。我们必须竭尽语言的能力，但它还不足以表达实在性。救主证实了我们的想法，他在同等的状态中视父为更大，而子则在从属的位置具有同等性。（比较《约翰福音》十四章 28 节）他教导我们以同种光的形象来思考子，但在程度上要低一些，不过不能认为这里有着本质上的任何变化，而是在优先或次要的地位来考虑同一性。那些不承认本质同一的人就把子只归结为一种外在的相似：一种也可以延展到人的相似，当他们被造为与上帝相似的时候。那些认识到相似性只适用于受造物的人，当他们把子和父联结在同一性中，且这是次一级的同一性时，就可以避免把子思考为父本身或者把他视为父的部分。他是在完全独特和特别的意义上的本质同一；本质同一不是作为同属的成员，或者作为整体的部分，而是来自于同一属的存在或者神性的形式，独一的后裔，藉着不可分的无形的发出，在这一过程中，生育者独特地保持着作为出生者的个体性，同时又产生出被生者的个体性。[1]

---

[1] Basil, *Epistle*, 362, see in Ibid., pp. 65–66.

第三章 前尼西亚三位一体理论的希腊和拉丁传统

我最后要回到奥利金这样的希腊基督教思想家所主张的内在三一与现代基督教思想家在这个问题理解的关联上。我认为拉纳更倾向于内在三一的探究，尽管他认为内在三一就是经世三一，然而他更多地继承了基督教思想传统中的希腊的上帝观传统，进而言之，更多地沿用了自然神学的视野。讲内在三一是不可能避开自然神学之于基督教上帝观的探究的重要性的，尽管拉纳似乎有意地避免使用这个术语。

在我看来，自然神学对于奥利金的内在三一的意义是多方面的。首先，奥利金和他的柏拉图主义传统坚持理性之于实在的可探究性原理。这并不是说以理性僭越信仰，而是说理性有获得真理的能力，并且在与启示的关联中达成这种能力。这一个自然神学的主题使得理性作为被直观的也是在直观之中的能力，在内在性之观照中具有特殊的地位。内在三一是基于理性的这种特殊的辩证性或者说所敞开的空间而言的，而不是就理性作为一种可以捕获真理的逻辑而言的。其次，内在三一也与希腊古典思想的基本旨趣有重要的关联。希腊古典思想之自然神学的最重要方面还不是对于理性的特殊看法（区别于康德批判哲学之后的理性观），更在于它坚持和谐的宇宙或者说普遍性是由个体性来承担的思想。在这样一种极具自然神学的观念中，内在三一作为一个可以独立探究的或者说即使是以经世三一为视野的三一，就需要作特殊的考虑。这个经世的观念不是单纯的关于上帝在历史中活动事件的描述，而是它坚持一个信念，任何事件上的描述都包含着由普遍性开出的个体性，或者在个体性中呈现出普遍性。这个自然神学的思想使得内在三一关于位格和本质/本体的理解既包含着他者的间性，但不是他者的张力。

因此，奥利金的希腊基督教讲内在三一的进路与希腊哲学的 Being 的关系，乃是基于有关 Being 的自然神学式的理解。在拉丁基督教一方,这种情况也是存在的,然而是从自然律法的角度来了解 Being,是从作为救赎的事件的神圣 Being 来了解的,是把任何神圣事件都看作是自然律法的称量的角度来了解的。后来的奥古斯丁的三位一体神学所谓的心灵是上帝的印记的观点,也是出于这样一种自然律法的思想痕迹。

第四章

哪个柏拉图，谁的尼西亚？
——从尼西亚到后尼西亚：基督教上帝观与希腊哲学 Being 的新探究

早期基督教有关三位一体神学的正统表述始于尼西亚会议。当时基督教世界（环地中海地区）的大多数主要教会的教父均出席了此次大公会议，希腊基督教思想家是此次会议的主角，他们主导着尼西亚会议的主题和辩论，会议所通过的尼西亚信经主要也是要解决希腊教父间的神学争论。这当然不是说拉丁教父没有为尼西亚信经作出贡献，如果我们把尼西亚会议不只是理解为一个点，而是一个时段的开始，即从公元 325 年至公元 381 年 56 年间的漫长辩论过程的话，我们是会看到尼西亚信经的不同解释形像的。[①] 在接下来的两章讨论卡帕多西亚教父和奥古斯丁三一神学的论述之前，本章尽可能描述出尼西亚信经的不同解释形态。这对于阐释卡帕多西亚教父和奥古斯丁所承袭的思想传统，了解两者之间神学范式的差别会有重要的帮助。

对于卡帕多西亚教父和奥古斯丁来说，尼西亚信经不是一种教条，而是有待进一步阐释的神学源泉。这反映出古代基督教的

[①] 我们曾对这段历史和神学的东方和西方间的纠结作过比较仔细的综述。参看章雪富、石敏敏，《早期基督教的演变和多元传统》，社科文献出版社，2003 年，第 232—266 页。

思想特质，他们更多地把信条当作是神学塑造的活的过程，而不是终止神学讨论的地方。卡帕多西亚教父和奥古斯丁之前的尼西亚教父就以一种特殊的方式诠释着信条作为信仰的活泉的这种古典的态度。尼西亚信经和尼西亚教父的思想的主导方还是奥利金神学，直至尼西亚会议之后相当一段时间这种状态并没有得到改变，所改变的只是奥利金主义的阐释张力被充分地显现了出来。希腊基督教思想家对奥利金主义作的不同解释，形成了不同的传统：凯撒利亚、阿里乌主义和亚历山大里亚。① 在西方，可能是由于拉丁神学的较少思辨的特质，比较注重于教会及实际事务的建构和处理，也可能是由于德尔图良在"位格"和"本质同一"之间所做出的明晰区分较少概念的含糊性，还由于经世三一的神学与教会作为基督教共同体之于救赎的内在合一关系，思想上倒是风平浪静。但是，拉丁教父以一种特殊的形式介入到了东方基督教世界的争论之中，他们通过庇护阿他那修和其他的被东方贬黜的思想家，参与到尼西亚神学的新阐释之中。这种特殊的参与方式以及东方教父在奥利金神学阐释上的取舍所构成的特殊互动关系，是卡帕多西亚教父和奥古斯丁上帝观形成的特殊背景，他们因此在神学取舍上具有更大的余地，在东方和西方之间形成更具互动性的关系。就君士坦丁堡大公会议来说，这种新的因素更多地反映在卡帕多西亚的新尼西亚神学之中；就后尼西亚神学来说，它则更多地体现在奥古斯丁的神学之中。

无论是卡帕多西亚教父还是奥古斯丁，都不是简单地从前尼西亚神学中获得现成的教条作为前提，他们是在阐释神学的传统中形成分别以卡帕多西亚和奥古斯丁三位一体神学为基本中心的不同规范。卡帕多西亚教父固然主要继承了内在三一的传统，然

---

① 我们也曾讨论过这一问题。参看章雪富、石敏敏，《早期基督教的演变和多元传统》，第253—257页。

第四章 哪个柏拉图,谁的尼西亚? 273

而他们把这种内在三一的神学关系与灵修的新柏拉图主义结合起来,形成一种独特的人观和关于经世的独到理解。同样,奥古斯丁固然更多地沿袭了西方经世三一的传统,特别强调基督位格在三位一体神学的中心性,与卡帕多西亚教父以圣父为优先位格的三位一体神学上有着范式的不同,他也同样从尼西亚教父与阿里乌主义的争论中受益,从新柏拉图主义的心灵论中受益,塑造出关于经世三一的心理表述。因此,就尼西亚教父而言,他们确实在对于三位一体神学的讨论方式的参与上有很大的不同,一个是神学的,另一个是对于神学做出的教会事条上的行动的反映。这种形式也持续存在于卡帕多西亚教父和奥古斯丁的神学传统,这次西方的反映更具神学化,把经世的行动内在化为神学的形态。不过,无论是尼西亚教父还是后尼西亚教父,不论这些东方教父是属于何种传统的奥利金主义,并通过奥利金主义与柏拉图主义发生关联,他们都体现着柏拉图主义的思想特质。仍然需要究问的是,与哪一个柏拉图主义有关?中期柏拉图主义还是新柏拉图主义?尼西亚教父的柏拉图主义是否已经属于新柏拉图主义?这些都构成本章的以及后面两章的中心问题,据此进一步说明尼西亚神学、新尼西亚神学和后尼西亚神学在三位一体上的规范的差别。

　　如果我们把尼西亚信经以及据此展开的讨论分为两个阶段:前一个阶段以阿他那修为中心,后一个阶段在东方以卡帕多西亚三大教父为代表,在西方以奥古斯丁为代表,那么比较清楚的应该是,卡帕多西亚三大教父与奥古斯丁是以新柏拉图主义为三一神学的理解进路的,然而他们却得出了三位一体神学的两种不同进路。这可能是卡帕多西亚教父本身就在尼西亚神学的辩论中,深悉希腊的思想语境以及新柏拉图主义的思想特质,奥古斯丁却无论是在新柏拉图主义的了解上还是在对于尼西亚神学的了解上,都是基于一个在时间上在后,在语境上分离,在反驳对象上都不同的视域下进行的。因此，我更愿意称他为后尼西亚神学家。本章将专门有一节是讨论这两种不同思想进路的新柏拉图主义的基础，把它作为专门讨论卡帕多西亚和奥古斯丁三位一体上帝观的哲学背景提出来。

第一节　阿他那修的上帝观和中期柏拉图主义

进入尼西亚时期后，思想家们关于 ousia/being 的形而上学讨论趋于复杂。此时，出现更多神学范式的可能性，与教会的传统也更密切地关系在一起。如果说此前的神学更多的是神学家的神学，那么这时的三位一体神学更多体现出其教会的传统。与第一章第二节所讲论的希腊化哲学学派关于 ousia/being 的多种用法不同，尼西亚教父关于 being 的语义学是基于希腊哲学又是更新希腊哲学的；与奥利金和德尔图良不同，尼西亚思想家还把三位一体的教义与基督教的人观和教会论等更多地整合在一起。三位一体神学不只是神学教条，还是信仰落实在基督徒生活方式的支点。因此，内在三一之内在性除了作为位格的内在性关系被言说外，还作为基督教系统神学的基础与其他的思想主题更有渗透的关系；经世原理除了基督作为救主被钉在十字架上所展示的三一的进路言说外，也作为教会如何仿效基督并作为共同体是世界的垂范得到强调。如单纯就语义学而言，尼西亚思想家面临需要更精致地阐释 ousia/being 的含义的迫切任务。这里关联着两个基本向度：第一，being 与 hypostasis 在希腊哲学用法和语义上的相近性缘何形成理解的混淆，以至于成为三位一体神学的复杂纠结？哪一方面的问题导致这方面的混淆？第二，如果 being 与 hypostasis 的语义关系得到澄清，那么从属论的难题是否可以得到破解？"基督教"的希腊而不是"希腊"的基督教的 being 的语义学应该是怎样的？它会在三位一体神学上带来怎样的新的关联？在希腊基督教思想家中，这两个方面成为尼西亚神学的根本问题。

本章把阿他那修和卡帕多西亚教父作为尼西亚时期的两个不同阶段来处理。阿他那修的三位一体神学属于尼西亚的范式，强调 homoousia 在三一论中的中心地位；卡帕多西亚教父的三位一体神学属于新尼西亚范式，强调 hypostasis 在 being 中的中心地位。他们虽然是处在一个前后相续的时代，然而他们对于问题的思考方式确实是不同的，由此形成了不同的思想规范。从时间上讲，阿他那修属于尼西亚神学的早期阶段，他的思想充满与阿里乌主义作斗争的刚性，不欲从 homoousia 的阐释上退后一步。然而，阿他那修关于从属论的了解有某种值得诠释的"微言大义"，为重新审视 being 与 hypostasis 的关系提供了转变的暗示。他以道成肉身（基督论）为中心疏解 being 与 hypostasis，不是以圣父的位格作为解释的关节点。这种解释削弱了从属论的特点，把 hypostasis 作为 homoousia（同一性）向度提高到了新的视野中，成为卡帕多西亚教父继续从新的方面解释从属论的基础。

卡帕多西亚教父属于尼西亚神学的后期阶段，他们的神学范式在形成上却更多是前尼西亚神学的奥利金主义传统。然而，如果说奥利金只是从 hypostasis 解释 being 的话，卡帕多西亚教父还注意到依据 oikonomia 解释 being 内在性的重要性。这个 oikonomia 能够更好地解释 being 内部的 hypostasis 的特征，不至于 hypostasis 之于 being 的关系从从属论的形式转变为神性等级论的从属论实质。因此，卡帕多西亚教父既继续了希腊教父的从属论传统，又对由 hypostasis 所牵涉出来的 being 的内在性作了 oikonomia 的解释。如果单纯就 hypostasis 来讲 being，那么 being 所涉及的就只是 hypostasis 的关系，然而若就 oikonomia 的意义来讲，那么双方就不仅是这种关系，还有这种关系里面包含着的主动性原理，即位格之间的"安排"（oikonomia）的关系上。这个安排就是经世的意思。他们当然是继续持守 homoousia 的尼西亚神学的，却又加上了基于位格的安排的关联性的新的含义。拿先斯的格列高利对三位一体上帝的讲论表明了这种吊诡的思想："我不可能想像那一（The One）而没有为那卓越的三（The Three）所启发；我不可能分别三而不被吸引回归于那一。"① 当我们与三一上帝相遇，思想必得在一与三之间取得平衡而不能有任何偏废："思考上帝让人的心思不能停驻在统一或多元之上、巴门尼德（Parmenides）或赫拉克利特（Heraclitus）之上。"② 卡帕多西亚教父使得三位一体神学更加精致，他们在思想上也更具原创性，在神学规范上独树一帜，并超越了希腊哲学关于 being 的传统。阿他那修的尼西亚神学与卡帕多西亚的新尼西亚神学在延续中呈现出的区分，与他们在哲学传统的取向上的区别有关。

一

阿他那修和卡帕多西亚教父都是从奥利金的神学起点重新阐释三位一体上帝观的，这只能够说明他们在神学上的共同渊源。然而，他们关于奥利金的理解有较大的差别，这不仅是因为亚历山大里亚学派和教会与凯撒利亚及巴勒斯坦地区的神学传统及教会之间有微妙的分别有关，也与他们从哪个角度看待奥利金主义有关。他们思想上的不同取向源于他们基于从哪一个柏拉图的观点看待奥利金主义。对他们之间做出某种区分，当然不是说他们在三位一体神学的某些不同区别就是尼西亚和非尼西亚的分别。毋宁这样说，尼西亚神学不是某种现成的结论和教条，而是在不同传统中整合起来并在阐释中回到不同传统的活的信条。

---

① Gunton, *The One, the Three and the Many*, p. 149.
② Gunton, *The One, the Three and the Many*, p. 150. 这两节资料和论述来自于邓绍光博士的"根顿的三一神学所涵蕴的文化意义——以自由与真理为焦点"。他的文章尚未发表，蒙寄我先睹为快，并容我引用。在这里向绍光兄表示感谢。

第四章 哪个柏拉图，谁的尼西亚？

讨论这个问题并不容易，先澄清奥利金本人的柏拉图主义立场可能是一个较好的切入点。奥利金的老师是中期柏拉图主义者阿谟尼乌斯·萨卡斯，奥利金的一个晚出的同学是新柏拉图主义者普罗提诺。一个重要的问题是：奥利金在多大程度上与新柏拉图主义接近，在多大程度上又是一个中期柏拉图主义者？[①] 这促使我们去思考一个进一步的问题：中期柏拉图主义和新柏拉图主义之间到底有怎样的关联？

John Dillon 在他的《中期柏拉图主义者》[The Middle Platonists (80B. C. to A. D. 220)] 一书中，把中期柏拉图主义的开端定在公元前80年，此前是老学园派的柏拉图主义。公元前80年开始的中期柏拉图主义一直持续到公元220年，学派的主要思想家有公元前一世纪的阿斯喀隆的安提库斯（Antiochus of Ascalon）和波西多纽（Posidonius）；公元前后的亚历山大里亚学派的中期柏拉图主义的思想家有欧得洛（Eudorus）和斐洛（Philo）；公元一世纪的克洛罗亚的普罗塔克（Plutarch of Chaeroneia），他是公元二世纪中期柏拉图主义的思想源头；公元二世纪的中期柏拉图主义则分为雅典学派、盖乌斯学派（School of Gaius）[盖乌斯（Gaius），阿比努斯（Albinus），玛德勒的阿庇莱乌（Apuleius of Madaura）和加伦（Galen）]、新毕达哥拉斯学派（The Neopythagoreans）其中又包括亚历山大·波利希斯特

[①] 我曾在《基督教的柏拉图主义：亚历山大里亚学派的逻各斯基督论》（上海人民出版社，2001年）一书中专门讨论过普罗提诺和奥利金的关系（参看该书第五章第2节）。在那里，我主要讨论了奥利金和普罗提诺的相似之处，说明他们都是在中期柏拉图主义的传统之中，或者说普罗提诺沿袭了中期柏拉图主义传统。同样需要注意的是，普罗提诺又是一个新柏拉图主义者。普罗提诺之"新"与奥利金在基督教传统中运用柏拉图主义传统之创造性能够说明基督教神学在处理与柏拉图主义关系时的某些新想法，而不单纯是运用哲学资源，他同样在推进柏拉图主义哲学的发展。

（Alexander Polyhistor）、塞克斯都·恩披里柯（Sextus Empiricus）、迦德的谟德勒图（Moderatus of Gades）、盖加撒的尼各马科（Nicomachus of Gerasa）、阿帕米亚的纽谟尼乌（Numenius of Apamea）、克洛尼乌（Cronius）和阿谟尼乌斯·萨卡斯（Ammonius Saccas），一些思想家例如阿谟尼乌斯·萨卡斯是介于二至三世纪的中期柏拉图主义者。Dillon 还把这时期的一些思想家、派别和著作例如诺斯底主义者瓦伦廷（Valentinian Gnosticism）、《查尔德尼的神谕》（*The Chaldaean Oracles*）的作者、士麦那的塞龙（Theon of Smyrna）、泰尔的麦西谟斯（Maximus of Tyre）、凯尔苏斯（Celsus）和克劳西底乌（Clacidius）列为中期柏拉图主义者。① 可见，中期柏拉图主义在诠释柏拉图哲学的时候相当分散。John Dillon 甚至没有试图去勾略中期柏拉图主义的总体性教义，尽管他确实已经足够详尽地描述出了每个中期柏拉图主义者的主要思想和体系。

John Dillon 认为，普罗提诺主要受到阿谟尼乌斯·萨卡斯、阿帕米亚的纽谟尼乌、塞维鲁（Severus）和阿尔比努的影响，我们可以通过复原这些思想家的思想肖像而获得较为完整的整体图景。由于资料缺乏，这里只能依据 Dillon 提供的材料作些阐释。上面提到的几个人对于基督教思想家来说都相当重要，根据有关学者的研究，不仅普罗提诺，甚至阿他那修的神学都受过他们的影响，例如阿他那修可能读过阿尔比努的思想指南或手册这样的书。② 这就是说，阿他那修可能与普罗提诺有共同的中期柏拉图主义的思想源头，他们在理解和塑造上所取的进路却不同。阿他那修是从圣经和神学的双重视野来观照上帝观问题，在这一

---

① 参看 John Dillon, *The Middle Platonists*, "Contents"。
② E. P. Meijering, *Orthodoxy and Platonism in Athanasius, Synthesis or Antithesis*. Leiden: E. J. Brill, 1974, p.116.

第四章 哪个柏拉图,谁的尼西亚?

点上,他与奥利金相同;普罗提诺则推进希腊的本体论。对于阿他那修来说,柏拉图主义和圣经的关系既是结合的,又是反结合的,"隐藏在阿他那修关于上帝的本体论言说方式的动机是圣经的,然而其本体论方式本身却不是圣经的",① 是柏拉图主义的,进一步说是中期柏拉图主义的。问题是,普罗提诺从阿尔比努等中期柏拉图主义发展出来的新柏拉图主义与阿他那修有什么不同,他在这一点上又是如何地影响了卡帕多西亚教父,以至于构成尼西亚后期神学的新的进路,包括希拉流(Hilary)和马利乌·维克托勒努(Marius Victorinus)和受他们影响的奥古斯丁。这恐怕正是问题的关键。

因此,概述中期柏拉图主义者阿谟尼乌斯·萨卡斯、阿帕米亚的纽谟尼乌、塞维鲁和阿尔比努的本体论思想,对于我们理解尼西亚信经神学两阶段之差别具有某种必要性。关于阿谟尼乌斯·萨卡斯,今天几乎不可能还原出他的思想,因为他根本没有写下任何著作,他的两个最杰出的弟子普罗提诺和基督教思想家奥利金都没有记载下他的只言片语。有人建议可以通过还原奥利金和普罗提诺的共同性来指出阿谟尼乌斯思想的原本性,这当然是一个好主意,然而他们两人的共同性通常也是中期柏拉图主义思想的共同性,即所谓的从属论的本体论。② 这不足以体现阿谟尼乌斯思想传授的独特之处。况且,正如 Dillon 指出,他们在本体的具体认识上是存在重要差别的。在奥利金,上帝还是作为努斯,藉着逻

---

① E. P. Meijering, *Orthodoxy and Platonism in Athanasius*, *Synthesis or Antithesis*, pp. 146 – 147.

② 我曾根据 Dillon 的 Origen and Plotinus: The Platonic Influence on Early Christianity 一文的观点作过讨论。参看章雪富,《基督教的柏拉图主义:亚历山大里亚学派的逻各斯基督论》,第 384—387 页。

各斯统治世界;① 在普罗提诺的思想体系中，则存在一个超越努斯的太一，这是普罗提诺的 hypostasis 的基本思想之蕴含。② 在这一点上，奥利金是一个中期柏拉图主义者，阿他那修所师承的也是这样一个中期柏拉图主义的思想传统。

这显明了中期柏拉图主义和新柏拉图主义的重要区别，也是阿他那修和奥利金、普罗提诺和卡帕多西亚教父的重要区别。就奥利金和阿他那修所师承的中期柏拉图主义传统而言，他们都强调上帝是作为理智或努斯的存在，由此发展出逻各斯基督论。就阿他那修所接触的阿尔比努和奥利金所接触过的纽谟尼乌、克洛尼乌和谟德勒图等人③的思想而言，都具有从与努斯的关系理解逻各斯的特点。阿尔比努认为第一原理就是相/理念，而相/理念就是努斯（理智）。他这样表述相/理念与各个层面的世界的关系，"就与神［上帝］的关系而言，相/理念就是他的理智（noesis）；就与我们的关系而言，是思想的首要对象（proton noeton）；就与质料的关系而言，是尺度；就与可感觉宇宙的关系而言，是样式；就与它本身而言，是本体。"④ 在另一个地方，他直接指出努斯［理智］和宇宙是同一的。"由于第一努斯［理智/心灵］是万物中最高贵的，那么它所思考的对象也必是万物中最高贵的，那没有高贵于它的就是它本身；因此必须永恒地沉思它本身和它自己的对象，它所拥有的这一活动就是相/理念。"⑤ 纽谟尼乌则讲到三个层次，即理智、逻各斯和限定（der-

---

① 参看章雪富，《基督教的柏拉图主义：亚历山大里亚学派的逻各斯基督论》，第 259—271 页。
② John Dillon, The Middle Platonists, pp. 382 – 383.
③ Eusebius, *Ecclesiastical History*, 6.19.5, English Translated by C. F. Cruse, Hendrickson Publishers, Inc., 1998.
④ Albinus, 转引自 John Dillon, *The Middle Platonists*, pp. 280 – 281。
⑤ Ibid., p. 282.

termining)世界的第三实在。① 关于第一本体的理智,他说,"第一神[上帝],只存在于他自身的处所,是单一的,只自我合一,不可分离。第二和第三神[上帝],事实上是一;但是由于处在与质料即二的接触之中,他赋予它统一性,他自身被它分离,这是由于质料有这样的特性,它易于趋于欲求并流变。因此,由于非存在与可理知世界接触(可理知意指存在专注于他自身),由于他转而关注质料,并思考它,因此他忽略了自身。他意识到感觉领域,伺候它,然后显出他自身的特性,这都是怜悯质料所致。"② 关于第一神、第二神和第三神的特征,纽谟尼乌分析说,"显然,第一神是静止的,相反第二神是运动的;第一神与可理知的领域联系在一起,第二神则既与可理知的也与可感觉的领域联系在一起……由于运动内在于第二神,我宣告内在于第一神的稳定性是一种天然的运动。这是宇宙的秩序和它永恒的持续性的来源,这种持存被施加于万物之上。"③ 因此,纽谟尼乌主要区分了第一神和第二神,"如果创世的得穆革是善的,那么存在的得穆革就是善本身,存在内在于他的本质。因为第一神是完全沉思的,所以第二神是双重的,创造了他自己的形式和宇宙,存在为一个得穆革。"④ 中期柏拉图主义在这里有一个重要的思想贡献,那就是把逻各斯作为三一神观的基础。对于基督教传统来说,这意味着两个可供选择的进路。第一,从努斯(第一原理)与逻各斯(第二原理)的关系来说,可以把第一原理作为源出者看作是三一神学的中心,这就是三一神学中以圣父为核心的基本架构。第二,逻各斯被作为三一神学的中心,从逻

---

① 本节所引的 Numenius 资料残片据 John Dillon, *The Middle Platonists*。我们在后面只注出 Numenius 残片的具体节数, pp. 367–374.
② Numenius, Fr. 11.
③ Numenius, Fr. 15.
④ Numenius, Fr. 16.

各斯成为肉身这个关键性的经世原理来理解三位格的关系。这样原先经由内在性所开出的形而上帝的位格性关系的进路就让位于了由经世开出的在历史中的三位格的上帝的关系。关于中期柏拉图主义在基督教神学中的这样一种理解的双重性在奥利金的思想中都是存在的，因此关键在于如何解读？

从阿尔比努和纽谟尼乌的残篇中，中期柏拉图主义的理论在诠释过程中也是朝着这两个进路塑造的。一个进路是继续按照中期柏拉图主义的传统，从理智性持存于三层本体的角度，善和至善之"同一性"都是基于理智性的原理。因此，本质同一的概念在奥利金主义传统中，包括改造了奥利金的阿他那修的神学中，是一种三位格之间的理智持存关系。这种中期柏拉图主义传统成为阿他那修的尼西亚神学的基础。换个角度来说，阿他那修的三一神学是围绕道成肉身和本质同一说来分析圣父与圣子的相互之"在"。这可能是阿他那修神学中最有意思的地方，也是从经世三一的视野突破中期柏拉图主义从属论的地方，或者可以说是将中期柏拉图主义的从属论转变为关于上帝之"是/存在"的相互性，而不是原先的决定性和支配性。此外，还存在另一个进路的尼西亚神学，即以卡帕多西亚教父为代表的新尼西亚神学，他们固然也关注三位格之间的"同一性"关系，然而他们是从"是/存在"的关系性来理解的，即这样一种同一性的"是/存在"如何成了"三"。这就是纽谟尼乌所说的如何从内在于他本质的 Being 成为三，它充分关注 Being 内部的多的特征，它是新柏拉图主义的基本思路，卡帕多西亚教父的神学则秉承了这个传统。在这种神学中，不是某个位格显得特别重要，而是位格的关系显得特别重要。上帝作为"是/存在"在不同的位格中显出的特征是不同的，不是表现为实体性的特征的不同，而是关系性特征的不同。因此，圣子是从与圣父和圣灵的关系来讲的，不是从道成肉身的经世的特殊性讲的，当然它必然与这个有关。因此构成圣子之实体性的正是其多重的位格性关系。

二

学者们在卡帕多西亚教父与新柏拉图主义的关系上有些争论。多数西方学者认为卡帕多西亚教父的神学基础是新柏拉图主义,例如阿姆斯特朗(Armstrong)主编的《剑桥晚期希腊和早期中世纪哲学史》就持这样的观点。此书中"从卡帕多西亚教父到马克西姆(Maximus)、埃勒根尼(Eriugena)的希腊基督教柏拉图主义传统"一编的作者 I. P. Sheldon - Williams 这样评论柏拉图主义与卡帕多西亚教父的关系,"因此基督徒分享了柏拉图主义者关于作为寓于运动的静止或者寓于静止的运动的普遍本性的观念,它由三个层面构成:永恒的持久不变的第一原理;由那而来经由形式并成为其后果的生发;后果经由形式返回其第一原理的回归。柏拉图主义者和基督徒都类似地赋予它们以下述名称,mone(永恒)、proodos(生发/发出)、epistrophe(回归),而且,由于任何可理知的和创造的原理都寓居于是其所是之中,为了使它的意志能够发出权能,当这发出结果的意图得以实现,获得结果后,它们又被赋予下述的名称:本体(ousia)、权能(dynamis)和活动(energeia)。"① 根据上下文,这里的柏拉图主义指新柏拉图主义,所涉及的柏拉图主义的内容都是新柏拉图主义的用语。I. P. Sheldon - Williams 还指出,卡帕多西亚教父与新柏拉图主义共同分有一些术语,它们构成新柏拉图主义的本体论和卡帕多西亚教父的上帝观的共同用语。

也有学者持不同的看法。著名的新柏拉图主义研究者 John M. Rist 的观点更为谨慎,他认为新柏拉图主义没有如学者们认

---

① A. H. Armstrong, *The Cambridge History of Later Greek and Early Medieval Philosophy*. Cambridge: Cambridge University Press, 1980, pp. 430 - 431.

为的广泛地在本体论/上帝观上影响了卡帕多西亚教父。他在长文"巴西尔的新柏拉图主义"中对新柏拉图主义的传播史作了考证性的阐释，着重研究了 Paul Henry 提出的六处巴西尔的文本和普罗提诺《九章集》的对应关系，并在文章的结论处批评了 I. P. Sheldon-Williams 观点。① Rist 的考证非常具体，我们不作详细介绍。他的结论是，"在所有这些我们已经考察过的巴西尔的或者公认的巴西尔的文本中，普罗提诺的影响无论是直接的间接的，可以确定的是只在《论灵》（De sp.）和《论圣灵》（De Sp. S. 9）中。《论灵》中确实地使用过《九章集》（Enneads）5 章 1 节，而《论圣灵》9 章的使用直接地来自于《论灵》。"② Rist 的结论是，"我的探究表明在巴西尔的大部分生涯中，他都没有受过新柏拉图主义材料的影响。"③ 不过，Rist 也承认巴西尔的弟弟尼撒的格列高利可能出于不同的考虑，沉迷于并深受新柏拉图主义的影响。④ Rist 的考证及观点对于我们来说是一个重要的提醒，即不要过分渲染哲学之于基督教神学的关系，然而这不应该影响新柏拉图主义与卡帕多西亚教父的密切关系，Rist 只是以相反的形式说明了卡帕多西亚教父与新柏拉图主义的关系。⑤

我不全面考察普罗提诺之于卡帕多西亚教父的影响。本书只

---

① John M. Rist, "Basil's Neoplatonism", see in Paul Jonathan Fedwick (ed.), *Basil of Caserea: Christian, Humanist, Ascetic: A Sixteen-Hundredth Anniversary Symposium*, Part One. Toronto: Pontifical Institute of Mediaeval Studies, 1981, p. 219.

② Ibid, p. 207.

③ Ibid., p. 219.

④ Ibid., p. 220.

⑤ 我所不同意于 Rist 的是，他似乎认为以新柏拉图主义为基础就与尼西亚神学相悖（见同上）。然而正如 E. P. Meijering 关于阿他那修的研究所表明的，使用中期柏拉图主义并不意味着就使阿他那修成为第二个奥利金；尼撒的格列高利使用普罗提诺的思想并不违背正统信仰。巴西尔也是如此。Rist 的担忧没有必要。

涉及上帝观或者说本体论问题，普罗提诺关于 Being 的研究是这里的主题。在普罗提诺的思想中，Being 与太一（the One）的关系是一个复杂、模糊且似乎相互矛盾的关系。一方面普罗提诺认为太一超越于是/存在；另一方面他又认为太一有智性的内容。前一方面构成他的否定神学的内容，后一方面构成他的肯定神学的层面。这种情况说明需要对普罗提诺的本体论的相互矛盾做出合理的解释，它是理解卡帕多西亚教父尤其是尼撒的格列高利的否定神学与三一神学关系的进路。有学者提出这种悖论式的存在是普罗提诺三一关系的重要特征，正如三一的上帝是自我内在地超越的。在卡帕多西亚教父看来，上帝既在人的本质之外，又是经世的。因此，这种悖论的方式既包含否定神学（三一上帝的绝对超越性），又表现为肯定神学（三一上帝的历史性）。相对于普罗提诺来说就是，"（1）第一种论述模式是这样的，他谈论太一仿佛它超越是/存在、理智，自由、意志、意识（灵魂）和形式，因此没有任何活动和可理知内容。我称之为非本体论（meontological）模式。（2）第二种模式是这样的，当普罗提诺谈论至善时，仿佛他就在是/存在内部而不是超越的，是潜在地包含所有行动的本质，具有某种意识（灵魂）、意志、理智，好像是超越性的自我。我称之为本体论的模式。（3）第三种模式被用来说明前两种讨论模式的关系。这出现在下面这种情况，即太一被作为无形式的形式，既无所不在又无处存在，既是万物又不是任何事物，既存在又非存在，尤其在涉及他是自因的时候。我称之为悖论的模式。"[①] 如果说奥古斯丁的心灵三一进路是从

---

① Eugene F. Bales, "Plotinus' Theory of the One", see in R. Baine Harris (ed.), *The Structure of Being: A Neoplatonic Approach*. Albany: State University of New York Press, 1982. Eugene F. Bales 的本篇论文为我们提供普罗提诺关于存在的讨论提供了重要的资料索引, pp. 40 – 41。

普罗提诺的心理学与本体论的关系中引申出来的,那么卡帕多西亚教父的内在三一神学是充分表达了新柏拉图主义的这种悖论式关系,正是这种悖论构成了理解一何以是三、内在的上帝何以又是救赎的上帝的重要环节。相反,在柏拉图及中期柏拉图主义的著作中,由于他们过于重视智性与心灵及灵魂关系的连续性,强调肯定性神学,却缺失了这种有趣的悖论。像奥古斯丁这样的后尼西亚后神学也有类似的特点。

普罗提诺主要在《九章集》的第五、六卷讨论了是/存在的主题。这不是说其他四卷不讨论是/存在的问题,恰恰相反,普罗提诺著作的特征是它的任何一个主题都相关于其他所有主题,他所依据的不是逻辑的顺序,而是思想本身的内在相关性。然而第五、六卷确实是最为集中地讨论了是/存在的问题。在有关太一的超越性与存在的关系上,普罗提诺指出,"太一肯定没有形式。但是如果它没有形式,它就不是一实体(ousia),因为一实体(ten ousian),必是某种个别的事物,而个别的事物即是被规定的和被限定的;但是不能把太一理解为一个别的事物:因为那样的话,它就不是始源,而是你所说的那所是的个别事物……由于它不是任何的存在物,因此它超越于它们之上。但是所有这些事物都是存在物,是是/存在(tauta de onta kai to on):因此它是'超越是/存在'(epekeina ara ontos)。'超越是/存在'这个用语为是指它是个别事物——因为关于它没有任何肯定的暗示——它无以为名,然而它暗示的一切都指出它'不是这一个'。"① 因此,"那超越者在它生下活动前不活动;因为那样的话,活动会在它存在前已经在那里;在它生下思想前它也不思

---

① Plotionus, *Ennead* V. 5. 6. 5; 5. 6. 10 – 15, English Transalted by Massachusetts: Harvard University Press, 1994.

想；因为那样的话，思想会已经在那里。"① 普罗提诺认为 ousia 和 to on 是可以互换的术语使用的，这是希腊化哲学的一个特征。希腊化哲学更多地注意一元多层的本体之间的关系的描述，而不是如古典希腊那样注意术语之间的分辨。在普罗提诺看来，太一是不可言说的，甚至在逻各斯之外，它不属于任何的存在物，不内在于存在物，因此不是是/存在。普罗提诺的这种否定性的神学思想对于后期的基督教神学是重要的，因为卡帕多西亚教父更喜欢本质相似的概念含义似乎表明了这一点。

然而，普罗提诺又认为，太一或至善与是/存在是一种相互内在的关系，因为太一不可能是非存在，必定是存在。在这一本体论层面的意义上，普罗提诺与卡帕多西亚教父分享有更多的共同术语，如前面提到的 ousia、dynamis 和 energeia。这也是接下来要讨论的普罗提诺的肯定神学方面：上帝经世的主题。普罗提诺在讨论至善、太一和是/存在的关系时这样说，"就这一本性，即归于它自身和成为它自身而言，这就是善。在这个意义上，善完全可以说是我们自身的；因此我们不能从外部寻找。如果它落在是/存在的外面，它如何可能是/存在（tou ontos）呢？或者如何可能在非是/非存在（me onti）中讨论它？但是，显然它是在是/存在（on）中的，因为它不是非是/非存在（me on）。但是，如果善是存在并在是/存在（tou ontos）之中，那么显然每个个体就在他自身里面。我们不可能脱离存在（ta onta），而是就在它里面，它也不可能离开我们：因为万物是一。"② 它是如何从这种纯一或者说纯是/存在的角度反身为这种与是/存在的关系的呢？普罗提诺把这一点归结为太一的自我凝视。太一从一个纯一的如同"点"一样的存在，演变出神性本体的"共同体"，在基

---

① Plotionus, Ennead VI. 7. 40. 30.
② Plotionus, Ennead VI. 5. 1. 20–23.

督教三位一体神学中就是"团契"的意义。普罗提诺说,"既然他是最高的,因为可以说他坚守自己,也可以说他凝视自己,所谓的他的存在就是他凝视自己,事实上,他造就了他自身,他的所是不是偶然发生的,乃是他所意愿的,他的意愿不是随意的,也不是发生的。因为它的愿望是对至善的盼望,所以不可能是任意的。这样一种自我倾向,无论是活动还是静止都在于自身,使他成为自己的所是。如果我们设想一下相反的情形,这一点会变得显而易见。他若是倾向他之外的东西,就会终结自己的如其所是,所以他的如其所是就是他的自主活动,他的活动与他自身乃是同一回事。既然他的活动是与他本身一起生成,获得存在的,那么他就是自己把自己引入了存在。"① 这里一个相关的重要问题是太一的自我相关性与是/存在的关联,正是这种关联将太一引入到关于太一的镜像——理智。这是普罗提诺与中期柏拉图主义很不相同的地方,中期柏拉图主义把理智放在第一神的地位,因此以中期柏拉图主义为哲学基础的奥利金和阿他那修都认为第一神是理智(努斯)。然而普罗提诺不这样认为,它把一个完全超越的太一置于理智之上,并让太一与是/存在的相关中引入理智的层面。这引出了一个有意思的关联:on 作为理智和太一的内在性,on 又是从太一中引导出来的,不存在于太一之外的,而太一在成为那个它自身所是的指向关联域时才显现出来的。这样,学者们通常所认为的太一的下降并不真是那种实在性的降低,反而是那超越的太一要成为经世的理智的意指,就是太一反身的那个"看"。② 正是这个"看",把"经世"作为救赎的事务表达了出来。这里的"看"是重要的,在我的理解中,"看"

---

① Plotionus, *Ennead VI.* 8. 16. 20 – 30.
② John Bussanich, *The One and its Relation to Intellect in Plotinus*: *A commentary on selected texts*, p. 34. Leiden: E. J. Brill, 1988.

是经世之最初的成因，是最初的经世，体现出"是/本体"内部"安排/排列"的特征。经由这样的"看"，不只是纯一，而是世界，即具有多的存在。"看"的重要性体现在由纯粹的内在性或者自我性进入到一个关联性的域限之中。① 对于卡帕多西亚教父来说，这个"看"说明内在性开出的"经世"之道，是从超越性而来的"经世"（神性内部的自我布置或安排），清楚地表达出一个上帝寻找世人的经世，而不是如柏拉图主义经常会表达出来的人的自律的道德诉求，尽管他们的思想中也深刻地包含着这种自律与灵修的关系。因此，以内在性的角度，经世的含义不是被限制了，而是被大大地拓展了。经世完全从不同的角度得到了理解，这就是内在三一之于经世神学的重要性和独特性。

有意思的地方还在于，这个"看"把太一理解为一行动（dynamis）的本体（hypostasis）（在卡帕多西亚教父看来，就是行动的位格）。这也把新柏拉图主义与中期柏拉图主义区分了开来。柏拉图和中期柏拉图主义秉承的基本思想是，至善或努斯是静止不动的神。然而，当新柏拉图主义把太一高高地放在万物之上，作为不可知的神［上帝］存在时，它一方面将太一看作是一个真正的非理性主义的神［上帝］；另一方面，由于作为经世的太一——理智的临在与世界的基本关系，太一又成为一个主动的行动着的看顾着的神［上帝］。这两方面同在于一个体系内似乎是矛盾的，它却缓解了柏拉图《蒂迈欧篇》中含糊其辞的神学本体论。将柏拉图的静止的神［上帝］带入到行动的神［上帝］，尼西亚后期的教父们更能看到上帝的超越性中蕴含的经世特质。实际上，上帝作为三位一体的上帝本身就已经表明了经世的性质，这与犹太教、柏拉图及中期柏拉图主义都是有很深的区

---

① 圣经上也有类似的关于"看"的表达。上帝说："要有光。"就有了光。上帝看光是好的，就把光暗分开了。（《创世记》一章 3-4 节）

别的。作为三位一体的上帝，是因为它把行动带入到团契的上帝观念之中。普罗提诺的这一贡献，使卡帕多西亚教父意识到内在三一提供给经世三一的支点。"我们也不必惴惴不安地想，这首要活动没有本体（ousias），而要把这事实当作他的存在来看待。人若设想一种毫无活动的存在，那么这原理就是有缺陷的，尽管它是一切不完全中的最完全者。人若加上活动，就不可能再保持太一。倘若活动比本体更完全，而首要者是最完全的，那么首要者必就是活动。因此他在活动中就已经是这首要者了，以下的事是不可能存在的，即他在自己生成之先。他不是在生成之先，乃是自己生成。可以肯定，不从属于本体的活动是纯粹的，完全自由的，这样，他自身就是从自身而来的自身。实在的，倘若他是藉着他者而保持在是/存在（being）中，那么他就不可能是出于自身的首要的自己。倘若可以说，他与自身是完全一致的，那么他既是自身，又是把自身领入是/存在的人，因为他靠自己的本性团结一致的东西就是他起初所造成的东西。"[1] 太一的活动是出自于本体自身的，他出于自身又被说成是完全超越的，是因为这种活动就是是/存在之为是/存在的共同体。因此，在共同体里面，存在着完全的现实性，这是太一所造的万物不可能充分领会的。也就是说，在经世的某个支点上，太一［上帝］依然保持着对于人的绝对缄默，他是绝对的自我存在者，不是智性所可以察看的。

　　普罗提诺的本体论思想提供给基督教神学的不单纯是一与三的关系的模式，还指出了一条由内在而经世的道路。这应该是柏拉图主义传统中非常隐在的传统，即智性主义的追求与经世的关系，而其结果必然是内在性而非经世。这样一种神哲学必然关注太一［上帝］的本性或者说神格，而不会是作为人的对象的上

---

[1] Plotionus, *Ennead* VI. 8. 20. 10–20.

帝认知。在普罗提诺的思想中,内在性不是完全被限制的封闭性,它藉着"看"在其他的存在物里面,尤其是三个本体原理如何相互性地"在"的关系以及这种交互性关系如何"在"作为上帝的的形像中。从这个角度来说,"内在"就是"经世"。这都是从神圣三位格之间的相互"在"的关系与三位格与人的相互"在"的关系来理解的,包含着相互寓居的关系和观念。卡帕多西亚教父把它发展成为基督教三位一体神学的一个基本观念,成为希腊神学传统的引人注目的方面。

三

我现在要进一步分析中期柏拉图主义和新柏拉图主义关于第一本体的看法上的分别。中期柏拉图主义认为,"理智"是第一神[上帝],逻各斯是第二神[上帝]。① 在这一观点上,奥利金也持中期柏拉图主义的观点,把中期柏拉图主义的理智[努斯]作为第一位格的父,② 在这一点上,阿他那修也沿袭了中期柏拉图主义的传统,他把理智作为第一位格的父。有学者注意到在这一理论上柏拉图和柏拉图主义者对于阿他那修的深刻影响。③ 在《蒂迈欧篇》中,柏拉图反复地把可理智的世界称为相的世界,一个活的存在。因此,他把神[上帝]在内的在存在称为理智的生物(to……periechon panta hoposa noeta ksoia)④,称

---

① 中期柏拉图主义者基本上都持这样的立场,例如 Eudorus of Alexandria (p. 136)、Plutarch (p. 200)、Albinus (p. 281) 和 Numenius of Apamea (p. 363),括号中的页码均指 John Dillon, *The Middle Platonists*: 80B. C. to A. D. 220 一书的页码。

② 我曾就奥利金的这一神学思想作过专门讨论。参看章雪富,《基督教的柏拉图主义:亚历山大里亚学派的逻各斯基督论》,第259—266页。

③ 参看 E. P. Meijering, Orthodoxy and Platonism in Athanasius, Synthesis or Antithesis, pp. 134–136。

④ Plato, *Timaeus* 31a.

相的世界是独一无二的、完善的生物（panteles ksoin）。① 在《智者篇》中，柏拉图称存在领域即相的世界既有生命又有理智。② 作为对柏拉图和中期柏拉图主义的呼应，阿他那修反对这种观点，即上帝有着像人一样的自由意志，因为上帝的本质是绝对的理智。如果说上帝也有着自由意志，那么这样会模糊人与上帝的界限。由此，我们可以理解阿他那修强调"本质同一说"的哲学意图。

表面上看，"本质同一"是要将父与子的相互关系的外在性确定为一种内在性，或维系为一种内在性，彻底地排除阿里乌主义的"子非与父是同一位上帝"的观点。然而，实际上，"本质同一"与理智存在是严格的相关性的。显然，阿他那修意义上的"本质同一"只能理解为当父和子处在同等理智领域即"存在/是"或本体意义上时，"二"成全为"一"才是可能的。就是说，理智与 ousia 是交互说明的两个术语，它们由此扩展至"一"的自我相视关系。这限定了"出生"一词在神圣 ousia 上的使人，与人的出生区别开来，因为在理智领域内的"出生"，是"是/存在"的自我关系，是非时间性的关系。这是阿他那修所说的，教父们意识到阿里乌主义者及欧西比乌派特别狡诈之处后，为与他们明确区分开来，就将"从上帝而生的"的意思准确地表述为"从上帝的本质而生的"，避免将圣子与从上帝而造的万物理解为是一致的或一样的。从理智、本质和出生三者的相关性而言，只有道是从上帝而生的，其他万物是上帝的造物，它们不具备从理智、本质和出生三者关系所理解的"本质同一"。就世界万物而言，说它们是"从上帝而生的"是从它们不是偶然或自发出现的，也不是随意出现的，而是因着道，来自于上

---

① Plato, *Timaeus* 31b.
② Plato, *Sophist* 248e – 249b.

帝,成为存在。然而若就道而言,重要的是要注意到圣子是一个"从上帝的本质而生的",在后者的意义上,没有其他事物与他等同。① 阿他那修的论证表明,圣子与所有从上帝而生的万物是不同的。区别不单纯在于受生和受造的方式,甚至即使圣子是受生的,他仍然是上帝的主动的自我相关的本质关系,而不是被动的、有待成为存在的潜在存在。阿他那修又说,既非万物与圣子一样,亦非圣子只是万物的一个,因为圣子是主上帝,是一切的创造者。尼西亚会议明确表明圣子与圣父本质同一,他是唯一的真正从上帝所生的,高于一切受生的事物,没有给那些不敬的人留下任何借口。这是尼西亚会议写下"从上帝本质而生"的原因。②

阿他那修分别从圣父和圣子两个角度阐释了"本质同一"的神学意义。首先,他明确指出,受生与同一性有重要关系,因为受生与本质/本体这个术语相关;其次,受生之与同一相关是说受生与理智领域相关。这是一个柏拉图主义的思想,它引出了非时间性/永恒性的问题,是对于奥利金的"永恒出生"的进一步解释。在柏拉图主义传统里面,理智关系是非时间性的关系,ousia 反过来能够说明与理智和受生的关系。受生看起来有一个开端,却是以永恒为开端,是以开端为开端的"是本身"。第三,阿他那修认为,"受生"与"受造"之区别在于,受生是一种主体性的原理,与受造是被动性的、承受性的说明是不同的。因此,在"本质同一"中,体现出的是圣父和圣子互为主体的关系,这就是"同等"的意义了。

我们还可以作进一步分析。就本质与理智及出生的关系而言,阿他那修讲"本质同一"是从圣父与圣子的神性连续性来

---

① Athanasius, *De Decretis* 5.
② Athanasius, *De Decretis* 5.

理解的,"同一"强调了"自我"成全的关系。它固然来自于父,然而不被理解为空间关系,因为空间很可能被理解为间隔。如果说空间,那也是连续体的性质,而不是一种个体性存在的相互寓居。因此,阿他那修在解释"同一"时指出,"同一"是通过圣子从圣父而生的方式,他不仅仅只是像,而是完全一样,而且他的像是完全的和不变的,与我们只是像的影像完全不同,我们能够成为上帝的影像必须以我们遵守上帝的诫命为基础。因为,相似的身体可以分开,并形成距离,正如人间的父母与儿女一样;但圣子从圣父的生出却与人是不一样的,他不仅相像,而且与圣父的本质是不可分离的,并且圣子与圣父为一,他论到自己时也是这样说的,甚至道就是圣父,圣父就是道,正如光线与光源一样。尼西亚会议准确地把握了这一点,将它表述为"本质同一",有力地打击了异端的顽固不化,表明圣子与其他受生的东西是不一样的。为了防止阿里乌派和欧西比乌派躲避这种打击,教父们又加上诠释性的语言:"大公教会反对一切说'圣子是从无中创造出来'、'是受生的'、'是可变的'、'是上帝的工'、'是从上帝之外的本质而生的'的人"。认为"(圣子与圣父)是本质性的,是本质同一的",对于阿里乌派所坚持的"受造的"、"工"、"受生的"、"可变的"、"在他出生之前是不存在的"等限定词作了毁灭性的打击。[①] 阿他那修把"相似"观念与"空间"联系在一起是值得注意的。所谓"空间",在三位一体中是重要的。为了弥合空间所形成的间距思想对于本质同一性的冲击,阿他那修更强调"同一"之于"本质"的意味,"本质"被展示为一种连续体,而不是表述为原先希腊哲学的有着个体性意含的 being。无论在柏拉图还是亚里士多德哲学中,being 都与具体的形式或相连接在一起,是具体性的存在。然而,阿他那修

---

① Athanasius, *De Decretis* 5.

并不强调这一点。从这一点来说他的思想是非希腊的,与拉丁的诸如德尔图良强调本质同一的思想有着重要的呼应关系。

阿他那修阐释了"受生"一词与圣父和圣子两词所蕴含的不可分离的共同体关系。这到底是什么意思呢?正如阿他那修自己所言,人的出生可以意味着是个体之间的联结的分离,是个体与个体的关系。那么圣子从圣父出生,尽管 hypostasis/person 也是表述个体的,却又不是表述个体的分离,而是个体之间相互"在"对方之中。学者们注意到阿他那修关于 ousia 思想的特殊性,尽管作如此的细致辨析非常困难。正如 Stead 指出,阿他那修在以光与光线比喻圣父与圣子的关系时,不是因为它单纯地包含两个位格。因此,在这个联结关系中,本质同一不是暗示"一个个体存在"的意义,意味着位格间的区分被取消。它也不是表达这样一个事实:父与子共同构成纯一的本质。他使用"本质同一"毋宁说是指"存在的完全的未断裂的连续"。神圣的父与子的交通,不只是形式的特征,也不是指他共有他部分的神圣生活,而是指他享有父的全部灵性存在,一切他有的和他是的。① 阿他那修关于本质同一的思想旨在于消除位格/个体性思想可能带来的间隔性误解,"本质同一"当然包含个体的关系,但是不是如通常所理解的有着空间性位置感的身体之间的个体关系,而是在永恒性中的如柏拉图主义者通常会说的形式与形式的结合关系。这个思想的合理性在于澄清了他与阿里乌主义、欧西比乌的区别,但是另一方面,也是更关键的是说明了"在"(being/ousia)在位格中的关系是什么意思。

这就是"相互寓居"的思想。"相互寓居"的术语虽然是以后发展出来的,但是阿他那修确实已经试图在做出解释。他在解释"他本有上帝的形像"以及"父在我里面"的经文时说,这

---

① Christopher Stead, *Divine Substance*, p. 263.

不是说它仅仅只是部分的神性的形像，而是说圣子是圣父的神性的充分形像，他是完全的上帝。圣父本质的恰当表达就是圣子，圣子所创造的万物就是圣父的工，因为圣子就是圣父的神性的形像，是它创造了万物。看见圣子，也就看见了圣父；因为圣子在圣父的神性中，并且他是在圣父的神性中才被思考；而且，在他里面的圣父的形像也表明了圣父在他里面，因此圣子在圣父里面。在圣子当中的从圣父而出的特性及神性也表明了圣子在圣父里面，与圣父不可分开。谁听见和看见了关于圣父的东西，也是属于圣子的，这不是通过恩典或参与才加到圣子的本质上的，因为圣子的存在本身就是圣父的本质的恰当的后裔。圣子就是如圣父所是，因为他具有圣父一切所有的东西。他就总是暗含着圣父。信子的，也就是信父；因为他所信的，就是恰当的圣父的本质，也就是信了同一个上帝。因此，当圣父被称为独一的上帝（only god），我们就明白了它就是一上帝（one God）。他说："我是我所是"，"除我之外没有别的上帝"，"我是始，我也是终"，这都是恰当的意思。因为，上帝是一，是唯一，是第一（God is One and Only and First）。这并不否定子的存在，因为他就在那个一、唯一和第一中，他就是独一的道、智慧和光芒。他也是那个第一，具有那个作为第一、唯一的上帝的充分的一切，是完整的和完全的上帝。这不是站在圣子的角度来说的，而是要否认在圣父和道之外还有别的存在。① 这回到了有关本质同一的追问上，回到一与空间或者说位格所带来的基本关系上。阿他那修的意思是指在"一"这样的优先性中，关系不表现为位格的间距，而表现为位格的连续。这也是基于他关于 ousia 一词的基本理解：ousia 既不是关系，也不是实体，而是父与子之间的相互言说。这实在是很不同的进路，既不是卡帕多西亚的 ousia 是

---

① Athanasius, Discourse III *of Four Discourses Against the Arians*, 23.

关系的思想，也不是奥古斯丁的实体性 ousia 思想。

但是，阿他那修的思想确实与拉丁教父包括奥古斯丁的三位一体神学有重要的相关性。这个相关性就是在圣父与圣子作为名上的相关性与作为实体上的相关性的关联上。在中世纪的唯名论与唯实论之争前，如阿他那修和奥古斯丁这样的更多古典地运用名与实的思想家，更倾向于或者根本就是强调两者的合一关系。既然圣父必然意味着圣子，名必然意指着实体的关联，名的关联就是实体的关联。由于父与子的关联不是可以分离的关联，因此圣父和圣子作为实体在永恒中就不是被分离的实体性原理，这必然就返回到关系性的实体的意义上。所谓关系性的实体既不是指非实体，它当然指的是实体；又不是由多个实体所产生的外在关联，因为它本身就是一个实体内的关联。因此后来，奥古斯丁特别强调圣灵作为圣父和圣子之间的关系性，这是在肯定实体的基础上才会形成这样的思想的。在阿他那修那里，相互寓居的思想不是从位格性的关系所形成的实体性关系，而是从实体形成的关系性之相互内在。

第二节 卡帕多西亚教父的上帝观和新柏拉图主义

我现在要来论述卡帕多西亚教父和新柏拉图主义的关系。我已经提到 Rist 关于巴西尔与普罗提诺的研究，他认为在讨论早期巴西尔与新柏拉图主义的关系上要持审慎态度，在此前提下，他不否定两者之间确实存在文本的关联。这种研究还被扩展到关于尼撒的格列高利的研究上。学者们在普罗提诺到底多大程度上影响了格列高利之受新柏拉图主义影响的争论，不过他们有一个基本的共识是，认为普罗提诺之于格列高利的影响要大于前者之于巴西尔的影响。这里，我们备以格列高利为个案论述新柏拉图主义与卡帕多西亚教父的关系。

一

William Ralph Inge 在他的吉福德讲座（Gifford Lectures, 1917－1918）中说，希腊主义没有因基督教的兴起而泯灭，相反它在基督教会内部得到保存。基督教神学思想之火依然在普罗提诺的祭坛上燃烧，因为教会神学仍然是新柏拉图主义的。① 有些学者如 Michael Azkoul 则持更保守的立场。一方面，Michael Azkoul 认为普罗提诺确实对于格列高利有十分重要的影响，如果没有普罗提诺，早期基督教神学就不是现在所看到的那样。另一方面他又说新柏拉图主义思想家之于教父们的影响，并不是如学者们所想像的那样巨大，即并不是在教父们的思想塑造中起着决定的作用。学者们由于过分强调普罗提诺的影响，却没有充分意识到格列高利本人为基督教神学所提供的卓越洞见。②

Michael Azkoul 尤其指出普罗提诺与格列高利在三一神学思想的差别。这个主题与我们直接相关，需要仔细地加以说明。第一，他认为普罗提诺的思想更容易引出"和子句"的思想，即圣灵从圣父和圣子而出，而不是格列高利的从属论即圣灵从父藉着子而出。换言之，奥古斯丁要比格列高利更接近普罗提诺。Michael Azkoul 的这一个观点令人吃惊。因为通常的看法是格列高利的三一神学更接近于从属论，更符合柏拉图、中期柏拉图主义到新柏拉图主义的介词形而上学，奥古斯丁则没有注意到这种介词形而上学的特征。由于 Michael Azkoul 只是给出他的这个观

---

① Michael Azkoul, *St. Gregory of Nyssa and the Tradition of the Fathers*. Lewiston: The Edwin Mellen Press, 1995, p. 57.

② Ibid., pp. 58－59.

第四章 哪个柏拉图，谁的尼西亚？

点，没有仔细论证，我们无法探知他如何得出这一结论。第二，Michael Azkoul 认为把格列高利看作是普罗提诺式的理性主义者，这是错误的。在他看来，普罗提诺是一个理性主义者，因为他认为普罗提诺式的灵魂阶梯可以直达太一；而格列高利经常被指责说对于神圣的三位一体说得太少。Michael Azkoul 认为这正说明格列高利的观点是否定神学的观点，因为在这些问题上没有得到更多的启示，就应该保持沉默。这还说明格列高利的教会神学关于上帝的认识是不同于普罗提诺的太一的，在基督教神学看来，基督徒通往上帝之路没有顶点，只有在大审判来之前的永恒挣扎。思辨的无限幻想在使徒传统，尤其在圣经中是受到限制的。Michael Azkoul 关于格列高利的这一理解是正确的，然而他关于普罗提诺的理解未必准确。第三，他认为格列高利把 hypostasis 作为位格（person）来看，普罗提诺则不是。因此，在圣父与太一、圣子与理智、圣灵和世界灵魂之间没有共同点，① 在普罗提诺的宗教性文化与基督教的信仰式宗教之间不存在共同点。Michael Azkoul 关于普罗提诺的 hypostasis 看法同样令人吃惊。他注意到柏拉图传统意义上的神［上帝］是一个非位格性的至善，这当然是无疑的，他据此认为普罗提诺的 hypostasis 与 person 丝毫无关却令人费解。

相比之下，另一位学者 Anthony Meredith 的观点要更准确一些。Michael Azkoul 确实注意到普罗提诺与格列高利的区别，当基督教神学日渐形成位格上帝的思想时，他提醒我们注意它与希腊思想的张力。然而他也犯了一个致命的错误，他没有以同样的发展的观点来看柏拉图主义传统的变化。从柏拉图、中期柏拉图主义到新柏拉图主义，希腊主义的思想语境发生了重要

---

① Michael Azkoul, *St. Gregory of Nyssa and the Tradition of the Fathers*, pp. 59 – 61.

变化。如果说柏拉图的语境是一个纯粹古典的本体论语境的话，那么中期柏拉图主义显然已经把柏拉图的思想教条化，即系统化、教义化和形式化。然而，即使在这个时期，基督教都还没有出现，中期柏拉图主义主要还是思想的语境，而不是神学的语境。尽管这中间已经有些人例如亚历山大里亚的斐洛，他作为一个犹太教的思想家已经将柏拉图主义发展为一种神学的要素。然而到新柏拉图主义，情况发生了根本变化。柏拉图主义成了一种神学，是与日渐强大并成熟的基督教相互对峙的关于柏拉图思想的宗教性建构。我们固然无法知道，普罗提诺在思考柏拉图思想时，是否确实地以基督教为假想敌人，然而我们确实知道，在那个时代，已经不存在如希腊古典时期那样的纯粹的哲学形态，本体论是基于神学的要素作心理学的追溯的。在这一点上，普罗提诺已经远远越出了柏拉图和中期柏拉图思想的藩篱。

Anthony Meredith 在论述卡帕多西亚与普罗提诺的关系时，从卡帕多西亚教父所基于的神学处境以及对于新柏拉图主义的相互回应的思想空间出发，充分评估了新柏拉图主义与基督教神学的可能存在的相关性。他观点中最重要的地方是认为卡帕多西亚教父意识到尼西亚神学的两个极端，即玛尔塞鲁斯和阿里乌主义。玛尔塞鲁斯是极端的本质同一论者，阿里乌则是一个相似论者。尼西亚教父尽管意识到玛尔塞鲁斯与阿他那修的不同，然而他们还是认可了他的正统性，这却是东方教父所不可能接受的。[①] 卡帕多西亚教父作为后期尼西亚教父的代表人物，他们没有采用欧西比乌的方式，后者试图通过明确与拉丁教父及阿他那修的张力以清楚地显出三位一体神学中神圣位格的区别。卡帕多

[①] 我们曾在《早期基督教的演变及多元传统》中作过讨论，这里不再赘述，参见第 247–253 页。

西亚教父则试图通过解释本质同一这个术语来表明父与子的完全神性和父的关系。[①] 在这一点上,卡帕多西亚教父与阿他那修存在明显的区别;也正是在这一点上,卡帕多西亚教父与普罗提诺有共同的思想道路。

卡帕多西亚教父与普罗提诺思想的共同出发点是君主制的三一论,父是三一神的首因。君主制的思想在柏拉图那里并不非常清晰,中期柏拉图主义以及受它极深影响的奥利金则已经形成了这个基本思想。阿他那修也持类似的看法,然而他以基督论为中心缓解这种经世思想中的从属论特征。新柏拉图主义继承了这个传统,并从新从属论的角度强化了君主制的三一论观点。所谓新从属论,首先在于新柏拉图主义强调太一作为父乃是万物之"因",是理智和世界灵魂的"因"。与中期柏拉图主义和奥利金不同的是,甚至与阿他那修不同的是,在普罗提诺看来,原先柏拉图主义传统中的"产生"以及从"产生"所理解的"本质"是从"关系"的角度来理解的,当然,所谓的"关系"还带有原先的"实在性"下降的意思。但是,把实在性下降与"关系"的概念维系在一起,与把实在性下降与仅仅是至善维系在一起有根本的区别。把实在性的下降与至善联系在一起,就产生了传统柏拉图主义的立场:随着实在性的下降,善的本性也在下降;随着善的实在性程度的不同,恶的可能就会显现出来,尽管未必立即显现为恶。然而,把实在性下降与"关系"联系起来,则是说至善显现在诸善之中,而任何诸善未必就是至善,却仍然是完全的善。这是普罗提诺在"论永恒与时间"中所阐释的三本体原理即太一、理智和心灵的在善性完全,却在善性显现方式上不

[①] Anthony Meredith, *The Cappadocians*. Crestwood: St Vladimir's Seminary Press, 1995, p. 103.

同的创见。① 这一点为卡帕多西亚教父尤其是拿先斯的格列高利所接受。他从这个角度出发对三位一体神学作了极富创造性的说明。

普罗提诺极为重视三一原理的位格"间性"。这种位格"间性"是与从属论有关系的,尽管一方面如学者们注意到的这种从属论与卡帕多西亚的从属论是不同的。一方面,卡帕多西亚教父既然以尼西亚信经为前提,也就是接受了一个基本思想:本质同一的含义被解释为三位格神性同等的基本含义,普罗提诺则基本上还是停留在神性从属的程度上。另一方面,正如 Anthony Meredith 注意到的他采取了类似于普罗提诺的观点,即神性体现为三位格之间,而不是在一实体中。② 在这一点上,卡帕多西亚教父的神学体现出普罗提诺的"间性"观念,而与同样接受新柏拉图主义,在三位一体神学上继承拉丁传统的奥古斯丁有重要区别。为了分析卡帕多西亚教父和奥古斯丁的三一神学的哲学渊源,有必要深入分析普罗提诺的本体论思想。

二

普罗提诺关于本体论的思索主要集中在太一、理智和世界灵魂三者的关系上,它们通常又被拿来类比基督教三位一体神学中的圣父、圣子和圣灵。学者们从这个角度来比拟普罗提诺和三大教父的三一论是相当外在的,是将两种不同语境中的思想类比以发现其相互影响的可能性。然而这样做,可能既没有给出普罗提诺的哲学本体论的精髓,也不足以帮助我们理解卡帕多西亚教父

---

① 参看 Plotinus, *Ennead* III. 7. 1-6。有关普罗提诺的《九章集》的引文均采用石敏敏译的版本。普罗提诺,《论自然、凝思和太一》(石敏敏译),中国社会科学出版社,2004 年;《九章集》(精选本)(石敏敏、章雪富译),香港道风书社,2005 年。

② Anthony Meredith, *The Cappadocians*, pp. 103-104.

第四章 哪个柏拉图，谁的尼西亚？

从普罗提诺思想中所获得的影响。诚然，在中期柏拉图主义思想中，这种一元三层的体系显得十分重要，几乎可以看成是其思想的主要部分。因此，中期柏拉图主义与柏拉图哲学一样体现出"老"从属论的色彩。所谓"老"从属论显然是指强调本体的关系及区分与实在性下降的关系。当然柏拉图和中期柏拉图主义都认为下降不是创造的关系，而是生育的关系。奥利金的三一论深得这种"老"从属论的根本，阿他那修以尼西亚神学为前提，以本质同一思想为起点，改正了这种"老"从属论，而强调圣父、圣子和圣灵之神性实在的同等性。然而，他未能以原先的柏拉图主义的术语表达出位格之于同等性的含义，他是从 ousia 的角度表达出同等性的含义的。从这个角度来说，阿他那修的三位一体理论存在着神学上的缺失，尽管这与信仰上的缺失是两回事。

相形之下，普罗提诺的思想可以看作是一种"新"从属论。长期以来，西方学者的研究都未能充分地注意到这一点。只是二十世纪八十年代以来，学者们开始注意到普罗提诺本体论思想的从属论与中期柏拉图主义的区别。普罗提诺的本体论思想的焦点主要在太一和理智的关系上，而不是世界灵魂的问题。从中期柏拉图主义的观点看，可能会认为普罗提诺也是持太一和理智之间的实在性下降的观点。然而，普罗提诺关于太一和理智关系的论述要远比我们的"哲学常识"细致得多、微妙得多。这为我们观照受过普罗提诺思想影响的卡帕多西亚教父的位格思想提供了极好的切入点。

在《九章集》中，讨论太一和理智关系的章节主要有 V. 4 [7]. 2；V. 1. [10]. 7. 1-26；V. 6 [24]. 5. 1-6. 11；III. 8 [30]. 8. 26-11. 45；V. 5 [32]. 7. 31-8. 27；VI. 7 [38]. 16-17；VI. 7 [38] 35. 19-36. 27；VI. 8 [39]. 16；V. 3 [49]. 11. 1-18。在这部书中，我们不会专门讨论

他的所有这些段落的具体论述，这需要专门的研究。① 我们只依据他的主要思想来阐释太一和理智的关系，并且限于那些与卡帕多西亚教父可能有着关系的思想片断。

既然 Rist 证明圣巴西尔的《论圣灵》中直接引用过《九章集》V.1，那我们就从这一节入手。当然，可以肯定的是，巴西尔不可能只读过这一章节，而没有读过普罗提诺的其他文本，尼撒的格列高利就非如此了。这里，先把《九章集》第五卷第一章第 7 节的全部内容引出来，以作进一步分析之用。

> 我们说，理智是至善的影像（eikona）；对此，我们必须作进一步阐释。首先，我们必须说明，凡生成的，必在某种程度上分有了至善，保有至善的大部分，是善的影像（homoioteta），就如光之于太阳。然而，理智并不就是至善。那么至善是如何生育理智的呢？它因回归至善而凝思至善，这凝思就是理智。② 理解别的事物的事物，要么是感知觉，

---

① 可参看 John Bussanich, *The One and its Relation to Intellect in Plotinus*, Leiden: E. J. Brill, 1988。

② 有些学者认为，这个句子里"eora"的主语是太一或至善，因为前一句 genna 的主语就是太一或至善。亨利和舒维兹接受这种看法。这样，这个句子的意思是说，"太一藉回归自身而凝思，这凝思就是理智。"但是把理智简单地等同于太一的自我凝思，这与《九章集》里谈论的二实体之间的关系并不一致，而且在我看来，普罗提诺绝不可能讲过太一"回归"自身，自我凝思就是多中的一，就是理智。在他的思想中，太一绝不可能与自身或与多有丝毫分离。普罗提诺随即发展出了两终极之间的神秘关系的思想（显然坡菲利承继了这一思想），由此我们也可以得出类似的结论。若没有比这段模棱两可的话更明了的证据，我们当然不能对普罗提诺的思想作牵强附会的理解。因此我们〔包括克莱尼格（Cilengo），恩格尔（Igal）和其他一些人〕认为可以对主语作大胆改变，把普罗提诺的意思理解为：理智藉回归或凝思太一而构成自己。——英译者注

要么是理智;(感知觉是一条直线,等等)① 然而圆是可分的,理智却不可分。还有太一也是。太一是生产万物的能力,这生产能力生产的事物就是理智观照的对象,在某种程度上可以说,理智是从这种能力中分离出来的,否则它就不是理智了。因为理智是生产实在的能力,同时还在自身里面感知这种能力,因此可以肯定,理智可以藉源自太一的能力,自己规定自身的存在;由于它的实体属于并源于太一的独立部分,因此它因太一而强大,并因太一而得完全,从太一得本质。理智从自身——就如从某种源于不可分之物的可分之物——了解生命、思想和万物无不出于太一。因为那神不是万物中的一个,而是万物的源泉,他不受任何形相限制。太一是纯粹的一,否则,他若是万物,就要坠入存在者行列了。正因为如此,太一不是理智事物中的任何一个,而是所有理智实在的源泉。理智实在都是实体性的存在,因为它们都是确定的,各有自己的形相。可以说,存在不可能在不确定中流动,它必因界限和位置而是固定的。智性领域的确定就是界限和形状,有了这些,才能接受存在。我们正在谈论的理智就是属于"这种血统",② 最纯粹理智的一种血统,它不可能出于其他地方,首要原理是它的唯一源泉。理智一旦进入存在,随即就在自身内产生全部实在,全部相的美和理智神。它生产了满满当当的存在者,又仿佛将它们全

---

① 这里我们不必认为文本有损,我们可以设想,普罗提诺只是提醒读者他们所熟悉的一个比喻,感知觉如线,理智如圆,而太一就是圆心。(这些早期文章只是在少数几个亲密朋友之间传阅。对他们来说,这种简短阐释足以说明问题。对照坡菲利《生平》第4章。)——英译者注

② 出自《伊里亚特》6.211,柏拉图用来描述他的理想城邦中民间冲突的产生(《九章集》VIII. 547A4-5)。令人吃惊的是,普罗提诺记得许多柏拉图用语,但往往忘记它们的出处,这里又是一例。——英译者注

部吞噬，保有在自身里面，因为它们并未坠入质料，也不是在瑞亚（Rhea）的屋里长大。正如诸神的奥秘和神话隐喻的，克洛诺斯，这个最智慧的神，在生宙斯之前，先把他生育的一切收了回去，并保有在自身之中。因此神是充盈的，理智也因此而饱足。奥秘和神话又说，在此之后，克洛诺斯生育宙斯①；理智生育灵魂。因为它是完全的理智。理智既然是完全的，它不得不生育；既然它是如此的一种大能，不可能没有后裔。但是它的后裔不可能比它优秀，（即使在下界也不可能），而是比它略逊一筹的影像。② 而且，这种影像本身是不确定的，它的确定性来自于父，也可以说，父赋予它形式。理智的后裔是一种理性的形式，是现存的存在者，也是推论式的思考者。这种存在者③围绕着理智运动，是理智的光和印迹。一方面，它依赖于理智，与理智合一，因此充满、享受、分有、思考着理智；另一方面，它又与它后面的事物密切相关，或者毋宁说，它生产了必然比灵魂低劣的存在物。关于这一点我们将在后面讨论。④ 关于神圣实在我们就谈到这里。⑤

普罗提诺的长篇论述有几点值得重视，它们与卡帕多西亚的三一论直接有关。首先，普罗提诺重视太一和理智的相似性，把

---

① 即他的"Koros"，意思是孩子和饱足。——英译者注
② 普罗提诺始终认为，产品或后裔必然比生产者或父亲低劣，这里也是这样认为。这种观点源于我们在这个世界的经验。但是难道他也认为自己比他父母低劣吗？——英译者注
③ 即灵魂。——中译者注
④ 《九章集》1章2节，第13页。——英译者注
⑤ Plotinus, Ennead V. 1. 7, *English* Translated by A. H. Armstrong, Massachusetts: Cambridge University Press, 1984.

这种相似性归结为太一/理智和原型/形像的关系。这里，普罗提诺连续使用了两个术语，即 eikona（影像/形像/image）和 homoioteta（影像/相像/相似 [likeness]）。比较受中期柏拉图主义影响甚深的奥利金，发现他们有相当的不同。一方面，奥利金也使用 eikona；另一方面，他使用 homoousia 表述逻各斯 [基督] 与父的关系，而不是 homoiousia。普罗提诺使用这两个术语表示什么意思呢？这就是我们所要说的第二点。他在强调理智拥有父 [太一] 的本质且完全自足时，说"因太一而得完全"，又说"理智来自太一的部分"。这里似乎存在某种矛盾。既然理智是完全的，那就意味着在共同具有的 ousia 上，他们应该是同一的。然而又说理智是来自于太一的部分，似乎又是在表明 homoioteta 的意思，即正如存在于太阳/阳光之间的相似性，同样在太一/理智之间也存在相似性。这种相似性当属完全的相似性，然而是相似性，虽然不表示本质的缺失。在这一点上，eikona 和 homoioteta 是 homoousia 的意思，当卡帕多西亚教父试图强调圣父和圣子之间的完全一致性时，所取的完全是尼西亚神学的立场。然而，普罗提诺又说这只是一种相似性，那么这是什么意思呢？普罗提诺在另一节论述中说得更清楚，"它既触及了他，并依靠着他，由此而言，它该是理智，因为它从他得了所是，使它成为理智。因此，正如一个圆，圆周上的各点都与圆心接触，我们可以说，它从圆心得了权能，在某种意义上有了圆心的形式，因为从圆周引出的半径都伸向同一个圆心，使它们的终点都在圆心上，所以，可以说它们被带向圆心，也可以说，它们从圆心伸出来，但圆心在比例上比这些半径和它们的终点更大——终点与那圆心相像，但只是它幽暗的像，因为它有权能生出它们，也有权能生出线。圆心的这种相像通过线显现出来，似乎它被流溢出来了，同时却又不曾流溢过。我们理解理智-是/存在也必须用这样的方法。它凭藉自己属理智的本性，从那至善生成，就如同从它喷薄出来，进射出来，引申出来，显然，它像太一里面的理智，但太一不是理智，它乃是一。在我们前面所说的例子里，半径和圆都不是圆心，但圆心是圆和半径的父，在它们身上显现自己的痕迹，具有一种生发半径和圆圈的永恒权能，这种生发不是从自身中切除，乃是藉一种力量生出。"① 在这一节中，普罗提诺把隐含在《九章集》V.1.7 的话说得更清楚：理智（noesis）本身是一，然而思想［我们这里最好把它理解为一个动词性名词］（noetou/intellection）却是一种趋向现实性存在的理智性之看，② 即《九章集》V.4.2 所说的"凝视并转向"，也就是 VI.8.18 所说的圆心和圆周上的各点及作为半径的线的关系，作为半径的线类似于生育的过程，即太一的能力之为理智的形式，由这种纯形式，圆周上的点得以成为理智形式之所包含的现实性实在，保有在理智中的个体实在。在这一点上，理智与太一有了区别，理智之形式性存在是包含规定性的实在性的，太一则完全超越了规定性的存在。实际上，只有在理智这一层次的存在中，神性的完全性才是可能的，因为它还没有与物理的世界联系在一起，没有因为与物理世界的关联而在神性上有所丧失。这使得理智与世界灵魂的关系与理智与太一的关系有所不同。

这里需要解释一个基本问题：太一与理智的关系缘何既是本质上完全相同，却又被称为相似？这是理解由普罗提诺到卡帕多西亚教父的关键，后者根据这样的思路，去建构他们的内在三一。为了说明这一点，我们须循着前面的思路，引《九章集》第五卷第四章第二节的内容做进一步说明。普罗提诺在论到理智和太一的关系时，这样说道：

---

① Plotinus, *Ennead*, VI. 8. 18.
② John Bussanich, *The One and its Relation to Intellect in Plotinus*, p.10.

第四章 哪个柏拉图，谁的尼西亚？

如果生产者本身就是理智原理，那么它所产生的必稍逊于理智，但非常接近它，像它。但是既然生产者是超越理智的，那么被产生的就应该是理智了。既然生产者的活动确实是智性的思考，那么为什么它不是理智原理呢？因为思考凝视并转向可理知者，并因此而得完善，因此在一定意义上，它自身像凝视一样是非确定的，但可理知者使它确定，因此人们说，从不确定的二（Dyad）和太一生出了诸形式和数，那就是理智。因此理智不是单一而是多，它显然是一个复合物，当然是可理知的复合物，并已经思考了许多东西。当然它自身也是一个可理知者，但同时它还作思考活动，因此它已经是二。此外，它既是太一的后代，便也是不同于太一的另一种可理知者。但是这理智是如何产生于可理知者的？可理知者保守自身，无有凝视和思考原理那样的缺乏——我称思考者有缺乏乃是与可理知者相比较而言的，它当然不同于无意识的东西。万物都归属于它，都在它里面，都与它在一起。它完全能够辨认自己，它的生命在自身之中，万物也在它里面，它对自己的思想就是它自身，它藉一种无中介的自我意识存在于永恒的宁静中，它的思考方式不同于理智的思考。① 若有什么东西生成，而可理知者依然守在自身里面，那么它必然就是生成之物的源泉，它虽然产生了新东西但自身保持不变。因此，可理知者永远"以自己专有的方式生活"，② 一切生成的确实源自于它，而它保持不变。既然这生产者是不变的可理知者，它的产物的产生就如同一种理智

---

① 这段话清楚地把一种思考归于太一。普罗提诺这里采纳的观点与努美尼乌斯相似，后者的第一神就是一个理智（残篇，16，17des Places；《论处所》，25，26 Leemans)，当然这个理智的思考必然优越于第二神或者凝思形式并创造世界的得穆革。——英译者注

② 柏拉图，《蒂迈欧篇》42E5-6。——英译者注

行为即思考，既然它就是思考，思考它的源泉——此外，它不是其他任何东西——那么它就成了理智，也就是说，成了另一种可理知者，与它的源泉相似，是源泉的复制和影像。但是，理智如何从完全静止的东西中产生出来呢？在任何事物中都有本质的活动和源于本质的活动；本质的活动就是实现了的事物本身，而第二种活动必然源于第一种活动，必是本质活动的结果，不同于事物本身。比如火包含着热，这是它的本质内涵，当永恒不变的火展开它的本质活动，这最初的热就产生出其他的热。在上界也是如此，或者说更是如此。本原永远"以自己专有的方式生活"，从它的完全和它的本性活动中产生的（二级）活动获得了实体性的存在，因为这种活动源自一种伟大的力，事实上是一切中最伟大的。那本原是"超越的存在"，而这二级活动乃是现实的存在和实体。本原是万物的生产力，它的产物就是万物。但是，即使这产物就是万物，本原却在万物之外，因此它是"超越的存在"。如果产物是万物而太一在万物之先，与万物不是处于同一层次，那么它必也是"超越的存在"。换言之，它也超越于理智，因此有某事物超越理智。存在不是一种死的东西，也不是无生命不思考的东西，因此理智和存在同一。因为理智不可能领会在它之前存在的对象——就像感觉与感觉对象的关系——理智本身就是它的对象，除此之外，它不可能从其他什么地方获得形式（它还能从哪里获得形式呢？）。它在这里与它的对象一起，并与它们同一。它的对象就是非质料的事物的知识。[①]

这里，普罗提诺提到"不定的二"如何成为"理智"。这是

---

① Plotinus, *Ennead* V. 4. 2.

第四章 哪个柏拉图，谁的尼西亚？

中期柏拉图主义提出的一个关于柏拉图本体论思想的一个诠释，在纽谟尼乌的思想中已经有过表述，然而现存的残篇没有能够说明纽谟尼乌是否已经清楚地论证了这个转变。就我们而言，"不定的二"之所以重要在于它可以说明为什么"理智"与"太一"是同一的，又是相似的。引文阐明了普罗提诺的基本看法：从"不定的二"和"太一"中生出了"数"和"诸形式"，这个诸形式就是"相"。两者合在一起就是"理智"的含义。这里要注意普罗提诺所谓的"不定的二"与毕达哥拉斯的"不定的二"的区别。毕达哥拉斯学派认为"不定的二"的这个"二"是第一个偶数，是宇宙中过度和不足的象征，是恶和黑暗的源泉。[①] 然而，普罗提诺认为不定的二是现实的存在和实体，是万物的生产者。普罗提诺关于"不定的二"即"数和诸形式"的说法颇类似于新毕达哥拉斯主义学派的说法，后者认为，"万物的首要原理是纯一；从纯一中生出的不定的二作为它的质料，纯一是因。由纯一和不定的二生出数；从数生出点；从这些生出线；从这些形成图形；由图形形成诸立方体；由诸立方体图形产生诸可感觉物体，即水、火、气和土四元素。"[②] 为何这个诸形式和数的世界被称为"不定的二"呢？依普罗提诺自己的说法就是"它凝视自身"，即"凝视"和以自身为对象的"可理知者"构成了"二"，因为它是一个"生成"的或者说"生育"的过程。这一点非常重要，普罗提诺是从凝视来解释"生育"，就是前面已经提到的由"内在"解释"经世"的进路。这是中期柏拉图主义和新毕达哥拉斯主义所未曾触及的一个思想，正是在这一点上，普罗提诺的哲学更接近于神学，可以开出基督教三位一体神

---

① 汪子嵩、范明生、陈村富、姚介厚，《希腊哲学史》第一卷，人民出版社，1988 年，第 283 页。

② John Dillon, *The Middle Platonists*: 80 B. C. to A. D. 220, p. 342.

学的卡帕多西亚范式。在凝视过程中,理智从太一获得了关于存在的规定性;[1] 本质必定是某种被规定的东西;[2] 生命在凝视太一的时候也成了被规定的存在。[3] 因此,理智之"是"就是太一之"是",二者是本质同一的。然而,从另一个方面来讲,太一是因,因此只有它是在完全的寂静之中,如普罗提诺自己所说是"它完全能够辨认自己,它的生命在自身之中,万物也在它里面,它对自己的思想就是它自身,它藉一种无中介的自我意识存在于永恒的宁静中,它的思考方式不同于理智的思考"。它是绝对的自我同一,是在自我同一中产生的"二",这个"二"不具有"他性"。然而,理智的"一"已经是在"多"中,是约束"多"不至于离散太一的"一"。尽管是同一个"一",却处于不同的关系之中。前面的"一"是关于自身之关系的"一",我们可以称之为"内在的一",而后者的"一"则将与万物的创造发生直接的关系,因而是"经世的一"。就此而论,两者又只能是"相似的"。然而由内在的"一"而经世的"一",不是说有两个"一",而是说这个"一"是本身具有 oikonomia 的"一"。这样,所谓的 hypostasis 在普罗提诺思想中就不只是一个词语,而是由 ousia/being 内在地生发出来的"个殊性",从这个意义上讲,hypostasis 作为与 ousia 相关项不是弱的关联项,而是对等的关联项。普罗提诺关于 ousia/being 的说明与中期柏拉图主义、奥利金和阿他那修有侧重点的不同,在表达 ousia/being 和 hypostasis 的平衡上有他们自己的独特体会。卡帕多西亚三大教父从普罗提诺的思想中受益甚多,以此为基础,他们的神学与以中期柏拉图主义为基础的阿他那修有微妙的区别,塑造了以尼西亚神学

---

[1] Plotinus, *Ennead* V. 1. 7. 13.
[2] Ibid. V. 5. 6. 6.
[3] Ibid. VI. 7. 17. 16–26.

为前提以新柏拉图主义哲学为基础的新尼西亚神学,是为新尼西亚的三位一体神学。

三

在普罗提诺的思想中,如果说 ousia/being 表达的是太一和理智的本质同一关系,那么他是如何用 hypostasis 表达同等性下的太一和理智不是两个 ousia,而是一个 ousia 的呢? hypostasis 如何获得与 ousia 的内在关联并使得位格的个体是作为共同体的个体而得到表达的呢? 卡帕多西亚的新尼西亚神学的一个重要贡献也在于此。一方面他们要使 hypostasis 满足神圣位格的个体性要求,另一方面又要表明位格是处在完全同一本质的关系中。这就是寻求本质相似和本质同一之间的语义学张力与 hypostasis 的表述之间的平衡。解开这一层关系对于理解卡帕多西亚教父三一神学采用新柏拉图主义为特殊的进路是重要的:hypostasis 可以表述出在 ousia 中的个体的相关性,又要表述出这种相关性是个殊性的多。换言之,这种相关性不是如阿他那修一样单纯据 ousia 而生,而从 hypostasis 生发出来。当 hypostasis 具有生发出 ousia 的语义向度,个殊性才不会遮盖关系性。因此,卡帕多西亚教父的思想不是在于要处理 ousia 的问题,而是在处理 hypostasis 上。这是卡帕多西亚教父不同于阿他那修神学的地方,之所以有这样大的差别,与普罗提诺所赋予的 hypostasis 的意义直接相关。

根据 K. S. Guthrie 为《九章集》所做的索引,普罗提诺的 hypostasis 具有如下几种意义:[1]

(1) hypostasis 有知识传输的含义;

(2) hypostasis 是永恒的现实化;

---

[1] K. S. Guthrie, *An English Index to the Enneads of Plotinus*, xxvii, Hastings: Chthonios Books, 1990.

(3) hypostasis 是实体性的活动；
(4) hypostasis 是一种实体性活动或者习惯化（habituation）；
(5) hypostasis 不是指在与自然对立的爱中；
(6) 作为爱的 hypostasis；
(7) 作为 ousia 的 hypostasis；
(8) hypostasis，当它作为首要原理的第一现实活动时不思想；
(9) hypostatic 存在（hypostatic existence）；
(10) 质料被证明有着 hypostatic existence。

以上十种意义有两种具根本性，彼此间也较有关联。一是作为实体性的 hypostasis，或者说是现实化的 hypostasis，不是潜能的 hypostasis，这样的 hypostasis 是 ousia。二是 hypostasis 是个体性的，所谓的 hypostatic existence，乃是太一、理智和灵魂作为本体性的个体，表明 ousia 作为 hypostasis 存在出来。这种存在出来的 hypostasis 不是 ousia 的表象，而是它的实存。ousia 存在为 hypostasis 时，就是 hypostatic existence。还有一点也较重要，普罗提诺认为作为首要原理的太一的现实活动完全是自我的，太一"不"思，如果它思，就会进入生育过程，这就是理智了。就普罗提诺而言，这确定了太一作为 hypostasis 的主要特征，使它不同于理智，不同于世界灵魂，不同于万物，超越于是/存在之上。

普罗提诺在 hypostasis 和 ousia 间做出的区分是重要的。亚里士多德在使用它们时有时候将它们交换进行，普罗提诺则指出两者之间的包含关系体现在显现层面的不同，这与亚里士多德有区别。ousia 既有 hypostasis，但不作为 hypostatic existence 的实体。这不是把 ousia 看作实体，而是把 hypostasis 看作实体。这对于卡帕多西亚三大教父的三一神学有重要的意义，它意味着 hypostasis 是 ousia 本身的现实化，而不是分有 ousia。"分有"通常只意味着获得部分性质，而 hypostasis 是 ousia 本身的现实化，是说 hypostasis 显现出每个位格在共同体中都享有对于另一位格的整

第四章 哪个柏拉图，谁的尼西亚？

全关系。巴西尔明确地说出了这一点：

> 在所有名词中，有些述谓复数和有着数的变化的主词的意义是指普遍一般的；例如人。当我们这样说时，我们用这个名词指普遍的本性，而不是将我们的意指仅限于那个名词所对应的特殊个体。例如彼得（Peter）、安德烈（Andrew）、约翰（John）或雅各（James）一样是人。因此，这个谓语是普遍一般的，涵盖所有列入同一名词之下的所有个体，不过需要注意的是，我们所理解的不是普遍一般的人，而是彼得或安德烈这些特殊的个体。
>
> 另一方面，名词中的某些符号要受到更多的限定；借助于这种限定性，在我们眼前出现的不是这种普遍本性，而是事物的规定性，就其所意指的特殊性而言，它们虽属同一种却似乎没有共性；例如保罗或提摩太（Timothy）。总而言之，这些特殊的事物不存在这种本性普遍性的涵盖；存在着从一般理念而来的受限制的概念，它们藉着名称来表达它们。假如两个或更多的名称被放到一起，例如保罗、Silvanus 和提摩太，然后我们问人性所形成的本质（essence/substance）；没有人会就保罗规定一个本质，就 Silvanus 规定第二个本质，就提摩太规定第三个本质；在阐释保罗的本质时，同样的语言会应用在其他人的身上。当询问者要了解普遍性，不关注一者区分于另一者的差异性属性时，那些用关于本质的同一定义所描述的人就是本质同一的（homoousioi）……[①]

这里，巴西尔修正了柏拉图主义和中期柏拉图主义的普遍和特殊的关系理论，这种修正方式在普罗提诺关于本体的思想中也

[①] Basil, *Letter* XXXVIII. 2.

是存在的。巴西尔认为任何属于同一类的存在它们的本质都是同一的，它们不应该因任何原因分出本质1、本质2和本质3。为了说明位格间的内在性关系不因任何存在的局部性而被削弱，他采用了个体的存在和类关系的类比，这通常被看作是社会三一思想的源起，与奥古斯丁的心理三一有根本的区别。用社会三一的类比，是为了说明个体随着ousia的下降，也就是存在属性下降的观点，乃是错误的理解，因为保罗、约翰和雅各，他们是同一种属的，因而他们就是同一本质的。印证在新柏拉图主义的理论中，就是太一、理智和灵魂都包含着一种绝对的单一性，即使灵魂下坠到物理的世界，这种单纯性都是不会发生变化的。这与新柏拉图主义的hypostasis和ousia理论其实是内在相关的，尽管hypostasis如灵魂和理智被限定为具体的个体，这并不意味着它们在本质上有任何的分离，也不意味着它们在存在上有任何分离。基于对于hypostasis和ousia的相关性的重新解释，柏拉图主义传统的本质分有的从属论被纠正过来，这是新尼西亚神学中的一个核心意义。总之，hypostasis不是指任何分离的本质，而是指同一本质的团契性个体的整全形式。

这就是我的观点。那以专门的和特殊的方式被提及的存在者就是用hypostasis的名称表述出来的。假如我们说"一个人"。这个不定的意义给我们的耳朵以含糊的意义。这个本性被暗示出来了，然而什么东西存在，尤其是什么东西被那个名称特殊地专门地暗示出来却并不清楚。假如我们说"保罗"。借助于那个名所暗示的，我们可以宣布那个存在着（hyphestosan）[①]的本性。

[①] hyphestosan就是stands under的意思。这里的意思是说就"保罗"这个个体而言，它有一个本质作为载体。因此，讲hyphestosan，不是与ousia分离的。

第四章 哪个柏拉图,谁的尼西亚? 317

这就是 hypostasis,或 under-standing;它不是 ousia 的不确定概念,因为它意指一般的,找不到"standing",而是相反,这个借以表达特殊性的概念赋予普遍一般的非限定的概念以 standing 或限定性。在圣经中,它习惯于用来区分这种情况,例如在关于约伯历史的许多段落中。当有意叙述他的生平事件时,约伯就会使用这种普遍性,说"一个人"(a man);然后又加上"那人"(a certain man),用以特殊直接意指。① 至于他的本质的描述,因为著作中没有出现,因此他保持了沉默。然而,由于关于其身份的特殊的注释,提到他的处所、性格特点以及诸如使之个体化的外部条件,他与普遍一般的观念分离了开来。从姓名、处所、心灵特性、外部环境以及关于这个人的所有细节上的清楚叙述,他被明确地规定为"那人"。如果他曾经给出关于本质的解释,在他关于本性的解释中也不曾提及这些问题。书亚人比勒达(Bildad the Shuhite)和拿玛人琐法(Zopher the Naamathite)等的情况也是如此。把你在人类事务上所认识到的 ousia 和 hypostasis 的差异性用到神圣教义上,你就不会弄错。无论你的思想对你如何言说父,在涉及子的时候你也应同样地思想,圣灵也应如是。②

巴西尔清楚地指出了 hypostasis 并非在重要性上有所降低,ousia 也不是优先的。他用许多有关约伯的特别记载和描写肯定地指出约伯的 hypostasis 是基于普遍性同时又区分于 ousia 的。基于区分里面所包含着的普遍性和特殊性的双重含义,而不是仅仅基于特殊性或普遍性,约伯的身份的个殊原理才清晰起来。同样

---

① 《约伯记》一章 1 节(七十子译本)。
② Basil, *Letter* XXXVIII. 3.

的情况也存在于圣父、圣子和圣灵的位格区分和关联中。不是先有圣父然而才有圣子,有了圣父和圣子才有圣灵。这种理解都是把 hypostasis 和 ousia 两个分离的概念来理解的,这样才产生了柏拉图主义的第一原理中的在先意指,然而,巴西尔的意思是说如果准确地理解这两个词的相关性,事实上就不存在本体何者在先的问题,而是共同体的问题。任何一个 hypostasis 都是作为 ousia 才显现出来,不然单纯的位格个体无法存在。规定父的 hypostasis 的个体性的不是相对于圣灵和圣子来说,是相对于作为 ousia 的共同体来说的,是相对于"关系"来说的。同样的情况也适用于圣子和圣灵。巴西尔有关 hypostasis 和 ousia 的类比回到了有关三位一体的直接描述之中:

> 现在,就我而言,直接引导我们研究的是这样的。我们说,那因着神的旨意临到我们身上的良善的事物是分给我们万物的恩典的运用,这就是使徒所说的,"这一切都是这位圣灵所运行、随己意分给各人的。"① 如果我们问,那抵达圣徒身上的良善事物的供应是否只源于圣灵,我们就会在另一方面受圣经的引导,形成这样的信仰,即那藉着圣灵在我们中间供应良善事物的,那源头和原因,是独生的上帝;因为圣经教导我们说,"万物是藉着他造的"② 和"靠他而立的"。③ 当我们被提升到那样的概念,我们会再次受到上帝启示的指引,我们会得到教导说万物是藉着那权柄从无中创造的,然而不能因着那权柄就排除源头。换言之,存在一个既非受生也非源起的立在那里的权柄(agennetos kai anar-

---

① 《哥林多前书》十二章 11 节。
② 《约翰福音》一章 3 节。
③ 《歌罗西书》一章 17 节。

chos hyphestosa），他是万物之因的因，因为万物所藉着被造并与圣灵不可分离地共同创造的子是父的子。对于任何人来说，如果先前没有圣灵的光照就不可能认识子。因为圣灵，那所有创造中良善事物的供应者，是子所派的，他与子一起被理解，他的存在从作为因的父而来，他是从父发出的；需要注意他的特殊的 hypostatic 性质，它是在子之后被认识到的，与子同在，从父那里获得实存。那宣称圣灵是从父藉着他身而来并与他同在的子，他独自光照，并且唯有他是从永生的光而来的独生子，就迄今为止所注意到的这一特点而言，他与圣父和圣子都不相同。唯有他才有上述的标记。但是在万物之上的上帝，作为他自身位格的专门标记，唯有他才是父，他的位格（hypostenai）也不是出自任何原因；藉着这一个标记，他被特殊地认识到。为什么在本质的结合中，我们坚持认为在三位一体中那些被了解为特殊记号没有相互接近或结合，那些被表达在信仰之中的固有特性被宣布出来，每一位格都按照他自身的标记被理解。因此，根据前述的表达，我们发现了位格是相互分别的；然而涉及无限的、非受造的、非限定的和类似的属性时，在赐予生命的本性中就没有任何变化。就前一方面而言，我指父、子和灵；然而在他们中间我们所看到的是某种不可分离的和绵延的结合。基于上述考虑，任何有反思精神的学生都可以在所信的三位一体中认识任何一个位格的特性，他都没有变化。看那在父、子和圣灵中间的荣耀，他的心灵始终注意到他们之间没有任何的间隔出现在父、子和圣灵中间，因为在他们中间没有任何的插入物。也不存在任何超越于他们神圣本性之上的任何事物，通过外在的干涉可以将他们分离开来。也不存在任何间隔的虚空，实存的虚空，使他们和谐一致的神圣本质断裂开来，藉着注入虚空将他们分割。那知道父，知道父本身的，同时也就在心里感知到子；那知道子的，也不可能将子与圣灵分开，然而就顺接的秩序而言，就连接的本性而言，在他自身里面结合的信仰是合在一起的三。①

基于不对 hypostasis 和 ousia 作分离性的理解，原先存在于奥利金神学中的那种从属论的本质同一和在先性原理的双重倾向被整合为一种单重关系。首先，巴西尔清晰地表述了尼西亚信仰的核心思想——本质同一。他强调三位格有着一共同的属性，就是不变的、无限的、共有的和完全的连续性。这种作为三位格之共有基础的共同体结构是非空间性的、也是非时间性的，是非间性的、也没有虚无性。即使三位，都不足以动摇这种永恒性的状态。其次，它确实又是新柏拉图主义的。对于尼西亚信经的研究可以表明，它是以宣信的形式来强调位格的分殊，它的主旨则仍然在于本质同一性。巴西尔的三一神学清晰地表明，他以尼西亚信仰为前提，但他重点要表明 hypostasis 和 ousia 的不可分离性何以进展到神性自我的分殊。这种自我分殊即使以新柏拉图主义式的阶梯式方式表现出来，仍是一种共同体的以相互寓居的关系表现出来的阶梯，无损于其合一的整全特性。

第三节　奥古斯丁的上帝观和新柏拉图主义

奥古斯丁的《论三位一体》是基督教历史上上帝观的全新开端。这样说毫无言过其实之处。尽管德尔图良更通常地被视为拉丁基督教神学的奠基者，他的三位一体神学具有原创性表述，然而德尔图良是基于一种极为质朴的拉丁的经世精神以及具有类似关怀的斯多亚主义的哲学资源，阐释出一种相当单纯的经世三

---

① Basil, Letter XXXVIII. 4.

一的基督教上帝观。奥古斯丁的三位一体神学虽也可以归入经世三一传统，却与德尔图良的斯多亚主义的单纯性构成方式有鲜明的对比，他以新柏拉图主义的方式从心理哲学的进路而不是历史所蕴含的上帝救赎的方式阐释了上帝的经世本质。这种神学思想既包含了德尔图良、阿他那修和希拉流以道成肉身为进路的神学传统，又因着Marius Victorinus的新柏拉图主义的三一神学及新柏拉图主义传统的影响表现出独特性。

奥古斯丁与任何一位前尼西亚和尼西亚神学家都不同。他所要显明的是如何理解三位一体的信仰，通过提供类比的方式呈现出三一的形像。此前的基督教思想家则往往是出于辩论的需要，急于建立三一神学的正统表达。奥古斯丁的进路独特性不仅表现在"和子句"的提法上，主要的还是在于他的三一神学的整体思路。只要看看他的三一神学的多重特征：既是经世的又是新柏拉图主义传统的，既是分析Being的关系性又采用的是心理哲学的类比。这些因素在前尼西亚神学和尼西亚神学中几乎都是不能同存的。在卡帕多西亚教父那里，柏拉图主义和新柏拉图主义作为哲学基础总是与内在三一的进路，与Being及相关的介词形而上学分析，与社会三一的基本进路一致的；在德尔图良的思想中，经世三一提供了历史哲学与道成肉身的神学关联的质朴分析；阿他那修则把道成肉身作为经世三一的路径，契入到位格的相互寓居关系，这是从经世三一而进入内在三一；然而奥古斯丁似乎兼有所有这些三位一体神学的思想要素，又不属于其中的任何一种。他采用了经世三一的观点，却不属于德尔图良的历史神学的形式，他分析三位格作为Being的合一性，却不同于卡帕多西亚教父分析Being的形而上学性，而关注Being的经世特征；他确乎以基督论为三一论的核心，却又不同于阿他那修的道成肉身与本质同一的关联性分析。他延续了德尔图良和阿他那修经世神学的视野，却以新柏拉图主义和马利乌·维克托勒努的心理哲学的方式展示出来。他虽然与卡帕多西亚教父同属于新柏拉图主义传统，在三位一体神学上却是路径迥异。

一

奥古斯丁的《论三位一体》写于399年至419年间。这中间，因为与各种异端思想论战的耽搁，致使本书的写作持续了二十年之久。在时间上说，这本书写于君士坦丁堡大公会议18年之后，离卡帕多西亚最后一位教父尼撒的格列高利辞世（约公元395年）四年之后。《论三位一体》共十五卷，与奥古斯丁许多其他神学著作不同，这本书极少有论辩的色彩，尽管他也提到阿里乌主义，然而与卡帕多西亚教父把三位一体神学建立在与新阿里乌主义者优米诺斯等人的辩论上不同，奥古斯丁的这本书极少有辩论的张力。如果说卡帕多西亚教父是基于与阿里乌主义的复杂门诊以及整合希腊教父、拉丁教父以及亚历山大里亚学派的需要而阐释三位一体教义的话，那么奥古斯丁显然并非如此。他的叙述里少了那种尼西亚神学的张力以及努力表达与某些传统分别开来的张力。他的三位一体神学更直接地反映出新柏拉图主义的心理哲学的进路，他的中心论题是是/存在、认知和意愿是人格的所有构成要素，以此类比圣父、圣子和圣灵的关系，以及在相互关系中的分别。[1]

这样一种迥然有异的写作背景，使得奥古斯丁在神学语境上与卡帕多西亚教父有明显的区别。尽管《论三位一体》也是以尼西亚神学为起点的，奥古斯丁在该书的开篇就声称"大公教会三位一体教义"的依据是尼西亚信经，并且陈述了尼西亚信

---

[1] F. L. Cross(ed.), *The Oxford Dictionary of the Christian Church* "Augustine", p. 129.

经作为讨论三一神学的起点的重要性,[①] 然而，在神学上，奥古斯丁取了完全不同的进路。最明显的证据是，奥古斯丁把基于东方背景的尼西亚-君士坦丁堡信经关于圣灵的介词形而上学的表述改变为"和子句"，由此铺下了后世东西方神学在三一论问题上的更激烈的、更分离性的争论。因此，很难说"和子句"只是改变了一个"介词"，相反更应该说，这个介词的改变是三位一体神学完全不同的理解进路的结果。至于奥古斯丁为何会形成"和子句"的表述，其中的原因相当复杂。主要的原因恐怕是，奥古斯丁从拉丁神学的语境来接受尼西亚信经，秉承经世三一的传统。当然，还有他对于新柏拉图主义的理解与卡帕多西亚教父的不同。如果说卡帕多西亚教父在三位一体理论上主要是取了普罗提诺的本体论构成以及如何将这种本体论构成运用到三位一体的内在性关系上，那么奥古斯丁的三一论更多的是以基督教的人观作为基础，即从人的心理构成与神的形像的关系来阐释三位一体。前者的角度是从本体性的"看"进入到基督教的人观，形成所谓的内在性进路；后者取的是作为神的形像以及与基督道成肉身的关系，是经世三一的进路。

卡帕多西亚教父在论辩中建构三位一体神学，使得他们在阐释三位一体神学的理论时有着明显的多重性。希腊基督教理论上的焦点始终是在三位一体神学的阐释上，从殉道者查士丁，经历亚历山大里亚的克莱门、奥利金，直到卡帕多西亚教父，都是以柏拉图主义为其神学的哲学基础，比较特殊的是阿他那修。从希腊基督教的护教士开始，具有东方传统的这些基督教神学家意识到需要对耶稣基督在基督教信仰中的地位做出论述的重要性，在他们看来最关键的是如何强调基督的神性以及这种神性与作为父

[①] Augustine, *On Trinity*, 1. 4. 7.

的上帝的同等性关系。① 柏拉图主义为他们提供了一个行之有效的基本进路,他们从柏拉图的相的结合来讨论作为逻各斯的基督与作为努斯的父的关系,努力去塑造这种结合的关系模式。因此,他们是从柏拉图的本体论模式的 ousia/being 进入到人论之中,而不是相反。卡帕多西亚教父浸润于这样的一种神哲学传统之中,也是从这样的角度理解三位一体到人论的新柏拉图主义的思想传统。他们根据新从属论来理解尼西亚信经,这是希腊教父重述尼西亚－君士坦丁堡信经的一个变化。参与第二次大公会议的基督教神学家绝大多数都来自于东方,对教义的这种文化背景有较清晰的了解。这也就是说,在他们的神学语境中,尼西亚－君士坦丁堡信经的从属论是自明的。然而,奥古斯丁改变了这种关于三位一体神学的疏解方式。

奥古斯丁的头脑中没有卡帕多西亚教父那样刻骨铭心、栩栩如生的反阿里乌主义的语境,当然对于东方神学家在这个问题上激烈的争论更缺乏了解。对于他来说,更主要的还是在于如何向西方读者解释三位一体神学的尼西亚－君士坦丁堡信经。他把尼西亚信经当作前提,却把蕴含在这些信经背后的争论及文化背景当作历史的概念,甚至这些概念都不曾作为需要重视的问题出现在他的面前,这完全不同于卡帕多西亚教父把尼西亚信经当作神学争论的当代史。如果我们还了解到在早期教会史中,东西方之间早就存在着关于教会传统、领导权和教义的不同了解,那么在理解奥古斯丁和希腊教父之间的隔阂程度就会有更深的体会。若

---

① 这种辩论部分是由当时的语境决定了的,希腊罗马知识分子不断地质疑作为被罗马帝国钉死的罪犯的基督何以是神的可能性。参看 Henry Chadwick, *Early Christian Thought and the Classical Tradition: Studies in Justin, Clement, and Origen*, pp. 23 - 30. Oxford: Oxford University Press, 1966; 章雪富、石敏敏,《早期基督教的演变及多元传统》,第 177 - 191 页; 章雪富,《圣经和希腊主义的双重视野: 奥利金其人及神学思想》,北京: 中国社会科学出版社,2004 年,第 236 - 277 页。

第四章 哪个柏拉图，谁的尼西亚？

以成书而论，《论三位一体》的最终完成已经离公元381年的尼西亚-君士坦丁堡信经近四十年；若以公元325年达成尼西亚信经而言，奥古斯丁的《论三位一体》离那段历史则将近百年。尽管奥古斯丁知道卡帕多西亚教父，然而他多大程度地理解了他们的神学本质，则值得怀疑。如果说，卡帕多西亚教父是从理智的争论中建立起关于三位一体神学的奥秘，那么奥古斯丁则是为了把一般人关于三位一体奥秘的错误了解带入到理智的层面之中。这一点在奥古斯丁谈到自己写作本书的意图时说得非常清楚。

敬告读者，作者写此论三位一体论文，是为求反对那些鄙视以信仰开始而醉心肤浅理智之人的诡辩。他们当中有些人企图将他们由感官的经验，或机智，或艺术之助所构成的观念，应用于属灵的事上，以前者忖度后者。还有些人则按照心思所喜爱的去想像上帝，因此用扭曲错谬的法则来讨论上帝。还有第三种人，他们固然力求超出那必改变的全创造，好把他们的思想提高到不改变的实体即上帝那里；但他们因受必朽所累，既似乎知道他们所不知道的，又不能知道他们所要知道的，就武断地把自己排除于了解的门外，宁愿固执自己的谬见，而不愿改变他们所拥护的。我所说的三种人，即照有形体之物来想像上帝的人，和照属灵的受造者如心灵来想像上帝的人，以及既不照有形体之物也不照属灵的受造者来想像上帝却对上帝仍抱错见的人，都犯了上述的通病；他们与真理相距这么远，以至无论在身体内，或在受造之灵内，或在创造主本身之内，都不能找着什么，与他们的概念相符。例如人若想像上帝为白或红，他就错了；可是这些都在身体内找着。再者，人若想像上帝时而忘记时而记得等等，他也同样错了；可是这些事情都在心思内找着。但人若想像上帝有权能产生了自己,他更是错了,因为不仅上帝不是这样存在的,而且属灵和属形体的受造者也不是这样存在的;因为没有什么产生自己的存在。①

上面所涉及的是奥古斯丁的写作的背景和动机。我们还可以探讨奥古斯丁与希腊神学传统的第二方面的关系,即他到底对于希腊教父和希腊思想了解多少。首先我们要考虑的是奥古斯丁的希腊文功底到底如何。奥古斯丁承认自己从未去过任何说希腊语的国家,② 这当然不能表明奥古斯丁不懂希腊语,只是说明他未必对希腊语有经验性的了解,是书面的希腊语。在奥古斯丁的希腊文水平上,学者们有各种争论。有的认为奥古斯丁根本就不懂希腊语;有的认为他有完备的希腊语知识,有的持折中的看法。③ Pierre Courcelle 则提出一种比较有说服力的观点,经过对奥古斯丁著作希腊文出现的频率及理解的细微程度的研究,他认为奥古斯丁学习希腊文有一个过程。在奥古斯丁写作《论三位一体》的第一卷时,他还是几乎不懂希腊文的;然而在《论三位一体》成书的第 419 年,他的希腊文已经相当熟练。④ 即使如此,也只能说明奥古斯丁在写《论三位一体》的时候,他的希腊文并不是很好的。语言和文化的阻隔只能促使奥古斯丁从拉丁的神学传统来认识和阐释尼西亚信仰。

还有一个证据可以证明这一点。这就是奥古斯丁了解普罗提诺的思想是直接地来自普罗提诺的希腊文文本,还是得自"翻

---

① 奥古斯丁,《论三位一体》1.1.1,见于《奥古斯丁选集》(汤清等译),香港:基督教文艺出版社,1989 年。

② Augustine, *Epist. Ad Consentium*, 120. 2. 10.

③ Pierre Courcelle, *Late Latin Writers and Their Greek Sources*. English Translated by Harry E. Wedeck, Massachusetts: Harvard University Press, 1969, 149–150.

④ Ibid., pp. 157–158.

译了"的普罗提诺思想。所谓经过"翻译了"的普罗提诺,是指他借助于别人的介绍、文本,也包括某些并不完整的拉丁译本。Pierre Courcelle 在他的《晚期希腊作家及其希腊来源》一书中详细地介绍了西方学者在这方面研究上的争论。例如 Father Henry 认为奥古斯丁偏爱新柏拉图主义的著作,而在新柏拉图主义者中,他又只读普罗提诺的。开始的时候,他是普罗提诺的崇拜者,后来转而反对普罗提诺。持相似观点的学者还有 Alfaric,他要更为激进些。Alfaric 认为奥古斯丁先是皈依成为一个新柏拉图主义者,后来在主教的职位上才逐渐摆脱普罗提诺的影响,形成了严格的基督教思想。Pierre Courcelle 自己则同意 Abbot Boyer 的观点,他们认为奥古斯丁虽然有前后期的思想变化,然而对于哲学家的态度则基本没变。如果说有所变化,主要在于他在后期把新柏拉图主义包括坡菲利的思想往基督教方向引导;在早期,他的基督教教义更多地受新柏拉图主义思想的左右。[1]

奥古斯丁受普罗提诺影响,主要可能是受了维克托勒努所译的普罗提诺著作的吸引。奥古斯丁在皈依的时候就承认读过这一著作。后来,在《上帝之城》中,他又引用了普罗提诺"论美"的某些段落,在《忏悔录》中他扼要地叙述了他早年对于普罗提诺的有关阅读,在《上帝之城》中还提到普罗提诺的"论灵魂的难题"、"论神意"、"论三个原初的本体"、"论超越"和"论福祉"。[2] 他也广泛地阅读过坡菲利的著作,可能读过他的大部分著作。奥古斯丁非常欣赏坡菲利的一个观点,后者认为子在灵魂的上升中将堕落的人引导回到父那里,奥古斯丁认为坡菲利

---

[1] Pierre Courcelle, *Late Latin Writers and Their Greek Sources*. English Translated by Harry E. Wedeck, Massachusetts: Harvard University Press, 1969, pp. 180 – 181.

[2] Ibid., pp. 173 – 174.

甚至很好地理解了基督教的三位一体教义。① 这也是普罗提诺的核心思想之一，灵魂论构成外在的人转向内在的人并回归太一的路径，奥古斯丁的《论三位一体》采取的即是关于内在的人的心理学路径来描述三位一体。

相形之下，奥古斯丁对于希腊教父的思想就有失了解。他对于奥利金知之甚少，认为他是一个异端，这可能是受到耶柔米（Jerome）的影响。他虽然认为奥利金的神学中有许多错误，例如先在灵魂的观点，然而他读了奥利金的《〈创世记〉布道书》，认为这是一本出色的著作。他对卡帕多西亚教父知之甚少。这三大教父中，他最熟悉的是巴西尔。他读过巴西尔的《创世六日》（Hexaemoron）的拉丁译本，他认为这是一本解释《创世记》的里程碑式的著作，对此极为赞赏。然而，他对巴西尔的了解可能也仅限于此。此外，他也知道拿先斯的格列高利，读过他的一些拉丁译本，引用过他的某些段落。然而他搞不清楚两个格列高利的关系，错把拿先斯的格列高利当成是巴西尔的兄弟。种种这些迹象表明，奥古斯丁确实并不非常了解卡帕多西亚三大教父的三位一体神学思想。他主要还是从拉丁基督教神学的进路以及同时代的一些关于尼西亚信经的论述中了解到在他看来"已经存在"的三位一体上帝观。②

二

奥古斯丁的三位一体神学受到过两位基督教思想家的影响，他们是希拉流和马利乌·维克托勒努。波提亚的希拉流（约315—367/8 年）是坚定的尼西亚派思想家，有"西方的阿他那

---

① Ibid., pp. 181－189.

② Pierre Courcelle, *Late Latin Writers and Their Greek Sources*. English Translated by Harry E. Wedeck, Massachusetts: Harvard University Press, 1969, pp. 196－203.

第四章 哪个柏拉图,谁的尼西亚?

修"之称。他曾被君士坦提乌斯(Constantius)放逐到东方的腓利吉亚(Phrygia)四年之久,藉此了解了卡帕多西亚教父和其他希腊教父的三位一体神学。在《论三位一体》中,奥古斯丁曾两次提到过他。马利乌·维克托勒努原先是一个新柏拉图主义者,生于公元281至291年间,后来皈依成为一个基督徒,是他将普罗提诺的《九章集》译为拉丁文,奥古斯丁所读的正是他所翻译的文本。在《忏悔录》中,奥古斯丁首次提到马利乌·维克托勒努。①

波提亚的希拉流坚持尼西亚信经中的"本质同一"的用语以及它所传达的神学立场。在这一点上,希拉流与阿他那修一样都属坚定的尼西亚派,他向他的读者们灌输这样一个主题,即父和子在本体论上是同等的。与阿他那修不同的是,希拉流是一个更为体系化的思想家。阿他那修是在反驳阿里乌主义的过程中洞见到三一神学的经典表述的,然而希拉流并不是一个论辩家。哈耐克认为希拉流超过了阿他那修,就此而言,这是有道理的。②希拉流的思想中有着浓重的阿他那修神学的因素,也有着德尔图良的拉丁神学的影响。实际上,正如我们前面已经提到的,③ 阿他那修偏重于本质同一的三位一体理论与拉丁神学的进路有着契合性。当然,说希拉流结合了阿他那修和德尔图良,并不是说他就是有意识地为之的,只是说他的神学中有着与他们相同的强调父和子本体同等的共同意识。希拉流还受到东方思想的影响,这可能与他被放逐到东方的经历并受其影响有关。他也认为作为子的源头的父要大于子,这有点迹近于奥利金主义的从属论,迹近

---

① Augustine, *Confessions* VIII. 2.
② E. P. Meijering, *Hilary of Poitiers*, On the Trinity, De Trinitate1, 1 - 19, 2, 3, Leiden: E. J. Brill, 1982, p.184.
③ 见第二章第一节的有关论述。

于卡帕多西亚教父把奥利金主义的从属论与阿他那修的父和子本体同等结合起来的思想。① 而奥古斯丁在传讲希拉流的思想时，显然注意到希拉流的尼西亚的类似于阿他那修这样的阐释背景，却没有充分关注其思想中的德尔图良和东方神学的从属论背景。从这方面来说，奥古斯丁的三一神学的本体论背景是被简化了的希拉流的形式。

希拉流对于奥古斯丁神学的影响还有，他是从心理学进路来描述三一论的先驱，注意心灵的智性品质与三一神学的关系。这在拉丁神学中都是非常特殊的。德尔图良和耶柔米都不是这种风格的神学家，而希拉流是。这不等于说希拉流曾受过新柏拉图主义的影响，他是通过独自探索发展出来一种新拉丁神学。这为奥古斯丁集新柏拉图主义和新拉丁传统开辟了一条道路。希拉流认为理智是上帝赋予人的独特品质。② 人借心灵的理智窥见灵魂中的上帝形像，这就是三一神学。③ 这个形像是怎样的呢？据此又回到了本体论同等与从属论并存的双重特性的描述上。第一，上帝作为 Being 是无始无终的，是永恒的，无限的，不可添加的，"除了 Being，没有任何其东西可以在理解上帝的特性上做出更多的断定，因为 Being 本身不可以以曾有一个开端或终了来述谓。"④ 因此上帝的永恒性在于他决不有所匮乏。⑤ 这就是说，表述上帝的无限性以及这种无限性的上帝的自我的绝对性，只须用

---

① E. P. Meijering, *Hilary of Poitiers*, On the Trinity, De Trinitate1, 1-19, 2, 3, p.184.

② Hilary of Poitiers, *On the Trinity* 1. 1. 1 本书所引的 Hilary 均来自于 E. P. Meijering, Hilary of Poitiers, *On the Trinity*, *De Trinitate*1, 1-19, 2, 3 一书, 此书重译了 Hilary《论三位一体》第一、二和三卷, 并作了相关的仔细注释。

③ Hilary of Poitiers, *On the Trinity* 1. 17. 17; 1. 19. 19.

④ Ibid., 1. 5. 5.

⑤ Ibid.

"我是自有永有的"（我是我所是）就足够了。① 然而，另一方面，上帝又是有位格的区分，父和子的名是根据不同的洞见所意识到的上帝的性质，因此，三位格的名是三位格的本性的体现，而不仅只是名。"你听到'子'，相信他就是子。你听到父，要铭记他就是父……神圣事物根据关于其本性的洞见获得其名。"② 因此"要知道有一个生育者的父，受生的子，他是从父的所是，实在，真理和本性而出的受生者"。③"要铭记启示给你们的不是父是上帝，而是上帝是父。"④ Hilary 的这个观点很重要，他区分父与上帝，使我们对于 Being 和 Hypostasis 的关系有进一步的了解。什么是上帝？上帝就是父的所是，就是 Being，就是本性，那么他当然也是子的是，圣灵的是。这就是为什么父是生育者却不是在神性上更大，而是在源头上作为因的缘故，这个因也不是时间的因，而是相互寓居的因。因此，所谓的从属论实际上是相互寓居或者说互倚互入的从属，而不是奥利金主义式的从属论。

维克托勒努也深刻地影响了奥古斯丁。从卡帕多西亚教父开始，尼西亚信经的神学解释已经进入第二个世代。他们与阿他那修有着某些明显的区别。在阿他那修，尽管他还是与柏拉图主义传统有着某种关联，然而他主要是从圣经直接洞见到本质同一这个术语关于父、子和圣灵的重要性。然而，卡帕多西亚教父就不是这样来看的了，哲学成为其三一神学表达的基础部分，这种基础性与圣经的信仰支持有同等的重要性。维克托勒努也是这样一位第二世代的基督教神学家，更是一位后尼西亚信经神学家，他会去思考本质同一这个术语是说得过多还是过少，感到有必要重

---

① Hilary of Poitiers, *On the Trinity* 1. 6. 6.
② Ibid., 3. 22. 22.
③ Ibid.
④ Ibid. 3. 22. 22.

估尼西亚信经的三一神学解释。借助于四世纪的新柏拉图主义，他重新解释了他所确信的理智世界的三个首要原理的基本关系 esse（substantia）、vivere（forma）和 intelligere（notio）。他不只是构造了关于本质同一的可能性的哲学辩护，而且回到基督教的文本宣称父、子和圣灵之间的同一与区别。在他的辩护中包含着教义的两阶段：一是由教会会议发布的关于圣经的解释；二是他使用柏拉图和新柏拉图主义的形而上学及概念所构筑的关于三一神学的内在一致性的哲学辩护。① 在奥古斯丁的《论三位一体》中，这样两阶段的思想形式共在。至少前七卷主要是关于尼西亚信仰的圣经注释，接着才展开了有着明显的新柏拉图主义色彩的哲学辩护。

维克托勒努的三位一体神学秉承西方传统"一本质"优先的角度。玛尔塞鲁斯是从这个角度看的，西方认可阿他那修的神学并站在他的一边反对欧西比乌乃至整个东方基督教世界的神学也是从这个角度看的，只是由于玛尔塞鲁斯走到一个非位格化的"一"的上帝观才出现了大问题。维克托勒努认为尼西亚-君士坦丁堡信经的本质同一用语指的只是关于上帝的数的个体本质，这个本质就是纯一的。因此，东方教父如安凯拉的巴西尔（Basil of Ancyra）认为子在本质上与父相似是错误的。② 然而，维克托勒努又说父、子和灵是有着位格的真实区分。他的解决方案不是如希腊教父那样开始于对 being/ousia 的 hypostasis 解释，而是对于 being/ousia 的动力性解释。上帝的活动就是去生活（to live）和理解（to understand），三位格分别分有 esse（substan-

---

① Mary T. Clark, "*A Neoplatonic Commentary on the Christian Trinity: Marius Victorinus*", see in Dominic J. Meara (ed.), *Neoplatonism and Christian Thought*, p. 33. Virginia: International Society For Neoplatonic Studies, 1982. 以下论述可参看同书第 30 - 31 页。

② Victorinus, *Adversus Arium*, I. 23. 1 - 40.

tia)、vivere（forma）和 intelligere（notio）。父把 to be 给予万物，子把形式（form）给予万物，圣灵则更新（reform）万物。① 所有这三位格都是超越的、是对于第一原理（being/ousia）的表述，因此三位格是同等的，子不因是受生的就在本质上低于永生的父，圣灵也是如此。三位格的存在、赋予和被接纳都是依据万物的适合的能力而言的。②

在上述两个方面的思想上，奥古斯丁都秉承了维克托勒努的三一神学思想。他承认"一本质"之于三位格的优先性，③ 也从动力性本体的角度看待三位格的 being/ousia。他的三位格上帝实际上是一个动力性之一位格的上帝，虽然他也讲 Hypostasis 与上帝自我团契的关系，然而他是从动力性的 being/ousia 这个角度讲的，因此上帝始终是作为团契临在于人类的历史救赎之中，而不是如卡帕多西亚教父那样所认为的，要从 Hypostasis 来讲 being/ousia，这样，圣灵就作为一个突出的动力性力量联结着人类的历史和道成肉身的关系。这构成一种更为复杂的关于经世的看法：一方面奥古斯丁如德尔图良、阿他那修、希拉流和维克托勒努一样都把道成肉身或基督论看作是三位一体的核心，强调由此展示出的一本质优先在三位一体理论中的突出意义；另一方面奥古斯丁又强调道成肉身与圣灵的位格所结合成的团契关系的特有的经世意义，这就是内在的人的观念与历史中的人的悔改而内转的关系。

三

可见，奥古斯丁的三位一体理论有着多重的思想来源。无

---

① Victorinus, *Hymn* III.
② Victorinus, *Adversus Arium*, IV. 22.
③ Augustine, *On Trinity*, VI. 10. 11; X. 10. 13.

疑，首先他开始于尼西亚－君士坦丁堡信经及教会神学。然而，这样的表述并不意味着奥古斯丁理解了希腊基督教的三一神学传统，毋宁说他在承受了多重的神学思想交互影响的同时，创造了一种新的教会传统。他对于圣灵的独特解释就是一例，尼西亚－君士坦丁堡信经至少在文字上没有禁止"和子句"的表述，相反是向这样的一种解释敞开的，奥古斯丁则敞开了对于尼西亚信经的这重阐释之门。其次，他关于尼西亚－君士坦丁堡信经的阐释与拉丁传统密切关联在一起，不仅将本来从属于希腊基督教传统的内在三一引向了经世三一，而且所引向的是在"和子句"意义下的新的经世三一传统。第三点，奥古斯丁受到新柏拉图主义影响，新柏拉图主义强调灵魂和理智两个层面，这又引导奥古斯丁把经世三一的神学引向心理的三一，导出依据"内在的人"的心灵构成来类比圣父、圣子和圣灵的关系。

新柏拉图主义从灵魂论的角度看待"内在的人"。柏拉图主义的整个传统所取的正是这样的思路，新柏拉图主义提供了关于这个观点的专门讨论，他的思想所聚焦的是太一，所取的进路则是灵魂与太一的关系，即通过理智这个形像。普罗提诺让灵魂与理智密切地关联在一起，灵魂的最大能力是理智，理智保证了灵魂的永恒的自我同一性，不至于在它坠入质料和身体之中失去其单一性。因此，本体之三的原理始终存在于那单一性中，这不仅是灵魂的单一性，也是理智和太一的单一性。普罗提诺对此做出了清楚不过的阐释：

> 真存在在可理知世界中，理智是其中最好的部分。诸灵魂也在那里，因为现在在这里的就是从那里来的。那个世界有无身体的灵魂，但是这个世界的灵魂进入了躯体，并因躯体而相互分离。那里的理智整体全然聚集，它里面的一切无有区别，也无分离，所有灵魂也都住在那个永恒的、没有空

间间隔的世界中。理智总是不可分离的，不可分的，那里的灵魂也是不可分离的，不可分的，然而灵魂就其本性而言又是可分的。它的分离就是离开理智进入形体领域。既然因为它离开了理智，那么说它"在形体领域是可分的"并以这种方式分离就是恰当的。那么，它如何又是"不可分"的呢？因为灵魂的整体没有背离理智，它里面有种东西并未坠落到下界，这未坠落的事物自然是不可分的。由此，说它"源于不可分性，又在形体领域内可分"就等于说，灵魂附属于高层世界，作为部分从中流溢出来，就如线来自于点；但是，当灵魂进入下界这一部分，它仍然在这一部分中保存着整体的本性。即使在下界，灵魂不仅是可分，而且也是不可分的，因为可分的灵魂的部分是不可分的。因为灵魂把自身给予整个形体，就它把整体给予整体而言，它是不可分的，但就它呈现于形体的各个部分而言，又是分离的。①

从普罗提诺的心理学来说，三是始终住在一的里面的。这就是普罗提诺关于永恒和生育的观念，因此，在内在的灵魂的单一性中始终有三的形像，即理智、灵魂和太一；又始终围绕着一。② 这也是为什么普罗提诺始终坚持要通过内在的人展开关于太一的凝视，因为在灵魂的凝视中，三可以重新复原为真正的一。③ 这样的一种三而一或者多而一的思想是发生在灵魂的内在记忆中的，因此，记忆是展开一和多的关系的基础。关于这一点，普罗提诺说：

---

① Plotinus, *Ennead* IV. 2 [1].
② Ibid., III. 7. 6.
③ Ibid., IV. 1 [2]. 2.

灵魂如何记忆自身？它甚至不会有关于自身的记忆，或者它就是正在凝思的比如苏格拉底这个人自身，或者它就是理智或灵魂。此外，它应该清楚地记得，即使在下界，当它凝思时，尤其是当其凝思是清晰的时候，它并没有在智性活动中转向自身，而是拥有他自身。无论如何，它的活动直接指向了凝思的对象，与对象合为一体，把自身赋予了对象，……那么，人若根本不思考，他仍是真正的自身吗？是的，在根本不思考的情况下，若他仅是自身，他就空无一物。相反，他若以这种方式使自身成了万物，那么他在思考自身时，同时也就在思考万物。因此，一个藉着自我直观达到这种状态的人，一旦真正看到自身，也就同时看到了一切；同样，在直观中看到了万物也就看到了自身。……灵魂从自身的部分向自身运动，或从自身向组成部分运动，都不能说是变化。因为它自身就是万物，二就是一。但是，灵魂在可理知世界时，是否经历过有关于它自身与它的组成部分之间的这种"相互追求"呢？不。一旦它单一而纯粹地进入可理知世界，它自身也就具有了不变性的特征。它真正就是它所是的万物。因为灵魂一旦处于那一领域，必然要与理智结合，因为它确实已经转向了理智；它既然转向了理智，两者之间便再无间距，于是它进入了理智之中，使自身与理智协调一致，从而达到与理智完美无缺的统一，因此两者既是一，又是二。因此，一旦灵魂处在这种状态，就不会有变化，而是义无反顾地投身于智性，同时又拥有它自身的共同意识，因为它与它的可理知对象已经合二为一了。①

普罗提诺从灵魂的记忆中开出三一之道，正是奥古斯丁三一

---

① Plotinus, *Ennead* IV. 4. 2.

神学之要道。① 在普罗提诺看来，记忆既然有来自上界的力量，即理智而太一，那么，记忆就是光照，至于灵魂由三而返回一，在普罗提诺就是凝视。因此，在普罗提诺的思想中，心理的三一存在为灵魂论的两个层面：一是太一"看"而化身为理智，灵魂"看"自身而从理智中下坠成为灵魂的多。这样的"看"是灵魂不断要成为宇宙统治者的原因，是灵魂向着世界运动的经世原理。二是灵魂返回即为凝视，凝视是从多中开出的一，并且合二为一，但它确实又是二。因此记忆之道之下降是由内在而下降的经世之道，记忆之道之上升是由凝视而返回一的追逐开视之道，这里始终都把灵魂作为太一的形像来讨论，并时时涉及太一本身。奥古斯丁的心理三一与经世原理的关系也是新柏拉图主义的方式落实在灵魂论的思想中，他对此有非常正面的肯定。

灵魂属于自我同一的本性，就如上帝本身一样。所有的本性若不是上帝——他没有主——就是出于上帝，即以上帝为主。以上帝为主的本性，即出于上帝的本性要么是受造的，要么不是受造的。非受造的且出于上帝的本性要么是上帝所生育的，要么是上帝所流溢的。上帝所生育的就是他的独生子，上帝所流溢的就是圣灵，这三位一体乃是一个自我同一的本性。因为这三者其实是一，每一者都是上帝，三者合起来乃是同一个上帝，是不变的，永恒的，没有开端，也没有终末。另一方面，受造的本性就是"造物"，上帝或者说圣三位一体就是造它的主。因而，可以说，造物出于上帝的意思不是指从他的本性受造。说它是出于上帝的，是因为它以上帝作为它存在的主，而不是说它是他所生的，或者是

---

① 周伟驰对奥古斯丁的记忆与三一的关系有非常仔细的分析。参看周伟驰，《记忆与光照——奥古斯丁与神哲学研究》，社会科学文献出版社，2001年。

从他流溢出来的,而是说是他创造、塑造、形成的。有些东西的受造不借助于任何别的实体,也就是说是绝对从虚无中造的,比如天地,或者创世时与世界同时的宇宙的整个质料;有些东西则是从已经造好存在的另外东西中造出来的,比如人就是从尘土中造出来,女人从男人中造出来,人类从各自父母中造出来。总之,一切造物都出于上帝,只是出于上帝以上帝为造主的可以是从虚无中造的,也可以是从已经存在的其他东西中造的,但绝不是上帝从其本身中生育或生产出来的。①

这里首先要肯定的是奥古斯丁与新柏拉图主义的不同。奥古斯丁没有简单地以圣灵来替代普罗提诺哲学中的圣灵角色,后者认为灵魂可以分为普遍的灵魂和个体的灵魂,普遍的灵魂是永恒的和不朽的,是从太一经理智流溢出来的。奥古斯丁说这种普遍性的灵魂是圣灵,但是他没有采用普罗提诺的从属论提法,他刻意地强调普遍灵魂或圣灵的同等性,也展示本质同一这个词在产生方式上的意义,而不是如希腊教父一样单纯地从关系性的角度来说明本质同一。其次,更重要的是,奥古斯丁没有把个体的灵魂看作是一种先在的原理,认为它是从圣灵流溢出来的。这曾是奥利金思想中最受人非议的地方,说明奥古斯丁的圣灵与普罗提诺的普遍灵魂的不同,尽管在形式上有一定的相似性。除此之外,也不能不说,奥古斯丁和普罗提诺之间有着相当大的继承性。这个继承性主要体现在他把灵魂看作是三位一体形像所在的地方,最往前面讲,这里蕴含着希腊理智主义的传统,认为内在的人承载着三位一体的上帝的形像,尽管奥古斯丁与普罗提诺等

---

① Augustine, *On the Soul and Its Origin*, II. 5. 中译文引自石敏敏所译的奥古斯丁的《论灵魂及其起源》,中国社会科学出版社,2004年。

第四章 哪个柏拉图，谁的尼西亚？

希腊传统确实不同的地方是，他认为灵魂和身体一样是被造的。即使这样，奥古斯丁在灵魂的来源上还是与身体的纯粹被造的观点有所不同。在批评维克多的"灵魂是上帝的气息而不是繁殖所形成的时候"，奥古斯丁坚持灵魂是与身体一样是繁殖而成的，① 但是他还是对于灵魂的来源保持着一定的敬意，而给予某种特殊的地位。在谈到《马加比书》那位宁死不屈的母亲的关于灵魂的观点时，奥古斯丁表达了上面的态度。

> ……马加比年轻人的母亲！尽管她非常清楚地知道她的孩子是她与丈夫一起怀的，知道孩子是万物之造主创造的，包括他们的身体和灵魂，但她却说："我的孩子，我不知道你们是怎么在我腹中形成的。"现在，我只希望此人能告诉我们她究竟不知道什么。就他们的身体实体来说，她自然是知道（在我所提到的几点上）他们是怎样在她肚腹中形成的，因为她不可能怀疑自己是从丈夫那里受孕的。她又进而承认——由此可知，她当然也知道得很清楚——正是神赐给他们灵魂和灵性，也同样是神形成他们的容貌和肢体。那么，她究竟不知道什么呢？有没有可能是这样的问题（就像我们也同样不能断定一样），灵魂和灵性，无疑是神所赐予的，但他们是从自己的父母那里获得的，还是神一个一个地吹气给他们，就像把气吹给第一个人那样？无论她所不知道的是这个问题，还是其他关于人性的构成上的具体问题，她总是坦然承认自己的无知，并没有肆无忌惮且随心所欲地为自己所不知道的东西辩护。②

---

① Augustine, *On the Soul and Its Origin*, I. 17.
② Ibid., I. 25.

奥古斯丁承认自己在这类问题上的无知，认为不应该大胆地作如维克多那样的推论。如果说，奥古斯丁这里的表述主要是从灵魂的特性，而不应该理解为是从灵魂的实体来理解，那么可以肯定的是这里仍然与希腊心理哲学和普罗提诺的理智主义有重要的关联，即灵魂与理智上有更紧密的关联，使得他所承载的神圣形像与身体与从上帝的创造而来有所不同。普罗提诺以理智代替逻各斯的核心地位，以理智与灵魂的关联代替中期柏拉图主义的逻各斯和灵魂的关联，在此展示出对于奥古斯丁的三一神学的重要影响。心灵在希腊文中就是努斯，就是普罗提诺所说的理智，而这种理智又被保存在灵魂之中，因此在灵魂中保存着三一的痕迹。[1] 在奥古斯丁的心理哲学与三位一体的关系中，这就演变了一种特殊的经世三一的观点：唯有在心灵中，在转向了善的心灵中，在内在的人中，才有对于上帝的真正的识知。[2] 由知即灵魂的努斯引出圣灵作为爱的关系的特征。柏拉图和普罗提诺都曾阐释过类似的观点。在《会饮篇》中，柏拉图说知识会产生对于美的爱，爱源自于美。普罗提诺则有更具体的阐释。[3] 就奥古斯丁来说，在这样一种柏拉图主义传统的影响下，由心灵的三一影像引出知的三一类比和爱的三一类比就是很自然的事情了。[4]

---

[1] Augustine, *On Trinity*, VIII. 2. 3.
[2] Ibid., VIII. 6. 9.
[3] Plotinus, *Ennead*, V. 8. 13; VI. 9. 9.
[4] Augustine, *On Trinity*, VIII. 8. 12.

第五章

卡帕多西亚教父的上帝观和希腊哲学的 Being

二十世纪中叶以来，西方学者的希腊教父研究成就令人注目。其中，研究卡帕多西亚教父思想所取得的成就尤其巨大。在这一领域的著述中，我只需要提几个人的名字就足够说明，他们是 Werner Jaeger、Jaroslav Pelikan、Johannes Zachhuber、Donald F. Winslow 和 John Ziziouslas。西方学者们在卡帕多西亚教父研究上的进展，使得我们对于早期基督教传统的多元性和丰富性有了更平衡的认识。

西方学者们的研究主要集中在三个方面：卡帕多西亚教父的柏拉图主义传统、三位一体神学和它的人文主义（包括隐修主义）。本章讨论卡帕多西亚教父的上帝观。学者们的研究表明，卡帕多西亚教父的"三位一体"较诸奥古斯丁主义传统远更精巧，在说明位格和本体/本质的关系上也更具创造性，对于希腊哲学的 Being 理论作了更有原创性的改变，从而将希腊哲学的本体论思想合乎规范地纳入到基督教传统的视野之内。本章根据卡帕多西亚教父的原始文献和大量西方学者的研究成果，阐释了一种被称为"卡帕多西亚解决之道"的三位一体神学典范。

第一节 卡帕多西亚教父论 koinonia、ousia 和 hypostasis

在本节中，我要阐释卡帕多西亚教父的上帝观的总体形态。鉴于基督论在卡帕多西亚思想家中起着联结圣父和圣灵的作用,他们的上帝观还将围绕基督论展开。在内在三一的神学中,圣父具有位格优先以及神性源起的在先性,这些又都须从与其他两位格的关联中得到准确表述,尤其是与基督论的关联。这就引出了一个有意思的描述:尽管内在三一以父的位格为上帝观的核心,基督论却得到了特别的重视。这既缘于希腊基督教三位一体神学的传统,也出于当时特殊的思想背景:卡帕多西亚教父还在与新阿里乌主义的基督论作激烈的辩论。

卡帕多西亚教父的内在三一是被更新了的奥利金主义的思想传统。由于尼西亚信经的确立,历经尼西亚"本质同一"之争,以及阿他那修的影响,卡帕多西亚教父从亚历山大里亚学派的逻各斯基督论逐渐回归到更为原始的圣经语言中,即圣子基督论上。逻各斯基督论和圣子基督论在内在三一神学中发挥着不同的作用:逻各斯基督论关注一个封闭的上帝论,把内在三一作为自我封闭的三位格的上帝观进行讨论;圣子基督论既是从圣子与圣父的内在性关系来讨论上帝观问题,在 ousia 上是封闭的,又取了道成肉身作为经世事件的开放性,在内在性位格关系与历史中的上帝之间建立起关联。卡帕多西亚教父的三位一体神学尽管是内在三一的,却因着在神学上对于 ousia 的动力论研究,位格之间的内在性关联向着经世的上帝敞开。这既可以看作是上帝观问题上从前尼西亚神学向尼西亚神学的转变,也是从奥利金的内在三一向卡帕多西亚的内在三一的转变。

从奥利金到卡帕多西亚教父,关于 ousia 和 hypostasis 关联的讨论存在某种变化。奥利金塑造内在三一时,承袭了希腊化哲学的某种程度的混乱。卡帕多西亚教父们则澄清了 ousia 和 hypostasis 的混淆用法,他们引进了一个关键性的术语

koinonia，以平衡 ousia 和 hypostasis 两者，把它们分别开来，避免导致误解，从而确立了一种新的从属论，一种新的内在三一。

一

在卡帕多西亚三大教父中，拿先斯的格列高利较为详细地讨论了圣子基督论。他的五篇"神学演讲录"主要是论述圣子的位格与基督教上帝观的关系。在第三、四篇神学演讲录中，他专门讨论了圣子与圣父的各种术语，它们都体现为"关系性"。第三篇演讲录主要讨论专门用于圣父和圣子的用语，例如"永生"和"出生"。拿先斯的格列高利认为它们不影响圣父和圣子神性的差别，更不会造成 ousia 的分离，这是为了反驳阿里乌主义的极端从属论。第四篇演讲录讨论圣子从属于圣父。拿先斯的格列高利没有因为当时有人批评奥利金主义，就否定奥利金的神学思想，他只是认为要做出新的解释。这比纯粹的否定性批评要有效得多，也有贡献得多。第三和第四篇神学演讲录包含着关于 ousia 的某种新阐释，在反驳阿里乌和新阿里乌主义时，锲入了一种新的神学视野。在这两篇神学演讲录中，第三篇的第16节至关重要，引用如下：[1]

> 我们怎么会忽略如下观点呢，而且，它比其他的观点令人吃惊？他们说，圣父是关于某种本质（essence）

---

[1] Gregory of Nazianzen, "*The Third Theological Oration*" XXIX. 16, see in Philip Schaff and Henry Wace, *A Select Library of Nicene and Post-Nicene Fathers of the Christian Church*, Vol. VII, Edinburgh: T & T Clark, 1989. 凡格列高利论圣子的第三、四篇神学演讲录的译文是以瞿旭彤先生的译文为基础，只是为了论述的统一作了某些修正。这里特别致谢。

或行为（Action）的一个名字，并且想把我们束缚在这两方面内。如果我们说圣父是某种本质（essence）的称呼，他们就会说我们同意圣子是另一种本质（Essence）的称呼，因为既然只有一个上帝的本质，那么据他们看来，是圣父预先具有这个本质。另一方面，如果我们说圣父是某种行为的称呼，他们就会推测出，我们将简单地承认圣子是被造的、而不是被生的。哪里有施动者，哪里就有效果。他们还会说自己为此而疑惑，被造者怎么会与创造者同质？倘若接受其中的任何一种选择是必要的，那我本人则为你们的区分担惊受怕。这还不如将两者都弃置一旁，说出第三种更真实的选择，即，自名聪明的先生们啊，圣父既不是某种本质的称呼，也不是某种行为的称呼。圣父这个称呼，乃是含着他与圣子的彼此关系。"圣父"与"圣子"这两个称呼向我们表明了一种真正的、亲密的关系，所以，我们面临的情况是，这些称呼还指明了生育者与被生者本性同一（identity of nature）。即使退一步讲，我们承认圣父是本质的一个称呼，依然会引出"圣子"这个观念，而且根据这两个名字的共同观念和这些名称的力量，也不会使得"圣子"这个名字关涉别种本性。倘若你们喜欢这样，那就让它是关于某种行为的称呼吧；但你们并不能因此把我们击败。本质同一（Homoousion）确实是这种行为的结果，否则你们所讨论的某种行为的概念就是荒谬的。于是，你们就会明白，尽管你们固执争论，我们已经避免了你们的诡辩。但是，既然我们已经弄清你们在论证和诡辩中如此的不能驳倒，就让我们在上帝的神谕中看看你们的力量，如果你们还想说服我们的话。

第五章 卡帕多西亚教父的上帝观和希腊哲学的 Being

拿先斯的格列高利的批评始于新阿里乌主义所认为的三位一体神学似乎无可避免的逻辑困局：如果承认圣父是一种本质，由于 ousia 这个术语在希腊哲学中兼具"实体"的意思，那么圣父作为"实体"独具"本质"。因此，圣子所具有的必然是另一本质，不同于圣父的本质。据此，圣子与圣父不是本质同一，而是本质相似。这个解释延续到圣父是"行为"的阐释，就成了如果圣父是主动的行为者，是施动者，那么圣子就是被造者，而不是被生者。被生者是基于 ousia 的同一关系，它们是在永恒中"共是"的观念；被造者是基于 ousia "相似"的关系，是在行为主体的外部创造出来的，因着创造的时间性使圣子与圣父永恒地分离出去，不属于永恒中的那种"共是"关系。

拿先斯的格列高利从这种批评上的表面困局中提出了自己的看法。他显然不只是在重申奥利金对于 ousia 和 hypostasis 的阐释，更确切的说法是，他从奥利金的"永恒出生"的观念中获得关于 ousia 的重新理解，从巴西尔关于 hypostasis 的理解中重塑它与 ousia 的关联。奥利金的"永恒出生"甚至比他关于 ousia 和 hypostasis 的阐释还重要，他在"永恒出生"的观念中论述了 ousia 是一种永恒关联的"是"，是不可分离的"共是"，拿先斯的格列高利把它理解为"关系"。这挑明了卡帕多西亚教父的上帝观神学典范的关键内容：言说圣父在位格上优先并不是排他性的，而是包容性的，是将作为位格的圣子直接包容在内的。不过，这种包容性不是把圣子作为圣父的一部分，也不是将圣子作为圣父位格的一部分，而是圣父作为整全的 ousia 和圣子作为同样整合的 ousia，是 hypostasis。尼撒的格列高利也从"关系说"对逻各斯基督论作过阐释，"在某种程度上，这［道］也是一个'关系'词，因为思考道的父时必须与道一起思考，因为道若不是某人的道，它就不是道。"①

拿先斯的格列高利清楚地指出圣父乃是"关系"的称呼。圣父乃是"关系",它根源于对 Ousia/Being 的理解。"关系"不是就位格的相对性说的,而是就 Ousia/Being 的绝对性说的。这不是要将位格放在低于 ousia 的位置,而是要改变奥利金主义的从属论,后者将 ousia 断言为实体性存在,这种神学话语有着重大的缺陷,阿里乌主义将此缺陷推到极端,以至于在用 ousia 和 hypostasis 表述三位一体神学时,把它们完全分离。而卡帕多亚教父将圣父理解为 ousia 时,则是将这种"关系性"确立为一种主体性权威,与希腊哲学如亚里士多德在纯粹形而上学言说有根本区别。这种 ousia 不是抽象的,而是有位格的。因为神是父,它就包含着关于圣子的指向,圣父与圣子是一种亲密无间的主体性关系,他们的本性是同一关系。卡帕多亚教父关于 ousia 的新理解,表明 hypostasis 之间是共契(communion)的关系,不是分离的关系。这就是 G. L. Prestige 所说的,"卡帕多西亚教父的解决之道是把三位一体的正统表述最后定位为一本质和三位格的公式。它主要是由巴西尔制定出来的,得到坚不妥协的爱比芳流(Epiphanius)强烈努力的支持,拿先斯的格列高利这位灵敏的通俗作家则广泛地宣讲,并由有着敏锐和思辨心智的尼撒的格列高利详为阐述。大多数用于决定这一神学解决之道的富有生命力的意义深远的术语已经在他们的著作中得到描述。然而,我们需要对 physis 作一些特别的说明。这个语词是经验性的,而不是哲学的术语。它的最重要的有争议性的用法是在后来与道成肉身的关联中引起的。它在许多方面都是与

---

① 尼撒的格列高利,《大教义手册》第一章,见于《论灵魂和复活》(石敏敏译),中国社会科学出版社,2004年。

第五章 卡帕多西亚教父的上帝观和希腊哲学的 Being 347

ousia 用法相同，然而它更富描述性，更与功能相关，ousia 则是形而上学的，更与实在（reality）相关。三位一体诸位格有一个 physis，是因为他们有一种功能（energeia）：在一种情况下他们的活动是神圣的，在另一种情况下则又是不变的。因此，physis 比 ousia 更常用，它支持着种的意义（generic meaning）。同时，又必须记住这种意义绝非必要。可以引大量的例子来说明'一 physis'是表示'一个对象拥有某种特性或展示某种功能。'……在与三位一体的关系中，'同一 physis'恰到好处地把'同一功能或本性'暗示为'类似的功能或本性'，就如'同一 ousia'这个定义清楚地暗示了实体的同一性，'同一 physis'也支持这样一种解释，即三位一体在真正的意义上单一的对象。"①

尼撒的格列高利对 ousia 的论述也支持 prestige 的分析。他认为 ousia 指的是共同的 physis。在引用了以赛亚下面的话"谁行做成就这事，从起初宣召历史呢？就是我耶和华，我是首先的，也与末后的同在。"②"耶和华以色列的君以色列的救赎主万军之耶和华如此说：'我是首先的，我是末后的，除我以外再没有真神！'"③ 之后，尼撒的格列高利论述道，以赛亚清楚地预言了福音中的宗教，明确地指出了圣子的名，他藉圣灵将一切真理包含在他自己内面，这样那神圣的本性（Divine Nature），就是自有永有的真正之所是（that which really is），被清晰地标出是在上帝的位格里面的。因为在上帝之先没有真神，在上帝之后也没有真神；由于这位先知清楚明白地指明神圣本性是一，是与自身连续且不可分离的，他不承认在自身里面有先和后；我们在三位一

---

① G. L. Prestige, *God in Patristic Thought*, pp. 233 – 234.
② 《以赛亚书》四十一章 4 节。
③ 《以赛亚书》四十四章 6 节。

体里面沉思的也没有古老和新近之分。① 这清楚表明尼撒的格列高利是把 ousia 作为 physis 理解，他所依据的乃是巴西尔的原理：ousia 指"共性"或者"普遍性"。②

卡帕多西亚教父把 ousia 与 physis 作为共通的观念理解，为内在三一向着经世三一的运动似乎提供了有效的语言策略。就内在三一而言，它至少首先排除了"四神论"的嫌疑，更重要的是为道成肉身的基督共有圣父和圣子的 ousia 提供有效的辩护。在希腊哲学里面，神性是一个静态的观念，与基督教的上帝以肉身之奴仆形态完成救赎有根本区别。这不只是说希腊的神能否取肉身的问题，而在于基督教的上帝观包含一种与众不同的特质，道成肉身的基督里面包含内在三一的特殊性。卡帕多西亚教父使用 physis 为神人两性结合成同一 ousia 提供了有效论说的方便进路。就是说，卡帕多西亚教父虽然以在内在三一的进路为优先，然而不是僭越于经世三一，致使内在三一指向自我封闭的圆圈，与其他的神学教义无所关联；或者纯粹是一种希腊式的形而上学思辨。从 ousia 到 physis，可以看到内在三一神学是如何兼容并且更好地解释基督的道成肉身。新阿里乌主义没有注意到这一点，这是他们根本上排斥圣子与圣父同一神性的原因。拿先斯的格列高利这样说：

> 他［基督］，你们现今心怀蔑视的对象，却曾经在你们之上。他现在是人，但曾经是单一的（He who is now Man was once the uncompounded）。他还会继续是其所曾是的（What He was He continued to be）；他还把他所不是的穿戴

---

① Gregory of Nyssa, "Against Eunomius" 5. 1, see in Philip Schaff and Henry Wace (eds.), *A Select Library of Nicene and Post-Nicene Fathers of the Christian Church*, Edinburgh: T & T Clark, 1994.

② Basil, *Letter* XXXVIII. 2.

第五章 卡帕多西亚教父的上帝观和希腊哲学的 Being

上自身。他太初就是，没有原因；上帝的原因是为了什么呢？但是，此后，他出于某种原因降生了。这原因就是为了使你们能够得救，纵使你们侮辱他、蔑视他的神性；因为这，他承负起你们更加愚钝的本性（nature），通过心灵与肉身交流。他低等的本性（nature）——人性——成为上帝，因为人性被统一于上帝；成为一个位格，因为更高的本性（nature）处于主导地位……正如他被造为人，是为了使我成为上帝。他降生了——但他早就已经生出：他生于一位女子——但她是童贞女。首先是人，第二才是神圣者。在他的人性中，他没有父亲；而在他的神圣本性中（Divine Nature），他没有母亲。这两种状况都单单属于神性。他居住在母腹中，却被先知认出，他还在腹里的时候，就在圣言之前欢喜跳动——正是由于圣言，他才成为存在。他被裹缚在襁褓之中，却通过升天摆脱了坟墓的束缚。他被安放在马槽里，却被天使荣耀、为星辰宣扬、受博士朝拜。你们为什么会因为展现在眼前的事生气呢，因为你们不愿看到展现在自己心灵前的事？他被迫流亡埃及，却赶走了那里诸多的偶像。在犹太人的眼中，他没有佳形美容，[1] 对于大卫来说他却比世人更美。[2] 在高山上，他洁白如光，比日头更加明亮，引导我们进入未来的奥秘。[3]

在拿先斯的格列高利的论述中，包含着由内在三一贯通为经世三一的双重意思。首先，格列高利从 ousia 来说基督的 physis 的超越性，这是内在三一的进路。这是他所说的上帝的神性单一

---

[1] 《以赛亚书》五十三章 2 节。
[2] 《诗篇》四十五篇 2 节。
[3] Gregory of Nazianzen, The Third Theological Oration XXIX. 19.

性与 ousia 的关系，就是他所谓的"他还会继续是其所曾是的"。在圣子道成肉身的时候，这种 ousia 表现为更高的 physis；在道成肉身的事件上，则表现为"在他的人性中，他没有父亲；而在他的神圣本性中（Divine Nature），他没有母亲。这两种状况都单单属于神性"。因此，重要的是通过上述种种阐释，格列高利表明，在道成肉身中，神性的单一性没有遮蔽，也没有弥散。圣子在肉身上出生时，其神性始终对应于圣子从圣父"出生"的位格关系的内在性。基督的道成肉身体现出 physis 的特殊性：他在太初时已经就是"是"，现今"是"，未来仍然"是其所是"，没有因为穿戴上肉身，就成为"其所不是"。由此，可以看到新柏拉图主义的思想影子。

其次，拿先斯的格列高利承认基督也穿戴上低等的 physis。这个 physis 指的是堕落了的人性，并且他似乎承认它对于基督神性挑战或者诱惑的真实性。它不是超越时间和空间，而是在此时和此地，在襁褓中、在母腹中、在马槽里。他认为低等的本性有一个"成为上帝"的过程，而不是因为神人两性的存在，他的人性也被神性吞没了。尼撒的格列高利也有类似的解释。"这必死的本性，因着与神性的混合，由于与战而胜之的神圣本性的一致而得到更新。它分有了神性的权能，就好比是这样的一种混合，一滴醋混入大海的深处，由于其液体的自然属性无法在广阔无垠的大海中保持着延续性，而成为了大海。"①

这就是说，作为 physis 的 ousia 更容易被理解为向着道成肉身的基督位格。在这里面，ousia 没有被取代，因为无论是基督的神性还是人性，都显示出卡帕多西亚教父所赋予的 ousia 的"关系性"含义。卡帕多西亚教父运用不同于新阿里乌主义者优诺米斯的"对比法"，获得关于 ousia 不同的理解。阿里乌主义

---

① Gregory of Nyssa, *Against Eunomius* 5. 5.

者认为，既然圣子与圣父不同，那么圣子必然与圣父相互排斥、互不包容在这个意义上他们是两个 ousia。尼撒的格列高利循着巴西尔对于优诺米斯的批评，指出这种关于存在（Being）程度原理的分析制造了一种对立的神学。[1] 尼撒的格列高利则主张，未受造的存在（existence）即三位一体的存在，就是复合的能力（dunamis），他们同等程度地分有智慧、权能和所有的善，因为三位一体的每一位格都根基于他们的本性之中。[2] 尽管道成肉身的基督具有神人两性，然而由于他不是基于优诺米斯理解的有着"程度"分别的 Being。基督在受苦的时候，在他为"苦难"向父呼喊的时候，他都是具有同样的、同等的 ousia。卡帕多西亚教父三位一体神学的复杂性也在于此：ousia 既是关系性的，又是非复合的、单一性的。任何一个位格不因为特征不同，其位格的神性就有所损失。

既然圣子的一切都从属于圣父，那圣父的一切也都从属于圣子；正像我们前面所说的，一是因为他的作工，一是因为他良善的喜悦。因此，他使人从属于他已从属的上帝，并且使我们的状况成为他自身的状况。同样地，"我的上帝，我的上帝，为什么离弃我？"[3] 这句话也是如此向我显示的：这并非如某些人所想的，他没有被圣父、也没有被自己的神性所离弃；那些人以为，神性由于害怕受难，因此在他受苦时从他里面抽身而退。（难道有谁会强迫他出生在世上或者被钉上十字架吗？）但是，正像我所说的，他是在自己的位

---

[1] Michel Rene Barnes, *The Power of God: dunamis in Gregory of Nyssa's Trinitarian Theology*. Wishington, D. C.: The Catholic University of America Press, 2001, p. 268.
[2] Ibid., p. 269.
[3] 《诗篇》二十二篇1节。

格中代表着我们（He was in His own Person reprenting us）。因为，在此之前，我们遭离弃、受轻视，但如今却因为不可能受苦的他的受苦，被提升和被救赎了。①

这里，拿先斯的格列高利实现了内在三一和经世三一，theologia 和 oikonomia 的联结。从关于 ousia 的讨论，也就是从作为神学的"在自身中的上帝"的沉思中，指向一个"为我们的上帝"的视野。这节话清晰地蕴含了卡帕多西亚三位一体神学的解决之道。

拿先斯的格列高利用 oikonomia 作为本节论述的基调，如引用"我的上帝，我的上帝，为什么离弃我？"的经文；再如"他是在自己的位格中代表着我们"都是典型的"为我们的上帝"的表述；还有如别的地方，在引用经文描述耶稣道成肉身的经世特征："奴仆"、②"顺从"、③"赐"、④"学"、⑤"被吩咐"、⑥"被差"、⑦"他自己不能做（或者说审判、给予和意愿）任何事情"，⑧ 他的"不知道"、⑨"隶属"、⑩"祷告"、⑪"要求"、⑫"增

---

① Gregory of Nazianzen, *The Fourth Theological Oration, which is the Second Concerning the Son* 5.
② 《腓立比书》二章 7 节。
③ 《腓立比书》二章 8 节。
④ 《约翰福音》一章 12 节。
⑤ 《希伯来书》五章 8 节。
⑥ 《约翰福音》十四章 31 节。
⑦ 参《约翰福音》四章 34 节；五章 23 节及以下。
⑧ 参《约翰福音》五章 19、30 节。
⑨ 《马可福音》十三章 32 节。
⑩ 参《哥林多前书》十五章 28 节，和合本译为"服"。
⑪ 《路加福音》六章 12 节。
⑫ 《约翰福音》十四章 16 节。

第五章 卡帕多西亚教父的上帝观和希腊哲学的 Being

长"、① "得以完全"。② 还有说及他睡觉、③ 饿了、④ 伤痛⑤和害怕⑥的字眼。⑦ 拿先斯的格列高利都是从 theologia 或者内在三一肯定救赎的意义。如他所说,如果逐个考察上述那些表述,在虔敬的意义上,它们可以分别被极容易地向你们解释清楚,其字面意义所造成的羁绊也可以被清除。⑧ 因为在这些看似卑微的表述中,都是表明圣父和圣子的相互从属关系,而不是阿里乌主义的单向从属论。拿先斯的格列高利藉着这样的"相互"从属论改变了奥利金主义甚至是尼西亚教父关于从属论的理解,根本上从 ousia 的同等性阐释 oikonomia 后面的"在自身中的上帝"的 theologia。卡帕多西亚教父内在三一的要旨是: ousia 作为神圣关系如何贯穿在三位格中。

这通常被称为卡帕多西亚教父的解决之道(The Cappadocian Settlement),共三位一体理论显示了从前尼西亚神学向尼西亚神学的转变,所显示的是一种新尼西亚神学。它巧妙地回答了阿里乌主义的挑战,给予圣经中的一些看似与三位一体神学矛盾的地方更好的解释。卡帕多西亚教父虽然取的是内在三一的进路,但绝没有忘记上帝始终是一个"为我们的上帝"。他们没有分离"oikonomia 和 theologia 的联结,阿里乌主义和优米诺斯主义(Eunomianism)促使卡帕多西亚教父区分 hypostasis 和 ousia,并用它来捍卫神圣位格的同等性。在某些段落中引出的 theologia 层

---

① 《路加福音》二章 52 节。
② 《希伯来书》五章 9 节等。
③ 参《马太福音》八章 24 节;《马可福音》四章 38 节。
④ 《马太福音》四章 2 节;《路加福音》四章 2 节。
⑤ 《路加福音》二十二章 44 节。
⑥ 参《希伯来书》五章 7 节。
⑦ Gregory of Nazianzen, *The Third Theological Oration* XXIX. 18.
⑧ Ibid.

次的神圣位格的结论,不同于在 oikonomia 层次启示出来的神圣位格的结论。例如,卡帕多西亚教父效仿阿他那修的原理,指出阿里乌所偏爱的《箴言》八章 22 节和其他的一些经文,所指的是基督的人性,而不是他的神性。这种圣经解释方式进一步扩大了上帝的奥秘和救赎的奥秘的距离。"[①] 这是非常有趣的一种解决之道,它藉着内在三一和经世三一的联结,扩大了"内在三一"奥秘的范围,也就是将上帝作为完全独特的他者在三位一体神学中显示了出来。后来,奥古斯丁发展出一种不同的解释方式:区分所谓的"就本质说"和"就关系说"。然而,我并不认为这是一种更好的解决方式。

卡帕多西亚教父的内在三一神学,最终引导人意识到,人对于上帝是全然无知的,这可能是对于圣经所启示出来的上帝 oikonomia 的更好解释。尼撒的格列高利把"在自身中的上帝"看成是"在黑暗中"的上帝,或者可以称为"上帝的黑暗",与由经世三一上溯内在三一或者表述内在三一所达成的上帝"光照说"相比,这是迥然有异的进路。从这个角度讲,卡帕多西亚教父是以一种辩证神学的姿态讲论内在三一的特殊性,并由此发展出有别于拉丁基督教的经世三一意识。由卡帕多西亚教父的内在三一反观所形成的经世三一,不是因为不断地累积"知"以致于自明,而是引发关于上帝的 oikonomia 更多的"不知"。尼撒的格列高利在解释《出埃及记》二十四章 15 节"摩西上山,有云彩把山遮盖"时这样说:

但什么是摩西进入他所喜乐的上帝的黑暗和异象的含义呢?眼前这节经文(《出埃及记》二十四章 15 节)似乎与

---

① Catherine Mowry LaCugna, *God For Us: The Trinity and Christian Life*, Chicago: Harper Collins Publishers, 1991, p. 70.

第五章 卡帕多西亚教父的上帝观和希腊哲学的 Being

他前所见到的神圣异象有些矛盾。在那里,他是看见上帝在光中,而在这里他看见上帝在黑暗中。然而,我们不能因此就认为这与我们正在考虑的灵修训练的结果是矛盾的。因为,这里,圣书教导我们灵性的知识首先是作为那些经验他的人的光照发生出来的。事实上,所有与虔敬对立的都是黑暗;照亮黑暗就是分有光。但是,由于灵魂不断上升,藉着更大更完全的全神贯注获得关于何谓真理的知识的理解,它愈接近这异象,它就愈能理解这神圣的本性是无形的。因此,它离开那些表象,不只是那些感觉以为把握的东西,也包括那些心灵自身似乎看见的东西,它继续往深部行进,直至藉着灵的运作,它渗透入无形的不可思议区域,在那里它就看见了上帝。关于我们所寻求的真正的异象和真正的知识准确地说在于没有看见,在于意识到我们的目标超越了我们的知识,在任何地方都因为不可思议性的黑暗而与我们无关。因此,深刻的福音书作者约翰,他深入这光的暗,告诉我们从来没有人看见上帝(《约翰福音》一章18节),以一种否定的形式,教导我们没有人,事实上,没有任何受造的理解能够获得上帝的知识。①

卡帕多西亚教父以否定神学的形式讲内在三一的 theologia,与德尔图良或者此后的奥古斯丁以肯定神学的形式从经世三一讲上帝的奥秘,恐怕不是异曲同工那么简单。他们所取的是关于基督教上帝观不同层面的内在性意识。可以这样说,尽管卡帕多西

---

① Gregory of Nyssa, "*The Life of Moses* 376C – 377A". see in Jean Danielou (selected and with an Introduction), *From Glory to Glory*, *Texts From Gregory of Nyssa's Mystical Writings*, English Translated and Edited by Herbert Musurillo. New York: St. Vladimir's Seminary Press, 1979, p. 118.

亚教父是从肯定性的内在三一讲上帝的 ousia，所指的却是 hypostasis，就是存在于位格间的"关系"；其内在三一相关基督教上帝观的另一层面，却以否定的形式指出存在着启示出来的上帝与"在自身中"的上帝的区分，或者就是"在光中的上帝"与"在黑暗中的上帝"的区分。这是卡帕多西亚教父的 ousia 学说的特殊之处。

二

卡帕多西亚教父在处理 ousia 和 hypostasis 时，同时使用了亚里士多德和新柏拉图主义的哲学思想。在《范畴篇》中，亚里士多德把 hypostasis 作为个体性的本体，这种个体性不可以作为述谓其他逻辑主词的谓词，其个体性具有原初性，是其成为本体的根据。卡帕多西亚教父强调圣父、圣子和圣灵作为 hypostasis，无疑是肯定了三位格存在的原初性，本体性是位格特征的基本内容，这使位格之间不相混淆，位格之间不可互换。在这个问题上，普罗提诺对卡帕多西亚教父也有贡献，他把 hypostasis 提高到与 ousia 同等重要的地位。在经世三一传统中，如德尔图良和奥古斯丁以及奥古斯丁主义都没有充分注意到这个理论，他们更注重这两个术语之间的比照关系以及由此扩展出来的不同层面。普罗提诺为内在三一传统中的从属论视野的转换提供了哲学基础。John Ziziouslas 充分关注了卡帕多西亚教父"解决之道"中这个最为关键的因素。他认为，在希腊哲学中，思想家们没有能够赋予人类的个体性以绝对的恒久性，hypostasis 也就没有能够达到基督教神学赋予位格的本体性地位。卡帕多西亚教父则认为，人［神 Personhood］格不是从属于具体的本体论 Being 的概念，它们是同等的。[①]

[①] John Ziziouslas, *Being as Communion: Studies in Personhood and the Church*. New York: St. Vladimir's Seminary Press, 1993, p. 34.

第五章 卡帕多西亚教父的上帝观和希腊哲学的 Being

John Zizioulas 进而认为，在卡帕多西亚教父的位格理论中，包含着两个基本的预设：一是在宇宙论上的激进变化，它将世界和人从受本体的必然性决定的链条中解放了；二是人的本体论视野的变化，把 hypostasis/person 与人的 Being 结合在一起，赋予其持续和永久的存在，以及他的真正的绝对的同一性。[①] 卡帕多西亚教父关于 hypostasis 理解的变化，导致他们在三位一体神学上出现新的走向。

卡帕多西亚教父不是要削弱 Ousia/Being 的本体论地位。相反，他们如柏拉图和亚里士多德那样，坚持 Ousia/Being 作为普遍性本体的原初性。在《形而上学》中，亚里士多德称之为"第一本体"，柏拉图显然也如此认为。卡帕多西亚教父所要强调的是 hypostasis 应该拥有同等重要的本体论程度。不过，他们的坚持也导致了 ousia 含义的变化，即把它作为"关系"来理解。由于 ousia 所包含的是三个个体性位格的共在关系，这种关系不只是本性的相通，更是共契（comunion）的特殊关系。卡帕多西亚教父采用共契（comunion）来解决圣父和圣子的特殊的本体关系，为解决奥利金主义从属论模式中的困境提供了良好的切入点。

这里，我要对共契的概念作专门讨论，这对于论述卡帕多西亚教父很重要，尤其在解释他们在基督论与上帝观间建立的特殊关联非常重要。comunion 来自于希腊文 koinonia，communio 是其拉丁文形式。希腊文 koinonia 与拉丁文 communio 可以交互使用，在英文中没有翻译可以充分传达 koinonia 的复杂含义。据有的学者的研究，koinonia 至少有五个方面的含义。一是 koinonia 在古典世界中得到广泛运用，涉及到不同古典传统

[①] John Ziziouslas, *Being as Communion: Studies in Personhood and the Church*, p. 35.

之间的相互翻译问题。圣经广泛地使用这个词，同时包含着一定的语言规范，即所谓的作为现实生活的规范，它被称为actual koinonia，作为使徒共同体（apostolic communities）留传给我们。这种理解可以回溯到旧约中的犹太会堂此类的共同体生活、希腊化世界内部的家庭或城邦生活以及基督教共同体的生活规范。古代基督教之所以称这样的生活规范为koinonia，乃是基于这样的信念：地方教会的和基督徒家庭的生活规范都是来自于父辈或先前传统的留传以及某种程度的变化，[1] 因此，koinonia具有普世性的意义，是全人类结合为共同体，是共享的普世性，是统一性的普世性。二是作为政治学主题的koinonia。koinonia与政治学有密切的关联，政治涉及人类生活的所有层面，权力的运用或冲突既维持又分裂共同体。教会本质上也是如此，它既参与上帝的ousia又是世俗的共同体，诚如奥古斯丁所言是"混合的共同体"，既在各种特殊的传统之内又是普世的事业。[2] 三是koinonia与冲突的关系。这是从第二点引申出来的。冲突是共同体的有机部分，它根源于对上帝的普遍的爱的渴求。因此，教会不要去问是否会存在冲突，而是学习如何在基督的肢体内调控好这种冲突，当基督徒还维系在教会的共契中的时候，尽管面对冲突的潜在危险，最重要的诉求是在争辩中维护信任的极点；而在信任和共契破裂之时，也要注意到教会中存在归宗/复和（reconciliation）的渴望，要谨慎地处理好会众间的争辩所可能导致的冲突。[3] 四是作为对话主题的koinonia。koinonia包含普遍讨论和使用的含义。在柏拉图的

---

[1] Nicholas Sagovsky, *Ecumenism, Christian, Origins and the Practice of Communion*, Cambridge: Cambridge University Press, 2000, pp. 6–7.

[2] Ibid. pp. 7–8.

[3] Ibid. pp. 8–9.

第五章 卡帕多西亚教父的上帝观和希腊哲学的 Being

对话中,还包含进入讨论之前的预备性行为的过程,阅读柏拉图、亚里士多德、奥古斯丁和卡帕多西亚教父意味着彼此之间的共契,存在于共契化的网络意味着进入到共同体的存在方式,教会解经和讲经是以一种对话的方式存在于与上帝的共契之中。① 五是作为记号的主题的 koinonia。这一主题把 koinonia 看作是发生在超越字面或物理意义的层面,灵性层面的共契或共同体化,在 koinonia 的研究中显得尤其重要。在这个主题下,koinonia 通常被理解为相互分享(mutual sharing)或团契(felleowship)。②

Nicholas Sagovsky 关于 koinonia 含义的缕述依据的是社会本体论的角度,不乏启发意义。首先,不妨先来谈谈为何把 koinonia 译为"共契"? Nicholas Sagovsky 认为这个词在英语中极难翻译,难于找到适切的对应语词。汉语也是如此。就 Nicholas Sagovsky 的研究看,koinonia 主要是"结合"的意思。然而,"结合"还不能确切地说出 koinonia 的语词特征:个体存在的重要性。这正是 John Zizioulas 在卡帕多西亚教父研究中所获得的重要理解。"结合"的语义容易消解"结合"双方或多方存在的特殊性,而使语义集中在"普遍性"层面上。这会导致基督教神学重返中期柏拉图主义的思想路线。译为"共契"则是为了突出众多个体在同一共同体中的"个体性关系",即没有因为是"共同体"而消解"个体性",两者的 Being 是对等程度的,这正是卡帕多西亚教父所赋予 ousia 和 hypostasis 的特殊关系。John Zizioulas 指出,为了排除撒伯流主义的解释,"卡帕多西亚教父开始于这样的假设:三位一体的每个位格都是绝对,他们都是完

---

① Nicholas Sagovsky, *Ecumenism, Christian, Origins and the Practice of Communion*, Cambridge: Cambridge University Press, 2000, pp. 9 - 10.

② Ibid., pp. 10 - 11.

全的 being"。①

其次，"共同体"是 koinonia 的基本含义。在 koinonia 的社会本体论表述中，"共同体"包含了古典社会对于一个和谐 being 的理解，冲突被理解为是现代共同体的必要因素。这个共同体的 koinonia 既存在于犹太人的会堂、希腊人的城邦、罗马人的国家，也存在于教会中。古典社会倾向于将它们看作是一个本体统一的社会存在形像，取的是"社会三一"的类比。从社会本体的角度看，作为"共同体"的 koinonia 还包含着持续性和恒久性的含义，因为它包含着来自传统的规范性。这种"规范性"构成"个人"之间和"位格"之间对话及交通的"共享"，因此"相互分享"、"参与"和"团契"使得"共契"呈现为动力性的关系。作为共享的 koinonia 是上帝诸位格关系的重要起点。卡帕多西亚教父在阐明三位一体上帝的共契/koinonia 时，特别提到《彼得后书》的教导，"上帝的神能（theias dynameos）已将一切关乎生命和虔敬的事赐给我们，皆因我们认识那用自己荣耀和美德召我们的主。因此，他已将又宝贵、又极大的应许赐给我们，叫我们脱离世上从情欲来的败坏，就得与上帝的性情有分（theias koinonoi physeos）。"② koinonia 与 dynameos 有重要的关联，是内在和经世，本性和权能之间的关联。尼撒的格列高利曾举火与热、冰与冷为例阐释 physis 和 dynamis 的关系，指出正是 dynamis 显出并让 physis 为我们所知。他论证说，正是因为权能（dynamis），热是火的指引者。同样的情况也适用于 dynamis 的下述解释，圣子和圣子所拥有的神意，是一种共同本性的指引

---

① John Ziziouslas, "The Contribution of Cappadocia to Christian Thought", Sinasos in Cappadocia, eds. by Frosso Pimenides & Stelios Roades, National Trust for Greece: Agra Publications, 1986.

② 《彼得后书》一章 3-4 节。

第五章 卡帕多西亚教父的上帝观和希腊哲学的 Being

者。在上述两种情况下，dynamis 都使我们认识 physis 之同一性，因为同一的 dynamis 意味着同一的 physis："……可以肯定，由每一者所彰显的外部特征表现出的相同关系，必然也表现主体间的相同关系。如果特征是对立的，可以肯定它们所启示出来的也被视为是对立的；如果它们是相同的，那么启示出来的也不会有什么不同。"①

那么，卡帕多西亚教父有否注意到 theias dynameos 与 ousia/physis 的区分呢？西方学者对此是有争论的。Rowan Williams 认为把 theias dynameos 与 ousia/physis 分开毫无意义，上帝的 ousia/being 就是上帝的 dynameos/energeiai。他以此批评传统教会史家和神学家过分强调卡帕多西亚教父以 ousia/physis 为优先，即强调本体论优先的观点。② 这个观点极具洞见。正如我们所见，卡帕多西亚教父不是以 ousia/physis 为中心，而是以 hypostasis/person 为中心。然而这个"中心"的意思不是说两个术语中何者可以取代何者，而是说何者被作为阐释的逻辑起点。他们强调 hypostasis/person 是为了修正以 ousia/physis 为中心所导致的撒伯流主义；强调 ousia/physis 则又是为了避免三神论及极端从属论的危险。基于此，他们强调以 koinonia 为中心，以达到 hypostasis/person 和 ousia/physis 相互间的平衡，"卡帕多西亚教父关于神秘参与/共契（koinonia）的教导和三位一体生命的教导是完全地联系在一起的。"③ 因此，更多地注意 theias dynameos 与 ousia/physis 的关联，在于要显出圣父、圣子和圣灵之间的共同的 ousia/physis，把基督教的上帝归结为有着同一本性却是三个位格主体

---

① Gregory of Nyssa, *GNO* 1: 154: 25 - 155: 15; 99. 转引自并参看 Michel Rene Barnes, *The Power of God: dunamis in Gregory of Nyssa's Trinitarian Theology*, p. 281。
② C. M. Lacugna, *God for Us*, New York: Harper Collins, 1991, pp. 192 - 193。
③ Nicholas Sagovsky, *Ecumenism, Christian, Origins and the Practice of Communion*, p. 148.

的hypostasis。

在卡帕多西亚教父的"解决之道"中，以koinonia为中心不是与以ousia为中心矛盾。恰恰相反，它是要疏解以ousia为中心与以hypostasis为中心之间形成的矛盾。过强的ousia的本体优先视野导致形态论，过强的hypostasis为中心则导致极端的从属论，或者还有第三种倾向就是三神论。希腊基督教传统始终在这中间徘徊，进退维谷。在出现卡帕多西亚教父的三位一体神学范式之前，基督教思想家并没有找到更好的办法，即使后来的奥古斯丁主义也是如此。卡帕多西亚教父以koinonia为中心是要离开三位一体神学中一直存在着的隐在的取向，即从以实体化的ousia为中心走向以"共同体"为中心，他们确实也通过以对koinonia的丰富解释做到了这一点。这是难能可贵的。

三

根据koinonia的思想，卡帕多西亚教父讨论了基督论和上帝观的关系。在基督论中，koinonia主要体现为神人两性的关系。根据卡帕多西亚教父关于koinonia的讨论，有个体性特征的hypostasis完全可以共契于共同的ousia/physis中，而不会影响它们的全然同一性。在基督论中，神性和人性不是hypostasis，那么它们的共契又如何发生呢？它与卡帕多西亚的内在三一神学又有怎样的关系呢？卡帕多西亚教父需要进一步回答这个问题。

尼撒的格列高利抓住了koinonia与道成肉身关系的角度纵深地讨论了基督位格的特殊性。道成肉身的重点在于神性和人性的如何共契？唯有回答了这个问题，才能够避开或者驳倒异端基督论的各种立场，例如撒伯流主义的形态论等等。神人二性的共契之于基督位格的意义涉及数个方面：一是神人两性相通的问题；二是神性和人性是否各自完全的问题；三是基督论与救赎论的经世问题。就尼撒的格列高利来说，一和二是不矛盾的。"神人相通"依然可以说"神人两性"是完全的。他说,"当他[基督]从父的怀中向我们显明出来,他改变成类似于我们的样子。在[父]清除了我们的软弱后,他又把那曾在我们中间并领受了我们特性的手收回自己的怀中……那在本性上不可改变的不会成为可改变的,但是那可变的和受制于情欲的则会藉着与永不改变的事物的共契(koinonia)而转化为不可改变的。"[1] 在另一个地方,尼撒的格列高利更清晰地解释了这种神人共契。

至于在"情欲"观念上跌倒的那些人,出于这个原因他们主张 Essences 的多样性——论证道,父由于本性的高贵不容许情欲;另一方面,子由于屈尊降临,因着欠缺和变化,分有他的苦难——我则希望对于上述的论述补充些评论:——不诱惑致罪的事物就不是真正的"情欲",也不能用情欲的名称严格地称呼本性的必然程序,把复合的本性看作是按照一种秩序和后果自然发展出来的。因为,在形成我们的身体时,异质要素的相互合作是出于数个不相似的因素的和谐的结合;但是,当在某个时候,将这些合作要素绑缚在一起的纽带松懈,被结合的本性再次被分解成它被构成的诸要素。毋宁说,这是情欲的作工而不是其本性。因为我们只把情欲给予与美德的平静状态相对立的一方,我们相信那使我们得救的全然不陷于情欲之中,"他也曾凡事受过试探,与我们一样,只是他没有犯罪。"[2] 至少,他没有参与到意志的有罪状态之中,没有成为真正情欲的参与者。因为

---

[1] Gregory of Nyssa, *The Life of Moses* 1.7, English Translated by A. J. Malherbe and Ferguson, New York: Paulist Press, 1978.

[2] 《希伯来书》四章 15 节。

经上说，"他并没有犯罪，口里也没有诡诈。"① 但是，我们本性的特殊属性，我们日常用语也用"情欲"称之之——对于这些，我们承认，主确实参与了——出生，抚育成人，成长，睡眠和劳苦，所有这些灵魂因着身体的不便而经历的自然秉性……②

尼撒的格列高利把"情欲"分为两类：一类是"致罪的情欲"；另一类是人类作为人的特殊属性，如睡眠和劳苦等等。他肯定后一类情欲在基督里面与神性完全相通，即他作为人是如人那样真实地经历了身体的属性的。这类神人相通对于阐明基督论与救赎论的关系当然是重要的，因为这是基督作为真实的人经历人的真实性，也就是他确确实实地存在为人。换个角度来说，这又不是最主要的一个层面。最主要的是第一类的"致罪的情欲"的发生与救赎论的关系，人是因为罪而与上帝分离的。尼撒的格列高利则认为基督受过同样的诱惑但没有陷入罪中。诱惑是基督论的一个主题，也是救赎论的主题。基督的救赎皆源于此：他经历诱惑和免于罪说明人性和神性是共契于他存在为耶稣这样的人物身上的，尼撒的格列高利把它解释成为"异质要素的相互合作是出于数个不相似的因素的和谐的结合"。也就是说，基督中的神人共契是基于和谐的原理，而不是如人性中的那种冲突。冲突使诱惑成为罪，使神性湮没在人性的败坏之中；然而和谐的状态则不是如此。这里，我们看到了关于共契的自然神学描述。

拿先斯的格列高利也曾从类似角度作过类似论证，所取的角度也是基督的神人两性共契如何为人提供救赎论的前提。"他〔基督〕是充充满满的，却虚己；他曾短暂地放弃自己的荣耀，

---

① 《彼得前书》二章22节。
② Gregory of Nyssa, *Against Eunomius* VI. 3.

使我有机会能够分有他的完全。什么是他的善性的丰富性呢？什么是环绕着我的奥秘呢？我只分有这形像的某一部分；我没有能够保有它；他参与了我的肉身，这样他既可以拯救这形像又使这肉身不朽；他传送的第二次共契（deuteran koinonei koinonian）远比第一次不可思议，因为第一次他是把好的本性分给我们，而第二次则是他自己参与较坏的本性。"① 基督的神人两性的共契是不相混乱的，具有引向救赎的可能。这也是尼撒的格列高利用他的 ousia/physis 术语要表明的"和谐论"，也是基于内在三一的救赎论，它就是要把人的被败坏的本性引导回到不相混乱的和谐状态，回到人曾分有的上帝的 ousia/physis 上。"只要灵魂脱去了不属于它本性的种种情绪，获得神的形式，并超越欲望，进入所欲求的目标里面，此时它就不再在自身里面为希望或记忆提供任何停靠之处。它拥有了所希望的对象，至于记忆，由于它忙于享受各样美善，从心中排挤了出去。因而，灵魂模仿了上界的生命，与神性特有的性质一致；原有的习性全然不复再有，留下的唯有爱，而爱自然地与至美亲和。因为爱就是对所选择对象的内在固有的情感。这样说来，当灵魂成为单纯而单一的形式，成为完全像神一样，发现了那真正值得热爱的绝对单纯、非质料的善，立时就依附于它，通过爱的活动与它合一，照着那它在不断地发现和领会的善塑造自己。通过这种与至善的融合，灵魂成为它所分有的本性之所是，此时，由于它所分有的本性不缺乏任何善，所以灵魂也必不缺乏任何东西，所以必从自身里面除去欲望的活动和习性……"②

在卡帕多西亚教父看来，无论是第一次共契，还是第二次共

---

① Gregory of Nazianzen, "Oration" XXXVIII, *On the Theophany, or Birthday of Christ* 13.

② 尼撒的格列高利，《论灵魂和复活》（石敏敏译）。

契，上帝传送的都是 being with，而不是 being against。所谓"共契"，正是这个"with"，而不是"against"。在基督中的神人二性的共契正是"with"的关系，当人的灵魂回归到"with"的关系时，诚如尼撒的格列高利所说，就是"通过这种与至善的融合，灵魂成为它所分有的本性之所是。"因此，ousia/physis 是 with 的关系。在道成肉身中，ousia/physis 所体现出的 with 是依凭于圣父和圣子的内在关系。正如圣父和圣子既是合一的，又是分别的，才被称为"共契"。关于这一点，巴西尔解释得非常清楚。他阐明了 koinonia 的语义，"说子是与父同在的（with），是为了同时表现诸位格是有分别的，共契（koinonia）又是不可分离的。甚至在人类的事务中可以观察到同样的事情，因为'和'（and）这个连接词暗示出一个行动中的普遍因素，而同在（with）这个介词在某种意义上宣称行动中的共契（koinonia）。例如；——保罗和提摩太（Timothy）航海至马其顿，但是推基古（Tychius）和阿尼西谋（Onesimus）被派往歌罗西（Colossians）。因此，我们了解到他们做的是同样的事情。但是假如我们被告知说，他们一起（with）航海或一起（with）被派又如何呢？那么我们会被告知说还有一层额外的意义，即他们是结伴实施这个行为。因此，一起（with）这个词在击败撒伯流方面起到其他词语所不能胜任的作用，它也摧毁了那些在相反方向犯了错误的罪人；我是说，那些人藉着认为存在时间的间隔把子从父中分离出去，把灵从子中分离出去。"[1] 在巴西尔的论述中，with 与 koinonia 同义。它包含多重的含义：第一，koinonia 表明的是诸或多个位格的关系；第二，这是不可分离的诸位格关系；第三，在诸位格内部，不因为同在这种时间性意义使得位格内部产生时间性的关系。正是因为圣父和圣子之间的共契，如阿里乌主

---

[1] Basil, *On the Spirit* XXV. 59.

第五章 卡帕多西亚教父的上帝观和希腊哲学的 Being

义所谓的耶稣有一个"成为上帝的过程"是错误的,相反耶稣"就是"上帝。道成肉身的基督的神人两性关系正是基于这样一个"就是上帝"的概念,而不是强调藉着耶稣成为上帝,而得出人也可以成为上帝的结论。这就是道成肉身中神人两性的 koinonia 的非时间性因素,人则相反,它需要这种时间性因素。因此,基督的神人两性的共契是与神圣 ousia 的关系;人的成圣不是基于圣父和圣子本质同一的 ousia。尼撒的格列高利解释说,道成肉身的神人两性共契,是内在三一显示为经世三一的基本内容。

就耶稣的情况而言,如果我们相信存在一个由高至低的状态上的变化,如果独一的神性和未受造的本性超越了创造,当他[优米诺斯]全面重审了他自己的论证,也许他能把握住真理的等级,同意未受造者因着爱人而进入被造的世界之中。……当我们听到被说及的"十字架",我就理解了十字架;当我听到被提及的某个人名,我就理解了这个名字所包含的本性。因此,当我听彼得说,"这个"人就是主和基督,我不怀疑他所提及的出现在他面前的这个他[基督],这是因为就像在别的事情上一样,圣徒们在这个事情上也是持相同的看法。因为他说被钉十字架的已经成为主,因此保罗说他[基督]"升为至高",(《腓立比书》二章9节)在受苦和复活之后,不是就他是上帝而言被升高,难道还有比神圣的高度更高的,难道说上帝还能被升高到那里?他是说人性的低等性被升高,我猜想,这话是指与那被穿戴上被升高至神圣本性的人的同化和结合。[①]

---

① Gregory of Nyssa, *Against Eunomius* VI. 4.

神性的ousia在神人二性的共契中占着主导地位。这与基督是受生的而不是受造的有关。这个受生包含着两层意思：一是圣子在永恒中被圣父所生；二是基督以圣灵感孕。这部分是就着神性的ousia在基督神人两性中的共契的性质说的。拿先斯的格列高利认为，基督是受生的不影响圣子与圣父神性同等，也不意味着基督的ousia是受生的；正如我们说圣父是非受生的，并不等于说非受生就是ousia，非受生不是上帝的同义词。① 既然如此，受生也不能看成是圣子的同义词，因为凡父所有的，都是圣子的②；另一方面，凡圣子所有的也都是圣父的。在圣父与圣子之间，没有什么是特有独具的，任何东西都是共有的。因为他们的存在本身就是共有的、同等的，即使圣子从圣父那里接受这些。"我又因父活着"③ 说的正是这个意思；并不是因为他的生命与存在都由圣父保守在一起，而是由于他拥有来自圣父的存在，这存在超越一切时间和所有原因。④ 因此，圣父与圣子始终处于共契之中，这种共契在基督的神人两性没有分开。这就是耶稣基督所说的，"我父啊，倘若可行，求你叫这杯离开我；然而，不要照我的意思，只要照你的意思"。⑤ 拿先斯的格列高利解释说，这句话并非意味着圣子在圣父之外还有自己的意志，而是意味着他没有，"不要按我的意志行，因为根本就没有单独的我，这是我和你所共有的；因为我们同有一个位格，从而同有一个意志"。

拿先斯的格列高利还用大量的篇幅论述了道成肉身的基督与

---

① Gregory of Nazianzen, *The Third Theological Oration* XXIX. 12.
② 《约翰福音》十六章15节。
③ 《约翰福音》六章57节。
④ Gregory of Nazianzen, *The Fourth Theological Oration*, which is the Second Concerning the Son 11.
⑤ 《马太福音》二十六章39节。

第五章 卡帕多西亚教父的上帝观和希腊哲学的 Being

圣父在 ousia/physis/being 中的共契关系，更深入地分析了圣父与圣子的共契与神人两性论的关系。他认为基督被称为"圣子"是因为与父同质（in Essence），源自圣父（Of Him）。圣子被称为"独生的"，乃是因为圣子身份对其自身来说是个殊的，没有被诸多身体分有。[①] 他被称为"圣言"是因为他与圣父的关系就如同言语与心灵的关系，人若有圣子的心理感知（就是"已经看到"的意思），他就能感知到圣父。[②] 他被称为"智慧"是因为所关涉的是神圣事物和人；他是万事万物的创造者，自然知道被造万物的原因；他被称为"权能"，是因为他是受造万物的维持者，提供者，他使得万物聚集在一起；他被称为"真理"，在本性上是一而不是多，是圣父的无瑕印章（the Pure Seal）和最可靠的真象（the most unerring Impress）。他被称为"与父同质的肖像"，是因为他属于圣父，而圣父并不属于他；它们是完全类似的，应该称为"同一"而不是"相似"。此外，他被称为"光"，是诸多灵魂的光明，这些灵魂被他的言语和生命洗净；他被称为"生命"，因为他是光，是建构和创造所有理性灵魂的权能。"我们生活、动作、存留都在乎他"，[③] 依照的乃是他吹入我们的气所具有的双重力量。这气就是我们每一个人都被吹入的灵，[④] 而且，我们中的许多人也都能用它，和上帝圣灵一起，开启我们心灵的口。[⑤] 在别的地方，拿先斯的格列高利提到了圣子和圣灵在道成肉身中的共契。他说，"光照是灵魂的光辉，生命

[①] Gregory of Nazianzen, *The Fourth Theological Oration, which is the Second Concerning the Son* 20.

[②] 参《约翰福音》十四章 9 节。

[③] 《使徒行传》十七章 28 节。

[④] 《创世记》2 章 7 节。

[⑤] Gregory of Nazianzen, *The Fourth Theological Oration, which is the Second Concerning the Son* 20.

的皈依，是向着上帝的良善所表明的问题。它坚固我们的软弱，放弃肉身的欲求，追随那与道共契（koinonia）的圣灵，战胜罪的诱惑，参与神圣的光照，驱散心头的黑暗。"[1] 他是"公义"，他按照我们所配得的进行分配。他被称为"救赎"，以自己为赎金、牺牲自己，救赎了我们和世界。他被称为"复活"，升上高天，给为罪奴役的我们带来生命。[2] 因此，神人两性的"共契"在救赎论上是藉着圣灵所获得的圣化。

这已经包含了经世三一的内涵。也就是说，道成肉身中神人两性的共契还有 for 的层面，存在着由 with 的内在关系转向 for 的经世的内容。道成肉身体现的是"为我们的上帝"，根基于的却是"在自身中的上帝"。这是从基督神人二性共契（koinonia）的另一个角度理解神圣的 ousia，从 ousia 中确立起来的不只是上帝诸位格之间的"关系"，也是上帝与人的关系。"在爱的上帝中，'being'和关系（relation）是一。我们不能说为上帝和为人，'being'和关系以同样的方式被统一起来：上帝的'位格'（personhood）不同于个体人存在的'位格'——但是对于上帝和对于人来说，在个体存在之'背后'无物存在。三位一体或个体人都不是来自于神性或人性的本质。卡帕多西亚教父教导说，人类之为真的人是因为他们属于由上帝并在上帝中建立起来的 koinonia。上帝被知道为真的上帝，是父、子和灵的完全的 koinonia，不能只停留在脆弱的人类所能了解的程度上，而应该进入其中。"[3] 因此，上帝在 koinonia 中实施的行动，将人吸引到与上帝的关系中，也就是"复和/归宗"。从内在三一的角度

---

[1] Gregory of Nazianzen, "Oration" XL, *The Oration on Holy Baptism* 3.
[2] Gregory of Nazianzen, *The Fourth Theological Oration, which is the Second Concerning the Son* 20.
[3] Nicholas Sagovsky, *Ecumenism, Christian, Origins and the Practice of Communion*, p. 170.

为基督论和救赎论提供了强有力的动力论基础。

这里，需要澄清一种长期存在的误解。在 koinonia 这样的一个观念中，父的位格显得特别重要。事实上，卡帕多西亚教父也是把父的位格作为三位一体神学的中心观念提出来的。然而，能不能由此就可以推论说上帝就是父的位格，进而推论灵和子可被追溯为父的位格呢？Pannenberg 在讨论巴西尔和卡帕多西亚教父时，正是这样认为的。他说，"父作为神性渊源和源头的观念将父的位格和神性的本质紧密地融为一体，神性本质被视为是唯独父所专有，圣子和圣灵都从他那里接受神性。与阿他那修有所不同，由于位格区分的相互规定没有引导到他们位格身份的相互构成上，而是依据源头之相互关系进行解释，如果父是神性的渊源和源头，严格地说来这些关系只是由子和灵的位格身份构成的，那么这意味着退回到更糟的从属论……与子和圣灵不同，如果父和神性本质是同等的，那么子和圣灵必然是从属于至高的上帝的位格。"[①] 西方学者如 Thomas G. Weinandy 更是持极端的观点，"然而，东方教父也是这样为之的，为了坚持父的君主地位，他们把完全的神性唯独放在父的身上。存在为上帝根本上就是存在为父。上帝的本性最终就是父的本性，子和圣灵只是从那里衍生出来，他们按次序从父那里获得神性，因此是分有他的位格的。"[②] 这些观点远远没有把握卡帕多西亚的作为 koinonia 的 Being 丰富含义。

首先得承认 Pannenberg 和 Weinandy 的一个看法是正确的，卡帕多西亚教父确实认为上帝的本性就是父的本性，父的位格是

[①] W. Pannenberg, *Systematic Theology*, Vol. 1, Grand Rapids, MI: Eerdmans, 1991, pp. 280, 283.

[②] Thomas G. Weinandy, *The Father's Spirit of Sonship: Reconceiving the Trinity*. Edinburgh: T & T Clark, 1995, p. 54.

三位一体神学的核心所在。其次，他们的进一步说法也有曲解，"子和圣灵只是从那里衍生出来，他们按次序从父那里获得神性，因此是分有他的位格的。"Weinandy 是从新柏拉图主义的流溢说诠释卡帕多西亚教父关于圣子"出生"和圣灵"发出"的观点，从"分有说"解释圣父、圣子和圣灵的 Being 关联。然而，卡帕多西亚教父自身却是清楚地把"出生""发出"方式与新柏拉图主义的流溢说分开的。拿先斯的格列高利就说，"你们应该抛开关于流溢（flow）、区分（divisions）和部分（sections）的观念，抛开非质料似乎是质料起源的概念；这样，你们才有可能很好地思考神圣的生育。他是如何被生的呢？……上帝的生育必须以沉默来荣耀。"① 拿先斯的格列高利虽然没有明确地说明"神圣生育"与"流溢"之间有什么区别，然而他把"流溢"解释成是与"区分"和"部分"相关联的，表明他对新柏拉图主义的义理有准确的把握。反过来说，拿先斯的格列高利不认为神圣生育是一种类似于 Pannenberg 和 Weinandy 的"分有"和"衍生"。正是因为正确地理解了"神圣生育"不应该据新柏拉图主义的理解，卡帕多西亚教父才认为不应该据 Being 的"分有"来把握圣父、圣子和圣灵的位格关系，而应该据 koinonia 来理解神圣生育，唯有据 koinonia 理解神圣生育，圣父、圣子和圣灵就虽然有着生育和发出的类似从属论的表述形式，然而其各自的 Being 依然是成全的。

因此，"永生"、"被生"和"发出"涉及的是位格的特征以及位格相互之间的发动情况，而不应认为"位格"的 Being 有所改变。把"生"、"被生"和"发出"与 Being 联系起来的，是新阿里乌主义者优米诺斯，而不是卡帕多西亚教父。

---

① Gregory of Nazianzen, *The Third Theological Oration*, which is the Second Concerning the Son 8.

第五章 卡帕多西亚教父的上帝观和希腊哲学的 Being

巴西尔批评优米诺斯把"agennesia（永生的）等同于上帝的 ousia"。① 在巴西尔看来，agennesia 一词其实与无形性和不朽性等词一样，全都是要表明上帝的 ousia，它们当然没有与上帝的本质分开，但也没有显明上帝是其所是的全部，正如其他术语一样，它只是藉着人类理性显示了一部分内容。② 它们都只是所有关于上帝的属性名称和形式之一，不足以构成对于上帝的规定。尼撒的格列高利则发挥了巴西尔的观点，说，"如果你被问及'审判'的意义，你答之以'agennesia'这一定义，如果你被要求给出'公义'的定义，你准备用'无形的'作回答。如果你被问到'不朽'的意义，你回答说它就是'怜悯'或'审判'的意义。因此，让所有这些属性成为可以转换的术语，因为这些术语之间不存在相互区别的特殊意义。"③ 在别的地方，格列高利又引用优米诺斯的话来说明神圣本性的所有属性在意义上都是完全相同的，不存在任何区别。④ 他甚至极端地认为，"父"也是这些关于上帝的属性之一，在这个意义上，可以理解父就是在永恒中的上帝。⑤

这里可以看出卡帕多西亚教父与阿里乌主义在三位一体神学的清晰区分。阿里乌主义完全是从"经世"的角度理解的，他们竭力抓住耶稣是"被生的"表述，引出耶稣与上帝在 ousia 上

---

① 从本段至接下来的五个段落都是依 Milton V. Anastos 的观点作介绍，文中所引的资料均按照原文的标识。参看 Milton V. Anastos, "Basil's Kata Eunomion: A Critical Analysis", see in Paul Jonathan Fedwick, *Basil of Caesarea: Christian, Humanist, Ascetic, A Sixteen - Hundredth Anniversary Symposium*, Part One, Toronto: the Pontifical Institute of Mediaeval Studies, 1981。我自己则依据相关内容增加了部分论述。

② Basil, *Contra Eunomion* 1. 8, PG29: 529b - c.

③ Gregory of Nyssa, Contra Secundum librum Eunomii, 472, Jaeger. 1: 364. 9 - 15（PG 45: 1068D）.

④ Ibid., 472 - 473, 1: 364. 15 - 23（PG 45: 1068d - 1069a）.

⑤ Ibid., 494 - 496, 1: 370. 23 - 371. 5（PG 45: 1076b - c）.

的区分。据此，他们把结论引导到"被生的"/"受生的"不属于上帝之 ousia 的论证基督不是上帝。巴西尔则认为，既然"永生的"和"不朽的"都只是表达了上帝的属性，那么优米诺斯认为 agennesia 具有特殊的地位，是上帝的是其所是/自有永有的表述就没有道理。① 同样的批评也适用于基督的"被生"和圣灵的"发出"，为什么这种关于位格属性的表述被作为 ousia 的同义语来使用呢？总而言之，巴西尔认为不存在任何一个称呼足以解释上帝的本性。agennetos 只是意指上帝不是被生的，它使用的是否定的形式，显然不能够揭示上帝的本质。②

卡帕多西亚教父把坚持内在三一的进路与坚持上帝的 ousia 是不可知的否定神学奇特地结合在一起。他们认为甚至连圣经各卷的作者都不能揭示上帝的本性，他们引《诗篇》第一百三十九篇 6 节说，"这样的知识奇妙，是我不能测的；至高，是我不能及的"。在圣经中，上帝虽说他是亚伯拉罕、以撒和雅各的上帝，并说"这是我的名，直到万代"(《出埃及记》三章 15 节)，他也没有揭示比这一 ousia 更进一步的名。这就是说，他的名是人无法倾听的。他的知识不只是超出人的能力而且也超出理性的本性。除了子和灵，没有人知道上帝。人类能够知道的只是他启示给人的良善和智慧，而且只能以寓意解经的方式才知道。因此，人最好如《希伯来书》十一章 6 节所说的一样，"……到上帝面前来的人，必须信有上帝，且信他赏赐好寻求他的人"，放弃寻求知道上帝的 ousia。因为人的得求不在于去寻求发现上帝的 ousia，只在于宣信他的存在。③ 这个存在就是上帝的 hypostasis 了。

---

① Basil, *Contra Eunomion* 1. 9, (PG29: 532a-533c).
② Ibid. 1. 10 (PG29: 533c-536b).
③ Ibid. 1. 14 (PG29: 544c-545a).

把父等同于上帝的是优米诺斯,卡帕多西亚教父则是把父的 ousia 等同于上帝的 ousia,把三位格的上帝等同于 Pannenberg 和 Weinandy 所说的上帝。巴西尔批评说,优米诺斯由于更喜欢用 agennesia 来称呼上帝的名,因此使用"父"称呼上帝。优米诺斯这样做,是为了论证子不同于上帝-父。巴西尔说,优米诺斯的这个观点不只是否定了父和子的可比性(synkrisin)、永生者和被生者的 koinonia,而且表明他拒绝接受新约的教诲。① 因为新约是将父和子清楚地联系在一起的,例如《约翰福音》十四章 9 节说,"人看见了我,就是看见了父。"又说,"我在父里面,父在我里面"。(十四章 10 节)保罗也说,基督不只是"是那不能看见之神的像"(《歌罗西书》一章 15 节),"本有神的形像"(《腓立比书》二章 6 节。这里巴西尔把"形像"与"本质"两词等同起来),而且"是神本体(person/hypostasis)的真像"(《希伯来书》一章 3 节)。

拿先斯的格列高利也从相同的立场批评阿里乌主义。他批评阿里乌主义者的观点:非受生者和受生者是不同的。他说,如果这个观点成立,那么圣子就不同于圣父。这种论证要么将圣子排除在神格之外,要么将圣父排除在神格之外。因为,如果非受生是上帝的 ousia,那受生就不是上帝的 ousia;反过来说,非受生者就不是上帝的 ousia。拿先斯的格列高利说,非受生的和受生是不同的这当然是个简单的事实,但如果用这两个词指所运用的对象,他们怎么会不同呢?比如,智慧和愚蠢本身是不同的,然而两者都是人的属性,所指的主体是相同的。永生和受生标志的不是本性的差别,而是外在的区别。② 拿先斯的格列高利这样

---

① Basil, *Contra Eunomion* 1. 17-18 (PG29: 552a-553b).
② Gregory of Nazianzen, *The Third Theological Oration, which is the Second Concerning the Son* 10.

说道：

> 我们迄今为止所能得到的结论是：是其所是/自有永有（He Who Is）和上帝都是他的本质（Essence）的特殊称呼。"自有永有"的称呼尤为特殊，原因在于：(1) 当他在山上向摩西说话时，摩西问他的名字，"自有永有"正是他的自我称谓，并且，他命令摩西告诉人们"那自有的打发我到你们这里来"；① (2) 我们发现，这个称呼最最合适。因为"上帝"这个称呼，依然只是一种相对的称呼，而不是绝对的；即使，正如那些精通词义的人所说的，"上帝"（theos）来源于"跑"（theein, run）和"放光"（aithein, to blaze），即"永恒的运动"，而且他摧毁事物的邪恶状况（因此他又被称为"毁灭的烈火"②）。"主"同样如此，只是上帝的一个称呼。"他说，'我是耶和华，这是我的名'"；③ "耶和华是他的名"。④ 但，我们现在所探究的 Being 是有着绝对的本性，而不是受其他事物约束的 Being。然而，在其恰当的意义上，"Being"是上帝所特有独具的，完全属于上帝，不受"此前"或"此后"的限制或分离，因为他确实没有过去、也没有将来。⑤

拿先斯的格列高利把"上帝"和"父"区别开来，并不存在如 Pannenberg 和 Weinandy 所假设的那种卡帕多西亚教父的上

---

① 《出埃及记》三章 14 节。
② 参《申命记》四章 24 节。其中另有"忌邪的上帝"一语。——译者注
③ 《以赛亚书》四十二章 8 节。
④ 《阿摩司书》九章 6 节。
⑤ Gregory of Nazianzen, *The Fourth Theological Oration*, which is the Second Concerning the Son 18.

帝观。共契的观念，正是卡帕多西亚上帝观中具创造性的地方。他们虽然延续了奥利金主义的从属论传统，做出的却是关于圣父、圣子和圣灵有着完全同等的 Being 的阐释，保证了圣父、圣子和圣灵作为个体性的原理能够融入整个三位一体神学之中。

四

我已经从 koinonia 讨论了卡帕多西亚教父的基督论和上帝观，以及他们如何将 Being 和 hypostasis 作为同一本体论层次的术语联系起来。卡帕多西亚教父用 koinonia 很好地诠释了 homoousia。这是阿他那修的上帝观与卡帕多西亚教父的上帝观区别的基点，也是尼西亚神学与新尼西亚神学的区分所在。

我接下来还要进一步论述 koinonia 与 perichoresis（在拉丁语是 circumincessio，相互寓居）的关系。perichoresis 后来被广泛地运用于希腊的基督教神学之中，对于阐释基督教的上帝观有重要作用。

伪西里尔（pseudo-Cyril）是第一个正式将 perichoresis 用于基督教上帝观的思想家，他是卡帕多西亚教父之后的神学家，活跃在四至五世纪。他阐述了三位格彼此间共同内在/寓居（coin-herence/perichoresis）的含义。按照 G. L. Prestige 的观点，"三位格彼此间共同内在/相互寓居（co-inherence）教义本身走得更远。它被真正地包含在表述为每一位格的神圣本体同一性的教义里面，进而被暗示在那些已经有此意义却无恰当术语的观点的发展中。这种关于上帝的心理学中心是在 ousia 而不是在诸位格中寻求的，它以此表述了上帝意志和活动（energy）的纯粹同一性。"[①] perichoresis 从动态角度表述位格间的合一关系，与卡帕多西亚教父从 dynameos/energeiai 的角度讲 ousia 有根本关联，

---

① G. L. Prestige, *God in Patristic Thought*, p. 284.

也说明卡帕多西亚教父关于 koinonia 的观念是基于一个动力论的上帝观视野。赖品超博士依据 A. M. Bermejo 的材料对于 perichoresis 作了清楚的缕述。他说，"希腊文的 perichoresis，就其字源而言，由 peri（围绕）及 chora（舞动）所组成，是倾向于一种动态的了解。例如亚历山大的区罗（Cyril of Alexandria, 375 - 444，即西里尔）认为三神圣位格之间有一种互相的闯入（reciprocal irruption）的关系；每一位格，因其内在生命的不可抗拒的冲动，将其他二者包容，而成三者相互拥抱共融的合一。希腊教父这种对互为内在的动态诠释，在现代神学中被莫特曼（Jurgen Moltmann，又译莫尔特曼）予以继承。而在拉丁语境的神学发展中，除对互为内在的动态诠释之外，还发展出一种倾向于静态的了解。在拉丁语中，circumincessio 是来自于 circum - incedere（一起围绕转动 to go, to move around，可译为共舞），较为强调三一上帝三位格之间的动态的、不断的生命交流，较接近希腊神学传统的理解。但在拉丁语的另一表达方式中，circumincessio 则是由 circum - incedere（一起围坐，to sit around）而来，是比较静态的概念，强调的是不同事物之间的共在或共寓，尤指三位格共享或共存同一之神性本质。"[①]

这些论述有多重意思。首先，伪西里尔是提出 perichoresis 的第一个思想家，然而在他之前希腊基督教思想家也有这样的思想神学观念。阿他那修、卡帕多西亚教父、希拉流和西里尔已经阐释了类似的观念；其次，可以在圣经中找到 perichoresis 的依据。如 Gerald O'Collins 所谓，[②]《约翰福音》十章 38 节"叫你们

[①] 赖品超，"三一论、基督论与华严佛学"，见于《宗教研究》总第 1 期（中国人民大学，2003 年），第 135 页。

[②] Gerald O'Collins, *The Tripersonal God*, p. 132. NewYork/Mawah, NJ: Paulist Press, 1999. 参看赖品超，"三一论、基督论与华严佛学"，见于《宗教研究》总第 1 期（中国人民大学，2003 年），第 135 页。

又知道又明白父在我里面,我也在父里面";十四章11节"你们当信我,我在父里面,父在我里面";十七章21节"正如你父在我里面,我在你里面",讲的都是这个意思。然而,无论就 perichoresis 的本义看,抑或从圣经的经文看,它们都是采用了圣父和圣子内在性关系的神学视野,且指向关系的合一性。只是这种合一性是相互"在"对方之中,不是部分与部分之间的结合。关于这种相互的"在"依照 A. M. Bermejo 的看法,可以分为两种。一种是三位格的相互"闯入"的关系,这是要突出"位格"的特性,也是卡帕多西亚教父的上帝观所强调的。另一种是对于神性的共享被视为相互的"在",在这样的理解中,神性的共同性或者说 ousia 处在神学的中心。我们将在后面一章看到这是奥古斯丁上帝观的特征。就卡帕多西亚教父而言,"位格性"的重要地位与合一性之间的构成关系,正是论述 koinonia 和 perichoresis 关联的出发点。

在希腊教父中,对于 perichoresis 的理解角度也有分别,例如阿他那修也讲圣父与圣子的共寓关系,批评了阿里乌主义对父和子关系的错误理解。

> 这些阿里乌主义的狂热信徒们(Ario - maniacs),当他们一出现之时,就下死心要违背和背叛真理,……从他们的心底吐出不敬来,……讲诋毁我主基督的言辞,"我在父里面,父也在我里面(perichoresis)",说:"怎么可能一个在另一个的里面,另一个在这个的里面",或者说"怎么可能更伟大的父在比他要小一点的圣子里面呢?"或者说,"如果子在父里面,考虑到写到我们的事'我们生活、动作、存留都在乎他',那将是一个怎样的奇迹啊!"所有这样的说法与他们的冥顽是一致的,他们认为上帝是质料性的,理解不了"真父"、"真子"、"不可见的光"、"永恒"、"不可

见的光线"、"不可见的本质"及"非质料的表达"、"非质料的形像"等词的意义。……因此,至少为了信徒的灵性安全,就有必要揭露他们的顽冥,并向他们表明真理。因为当人们说"子在父里面,父在子里面",并不是像这些人所想像的,把一个置入另一个之内,把一个充于另一个之中;也不是像一个空瓶子,由圣子充满了圣父的空间,圣父充满了圣子的空间;也不是说他们自己就其自身而言是不完全的(对于物体而言确是如此,这也是他们被称为不敬的原因),因为圣父是完全和完满的,而圣子亦有完全的神性。也不是说,像上帝进入圣徒一样,使圣徒得以坚固,上帝是在圣子之中。因为圣子他自身就是上帝的能力、智慧,就是因为分有他,万物才得以产生,并在圣灵中成圣,但圣子不只是参与了上帝(son by participation),而是圣父自己的后裔。同样,这一章的意思也不是说圣子就是圣父,"我们生活、动作、存留都在乎他";因为,他作为从上帝的源泉而出的东西,称为"生命的根本",在他之中万物得以产生和存留。而"生命的根本"并不是生活在生命之中,否则他就不可能是"生命的根本",而是由他把生命给予了万物。[1]

阿他那修分析的正是圣经里表述 perichoresis 的经文"我在父里面,父也在我里面",这说的是圣父和圣子的内在关系。然而,他不是从 koinonia 来阐释 perichoresis,他所取的是 ousia 的角度。阿他那修自己并不讳言这一点,"他们认为上帝是质料性的,理解不了'真父'、'真子'、'不可见的光'、'永恒'、'不

---

[1] Athanasius, Discourse III of Four Discourses Against Arians, Chapter XXIII. 1, see in Philip Schaff and Henry Wace (eds.), *A Select and Post-Nicene Fathers of the Christian Church*, Vol. IV, Eninburgh: T & T Clark, 1991.

第五章 卡帕多西亚教父的上帝观和希腊哲学的 Being　381

可见的光线'、'不可见的本质'及'非质料的表达'、'非质料的形像'等词的意义。"这就是说，关于圣父和圣子的寓居关系的分析，是基于他们共有神圣的 ousia，就是他所说的"圣父是完全和完满的，而圣子亦有完全的神性"。尽管阿他那修论述圣父和圣子使用 perichoresis 的语言和角度都与卡帕多西亚教父相仿，然而由于问题意识不同，所阐释的也有所区别。那么，阿他那修的神学视野是什么呢？他要反驳的是阿里乌主义的圣子不是上帝的观点，他努力论证何以圣子与圣父一样是上帝，因为圣子和圣父是同一本质。"在 Syn. 34 一文中，阿他那修论证说，如果另一方［指阿里乌主义者］不能接受'来自于上帝的本质'的公式，他们必然认为子是从附属于上帝或居住在上帝里面的特征中衍生出来的，他把这样一种东西看作是包含在神性里面的假想的性质或偶性。就此而言，他似乎是在批评另一种不能令人满意的观点，即圣子是上帝的权柄或别的属性的形像……而不是他的本质。……他回到了 ad Afros 8-9 的论证，谴责诸如下面的教义：子是'从人来的'（藉着提升），'从德性来的'（即由于德性），是（作为造物）'从无来的'。"① 卡帕多西亚教父也是在驳斥伪阿里乌的类似观点，然而因为处在尼西亚神学的后期，他们无须把圣子是上帝作为一个假设来证明，他们的注意力放在圣子和圣父如何都是上帝，都是个体，他们为何能够相互地在对方之中，并构成共同的 ousia。卡帕多西亚教父的上帝观的重点不是论证 ousia 的分有，而在于圣父和圣子如何作为个体是同一位上帝。阿他那修神学的重点则在于"分有"上，以及这种神性的分有是完全的分有，不是中期柏拉图主义所谓的部分分有，因此圣父和圣子是同一本质。阿他那修讲 perichoresis，其实是讲 homoousia，这与奥古斯丁的神学进路颇为相近；而卡帕多西亚

---

① Christopher Stead, *Divine Substance*, p. 239.

教父讲 perichoresis，讲的是 koinonia。

卡帕多西亚教父的洞见建立在 theologia（位格的内在性分析）与 oikonomia 的进一步区分上。诚如前面所说，卡帕多西亚教父的三位一体神学是从内在三一进入经世三一的，这意味着有关内在三一的独立分析不是不可能的，尽管它的分析肯定最终与圣经的启示和救赎的历史发生内在的关切，然而卡帕多西亚教父是从内在性/theologia 入手寻求这种关切点的，这推动了 theologia 之于 oikonomia 视野的先行探究。"在这种耶稣基督、上帝的真正的永恒之子的尼西亚信仰之中，出现了这样一种可能性，即以纯粹的神学术语看待父和子的关系，而无须考虑他在创造和救赎中的中保身份。因为这后者把耶稣基督的出生与上帝的救赎活动密切地联系在一起。它是最初一些信条的特征，它把父的称号提派给父，而不是子。……正是这样一种特殊的宇宙论视野，妨碍了永恒的三一和救赎历史中的活动的区分。根据这样一种从无创造的教义，神圣本质与子的联系同藉着他进行的创造区分开来，而且圣灵的发出与他成全的工作区分了开来。因此，在他自身的本质中的三位一体不再似乎依赖于它的外在启示。因此，尼撒的格列高利能够把他的主要著作《大教义手册》分为'theologia'和'oikonomia'两部分。在第一部分，他讨论在自身中的三位一体，在第二部分他讨论了道成肉身和礼仪。"[①] 这不是说卡帕多西亚教父在圣经视野之外去建立"theologia"，而是藉着圣经所展示的问题的关切点去从事 theologia 的阐释，是从圣经中寻求回到圣经之启示的"theologia"。圣父、圣子和圣灵在救赎历史中显出许多相关性，然而 theologia 描述救赎的经世的"相互之在"，指向一个"在自身中的上帝"。

---

① Basil Studer, *Trinity and Incarnation: The Faith of the Early Church*, English Translated by Matthias Westerhoff. Edinburgh: T & T Clark, 1993, p. 113.

第五章　卡帕多西亚教父的上帝观和希腊哲学的 Being　383

根据这样的视野，在阿他那修之后的、与卡帕多西亚教父几乎同时代的希拉流要更好地理解了 perichoresis 的内在三一进路。希拉流由于被流放到东方，他在那里与希腊教父有长时间的密切接触，他的三一神学思想有着浓厚的东方特质。他也根据圣经的这句经文"子在父里面，父在子里面"来解释 perichoresis。他认为 perichoresis 是从内在三一的思想更体现上帝的奥秘，而不是穷尽上帝的奥秘。"主所说的这句话，'我在父里面，父在我里面'① 令许多心灵迷惑不已，这也是自然的事情，因为人的理性能力不可能以智性的意义把它言说出来。这似乎是不可能的，一个对象既在另一个之内又在它之外，或者（由于我们的观点是尽管我们所讨论的存在并不分开居住，然而又保持着他们独立的存在和状态）这些存在相互彼此包含，因此一者永久性地包含另一者并被他所包含的另一者所包含。这是人类的聪明才智所无法解开的问题，人类的理解也无法找出一个类比来说明这种神圣存在的状态。我的意思不是说由上帝所做出的这个陈述的事实一下子把它纳入到我们的理智之中。我们是为我们自己而思考，想知道这话的意思，'我在父里面，父在我里面'：但是这有赖于我们能否成功地理解这个真理，即以神圣真理为基础的推论能够确立它的结论，尽管他们似乎与宇宙的法则相矛盾。"②

关于 perichoresis 的讨论表明希腊教父持这样的观点：homoousia 表述的是位格之间的相互间的 in 的关系。内在三一虽然取了一个社会存在的类比的角度，然而并不意味着也接受这种类比中的外在性关系。在三位一体的类比中，位格所表现出的外在性仅只是就他们存在为个体而言，而不是表明他们之间存在排他性。这就回到了另外一个重点，即 koinonia 所表述的是"与……

---

① 《约翰福音》十四章 11 节。
② Hilary of Poitiers, *On the Trinity* III. 1.

同在"(with)的含义,指向的是"在……里面"(in)的含义。巴西尔认真地讨论过 koinonia 所包含的 in 的关系,也就是 with 所指向的 in 的特殊意义。"迄今为止,甚至是目前,我们都没有听说过存在第二位上帝。敬拜如我们所谓的上帝的上帝,我们坦诚承认存在位格上的分别,但同时都是同一位君王的居住。……因为子在父里面,父在子里面……根据位格的分别,两者都是一和一;根据本性的共同体,两者是一。如果是一和一,那么两者如何不是两位上帝呢?因为我们所提到的是一位王和王的形像,而不是两位王。这王的尊严不是分裂为二,荣耀也不是。凌驾于我们之上的君权和权威是一,因此我们所归于三一颂的不是多,而是一;因为给予形像的荣耀也传递给了原型。现在有两种情况,一种是出于模仿,一种是出于子的本性;在艺术作品中,形像根源于形式,因此在神圣的和纯一的本性中,结合(union)在于神性的共契(communion)。"①

巴西尔所讲的不是两个"一"之间的并行关系。他不是从两个静态的"一",然后得出结论说它们都是"一"。圣父和圣子都是"一",是因为他们相互地"在",即"一"是相互内在的关系中得出来的。不是先行存在一个静止的作为"一"的上帝,然后圣父、圣子和圣灵再去共同地分有这个"一"。按照后一种模式,当然"一"还是可以被理解为静态的 perichoresis,然而已不是 koinonia 的理解了。巴西尔还指出,出于从 koinonia 来理解相互寓居的关系,由于 koinonia 存在方式的不同,圣父、圣子和圣灵相互寓居的方式也就有所不同:上帝的神性就是父的神性,并藉着父归给子,藉着子归给圣灵。这种关系被归结为原型和形像的关系,是本性之为一的诸位格关系。之所以要把共契归结为内在三一的层级性,是为了要澄清圣子和圣灵不是两兄

---

① Basil, *On the Spirit* XVII. 45.

弟，而是一子和一灵。① John Ziziouslas 对卡帕多西亚教父的三位一体神学有相当准确的评论。他在批评了西方的三位一体神学先行把基督教的上帝观理解为"上帝是上帝"，然后再是"存在为三位一体，即，存在为诸位格"的理论后，② 阐释了卡帕多西亚教父从 koinonia 和 perichoresis 的关联理解基督教上帝观的进路，认为后者更加合理。

但是，这种解释［指西方教父的三位一体神学］错误理解了希腊教父的三位一体神学。在希腊教父中，上帝的统一性，独一的上帝，本体论的"原理"或者 being 的"因"和上帝的生命并不在于上帝的 substance，而在于 hypostasis，即父的 person。独一的上帝不是这个独一的 substance，而是父，一个生育了父和发出了灵的"因"。因此，上帝的本体论"原理"要再次往回追溯到 person。因此，当我们说上帝"is"，我们并没有束缚了上帝的位格的自由——上帝的 being 并不是本体论的"必然"或者对上帝来说是纯粹的"实在"——而是我们要把上帝的 being 归结为他位格的自由。这以一种更具分析性的方式意味着，作为父而不是作为 substance，上帝藉着 being 将他的自由意志肯定为存在。准确地说，他的三位一体的存在构成了这种肯定：父出于爱——即，自由地——生育了子和发出了圣灵。因此，作为 person 的上帝——作为父的 hypostasis——使得独一的神圣的 substance 成为它之所是：独一的上帝。这个观点绝对是关键性的。准确地说，这个观点与卡帕多西亚教父的，尤其是巴西尔的新的哲学立场是直接联系在一起的。就是说，substance

---

① Basil Studer, *Trinity and Incarnation*: *The Faith of Early Church*, p. 146.
② John Ziziouslas, *Being as Communion*, p. 40.

绝不是处在"赤裸的"状态中,而没有 hypostasis,没有"一种存在的样式"。独一的神圣 substance 之所以是上帝的 being,仅因为它有存在的三种样式,它不因归之于 substance,应归之于 person,父。在三位一体之外,不存在上帝,即不存在神圣的 substance,因为上帝的本体论"原理"就是父。上帝的位格性存在(父)构成了他的 substance,使他成为诸位格。上帝的 being 和 person 是同一的。[1]

John Ziziouslas 特别强调卡帕多西亚教父以 person/hypostasis 为出发点诠释三位一体神学。这意味着作为位格的上帝,而不是作为 substance(本质/本体)的上帝被视为三位一体神学的出发点。作为位格的上帝首先在于父的位格,他是具有完全独一的 substance(本质)的父。这也是拿先斯的格列高利认为,上帝只是一个"相对名词"的原因。

卡帕多西亚教父把 person/hypostasis 作为三位一体神学中绝对自由的概念提出来讨论,改变了希腊哲学把 substance 作为优先的哲学术语的观念,改变了希腊人关于 substance 的理解。在基督教的神学立场中,substance 始终是一个具有位格的 substance,这与新柏拉图主义密切相关。因为 person/hypostasis 是卡帕多西亚三位一体神学的逻辑/本体起点,koinonia 显得格外重要,它成了用来描述三位格间本质同一和 perichoresis(相互寓居)的关键术语。卡帕多西亚教父在谈论三位一体上帝的 homoousia 和 perichoresis 时,始终都没有忘记强调这是从 koinonia 和 person/hypostasis 的角度来论述的。例如拿先斯的格列高利说,"对于我们来说,只有一个上帝,因为神性(Godhead)是一,所有出自他的都关联于他,即使我们相信有三个位格。不是一个

---

[1] John Ziziouslas, *Being as Communion*, pp. 40–41.

位格更多的是上帝、另一个位格更少地是上帝,也不是一个位格在前、另一个位格在后;他们在意志和权能上也不分离。在神性里,你们找不到任何可分离事物的属性。确切地说,神性在各别的位格中却是不可分的;如同三个彼此连接的太阳,这里只有光的单一的结合。当我们看到我们以之为一的神性、第一因、或君主时,当我们看到神性寓居其中(dwell)的诸位格时,当我们看到那些永远的、带着同等荣耀的、出自第一因的存在时,我们所敬拜的是三。"①

卡帕多西亚教父以 koinonia 描述诸位格的 perichoresis(相互寓居)的重要性还在于,他们把上帝的"自由"放在希腊哲学原先所强调的 substance 的必然性意义之上。希腊哲学传统一向认为秩序就是必然性,这样自由原理反而受制于必然性,上帝/神也成了受制于必然。然而,当卡帕多西亚教父以父的位格为共契的原理时,位格的上帝以其自由意志使其他两位格实存为上帝之所是就具有特殊的意义。西里尔这样说,"子与父有着单一的 ousia,也就是说寓居(enuparchei)在生育了他的父的本性的同一性中;又,由于子是父一样的 ousia 的属性,因此他在他自身里面穿戴或承担了完全的父,和在父里面有着完全的他自身;……这种关系就是本质同一的结果。藉着本质的同一性,这种神性的三合一……相互交织成一纯粹的同一性,因此唯有神圣的 ousia 是绝对的善。"② 这是承接卡帕多西亚教父的神学传统来说的,子的 ousia 是同一性的寓居关系。拿先斯的格列高利也说,"圣父是真光,照亮一切生在世上的人;圣子是真光,照亮一切生在世上的人;另外的圣灵(The

---

① Gregory of Nazianzen, *The Fifth Theological Oration*, *On the Holy Spirit* 14.

② Cyril, "Thesaurus ass", see in G. L. Prestige, *God in Patristic Thought*, p. 287.

Other Comforter）是真光，'照亮一切生在世上的人。'"① 三个'是'（Was），却是同一个事物；'光'重复了三次，却是一种光、一个上帝。这就是大卫很久以前所表述的：'在你的光中，我们必得见光。'② 这样，我们已经看到和简明扼要地宣讲了三位一体上帝的教义，理解了'光的所出者'（圣父）、'光'（圣子）、'在光之中的光'（圣灵）。"③ 这是从相互之间的位格的"是"来讲希腊哲学的单一的"是"，是相互之间的"自由的关系"来讲 ousia 的那种"必然性"。唯有把"自由"放在"必然性"之上，"内在三一"的相对分离的探究才不会构成对于上帝在自身之中的僭越。John Ziziouslas 这样说，"上帝运用他的本体论自由的方式，准确地说他本体论地使自己自由的方式，是他藉着存在为作为父的上帝而超越和废除 substance 的必然性的方式。作为父的上帝，即是作为'生育'了子和'发出'了灵的上帝。上帝的这种神秘的特征，他的 being 与 koinonia 的行为同一的事实，保证了他的 substance 的必然的超越性，这是他的 substance 所需求的——如果 substance 是对于上帝的最初的本体论的述谓——以一种对于神圣存在的自由的自我肯定取代这样一种必然性。因为这种共契（koinonia）不是作为上帝的 substance 之结果的自由的产物，而是作为位格（person）的结果的自由的产物。父——注意为何这教义如此重要——是三位一体，不是因为神圣本性（nature）是奥秘的，而是因为父作为一个位格（person）自由地意愿这样一种 koinonia。"④

---

① 参《约翰福音》1章9节。
② 参《诗篇》三十六章9节。
③ Gregory of Nazianzen, *The Fifth Theological Oration*, *On the Holy Spirit* 31.
④ John Ziziouslas, *Being as Communion*, p.44.

第五章 卡帕多西亚教父的上帝观和希腊哲学的 Being

五

在卡帕多西亚教父把 koinonia 最终落实为 perichoresis，体现了其清晰的神学逻辑。关于 perichoresis，大马士革的约翰（John of Damascus，约公元 655 – 约 750）这位基督教神学家有更详细的阐释，是对希腊教父三位一体神学的进一步发展，此时拉丁基督教神学则朝着奥古斯丁的经世三一神学发展。在本节中，我们以大马士革的约翰的基督教上帝观作结，以反观卡帕多西亚的三位一体中的 koinonia（共契）观念。

大马士革的约翰从道成肉身中的神人两性的相互寓居解释圣父和圣子的 koinonia。他用一章的内容论述了四种神人两性共契的模式，指出无论是何种相互寓居的方式，都不会影响圣父与圣子在本性/本质中的 perichoresis。反之亦然，道成肉身从经世三一的角度充分体现了圣父和圣子共契的内在特征。我把这一节的主要内容翻译出来，作些简要的分析，以显明东方教父上帝观的内在一致性。

> 关于基督的讨论可以分为四种模式。有人认为基督适用于道成肉身之前，有些人认为适用于神人两性的结合，有人认为适用于结合之后，还有人认为适用于复活之后。如果考虑道成肉身之前时期的两种模式，那这四种模式又可以分为六种：有些人宣称子与父在本性（nature）上的结合和在本质（essence）上的同一，例如，"我与父原为一"[1]；还有诸如，"人看见了我，就是看见了父"[2]；以及

---

[1] 《约翰福音》十章 30 节。
[2] 《约翰福音》十四章 9 节。

诸如，"他本有上帝的形像"①等等。有些人则宣称其实存（subsistence）的完全性，诸如，"神子"、"上帝本体的真像"、②"全能的上帝"和"奇妙策士"③，诸如此类等等。

又，还有人宣称父与子彼此间实存（subsistences）上的相互寓居（perichoresis），如，"我在父里面，父在我里面"④；不可分离的基础，例如，道、智慧、权能和光辉。因为它是不可分离地根基于心灵中的（就是我所指的本质心灵），智慧、在他里面的大能的权柄、在光里面的光辉，以及所有从这些里面出来的莫不如此。⑤

大马士革的约翰提出了四种使用"基督"的模式。需要注意，这四种模式不是相互反对的，而存在理解上的演进。基督论可以用于任何一种模式之中，它们都包含 koinonia 的含义，最终则归结为 perichoresis 之中。还需要指出的是，父与子彼此实存上的相互寓居关系是被作为经世的前提提出来的，基督神人两性的相互寓居则依据这种内在性关系进行解释。大马士革的约翰对于这种从内在三一中的圣父和圣子的共契到经世三一中的道成肉身的基督的关系作了清楚的阐释。"因着我们的上帝和父的悦纳，独生子、上帝的道和上帝，他是在上帝和父的胸中，与父和圣灵本质同一，存在于世代之先，没有开端，在太初，在上帝和

---

① 《腓立比书》二章 6 节。
② 《希伯来书》一章 3 节。
③ 《以赛亚书》九章 6 节。
④ 《约翰福音》十四章 10 节。
⑤ John of Damascuc, "Exposition of the Orthodox Faith" IV. 18, see in Philip Schaff and Henry Wace（eds.）, *A Select Library of Nicene and Post-Nicene Fathers of the Christian Church*, Vol. IX, Edinburgh: T & T Clark, 1989.

第五章 卡帕多西亚教父的上帝观和希腊哲学的 Being

父的临在中,就是上帝,取了上帝的形像,从天国降临到世上。"① 他还曾说,"这些事情就是说,有关于结合之前时期的可被用于甚至是结合之后的时期;然而反过来说就不行,除非如我们所说事实上是在预言的意义上。"②

大马士革的约翰从两个方面继承了卡帕多西亚教父的从内在三一向经世三一运动的传统。第一,如卡帕多西亚教父一样,他也是把父与上帝作为首要通用的位格性术语提出来的。他讲的上帝首先是作为父的位格的上帝,不是作为纯粹 substance(实体)的上帝。这样,koinonia 的观念就作为一个必需的概念存在于三位一体神学中。因着位格上的个体主义的特征,约翰才说,"父与子彼此间实存(subsistences)上的相互寓居(perichoresis)"。约翰的下述论证更表明内在三一是基督论、theologia 是 oikonomia 的基础。

> 别的经文则使我们了解到子是源于作为原因的父,例如,"父是比我大的"。③ 因为他是从父的所有获得存在和全部的:他的存在被指为被生的而不是被造的,例如,"我从父出来,到了世界"④ 和"我又因父活着"。⑤ 但是圣子之所有一切不是藉着白白的赐予或者教导,而是在原因的意义上,例如,"子凭着自己不能做什么,惟有看见父所做的,子才能做"。⑥ 如果父不是,子也不是。因为子是父的子,是在父里面并与父同在,而不是在父之后。同样的道理,他

---

① John of Damascuc, *Exposition of the Orthodox Faith* III. 1.
② Ibid., IV. 18.
③ 《约翰福音》十四章 28 节。
④ 《约翰福音》十六章 28 节。
⑤ 《约翰福音》六章 57 节。
⑥ 《约翰福音》五章 19 节。

所行的也是来自父的并与父同在。因此父、子和灵所有的意志、能力（energy）和权柄是一和同，而非相似。

而且，所涉及的别的事情有，父的良善意志是藉着他的能力而实现的，不是藉着一种工具或一个仆人，而是藉着他的本质的位格的道、智慧和权能，因为在父里面的是一种活动（action），例如"万物都是藉着他造的"，①　"他发命（word）医治他们"，②"叫他们信是你差了我来"。③

又，有些经文有预言的意义。其中有些是将来时态，例如，"他发言招呼天下"，④《撒迦利亚书》说，"你的王来到你这里"，⑤《弥迦书》说，"看哪！耶和华出了他的居所，降临步行地的高处"。⑥ 但是，在有些别的经文中，尽管表示的是将来的意思，却使用过去时态，例如，"这就是我们的上帝：因此他在大地上为我们所见，并住在人们之中"，⑦"在太初创造之先，就有了我"⑧，"上帝，就是你的上帝，用喜乐油膏你"⑨，诸如此类等等。⑩

第二，约翰把内在性的关系引向救赎的历史，提出内在三一的上帝观和基督论神人两性问题（theologia 和 ikonomia）的关系。在这个问题上，继卡帕多西亚教父之后的伪西里尔和略早于

---

① 《约翰福音》一章 3 节。
② 《诗篇》十七篇 20 节。
③ 《约翰福音》十一章 42 节。
④ 《诗篇》五十篇 1 节。原英译文是 He shall come openly。
⑤ 《撒迦利亚书》九章 9 节。
⑥ 《弥迦书》1 章 3 节。
⑦ 《巴录书》三章 38 节。
⑧ 《箴言》八章 22 节。
⑨ 《诗篇》四十五篇 7 节。
⑩ John of Damascuc, *Exposition of the Orthodox Faith* IV. 18.

第五章　卡帕多西亚教父的上帝观和希腊哲学的 Being

约翰的另一位希腊神学家忏悔者玛克西姆（Maximus The Confessor）都已经从内在三一神学作了铺垫。

西里尔详细地讨论过基督位格里面神人两性的相互寓居（perichoresis）关系。相互寓居包含着肉身的圣化和人的重造，这不是指两性被转换成单一的复合本性，而是两性被位格化地结合在一起，彼此之间不混淆不改变地寓居在一起。这种关系就如圣父和圣子的关系，两者虽然相互寓居，然而他们始终作为"个体"存在。这种个体是存在于 ousia 之中的，而不是实体性的上帝存在为三位格的上帝。基于内在三一的圣父和圣子的共契关系，伪西里尔认为寓居关系（perichoresis）不是来自于肉身而是来自于神性，肉身不可能渗透在（perichorein through）神性之中；神性却曾渗透在（perichoresama）肉身之中，赋予肉身以与神性本身不可言喻的共契。因此，西里尔所说的是单方面的渗透。[1] "当他[伪西里尔]把 perichoresis 用于基督论的问题，我们发现它指的是活动的相互性。他以下面的情况为例来阐释这种相互转化：存在于已经说出的话语和它所要表达的概念之间的正要给出的表达之间的转化，在希腊语中它们都被称为 logos（disp. Pyrrh. 187A），还有普遍得到使用的一个例子：炽热的刀的切割和煅烧之活动的相互性（e. g. opusc. 102B）。他使用这个术语的目的，不是为了要解释基督的统一性，而是从统一在基督这个位格里的两性中产生出来的活动和结果的单一性。需要作进一步解释的是，他称这个 perichoresis 为两本性向着（to/pros）另一本性的过程，绝不是在（in/en）另一本性或者藉着（through/dia）另一本性的 perichoresis。"[2]

这就是基督神人两性在 perichoresis 中的转化问题。在内在

---

[1] G. L. Prestige, *God in Patristic Thought*, p. 295.

[2] Ibid., pp. 293 – 294.

三一关于圣父和圣子的关系陈述中，它被表达为圣父和圣子的共契乃是作为圣父藉着生育使 ousia 表达为圣子的相互性。尽管上帝观和基督论中所包含的 perichoresis 还是有所区别的，但是它所指向的相互性里面的个体主义和位格关系的共同原理则没有什么不同。拿先斯的格列高利也曾经讨论过类似问题，他注意到有许多完全不同的事物他们是相互转化（reciprocate），一者转换成另一者的；生命来自于衰败，由衰败引向衰败；死亡则使我们从尘世的疾病中解脱出来，并且经常将我们转换到更高的生命。[1]因此，基督神人两性中的"转化"包含了这样一个重要意思：藉着转化提高人性，而不是神人两性的混合。"如果你从这些记载［指福音书关于基督出生、宣道、受死和复活的记载］承认他既生了也死了，基于同样的理由你必承认他的生和死都是独立于人性之软弱的——事实上，可以说是完全超乎人性的。因而，结论就是，他既如此出生在超乎人性的情形之中，他本身自然不可能受制于人性。"[2]

在大马士革的约翰之前，忏悔者玛克西姆有意识地，主要是把蕴含在内在三一中体现圣子和圣父关系的基督论的相互性，依据 koinonia 作了阐释。他关于 koinonia 的思想轮廓，来自于卡帕多西亚教父以来的以 hypostasis 为起点的三位一体神学。在面对那个时代的一神教强调三位一体之"一性"挑战的情况下，忏悔者玛克西姆坚守卡帕多西亚教父的 hypostasis 的思想，描述了由 koinonia 所形成的 perichoresis 的上帝观。"什么是玛克西姆对

---

[1] Gregory of Nazianzen, "Oration" XX. 4. 尼撒的格列高利也讲过类似的意思，"人进入生命之后，因为第一次生只能走向必死的存在，所以必须找到第二次生，这次生既不始于败坏，也不终于败坏，是引导人生而为不朽之存在的生，这样，必死的生必然包含必死的存续，而不朽的生就可以胜过死之败坏。"（Gregory of Nyssa, *The Great Catechism* 33.）

[2] Gregory of Nyssa, *The Great Catechism* 13.

第五章 卡帕多西亚教父的上帝观和希腊哲学的 Being

于这个问题的回答？非常明显，它受到他的'迦克敦逻辑'的引导。位格是与本性相对的：它所关注的是我们所是的方式（the mode, or tropos），而不是我们之所是（principle, or logos）。当他［基督］道成肉身——当他穿戴上人性——这道就成了我们所是的一切事物。但是，他这样成就是以他自身的方式，因为他是一个人/位格，就如我们以自身的方式是人一样，因为我们是人。藉着指出存在（hyparxis）或实存（hyphistanai，来自于名词 hypostasis）与 being 的区分，玛克西姆……表达了数个层面上的分别：persons exist, nature are。无论我们分有了什么，我们是（we are）：它属于我们的本性。但是成为一个人之所是不是某种事物，某种性质，不是某种我们不与别人不分享的东西——似乎存在某种在我们内部使我们之为人的独特的不可还原的东西。我们每个人之所以是独特的，是我们拥有我们之所是的本性的样式：我们自己独特的存在样式包括，我们对于过去的经验，对于未来的盼望，我们所有的活出本性的方式。"[1] 玛克西姆所陈明的一个思想值得关注：在圣子道成肉身的时候，他的位格性的存在具有重要的救赎论特征。大马士革的约翰进一步把从内在三一角度看的道成肉身放在圣经的救赎历史的文本/神圣经世的文本中作了阐释。[2]

> 当我们的讨论涉及更高的层面，我们就会谈到肉体的圣化，他的道的穿戴和喜乐之情等等，这些都会显明因结合而来加在肉身之上以及与至高上帝道自然结合的丰富性。当我

---

[1] Andrew Louth, *Maximus The Confessor*. London/New York: Routledge, 1996, p. 59.

[2] Andrew Louth, *St John Damascene: Tradition and Originality in Byzantine Theology*. Oxford: Oxford University Press, 2002, p. 145.

们的讨论涉及较低层面，我们就会提到上帝道的道成肉身，他化身为人，他虚己，他贫穷，他谦卑。这些和诸如此类的事物加在道之上，上帝藉此穿戴上人性。又，当我们同时从两方面来看，我们就会提到结合、共同体、膏油、自然联合和构造等等。前两种模式可以在第三种模式中找到理由。借着这种结合，这一点可以得到澄清：从密切的结合中得到了什么以及什么东西寓居于别的事物中。借着实存（subsistence）中的结合，肉身被圣化，成为上帝，与道一起和上帝同等；道这上帝被认为成了肉身，成了人，被称为造物和末后：不是在两种本性汇合成一种混合的本性的意义上（因为两种对立的自然属性同时存在于一种本性中是不可能的），而是在两种本性被结合在存在中并且没有发生混淆及改变的意义上。而且，这种寓居（perichorousa）不是肉身的结果，而是神圣本性的结果：因为肉身寓居于神性是不可能的；而是神性曾经寓居于肉身，也给予肉身寓居这一同样的不可思议的权能；事实上这就是我们所谓的结合。

还要注意属于结合时期的第一、二种模式中的情况，我们已经注意到转化（reciprocation）问题。因为当我们谈及肉身时，我们使用如下的术语诸如圣化、道的穿戴、喜乐之情及膏油。这些都是从神性中获取的，然而是从与肉身的关联中观察到的。当我们谈及道时，我们使用的是如下的术语诸如虚己、道成肉身、成为人、谦卑等等：如我们所说，这些都被加在道在并藉此上帝穿上肉身。他是以他自身的自由意志穿戴上这些事情的。

关于结合之后的时期涉及三种模式。第一种模式是宣称他的神性，例如，"你们信上帝，也当信我"① 和"我与父

---

① 《约翰福音》十四章1节。

第五章 卡帕多西亚教父的上帝观和希腊哲学的 Being

原为一"：① 所有关于这些事情的肯定都发生在他穿戴上人性之前，甚至在他穿戴上人性之后，关于他的这些事情仍然得到肯定，除了他没有穿戴上肉身及其自然属性。

第二种模式宣称他的人性，诸如，"我将在神那里所听见的真理告诉了你们，现在你们却想要杀我"② 和 "人子也必照样被举起来"，③ 等等。

……

第三种模式则宣称一实存（subsistence）和揭示两本性：例如，"我是凭着父活：因此他们杀我，尽管他们是凭我活着"，④ 和这一句："我往父那里去，你们就不再见我"。⑤ 还有这一句："他们就不把荣耀的主钉在十字架上了。"⑥ 还有，"我实实在在地告诉你：人若不重生，就不能看见上帝的国"⑦，诸如此类等等。

关于复活后时期的某些断言对于上帝来说是合适的，例如，"按圣善的灵说，因从死里复活，以大能显明是上帝的儿子"⑧，这里"子"显然被用作上帝；还有这一句，"我与你永恒同在，直到世界的末了"⑨，以及类似的表述。他是作为上帝与我们同在。另外一些断言对于人来说是合适的，例如，"孩子渐渐长大，强健起来"⑩ 和 "在那里，他

---

① 《约翰福音》十章 30 节。
② 参看《约翰福音》七章 19 节；八章 40 节。
③ 《约翰福音》三章 14 节。
④ 《约翰福音》十六章 10 节。英文引文出处疑有误。
⑤ 《约翰福音》十六章 10 节。
⑥ 《哥林多前书》二章 8 节。
⑦ 《约翰福音》三章 13 节。
⑧ 《罗马书》一章 4 节。
⑨ 这里没有圣经经文的篇名章节，系据引文直接译出。
⑩ 《路加福音》二章 40 节。

们将看见我",① 等等。

而且，那些适用于复活之后时期的人的断言也有不同的模式。有些确实已经发生，然而不是根据自然，而是根据上帝的安排，印证耶稣的身体确实受难并复活的事实；这些事实有复活之后的身上伤痕，吃和喝。别的事实也真实自然地发生，如没有阻碍地从一个处所到另一个处所，穿过关闭的门等等。还有一些事实具有伪装的特征，如"他好像还要往前行"②，和"那荣耀的王将要进来"③，和"他就坐在高天至大者的右边"④。最后还有别的经文可以理解为仿佛是耶稣将他自己和人列在一起，只是在纯粹的思想上分离开来，例如，"我的上帝，也是你们的上帝。"⑤

那些令人敬仰的都被归为神圣的本性，它们超越了情欲和肉身：那些卑微的被归于人性；那些普遍的德性必须被归为复合体即独一的基督，他是上帝又是人。必须理解成这两者都属于独一的、同一个基督，我们的主。因为如果我们知道什么对于每一者是合适的，知道两者都是独一的和同一个基督所运用的，那么我们就拥有真正的信仰，不至陷入迷途。从所有这些方面观之，我们就可以看到两联合本性的差异，即如最虔诚的西里尔所说的事实，神性和人性的自然属性不是同一的。然而，只有一个子、基督和主：因为他是一，他也只有一个位格；由于他在存在上是统一的，他决不会由于我们认识到他有本性上的差别就分离成诸部分。⑥

---

① 这里没有圣经经文的篇名章节，系据引文直接译出。
② 《路加福音》二十四章 28 节。
③ 《诗篇》二十四篇 7 节。
④ 《希伯来书》一章 3 节。
⑤ 《约翰福音》二十章 17 节。
⑥ John of Damascuc, *Exposition of the Orthodox Faith* IV. 18.

第五章 卡帕多西亚教父的上帝观和希腊哲学的 Being

在上引的长文中,大马士革的约翰具体阐释了基督在三位一体神学中的四种共契模式,道成肉身之前的共契,道成肉身之时的共契,行将受难或者与受难有关的经文中的共契,以及复活后的共契。这些共契有一个共同的特征:位格上的不相混淆,神人两性的不相混淆。这是以 hypostasis 为中心概念的三位一体神学特征的体现。[①] 第一、二种模式中包含着明显的圣父和圣子的关系作为道成肉身神人两性共契的神学原理的思想,成为他所说的"转化"向神性完成而不是向人性完成的依据。因此,他有这样的说法,"当我们谈及肉身时,我们使用如下的术语诸如圣化、道的穿戴、喜乐之情及膏油。这些都是从神性中获取的,然而是从与肉身的关联中观察到的。"

由于"转化"是保持着原先事物的特性,不向罪或坏的方向转换,因此共契才有向着 perichoresis 的基础。"共契"并不必然导向"相互寓居"。相互寓居对于共契有合一本性的要求,这个合一的本性必然是基于在任何一个位格中都具有完整的 ousia 才真正可能。这是卡帕多西亚上帝观所强调的,也在大马士革的约翰的思想中得到重审。"圣子和圣灵所具有的都来自于圣父,甚至他们的 being:除非父是,否则子和灵都不是。除非父拥有某种属性,否则子和灵都不拥有这些属性:藉着父,即因为父的存在(dia to einai ton Patera),子和灵存在,藉着父,即因为父有这些属性,因此子和灵有诸如这般的属性,除了永生、受生和发出的属性之外。因为唯有这些位格的属性使这三个神圣的实存彼此分别开来,他们不可分离地分别开来不是因为他们的 essence,而是因为他们专门的、特殊的、实存的与众不同的标

[①] Andrew Louth, *St John Damascene: Tradition and Originality in Byzantine Theology*, pp. 47–53.

识。"① 总之，相互寓居是基于共契已经先行有着的那种共同的 being，而三位一体的特殊性也正在于此：三位格之间彼此都有着 being 的完全性。这使得他们的共契非常独特，最终乃是奥秘。关于 being 作为共契之不同位格的那种奥秘之大、之深，尼撒的格列高利有更令人启发和激发人敬畏之感的阐释。

> 现在，在说到这些事情时，我们并不是想否定父是永生而存在的，我们也不想否定独生子是被生的陈述；——相反，后者被生，前者没有被生。但是，在他自身的本性中他之所是（What He is），他的存在与生育无关；他之所是，他被相信为是被生的，但是我们没有从"被生育"和"没有被生育"中获得什么意义。……当我们聆听大卫的教导说上帝是一个"法官"或者"医生"，我们并没有了解到任何神圣的本质（Essence），而只是从中沉思属性，因此在这种情况下，当我们听说他的 being 没有被生，我们也没有从这种否定性的表述中理解这个主体，而是得到引导必须不要这样去思考这个主体，让他保持未受解释的状态。因此，当圣经用别的名称谓他之所是，而向摩西传达一个没有名的 Being，就他阐释 Being 的本性（Nature）而言，不是要复述 Being 的属性，而是要藉着他的话语向我们显明它的实际本性。因为你使用的任何名都只是 Being 的属性，而不就是 Being……②

因此，从卡帕多西亚教父到大马士革的约翰，希腊基督教的上帝观是一脉相承的。在这个过程中，又包含着一些重要的推

---

① John of Damascuc, *Exposition of the Orthodox Faith* I. 8.
② Gregory of Nyssa, *Against Eunomius*, VII. 5.

进：从 homousia、koinonia 到 perichoresis。在这里面，最重要的一步是把 being 理解为 koinonia。卡帕多西亚教父为此做出了重要贡献，把奥利金主义以来的内在三一的以圣父为中心位格的传统确立为以 koinonia 为中心，把 ousia 看作是具有并必然表达为 hypostasis 的 being。从这样的理解中，卡帕多西亚教父确立了内在三一中的 being 的奥秘，在经世的层面上显出的是圣父、圣子和圣灵救赎的恩典。在这种理解方式中，卡帕多西亚教父并没有把内在三一作为经世三一原型，而是指出以内在三一为经世三一的基础，更能够证明三位格的上帝是一种奥秘，并且是更大的奥秘。

根据这样的角度，基督论更加整全地被融入为三位一体神学的有机部分。它是从内在三一的路径来阐释，并以 perichoresis 出现在与圣父的关系中。与现代神学家如莫尔特曼有所不同的是，卡帕多西亚教父不会接受这样的看法：基督论是三位一体神学的主体部分或者甚至是全部内容。在相互寓居的关系中，内在三一包容不同模式中的基督论的位格特性，如耶稣的受苦和各种身体的特征，如大马士革的约翰所说的，"有些确实已经发生，然而不是根据自然，而是根据上帝的安排，印证耶稣的身体确实受难并复活的事实；这些事实有复活之后的身上伤痕、吃和喝。"因此，卡帕多西亚教父的三位一体神学不是以基督论简化三一论，而是以三一论丰富了基督论。

第二节　尼撒的格列高利论内在三一和经世三一

在卡帕多西亚三大教父中，最年轻的那位思想家尼撒的格列高利是最特殊的一位。他在行政上缺乏领袖的才能，在基督教思想史上却是一位有着深刻洞见的神学家。他不是强有力的主教，在任尼撒主教期间竟然被阿里乌主义者罢黜（公元 376 年）；后（公元 380 年）被选为锡巴斯（Sebaste）的主教，又主动请辞。与他的兄长圣巴西尔和朋友拿先斯的格列高利（Gregory of Nazinzus）不同，他不是隐修主义者且结过婚，尽管他可能对这段婚姻表达过悔意。① 相比于他的那两位有着杰出领导能力的兄长和与他同名的好友，尼撒的格列高利在基督教思想史上更具崇高的地位。

尼撒的格列高利被许多教会史家推崇为尼西亚教父中最具原创性的神学家。② "在尼西亚教父的名册中，没有名字比尼撒的格列高利更受推崇。除了他伟大的兄弟巴西尔和同样伟大的朋友拿先斯的格列高利，他的神圣的生命、渊博的学识和对体现在尼西亚信经章节中的信仰的不懈的鼓吹，受到耶柔米（Jerome）、教会史家苏格拉底（Socrates）、塞奥得洛（Theodoret）和许多其他基督教作家的赞扬。事实上，他理应得到这样的评价，一些人毫不犹豫地把诸如教父的教父和'尼西亚之星'的赞誉加诸于他。"③

尼撒的格列高利思想的原创性明显地体现在他的上帝观上。在基督论方面，他改变了希腊神学传统中的从属论，与阿他那修和老底嘉的阿波里拿留的本质同一说保持距离；在圣灵论上，他和其他两位卡帕多西亚（Cappadocia）教父作了充分的论述，明

---

① 参看 Everett Ferguson (ed.), *Encyclopedia of Early Christianity* (Second Edition), New York & London: Garland Publishing, 1999, pp. 495 – 497。

② F. L. Cross (ed.), *The Oxford Dictionary of the Christian Church*, London: Oxford University Press, p. 712.

③ Philip Schaff & Henry Wace, *The Life and Writings of Gregory of Nyssa*, "尼撒的格列高利的生平和著述", Chap. 1, see in Philip Schaff & Henry Wace, *Nicene and Post – Nicene Fathers of the Christian Church*, Vol. V, Edinburgh: WM. B. Eeerdmans publishing Company, 1983。

第五章　卡帕多西亚教父的上帝观和希腊哲学的 Being

确地称圣灵为同等于父的上帝,又与基督有分。尼撒的格列高利的上帝观的贡献还在于,他不只给出了三一神学的古典方式,还与当代关于三一的讨论密切相关。鉴于尼撒的格列高利的上帝观神学在卡帕多西亚教父中的重要性,本章把他作为单独的一节列出来,作为揭示卡帕多西亚上帝观的一个神学范例,以显明它所根源的神学传统,以及今天仍然具有的活力。

一

我先要讨论卡帕多西亚教父的三位一体神学与早期教父和奥利金主义的渊源关系。在卡帕多西亚三大教父加入尼西亚三一神学的论战之前,[①] 早期教父的上帝观已经有了比较清楚的思想脉络,我们可以归纳为东方教会的奥利金主义(Origanism)和埃及教会的奥利金主义两条进路。前者以安提阿(Antioch)教会的神学传统为代表,强调圣父、圣子和圣灵三位格间的分别,后者以亚历山大里亚(Alexandria)主教阿他那修为代表,主张应该从神圣的本质同一来理解三位格间的关系。奥利金主义的三一神学有明显的从属论倾向,阿他那修则强调父与子的"本质同一"。东方教父和阿他那修的神学在哲学上又有共同的源头——柏拉图主义。[②] 尼撒的格列高利需要在希腊教父强调三位格间的

[①] 巴西尔(Basil)在公元370年被膏为继优西比乌(Eusebius)之后的凯撒利亚(Caesarea)主教,尼撒的格列高利于公元371年被授为尼撒的主教,拿先斯的格列高利则于约公元372年被授为撒西马(Sasima)的主教。在他们加入三一神学的争论之前,即使从尼西亚会议开始计算,尼西亚教父们已经展开了长达近五十年的争论。

[②] 西方学者在这方面有许多的研究,诸如 John Dillon,"*Origen's Doctrine of the Trinityd Some Later Neoplatonic Theories Notes*", see in John Dillon, The Golden Chain: Studies in the Development of Platonism and Christianity, Hampshire: Variorum, 1990。还可参看章雪富,《基督教的柏拉图主义:亚历山大里亚学派的逻各斯基督论》,上海:上海人民出版社,2000年。

区分和阿他那修所坚持的本质同一之间寻找三一神学的表达空间,以弥合教父们在这一问题上的鸿沟。他由此上溯至柏拉图主义,如柏拉图探索理念间的本体结构一样探究父、子和灵的内在关系。从这个角度讲,他的上帝观属于内在三一的路径。

无论是希腊教父的从属论的上帝观还是阿他那修的本质同一的上帝观,在有所限定的范围内都具有合理性,但是一旦推到极致就会呈现为"异端"学说。阿里乌主义是奥利金主义的极端形式,使从属论成了基督被造论,与卡帕多西亚三大教父同时代的希塞古的优诺米乌(Eunomius of Cyzicus)是新阿里乌主义的代表人物之一。与阿他那修共同反对阿里乌主义的老底嘉主教阿波里拿留则属于另一种情况。他把基督与逻各斯的统一性发挥为"成了肉身的逻各斯只有逻各斯一神性",成了基督一性论者。[①]因此,如何适当地利用柏拉图主义的思想资源,使柏拉图主义的神观与基督信仰保持有效的张力,是格列高利的上帝观的主要挑战,他从中进行了富有创造性的探索。

尼撒的格列高利意识到东方基督教上帝观神学中存在着一种重要的张力,如何平衡其间的张力需要有新的角度,既不能延续明显的奥利金主义神学的从属论传统,显然接受阿他那修神学的"强本质同一说"以解释位格间的相互寓居为前提也不是他所愿意的。因此,格列高利的神学中包含着对于三位一体神学的新的重要理解,而不是如人所误解的,他由于倾向于从属论传统,而有三神论的嫌疑。

格列高利的上帝观主要是在批驳阿里乌主义和阿波里拿留时阐述的。阿里乌主义和阿波里拿留提出了基督神人两性问题的不

---

① 关于卡帕多西亚教父和 Eunomius 及阿波里拿留之间的复杂关系可参看 G. L. Prestige, *St. Basil the Great and Apollinaris of Laodicea*, London: S. P. C. K, 1956, pp. 1 – 37。

同解决方案，并塑造了基督论的不同极端。若如阿里乌主义者优诺米斯那样，为了说明耶稣基督位格的独立性，把他说成是受造者之首（藉着强调基督神性的非内在性论证第二位格的独立性），就会降低基督的位份；若如阿波里拿留一样，为了强调子的完全神性及与父的本质同一，却削弱了与神性联合的基督人性，那就没有能够阐明基督道成肉身的意义和人类历史的神性根据。阿波里拿留固然抬高了第二位格的神性，但是上帝与人的关系的真实性却受到了怀疑，使得第二位格所要显现的基本向度被阻断，也使第二位格失去了他的基本特性。因此，格列高利面临尖锐的挑战，这促使他寻找关于三一神学的新视野，改变早期教父以来三一神学的进路。格列高利没有死守奥利金主义式的内在三一，而是将它扩展到基督两性论（救赎论），使基督两性论所体现出的经世三一与三一的内在结构联系起来。格列高利强调基督人性的真实性是基督作为真实个体的位格独立性的基础，使经世三一中的基督的人性能与内在三一的神性先在性相贯通。

这改变了奥利金主义传统的三一神学的进路和柏拉图主义式的三一神学的思考方式。若如奥利金主义和柏拉图主义一样，过于强调基督/逻各斯的超越性，那么就会如奥利金一样将救赎论的进路限定在灵魂的内在上升过程，不能充分展示三一真神道成肉身的意义，更进一步说就是把上帝的真实的临在与人的苦难分离了开去。[①] 在哲学上，要塑造基督教的三一论必须改变希腊哲学的二元论倾向；在神学上，则要把三一论与人论结合起来；在基督论上须要对神性与人性作平衡的论述。这就是卡尔·拉纳认为的，"在三一和人之间必然存在着某种联系。三一就是救赎的

[①] 可参看奥利金，《论首要原理》（石敏敏译），卷一章二；卷二章八，香港：道风书社，2002年。

奥秘，不然，它决不能被启示出来。"① 他又说，"这一基本主旨是确立这些论题之间的联系，把三一呈现为救赎的奥秘（在实体上而非只在教义上）。它可以表达如下：'救赎三一'就是'内在三一'，'内在三一'就是'救赎三一'"。②

拉纳所谓的"救赎三一"也就是"经世三一"。oikonomia 取意"安排"、"经世"。《以弗所书》已经提到这个词与救赎的关系，保罗说，"要照所安排的，在日期满足的时候，使天上地上一切所有的，都在基督里同归于一。"（一章 10 节）他还说，"又使众人都明白，这历代以来隐藏在创造万物之神里面的奥秘，是如何安排的。"（三章 9 节）后来，伊利奈乌把"救赎的经世"（economy of salvation）这两个术语重叠使用，以强调由救赎历史所展示出来的三位格在人类历史中的不同介入时期，以及三位格之间的真实区分。在《使徒宣道论证》中，伊利奈乌已经明显地带出了"救赎的经世"的思想，"上帝，即圣父，是非受造的，非物质的，不能看见的；他是独一的上帝，万物的创造者，这就是我们信仰的第一点。第二点就是：上帝的道，神的儿子，我们的主耶稣基督，按照圣父启示先知的方法和众先知预言的方式向众先知显明了；而且万物是藉着他造的；他在末世为要完成并聚集万物，在人之中成了人，可以被人看见，触知，为要除去死亡，表彰生命，在人和上帝间产生和谐。第三点就是圣灵；先知们凭他说了预言，父老们凭借他认识了上帝的事，义人凭他蒙引导，走了义路；并且在近世他是用新的样式浇灌了全地上的人类，叫人更新，归回上帝。"③ 德尔图良由此进一步上溯，强调在创世、在

---

① Karl Rahner, *The Trinity*, Translated by Joseph Donceel, New York: The Crossroad Company, 1997, p. 21.

② Ibid., pp. 21-22.

③ 伊利奈乌，《使徒宣道论证》6，见《尼西亚前期教父选集》（谢秉德等译），香港：基督教文艺出版社，1990年。

第五章 卡帕多西亚教父的上帝观和希腊哲学的 Being

旧约中上帝内部已经存在"安排/经世"(oikonomia),并在道成肉身中以救恩显现出来,[①] 他更由此发展出"位格"的概念,以强调圣父、圣子和圣灵的区分是真实的而非名义上的。在卡帕多西亚三大教父中,拿先斯的格列高利也曾明确论证过三位格显现的阶段性,以显示神圣三位一体是如何逐步地启示出来的。[②] 尼撒的格列高利的上帝观取了上述思路,试图从救赎的经世中表达出三一的内在关系,基督的两性论和经世三一则成为他基本的切入点。

二

尽管基督论是尼撒的格列高利三位一体神学的重心,然而这并不必然表示他的基督论与德尔图良的或者阿他那修的就趋于一致。在基督论的论述上,可以有两种取向。一是将基督论向着救赎的历史的向度进行解释,以彰显上帝作为历史的主权者。这种进路的基督论是从救赎的角度来了解上帝的特性,上帝的奥秘也都停留在他在救赎中所显出的不可言说的性质上。二是借着救赎的上帝尤其是基督道成肉身这个高峰的经世事件,来了解上帝全然的奥秘。准确的说法,应该是了解上帝所隐藏着的不为人知的奥秘。这里包含着看似矛盾的叙述,其实不然。在后一进路中,所知的不是上帝的奥秘,而是一个更大范围的被知的上帝,因而也在更大的范围内知道上帝的奥秘远远超出他在经世的事件内所

[①] Tertullian, *Against Praxeas*, 2. 1; 31. 2, see in Alexander Roberts and James Donaldson (eds.), *Ante - Fathers Translations of The Writings of the Fathers down to A. D.* [STBX] 325, [STBZ] Vol. III, Edinburgh; WM. B. Eerdmans Publishing Company, 1989.

[②] Gregory of Nazianzus, *The Fifth Theological Oration* (XXXI) 10, see in J. Baillie et al. (eds.), *The Library of Christian Classics*, 3, 209 - 210, Philadelphia: Westminster Press, 1953 - 1966.

显出的启示。这后一进路是尼撒的格列高利所采纳的,他只把经世三一看成是一个起点,而把内在三一看成是探究的目标。从另一个角度来说,这样的神学不是为了达到一个肯定的内在三一,而是为了得到一个否定的内在三一,即尽可能地知道上帝的奥秘远胜于经世三一所限制的层面。这样的思想与卡帕多西亚教父从一个否定神学的观点来讨论内在三一的进路是整体吻合的。

这个作为内在三一之起点的经世三一首先基于基督的人性,它充分地显示经世三一的历史性内涵,即上帝作为人以他的"身体"亲历人的罪、诱惑和苦痛。尼撒的格列高利批评阿波里拿留的基督一性论偏离了经世三一的立场,就无法真正指向内在三一的位格间关系的认识。他指出基督人性的真实性,以及它对于理解神性的救赎的处境和指向的重要性。"阿波里拿留将如何理解喂乳、襁褓……成长、疲劳……〔情欲的细节〕丧葬、坟墓和神龛?这些如何适用于上帝?作为从马利亚生的结果,如果他的道成肉身总是成为可见的,神性总是显现的,那么神性就经验了所有那些事物;这神性吮吸……疲劳,入睡,忧伤……这神性跑向无花果树,不知道它何时结果;这神性不知道日子和时间;这神性被鞭挞,被捆绑,被打……受钉,流血,成为一具尸体,被葬于一个新坟……是谁在喊遭到上帝的抛弃?如果它是父和子的神性,是谁在做抛弃的事?……但是,他不能够避免这些展示苦难和人性之卑下的话语的经验;他不禁承认神性是不可变的和不能超越的,甚至当它与人性的苦难结合在一起的时候"。[①]人性的真实性没有损害基督神性的真实性,"因为他的神性一直

---

① Gregory of Nyssa, *Antirrheticus adversus Apollinarem*, 24, see in Henry Bettenson (ed. and trans.), *The Later Christian Fathers: A Selection from the Writings of the Fathers from St. Cyril of Jerusalem to Leo the Great*. London: Oxford University Press, 1970, p.135.

在自身之中,他从一个妇人出生。他在创世之前存在时,就已经接受了肉身的出生,但不是他的存在。圣灵为子自己的权柄的通道预备了道路。子并不需要任何物理性的质料来预备一个特别的'住处',而是,藉着与人性的混合,如智慧所说,他'建造房屋'(《箴言》九章1节)并从一个童女成为尘土的人"。① 人性不仅没有改变神性,反而彰显了神性,就是三一上帝的内在关系:基督与父原是一,并在救赎中表达为一,但在位格上是独立的。"一个非质料或形式的事物,他以一个存在/位格(subsistence, hypostasis)接受了仆人的形式,是藉着一个童女接受的,并把它引入到他自身的庄严之中,将它改变为神圣的和不朽的本性"。② 反过来说,可能更接近内在三一的取向:基督何以在圣经启示的历史中具有高峰的意义,乃在于既不是从人性的观点看,也不是从神性的观点看;又是既是从人性的观点看,又是从神性的观点看,即是从基督的位格看。因此,道成肉身显出的是基督作为三位一体上帝的奥秘,而不仅是基督的奥秘。这样,如果把三位一体上帝的奥秘仅置放在 hypostasis 上面,如果仅置放在位格的个体性上,奥秘就失去了与"知"的本体性关联,因为这种关于道成肉身的看法,使 hypostasis 失去了与 ousia 的关系。

基于内在三一上帝观的角度,人性不会是基督位格的对立者和损害者。说基督人性是真实的并不意味着非得将基督的道成肉身看成与人的受造相同;说基督的人性是真实的也并不意味着要将基督的人性与人的人性不同。为了说明基督神人两性论与基督的位格性的关系,格列高利引入了柏拉图主义的观点。他认为,在基督尘世生活期间,完全的神性和完全的人性是以一种松散的

---

① Gregory of Nyssa, *Antirrheticus adversus Apollinarem*, 9, see in Ibid., 134.
② Ibid. 25, see in Ibid., 134.

统一体聚合在一起的，但是逐渐地，人性的洞穴的幽暗因为道临在其间而被驱散，直至被钉十字架，人性完成了向神性的完全的转变。① 著名的基督教思想史家沃尔夫森（H. A. Wolfson）称之为"主导型"的神人两性混合论。② 阿里乌主义者优诺米斯的错误在于认为基督的真实人性必须以基督的受造为前提，否则基督位格的独立性就须存疑。优诺米斯的处理方式不仅使基督的位格失去了神性的先在性，因为基督是作为上帝临在于人的历史之中，而且容易使基督教的上帝观与犹太教的独一神论混淆不清。

尼撒的格列高利认为，基督人性的真实性是将上帝的内在三一关系的历史性带入人类救赎历史的神学基础，是洁净人的罪性将人带入天国的前提。"我们断言他在接受苦难时，身体是与神性的本性结合在一起的，并藉着这样一种混合他与那承担那苦难的本性同一……在他履行对于人类的爱的神圣计划中，我们相信我们低级本性中所承担的一切必也被转变给那神性的和不朽的。[《使徒行传》二章36节，'你们钉在十字架上的这位耶稣，上帝已经立他为主，为基督了。'] 圣经的这一段话断定两事物发生为一位格；由犹太人而来的苦难就是来自上帝的荣耀。"③

因此，从内在三一的角度，"苦难"或"十字架的上帝"可以成为三位一体"本质同一"的一部分。这可能是尼撒的格列高利的上帝观中极有启发性的一部分。如果说从经世三一的角度把基督论作为基督教上帝观的最重要的象征，从而把苦难看成是

---

① Anthony Meredith, *The Cappadocian*, p. 113, Crestwood: St Vladimir's Seminary Press, 1995.

② H. A. Wolfson, *The Philosophy of the Church Fathers: Faith, Trinity, Incarnation*, Third Edition, Massachusetts: Harvard University Press, 1976, p. 397.

③ Gregory of Nyssa, *Contra Eunomium*, 5. 5, see in Philip Schaff & Henry Wace, *Nicene and Post - Nicene Fathers of the Christian Church*, Vol. V, Edinburgh: WM. B. Eeerdmans publishing Company, 1983.

基督教三位一体神学内部的十字架，那么尼撒的格列高利显然持了不同的取向。就他而言，因为上帝是全然的上帝，因此苦难绝不会使上帝不是上帝，也不是使上帝更为是上帝。上帝就是上帝，乃在于他具有人所无法测度的位格性。在这里，神人两性不只是被显现为一种经世的模式，而是被显现为一种彰显的模式。

因此，既不是基督的人性，也不是基督的神性，而是位格的特性才是三位一体神学的基督论主题。经世三一神学引导人们去关注神性和人性的问题，内在三一则引导人们去注视位格视野下的基督论主题。这就是说必须从三位一体神学去思考基督论，而不是相反，尽管基督论是三位一体神学经世视野的一部分。这两者之间构成的循环关系是经世三一与内在三一关系的特殊性所在。既要避免以经世三一取代内在三一，以为经世三一即是基督教的上帝观的视野，就止步于经世三一；但也绝不以内在三一僭越经世三一。优诺米斯的论证混淆了基督的神性与人的成圣，把基督的神性看成是与人相同的成圣过程，而非先在的存在；不是把基督的神性看成是上帝介入人类历史的三一性的临在，而认为人性的内在超越是救赎的前提。它在神学上导致基督无法担当起人与上帝之间的中保角色，使人与上帝无法沟通。格列高利的上帝观的本质在于，如果基督的位格没有先在性基础，没有三一的内在性前提，基督的人性真实性无法构成基督这一位格的内容。因此，基督的先在性显明了道成肉身和经世三一的内在支撑。"神性虚己，为的是他能进入到人性当中；通过与神性的混合藉着成圣人性被更新……正如火通常隐在柴木之下而不为看或触摸的人所发现，但是当它着火时就会冒出浓烟；因此……因为他是'荣耀的主'，对于人们所认为为羞辱的却不以为然，在藉着他的死履行神圣计划之中把他生命的余烬隐藏在躯体的本性之后，藉着他自己的权柄重新点燃，温暖那被领向死亡的生命，倾弃我们本性被局限的初果，进入他到他的无限的权柄当中。因此他使生命成为他自身之所是，使奴仆的形式成为主，使马利亚的儿子成为基督，使因为软弱而被钉十字架的得生命和权柄，使所有那些被虔敬被认为是属于上帝这道的也成为在这道所承担的当中；因此那些属性不再由于因为分别和分离或者在本性当中。由于神性战胜了它，那会死灭的本性由于与神性混合而得到重新创造；因此，它分有了神性的权柄，就仿佛一个人说一滴混合在海洋中的醋因为混合被变成海洋一样，由于液体的自然属性不会在主导的元素中得到保留……因为软弱被钉十字架的那者，借助于居住在他里面的主导性的权柄使他自己成为那居住者自身，事实上他的称号就是基督和主。"[1]

因此，"子在他的非受造性中与父和灵相接触，但是作为子和独生的，他有一种特性，那不是万能者和圣灵的特性。"[2] 这种特殊的属性就是基督在道成肉身中的历史作为，以及所显示的三一关系的内在本质。经世三一是人与上帝相遇的经验的历史表征，显示出内在三一的历史性内容。无论是阿里乌主义者优诺米斯对于基督神性的贬低，还是阿波里拿留的基督一性论，都没有注意到内在的三一关系中隐藏着的神圣奥秘与人类的关系，显明上帝与人的关系不只是创造活动，而且藉着人的得救更显明出上帝在内在的自我交通的奥秘。在这样的交通中，上帝不是作为礼物，而是作为给予者本身，并且在某种程度上表达出他自身的内在多元性，基督与上帝的位格的差异是上帝自我交通显现在基督道成肉身一事上的结果。[3] 正是在这一点上，基督的道成肉身成为基督位格的先在独立性的基础，也是神性奥秘得到显现的标尺。

---

[1] Gregory of Nyssa, *Contra Eunomium*, 5. 5, see in Philip Schaff & Henry Wace, *Nicene and Post-Nicene Fathers of the Christian Church*, Vol. V, Edinburgh: WM. B. Eerdmans publishing Company, 1983, 5. 5.

[2] Ibid., 1. 22.

[3] Karl Rahner, *The Trinity*, p. 101.

三

　　这里，我还要把尼撒的格列高利的圣灵论作为单独的一个主题提出来讨论，在接下来的第三节中，还要进一步探讨圣灵论在巴西尔和拿先斯的格列高利神学的形而上学特征。本节描述的角度有相当的不同，是就圣灵论在经世三一和内在三一建立联系的重要作用所作的讨论，把它作为经世三一和内在三一的结合点。这主要基于卡帕多西亚教父的三位一体神学是基于下述的上帝观模式：

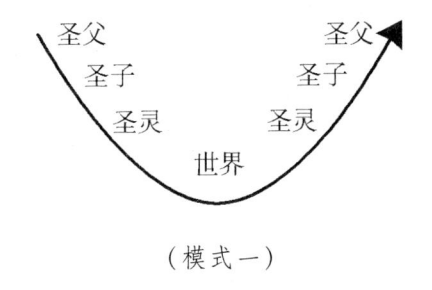

```
圣父           圣父
 圣子         圣子
  圣灵       圣灵
      世界
```

（模式一）

　　这个模式把圣灵论放在重要的地位。它使得早期基督教的圣灵论在格列高利的圣灵论神学中获得更整全的形态和更健全的解释。从基督教思想史看，圣灵论的出现要远短于基督论。如有的学者所认为的，圣灵问题之所以出现得如此之晚，可能是由于"圣灵的存在一直是一个奥秘，即使他活跃于神圣活动的每一伟大步骤之中：创世、救赎、终极的实现。由于圣灵的功能不是要揭示其自身，而是揭示在创造和救赎历史中子与逻各斯的王的身份的关系，因此要给出关于圣灵位格的准确的定义是不可能的"[①]。事实上，在卡帕多西亚三大教父之前，没有过关于圣灵的完整讨

---

① Constantine N. Tsirpanlis, *Introduction to Eastern Patristic Thought and Orthodox Theology*. Minnesota: The Liturgical Press, 1991, pp. 83–84.

论。圣灵论引起神学家关注的事例之一是孟他努主义（Montanism）的兴起，"这是主后约170年兴起于弗吉里亚的一个预言运动，当时有个名叫孟他努的人，常会突然抽搐，状似入迷，然后发出一连串的预言。他与追随者都说，这是完全被圣灵得着的记号，因为圣灵要引入一个新的纪元，开始有神（上帝）的启示，他们要求人毫不犹豫地接受这些新的预言。"① 孟他努主义使圣灵引人注目，但是没有在三位一体有关圣灵的解释上留下深的痕迹。在希腊教父中，奥利金是首位全面地解释圣灵与圣父、圣子及宇宙关系的神学家，他强调圣灵运作的范围限于教会和圣徒，把圣灵的运作与父和子创世的行为作对比。② 在奥利金的上帝观神学模式中已经暗示了"模式一"。在他四卷本的《论首要原理》中，四卷都涉及圣父、圣子和圣灵的关系，并且分两个进路将"模式一"的上帝观表述出来，共同构成基督教上帝观的奥利金主义。

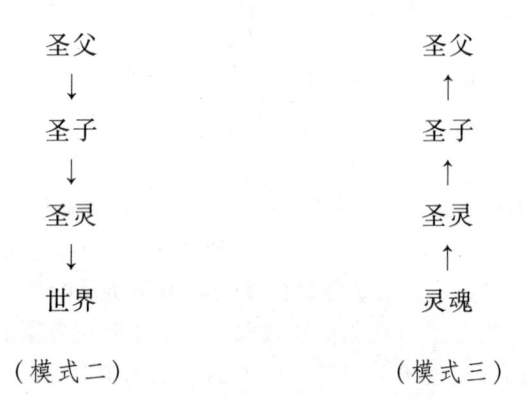

```
     圣父              圣父
      ↓                ↑
     圣子              圣子
      ↓                ↑
     圣灵              圣灵
      ↓                ↑
     世界              灵魂

    （模式二）        （模式三）
```

---

① 杨牧谷主编，《当代神学辞典》（下册），台湾：校园书房出版社，1997年，第780页。

② 参看奥利金：《论首要原理》（石敏敏译），卷一章三；F. L. Cross, The Oxford Dictionary of the Christian Church, p. 784。

可以看出，"模式一"是"模式二"和"模式三"的整合。"模式二"采用了柏拉图主义的宇宙论模式；"模式三"采用的是认识论或者也是救赎论模式。在柏拉图主义看来，灵魂的救赎始于并基于理性的认识。奥利金把救赎论或认识论与三一论的关系落实在"灵魂论"上，这也是古典思想的一个特征，因为在它看来，救赎是"内在的人"与理念世界的结合关系。在"模式二"和"模式三"中，圣灵都被放在神圣的世界与堕落的世界的结合点的位置。这里要澄清两点：第一，奥利金没有说只有圣灵出现在救赎的历史中，而是所有位格都出现在救赎历史中。这是把上帝与经世完全地结合在一起。第二，奥利金的意思是说世界中的任何存在者要回归到救赎的道路上，必先经圣灵的洁净，然后藉着基督的中保，与父和解。这展示的是一个 theologia 的角度，据此进入到对于三位格的共契关系的探讨。这就是内在三一的进路。也可以这样说，theologia 的视野基于经世三一的位格的不同功用，形成关于位格共契的内在关系的表述。

奥利金的圣灵论的最大问题在于他把这种位格关系的层级性表述为神性的层级，与尼撒的格列高利同时代的马其顿（Macedonius）学派的圣灵论与此极为相似，后者在论述上则更显极端。马其顿是君士坦丁堡的主教，他在基督论上反对阿里乌主义，因此在公元 360 年阿里乌主义者主导的君士坦丁堡会议（Council of Constantinople）上被贬去主教职位。然而，在圣灵论上，马其顿主张圣灵被造说，又不见容于尼西亚教父，招致了尼撒的格列高利以及其他两位卡帕多西亚教父的批评。

据尼撒的格列高利的记载，马其顿关于圣灵的观点可以归纳如下：第一，圣灵低于"父和子"，"我们的敌人坚称他是一个在父与子的重要的结合之外的存在者；由于本质上的变异，他要低于，并且在一切观点上，在权柄、荣耀、尊严上，在一切我们归于神性的一切事物的善性和话语或思想上，他都要逊于他们；

他不分有他们的结果和荣耀，不分有与他们同样的尊荣，至于权能，他只分有归在他身上的部分活动能力。"① 第二，马其顿坚称父是子的"制造者"或"创造者"而非"父"，子为"结果"、"造物"或"产物"，圣灵则为"造物的造物"，"产物的产物"，不冠以专门的称号"灵"。② 因此第三，圣灵不参与父和子的共同团契，"但是他们说这样的称号③是本性的述谓，作为圣灵本性的称号与父和子不具有共同性，出于这个原因他也不可能参与这属性的团契。"④

马其顿关于圣灵的观点与阿里乌主义关于基督的观点实则基于共同的思想方式，都有它的希腊哲学基础。希腊哲学的观点是，存在就是存在，绝不是非存在。⑤ 既然如此，作为存在的上帝绝对不可能有一个有差异性的存在，如基督和圣灵。因为对于他们来说，三位一体既是存在（完全同一）又是非存在（有位格上的差别），而这从希腊哲学的本体论看是不可能的。依此而论，圣灵要么完全与上帝同一，这样他就不可能有独立的位格；要么不与上帝同在，处在时间之中，不具有绝对的永恒性，只是

---

① Gregory of Nyssa, *On the Holy Spirit against Macedonius*, *A Fragment*, see in Philip Schaff & Henry Wace, *Nicene and Post-Nicene Fathers of the Christian Church*, Vol. V, Edinburgh: WM. B. EERDMANS publishing Company, 1983年。

② Gregory of Nyssa, *Contra Eunomium*, 2. 2.

③ 指父与子的称号。

④ Gregory of Nyssa, *On the Holy Spirit*《论圣灵》, see in Philip Schaff & Henry Wace, *Nicene and Post-Nicene Fathers of the Christian Church*, Vol. V, Edinburgh: WM. B. EERDMANS publishing Company, 1983.

⑤ 参看汪子嵩、范明生、陈村富、姚介厚，《希腊哲学史》（第一卷），北京：人民出版社，1988年，第599-609页；柏拉图在《智者篇》中虽然修正了巴门尼德的看法，但是当他说非存在存在，存在与非存在相结合时，也不是就存在与非存在的本性被改变而言，而只是从存在的单一性和万物的相异性而言，因此存在还是绝对单一的非多元的性质。参看汪子嵩、范明生、陈村富、姚介厚，《希腊哲学史》（第二卷），北京：人民出版社，1993年，第961-964页。

第五章　卡帕多西亚教父的上帝观和希腊哲学的 Being

分有永恒性。但是，问题恰恰在于，三位一体讲论的不是柏拉图式的"分有"，而是整体的同一关系。① 因此，就尼撒的格列高利而言，三位一体中的圣灵论在于要理解圣灵与父及基督的关系的表述角度，需要有新的哲学前提。

这个新的角度就是以圣灵论将经世三一与内在三一联结起来，把三一上帝的自我交通关系展示为救赎中三位格的上帝尤其是父、基督和圣灵的不同职能，正如有的学者指出的，"上帝的自我交通以时间和永恒两种形态表达出来：道和圣灵。这显然将知和爱两个灵性活动的主题联系在了一起"，并勾画出了神圣交通在救赎历史中的双重性。② 这话尤其指出了救赎历史中的道成肉身的事件不是孤立的，它有着圣灵的参与，两者总是相互关联地发生。

然而，需要把关联的性质说得更清楚些。在马其顿学派的思想中，圣父、圣子与圣灵的关系，尤其是圣父和圣子两位格与圣灵的关系被看作是时间性范围内的。基于这一点，表述位格关系的在永恒中的"因果性"才被理解为类似于造物之间的时间性的因果关系。在这一点上，马其顿学派与阿里乌主义之于圣子的理解没有本质的区别，而与奥利金主义传统大异旨趣，因为奥利金始终是在永恒中理解圣父、圣子和圣灵的 ousia。然而，奥利金与中期柏拉图主义相同的地方在于，它把圣父在 ousia 上的自有看成是绝对主动的，却把圣子和圣灵在永恒中的对于 ousia 的分有看成是被动的，至少不是对于 ousia 的完全性的共有。尽管从经世三一的角度看，基督和圣灵的绝对主动性表现为上帝是历

---

① Jaroslav Peliken 也有类似的看法。参看 Jaroslav Peliken, *The Christian Tradition: A History of the Development of Doctrine*, vol. 1: *The Emergence of the Catholic Tradition (100 – 600)*. Chicago: The University of Chicago Press, 1975, p. 215。

② Catherine Mowry LaCugna, *Introduction*, xvii, see in Karl Rahner, *The Trinity*.

史的主权者，然而至少它未能在内在三一关于圣子和圣灵的 ousia 的问题上没有充分地被阐释出来，或者至少是被忽视了。

尼撒的格列高利对于圣灵的主权的阐释改变了存在于奥利金三位一体神式中的根本缺陷。经世三一为显示上帝关系内在性的历史样式，证明了圣灵神性绝对性的人类学图式。格列高利说，"对于我们来说，从它的运作来研究神圣本性绝对必要。如果我们看到父、子和灵所施加的运作彼此不同，那么我们可以由运作的不同推测其本性的不同。因为不可以说本性上有差别的，在运作的形式上会是相同的：火不会令人战栗，冰不能取暖，但是他们的运作是由于他们本性上的差别所致。反之，如果我们理解父和子及圣灵的运作是一，没有差异，那么从他们运作的同一性也就可以推出他们本性的一性。父、子和灵都同样地赐下圣化、生命、安慰和其他类似的恩典。没有人可以把圣化特别地归给圣灵，当他在福音书中听到救主向父说到他的门徒时，'父，以你的名圣化他们。'① 因此，其他的赐予也是父、子和灵同样加与的：一切的恩典、权柄、引导、安慰、向不朽的转变，以及自由的话语，还有别的临到我们身上的存在的恩惠。"②

尽管在这里，尼撒的格列高利反对把"圣化"的特征完成地归于圣灵，似乎与奥利金的论述有所不同。然而在别的地方，他还是持与奥利金相同的观点。他采用克莱门、奥利金和巴西尔曾经指出的圣灵在救赎中所发挥的是 synergia（协同/合作）的作用。他甚至认为，所谓"圣化"是作用于已经有转向"善"的意识的人群。就 synergia 来讲，"圣化"是自由意志重新回到善性原则的基础，圣灵则坚固向善意志并使成为回归神性之路的动力之源。圣灵赐予那些配得的人恩典，"配得的"已经设定了

---

① 这节圣经引文据英文译出。
② Gregory of Nyssa, *On the Holy Spirit*.

第五章　卡帕多西亚教父的上帝观和希腊哲学的 Being　419

道德自我努力的前提。① 因此，synergia 有双重意义，自由意志使人萌发回归善的救赎愿望，圣灵协助善性意识成全救赎。② 但也不能说，在尼撒的格列高利的思想中存在着相互矛盾的两个方面。尼撒的格列高利这里提到的更主要的是，"圣化"是基于本性的一性，是基于 ousia 说的；然而说"圣化"专属于圣灵，或者把它解释成 synergia，这是就 hypostasis 说的。一者是从内在三一来说圣灵的 ousia，一者是从经世三一来说圣灵的位格特征。这正是"模式一"所包含的上帝观－共契模式的含义之一。

因此，格列高利从 ousia 的角度论述圣灵的神性，为圣灵的地位正名，指出三位格既是一整体的团契，又是在经世问题上有着不同神学担当的位格。"圣灵的权柄当与父和子一起被列入生命的赐予者之列，我们的本性则藉此从朽坏的转变为不朽的，在许多情况下，就如在'善'，'神圣'，'永恒'，'智慧'，'公义'，'元首'，'万能'和任何其他的场合，圣灵都与那些拥有特别卓越的属性的事物有不可分离的联合。"③ 没有圣灵的作为，我们难于想像道成肉身的事件能够深切地贯入到人性之中。三位格的运作是密不可分的一体，"除非我们的思想藉着子得到提升，否则不可能上升至父。除非藉着圣灵，我们不可能说耶稣就是主。因此，只有在完全的三位一体中，在密切的结果中和彼此的结合中，在所有创造之先，在我们构想一切事物的理念之先，

---

① Gregory of Nyssa, *Against the Macedonians* 19 (= GNO III. 1. 105. 19). 参看 Anthony Meredith, *The Cappadocians*, pp. 39 – 40. London: Routledge, 1999; Werner Jaeger, *Two Rediscovered Works of Ancient Christian Literature: Gregory of Nyssa and Macarius*, pp. 101 – 102。

② Paulos Mar Gregorios, *Cosmic Man——The Divine Presence: The Theology of St. Gregory of Nyssa*. New York: Paragon House, 1988, p. 218.

③ Gregory of Nyssa, *On the Holy Spirit*.

父、子和灵被认知。"① 这也进一步看出，即使是从 ousia 来讲神性同等性，称圣灵是上帝，也是从"模式一"的角度来说的，位格的特性在就着 ousia 的言说时被显示出来。

因此，尼撒的格列高利从经世三一与内在三一的关系中揭示了圣灵的完全的神性和位格性。他依据圣灵与圣父及圣子在人类历史中的共同活动论证神性同一性，说明三位格是一不可分的共契。这证明了圣灵的完全神性，而从奥利金主义的从属论理论阴影中彻底脱离了出来。另一方面，这种神性共契的同一性又必然展示为经世三一，格列高利据此解释说上帝的任何活动都是透过三位格展现出来的。就活动本身而言，三位格之间没有区分。若说区分，只在于角色和承担任务的不同，即它们来自于父经子并藉着圣灵完成。② 从这个角度又可以说，提升圣灵在三一神学中的位置，是内在三一和经世三一得以贯通的重要因素。

四

尼撒的格列高利的上帝观表明尼西亚教父在整合早期基督教传统上取得了重要进展。他扩大了早期基督教上帝观的内涵，使基督论和圣灵论作为三位一体的有机部分清楚地显现出来，使三一上帝的观念完整地显现出来，与犹太教的神性一元性有了明晰的界分。在格列高利的上帝观中，神学的传统（希腊）和使徒的传统（圣经）相当妥帖而共同地被表达为基督教的基本信念，体现于众教父思想中的神学（theologia）观念（思辨化的信仰）和教会的经世（oikonomia）观念（仪式化的信心仰望和宗教实践）汇合成了一种表达。

---

① Gregory of Nyssa, *On the Holy Spirit against Macedonius*, *A Fragment*.
② J. Patout Burns and Gerald M. Fagin, *Holy Spirit* . Wilmington: Michael Glazier, 1984, p. 138.

第五章 卡帕多西亚教父的上帝观和希腊哲学的 Being

格列高利把上述两对互相有别的传统吸收在一起是重要的，在把基督教知识分子的神学变为教会的神学中起到了重要作用。系统的基督论和圣灵论相比较于父的观念来说虽是晚出的，但是这不等于说圣经关于基督的认识和圣灵的理解也是后来才出现的。事实上，在教会的圣餐和其他仪式例如施洗中，三位一体的观念早已经仪式性地表达了出来。换言之，关于三一的救赎论一开始就出现在教会的团契之中，而关于三一的内在关系的论证则要很迟才出现，两者最初是有分别地被表述的。救赎论是初代基督徒的基本经验，"在这一经验中，早期教会获得了关于上帝的确定性。尽管是苦难和死亡，上帝藉着圣灵的权柄履行并证实耶稣的弥赛亚宣称，临在于与复活的主的被拣选的见证的相遇者中，圣餐的极度喜乐中，布道的连续性中，在犹太教公会和百姓之前所表现出的使徒的坚定信心中，在奇迹般的治疗和呼召中，而不只是在团契所受的逼迫中。"① 内在三一的传统则与希腊罗马的文化传统有密切关系，这就是有的学者所谓的，"这些团体向希腊的思考方式开放，试图表达三位一体的奥秘并根据当时流行的逻辑规则表达道成肉身。"② 这样两种三一传统，最后在一些伟大的基督徒思想家例如奥利金、尼撒的格列高利和奥古斯丁的努力下，把基督的信仰、福音的信息和各种不同的传统结合起来，形成了新的表达。③ 尼撒的格列高利的上帝观使得使徒传统的三一表达和神学传统的三一表达相互贯通，这也就是使基督教的犹太传统和希腊传统在三位一体的奥秘中坚守张力的前提下，

---

① Basil Studer, *Trinity and Incarnation: The Faith of the Early Church*, English Translated by Matthias Westerhoff, p. 5, Edinburgh: T& T Clark Ltd., 1993. 许志伟也提及过这样两种传统。参看许志伟，《基督教神学思想导论》，北京：中国社会科学出版社，2001 年，第 77 页。

② Ibid., p. 8.

③ Ibid.

体现为基督教的清晰理念。

尼撒的格列高利强调内在三一与经世三一在理解三位一体理论上的同等重要性。在讨论圣灵是上帝时,他论证的着眼点在于圣父、圣子与圣灵在人类历史运作中的同一性,进而指出圣灵的本性与父和子完全同一。"如果我们理解父和子及圣灵的运作是一,没有差异,那么从他们运作的同一性也就可以推出他们本性的同一性。父、子和灵都同样地赐下洁净、生命、安慰和其他类似的恩典。没有人可以把洁净特别地归给圣灵,当他在福音书中听到救主向父说到他的门徒时,'父,以你的名洁净他们。'① 其他的恩赐也是父、子和灵同样地加与的:一切的恩典、权柄、引导、安慰、向不朽的转变,以及自由的话语,还有别的临到我们身上的存在的恩惠"。②

基于经世三一的观念,格列高利指出三位格与一神性之间的特殊关系,领会三和一的内在关系实在是一种奥秘,"如果神性事实上是本性的称号,那么如前论述,根据本性的不可分性和个体性,没有比它更适合包括单数的三位格和一神性。"③ 换言之,在内在三一中,三位格的内在区别与联系不是依据从属论的三与一的实际意义来理解的,而是根据三者间的源生关系理解,④ 在经世三一中则是根据承担角色的不同来理解。这两种理解都不会给三位格的任何一位增加或减少神性。"当我们宣称这一本性的不变特性时,我们不是否定原因方面的区分,我们根据那被发生

---

① 这一圣经引文据英文译出。
② Gregory of Nyssa, *On the Holy Spirit*.
③ Gregory of Nyssa, *On Not Three Gods*, see in Philip Schaff & Henry Wace, *Nicene and Post-Nicene Fathers of the Christian Church*, Vol. V, Edinburgh: WM. B. Eerdmans publishing Company, 1983.
④ J. N. D. Kelly, *Early Christian Doctries*. London: Adam & Charles Black, 1958, pp. 264-265.

第五章 卡帕多西亚教父的上帝观和希腊哲学的 Being   423

的,来理解位格彼此间的区分——根据我们的信仰,一者是因,另外的则是属因的。在那属因的之中,我们又作另一区分。因为一是与第一因直接区分开来,另外两者则是根据直接来自第一因的方式区分开来。因此独生子的属性无疑就住在子里面和子的介入之中,同时它使独生子的属性并不遮掩圣灵来自于与父的本性的关系。"①

这回到了一个非常重要的理论支点上,即内在三一的因果关系不是时间性的先后原则。由于他们的因果关系基于源生关系,因此属于三一的内在性结构本身,是上帝的自我交通;由于他们间的源生是真实的,三位格间的区分也是真实的,而不是如撒伯流主义的形态论之所谓。此外,格列高利的内在三一论由于强调三位格的共契,即使这种共契包含着源生关系,也与时间性无关,而是在永恒性中展开的,又与阿里乌主义的基督被造论和马其顿学派的圣灵被造论分别了开来。因此,格列高利的三一论避免了三位格之间的相互排斥、否定或重叠的关系,使三位格在一神性中的关系成为一种"具体的普遍"形态。② 总之,格列高利从神性运作的同一性论述了神性本性的同一性,并充分提高了三位格间的区分。就此而论,他的三一论是四世纪基督教思想史所能达到的最缜密的理论水准。③

总之,尼撒的格列高利的上帝观是早期基督教三一观的一系列复杂整合的结果,有着希腊教父的典型的希腊文化背景和特性,有着卡帕多西亚教父上帝观的完整形态。格列高利的上帝观偏重于三一的"关系性",论证三与一的关系性是认识上帝之存

---

① Gregory of Nyssa, *On Not Three Gods*.
② Anthony Meredith, *Gregory of Nyssa*. NewYork: Routledge, 1999, p. 15.
③ J. Patout Burns and Gerald M. Fagin, *Holy Spirit*, p. 135.

在或实体的前提。① 他的三一神学的特点在于说明三与一的关系是怎样的，以达到说明上帝的"是（存在）"，而非要说明上帝"是什么"，例如一个实体。从这个角度讲，他的上帝观又极大地改变了希腊人关于"实体"的描述。

这个重要的转变主要来自于对 ousia 的理解上，就是从 hypostasis 来理解 ousia，从而 ousia 不是那种单一性实体的观念，而是单一性关系的观念。基于这样的理解，ousia 是共契了多元位格的单一性关系，而实体性的意义载体是 hypostasis。因此，在尼撒的格列高利的上帝观中，上帝是一个自契的共同体，这种自契源于 hypostasis 的个体性赋予，或者说出于社会三一所蕴含的对于 ousia 的单一性关系要求。就此而论，使用个体性意义极强的 hypostasis，在尼撒的格列高利的神学中，不是削弱了 ousia 的单一性，而是要求重新理解这种单一性。这就是有的学者所说的，"位格"一词对于基督教三位一体神学的贡献，我觉得尤其适合于描述尼撒的格列高利及其他两位卡帕多西亚教父在这个问题上的洞见。"位格一词有着三种积极的价值。作为一个位格，上帝是主体，是完全的无法取代的独特的主体……位格的概念排

---

① 比较尼撒的格列高利和奥古斯丁的上帝观是一个非常有意思的话题，但显然不是本节的主旨。奥古斯丁的上帝观体现在他提供的两个类比上：一是心灵、知识和爱；二是记忆、理解和意志。（Augustine, *De Trinitate Books* IX - X）就第一类比而言，心灵和知识及爱在范畴的性质上是不对称的，前者是实体，后者是属性；就第二类比而言，三者都是功能性的，而非实体性的。有的学者由此认为，奥古斯丁的类比在三一神学上的困难是，不能给出关于终极实体以清楚的意义，也不能使这些要素之间有持久的清楚的区分。或者就第一个类比来说，他有着这样的一种倾向性，即认为存在心灵的实体和它的两种状态或活动（知识和爱）。（参看 David Brown, *The Divine Trinity*, pp. 272 - 280. La Salle: Open Court Publishing Company, 1985.）这样三一神的关系就成了实体和属性的关系。而尼撒的格列高利的上帝观则强调三个位格（实体）之间的关系，他试图给予位格性以明确的说明，并说明其关系。因此"在关系之中"的上帝是其三一论的侧重点。

除了任何把上帝还原为功能的企图……它表达了上帝的荣耀和圣洁……当我们把上帝定义上帝,这个将万物规定为个体的(位格的)实在时,我们也把 being 定义为作为位格的一个整体。这包含着一种对 being 理解上的变化。这种终级的最高的实在不是 susbstance(实体),而是关系。"[1]

格列高利的上帝观的另一个着眼点在于,他使基督论和圣灵论在三一上帝观的前提下得到说明。这与早期教父有颇大的不同。在此之前,教父们或强调基督论,这是二至三世纪希腊教父的特点;或强调圣灵论,例如孟他努主义。这使得关于三位一体的上帝观失去了论述和关注上的平衡,而无法真正地说明上帝内在的多元性和一本性,后者是整个三位一体神学的核心所在。格列高利的上帝观使得基督论和圣灵论作为三一上帝观的基本部分得到说明,他所寄予的基本视野就是我们已经论述过的内在三一和经世三一的内在贯通的神学信念。

第三节 卡帕多西亚教父的圣灵论和介词形而上学

卡帕多西亚教父关于圣灵位格特性的讨论,以及他与圣父和圣子的本质同一关系,是从前尼西亚、尼西亚三位一体神学向新尼西亚神学的一个重要进展。在卡帕多西亚教父之前,早期基督教神学已经有关于圣灵的运作特性以及神性的讨论,我们在第二章第二节中已经有所论述。阿他那修关于圣灵的论述则是卡帕多西亚教父圣灵论的重要神学资源,他在拒斥了神格唯一论和从属论的用语之后,"往前推进了一步:圣灵要么是像圣父和圣子这

---

[1] Walter Kasper, *The God of Jesus Christ*, English trans. Matthew J. O'Cornell. New York: Crossroad, 1991, pp. 154–156.

样的上帝，要么只是一个造物。他的反阿里乌主义态度使他不会将圣灵放在造物的位置上，因为如果是后者，如信仰规条所坚持的，圣灵就不是圣化的真正执行者。因此，阿他那修已经准备把本质同一用于圣灵。"① 卡帕多西亚教父不只是大胆地把本质同一的术语用于圣灵的位格上，以强调圣灵和圣父及圣子的同等性，更重要的是他们从介词形而上学的角度对于"本质同一"作了特别的解释，从而形成了希腊基督教在这个问题上的特殊规范。这也是对于希腊哲学的 Being 的特殊描述，使得希腊哲学的 Being 呈现出与拉丁基督教神学迥然不同的特征。

卡帕多西亚三位教父对于圣灵都有专门的讨论。巴西尔写有《论圣灵》，尼撒的格列高利写有《论圣灵，驳马其顿的追随者》和《论圣三位一体，以及圣灵的神性》，拿先斯的格列高利的《神学演讲第五篇》也专门讨论了圣灵问题。因此，可以说从卡帕多西亚教父开始，关于圣灵的讨论成了三位一体神学的一个主题。这是从前尼西亚神学向新尼西亚神学的一个重要变化。

卡帕多西亚教父关于圣灵的讨论主要涉及三个主题。第一，圣灵被称为上帝的圣经依据何在？这是把三位一体神学牢牢地根基于经世的视野之中。然而，正如我已经指出的，卡帕多西亚教父的目标直指内在三一。对于他们来说，给出关于经世视野中的圣灵的圣经描述的神学解释远为重要，因此他们的神学更关注第二个方面：圣灵的神性是否与圣父和圣子同等？是否与他们本质同一？这就涉及第三个方面的问题：如何解释本质同一的含义？卡帕多西亚教父对这三个问题都作了精细详尽的分析，曲尽东方教父神学的思辨特色。在他们借助于柏拉图主义的思想资源描述圣灵的神学本体性时，又破除希腊哲学对于介词形而上学的偏

---

① William J. Hill, *The Three-Personed God: The Trinity as a Mystery of Salvation*. Washington, D. C.: The Catholic University of America Press, 1982, p. 46.

第五章 卡帕多西亚教父的上帝观和希腊哲学的 Being

见,指出介词只是定位位格特性,而不构成对圣灵神性的限制性。在这里,又可以看到基督教思想家在其自身的传统内对于希腊哲学的更新和发挥。

一

我关于卡帕多西亚教父的圣灵讨论将主要围绕巴西尔的思想展开,因为他是卡帕多西亚教父圣灵论的制定者。然后结合两个格列高利在这个问题上的更精进的表述,以明确卡帕多西亚教父在这个问题上的总体特征。

巴西尔主要围绕圣父、圣子和圣灵是否有特定的介词用法作关于圣灵的讨论。非常有意思的是,表面上看,巴西尔似乎反对在圣灵和介词形而上学之间建立关联,然而实际上他是坚持两者之间的内在性联结的。借助于这种悖论式的叙述策略,他所要坚持的是如何正确地理解圣灵论问题上的介词形而上学,正确理解本质同一运用于圣灵的神学基础。

巴西尔先引出异端关于介词形而上学看法的圣经根据。他说,异端思想家经常引用保罗的话语,"然而我们只有一位上帝,就是父,万物都本于(eks/of)他,我们也归于(eis/in)他;并有一位主,就是耶稣基督,万物都是藉着(di/through)他有的,我们也是藉着(di/through)他有的。"[①] 保罗的教导里面涉及三个希腊语介词 eks/of、eis/in 和 di/through,它们分别被用于圣父、圣灵和圣子。这些在圣灵问题上持异端思想的神学家就据此认定,eks/of 只用于"父",表明万物"从他而来"(of whom)的意思;di/through 只用于圣子,表明万物都是藉着他而造的(by whom),eis/in 只用于圣灵,表明万物都在他里面才能

---

① 《哥林多前书》八章 6 节。/之前的是希腊文的拉丁化,之后的是该希腊文的英文译法。

知道上帝。他们还进一步认为，这些词语的用法不可改变。①

  巴西尔又指出，这些异端思想家在对保罗的话语作上述的解释时，并不只是限于固定介词的用法，而是包含着更深的神学指向。借助于介词形而上学，他们引出阿里乌主义的观点：圣子是被造的，圣灵在神性上又低于圣子。"他们希望用'of whom'指创造主，用'through whom'指从属的/低一级的代理者（hupourgos）或工具（organon），用'in whom'或'in which'说明时间或处所。宇宙的创造者万物的对象在尊严上是最高的，他高于工具，圣灵则只被看作加于现存事物的属性，只来自于处所或时间而已。"② 他们认为圣父、圣子和圣灵是不相似的，在本性上也是有变化的。③ 巴西尔批评说，这些异端思想家的看法乃是基于异教哲学的用法，而不是圣经的用法。异端们引用圣经的话语却做出对立于圣经的神学指向的解释，因此不能以希腊哲学解释圣经，因为希腊哲学家亚里士多德认为 of whom 或 of which 指的是质料，through whom 或 through which 指的是工具，或者一般而言是从属的/低一级的代理者，④ 而应该以圣经的资源重塑希腊思想中可资运用的介词用法。据此，巴西尔批评了上述的看法，认为圣经里面没有对介词的用法做出上述区分。⑤

  我们承认真理的话语在许多地方使用了这些表达；然而我们绝对否定圣灵的自由被局限于异教的琐屑之中。相反，我们主张圣经根据环境的使然，语境的要求，变化其表达。例如，of

---

  ① Basil, On the Spirit 2. 4, see in Philip Schaff and Henry Wace, *Nicene and Post-Nicene Fathers of the Christian Church*, Vol. VIII, Edinburgh: WM. B. Eerdmans Publishing Company, 1989.
  ② Ibid.
  ③ Ibid.
  ④ Ibid., 3. 5.
  ⑤ Basil, *On the Spirit* 4. 6.

第五章 卡帕多西亚教父的上帝观和希腊哲学的 Being

which 并不如他们所谓的总是和绝对地指质料,根据圣经的用法而是更多地用于第一因,诸如下面这些经文就是如此,"万物都本于他"① 和 "万有都是出乎神"。② 然而,真理的话语也把这个术语用于质料③的例子中,例如圣经所说,"要用皂荚木做一柜",④ "要用精金做一个灯台",⑤ "头一个人出于地,乃属土",⑥ "我在神面前与你一样,也是用土造成"。⑦ 但是如我们已经强调的,这些是死硬派,他们划定性质上的差异,制定规则,把这些术语仅用于圣父。他们从异教权威中获得这些最初的区分,然而这里他们没有忠实地准确仿效。他们按照导师的教导,把工具的名号用于子,把处所的名号用于空间,因为他们说在圣灵中和藉着子。但是当他们把 of whom 用于上帝的时候,他们不再效仿异教哲学家,而是如他们所说的使用使徒的用法,这就是经文所说的,"但你们得在基督耶稣里是本乎上帝"⑧ 和 "万有都是出乎上帝"。⑨ 这一系统讨论的结果是什么呢?就是存在原因的一本性;工具的另一本性;处所的另一本性。因此,子在本性上是不同于父的,他是工匠创造的工具;圣灵由于是处所或时间也是不同的,他既不同于工具的本性,也不同于掌握他们的他们所源出者的本性。

巴西尔不否认在圣经的许多地方确实存在着介词的固定用法。然而,他也指出圣经中有地方并不是那么严格的,把介词的

---

① 《哥林多前书》八章 6 节。
② 《哥林多前书》十一章 12 节。
③ Hule = Latin materies,源自字根 mater,英译为 material 和 matter。
④ 《出埃及记》二十五章 10 节。
⑤ 《出埃及记》二十五章 31 节。
⑥ 《哥林多前书》十五章 47 节。
⑦ 《约伯记》三十三章 6 节。
⑧ 《哥林多前书》一章 30 节。
⑨ 《哥林多前书》十一章 12 节。

用法看作是可以置换的。巴西尔持这个态度的关键在于，他认为介词这样琐碎的用法，不能形成关于上帝的限制性思考，因为上帝/圣灵是超越于介词的限制性之上的。因此，他的问题是：如异端思想家那样把介词用法作为神学的基础呢？还是在于把介词与圣父、圣子和圣灵的本性联系起来，以上帝的本性作为理解介词形而上学的基础？正如用于三者的介词是不相同的，圣父、圣子和圣灵的本性也是三种。这就把圣灵的本性作为了被造物的本性，而不是与圣父本质同一的本性。巴西尔清楚地表明，即使就 of which 一词的用法而言，eks/of 还被使用在被造物上，即被用作宇宙万物构成的质料上，而不是单纯地用在神性的描述上。如果依照异端思想家的极端观点，这样的用法会导致一个可怕的理论后果：圣父只是宇宙构成的质料。这不仅违背了三位一体的描述，还完全地违背了基督教关于上帝的认识，因为基督教的上帝完全是一个灵的上帝，是无形体的、永恒的和自有永有的。

巴西尔肯定介词用法的一定灵活性，不在于否定介词形而上学的有效性，例如把 eis/in 用于圣灵的特殊意义，而在于否认把介词的特定用法用于位格的神性完全性的理解上。巴西尔的基本思想是：不能以介词形而上学限制神性的超越性，介词的用法不是对于 Being 的限制，而应该是对于 Being 的同一性的呈现。然而，由于存在着不同的位格，因此神性的呈现是藉着有介词有关的形而上学所内蕴的"关系性"呈现为"本质同一"。这就非常有意思了。一方面巴西尔固然如尼西亚神学一样坚持了主张本质同一的尼西亚信经；另一方面又展示出希腊教父对于尼西亚信经的独特理解：这种呈现是以有区别的位格表述出来的。也就是说，介词形而上学应被理解为位格的特征，而不是神性的限制。

这帮助我们理解其实不反对介词形而上学的巴西尔，为何在反驳异端思想家时，极力鼓吹圣经的作者没有制定下如那些异端们所言的介词形而上学的规则。圣经的作者们在有关描述圣父的句式上，固然主要使用 of which，但是也使用 through whom 或 through which。不能因为介词的用法贬低圣灵的本性，圣经没有引入上帝的各种本性，只有一种本性，上帝也不是诸本性的混合，而是只有一种非混合的本性。维系三位一体理论的关键不在于介词问题，而在于仔细地区分诸 hypostases。① 圣经中不仅不以介词形而上学来区分圣父、圣子和圣灵的 hypostasis，经常倒还用介词的共用来说明圣父、圣子和圣灵是同一位上帝。保罗说，"万有都是本于他，倚靠他，归于他（oti eks autou kai di autou kai eis auton ta panta）。"② 这里丝毫没有用 eks、di 和 eis 来区分圣父、圣子和圣灵的意思，相反保罗倒是把这个依照异教思想家所谓的用于三位格的不同术语词用于同一位上帝身上。藉着这位上帝，万物具有连续性和结构，因为他创造万物是为了给每一种造物以必要的健康和看顾。③ 因此，如果有介词形而上学，那么从介词形而上学来说只能得出一个结论：圣灵与圣父和圣子一样是同一位上帝，有着同等的本性。巴西尔还引证其他的经文，指出圣经里确实不止一处存在着这样的倾向，④ 还把三种介词混用来指同一位主基督。⑤ 这就说明这些介词不仅可以共同地用于父，还可以共同地用于子和圣灵。尼撒的格列高利也讲到类似的情况，他说在有些情况下，例如圣经讲圣父藉着（di/through）圣子创造这样的介词形而上学，却没有提到圣灵，那么是否就不把圣灵放在与圣父和圣子同样的地位呢？他认为不是的。"我们不能认为圣父曾与圣子有所分离，也不认为圣子与圣灵有所分

---

① Basil, *On the Spirit* 5. 7.
② 《罗马书》十一章 36 节。
③ Basil, *On the Spirit* 5. 7.
④ 例如《使徒行传》三章 15 节；《诗篇》一百四十五篇 15 节，一百零四篇 27 节，一百四十五篇 16 节。
⑤ Basil, *On the Spirit* 5. 7.

离。除非我们的思想藉着圣子被高举,就不可能上升至圣父;因此除非藉着圣灵,我们也不能说耶稣就是主。因此,在所有创造之前,在所有世代之前,在我们能够有任何思虑之前,圣父、圣子和圣灵都是在一个成全的三位一体中、在最密切的因果关系上,在彼此的结合中被知道。圣父总是圣父,圣子在他里面,圣灵与圣子同在。"①

尼撒的格列高利的论述也是就介词形而上学与 Being 的同一性而言的。巴西尔的下面论述挑明了这种关系。

> 但是如果我们的敌人反对这一论证,那么什么样的论证才能使他们脱离陷阱呢?
>
> 如果他们不接受"of whom"、"through whom"和"to whom"的表达都是指主,那么他们就只能把它们用于上帝父。然而毫无疑问他们的规则会落空,因为我们发现不仅"of whom"还有"through whom"都是用于父。如果这后一个措辞指有所贬抑的事物,那么它为什么被限定在这个世界中,仿佛它包含着子是低一级的意思?如果它总是并在任何地方都是指工具,那么请他们告诉我们荣耀的上帝②在神性上高在何处,基督的父在荣耀上低于哪里。
>
> 因此他们被他们自己所推翻,而我们自己的立场则从两方面得到证实。假如它证明这节经文指的是子,那么 of whom 会被发现是用于子。另一方面假如坚持认为这先知的话语指的是上帝,那么就应该认为 through whom 用于上帝是

---

① Gregory of Nyssa, *On The Holy Spirit*, see in Philip Schaff and Henry Wace (ed.), *A Select Library of Nicene and Post-Nicene Fathers of the Christian Chruch*. Vol. V, Edinburgh: T & T Clark, 1994, p.319.

② 《诗篇》二十九篇3节;《使徒行传》七章2节。

第五章　卡帕多西亚教父的上帝观和希腊哲学的 Being　433

合适的，两个术语具有同等的价值，两个术语被用来指上帝的同等的力量。无论哪个术语用于一个和相同的位格上，都被认为是等同的。但是让我们回到主题上。①

在《以弗所书》中，这位使徒这样说，"惟用爱心说诚实话，凡事长进，连于元首基督。全身都靠他（from whom）联络得合式，百节各按各职，照着各体的功用彼此相助，便叫身体渐渐增长，在爱中建立自己。"②

又，在《歌罗西书》中，对于那些尚未认识到独生子的人，那里只以持定"元首"即基督提到他，"全身既然靠着他（from which），筋节得以相助联络，就因上帝（of God）大得长进。"③ 在别的经文中，当使徒说"又将万有服在他的脚下，使他为教会作万有之首"④ 和"从他丰满的恩典里（of his fullness），我们都领受了"⑤ 时，我们了解到基督是教会的元首。主自己说，"凡父所有的，都是我的（of mine），所以我说，他要将受于我的告诉你们。"⑥ 总之，勤勉的读者都会知道 of whom 是以各种方式进行使用。例如，主说，"我觉得有能力从我身上出去（of me）。"⑦ 同样，我们可以观察到 of whom 用于圣灵上面。经上说，"顺着圣灵撒种的，必从圣灵（of the spirit）收永生。"⑧ 约翰也写道，"我们所以知道上帝住在我们里面，是因他（eks/

---

① Basil, *On the Spirit*, 5. 8.
② 《以弗所说》四章 15 - 16 节。
③ 《歌罗西书》二章 19 节。
④ 《以弗所书》一章 22 节。
⑤ 《约翰福音》一章 16 节。
⑥ 《约翰福音》十六章 15 节。
⑦ 《路加福音》八章 46 节。
⑧ 《加拉太书》六章 8 节。

by）所赐给我们的圣灵。"天使说，"他所怀的孕是从圣灵来的（of the Holy Spirit）。"① 主说，"从灵生的，就是灵。"② 关于这方面的例子，我们就说这么多。③

巴西尔指出圣经中被分别使用的介词，有时也是被交换使用的。例如 through whom 被认为是用于圣子的，圣经中也将它用于圣父。同样，用于圣父的 from whom 和 of whom 被用于圣子，也被用于圣灵。因此，不存在阿里乌主义者所认为的，from whom 和 of whom 仅用于圣父身上，through whom 在用于圣子时，也不表示神性上要低着一个层次。

同样的情况有，from whom 和 of whom 被分别使用，不表示他们在 dunamis 上的不同。这两个介词在用于父身上时，指上帝对于创造和世界的主权；用于圣子和圣灵身上也是如此。用于圣父身上，上帝对于生命的主权如何，用于圣子和圣灵身上也是如何。从这个角度来说，圣父、圣子和圣灵之于创造和世界是有着同等的神性的，介词只是表明主权所显现的位格的经世特征。圣父的主权是创造的，圣子的主权是教会和救赎的，即恩典的来源，圣灵的主权则是圣化的，他内住于圣徒之中。不管是圣父、圣子还是圣灵与人类的共在的方式如何不同，都是同一位上帝与人的共契。因此，从 eks/of 这个介词看，它表明圣灵与圣父和圣子一样的神性主权，是同等的神性存在主体。这是 eks/of 介词形而上学之于圣灵和三位一体关系的意义。从这个角度看卡帕多西亚教父的新尼西亚神学，它的贡献之一是修正了从奥利金主义向阿里乌主义之发展中可能存在的问题，发展出一种精巧、特殊的

---

① 《马太福音》一章 20 节。
② 《约翰福音》三章 6 节。
③ Basil, *On the Spirit*, 5. 9.

新从属论,是以尼西亚神学的本质同一为神学基石的从属论。这种新从属论从圣父、圣子和圣灵都是神性位格主体的角度反驳了阿里乌主义将圣子和圣灵作为客体的从属论。

二

巴西尔以类似的方法分析了异端们坚持 di/through 只用于圣子的看法。借助于圣经文本的研究,他发现 di/through 也用于圣灵和圣父。他说,在把 di/through 用于圣父和圣灵时,不意味着三位格的 ousia 有任何改变。① 在圣经中,尽管 di/through 主要是用于圣子的位格,这只是为了表明圣子的位格特性,不是为了区分圣子在 ousia 上与圣父和圣灵的不同;反过来说,圣灵尽管主要是使用介词 eis/in,也不等于说他所享有的 ousia 在神性等级上是较为低级。

我们现在可以说明 through whom 也可以被用在父身上。经上说,"神是信实的,你们原是被他(di ou/ by whom)所召,好与他儿子——我们的主耶稣基督一同得分"② 和"作耶稣基督使徒的保罗乃是藉着(di/ by)上帝的意志",以及"从此以后,你不是奴仆,乃是儿子了。既是儿子,就靠着(di/ through)上帝为后嗣。"③ 还有经文"像基督藉着(di/ through)父的荣耀从死里复活一样"④。而且,以赛亚还说,"祸哉!那些向(through)主深藏谋略的"。⑤ 我

---

① Basil, *On the Spirit*, 5. 11.
② 《哥林多前书》一章9节。
③ 《加拉太书》四章7节。
④ 《罗马书》六章4节。
⑤ 《以赛亚书》二十九章15节。和合本译文为,"祸哉!那些向(through)耶和华深藏谋略的"。

们还可以引证有关将此介词用于圣灵的例子。经上说,"只有上帝藉着圣灵向我们显明了"①;另一处经文说,"从前所交托你的善道,你要靠着那住在我们里面的圣灵牢牢地守着"②;还有,"这人蒙圣灵赐他智慧的言语。"③

除了引这些圣经经文说明 di/through 用于圣父、圣子和圣灵及不表明 ousia 的特殊性外,巴西尔还有用来说明他们在位格上的个殊性的意图。从上引的经文看,把 di/through 用于父的位格,是为了表明父即上帝是位格神性主权的唯一来源。从这一点上,也可以看出希腊教父的根深蒂固的从属论传统:父在位格表述上,在 ousia 的现实性上,具有始源性,取的是内在三一的进路。若从经世三一的角度讲,由于是从救赎与历史的关系来描述位格的关系,即把上帝和人的救赎关系当作中心甚至是唯一的问题,那么位格间关系是围绕救赎之于位格的相关性展示出来的多重关系,位格之间的"关系性"本身倒不是首要关注的问题了。或者这样说,位格间的关系是藉着救赎的关系,而不是神性完满性的关系表现了出来。内在三一的要旨在于,将三位格的神性放在上帝自我主权的原则中考虑,因此自我是被作为在位格中的主体性表述出来,"关系性"也是与这样的"主体性"联结在一起。

引圣经经文把 di/through 用于圣灵的表述,说的也是同样的意思。从巴西尔引用经文的意图看,他重在阐释圣灵位格的动力性功能。圣灵是显明上帝的存在、逻各斯的力量,是守护上帝的智慧住于人的内心使生命更新的内在之光,是内在的逻各斯。如果说基督体现的是内在三一在历史中的上帝与人的相交之路,那

---

① 《哥林多前书》二章 10 节。
② 《提摩太后书》一章 14 节。
③ 《哥林多前书》十二章 8 节。Basil, *On the Spirit* 5. 10.

第五章 卡帕多西亚教父的上帝观和希腊哲学的 Being

么圣灵就是上帝的永恒性与人的历史性的接触点，颠覆人的主体性成全上帝的主体性。在内在三一进入到经世三一的路径中，圣灵扮演着引导人认识人类自我中心主义的主体性之错误的重要角色，重新认识了神人关系。从经世三一进入到内在三一，则引导人进到上帝的绝对主体性与其位格的关系中。这与只从经世三一的角度看基督教的上帝是不同的。在经世三一的视野里面，尽管它强调认识上帝的圣经基础，然而它始终是围绕人的角度展示上帝的，事实上，也是从人看上帝的一种特殊的形式。卡帕多西亚教父的内在三一当然把它看成是三位一体神学中不可或缺的一个方面，然而不把经世看成是上帝的主体性的唯一方面，而着眼于显明上帝之为主体的绝对自我。这固然有希腊的自然神学作为基础，但也不违背圣经启示的最内在的隐喻：启示的落脚点不在于人是如何的，而在于上帝是如何的。

巴西尔还谈到 eis/en/in 这个介词不是专属于圣灵的，圣经也把它用于圣父，以反映两位格在使用这个介词时所表现出来的不同特性。

> 同样，也可以如此看待 in 这个词被用于上帝父的例子上。在旧约中，我们苦苦地向（en）上帝哀求，[①] 和"我必常常赞美（en）你！"[②] 还有，"我因（en）你的名终日欢乐。"[③] 在保罗书信中，我们读到，"在创造万物之上帝里的奥秘"；[④] "保罗、西拉、提摩太，写信给帖撒罗尼迦在神我们的父与主耶稣基督里的教会"；[⑤] "照（en）神的旨意，终

[①] 《诗篇》一百零七篇13节。
[②] 《诗篇》七十一篇6节。
[③] 《诗篇》八十九篇16节。和合本译文为："他们因你的名终日欢乐。"
[④] 《提摩太前书》三章9节。和合本译为："要存清洁的良心，固守真道的奥秘。"
[⑤] 《帖撒罗尼迦后书》一章1节。

能得平坦的道路往你们那里去";① "你指着(en)上帝夸口"。②③

我引证这段话的目的与上面的相同,也是为了辩证地说明卡帕多西亚教父的上帝观中的两方面的含义:一是为了表明介词的使用不涉及神性等级问题,④ 二是为了说明介词包含着位格的不同特性。巴西尔用上引经文表明,即使 en 用于圣父的位格,它的目的还是为了表明父这个位格所体现出的绝对主权的特性,即父与上帝自我的合一特性。

卡帕多西亚教父在破除介词形而上学与神性同一性之不对等关系的偏见的基础之上,将圣灵的完全神性与本质同一的观念联系起来,将本质同一的观念运用到圣灵的位格上,突破了尼西亚神学在这个问题上的表述局限,使三位一体教义得到更完整的阐述。巴西尔基于介词的形而上学分析表明,圣经的作者没有把圣灵当作在神性上低等的存在,早先的教会教父也不是以如此看待圣灵。因此,圣灵与圣父和圣子是神性上完全同等的上帝。

首先,我们要问那听到圣灵名号的人难道不是在灵魂上被提升,难道不是将他的概念归在至高的神性上?它被称为"上帝的灵"⑤,"从父出来真理的灵"⑥,"正直的灵"⑦,

---

① 《罗马书》一章 10 节。
② 《罗马书》二章 17 节。
③ Basil, *On the Spirit* 5. 11.
④ Ibid., 5. 13 - 15.
⑤ 《马太福音》十二章 28 节。
⑥ 《约翰福音》十五章 26 节。
⑦ 《诗篇》五十一篇 10 节。

第五章 卡帕多西亚教父的上帝观和希腊哲学的 Being

"引导的灵"①。它的专有名称是"圣灵";这是一个特别适用于那无形的、纯粹无质料的和不可分的事物的名称。因此,当我们的主在教导那妇人,她认为上帝是一个在当地敬拜的那无形的对象就是不可思议的时,说"上帝是个灵"②。当我们听到是一个灵时,获得的不可能是一个被限定的、变化的和变异的,或者甚至是诸如被造物的本性。我们不得不进展到这样一个至高的概念,去思考一个可理知的本质/本体,他在权能上是无限的,在广延上是无边的,在时间或世代上是永恒的,对于那些需要圣化的万物在赐予上是慷慨的,那些为他所临到的万物因为受他默示的浇灌就住在德性之中,并在他的帮助下向着合乎他们本性的合适的目标前进;他圣化所有的其他万物,但他自己不匮缺;他不是需要复原的生命,而是生命的赐予者;他的生长不需要外加的力量,而是完全充满的,自足的,万能的,圣化的源头,是为心灵所知觉的光藉着他自己为寻求真理的一切能力提供光照;他就其本性而言是不可思议的,是善性的理性所无法理解的,他的权柄充满于万物之中,但是他只与配得的对话,它不具有任何的限度,而是"照着信心的程度"③被分给不同的能力。他在本质上是单一的,在权柄上是多样的,是在一切事物之中且无处不在,他是绝不可分的,被分有但绝不失去其整体,就像是阳光,它仁慈地照耀着享受它的人身上,就像此人独自地享受着阳光,然而它又照耀着大地、海洋和天空。因此,对于任何接受他的人来说,圣灵也就像是给予某个个人,然而他却赋予所有人完全和充满的恩典,为

---

① 《诗篇》五十一篇 12 节。和合本译文为"救恩之乐"。
② 《约翰福音》四章 24 节。
③ 《罗马书》十二章 6 节。

那些分有圣灵的人根据其能力（capacity）、不是力量（power），而是本性（nature）所享有。①

在这里，巴西尔从介词形而上学的哲学思辨中进展到它之于圣灵论的意义。首先，他把圣灵作为一个专有的位格来使用，而不是让他从属于某个位格，仅将他当作一种功能性的属性。这就是巴西尔所称为的"一个可理知的本质/本体"。eis/en/in 的介词的特定用法与 being/ousia 的用法完全地契合在一起，而达到一种本体性的描述。这是从 theologia 的角度而不是 oikonomia 的角度的论断。因为上帝是 Being/Ousia 与"上帝是个灵"具有完全同等的意义，这就自然地引出了第二点，圣灵的神性也是自有永有的，是自足的和不匮乏的。圣灵拥有的是完全的神性。

由于圣灵在神性中是对上帝本性的单一性拥有而不是多元性分有，圣灵在经世的事工中光照而不有所损失，被分有而不至于匮乏。圣灵的位格特性之所以一直被误解，乃是基于有限神性的观点。在这里的分析中，巴西尔尽管把重点放在圣灵的本质同一中，然而他也没有忘记介词形而上学在神性上的自足性所体现的不同于圣父和圣子的位格性特点。这也可以看介词 eis/en/in 主要用于圣灵的特殊意义：他作为体现在空间中的动力性方式，将万物置入于他自身之中，而不是通过自身分离来圣化万物。因此，在圣灵中，万物才与三位一体的上帝复和，复和的意思就是重新以上帝的 being/ousia 为根基。圣灵在复和中体现出的是 being/ousia 的聚集性力量。因此，从经世三一的观点看，三位一体的上帝与人相遇于历史之中；然而从内在三一的观点来看，历史中的人因着圣灵的位格重新回到三位一体上帝的 being/ousia 之中。

---

① Basil, *On the Spirit* 9. 22.

第五章 卡帕多西亚教父的上帝观和希腊哲学的 Being

值得注意的还有,巴西尔把圣灵作为三位一体的上帝的第三位格的专名使用。"它被称为'上帝的灵'①,'从父出来真理的灵'②,'正直的灵'③,'引导的灵'④。它的专有名称是'圣灵';这是一个特别适用于那无形的、纯粹无质料的和不可分的事物的名称。""专名"既指他与圣父和圣子有别,且有其个体性;还指由于它是使用在三位格的关系上的,至少就 being/ousia 而言是这样的,因此与造物有着根本的不同,这就是巴西尔所说的"至高的神性"。因此,圣灵作为专名不是相对的概念,而是绝对的概念。这才会有巴西尔关于圣灵之 being/ousia 的进一步阐释,"当我们听到是一个灵时,获得的不可能是一个被限定的、变化的和变异的"。"被限定的、变化的和变异的"都是就造物的本性而言的,不是就作为专名的"圣灵"而言的。对此,拿先斯的格列高利说得最为彻底清晰:

> 我们如此确信我们所敬拜的圣灵的神性,尽管有人认为我们过于大胆,我们还是开始教导有关他神性的内容,即他的名完全适合属于三位一体。父是真光,他照亮每个在这个世界中的人。子是真光,他照亮每个在这个世界中的人。这另一个保惠师是真光,他照亮每个在这个世界中的人。是(was)、是(was)和是(was),然而只是(was)一事物。光重复了三次,然而只是一种光和一个上帝。这就是大卫很早前这样说"在你的光中,我们必得见光"⑤ 时所表达的意思。现在我们可以简明扼要地宣讲三位一体上帝的教义,全

---

① 《马太福音》十二章 28 节。
② 《约翰福音》十五章 26 节。
③ 《诗篇》五十一篇 10 节。
④ 《诗篇》五十一篇 12 节。和合本译文为"救恩之乐"。
⑤ 《诗篇》三十六篇 9 节。

面理解光（父）、光（子）和在光（圣灵）之中。他如果拒绝这教义，就让他拒绝吧；他如果行不公义，就让他行吧；我们只宣讲我们所理解的。①

基于上述的理解，拿先斯的格列高利把本质同一的思想用于圣灵的位格。这是阿他那修都没有做到的，在卡帕多西亚教父的圣灵论中最终获得了突破。

那么是什么呢？圣灵是上帝吗？毫无疑问。那么他是本质同一（consubstantial）吗？是的，如果他是上帝。②
但是，他［不同意圣灵是上帝的人］说在古代和现代谁曾敬拜圣灵？谁曾向他祷告？圣经上何处写着我们应该敬拜他或向他祷告，你是何时得出这一教义的？……因为圣经说，上帝是个灵，他们敬拜他必须在圣灵和真理中敬拜他。③ 又，——我们祷告必须不是我们所想要的；但是圣灵亲自用说不出来的叹息替我们祷告；④ 我要用圣灵祷告，我也要用悟性祷告；⑤ ——即，在心灵和圣灵中祷告。因此，对于我来说，敬拜或向圣灵祷告就是他把自己单纯地显示出来或向他自己祷告。神一样或知识渊博的人谁会不同意这一点呢？因为事实上敬拜一就是敬拜三，因为三之间的荣耀和

---

① Gregory of Nazianzen, *The Fifth Theological Oration*: *On the Holy Spirit* 3. see in Philip Schaff & Henry Wace (eds.), A selecf Library of Nicene and Post-Nicene Fathers of the Chrishan Church. Edinburgh: WM. B. Eerdmans Publishing Company, 1989.
② Ibid. 10.
③ 《约翰福音》四章 24 节。
④ 《罗马书》八章 26 节。
⑤ 《哥林多前书》十四章 15 节。

第五章 卡帕多西亚教父的上帝观和希腊哲学的 Being

神性是同等的。①

拿先斯的格列高利的论述清晰地表明出卡帕多西亚教父的上帝观的内在三一的进路。由介词形而上学进入到 being/ousia 的分析，再进展到本质同一的观念。在整个分析中，being/ousia 是"本质同一"的基础。与阿他那修接受尼西亚信经的本质同一观念并捍卫本质同一乃是表达圣父、圣子和圣灵的唯一合法性用语不同，卡帕多西亚教父不是将本质同一的观念当作逻辑的前提接受的，而是作为逻辑的结论来接受的。阿他那修的上帝观是以 oikonomia 限制 theologia，以免出现可能进展到超越有关上帝言说的域限；卡帕多西亚教父则是围绕介词形而上学的 oikonomia 描述开放言说上帝的视域。

更有意思的是，卡帕多西亚教父是把本质同一当作经世的意义来说的，而阿他那修则把本质同一当作神学的意义来言说。卡帕多西亚教父把本质同一的经世意义说得非常清楚，"敬拜一就是敬拜三，因为三之间的荣耀和神性是同等的"。这种经世与灵修的观念紧密联合在一起，这又需要回到 eis/en/in 这个介词的形而上学所表达的与 theologia 相关的 oikonomia。属灵的祷告或者说在圣灵中祷告的确切含义，是在悟性中的祷告，是在心灵中的祷告，是神人之间的内在的交往，并建立起人与上帝的位格关系。在本质同一中，由于显示出的其实是位格的三，因此在心灵中的祷告其实是圣父、圣子和圣灵并藉着圣灵所完成的多重关系之内的祷告，是在内在性中开展出来的上帝与人的关系，不是在经世过程中开展出来的神人关系。这就是尼撒的格列高利为何如此强调"贞洁"的原因，它所体现的是由内在三一而来的灵修的救赎论进路，因为就尼撒的格列高利而言，"贞洁"就是"与

---

① Gregory of Nazianzen, *The Fifth Theological Oration: On the Holy Spirit* 12.

神同化"和"成圣"。① "在神圣生活这个领域，我就以贞洁作为实际方法，为人提供与属灵本性同化的力量。"② 诚如林鸿信博士所说，"尼撒的格列高利重视贞洁的原因，与奥古斯丁所代表的拉丁（西方）传统不大一样。尼撒的格列高利以'成圣'（Deification）为追求目标，而贞洁是神的属性，因此认定独身的隐修生活，可以成为通往成圣之路。奥古斯丁则认为，原罪是借着遗传而来，即使婚姻本身并非坏事，却间接地帮助了原罪的传播，而独身守贞可以阻绝原罪传播。这样的观点，反映了受拉丁文化影响的奥古斯丁重视'法庭式'（forensic）的除罪，'代赎'（atonement）与'补偿'（satisfaction）成为基督论的主要概念，'代替性'（substitutional）的补赎成为基督论的思考重点，因此西方神学传统以如何借着代赎而除罪为神学主轴。希腊（东方）教会重视'成圣'，强调人的改变；而拉丁（西方）重视'代赎'，强调神的作为。"③ 卡帕多西亚教父在救赎论与灵修观（内在的人）之间建立起的紧密关系与其内在三一的进路有密切的关系。

三

我已经讨论了卡帕多西亚教父介词形而上学的第一个方面：用以阐释圣子和圣灵与圣父有同等的神性；把本质同一用于圣灵与圣父和圣子的关系。我接下来所要讨论的是卡帕多西亚教父介词形而上学的另一个方面：用以强调圣父、圣子和圣灵之间的自然秩序排列。这体现卡帕多西亚教父在内在三一问题上的神学特

---

① 尼撒的格列高利，《论灵魂和复活》（石敏敏译），中国社会科学出版社，2004年，第113页。
② 尼撒的格列高利，《论贞洁》第五章，见于尼撒的格列高利，《论灵魂和复活》，第182页。
③ 林鸿信，"中译本导言"，第8页，见于尼撒的格列高利，《论灵魂和复活》。

第五章　卡帕多西亚教父的上帝观和希腊哲学的 Being

殊性，是奥利金主义的进一步演绎，然而是朝着合乎正统的规范所作的演进。这种以自然秩序为基础的内在三一的上帝观是以自然神学作为基础的，在卡帕多西亚教父看来并不与圣经的启示相矛盾，所相异的是从何种角度看待圣经的启示或者与三位一体神学的关系。Jaroslav Pelikan 在他的吉福德（Gifford Lectures）中这样论到卡帕多西亚教父的神学理论及上帝观的自然神学基础。

> 有时候，就"那些严肃地寻求奥秘的理性基础"的人而言，理性以这样的方式言说和陈述"我们宗教的基础"：这就是我们这里所谓的"作为护教学的自然神学"。在别的时候，它是"我们的理性，在圣经的指引下"或者"理性，在神圣根据中的解释者和指导者"，所说的是：我们这里所谓的"作为前提的自然神学"。尽管将两种神学对立起来是可能的，如巴西尔有时候所为的，他把前者看作是"对于那些门外汉所说的门外汉的空洞言辞"，然而把后者描述为"教会的合适主题"，然而把两者对立起来，这终究是不公平的。巴西尔知道这一点，在别的地方他非常愿意在自然的和超自然的领域之间达成一种平衡。玛克莲娜（Macrina）①在把异教的哲学思想归到他们所喜爱的"断言的许可证"之列时，似乎也是以类似的藐视的语气这样说的，她说，然而基督徒不会把理性列为许可证，因为对于他们来说"圣经"才是"一切信条的准则和宝库"。然而在她论证的实际呈现中，正如他的兄弟和他的提问者②告诉她的，她的"这番解释层层递进，娓娓道来，虽然浅白毫无装饰"，即没有清晰地与启示相关，"却蛮有合理性"，"和合理性，……那

---

① 巴西尔的姐姐，被称为第四位卡帕多西亚教父。
② 指尼撒的格列高利。

些仅在专业的证明方法上内行的人,只要具有说服力就能够使其信服。"① 尼撒的格列高利在只"给予信仰的真理"和也给予理性的真理之间作了区分,并以平等和平衡的方式作了对比。正如前面所观察到的,"他确实使用了自然神学,然而只是使用在专门的基础上。他没有把它用在没有信仰运作的重叠性辩护中。"

然而,这四个卡帕多西亚教父,如前面所示的,相比于巴西尔、拿先斯的格列高利和玛克莲娜较多地——尼撒的格列高利重复使作为护教学的自然神学和作为前提的自然神学的一致性显明出来,以一种正统教义的正确方式——尤其是在三位一体神学中——证明,存在着理性神学也能达到的与作为前提的真理的一致性。②

简单地说,以内在三一作为基督教上帝观的更为重要的切入点并非必须去臆测神圣自我的理智构成,或者用理智去构成上帝的形而上学部分,而只涉及理性之于真理性和启示之于真理的奥秘性在三位一体神学探究中的不同用法。卡帕多西亚教父在确立理智之于真理的探究的合法性上所开拓的道路对于内在三一的进路至关重要,因为他们可以在 theologia 的意义上解释经世的意义,而不是把理性只看成是一种没有主动性力量的逻辑形式。理性的寻求同样是可以通往启示的奥秘,但是它并没有揭示启示的奥秘,在终极的论域中,它需要启示作为奥秘向它言说。"作为护教学的自然神学"和"作为前提的自然神学"在三位一体神

---

① 这里的尼撒的格列高利的引文,据《论灵魂和复活》(石敏敏译),中国社会科学出版社,2004 年,第 113 页。

② Jaroslav Pelikan, *Christianity and Classical Culture*: The Metamorphosis of Natural Theology in the Christian Encounter with Hellenism. New Haven & London: Yale University Press, 1993, pp. 36 – 37.

学中被卡帕多西亚教父作为 theologia 和 oikonomia 的两条原则得到阐释，从而使卡帕多西亚教父在阐释基督教的上帝观时开启了一种重要的路径。这也正是柏拉图主义和新柏拉图主义在卡帕多西亚教父身上的深刻烙印。

需要指出的是，不能由此得出一个观点说卡帕多西亚教父坚持双重真理论，即存在理性的真理和启示的真理，毋宁说卡帕多西亚教父坚持的是存在两种作为说服能力的真理，并且他们也自始至终地把启示作为"前提的自然神学"。这一点相当有意思：信仰在卡帕多西亚教父看来也是一种自然神学的原理，而不是巴特式的那种信仰作为启示的绝对性和独断性的话语，这体现出希腊基督教的显著特征。卡帕多西亚教父把理性作为一种具有说服能力，赋予了真理性的原理，是为内在三一神学作了哲学的论证。如果理性只是执行一种逻辑的能力，而不是逻辑能力只是它的真理性的体现，那么对于上帝的这种形而上学的理性探究，就是以人的逻辑规范来约束上帝的自由。因此，就卡帕多西亚教父来说，理性具有更多于逻辑的层面，它同样具有对于上帝作真理性言说的合法性基础。

在卡帕多西亚教父的思想中，自然神学作为三位一体理论的视野，具体到圣灵问题上，就体现了希腊本体论思想的自然秩序原理。对此，Pelikan 有如下的进一步论述：

> 然而，当提到从父"发出"时，这些语言[①]部分是体现了新约的用法；在论到三个位格时，部分是遵循了他们自己所谓的"自然秩序"。与此相并列的是关于父的身份的强调，唯有父作为"因"和 arche，其他种种的语言也出现在卡帕多西亚教父的著作中；这些语言常常被西方神学家认为

---

① 指 proceeding from the Father 等用语。

是倾向于和子句的教义，尽管有时候基于文本看，这是相当成问题的。例如在圣灵与圣父和圣子有着"完全的同一性"的教义时，尼撒的格列高利宣称，并且是有意识地"根据圣经"，圣灵是"来自于上帝［父］和属于基督的（from God［the Father］and of Christ）"，英语的"from"表示希腊文的介词"ek"，英语的"of"表示希腊文的属格。反复地使用属格，把圣灵认同为基督的、子的或主的"灵"，这实际上就是"根据圣经"。除此之外，早于一千多年的公元1439年的佛罗伦萨会议（Council of Florence），卡帕多西亚教父就使用一个公式，它成为后来东西方可能妥协的一个会谈要点："圣灵藉着圣子从圣父而出（ek partos di'hyiou, ex Patre per Filium）。"许多时候，似乎是，卡帕多西亚教父使用这样的语言并不是为了依据神学讨论三位一体内部位格间的永恒关系（在和子句的争论中，这是存疑的焦点），而是根据经世讨论面向三位一体和世界的关于历史的安排。因此，当尼撒的格列高利说"无论 kalon 是什么，无论善是什么，它们都藉着子来自于父，都是藉着圣灵为工具而成就"的时候，他是经世地这样说的。在别的地方，他又断言："一切运作都是从上帝扩展至创造，根据我们不同的构成而做出的设计都是在父中有其源头，藉着圣子而出，因圣灵得以成全。"然而，稍后几句，当他宣称："存在着一种从父藉着子到圣灵传递的运动和排列"，[1] 似乎他确实又不是根据经世而是根据神学说的。[2]

---

[1] 据 Pelikan 的英译所翻译的尼撒的格列高利的引文。
[2] Jaroslav Pelikan, *Christianity and Classical Culture: The Metamorphosis of Natural Theology in the Christian Encounter with Hellenism*, pp. 240 – 241.

第五章 卡帕多西亚教父的上帝观和希腊哲学的 Being

Pelikan 婉转地指出西方基督教思想家理解卡帕多西亚教父上帝观上的偏见。拉丁基督教更喜欢从"和子句"的方式解释卡帕多西亚教父有关圣灵的论述，他们乐于接受经世的角度理解，而不是神学的理解。诚然，在这个角度上，卡帕多西亚教父与西方教父例如德尔图良看上去没有根本区别，因为德尔图良从经世的角度也讲圣父、圣子和圣灵分别主要体现在旧约、福音和五旬节三个时代，拿先斯的格列高利也是有这样的类似论述。然而，问题在于卡帕多西亚教父确实还有另一个论述的角度，强调圣父、圣子和圣灵的自然秩序，而不是单纯地强调这种经世排列的秩序。这就是尼撒的格列高利所说的"'存在着一种从父藉着子到圣灵传递的运动和排列'，似乎他确实又不是根据经世而是根据神学说的"。这当然不是说圣父、圣子和圣灵在永恒世界中具有变化和运动的性质，毋宁说是人在救赎中经历着与上帝的不同关系，体现了位格的不同特征。

这与巴西尔从介词分析中得出的内在三一神学与自然秩序的关系一脉相承，尽管巴西尔没有尼撒的格列高利那样说得明显。在有关介词的使用上，巴西尔特别强调圣经提到圣灵时不单使用 eis/in，还使用 eks/of 和 di/through。然而，巴西尔始终在暗示，尽管圣经有关于圣灵位格的介词用法的不同，eks/of 和 di/through 这些不同的介词是从不同方面体现 eis/in 的意义。因此，在巴西尔的神学意图中，尽管不用介词 eis/in，然而圣灵位格尽显 eis/in 的含义。在下面一段论述中，巴西尔提醒我们要注意 eis/in 的多种意义。

现在，就我而言，如简单言之，eis/in 有着多种各别的含义。因为就 eis/in 所使用之处的意义而言，我们发现它们全都有助于我们形成关于圣灵的概念。形式被认为是在质料之中；力量被认为是在能够接受它的事物里面；习性被认为是在受它影响的事物里面；诸如此类等等。因此，由于圣灵成全理性的存在，完成他们的德性，他与形式相类。他不再是"顺从肉体活着"①，而是"被上帝的灵引导的"②，他被称为神子，"效法神子的模样"③，被描述为属灵的。就如在健康的眼睛中的看的能力，圣灵在净化的灵魂中的运作也是如此。而且保罗为以弗所人祷告，使他们藉着"那赐人智慧的灵""照明"他们"心中的眼睛"。④ 就如画技潜在地存在于画家之中，只有运作时才按照它进行工作，圣灵也是与那些配得的人同在，但是只有在需要时，例如有说预言、治疗或者将某些别的潜在活动变为现实。而且，正如健康、热或一般而言各种各样的健康状况是在我们的身体之中，而且通常地讲圣灵是在灵魂之中；因为他不与那样一些人住在一起，他们在意志上不稳定，轻易拒绝他们接受的恩典。扫罗（Saul）就是一个例子，⑤ 以色列七十长老的后裔也是如此，除了伊利达（Eldad）和米达（Meda）因为圣灵停在他们身上是个例外，⑥ 一般而言，与那些人相似的都有这个特征。就如理性在灵魂中，有时候是思想在心中，有时候是以语言（tongue）表达说话（speech），圣灵也是如此，就如当他"与圣灵同证"，⑦

---

① 《罗马书》八章12节。
② 《罗马书》八章14节。
③ 《罗马书》八章29节。和合本的译文为："就预先定下效法他儿子的模样。"
④ 《以弗所书》一章17–18节。
⑤ 《撒母耳记上》十六章14节。
⑥ 《民数记》十一章25、26节。
⑦ 《罗马书》八章16节。和合本的完整的经文是："圣灵与我们的心同证我们是上帝的儿子。"

第五章 卡帕多西亚教父的上帝观和希腊哲学的 Being 451

当他"在我们的心里哭号呼喊阿爸父",① 当他担心我们时,这样说,"不是你们自己说的,乃是你们父的灵在你们里头说的。"② 又,就与恩赐的分送相关,圣灵被了解为部分中的整体。因为"我们这许多人,按我们所得的圣灵的恩赐,互相联络作肢体"③。为此,"眼不能对手说我用不着你。头也不能对脚说我用不着你"④,而是在圣灵里面所有的部分都合为一个肢体,并相互之间提供恩赐上的帮助。"但如今上帝随自己的意思把肢体俱各安排在身上了。"⑤ 但是,根据天生的属灵的同情感,"总要肢体彼此相顾。"⑥ 为此,"若一个肢体受苦,所有的肢体就一同受苦;若一个肢体得荣耀,所有的肢体就一同快乐。"⑦ 就如部分是在整体之中,我们也是个体性地存在于圣灵之中,因为我们都"从一个圣灵受洗,成了一个身体"。⑧⑨

巴西尔与尼撒的格列高利的论述角度有所不同。尼撒的格列高利是从圣父、圣子到圣灵的自然秩序来了解位格间的共契关系,不仅是基于 being/ousia,还基于位格。巴西尔则是力图说明

---

① 《加拉太书》六章 4 节。这里可能是英译文的译者注释上的差错,《加拉太书》此节的经文为:"各人应当察验自己的行为。这样,他所夸的就专在自己,不在别人了。"本节引文系笔者据英译文译出。
② 《马太福音》十章 20 节。
③ 《罗马书》十二章 5、6 节。和合本的译文为:"我们这许多人,在基督里成为一身,互相联络作肢体,也是如此。按我们所得的恩赐,各有不同。或说预言,就当照着信心的程度说。"
④ 《哥林多前书》十二章 21 节。
⑤ 《哥林多前书》十二章 18 节。
⑥ 《哥林多前书》十二章 25 节。
⑦ 《哥林多前书》十二章 26 节。
⑧ 《哥林多前书》十二章 13 节。
⑨ Basil, *On the Spirit* 26. 61.

圣灵位格的个体性的特殊多重含义，主要是从介词 eis/in 的多重含义与经世的特殊性来说的。他指出圣灵位格在经世中不仅是将 being/ousia 显示出来，证明是同一个上帝在人类救赎关系中的作为，而且还展示了圣灵自身的独特作为。他连续举出了"形式"在"质料"中，"力量"在"事物"中，"习性"在"受影响"的事物中的例子，其意在于显示圣灵位格有着与其他两位格不同的特性。

因此，从自然秩序和自然神学的角度理解卡帕多西亚的内在三一，在于指出 hypostasis 有与 being/ousia 同等的重要性。本质同一这个概念用于圣灵的含义，当包含两方面的含义，而不是有所偏废，这就是卡帕多西亚教父用共契涵盖 being/ousia 和 hypostasis 的辩证之处。同样，介词形而上学也是从这两个方面的共同性讲的，所谓本质同一，不是指有一个静止的本质存在于某一个空间或时间之中，而是说它是共同体里面的共契合一的永恒性。这与经世三一从历史中看到三个位格的上帝的本质同一性是不同的，从内在三一中看到的是有着共同体关系的三位共契的个体。因此，内在三一是不同于经世三一的关于上帝的"看"，而不是两种不同的上帝观，也不是内在三一以理智的性质侵犯了上帝奥秘的本性。巴西尔的论述充分关注了圣灵作为三位一体上帝位格的这一特性：

> 而且，圣灵的这个无与伦比的本性不仅是从他有着父和子一样的名号以及分有他们的运用，而且在于他们共有的 being/ousia，就如父和子一样他们是不可思议的。我们主认为父是人类的语言所不可能表达的，子是如此，圣灵也是如此。主所说的"公义的父啊，世人未曾认识你"[①] 不是以这

---

① 《约翰福音》十七章 25 节。

第五章 卡帕多西亚教父的上帝观和希腊哲学的 Being

个世界意指天空和大地复合构成的整体,而是我们的服于死亡的生命,是显露出来的无数的恶事。当在讨论他自己的时候,他说,"还有不多的时候,世人不再看见我;你们却看见我"[1];而且,在这节段落中,他把世界这个词用于那些为物质和肉身生命所因的那些人,他们因为不信复活,注定不能用心灵的眼睛看我们的主。他也同样地说到心灵。他说,"真理的圣灵,乃世人不能接受的,因为不见他,也不认识他;你们却认识他,因他常与你们同在,也要在你们里面。"[2] 因为肉身的人,他们从不能训练他们的心灵去凝思,而是沉醉于肉欲之中,就如深陷泥泞,是无力仰望真理的灵性之光的。因此,这个世界,这个为情欲所奴役的世界是不可能接受圣灵的恩典的,就如微弱的眼睛不能接受阳光一样。但是主,由于他的教诲所见证的是生命的纯粹,他赐予他的门徒这样的权柄,能够凝视和沉思心灵。他说,"现在你们因我讲给你们的道,已经干净了"[3],"世人不能接受的,因为不见他……你们却认识他,因他常与你们同在。"[4] 因此,以赛亚说:"我耶和华凭公义召你,必搀扶你的手,保守你,使你作众民的中保,作外邦人的光。"[5] 因为那些事物超出尘世事物的因牢,超出它们之上,因此才为那些配得圣灵恩赐的人所见证。[6]

因此,在卡帕多西亚教父的思想中,从经世的自然序列来

---

[1] 《约翰福音》十四章 19 节。
[2] 《约翰福音》十四章 17 节。
[3] 《约翰福音》十五章 3 节。
[4] 《约翰福音》十四章 17 节。
[5] 《以赛亚书》四十二章 6 节。
[6] Basil, *On the Spirit* 22. 53.

看，上帝共契于圣灵的位格；而在神学的自然序列来看，共契于圣父的位格。巴西尔对于圣灵的位格的丰富含义的阐释道说了以自然神学为基础的内在三一的特征，尼撒的格列高利则作了清晰的补充。"我们并不认为圣父与圣子分离，也不把圣子看作是与圣灵分离，除非我们的思想藉着圣子得到高举，就不可能上升至圣父，同样除非藉着圣灵，我们也不可能说耶稣就是主。"① 因此，圣灵在经世的秩序中是第三的位格，是圣父、圣子和圣灵在经世中的居之所。② 后来的希腊（东方）教父顺着卡帕多西亚教父的关于圣灵论述的这一进路，特别重视圣灵的位格在三位一体神学中的作用，它体现了这样的一种神学特色：上帝共契的经世秩序以及由此上溯的自然理性中的永恒秩序是藉着圣灵的"看"而启示出来的。

然而，就神学的自然秩序而言，卡帕多西亚教父又确实认为圣父是共契之所。尼撒的格列高利说，"由于圣三位一体以我前面所说的类似的方式成全所有的运作，而不是依据位格的数这种分离活动的方式，然而因此也就存在着从父藉着子与圣灵会通的善性意志的运动和排列。"③ 又说，"我们并不否认因和果方面的差别，仅藉着这一点，我们可以了解一位格不同于另一位格——藉着我们的信仰，即一者是因，另一者是属于因的；又，在那属于因的里面，我们又识别出彼此的区别。因为一者是直接从首因而来的，另一者是因着他直接从首因而来；因此独生的 being 的

---

① Gregory of Nyssa, *On The Holy Spirit*, see in Philip Schaff and Henry Wace (ed.), *A Select Library of Nicene and Post-Nicene Fathers of the Christian Chruch*, p. 319.

② Ibid. p. 317.

③ Gregory of Nyssa, *On "Not Three Gods"*, see in Philip Schaff and Henry Wace (ed.), *A Select Library of Nicene and Post-Nicene Fathers of the Christian Chruch*, p. 334.

第五章 卡帕多西亚教父的上帝观和希腊哲学的 Being

属性毫无疑问是住在圣子里面，圣子在看护其独生的 being 的属性的同时，并不因为它的插入阻断圣灵因着他的本性与圣父的关系。"① 这不是说圣子在卡帕多西亚教父的三位一体神学中不重要，拿先斯的格列高利说，"他是在自己的位格中代表着我们。"② 因此圣子在卡帕多西亚教父的上帝观中的自然神学的本质在于：他不仅在经世的序列中是"为我们的上帝"的本质，还在于三位一体上帝的"经世"就根据于他的内在性。

---

① Gregory of Nyssa, *On The Holy Spirit*, see in Philip Schaff and Henry Wace (ed.), A Select Library of Nicene and Post‑Nicene Fathers of the Christian Chruch, p. 336.

② Gregory of Nazianzen, *The Fourth Theological Oration, Which is the Second Concerning The Son.* 5.

第六章

奥古斯丁的上帝观和希腊哲学的 Being

毋庸置疑，奥古斯丁在基督教思想史中具有极端重要的地位，在他思想影响下形成的基督教神学传统被称为奥古斯丁主义。在西方，奥古斯丁主义的一元化传统从中世纪一直持续到二十世纪早期。二十世纪五十年代以来，现代西方基督教思想开始关注和重新追溯早期基督教的多元传统，尤其是以卡帕多西亚教父为代表的希腊基督教的"三位一体神学解决之道"。促成这一变化的原因众多，有西方基督教传统自身更新的需要，在奥古斯丁主义之外、在不同的传统中寻求更多的思想资源；有与以继承希腊基督教神学传统的东正教对话的需要；有基督教合一运动的需要。在西方学者关于奥古斯丁与卡帕多西亚教父的研究中，上帝观和人观是受到关注较多的两个领域。本章讨论奥古斯丁上帝观的独特典范，天主教的大思想家卡尔·拉纳在他的《三位一体》中提出关于奥古斯丁上帝观的批评性研究，在西方学术界引发了持久而强烈的讨论。我们的研究从拉纳的评论开始。

本章以西方学者对奥古斯丁上帝观的争论为切入点，以卡帕多西亚教父的三位一体神学典范为基本参照。这不意味着我们要在两者之间做出某种判定，毋宁说是为了更加准确地对于奥古斯丁的上帝观的神学特性作一"显白"的言说，以呈现隐藏在其理论中的复杂因素。在本书的第四章，我已经阐释了奥古斯丁上帝观的哲学基础和多元背景，可以肯定，奥古斯丁持守的是一种被重新处理了的拉丁传统。所谓"被重新处理"，乃是基于我之于奥古斯丁上帝观思想的特殊看法。奥古斯丁的上帝观虽然取了新柏拉图主义的心理哲学进路，然而它的希腊特征显得表面化，至少他在把希腊哲学的 Being 运用于基督教的本体论时是如此，缺乏卡帕多西亚教父的精微的处理方式，也没有他们在 Being 问题上的深刻了解。东正教自认为是"正教"，不仅是指它真正地继承了古典基督教的神学典范，而且也指它真正地植根于希腊文化而不是拉丁式的希腊文化之中，具有希腊的真正特性。不过，奥古斯丁的上帝观与德尔图良到安布罗修的拉丁传统又是有区别的，他表现出对于新柏拉图主义的浓厚兴趣，拉丁基督教神学原先所推崇的斯多亚主义倒没有原先那样彰显了。他保持了拉丁基督教神学传统的某些一贯的处理方式，有拉丁基督教传统不断寻求以圣经的 oikonomia 为视野的特点。与拉丁传统一样，奥古斯丁取了 oikonomia 的原理，以基督论为三一论的核心；与希腊传统相似，他在《论三位一体》第八章开始又使用哲学化的分析，从内在的人的心理视野分析三一的呈现。这些附丽于奥古斯丁上帝观的种种样式，可能与他处身非洲，又亲历希腊罗马的特殊文化经验，还有非洲希腊化的特殊进程有关。从这个意义上说，奥古斯丁的上帝观无论如何都是特别的。他的神学不"东"不"西"，缔造了特殊意义上的拉丁基督教神学传统，是拉丁基督教神学的新典范。西方基督教传统所追溯的不是德尔图良的经世三一，而是奥古斯丁的"经世三一"，如有的学者所谓，或许用"超越三一"的术语更合适。

第一节　奥古斯丁上帝观的拉丁特性

一

在卡尔·拉纳之前，已经有西方学者提出了上帝观典范的希腊和拉丁的分殊。这个人就是著名的基督教思想史家哈耐克。他认为卡帕多西亚教父的三位一体神学是"三位格一本质",奥古斯丁和拉丁教父则持"一本质三位格"的观点。在那个时候,由于奥古斯丁在西方的巨大影响以及几乎所有基督教思想家都是在他的影子里作神学的思考,哈耐克的批评没有引起人们足够的重视。直到二十世纪五六十年,卡尔·拉纳复活了哈耐克的这个观点(注意不是指复活了哈耐克的基督教思想)。在他影响广泛的著作《三位一体》中,拉纳把奥古斯丁和卡帕多西亚教父的两种上帝观分别归纳为"独一的上帝观"(On the One God)和"三－一的上帝观"(On the Triune God)。① 在他的观点的激发下,西方学者们引发了关于奥古斯丁上帝观典范的深入争论。

准确地讲,拉纳没有明确说奥古斯丁的上帝观已经清楚显示出"独一的上帝观"和"三－一的上帝观"的分离,他只是说奥古斯丁思想里面已经包含了上述两种传统被作为两种不同的典范引申的可能性。"这两个主题和结果被解释为可能源于奥古斯丁－西方的三一论,而与希腊的观念形成对比,尽管在中世纪早期,奥古斯丁的观念还没有取得独断的地位,这要等到中世纪后期才出现。它开始于一上帝,作为一整体的神圣实体(ousia),只是在后来它才把上帝看成为三位格(person)。当然,需要加倍小心的是,不要把神圣实体看作是先在于三位格的'第四实在'。圣经和希腊思想家则使我们开始于一个已经是父的永生的上帝,尽管此时我们关于生育(generation)和发出(spiration)还一无所知。他被了解为一个永生的位格(hypostasis),但绝没有被想像为绝对的,而是在此之前就已被了解为相对的了。"②

---

① Karl Rahner, *The Trinity*, *English Translated by Joseph Donceel*. New York: The Crossroad Publishing Company, 1997, p. 16.

② Ibid., p. 17.

拉纳的论述包含着下面几个方面的内容。首先，奥古斯丁的上帝观蕴含着把上帝看成是一 ousia（实体）的倾向，旨在于强调基督教上帝观的独一神论特征，而不是先行地把一 ousia 分析为多元性的作为位格的三的 ousia（关系）。他只是在一 ousia（实体）的前提下，增加了三位格的说明。这不是说奥古斯丁认为三位格是次于一本质的，而是说他更倾向于把一 ousia（实体）和一上帝作为前提，把它放在三位一体神学的逻辑起点。由此，拉纳引出了第二个更为重要的看法：奥古斯丁的三位一体神学的起点是作为位格的上帝实体，不是作为位格的父。两者的差别主要在于对 ousia 有不同的了解：把位格的上帝（不是父的位格）作为三位一体神学的前提，意味着上帝作为实体性（ousia）的存在优先于关系性的存在，实体生出关系；ousia 先行被看作是"实体"，然后引申出实体存在为经世中的位格。当我们这样言说奥古斯丁的上帝观时，不是把它等同于德尔图良的旧的经世三一。就德尔图良而言，以基督论为中心的经世三一是在历史的启示中显示出来的，奥古斯丁当然也承认这一点，然而他取的是心理三一的进路。他的 oikonomia 与德尔图良由 oikonomia 反推内在有些不同：奥古斯丁更倾向认为一实体和三位格之间的连接点是 oikonomia 的超越性，他更注重的是 oikonomia 表现出来的呈现特征，而不是止于 oikonomia 所显示的事件本身。然而，这种超越性又不能等同于内在性。因此，奥古斯丁的 oikonomia 不如德尔图良那样典型，而是要在时间性的 oikonomia 中显出 ousia 的超越。这与奥古斯丁以新柏拉图主义为其上帝观的哲学基础有根本的关系。普罗提诺曾把永恒中的可理知实在的三本体太一、理智和灵魂"异"中的完全之"同"都具有完全的 ousia 说得非常透彻，奥古斯丁认为关于"同"的了解是超越性的分析。他不倾向于对"同"的"内在性"作更进一步的分析。普罗提诺认为在深入观察永恒中的多重能力的时候，如果把它看作一个起因，一种基质，就可以称之为"实体"；如果把它看作生命，就称之为"运动"；此外还可以称之为"静止"，因为它在任何方面都始终保持不变。这些不同的实在是统一的多样性，既有"异"也有"同"。然后又把它的多样性全部放入一中，使它成为唯一的生命，把这些理智实在的异都浓缩，于是就看到它们的活动是永不停止，自我同一的，它从来不是异，不是从一物到另一物的思想或生命，而是始终自我同一，没有任何广延，也没有间隔的；看到一切就是这个一，看到始终保持同一的生命就是看到了永恒，它的所有多样性都始终向它显现，不会时而这个显现，时而那个显现，所有一切都同时显现，没有部分之分，完全是个统一的整体，似乎它们全都在一个点上，不曾从这一点出来变成线；它就是始终如一地住在自身里，不会有任何变化，总是处在当前状态，因为它里面没有任何事物是过去了的，也没有任何事物是将要形成的，它所是的事物就是它"是"。由此表明它不是将来所是的，而是已经是的，它就是如其所是，不是别的所是。它所不是的，以后也不会成为它的所是，它就是现在的所是。它现在在自身里不包含的，将来也不会成为它的所是。① 因此，"三"和"一"被止于表述为超越性的"是"（Being），止于"是"的特性。这成为奥古斯丁理解"本质同一"的哲学依据。然而问题在于，在哈耐克和拉纳的批评里面，还包含着一个更深刻的观点：奥古斯丁以"是"的超越性特征替代了"是"本身的分析。然而不管怎样，奥古斯丁都要比德尔图良对 Being 的分析走得更远，尽管没有达到卡帕多西亚教父的分析高度。奥古斯丁的上帝观在 Being 的洞见上介于两者之间，他提出的是关于 oikonomia 的新柏拉图主义的分析。

奥古斯丁关于三位一体神学分析中存在曲折的一面。卡帕多

---

① Plotinus, *Ennead* III. 7. 3.

第六章 奥古斯丁的上帝观和希腊哲学的 Being

西亚教父的解决之道是把上帝的 ousia 摆在多元位格关系的支点中，奥古斯丁则倾向于将上帝放在本质的绝对性之成为位格的三的 oikonomia（经世）中。后世的思想家容易把两者引向不同方向的解释。在拉纳之后，更多的西方学者注意到了这一点，他们把后奥古斯丁的独一上帝论与三－一上帝论分野的起因直接追溯到奥古斯丁的思想，不是如拉纳那样说得有弹性，如 Stephen McKenna 指出，"奥古斯丁所遵循的方案不同于希腊思想家们。他们的起点是，根据圣经相信父、子和灵……但是，对于奥古斯丁来说，最好起始于神圣本性的统一性，因为这是已经为理性所论证了的真理……今天，我们已经对这一论述的逻辑有了广泛的认识，即在基督教教义的教科书中，这一论著①把一神论放在了三一论之前。"② 说得更直白些，他认为奥古斯丁的做法是以三一论补充独一神论。

喜爱奥古斯丁上帝观典范的学者们争辩说，这是对奥古斯丁的三一神学作了过分简化的处理。当然，我们不能排除教条化的批评确实有将奥古斯丁化繁为简的不当之处，在任何情况下，批评的激进性方面都有标签化的危险，这似乎是不可避免的。例如，卡帕多西亚教父尤其是尼撒的格列高利的上帝观，也遭到三神论的指责；奥利金的上帝观被批评为阿里乌主义式的从属论。把奥古斯丁的三一神学标签化，无助于澄清其三位一体神学的本质。在把奥古斯丁的三位一体神学定位之前，需要对他的文本作更仔细的分析。虽然拉丁基督教传统如德尔图良，由于其独特的哲学背景以及释经传统，确实容易被联想为一神论与一实体论。然而，正如尼撒的格列高利绝不会主张三神论一样，奥古斯丁也

---

① 指奥古斯丁的《论三位一体》。
② Stephen McKenna, "'Introduction' to Saint Augustine". *The Trinity*. Washington, D. C.: Catholoc University of America Press, 1963.

绝不会主张一个与三位格分离的上帝论。任何的批评都不能脱离开尼西亚神学的前提来理解，问题只在于奥古斯丁到底倾向于怎样的尼西亚前提。

拉纳只是认为奥古斯丁的上帝观没有从绝对内在性的角度论断三位格之于一本质的关联，他的评论的侧重点在于要将它当作两个需要关联的内容：奥古斯丁以三－一来说明独一位格的上帝，而不是以上帝来说明三－一位格的 ousia（本质性关系）。拉纳认为，奥古斯之后的拉丁基督教传统将奥古斯丁的上帝观朝着一实体和独一神论传统简化，形成了 Stephen McKenna 所说的那种上帝观范式。拉纳认为，在这个简化过程中，托马斯·阿奎那的《神学大全》取代彼得·伦巴（Peter Lombard）的《耶稣基督的格言》（Master of the Sentences）的解释进路是一个转折点。彼得·伦巴是十二世纪中期的基督教神学家，他把有关上帝的一般教义归入到三位一体的教义。[1] 所谓的一般教义，就是希腊教父所谓的：上帝首先是作为父的永生位格的神性；强调三位格和一本质的同等性。在《亚历山大教义大纲》中，三位格和一本质两个主题还没有显出分殊。托马斯·阿奎那的著作是推动转变的关键所在，他从奥古斯丁的教义中首次引出这样的主题：上帝不是作为神性和实在性永生源头的父，而是为所有三位格共有的本质性实体。[2] 至于何以此时引申出托马斯·阿奎那的解释，西方学者都还没有充分的解释。但是，有一点很重要，奥古斯丁的上帝观在拉丁神学中的形像是它强调"一 ousia"。这个 ousia 可以解释为"本质"，更容易被认为是"实体"。阿奎那的解释加强了这种解释的向度，成了西方基督教神学了解奥古斯丁的主流

---

[1] 参看 Peter Lombard 条目，F. L. Cross (ed.)，*The Oxford Dictionary of the Christian Church*. Oxford: Oxford University Press, 1997, pp. 1266 – 1267。

[2] Karl Rahner, *The Trinity*, p. 16.

模式。他强调三位一体神学的上帝、基督和圣灵在救赎中扮演的形像及角色，而不是父、子和灵的内在区分。① 这是把奥古斯丁的上帝观纯粹地往着德尔图良的经世三一去理解，没有充分关注两者之间的变化。

因此，拉纳对奥古斯丁的评价与哈耐克又有所区别。哈耐克认为，"奥古斯丁只是藉着他不希望成为一个模态论者的声明和借助于不同理念之间的别出心裁的区分，与模态论保持距离。"②言下之意，奥古斯丁的观点与模态论没有本质的区别，都承认三位格只是同一上帝的显现形态，不具有真实的独立存在性质。拉纳则有些类似于著名的基督教思想家 H. A. Wolfson，后者认为奥古斯丁的神学可能有着多方面的形像和层次，不能轻易地决定其归属的形态。③ 今天，多数西方学者在关于奥古斯丁上帝观到底倾向于 ousia/substantiae 还是 postasis/persona 上仍然存在不少分歧，然而他们越来越多地接受拉纳的做法，就着奥古斯丁的文本作更具体的分析，充分关注奥古斯丁上帝观的多义性，而不是先行地作"类型式"的引申，将奥古斯丁的三位一体神学脸谱化。

二

以上的概述所要提出的是西方学者近年来对于奥古斯丁三位一体神学关注的着眼点：它是倾向于一本质呢还是三位格？对于

---

① Catherine Nowry LaCugna, "The Trinitarian Mystery of God", see in Francis Schussler Fiorenza & John P. Galvin (eds.), *Systematic Theology: Roman Catholic Perspectives*, Vol. I. Minneapolis: Fortress Press, 1991, p. 177.

② Adolf Harnack, *History of Dogma*, English Translated by Speirs and James Millar, Vol. IV. London: Wiliams and Norgate, 1898, p. 131.

③ H. A. Wolfson, *The Philosophy of the Church Fathers*. Cambridge: Harvard University Press, 1956, p. 358.

奥古斯丁，这到底又意味着什么？希腊基督教思想家，从奥利金到卡帕多西亚三大教父，他们的上帝观的逻辑起点是三位格的描述，无论是圣子的生出还是圣灵的发出，无论是圣父与圣子的本质同一关系还是圣灵在这个世界中的工作，经世的原理被理解为上帝内在性的表现，因此神性本质（ousia）作为"关系"成了三位一体神学的组成部分，所谓"经世"也是在 ousia（本质）中的 hypostasis（位格）的显现。希腊教父的三位一体神学也关注在 hypostasis 中的 ousia 本身，他们借助于 koinonia（共契）来详细地阐释 theologia（神学），而不是藉着 oikonomia（经世）来表达 ousia，oikonomia 是依据 ousia 而说的。他们寻求位格所体现的神性以及彼此关联，这就是作为"关系"的 ousia。①

那么，奥古斯丁的上帝观典范是如何的呢？它是不是确实与希腊教父之间存在明显的不同？多数西方学者倾向于认为，奥古斯丁的三位一体神学要简单得多：它是一本质论，甚至可以认为是一实体论。西方学者在一本质论与一实体论之间画等号当然是值得商榷的，一实体论通常是相对于多神论而言。如果把奥古斯

---

① 有意思的是，尼撒的格列高利（Gregory of Nyssa）为自己的三一论所作的辩护，就是他的著作 *Not Three Gods*（《不是三个上帝》）的主题。格列高利明确说，他用以说明或比喻位格独立性的彼得、雅各和约翰对应的是圣父、圣子和圣灵三位格，而不是说三个神即上帝、基督和圣灵。当然，上帝、基督和圣灵就是父、子和灵，他们本质上没有区别，但格列高利在三一神学的运用上做出某种区别，尤其是把上帝作为父的位格来称谓，而不是作为包含了圣父、圣子和圣灵的全部含义的实体来称谓，这是格列高利思想中极为隐晦的蕴含。圣父、圣子和圣灵的称谓是将位格性的关系凸显出来，同时圣父和圣子的称谓上的关联不会引发无关联的分离的联想，至少会引向关联性的个体的思想。只不过，格列高利着重于指出，它不是一种外在性的关联，因为圣子和圣灵都在永恒中生出和发出的，因此甚至无法将它想像成连续性的原理，在这个思辨的阶段，只能在上帝的奥秘面前止步了。参看 Christopher Stead, "Why Not Three Gods? ——The Logic of Gregory of Nyssa's Trinitarian Doctrine", see in Christopher Stead, *Doctrine and Philosophy in Early Christianity*: *Arius*, *Athanasius*, *Augustine*, Burlington: Ashgate Publishing Company, 2000。

丁的三位一体神学完全视为是一实体论，那么上帝虽然也是一位格的上帝，然而在其内在性中就不是三位格的上帝。三位格是相对于 oikonomia 而言的，是在上帝成为 oikonomia 中的上帝时，才有三位格。这也就是说，奥古斯丁的 ousia 在 theologia 中是排除三位格的，当然他又是位格的上帝；在 oikonomia 中，才存在为圣父、圣子和圣灵三位格。因此，奥古斯丁讨论的是经世的上帝。进而言之，西方学者所论述的奥古斯丁的一本质论有特殊的意指，它强调神性的单一性，强调它绝对排斥多元性的形态，包括"一"本身之内的"多"。因此，他们认为，奥古斯丁的独一神论指出作为 ousia 的上帝是独一的实体，ousia 是神圣实体。在三位一体神学中，奥古斯丁优先地把上帝考虑为实体性的存在，认为位格（hypostasis/person）是"关系"的意义，圣父、圣子和圣灵的位格性所体现的是 oikonomia（经世）的关系。奥古斯丁把圣灵解释为圣父与圣灵之间的爱，是典型的从 hypostasis/person 表达"关系说"的解决之道。相比之下，卡帕多西亚教父是把 hypostasis/person 理解为个体性的存在和实体，把三者关联形成的共同体/共契模式理解为 ousia，注意这个作为共同体的 ousia 不是实体性的，而是神性单一性的修饰语，这才引出了后来"相互寓居"的动力论说法。

为了能够更有说服力地提供奥古斯丁的神学逻辑与 ousia 语义之间的关联，我还是从他的《论三位一体》入手。在《论三位一体》的第十五卷，该书的最后一卷中，奥古斯丁梳理了全文的脉络，可以寻见他的上帝观的神学逻辑和他关于 ousia 的理解。

奥古斯丁指出，《论三位一体》的第一卷是根据圣经经文证明至高的三位一体的统一性和同等性；第二、三和四卷照此逻辑线索仔细地检讨了圣子和圣灵的被派遣。奥古斯丁试图证明，那被派遣的不因为一者是被派遣的，另一者是派遣的而在神性上少于那派遣的。就三位一体而言，上帝在万物之中都是同等地呈现，它基于上帝本性的不变性、无形性，以及上帝的无处不在和无形事工，这些方面在上帝的位格而言都是同等的。① 需要注意的是，奥古斯丁把"同等性"作为了神性"单一性"的最重要的解释性术语，又把"单一性"设定为《论三位一体》的起点。反而来说也是成立的，坚持神性的单一性，就坚持了位格的同等性。这里面包含了对柏拉图主义的一元多层的本体论的修正，后者的神性单一性不能够保证同等的多元性。奥古斯丁特别强调 ousia 之于 persona/hypostasis 的同等性保证，他在阐释 ousia 时特别表明与柏拉图主义理解的不同。因此，奥古斯丁关于 ousia 的理解是柏拉图主义的（一是多），又不纯粹是柏拉图主义的（一是多的基础，多是同等性的单一性，是纯一）。他与新柏拉图主义的本体论哲学更为接近。新柏拉图主义认为，太一、理智和灵魂三者都是一，不是柏拉图和中期柏拉图主义认为的是有着实在性下降的"一"。普罗提诺认为，太一是"纯一"，理智是"一-多"，灵魂是"一和多"。在这里面，也可以看到奥古斯丁和卡帕多西亚教父在运用新柏拉图主义的思想资源时取向的分别。卡帕多西亚教父看到的是太一、理智和灵魂在"一"里面的"多"：三者都属于"一"，它甚至是不可言说的"是"（Being）；奥古斯丁看到的是三者都存在为"是"，"一"作为"一"的同等性。

奥古斯丁坚持 ousia 在语义学上的"单一性"，这一点构成《论三位一体》一书的核心。由"单一性"，奥古斯丁又导出"同等性"和"统一性"。在我看来，奥古斯丁更多把 ousia 理解为"一"，而不是"是"（Being）。作为"一"的 ousia 只能是作为它自身的"一"，不是作为它自身基础的"是"，它不需要通过内部

---

① Augstine, *On Trinity*, 15.3.5, Roberts, Alexander and Donaldson, James (eds.), *Nicene and Post-Nicene Fathers*, First Series: Volume III.

的多元性作为规定。如果不是以"是"作为多元性的语义基础，这个"多元性"是会成为"多元论"的。奥古斯丁用作为"一"的 ousia，不是作为"是"的 ousia 来约束作为多元性关系的 persona/hypostasis，这使他倾向于把 ousia 理解为"实体"，因为在他看来，三位格的同等性乃是出于 ousia 是"一"。以此为基础，我们能够比较容易地理解《论三位一体》所跨出的更为关键的一步：圣灵与圣父和圣子的神性同等性也需要体现在产生方式上，因此，"和子句"是奥古斯丁愿意选择的表达方式。

循此思路，《论三位一体》第五卷的讨论从神性单一性的 ousia/substantiae 转向表示神性同等性的 persona，从神性同等讨论父和子的本质同一。奥古斯丁引用大量的圣经文本作为基础。他首先陈述了阿里乌主义在这个问题上的看法。阿里乌主义认为父和子既然有生育和被生育、永生与被生的分别；圣经既然有关于他们的不同断言，那么他们就是不同的存在者，享有不同的本质。接着，奥古斯丁陈述了自己的看法，他认为圣经关于上帝的一切断言不是都根据 ousia 做出的，上帝被称为"善"和"大"的断言依据的是 ousia，因为是根据上帝自身而断言的。然而断言是相对的，因为根据的不是他自身，而是非自身的事物。例如上帝被称为父是相对于子，被称为主是相对于事奉他的万物。关于生育和被生育、永生和被生的断言也是相对的，是依据在上帝里面没有发生过变化的任何事物，乃是他自身的 ousia。它在本性上是永恒不变的。① 奥古斯丁意识到，阿里乌主义关于上帝看法的重点在于他存在为圣父、圣子和圣灵的方式，而没有看到他存在为的"方式"依然是"同等性"的体现。换言之，奥古斯丁"弱化"了卡帕多西亚教父神学典范或者"解决之道"中的基本方面——

---

① Augstine, *On Trinity*, 15. 3. 5, Roberts, Alexander and Donaldson, James (eds.), *Nicene and Post-Nicene Fathers*, First Series：Volume III.

"产生方式"与"ousia"的关联。奥古斯丁从上述神学典范中退缩回来,回到 ousia 的同等性原理之中。在他看来,阿里乌主义者过于关注"产生方式"的不同,而没有注意到"产生方式"只是依据"非自身的某事物"来表达的。所谓"非自身的某事物"的实际意思是"位格",或者说是"产生方式"意义上的"位格"。因此,奥古斯丁说关于生育和被生育的断言不是就 ousia 本身说的,不能以圣经的某些章句中的断言就认为这是 ousia 的断言,ousia 断言的是神性的单一性,是作为前提的绝对性;生育和被生育则是 ousia 落实在圣父和圣子上的言说,是作为相对性的言说。

据此,奥古斯丁认为圣经关于圣父和圣子的断言是相对的。这个关于 persona 的产生方式的相对性表述,仍然在于要指出 persona 基于 ousia 所获得的同等性,"相对的"断言是为了指出不能以圣父与圣子的表达导致 ousia 的相对性:有两个或多个神圣 ousia。这个反驳阿里乌主义的进路与希腊教父的典范也是有区别的。在阿里乌主义出现之前,奥利金为反对诺斯底主义,就提出了"永恒出生"的柏拉图主义式概念。"永恒出生"不是以圣父和圣子的观念的相对化来表明他们在 ousia 上的共契,而是以圣父和圣子不可分为两单独的述谓,例如有圣父没有圣子,有圣子没有圣父,来讲生育的绝对性的。在 ousia 上也是如此,考虑到柏拉图主义是唯实论,圣父和圣子之名的不可分表明他们在 ousia "(实体)"上的统一性。阿他那修和卡帕多西亚教父都是接受以"永恒出生"描述 ousia 的统一性的,不认为圣父和圣子是"相对性"的述谓。尽管奥古斯丁也接受"永恒出生"的观念,这是表述三位一体"本质同一"所必不可少的,然而他的解释显然有所不同。就奥古斯丁而言,"永恒出生"显明的似乎是圣父和圣子的相对性,是为了维护上帝这个称谓的绝对性(请注意拿先斯的格列高利把"上帝"看作是一个相对的称呼,而把"位格"看成是绝对的)。在论述中,奥古斯丁不断提醒我们要回到位格的相对性中去。以上的分析或许会引起对于奥古斯丁的某些误解，认为他是把位格的相对性当作时间性原理来思考，不是当作绝对之事。[①] 奥古斯丁当然没有这样看。位格可以是绝对的，这是就其永恒性而言的；位格又是相对的，这是就其他不对等于 ousia，这也是出于对"位格"侵犯 ousia 之单一性的担忧。因此，奥古斯丁虽然把位格看作是相对性的，然而依照普罗提诺在这个问题上的看法，他依然认为这种相对性是在永恒中的相对性，属于永恒的范畴，不是时间的范畴。这就是说相对性没有摧毁神性的绝对单一性，相对性也必是体现同等的绝对性。在普罗提诺看来，"永恒"就是"永恒""是"的意思，在奥古斯丁看来则是永恒是"一"的原理。[②]

[①] 在这一点上，卡帕多西亚教父与奥古斯丁存在明显的区别。例如拿先斯的格列高利认，"非被生育"这个词不是相对地运用的。与它相对的是什么？上帝是什么事物的上帝？当然了，是万事万物的上帝。那，上帝和非被生育怎能是同样的名称呢？再说，既然被生育与非被生育是相互矛盾的，正如占有与剥夺一样，则可能得出彼此矛盾的属性可以并存的结论，而这是不可能的。或者按照你们的假设，既然占有先于剥夺，后者又毁灭前者，那圣子的本质不仅先于圣父的本质，而且必被圣父所毁灭。(Gregory of Nazianzen, Oration 13. 12, see in Philip Schaff & Henry Wace (eds.), A Select Library of Nicene and Post-Nicene Fathers of the Christian Church, Vol. VII, Edinburgh: WM. B Eerdmans Publishing Company, 1983.)

[②] Plotinus, Ennead III. 7. 4. 普罗提诺有一段很长的论述是讨论永恒中的相对性何以不损害绝对性的，因此这种相对性的个体观念是绝对性的另一种意义所在。我们这里择要引出：这个真正的整体，它并非由各个部分组合而成，而是从自身生出各个部分，这样它才可能是真正的整体。在可理知世界，真理并非对应于另外某物，而是真正属于每个个体，它就是每个个体的真理。就这真实的整体来说，如果它真的是一个整体，其整体性的含义就必然不只是指它就是一切，还必须是不缺乏任何事物。果真如此，在它，就没有任何事物是将来所是的，如果有什么要在将来成就，那只能说它原先就有所缺乏；那就不是整体。……原初的、神圣的存在者根本没有对将来所是的渴望，因为它们已经是整体，已经拥有属于它们的生命的全部所是；……这样说来，实在之完全而完整的实体，不在部分之中，而在不可能有任何将来的减少，……完全实在的这种状态和本性就是永恒；事实上，"永恒"这个词 [aion] 就源自"永远是" [aei on]。

在这个表示尼西亚信条的原理上，奥古斯丁以新柏拉图主义的方式与阿里乌主义清楚地界分开来。

在《论三位一体》的第六卷和第七卷，奥古斯丁继续强调ousia在上帝观中的优先地位。这两卷主要讨论使徒保罗所说的基督是"上帝的智慧和权能"的经文，结合尼西亚－君士坦丁堡信经来解说何以基督是父的智慧和权能，又与父神性同等。奥古斯丁指出所谓"上帝的"，不是指基督只是上帝的属性，或者说上帝只具有上帝的某种智慧和权柄，而是说基督的智慧就是上帝的智慧，权柄就是上帝的权柄。① "这论点强迫我们说，父上帝除有他所生的智慧外，他本身不是智慧。再者，如其为然，正因为子也是称为上帝而为上帝，出于光而为光，我们就得考虑；若父上帝本身不是智慧，而只是智慧的产生者，那么子是否能够称为智慧而为智慧。假如我们持守这一点，父上帝为何不是他自己的伟大，自己的良善，自己的永恒，自己的全能的产生者，以至他自己不是伟大，良善和永恒，而只是因他所产生的伟大而伟大，因他所产生的良善而良善，而他所产生的永恒而永恒，因他所产生的全能而全能，恰如他自己并不是智慧，而是因他所产生的智慧而有智慧呢？我们不必怕被人逼着说，假如上帝是他自己的伟大，良善，永恒和全能的产生者，那么除了受造者得着独生子的名分以外，上帝有许多的儿子，与上帝同永恒。……他并不因有许多名字被提出来，就作许多同有永恒之子的父；恰如他并不因我们说基督是上帝的能力和上帝的智慧，就作两位子的父一般。因为能力就是智慧，而智慧就是能力；其他如此类推；所以能力就是伟大，其他以上所提和以后要提的事，也莫不如此。"②

---

① Augstine, *On Trinity*, 15. 3. 5.
② 奥古斯丁，《论三位一体》6. 1. 2，见于《奥古斯丁选集》（汤清等译），香港：基督教文艺出版社，1989年。

这是奥古斯丁所说的,"伟大"、"良善"和"智慧"都是依据 ousia 说的,基督是"上帝的智慧和权能"也是依据 ousia 说的,因此基督与上帝是同一 ousia,而不是说和上帝是分离的。坚持本质同一的尼西亚信经这个前提,使奥古斯丁轻易地与阿里乌主义的观点分开:后者认为基督不同于上帝,乃是不就本质同一来说明基督位格的 ousia 的绝对单一性。

从第八卷开始,《论三位一体》突然变得非常思辨,从心理哲学的角度讨论心灵中的三位一体形像。我主要是从这个角度来指出奥古斯丁"心灵三一"的 oikonomia 含义,更接近于"超越"三一的概念。通常而言,经世三一是从圣经所启示出来的上帝与历史的救赎关系作有关位格特性的神学讨论。基于柏拉图主义和新柏拉图主义的特殊进路,灵魂或者心灵作为人的形像对应着类似于历史中的人的形像与上帝的救赎关系。在此,oikonomia 获得了一种特殊的意指,奥古斯丁从把握"内在的人"之为上帝的形像来言说 oikonomia,"内在的人"里面包含着神性 ousia 的特征,正如在历史中的人与肉身的上帝的历史性相遇一样。这是奥古斯丁思想中自然神学倾向最明显的地方。

奥古斯丁在神性 ousia 总是"一"的意义上指单一性,这不是数的"一",是"纯一"。三位一体中"三"与"一"的关系不是数学所谓的"三"大于"一",任何"二"或"三"位格的相加也不大于任何"一"位格。① "三"真的是"数"的"三","一"却不是数的"一",是在 ousia 上的单一,指的是本性的同等。据此,奥古斯丁引入了三位一体的著名比喻:爱者、被爱者和爱。这里,ousia 的单一性类比当指"爱"本身,它既是"爱者"、"被爱者"和"爱"的那个具体的"存在者",又是他们本身。这个吊诡之处乃在于爱的 ousia。"我们可以理

---

① Augstine, *On Trinity*, 15. 3. 5.

解，也是我们迄今为止所获得的理解，上帝不仅是不变的而且是无形的本性；在圣经里上帝也被称为爱，无论微弱如烛光，那些有理解力的人也能分辨三位一体就是爱者，被爱者和爱。"① 奥古斯丁顺势过渡到了第九卷的主题"心灵的三一"，在心灵里面有三位一体的形像，"心灵借知识知道它自身，它借爱爱它自身和关于它自身的知识；这些个三都被是相互同等地和一本质地被说明的。"② 这也清楚说明奥古斯丁是用 ousia 作为解决"一"和"三"的吊诡的语义学基础的。

奥古斯丁对阿里乌主义的批评远远超出了圣父和圣子是否同质的问题，他的意图更在于彻底消除"本质同一"的从属论式理解，包括从属论的表述形式。这显出他与卡帕多西亚教父批评阿里乌主义角度的另一个不同。在卡帕多西亚教父的神学典范中，从属论不具有"负面"的意义。如果从属论是就圣子与圣父不同 ousia 而言，不仅卡帕多西亚教父，所有的尼西亚教父都不能接受；如果从属论只就圣父、圣子和圣灵的不同位格关系展示的描述顺序而言，是就它内在性下降为历史的不同阶段，显出上帝作为共契的诸位格之于不同历史时段的关系而言，从属论完全得到正当的认可。奥古斯丁的三位一体神学完全不兼容从属论，似乎它从头到脚，从内容到形式都是恶的。因此，奥古斯丁主张三位格不仅在神性上同等，在呈现上也同等。在他看来，神性同等必然是呈现同等，既然上帝不是作为某一位格的形态呈现为共同体，而是作为位格的三同时呈现为上帝，以"内在的人"的上帝形像讲三位一体神学可以充分解决三位一体的从属论问题。奥古斯丁之于从属论的批评，不仅是对于阿里乌主义的批评，甚至包含对卡帕多西亚教父的新从属论神学典范的批评。正

---

① Augstine, *On Trinity*, 15. 3. 5.
② Ibid.

第六章 奥古斯丁的上帝观和希腊哲学的 Being

如 J. Pelikan 指出的，父和子的同等性是奥古斯丁阅读和疏解圣经的基本规范，他不满足于本质同一的提法。他回到拉丁基督教更愿意在圣经中寻找关于父和子同等性表述的语言，这也曾是尼西亚会议的关于本质同一一词适当与否争论的一部分。① 再往深一步说，这是三位一体上帝观中两种不同的自然神学规范。卡帕多西亚教父是从圣父、圣子和圣灵的位格秩序采纳自然神学的，奥古斯丁则是从心灵哲学诸要素例如心灵、爱和知同时呈现，爱者、被爱者和爱同时呈现的角度根基于自然神学的。

第十卷引入了三位一体论证的另一个类比：记忆、理解和意志的三位一体。② 奥古斯丁认为它更能够显明三位一体上帝的特性，"由于这些个三，即记忆、理解和意志不是三个生命，而是一个生命；也不是三个心灵而是一个心灵；循此肯定会得出他们不是三本质，而是一本质。因为记忆，它被称为生命、心灵和实体（substance），是就其本身而言的；然而，它被称为记忆则是相对于某种事物而言的。我得说理解和意志也是如此，因为它们被称为理解和意志也是相对于某种事物而言的；然而，每一个就其自身而言就是生命，心灵和本质（essence）。因此，这三是一，它们是一生命、一心灵和一本质；无论它们就它们自身而言被各自称为别的事物，然而当他们被合在一起的时候，它们不是复数，而是单数。"③ 在用它类比圣父、圣子和圣灵的关系时，一方面，奥古斯丁会说三者是相对的，有真实的区分，是真实的三个存在；另一方面，他又会说，这是一，因为圣父是上帝，圣子是上帝，圣灵是上帝，且都是完全的上帝。细细推究奥古斯丁的说法，会觉得非常有意思。首先还是从"一"呈现的同等性

---

① J. Pelikan, *Canonical Regula: The Trinitarian Hermeneutics of Augustine*, 18.
② Augstine, *On Trinity*, 15. 3. 5.
③ Ibid., 10. 11. 18.

来说的，呈现出的首先是一 ousia（实体）；再次才是就呈现的多元性来说，这个多元性是同等的，是就其位格性而论的。由于 ousia 是同等地"同时地"[①] 呈现的，就不会有从属论所说的圣父位格的优先性，只说呈现出的是圣父、圣子和圣灵三个位格。可见，这里的 ousia 指的是"实体"的意思，ousia 不就是包含位格的，它是存在为位格的。然而，如果首先就 hypostasis（位格）的呈现说，就会导致卡帕多西亚教父的上帝观典范：首先是圣父的位格，他是一个有着完全神性 ousia（本质）的位格，然后是圣子和圣灵的位格，三者之间是生育者和发出者、被生者和被发出者的关系。

奥古斯丁认为把位格称为相对性的东西不会影响到圣父、圣子和圣灵是一上帝。为什么会有这样的理解呢？这里涉及奥古斯丁关于相对性和偶性关系的理解。在通常的语境中，偶性是相对于 ousia 而言；然而在永恒的上帝里面，任何偶性都不会影响 ousia，是 ousia 的从属部分。这是奥古斯丁所谓的上帝的有些特性与上帝本身不应该导致理解上的分别。在这个意义上，奥古斯丁对于"位格"一词抱有不满，"奥古斯丁着手于确定圣父、圣子和圣灵在种或属上的共同性。然而他们不是圣父（或圣子或圣灵）的共同性，因为他们不是彼此的父（或子或灵）。如果他们被称为三位格，那一位格所是的必是他们所共同的。因此，'位格'或者是他们的专门的或种的名，或者存在一上帝或一位格，或者存在三上帝和三位格。"[②] 基于对上帝同等性和本质同一性的理解，奥古斯丁说道：

[①] 请原谅这里不得已使用"时间性"的用语，所要表达的却是"非时间性"的意思。

[②] Catherine Mowry LaCugna, *God For Us: The Trinity and Christian Life*. NewYork: Harper Collins Publishers, 1993, p. 87.

第六章 奥古斯丁的上帝观和希腊哲学的 Being

我们只好承认，用这些词语来理论，不过是为求反对异端的错谬。因为人的软弱无论是用敬虔的信仰，或任何辨别力，来将心底对创造主上帝的认识力图向人表达出来的时候，它怕说三本体，免得有人以为在那绝对的同等中有什么差异存在着。它也不能说有什么三者，因为撒伯流如此说，便陷入异端中。我们从圣经必须敬虔地相信，而且心中确实知道，有父，子和圣灵，而且子非父，圣灵也非父或子。信仰寻找称他们为三什么，而得了三本质或三位［格］的名称。这些名称没有表示差异的意思，只是为要否认单一。从上帝称为一本体，就可知道合一，而从他称为三本质或三位［格］，就可知道三位一体。①

第十卷以一种奥古斯丁的新柏拉图主义方式阐述了使用位格和本质/本体这些术语的两难局面。这似乎是从第八卷起发生的一个明显变化，有学者认为是因为他在这两段不同的写作时期中间阅读了拿先斯的格列高利的《神学演讲录》，结合维克托勒努的理论形成了新的阐释方式。然而，在我看来，奥古斯丁的三位一体神学的逻辑始终是如一的。奥古斯丁的经世三一既不同于德尔图良，又不同于卡帕多西亚教父，他处在他们的中间。与德尔图良所不同的是，奥古斯丁没有把人的形像与基督的关系放在历史的救赎中阐释，而是作为灵魂之旅来阐释，这采用的是新柏拉图主义的自然神学的形式（人身上的上帝的样式）；他又不采用社会三一的观点，即希腊哲学所特别强调的共同体视野，而是通过解释甚至消除位格和本质/本体这些术语的意思，来修复它们所包含的差异的有限性，达到彻底消解从属论的目的。

第十一卷转而讨论"外在的人"与三位一体的关系。这扩

---

① 奥古斯丁，《三位一体论》7.4.9，见于《奥古斯丁选集》（汤清译）。

大了新柏拉图主义式的阐释范围，超出了柏拉图主义的古典希腊范式，可以看出基督教哲学之于希腊的超越。奥古斯丁认为，视觉、听觉等五官也可有善的形像，尽管没有心灵的凝视那样清晰。"外在的人"将三位一体显现在与无有别的事物中，即被看的物体性对象、印在注视者眼睛上的形式以及结合两者的意志目标中，然后由"外在的人"中的三位一体的形体性对象导入到从"无"中进行认知的心灵。① 第十二、十三和十四卷讨论了"内在"之三位一体与"外在"之三位一体的关系，就是智慧和知识的关系。知识低于智慧，尽管它也属于"内在的人"，但还不能被称为上帝的形像，是一种特殊的三位一体。不过两者之间存在从低到高的连续性，智慧在于它是上帝恩赐的礼物，得以能够参与到上帝自身里面，这样的三位一体是在上帝的形像里面讨论的，与心灵相关。获得智慧，就是获得了对于永恒事物的沉思。奥古斯丁引用圣经的话说明"智慧"中的三位一体形像，他认为心灵"穿上了新人。这新人在智慧上渐渐更新，正如造他主的形像"(《歌罗西书》三章10节)，都是披戴上了基督的(《加拉太书》三章27节)。② 奥古斯丁的论述表明基督论在三位一体神学中的重要性，所谓"智慧"就是基督，新人披戴上了基督指基督论与心灵三一之间的联结。因此，尽管是从心灵的角度来讲论三位一体，与德尔图良从历史的角度以及阿他那修从本质同一的角度讲基督论为中心的经世神学在总的进路上却是相差仿佛的，只是他采用了"内在的人"的切入点。这个"内在的人"即心灵与智慧的关系成为奥古斯丁经世三一特别关注的内容，它不是单纯地将三位一体作为认识论的对象，相反，是以认识论开出经世的意义来，如同柏拉图主义一样实在论里面具有指

---

① Augstine, *On Trinity*, 15. 3. 5.
② Ibid.

第六章 奥古斯丁的上帝观和希腊哲学的 Being

向救赎论的基础。在把认识论与救赎论结合起来后，奥古斯丁也清楚地表明他与新柏拉图主义的分别：心灵之于三位一体的凝视都是有限制的，因为人的罪性是无法根除的。[1] 不过，他也坚持柏拉图主义和新柏拉图主义的观点，"外在的人"的三位一体的形像虽然会了解"三"，却并非容易引导向同一本质，只有进入到"内在的人"的三位一体之中，才能阐明一本质是三位一体的关键。[2] 因此，"内在的人"的三位一体形像相比于"外在的人"的三位一体，它有一种超越的含义。

我根据奥古斯丁《论三位一体》第十五卷分析了全书的结构。他的扼要性总结清楚表明，位格的分殊远不如本质同一在他的神学逻辑中那么重要。位格的分殊是容易为人所察觉的，"外在的人"能够将它直接显明出来。这已经是把"位格"放在较低的视野中作了审视，把它放在感觉性的直接认知视野之中予以贬低。因此，尽管奥古斯丁的三位一体神学包含着需要进一步讨论才能够明确的含糊性，他与卡帕多西亚教父的上帝观属于两种不同的神学典范也是分明的，正如有学者指出的，"在所有这些上面，奥古斯丁明显地从卡帕多西亚教父的教导中退了回来。因为对于他来说，三位格就是在他们的相互关系之中，因此关系按照他们之所是给予他们的本体以合法权利。因为奥古斯丁持续地把关系用为逻辑的而非本体的述谓，他就从关于三位格的个殊性存在中退缩了回来，因为他们缺少被分别的同一性，因此位格的个殊性就容易消失在上帝的包罗万象的统一性中了。"[3] 问题不在于奥古斯丁有没有强调三位一体是否包含位格的区分，有没有

---

[1] Augstine, *On Trinity*, 12. 12. 17.

[2] Ibid., 15. 3. 5.

[3] Colin E. Gunton, *The Promise of Trinitarian Theology*. Edinburgh: T & T Clark, 1991, pp. 41 – 42.

认识到三位格（他当然不会否认这一点），而在于以什么样的神学话语表达出三位格，以及如何在一本质/本体中显明三位格。奥古斯丁所显明的三位一体的位格性关系的方式更多是逻辑的方式，而不是本体自行展示其秩序的方式。

三

在阐明了奥古斯丁上帝观的基本逻辑后，我接着要分析他与尼西亚信经的关系。希腊和拉丁在神学上的沟通长期以来并不充分，教会事务、礼仪和节期等具体问题也互有差别甚至有所角力，据此奥古斯丁对希腊基督教传统缺乏了解也是正常的。他经常通过他人的著作例如耶柔米、优西比乌来了解东方，所获得的关于希腊基督教的信息肯定是不对称的。尽管在第二次大公会议（君士坦丁堡大公会议）上，也有不少拉丁教父出席，然而他们是否清楚地了解信经所蕴藏着的神学争论的起因和表述的目的，也是令人有所保留的。从奥古斯丁关于尼西亚信经的表述中，可以看出这一点。

现代西方学者在检讨奥古斯丁三位一体神学的时候，把他与尼西亚教父的关系作为研究的一部分。奥古斯丁说他的《论三位一体》开始于尼西亚信经的前提，并这样"重复"尼西亚信经的三一表达：所有有关圣经的包括旧约和新约的大公信仰的阐述者，已经建立了三位一体的正统表达，即圣经关于上帝的教义，是指父、子和灵都有同一神圣本质，有无形的同等性，因此他们不是三位上帝，而是同一位上帝。由于父生子，因此他是父不是子；子由父所生，因此是子而不是父；圣灵既不是父也不是子，而来自于父和子，并与子同等。[①]

奥古斯丁注意到希腊教父关于位格的术语不应该作简单翻

---

① Augstine, *On Trinity*, 1. 4. 7.

第六章　奥古斯丁的上帝观和希腊哲学的 Being　479

译，而要找到更准确的表述。他所找到的准确表述和理解是什么呢？奥古斯丁指出希腊人在讨论三位一体时使用的是"一本质，三位格"（one essence, three substances），如果简单地译成拉丁语就成了 one essence/substance, three persons。在拉丁语中，本质（essence）通常指的是 substance，因此他主张用 persons 来表达希腊语 substance。① 他又强调父、子和灵是三个真实的位格，不能说父、子与灵可以合为一个称呼，因为父只是唯一的父，不存在两个父；子只是唯一的子，不存在三个子，因为父不是子，圣灵也不是；也不存在三个圣灵，因为圣灵具有专门的意义，也被称为上帝的恩赐，既不是父也不是子。②

　　有学者认为，奥古斯丁关于本质同一的论述涉及三位格行动的统一性，而依据三位一体行动统一性论述三位格间的统一性，与尼西亚的信仰范式完全一致，是对尼西亚信经的"正解"。其次，奥古斯丁关于三位一体行动的本体论分析，与前尼西亚、还有尼撒的格列高利也是相似的，奥古斯丁的分析还受惠于前者。③ 这个观点明显有现代基督教合一运动的背景，想要弥合奥古斯丁与卡帕多西亚教父差别的痕迹。我并不认为这样的弥合方式是正确的，正如不能如以前那样用奥古斯丁及拉丁神学传统贬抑希腊传统，今天也没有必要把奥古斯丁的神学塑造成希腊基督教的典范来说明他合乎尼西亚神学的规范。关于尼西亚信经的了解在一个适度的范围内当然都是规范的，即使了解有所差别，也不应该认为哪一方有落入异端之虞。卡帕多西亚和奥古斯丁的三位一体神学，是尼西亚－君士坦丁堡信经的在神学上

---

① Augstine, *On Trinity*, 7. 4. 7.
② Ibid.
③ Michel Rene Barnes, "Rereading Augustine's Theology of the Trinity", see in Stephen T. Davis etc. (eds.), The Trinity: An Interdisciplinary Symposium on the Trinity. Oxford: Oxford University Press, 1999, pp. 158 – 159.

的两种不同典范，尼西亚－君士坦丁堡信经本身也是处在一个在不断被诠释并且形成更多规范的过程中的。我们所要做的是，要明确奥古斯丁的三位一体神学规范到底是什么，它是怎样的一种尼西亚神学典范，由此了解基督教神学基于不同的思想背景形成的多元形态都是合乎基督信仰的，形成更有理解宽度的基督教传统。

前面有关奥古斯丁上帝观的分析已经达成两个基本内容：第一，他把本质同一作为三位一体神学的逻辑前提；认为本质的单一性和同等性存在必然的联结。"同等性"是他在"复述"尼西亚－君士坦丁堡信经时的关键词，要较卡帕多西亚教父甚至阿他那修都更为强调。至少，**以同等性解释本质同一性的方式可以视为奥古斯丁三位一体神学典范的一个内容**，这些表述在尼西亚－君士坦丁堡信经中都是不曾直接出现过的。还要提出的是，奥古斯丁运用圣经的文本资源解释了本质同一的同等性意涵，把本质同一引回到拉丁神学主张的回归圣经用语的质朴直观的进路。第二，奥古斯丁确实提出了一种新的经世观念，他关于 oikonomia 的了解虽然既不同于德尔图良也不同于阿他那修，更加不同于卡帕多西亚教父，然而关于人是上帝的形像的新理解，以及由此发展出的救赎论与心灵三一的关系，使得他从超越的角度看待 oikonomia 的特质。它既没有忽视身体的重要性，更强调"信"是从内在的形像中活出来的，显现为救赎之内在性与基督的深刻关系。因此，**奥古斯丁是从救赎的内在性、三位一体形像的同时性呈现和灵魂于直观中得到光照的关联来表达 oikonomia 的，这是奥古斯丁三位一体神学典范的另一个基本内容。**

在这个背景下，我还要进一步讨论奥古斯丁的上帝观是否真的包含着位格与本质的不对等性？不对等性不是指奥古斯丁否认位格的分殊，而是在于他有没有认为位格的分殊如同 ousia 那样具有本体性。在新柏拉图主义的思想中，hypostasis 是被作为本体的首要观念使用的。如果奥古斯丁的 person 如有的学者所谓只是逻辑地运用，而 ousia 在表述三位一体的上帝观时是指本体性原理，那么在奥古斯丁的三位一体神学中，**逻辑性与本体性之于"三位一体"上帝观阐释的双重框定**就会构成其神学典范的第三个方面的内容。据此就可以得到一个比较平衡的看法：奥古斯丁的三位一体神学是以"弱"位格论，"强"本质论为特征的规范。"弱"位格论不是指奥古斯丁没有充分地意识到位格的个殊性，"强"本质论也不表示奥古斯丁指向的是犹太教那样的独一神论。我想说明的只是，奥古斯丁的三位一体神学把位格和本质/本体放在不同的标准下进行考虑。

我先来讨论奥古斯丁三位一体神学的"弱"位格论。首先，我肯定地认为奥古斯丁承认并强调位格之间的区分，三位格不能易位而处。这些都说明尼西亚-君士坦丁堡信经在后世的规范作用，奥古斯丁也是在接受这种规范的基础上与早期基督教的幻影说、嗣子论、阿里乌主义和阿波里拿留主义区分开来的。他所要做的是把位格性作为三位一体神学的一部分阐释出来。然而，奥古斯丁存在误解的地方是，位格性和个殊性并非必然结伴于三位一体神学之中。有位格不一定就展示个殊，早期的三位一体神学的异端就是在这里面找到发挥各自学说的空间的。如果奥古斯丁坚持的只是"弱"位格论，那么他是在怎样的空间内言说"位格"的呢？这使他既不至于回到早期的三一论，又不成为卡帕多西亚教父的"强"位格论。

要理解奥古斯丁在位格性与个殊性之间建立的关系，关键在于把握他是如何使用位格并赋予它在神学中的位置的。奥古斯丁在使用心灵三一的比喻时，称心灵、知识和爱三者都是个体性的存在。在这个类比中，知识和爱不是被包含在作为主体的心灵里面的知识和爱。爱和知识"也是实体性地存在，就如心灵自身存在那样"。奥古斯丁说，即使他们是彼此间相对地被表达的，他们也是各自存在于自身的实体中的。① 它表明奥古斯丁认识到位格是实际的个体性存在。

那么，奥古斯丁把位格作为哪一等级的实体呢？在亚里士多德的思想中，有一级本体、二级本体，甚至三级本体之分。在《范畴篇》和《形而上学》中，亚里士多德有不同的说法。《范畴篇》称一级本体为个殊性的实体，是"这个"，它只能作为述谓的对象，不能作为述谓他者的东西。卡帕多西亚教父从希腊哲学中接受了 hypostasis 一词的这个用法，它被充分地希腊性地带入到三位一体神学之中。《范畴篇》的二级本体则是指种和属差这样的具有普遍性的形式。《形而上学》的说法与《范畴篇》相反。"一级本体"是纯形式；"二级本体"是纯形式与质料结合而成的具体存在物；"三级本体"是"质料"。那么奥古斯丁是怎样看的呢？他认为"位格"和"本质"两个概念在本体上是不相当的。"本质"是绝对性的，"位格"是相对性的。尽管这个"相对性"不含有任何的偶性，也不是作为属性被意味的，但是奥古斯丁认为，"位格"不是指就他本身而言，而是与其他位格相对的存在。他不是因为父的位格而称为父，父称为父是因为相对于子。奥古斯丁说，如果把关于子的述谓看成是相对于他本身而言的，那就非常可笑。因为如果认为子的位格来自于子本身，那么什么是与他自身有关的本体性述谓呢？是他自身的本质吗？然而子是父的本质，正如他是父的权能和智慧，因为他是信心的话语。因此，所有相对的事物都是相互的，即使在本质中，子还是相对于父被言说的。然而，本质/本体的概念就不同了，如果本质/本体是相对的，那么本质/本体就不是本质/本体。②这里，奥古斯丁分出了两级本体，一种与自身关联而述谓的本

---

① Augstine, *On Trinity*, 9. 4. 5.
② Ibid., 7. 7. 2.

体,是独立性的本体;另一种是相互关联中的相对性概念,如父、子和灵,是二级本体。这两级本体在奥古斯丁的神学中都属于永恒的世界,然而还是有所不同。父、子和灵三位格是次于神性本质的概念范畴,神性属于本体/实体的范畴,位格属于关系性本体,关系性次于实体性。奥古斯丁自己也清楚地指出过这一点。一方面,他承认爱和知识的主体性,他们都"不是如色彩和有色彩的主体一样相互地述谓,因此色彩在有色彩的主体之中,但是在它自身中则没有专属的本体,因为有色彩的物体是一个本体,而色彩在本体之中"。另一方面,"两个朋友也是两个人,是两本体。他们被说成是两个人,这不是相对的,然而两个朋友是相对的。"① 就是说,两个朋友属于关系性的范畴,如同位格的相对性一样,他们也是本体,却是次于人这样的一级本体的二级本体。因此,神性在三位一体中没有相对应的范畴,它只用于独一的上帝,位格性却处在次一级的本体概念中。这样,在卡帕多西亚教父中,"一本质,三位格"的"本质"和"位格"都是"本体性"的,如同普罗提诺所认为的;在奥古斯丁神学中,就成了"一本质"(一级本体的),然后是"三位格"(二级本体的),如亚里士多德哲学所谓的。

学者们注意到奥古斯丁上帝观的这种倾向性:把应该属于一级"本体"的位格的(hypostasis/persona)关系性下降到"属性"层面。这里,"属性"是指本体/实体的一种功能性用语,不是指撒伯流主义那样的形态性用语。奥古斯丁的两个类比,心灵、知识和爱②以及记忆、理解和意志,都有诱导为这种诠释的可能性。③ 它们有助于阐述三位格的内部交通,然而"知识"和

---

① Augstine, *On Trinity*, 9.4.5.
② Ibid., 10.
③ Ibid., 11.

"爱","记忆"、"理解"和"意志"是人的能力，通常不被理解为"本体/实体"。我们容易认为，在独一的上帝里面存在的所谓的"三位格"只是功能而已。因此，有学者认为，"奥古斯丁的类比的困难之处，正如我们所看到的，不是在于它们给出了终极统一性的意义，而是没有能够确保三一神学的另一个要求，即不逊于某种终极的一的三要素之间区分的恒久性……因为不存在关于心灵、知识和爱是或者可能是三个基本独立本体/实体的清楚意义；毋宁说，我们有的是一个实体，心灵和其他两者则是它的状态或活动。"① 如同"朋友"这样的概念一样，位格体现着二级本体的"相对性"，在奥古斯丁的神学中被作为功能性的意义来理解。至少，奥古斯丁没有指出位格的不可改变的"个殊性"，没有指出它只是被述谓的主体，不是述谓者的个体性。在他看来，能够传达出 hypostasis/persona 之个殊性的反而倒是 ousia，是那"爱"的主体，知、意志和记忆的发动者。卡帕多西亚教父是从不可述谓的 hypostasis/persona 的主体性来讨论的，奥古斯丁则采取了相反的进路。两者的分别在于对 hypostasis/persona 属于哪一级本体有不同的看法。奥古斯丁显然知道一点，因为他区分出两级本体，是为自己把 hypostasis/persona 放在第二级本体作辩护，这更加说明他的弱位格性的基本进路是有意为之的。

尽管爱者或知者是一个实体/本体，**知识是一个实体/本体，爱是一个实体/本体**，然而爱者和爱，知者和知都是相对地言说的，就如朋友一样：然而心灵或灵都不是相对的；人也不是相对的：不过，爱者和爱，或者知者和知识，是不

---

① David Brown, *The Divine Trinity*. London: Open Court Publishing Company, 1985, pp. 272–273.

第六章 奥古斯丁的上帝观和希腊哲学的 Being

能彼此分离地言说的，正如朋友和人一样。尽管朋友在形体上是可分离的，然而就其是朋友而言在心灵上不能：不仅如此，而且当一个人一旦起了讨厌其朋友的念头，他就因此之故而不是朋友了，尽管另一个人不知道这回事而依然爱他。如果心灵用以爱自身的爱停止了，那么同时心灵就停止了爱。同样，如果心灵用以知自身的知停止了，心灵也就同时停止了对自身的知。正如有头的任何事物的头当然是个头一样，他们彼此之间是相对地述谓的，尽管它们也是实体：因为头是物体，有头的事物也是如此；如果没有了头，那也就不存在有头的事物。只有这些事物藉着切割是可以分离的，那些事物则不能分离。①

在这节引文中，奥古斯丁把两类本体的思想说得更加分明。如果勉强地用亚里士多德的《形而上学》作为参考论述的对象，在奥古斯丁看来，作为个体性的本体/实体，心灵、灵或人都是原初性的，属于一级本体，可以被看作是研究本体/是（ousia）之为"是"及"其所是"的学问。朋友、爱和爱者、知和知者则属于二本实体，是功能性的，尽管也可以被称为 ousia，然而正如 ousia 有许多其他的范畴，如"遭受"等等功能性的述谓一样，奥古斯丁是把它们列入这一等级的本体之中。他不断地强调说知者和爱者、知和爱虽然都是本体/实体，却是在相对性关系中被言说的。进而言之，体现在位格关系中的 ousia 是依赖于"是之为是"的 ousia，即上帝作为上帝的实体。在奥古斯丁的神学逻辑中，ousia 是被作为上帝来看的，不是作为 hypostasis/persona 相互寓居的共同体来看的。

---

① Augustine, *On the Trinity* 9. 4. 6.

四

然而，西方学者关于奥古斯丁的 hypostasis/person 的用法还是存在某些争议，有必要作专门的讨论，以便更加准确地认定奥古斯丁上帝观的倾向性。

拉丁文"位格"（persona）的最初意思是"面具"（mask），是一个借用自戏剧的词语。它的意思是用面具遮住演员的特征，只听到其声音，相当于现代性话语中社会学的"角色"一词。角色社会学使用的 persona 这个术语也借自于戏剧，用于描述男女两性的社会功能。在西方基督教神学传统中，撒伯流主义者首先使用"一上帝三形相（mask）"这样的表述。在角色社会学的人观中，人成了在"没有人的属性世界"（world of qualities without man）中的"无属性的人"（the man without qualities），这是一种极端的人观上的形相论。① 在希腊基督教的三一神学用语中，hypostasis 相当于 persona，是指一种经过了解释的对应关系，因为 hypostasis 不具有面具或现象的样式的意思，如亚里士多德的《范畴篇》用来指被表述而自身不表述他者的主体，因此是最具个殊性的本体。德尔图良使用 persona 与形相论作区分时，一方面他是借助于戏剧的"角色"的意思，是为了表示独一的上帝"分身"出的圣父、圣子和圣灵是三个 persona，并且都真实地是上帝，不只是上帝的表像。因此，德尔图良使用这个术语是强调基督的神性和人性，无论哪一者都是真实的，但没有完全提到个殊性的层次，个殊性似乎是为 hypostasis 在希腊语境所特有的。德尔图良使用这个术语主要还是要表达"经世"历史的真实性，基督的神人两性与救赎的真实关系。他使用 persona，

---

① R. Musil, *The Man without Qualities*. ET Secker & Warburgh, London 1953-1960, p.175. I.

目的是要证明独一的上帝在救赎历史中所启示出来的独特性,并不是着意于 persona 这个术语与三位一体关系的独特性。那么,在尼西亚神学的背景下,奥古斯丁是否将 persona 的用法与含义向着 hypostasis 的本体的个殊性作了转换呢?

奥古斯丁意识到 persona 在拉丁语中的特殊性。他认为在拉丁语中对应 hypostasis 的不是 persona 而是 substantiae。这表明他清楚 hypostasis 的实存性指向,然而他在多大程度上理解 hypostasis 是作为被述谓者而不是述谓者呢?这却并不清楚。就希腊语而言,对应于 substantiae 的应该是 ousia。如果改变已经形成的传统对应关系会造成混乱,况且希腊基督教思想家也不是将 hypostasis 和 ousia 从古典时代直接接受下来,而是经过了重新的铸造。奥古斯丁并不了解这一点,他在谈论 hypostasis、persona 和 substantiae 等词的对应关系时,还是按照古典希腊的语义学来理解。基于这种背景,与希腊基督教如卡帕多西亚教父把 hypostasis 强调为个殊性不同,奥古斯丁特别把它与同等性关联在一起,是为了说明 ousia 的用法中本身就包含着"本质同一"的用法。就是说,奥古斯丁在 persona 的用法中更多的是读出"一"的意思,而不是"三"的分别;卡帕多西亚教父从 ousia 中读出的是"三"的意思,却把"一"落实在 hypostasis 所展示出的动力性原理上。我们不妨引奥古斯丁的如下论述作为根据:

> 又当保罗说:"然而我们只有一位上帝,就是父,万物都本于他,我们也归于他;并有一位主,就是耶稣基督,万物都是藉着他有的,我们也是藉着他有的"(《哥林多前书》八章6节),谁能怀疑他讲到的是受造的万物呢?所以我要问,他在另一处说:"因为万有都是本于他,倚靠他,归于他,愿荣耀归给他,直到永远。阿门"(《罗马

书》十一章36节），他是指着谁说的呢？若是指着父、子和圣灵说的，将每一子句各指一位（persona）而言，……因为若万物有些是父造的，又有些是子造的，那么万物就不都是父造的，也不都是子造的；但若万物是父造的，也是子造的，那么它们就是同为父和子所造的；所以子与父平等，而父和子的行动是分不开的。①

基督又说："你们若爱我，因我到父那里去，就必喜乐，因为父是比我大的"（《约翰福音》十四章28节）；那就是说，我所以必须到父那里去，是因为你们肉眼这般看我的时候，就把我看为比父小；所以你们看到我取了受造者的样式，就看不见我与父同等的地位。因此他也说："不要摸我；因我还升上去见我的父"（《约翰福音》二十章17节）。因为人摸他就好像把他的概念限制了，所以不要那归向他的心受到限制，只照他的外貌去认识他。但"升上去见我的父"，表示他被显为与父同等，好叫我们的目光达到其最终目的。……但当父和子与爱他的人同住时，难道圣灵被排除在外么？那么上面论圣灵为何说："他乃世人不能接受的，因为不见他，也不认识他；你们却认识他；因他与你们同在，也要在你里面（《约翰福音》十四章71节）呢？"经上既论到圣灵说："他与你们同在，也要在你们里面"，圣灵就当然不能被排除于那居所之外。……所以圣灵在父和子来到的时候并不会离开，反要与他们永远同在一居所里；因为他们不会同着他们来，而他们也不会不同着他们来。为求指三位一体，经上将有些事各别地归向三位中各别的一位；然而称呼一位时，并不将其

---

① 奥古斯丁,《三位一体论》1. 6. 12，见于《奥古斯丁选集》；参看 Augustine, *On the Trinity* 1. 6. 12。

他两位排除在外，因为三位一体是合一的，是一本体，一上帝，父，子，圣灵。①

这两节引文涉及奥古斯丁三位一体神学的多个方面。例如，奥古斯丁强调行动的三位一体不是单一位格的经世，而是三位格的同时作为，涉及与卡帕多西亚教父的不同上帝观模式；还由此牵涉到"和子句"的问题。本节只限于讨论位格与同等性的关系，把其他问题放在后面两节讨论。奥古斯丁的论述表明，他在解经时所着重的是，任何圣经章句所牵涉的某个位格，例如谈到圣父创造万物，圣灵在人里面，必然都是指其他两位格同时也参与了这一位格的活动。更进一步来说，参与性的活动不是有神性等级之分，而是同等地参与的。在涉及基督自言比父小的引文中，奥古斯丁特别作了"外在的人"的三一与"内在的人"的三一的区分。因此，就圣经所言的任何一个位格必然引出另两个同等的位格，与本质同一所强调的神性同等性一样，位格所强调的也是同等性，包括神性原理的合一性和活动上的同时性，尽管圣经里面在提法上有位格的区分，奥古斯丁自己也承认这一点。② 这只能更加表明奥古斯丁把圣经有关位格关系的分别叙述，归结到同等性的叙述上，不是如卡帕多西亚教父一样，把它们分别为不同时段圣父、圣子和圣灵的经世活动，用内在三一来分析相互寓居的动力性关系。因此，如果说在位格的同等性分析上，奥古斯丁指向的三位一体，是通过分析位格描述与圣经叙事中的同等性表达之间的关联构成启示的同一平面的话，那么卡帕多西亚教父就是试图要

---

① 奥古斯丁，《三位一体论》1.6.12，见于《奥古斯丁选集》；参看 Augustine, *On the Trinity* 1.1.9.18-19.

② Augustine, *On the Trinity* 2.7.13-13.23.

展示内在三一和经世三一的关系，对启示出来的上帝的经世作了内在性的思辨。

　　许多西方学者认为奥古斯丁并没有秉承希腊基督教的三一神学遗产。这不是说奥古斯丁必须遵循希腊基督教所建立的三一神学的典范，因为它未必就是基督教上帝观的唯一规范，而只在于如何使历代基督教思想家承认他所开拓的解释也属于尼西亚神学的规范。那么，卡帕多西亚教父的神学遗产是什么呢？他们认为是把多元性看作是根植于神性本质的一元性中的，应以此为角度考虑的上帝的三重生命。一本质或一神圣本质是从存在的三样式中获得自身的表达的，因此在 ousia 和 hypostasis 之间不存在"体"和"用"之分，或者两者都是"体"，或者两者都是"用"；两者也不存在"表象"和"根源"之分，因为在同一位上帝里面，没有决定者也没有被决定者，没有在先者也没有后来者，因为这是在永恒中的关系。那为何还要使用这两个术语呢？在于侧重点的不同，hypostasis 的特殊性体现在彼得、约翰和雅各之于三位一体的类比中，他们之共有本质是就他们严格被指为三个人而言，个殊性的存在保证共有性的意义的有效性，反之亦然。因此，ousia 和 hypostasis 在三位一体神学中是相互在限制中扩张出相互寓居的意义的，而不是把相互寓居作为一个可以替换 ousia 和 hypostasis 之意义的用语。这可以避免因为强调个殊性而演变为三神论。hypostaseis 不是一普遍的神圣本质的特殊例子，更相当于亚里士多德的特殊具体的存在（proto ousia），在神性中的本质就是在位格中的本质。奥古斯丁没有参透"位格"一词的复杂关联，用有的学者的话说，"奥古斯丁从来没有能参透希腊教父用 hypostasis 指什么，或者没有理解他们使用这一术语来区分差异性就相当于回到普罗提诺以 essence/ousia 在事物之间做区分。而且，由于在拉丁语中，相当于 hypostasis 的准确用法是 substance，这使得奥古斯丁根本无法理解希腊教父所使用的这些

第六章 奥古斯丁的上帝观和希腊哲学的 Being

术语。"①

学者们普遍认为奥古斯丁上帝观典范的最大特征是弱化了"位格"概念的重要性,这是他与卡帕多西亚教父在上帝观神学典范上导致差异的重要原因。他们认为奥古斯丁的"位格"概念更接近于"关系"(而不是实体),缺乏有效的个体性支持。有的学者甚至相当极端地认为,奥古斯丁使用 persona 主要出于拉丁传统术语的合法性,他本人对此没有真正的兴趣。究其原因在于,奥古斯丁认为 persona 表达的是诸位格父、子和灵间的区分的"相对性",没有将隐含在 hypostasis 中的个殊的绝对性表达出来。因此,在使用"位格"的术语时,奥古斯丁已经使它发生了一些变化,根据他自己的意思进行了改造,"然而,persona 毋宁被证明是一'绝对的'术语。换言之,奥古斯丁把 persona 与'我'同一起来,因此在西方哲学史上导致了一场革命性的新举措。在这一'主观性'的意义上,persona 毋宁说与一上帝而不是三位格的上帝相一致。因为在这单一的神性中不存在三个'是'(is)。只存在三种成为上帝(being God)的样式,作为父,他没有起始,作为子,他来自于父,作为灵,他是从父和子那里生发出来的。"② 这个评论有它的合理性,奥古斯丁确实可能由于过分强调父、子和灵的关系性,以为 ousia 既然起到了支撑性的作用,就能够说明关系性里面是有个体性的。当然,奥古斯丁的考虑也不是没有道理,然而正如我们所说,在把父、子和灵凸现为关系性存在时,即使因为已经把 ousia 确立为了实体的意义,然而关系性所呈现的实体性仍然是二级实体的意义。

---

① Roy W. Battenhouse, *A Companion to the Study of St. Augustine*. New York: Oxford University Press, 1955, p. 238.

② Basil Studer, *Trinity and Incarnation: The Faith of the Early Church*, English Translated by Mattias Westerhoff, p. 183. Endinburgh: T & T Clark, 1993. 奥古斯丁的相关论述可见于 Augstine, On Trinity, 7. 4. 7–5. 10。

Gerald O'Collins 据此批评奥古斯丁的意志、知识和理解的类比。他认为，"奥古斯丁的自我呈现、自我识知和自爱固然先发制人地避免了三神论的危险，但是加强了关于上帝的独一位格的形态论。这样一种取自人类认知和情感的超位格类比，'除了'神圣统一性（并且避免有关三神论的怀疑）之外，不正是'丧失'了上帝的位格的三性，并因此落入形态论么？而且，由于知和爱在上帝的存在中是同一的，藉着这些活动来解释子的出生和灵的发出的空间何在呢？这神圣的知和意如何能够阐明上帝作为三个位格的存在，而不至于被视为只是一位格内部的独白呢？"[1] 奥古斯丁的如下论述可以被理解为是印证了上述批评的立场，"因此，存在着爱者、被爱者和爱。但是要是我只爱自己呢？岂不是只存在我所爱的和爱吗？因为当一个人爱自己时，爱者和被爱者是同一的。同样，正如一个人爱自己的时候，爱和被爱是相同的。……但是，然而，即使如此，爱和被爱者仍然是两件事物。因为当任何人爱自己的时候，除非当爱自身被爱时，就不存在爱。……因此，当任何人爱自己的时候，存在着两件事物——爱和被爱者。"[2] 我们当然可以理解奥古斯丁在"自我之爱"中区分出三者之于其三位一体类比的重要性，因为他确实想表明位格有区分地存在；同样重要的是，在他的辩解中可以清楚地看出，他是把"自我"作为"关系"之实体论前提来考虑。

也有学者不同意将奥古斯丁三位一体神学的拉丁传统与卡帕多西亚教父的希腊传统简单对立起来。例如 Edmund Hill 认为，将奥古斯丁和安布罗修（Ambrose）用拉丁语写作，以及将阿他那修、巴西尔和约翰·克累索斯顿（John Chrysostom）用希腊语

---

[1] Gerald O'Collins, *The Personal God: Understanding and Interpreting the Trinity*. New York: Paulist Press, 1999, pp. 136–137.

[2] Augustine, *On the Trinity* 9.2.2.

第六章 奥古斯丁的上帝观和希腊哲学的 Being

写作的方式实体化为神学的差异未免过于简单化,没有注意到每个神学家的背后的本土性,"但是将他们置于现代模式的阴影下就过于简单并忽视了这样一个事实,这也是四至五世纪教父的最为重要的内容——阿他那修所代表的是亚历山大里亚(Alexandria)或埃及(Egypt)的传统,安布罗修是北意大利(North Italy)的传统,奥古斯丁是非洲(Africa)的传统,巴西尔是卡帕多西亚(Cappadocia)的传统,而约翰·克累索斯顿是叙利亚(Syria)的传统。这些本土传统也要被算在里面,而不是如后来那样只在希腊和拉丁、东方和西方之间作出粗糙的区分。他们彼此相互影响,当然不只是希腊在这一端,而拉丁在另一端。"① Edmund Hill 的辩护很重要,它提醒我们基督教神学传统中的多元性,这是希腊主义在整个地中海地区的不均衡性所致。即使如此,在一些神学传统之间还是可以找到相似性的,这主要基于各教会传统之间的传统"友谊"和"交往"的影响。例如卡帕多西亚教父与叙利亚教会之间存在着更紧密的关系,正如安布罗修和奥古斯丁的联系一样。对于这一点,Edmund Hill 自己也无法否认,认为奥古斯丁的三位一体神学主线在于,"神圣位格相互之间被真正区别开来只是因为相互关系的名字。"②

奥古斯丁在上帝观中将位格的区分归结为一种"关系"原理,确实削弱了 hypostasis 之于尼西亚信经或者希腊基督教传统在使用这个词上的意图,尽管可能比较适合于 persona 一词的拉丁语意。我基本同意于根·莫尔特曼的看法,不能说奥古斯丁的"persona"就只是指"关系",也不能说卡帕多西亚教父的"hy-

---

① Edmund Hill, *The Mystery of the Trinity*. London: Geoffrey Chapman, 1985, p. 116.
② Ibid., p. 103.

postasis"只是"个体性的实在",这样做未免都过于脸谱化了。①不过,**有节制地使用评论的语言是重要的,准确地指出他们各自的倾向性则更加重要**。奥古斯丁确实把 ousia 作为 persona 的实体性来使用,他没有让 persona 获得与 ousia 同等的本体论用法也是确实的。就此而论,我认为用"弱位格论"来描述奥古斯丁的三一神学要更准确些。

五

我已经分析了奥古斯丁三位一体神学的关键性术语,尤其是讨论了如何理解奥古斯丁从 persona 中引出的"关系"理论。"关系论"是评价奥古斯丁的上帝观的基本概念,因为不少学者认为坚持"关系论"就说明奥古斯丁也坚持内在三一的路径。然而,这是一个误解。奥古斯丁的"关系论"是《论三位一体》第五卷的主题,第五卷是论定其"关系论"性质的主要文本依据。在这卷的后面,从第七卷、第八卷到第九卷,奥古斯丁陆续提出了三位一体神学的几个有名比喻:爱者、被爱者和爱;心灵、知识和爱;记忆、理解和意志。为了能够更确切地了解奥古斯丁三位一体神学的归属(内在三一抑或经世/超越三一),有必要对第五卷作专门分析。如果说前面这个部分是从 persona 分析"关系"的逻辑功能,而非本体功能的话,那么这一部分是依照"关系"理解奥古斯丁三位一体的全面神学含义,藉此反观他赋予 persona 的逻辑功能之与本体功能的不相对应的性质。我不妨先引出其中一节作为进一步分析的基础。

......在他[上帝]里面没有什么是有关偶性(acci-

---

① Jurgen Moltmann, *The Trinity and the Kingdom: The Doctrine of God*. Minneapolis: Fortress Press, 1993, pp. 172–173.

dent）的，因为对他没有什么是偶然的；然而凡所说的，并不都是照着本质（substance）说的。受造和可变之物则不然；对于它们，凡不是照着本质说的，就必是照着偶性说的。因为在它们里面凡能失丧或减少之成分，体积或品质，都是有偶性的；凡是指关系（relation）的事，如友谊，服务，类似，平等和其他这类的事，也是如此；地位和情形，空间和时间，行动和情感，也莫如此。但在上帝里面说是照着偶性说的，因为在他里面没有什么是可改变的；然而凡所说到的事，并不都是照着本质说的。所说的有的是指关系，例如称父为父，因他与子相关，称子为子，因他与父相关。这称呼并非偶然的，因为二者当中一个总是父，而另一个总是子。然而所谓"总是"，并不是说，父从子受生起才是不断地为父，从那时起才是不断地为子；乃是说，子总是受生的，而从来未曾有过开始为子之时。若他曾在什么时候开始为子，或在什么时候停止为子，那么他就是照着偶性称为子了。在另一方面，若父之称为父，是在于他自己，与子无关；而子之称为子，是在于他自己，与父无关，那么一位称为父，而另一位称为子，乃是照着本质说的。但既然父只因有一子才得称为父，这些称呼就不是照着本质说的；因为每一位有此称呼，并不是由于他本身，乃是由于他与另一位的关系。同时这称呼也不是偶有的，因为那称为父的和那称为子的，是永恒不变的。所以，为父和为子虽是不同的，他们的本质却不是不同的；因为他们如此被称呼，不是照着本质，而是照着关系，然而这并不是偶然的，因为它是不改变的。①

---

① 奥古斯丁，《三位一体论》5.5.6；参看 Augustine, *On the Trinity* 5.5.6。

这一节从三个方面提出"关系"的内容，它们都贯穿着奥古斯丁三位一体神学的根本宗旨。第一，奥古斯丁分出照着"偶性的说"和照着"本质（ousia/substantiae）的说"，指出当我们把一些受造物的术语用于永恒的上帝的时候，要注意使用对象已经发生了变化，因为任何在我们看来"照着偶性说的"，在上帝都是"照着本质说的"。上帝没有偶性，只有实体性/本体性。这就是永恒与实体（ousia/substantiae）/本体的关系，是为了要反驳阿里乌主义所谓的基督受生即基督受造的观点。第二，奥古斯丁区分了"照着本质（ousia/substantiae）的说"和"照着关系的说"。"照着本质的说"是指"由于他本身"，例如"一本质（ousia/substantiae）"是"照着本质的说"，它没有指向任何他者；如"我是自有永有的"也是如此。"照着关系的说"是指由于与另一位的关系，例如子被称为子，是因为有父；反之亦然。第三，奥古斯丁分析了"照着关系的说"。他指出，"照着关系的说"不是"照着偶性的说"，因为关系不一定就是偶性，尽管关系也有相对性；子被称为子虽然与父相关，却不是基于时间性的观念，而是"子总是受生的，而从来未曾有过开始为子之时"。奥古斯丁主要从第三个方面对"关系说"作了分析。

"照着关系的说"也是以本质（ousia/substantiae）为依据的，然而不就是"照着本质的说"。两者主要的区别在于，"照着关系的说"是"相对"的说，以受生与非受生为例，这是照着关系说的，不是照着本质说的，照着关系说没有影响到照着本质说所导出的"上帝是本质同一的"论断。阿里乌主义的主要错误在于，它把照着关系说的受生与非受生观念当成是照着本质说的，认为既然子是受生的，就在本质上不同于非受生的父。奥古斯丁说，阿里乌主义的逻辑就在于，"称上帝为受生者是一件事，称他为非受生者是另一件事。虽然父上帝被称为二者，然而前者就是与受生者即子相关,这是他们所不否认的,但他被称为非受生者,他们认为这就是他对自己而言。于是他们说:若是对于父有就其本身而下的肯定,而对于子无下此肯定的可能,而且这种肯定是照着本质说的;那么,父就其本身而言,是非受生的,子却不能说是如此;所以父称为非受生,是照着本质说的;而对子既不能说是如此,可见他的本质与父不一样。"[1] 阿里乌主义犯的错误还在于,把受生当作是照着关系说的,把非受生当作是照着本质说的,这样 ousia 与 persona 成了分离的关系。Ousia 被指为一切父的属性,一切关系性的东西都被当作必须是与 persona 无关的,例如非受生性和自有永有等等。据此,父与子也必是分离的,因为 ousia 为父所独有。

奥古斯丁自己的观点是,"非受生"也是指一种"关系"。它既可以保证 persona 之间的分别,如阿里乌主义所要求的;是从同等性的角度保证这种分别,不是如阿里乌主义所谓的一定要把同等性与差别性考虑为两个不同的不兼容于一实体性存在的原理。奥古斯丁说,"我们为对付这种狡猾起见,要强迫他们自己说,子与父之同等,是由于什么?是由于他自己呢?还是由于他与父的关系呢?这话不是照着论他与父的关系说的,因为就他与父的关系说,他是子,而父不是子,乃是父。父和子因此相关而得称,并不同朋友和邻舍一个样子;因为一个朋友是对他的朋友而得称,并且若他们同样彼此相爱,那么二者都有同一友谊;一个邻舍是对他的邻舍而得称,并且因为他们彼此为邻,所以二者都有同一邻舍之谊。但因子不是对子而是对父得称,子就不是照着子与父的关系而才称为与父同等了;结果子所以与父同等,是由于他自己。但凡关于自己所说的,就是照着本质说的。所以照着本质是与父同等;因此二位的本质是一。但说父非受生,并

---

[1] 奥古斯丁,《三位一体论》5. 6. 7;参看 Augustine, *On the Trinity* 5. 6. 7。

不是肯定什么，而是否定什么；当一个关系名词被否定时，不是照着本质被否定的，因为关系本身不是照着本质肯定的。"① 奥古斯丁说得很明白，"神性同等"不是照着关系说的，这是排除了将 persona 与 ousia 作对等的使用。他说受生与非受生是照着关系说的，不是照着本质说的，强调的也是上面的观点。因为它们是照着关系说的，所以圣父、圣子和圣灵是 persona 不是 ousia。父与子的同等性则是照着 ousia/substantiae 说的，因此不呈现在照着关系说的 persona 里面。既然如此，关于"在自身中的上帝"的内在三一就不是奥古斯丁三位一体神学的目标，他所要探究的是 persona 中呈现出来的 ousia 的同等性。基于这样的想法，奥古斯丁的三个相关类比基本上都是表达了 persona 中的"关系"，而不是从 ousia 中表现出的关系。因此，奥古斯丁又说：

> 因为我们已经成立了用法，以本体（essence）与本质（substance）为一回事；所以我们不敢说一本体（essence）与三本质（substance），却说一本体或本质与三位格（person）。许多有权威的拉丁作家讨论这事时，便这样说，因为他们找不着更合适的说法，用言语表达他们不用言语所了解的。在事实上，既然父不是子，子不是父，那称为上帝恩赐的圣灵不是父也不是子，他们确实是三位。所以基督用多数说："我与父原为②一。"（《约翰福音》十章 30 节）因为他并没有像撒伯流派一样用单数说"为一"；倒是用多数说"为一"。可是，将三一问题提出来时，人类的语言就太易穷尽了。然而我们给一回答说，三位（persons），而这并不

---

① 奥古斯丁，《三位一体论》5.6.7；参看 Augustine, *On the Trinity* 5.6.7。
② 原文为多数形式"are one"。

第六章 奥古斯丁的上帝观和希腊哲学的 Being

是为求有说的,而是为求免得没有说的。①

最后一句话是相当关键的,它表明奥古斯丁对于"位格"所呈现出的关系的"消极态度"。"不是为求有说的"已经是非常"弱"的肯定,只是为了针对否定位格的异端们说的。"为求免得没有说的"则是弱位格论的最低限度,是针对撒伯流主义的幻影说的,后者把神人两性的问题割裂以至于基督的肉身不承担经世的功能。我甚至怀疑奥古斯丁本人还可能认为撒伯流主义都不把那 ousia 作为一个实体,而是作为一种神性,因此"为求免得没有说的"特别强调 ousia 的实体性。

回到奥古斯丁的引文上,他如此强调用单数说"为一",而不是用多数说"为一",还是要指出三位格是"照着关系说的"。而这个 persona 还是要落实到 ousia 的问题上,这是奥古斯丁真正关注的单一性问题。奥古斯丁很可能认为,只有据此才能真正说明三位格神性的同等性或者本质同一性。换言之,卡帕多西亚教父的上帝观进路就显得有危险。"……无论与什么相关所说的话,并不是关于本质说的,而是相对地说的;……凡关于每一位所说的话,是归全体,而全体不是从多数看,而是从单数看。因为父是上帝,子是上帝,圣灵是上帝,没有人怀疑这是从本质说的。……经上说'你为大,惟独你是上帝'。(《诗篇》八十六篇10节)并不是像他们所妄想的,只是指父而言,乃是指父、子和圣灵而言。父为善,子为善,圣灵为善;然而并不为三善,而只为一善。……所以,凡关于上帝所说的,乃是就父、子和圣灵各位单独说的,也是就圣三位一体整个说的,不是用复数,而是用单数。既然对上帝并不是存在是一回事,伟大是另一回事,但

---

① 奥古斯丁,《三位一体论》5. 9. 10;参看 Augustin, *On the Trinity*, 5. 9. 10。

对他存在就是伟大；所以正如我们不说三本体，照样我们说三伟大，而是一本体和一伟大。我所说本体，在希腊文中是ousia，而且我们更通常称之为substance。"① 奥古斯丁的这番讲论还是针对"为一"和"为三"发挥的，由此引申出关于其他经文的诠释，这也是非常有创造性的地方。"为一"与"为三"之所以显得重要，在于它表明了奥古斯丁上帝观的进路。在他看来，"为三"作为经世上帝的形像必然归结到"为一"的上帝的结论。这个"为一"不只是本质同一的意思，还有同等性的意思，也是独一上帝的意思。经世三一要显出的就是这样一位超越的上帝，而不是进入到"在自身中的"内在的上帝，这既受限于圣经的启示，也受限于人的认识。因此，经世三一只限于显示上帝的超越性，不是要进入到内在说的言说之中。

奥古斯丁根据经世三一理解卡帕多西亚教父使用hypostasis，"意图在本体与位格之间划出一区分来。"② 什么区分呢？他在第七卷有一段很长的诠释：

> 免得我们似乎是偏向拉丁的说法，所以我们要更进一步讨论。若是希腊人愿意的话，他们就可以把三本质（substances），即三hypostases，改称为三位格（persons），即三prosopa。但也许他们选择那与他们语言更加相符的字。位格一字也与本质有同样的困难；因为对上帝存在并不是一件事，而有位格是一件事，倒绝对是一件事。假若存在就是就他自己说的，而位格是相对地说的，那么我们说父、子和圣灵三位格，是恰如我们说三友，或三邻舍，那就是就他们彼

---

① Augustin, *On the Trinity*, 5. 8. 9.
② 奥古斯丁，《三位一体论》5. 8. 10；参看 Augustin, *On the Trinity*, 5. 8. 10。

第六章　奥古斯丁的上帝观和希腊哲学的 Being

此相连而言并不是就各人自己而言。这样，他们当中的任何一人是其他二人的朋友，或亲属，或邻舍，因为这些名字有一种相对的意义。那么怎样呢？难道我们称父为子和圣灵的位格，或称子为父和圣灵的位格，或称圣灵为父和子的位格么？但我们对位格这一字常不这般应用，在三位一体中说到父的位格时，除指父的本质外，也不另有所指。所以，正如父的本质便是父的本身，不是就他为父而言，而是就他是自有而言，照样父的位格无非就是父自己；因为他称为位格，是就他自身而言，而不是就他与子或圣灵的关系而言，照样父的位格无非就是父自己（wherefore, as the substance of the Father is the Father himself, as not as he is the Father, but as He is, so also the person of the Father is not anything else than the Father himself）；因为他称为位格，是就他自己而言，而不是就他与子或圣灵的关系而言：恰如他称为上帝和良善、公义等等，是就他自己而言；又恰如对他存在便是为上帝，或为伟大，或为良善，照样对他存在便是有位格。那么我们为何不称这三者同为一位格，如同称为一本质和一上帝，反倒说三位格，同时我们不说三上帝，或三本体呢？除非这是因为我们要用一个词语来表达三位一体的意义，好叫我们承认他们为三时，若有人问什么三时，不至于默然无语。[①]

这段话值得仔细分析。第一个问题是，奥古斯丁这里的说法与其他地方所认为的父和子是"相对地说"是否矛盾？因为在这段话里，奥古斯丁称父的位格是就父自己而言的。这个说法里面包含两层意思：（1）如果就父被称为父，如果没有子，父的

[①] 奥古斯丁，《三位一体论》7.6.11；参看 Augustin, *On the Trinity*, 7.6.11。

名就不成立；子的情况也是如此。就奥古斯丁而言，这确是照着关系说的。(2) 奥古斯丁认为，就父的位格而言与就父的名而言是有所不同的。关于这一点，奥古斯丁自己说得很清楚，"他称为位格，是就他自身而言，而不是就他与子或圣灵的关系而言，照样父的位格无非就是父自己。"在英文的翻译中，父的位格被处理成 as not as he is the Father, but as He is，就是照着自身说的，照着 substance，或者 ousia 说的。讲得再直白些，persona 是照着 ousia 说的，这是出于论证圣父、圣子和圣灵神性同等性的需要。然而，这样的讲论方式却把位格的重要性放在了较弱的位置，这也是他再次重复前面已经说过的类似的话的原因，"若有人问什么三时，不至于默然无语"。

从这节引文中，还可以看到奥古斯丁并不真正了解卡帕多西亚教父三位一体神学的根本。他把希腊人的 hypostasis 理解为 ousia，说明他确实存在着对于卡帕多西亚教父的误读，因为后者把 hypostasis 看成是享有本体地位的"特殊性"，这在四世纪的基督教上帝观中非常重要，是卡帕多西亚教父对于三位一体神学的重要贡献。希腊思想传统向来把特殊性看作是次于普遍性的本体（ousia），卡帕多西亚教父则修正了这个典型的希腊传统。然而，当奥古斯丁把 persona 作为 ousia 的从属性的关联项时，不仅削弱了希腊教父所理解的 hypostasis 在三位一体上的重要性，而且单纯地从 ousia 来讲 hypostasis，把 hypostasis 仅当作是 ousia 的呈现者，没有也把 ousia 看作是之为 hypostasis 个殊性的呈现者。在这一点上，奥古斯丁失去了从 hypostasis 探讨 ousia 的可能性，失去了从经世三一向内在三一的运动，而是停留在超越性的三一之中。在下面一段话中，奥古斯丁较倾向于从 ousia 来讲 persona/hypostasis：

> "在本质上存在"（subsist）一词是指那有附属品的物体而言；例如在物体里面有颜色和形状。一个物体是在本质上

第六章 奥古斯丁的上帝观和希腊哲学的 Being

存在着（subsist），所以是本质（substance）；但那些附属品是在那在本质上存在着（subsist）并为主体的物体里。它们不是本质（substance），而是在本质中（in a substance）。所以那颜色或形状若不复存在，并不使物体不成其为物体，因为物体并非是为存留这或那形状或颜色的。所以无论是可改变或单纯之物，都不得称为本质（substance）。但若上帝在本质上存在（subsists），以致他能适宜地称为本质（substance），那么在他里面就像在一主体里面一样，有着什么附属品，而他便不是单纯的，那就是，对他存在是一件事；而任何论他就自己而言所说的，例如伟大、全能、良善等等，是另一件事。但若说上帝在本质上存在着，而且作为他自己的良善之主体。并且这良善不是本质（substance）或本体（essence），上帝本身并不就是良善，但良善是在他里面，像在主人里面，那就是不虔诚的说法了。由此可知，称上帝为本质乃是不适当的；最好用一个更常用的名字来称他为本体，也许只有上帝才真称得为本体。因为他才是独一存在的，因他是不改变的；并且向他仆人摩西自称这是他的名，说："我是自有永有的（I am that I am）"；又说："你要对以色列人这样说，那自有的（He who is）打发我到你们这里来"（《出埃及记》三章14节）。然而，不拘他是被适宜称为本体（essence），或是不适宜地称为本质（substance），他是就他自己而不是就与他什么的关系而得称。所以上帝存在便是在本质上存在（to subsist）。因此三位一体若是一本体（essence），也是一本质（substance）。这样一来，称他们为三位格（persons），也许比称他们为三本质（substances），更为适当。①

---

① 奥古斯丁，《三位一体论》7. 5. 10; Augustin, *On the Trinity*, 7. 5. 10。

这节论述与前述的主题从语义方面都是密切相关的。首先，从奥古斯丁选择使用 person 不是 substance 说起，在前引的有些奥古斯丁文本中已经涉及这个问题。奥古斯丁误认为 substance 对应于 hypostasis，这个错觉对于他的三位一体神学的塑造有重要的暗示：希腊传统用 hypostasis 是否导致三本质/本体（substances）呢？然而，他也不满意于用 substance 表证位格，因为他认为 substance 很难显出位格的区分。① 在奥古斯丁《论三位一体》的文本中，substance 出现频率非常之高。奥古斯丁不是将它使用在被误认为"位格"的意义上，而是用在实体本体的意义上。从这样的背景中，我们可以看到奥古斯丁为何如此尽力于本质同一和神性同等性的主题，因为他认为希腊基督教传统的 hypostasis 会导致三实体本体的原理，他有可能是从普罗提诺关于三本体的阅读中加深了自己的这一印象。

其次，奥古斯丁强调 essence 的重要性。在他看来，这个术语可能更准确地表达了希腊文 ousia 的意义（本体）。因此，essence 被当作希腊文 on/being 来使用，在英文中被对应于"I am that I am"和"He who is"。这是说作为上帝的 essence 在奥古斯丁看来是一个"实是"，不是抽象的系动词。从这个方面来说，译为 essence 是对 person 在意义上的一个补充，它指向一个位格性的 on。因此，在这个意义上，作为 person 和作为 on 是一回事。②

第三，奥古斯丁这里还提到 subsist。这个词甚至译为中文都是困难的事。它的拉丁文的动词形式是 subsistere，指本质性地存在，尤其是非质料性的 substance 的存在。从词义上来说，它

---

① 奥古斯丁，《三位一体论》7.4.9；参看 Augustin, *On the Trinity*, 7.4.9。
② 奥古斯丁，《三位一体论》7.6.11；参看 Augustin, *On the Trinity*, 7.6.11。

与本质同一和神性同等性相关，因为如果圣父、圣子和圣灵都是 subsist，那他们必然是同一 substance 的存在形式。因此，中译本将它处理为"在本质上存在"是颇为妥当的。基于对 subsist 的这一理解，奥古斯丁不同意使用卡帕多西亚教父的社会性类比。对于他来说，社会性类比没有能够把 subsist 的主体性表现在 essence，而是表现在了 person 上，这真就成了卡帕多西亚教父的 hypostasis 了。奥古斯丁批评用"三人"或者金子与雕像的类比，这虽然不是直接针对巴西尔关于 hypostasis 和 substance 的思辨的，然而确实构成了一种对照性的评论。奥古斯丁这样说，"在这些事上，一人不等于三人；二人多于一人；就相同的雕像说，三个雕像比一个雕像的金子多，而一个雕像比两个雕像的金子少。但就上帝而言，就不是这样；因为父、子和灵合起来并不比父或子多有本体（essence）；这三本质（substances）或三位格（persons）——假如我们必须这样称呼他们的话——合起来，与单独每一位同等。这是属血气的人所不能了解的。因为他除非在大小体积和空间的条件下，不能想到什么，因为有物体的形像翱翔于他的心灵中。"① 在第五卷，奥古斯丁指出这样一种类比会导致三重上帝的观点。②

在整个第五卷中，实际上也是在《论三位一体》的全书中，奥古斯丁都是使用 ousia 来对比 persona 的。这意味着什么呢？一方面，奥古斯丁所担心的是使用作为关系的或者照着关系说的 persona 会弱化 ousia 的神圣同等性和单一性，导致"强"位格论的神学逻辑。另一方面，也是他所采取的对策，他更宁愿采用以 ousia 的强统一性来限制 persona 的用法。因此，他把"照着本质说"所指向的 ousia 与"照着关系说"所使用的 persona 分开。

---

① 奥古斯丁，《三位一体论》7.6.11；参看 Augustin, *On the Trinity*, 7.6.11。
② 奥古斯丁，《三位一体论》5.3.5；参看 Augustin, *On the Trinity*, 5.3.5。

照着本质说的 ousia 之于 persona 的意义在于前者"本质性地/本体性地"存在为 persona。这样的"关系"原理进一步受到"实体"原理的控制。在奥古斯丁看来，subsist 也是指向绝对单一性的，因此称上帝 subsist，不是像通常所谓的有什么关系存在于上帝的内部被表述在经世的原理中，也不是就与它与"在自身中的上帝"的关系而获得更新的探究。上帝 subsist（本质地存在）时，只是把他自己作为实体本体的 ousia"呈现"出来，把自己的单一性"呈现"出来而已。

六

在第八、九和十卷中，奥古斯丁从三个类比分析了三位格的同等性和本质同一性。出于对 subsist 的看法，奥古斯丁不信任社会三一的类比，将心灵以及与心灵相关的事物作为类比的对象。显然，心灵作为无形性的存在更接近于他所要说的 substance。爱者、被爱者和爱，心灵、知识和爱，以及记忆、理解和意志的类比都是以心灵作为上帝的形像，这是从新柏拉图主义那里获取的自然神学角度，并营成关于三一之经世的看法。奥古斯丁关于心灵的看法也有不同于新柏拉图主义的地方，普罗提诺对于心灵（理智）的看法是自然神学的方式，他认为心灵（理智）是天然地善，不会不善，尽管它随着灵魂的下降而成为浪子，然而它的善性不会改变。在这一点上，奥古斯丁不同意普罗提诺，是反自然神学的，这是基于他对原罪的看法。奥古斯丁认为心灵除非在转而凝思上帝的时候，才是善的。"它〔心灵〕也不能抵达 being 除非它自身成为它所不是的。当它转向那所是的，要不是它爱善，寻求善和获得善，它如何会成了一个善的心灵。"[①] 因为，

---

① Augustin, *On the Trinity*, 8. 3. 4.

第六章 奥古斯丁的上帝观和希腊哲学的 Being 507

上帝是善的善,是首善,就是那所是的。① 当藉着这样一种意志的转向,当意志与本性和谐一致时,心灵就在善中得成全。那么,这样一种善或者说上帝就离我们不远了,奥古斯丁引《使徒行传》十七章 27 至 28 节说,"要叫他们寻求上帝,或者可以揣摩而得。其实他离我们各人不远。我们生活、动作、存留(having our being),都在乎他。"② 因此,当奥古斯丁用心灵来三位一体的类比指向救赎论的原理时,他又离开了自然神学。在他看来,心灵如果不转向善,也只是心灵而已。奥古斯丁不主张用身体或从形体中寻找三位一体的类比,这一再显出与卡帕多西亚教父的不同。在他看来,心灵尽管也需要转向,在成为内在的人,获得上帝的光照后,才会显出三一的形像,但是身体或者形体则因为形体性的原理,总是引人觉得三要比单一多,一总小于二。③ 总之,分有善的心灵是呈现三位一体的基础,因为在这样的心灵里面,有上帝的形像。"这就是真理和纯善:因为它是善本身,因此也是首善。除了那源于别的善而成为善的,善本身不增不减。因此,为了成为善,为了藉此成为心灵,心灵返观自身。"④ 如同德尔图良从道成肉身与人类历史的关系来谈论上帝在人里面的形像,奥古斯丁选择了内在的人与心灵三一的关系来讲论上帝的救赎和经世,然而都始终围绕着人是上帝的形像以及基督论或者三一论展示的经世本质。

奥古斯丁在提出心灵、知和爱的三位体类比时,也是从三者同等性呈现的角度作论述的。尽管心灵的转向是"内在的人"的三位一体形像呈现的实体性基础,然而类比的关键不在心灵,

---

① Augustin, *On the Trinity*, 8.3.4.
② Ibid., 8.3.5.
③ Ibid., 8.3.3.
④ Ibid., 8.3.5.

而在于爱。在奥古斯丁看来,心灵是爱和知的基点,我知道任何人的心灵是基于我自身的心灵,也是基于我自己的心灵相信我们所不知道的心灵。因此,我不仅是感知到存在一个心灵,而且藉着反思我所有的心灵而知道心灵之所是。① 由此,奥古斯丁引出心灵的知和爱的关系,在这一点上学者们有一个批评,就是心灵在奥古斯丁的类比中是实体,而知和爱则是心灵的能力,是非实体的。如是而论,这个类比尤其是知和爱不具有希腊人所谓的 hypostasis 的特征,似乎与拉丁基督教神学常用的 person 用法相近。② 不管如何,奥古斯丁把知与爱放在互为一体的角度来理解,③ 这也是为了突出他的《论三位一体》的主题,即渴望理解三位一体的永恒性、同等性和统一性。④ 奥古斯丁认为一个不知道公义的人之所谓的,是不可能爱那公义的人的。⑤ 同样,我们认知三位一体除非我们知道真爱之所是,因为真正的爱与我们公义地生活的真理实为一体。⑥ 因此,三位一体是从爱的关系中呈现出来的,不是在所爱的具体性中呈现出来,知与爱的关系或爱本身的合一,才是三位一体呈现于心灵之中的类比的真实所指。"任何人都不要说,我不知道我所爱的。让他爱自己的弟兄,他

---

① Augustin, *On the Trinity*, 8.6.9.
② 奥古斯丁自己意识到这个类比所可能引起的质疑,因此他有一个辩护。"爱和知不是被包含在如同作为一个主体的心灵里面,而是**这些也实体性地存在**,如同**心灵自身那样**。因为,即使它们相互相对地述谓,然而它们也是各自存在于它们的实体(substance)中。它们的相互相对地述谓不如同色彩和有色彩的对象的关系;这样色彩就在有色彩的对象中,但是自身中没有任何专门的实体,因为有色彩的物体是一个实体,然而色彩在一个实体里面;而是如同两个朋友也是两个人,都是实体。他们被称为人都不是相对地说的,称为朋友才是相对的。"(Augustin, *On the Trinity*, 9.3.5.)
③ Augustin, *On the Trinity*, 9.3.3.
④ Ibid., 8.5.8.
⑤ Ibid., 8.6.9.
⑥ Ibid., 8.7.10.

将爱同样的爱。因为他知道他藉以爱的爱,比知道他的弟兄更多:因为呈现得更多,显然知道得就更多;知道得更多,是因为更多的在他内面;知道得更多,是因为更确定。接受上帝的爱,就是藉着爱接受上帝。"① 因此,"当我看到爱时,我不知道是在它里面看见三位一体。不,而是,如果你看到了爱,你就看到了三位一体。"② 也可以说,爱就是三位一体。在心灵中呈现出爱,也必然呈现出知,而且无论知和爱都必然只在无形体的心灵中呈现,因此,心灵、知和爱构成三位一体的类比。

奥古斯丁的这个三位一体类比是其他两个类比的基础。其他两个类比,爱者、被爱者和爱是以爱为基础的;记忆、理解和意志则是以知为基础的。可以说这两个类比从不同的方面发展了第八卷的这个类比。如果单从第八卷这个类比而言,它有着明显的柏拉图主义和新柏拉图主义的进路。在柏拉图的思想中,知和善是一体的;新柏拉图主义尤其是普罗提诺则把这个知发展出爱的意义,更加的从同一和同等呈现的层面讲论三一,他认为灵魂的回归乃是基于它对于太一的爱,而不单纯地把知放在认知的角度,更重要的是以心理学原理作善性之三一的呈现。奥古斯丁所取的进路更接近于普罗提诺的心理哲学。

由于把知引向到更为重要的爱,奥古斯丁改变了柏拉图主义传统的本体论进路。卡帕多西亚教父基于柏拉图主义从知来关注本体(ousia)的角度,在神学进路上采取先行塑造本体的自我相通的内在三一的角度。奥古斯丁则从爱所呈现出的自我关系与内在的人的心理救赎的关系上来讲罪的赦免和松动的经世含义。这体现出两者在人观上的不同态度:卡帕多西亚教父如柏拉图主义传统那样依然是从宇宙论的角度来考虑人在宇宙中的位置,从

---

① Augustin, *On the Trinity*, 8. 8. 12.
② Ibid., 8. 8. 12.

宇宙秩序这个自然神学的角度展开上帝与人的关系；奥古斯丁是从新柏拉图主义的心理学来考虑人的救赎所要满足的与上帝的爱的关系。因此，与其说，以心灵为基础的三一的类比所要呈现的是爱者、爱和被爱者所指向的上帝的自我关系，毋宁说它指向的是人的救赎所要满足的与上帝的关系，阐明上帝在经世之中的异象。奥古斯丁把上帝的自我关系与人所要求的救赎的爱的行动紧紧地关联在一起，"我用我的心灵凝视爱，我相信经上所说，'上帝就是爱！住在爱里面的，就是住在上帝里面。'（《约翰一书》四章 16 节）"① 而这种救赎心理学的最为关键的一步是，奥古斯丁认为世俗的爱通常把爱的关系固化为一个具体的对象，例如爱自己的弟兄还是爱自己，这样爱反而成了一种罪的起因。救赎性的爱不在于爱自己多些还是爱弟兄多些，更不在于甚至患得患失地比较爱自己多些还是爱上帝多些，而是要明白爱上帝、爱邻居、爱弟兄和爱自己都是同一种爱，② 因此三位一体在经世里面呈现出来的是爱本身，这样才会有真正的本体上的同等性。凝视爱本身，唯有如此才能爱上帝，才能脱出原先的那种自我之爱所造成的罪感。

因此，奥古斯丁在呈现三位一体的那种爱的关系之本身时，并不在于要揭示这种爱的关系本身的本体性特征，而在于爱的关系与人的救赎的关系。这些都是从经世来讲上帝的。在关于三位一体的类比上，如果还是把爱的关系固化为某个对象，那么这种心理上的转向并不是真的或者至少不是容易完成的，爱上帝自然会比较于爱上帝，一旦产生如此的联想，而这种联想显然是无法避免的，那么对于上帝的爱经常因为对上帝的爱的切己性而得不到彰显。而如果转向爱爱本身，无论是爱自己的爱还是爱上帝的

---

① Augustin, *On the Trinity*, 8.8.12.
② Ibid., 8.8.12.

爱，还是任何其他的爱，当把爱某个东西转到爱爱本身时，上帝反倒会清晰地在爱里面呈现出来，而心灵也必然从具体的爱的比较中定位于更一般性的呈现。人的心灵得到爱本身的提升，不在于具体的爱中，而在于普遍的爱。任何具体的爱都被作为这普遍之爱注视，才会明白人的爱的主体都是上帝之爱。对于奥古斯丁来说，这是上帝观之为心灵救赎之必须。据此，爱的类比较知的类比显得更加重要，因为爱的类比直接关联到从上帝来的救赎，关系到三位一体神学的经世原理。这可能也是为什么在第八卷的末节，首先将爱的类比引入进来，作为过渡到第九卷的内容。[1]相比之下，知的类比则是从人寻求上帝的角度进入三位一体经世原理的另一个向度。

七

三个有关三位一体的类比中，心灵、知和爱的类比是中心。在这个类比中，奥古斯丁把知作为子的类比，把爱作为圣灵的类比。他用非常复杂的论证，证明为何"受生"只适用于"知"，而"发出"适用于"爱"。[2] 我们不讨论他的类比式论证是否有牵强之处，因为这样的论证基本上是在尼西亚信经确立了三位一体用语规范下所作的解释性表达，不是如卡帕多西亚教父那样所作的创造性贡献。相比较而言，奥古斯丁在这个问题上引人深思的是他给予心灵的解释，以及由此引出的心灵与知和爱的关联。这在前面已经有所讨论，这里有必要再作探讨。

奥古斯丁这个类比的重心在于探讨心灵和爱以及心灵和知如何是同等的，这是由心灵、知和爱的类比引出其他两个类比的基础。奥古斯丁说，"当心灵爱它自身的时候，它展示了两件事

---

[1] Augustin, *On the Trinity*, 8. 10. 14.
[2] Ibid., 9. 12. 17–18.

物——心灵和爱。然而,除了帮助自我去享有自我之外,爱某个人的自我还能是别的什么吗?当任何人希望他自身正是那个他之所是,那么意志就与心灵相同,而爱就同等于他所爱的。如果爱是一个实体(substance),他当然不是一件物体,而是灵。但是,爱和心灵不是两个灵,而是一个灵;也不是两个本质(essence),而是一个:然而这是同一的两件事物,爱者和爱,或者你也可以说,被爱者和爱。"① 奥古斯丁关于心灵的解释是相互的,或者说是交互的。心灵不是固定为心灵,显然在三位一体的关系中,它可以被解释为爱的对象/被爱者和爱者。这个交互性有两个方面的意义:一是显出在心灵、知和爱的类比中,其实是一种关于上帝自我即 Being 的呈现;二是为了保证圣父、圣子和圣灵之间关系的对等性和同等性。对于此种对等性和同等性关系的强调,蕴含了"和子句"的三位一体神学逻辑。

奥古斯丁以类似的方法解释了心灵和知为何是同一的。他说,关于事物的全部知识类似于它所知道的事物,心灵包含着它所知道的事物的某种相似性。因此,当我们知道上帝的时候,我们就与他相似,尽管这种相似不是在同等的点上,因为我们不知道上帝的 Being 的广度。由于心灵比物体具有更好的本性,心灵中的物体的形像要好于物体本身,因此如同心灵一样,它也在一个活的实体(living substance)之中。当心灵知道并认可它自身时,相同的知识就以话语的方式与心灵相同和同等。知识所具有的是它所知道的事物的形像,就此而言,当它所知的心灵自身被知道时,它就拥有了完全的和同等的形像。因此,它既是形像又是话语,因为它是以同等于知而说出来的关于心灵的话语,而被生育者总是同等于生育者的。② 与前面关于爱和心灵的同等性论

---

① Augustin, *On the Trinity*, 9. 2. 2.
② Ibid., 9. 11. 16.

第六章　奥古斯丁的上帝观和希腊哲学的 Being

述一样，这也是论证知和心灵的同等性的。这更可以清晰地看出奥古斯丁三位一体的神学逻辑：以同等性为本质同一的替代性术语是其逻辑的主导性话语。只是在这节论述中，奥古斯丁把"知"与"生育"的方式特别地联系在一起。这表明奥古斯丁是把"知"作为"子"的位格来看待的。

在此前提下，如同在同等性的前提下论述位格的关系性一样，奥古斯丁也论述了心灵、知和爱的位格的区分。在这些个"三"里面，当心灵知道自己和爱自己时，仍然存在为三位一体：心灵、爱和知。这个三位一体不因为任何的混合而混淆在一起，它们各自分别在它们自身里面，全部又都相互地在全部里面，或者每一个都各别地在每两个里面，或者每两个都在两个里面，因此全部都在全部里面。当然，心灵是在它自身里面，因为它是由于与自身的关系而被称为心灵；尽管就它自身的知识而言，它被称为是知、被知或可知的；尽管相关于爱而言，它被称为爱、被爱和可爱的。知和爱也可以据此分析得出它们都保持着各自的位格性，而不是被混淆在其他两者里面。因此，这些事物都各自地在它们自身里面。① 从新柏拉图主义的观点来看，奥古斯丁的观点当然是可以理解的。新柏拉图主义的立场是把心灵、知和爱都提升到理智主义的层次，把知和爱都看作是与心灵一样的实体性存在。以此为基础，奥古斯丁阐释了这样一个基本观点：心灵、知和爱**相互地在**（是），**相互之在**（是），② 不影响它们各自是什么；心灵、知和爱共同的存在（是）是从本体的角度说的，是什么是从相互的关系的角度说的。这一直是奥古斯丁坚持的逻辑，然而他在作上面的论述时，又包含着一种特别的想法或者指向某种特别的神学依据。首先，就本质同一或者本体的纯一性或

---

① Augustin, *On the Trinity*, 9.5.8.
② 这可以看作是一种静态的"相互寓居"原理。

者同一性来说，相互之在当然不可能是非同一性的在。其次，为什么各自是什么不可以同样在本体的角度来言说的？奥古斯丁不认可这一点。在他看来，"各自是什么"不是指"在（是）"而言，而是指"在者"而言。然而，我们所要搞清楚地是，基督教的上帝观从来没有分出"在"和"在者"两个泾渭有别的方面。上帝必然既是"在"，又是"在者"，"在"和"在者"都属于本体的言说，而不是如奥古斯丁一样可以把"在"当作实体的本体性言说，而把在者当作位格的关系性言说。正是因为如此，三位一体的上帝观是非常独特的一种言说方式，因为他在本体中同时具有"在"和"在者"。奥古斯丁所引向的上帝观进路是，当"在者"被作为单纯的位格性的"是什么"来看时，上帝以超越性进入历史本体的方式就是经世，这样的位格的三以同等的方式呈现为心灵中的在者。在这个方面，奥古斯丁以一种特殊的新柏拉图主义的心理学方式重述了德尔图良的历史学方式。

奥古斯丁从心灵和知的类比中引出记忆、理解和意志的三位一体的类比采取了相同的言说方式。他说，在这三样事物中，一般可以分辨出年轻人的能力特点。一个年轻人记得愈牢，愈驾轻就熟，就理解得愈真实，也愈热情地献身于研究，所表现出的能力也愈值得称颂。然而，当涉及人的学问时，就不只是他记得多扎实和多驾轻就熟，或者他的理解是如何的敏锐，而是他记住了什么，理解了什么。心灵所以被认为是值得称赞的，不是因为他学会了什么，还在于他是善的；不只是听从他所记住的和他所理解的，还在于听从他所意愿（志）的；不在于他意愿（志）的热切程度，更在于他意愿（志）什么，他对它的意愿（志）有多大。当心灵爱那所当爱的事物时，爱得愈热切的心灵就愈值得称颂。[①] 奥古斯丁又指出，记忆、理解和意志分别对应于心灵的三

---

① Augustin, *On the Trinity*, 10. 11. 17.

样东西——能力、知识和使用。能力是三者之首，它表明一个人可以用记忆、理解和意志做什么。知识则与人们在记忆、理解中所有的东西相关，又是因为其热切的意志获得的。第三个因素即使用则在于意志，然而他所管理的事物都已经被包含在记忆和理解之中。[①] 奥古斯丁阐释记忆、理解和意志与心灵三能力的关系，指出了心灵的任何一个方面都与这三者相关：记忆、理解和意志不是作为偶然的随意的类比提出来的，它们确实是存在于心灵中的三一。它们是三，是因为"能力"是一般地涵盖了这三者，"知识"则通过记忆和理解指向意志，"使用"则更好相反，是由意志指向理解和记忆。由奥古斯丁关于三位一体的神学逻辑而言，这是符合他一直主张的关联的对等性原理的：一位格在另外的两位格之中，全部在于全部之中。这种位格间关联的对等性又是对于本质/本体同等性的最好阐释，或者是神性同等性原理的一部分。

因此，奥古斯丁使用怎样的类比并不重要，他还完全可以找出其他的类比。重要的是，他的目标只在于如何说明同一的同等神性是如何地存在于三位格之中，并成为位格之间的对等关联。记忆、理解和意志的类比也是如此。奥古斯丁指出，这三即记忆、理解和意志不是三生命，而是一生命；不是三心灵而是一心灵。其结论是：它们不是三本质，而是一本质。那被称为生命、心灵和本质的记忆是就其本身而言的；然而它被称为记忆，是相对于某事物而言的。理解和意志也是如此，它们被称为记忆和理解也是相对于别的事物而言的；但是某一个就其自身而言是生命，心灵和本质。因此，三是一，就此而言它们是一生命、一心灵和一本质；无论它们就其本身而言被称为任何别的事物，当他

[①] Augustin, *On the Trinity*, 10. 11. 17.

们被合在一起称呼的时候,他们都不是复数,而是单数。① 非常明显,奥古斯丁这里使用的是前面所说的阐释原理:"绝对地说"和"相对地说"。

无论是"绝对地说",还是"相对地说",始终都是围绕这个"一"所作的言说。因此,在神性的同等性和位格关联的对等性的阐释方式里,奥古斯丁的三位一体原理所着眼的是"本体/本质"(ousia)的主题,而不是"位格"(persona)的主题。"三"之间的相互关联构成了"一"的特性,在"三"里面存在的不只是一对一,也是一对全部的关联。什么是一对全部的关联呢,是指一包含全部,因为我记忆我所记忆、理解和意志的;我理解我所理解、意志和记忆的;我意愿(志)我所意愿(志)、理解和记忆的;我记忆我全部的记忆、意愿(志)和理解。② 记忆、理解和意志的对等性关联中始终包含着作为自身的 Being,构成关于 Being 的言说,这是对等性和同等性之所以为完全地对等和同等地呈现的主体。奥古斯丁从发生学的观点看待这三者关联的密切性当然是对的。在他看来,对于"我"没有记住任何东西的记忆而言,就没有东西出现在"我"的记忆之中,甚至在记忆中都没有出现记忆本身。因此,"我"记住全部的记忆。同样,无论"我"理解什么,"我"都知道"我"所理解的,无论"我"意愿(志)什么,"我"都知道"我"所意愿(志)的;无论"我"知道什么,"我"都记住。因此,"我"记住"我"理解的全部,"我"意愿(志)的全部。同样,当"我"理解这三事物时,"我"是将它们作为整体来理解的。不存在"我"不理解的理智事物,除了"我"所不知道的;但是"我"不知道的,"我"也就无法理解和意愿(志)。因此,

---

① Augustin, *On the Trinity*, 10. 11. 18.
② Ibid., 10. 11. 18.

"我"所不知道的一切理智事物,就会导致这样的结果即"我"无法记忆也无法意愿(志)。无论"我"记住和意愿(志)什么事物,自然"我"已是记住了。在"我"使用"我"全部的记忆和理解时,"我"的意愿(志)自然也就包括了全体的理解和记忆。因此,当全体被每一者相互理解时,作为整体,作为一个整体的每一者就同等于作为一个整体的每一者,作为每一者的整体也就同等于作为整体的全体。这三就是一,一生命,一心灵和一本质。①

第二节 奥古斯丁的上帝—共同体模式

我已经论述了奥古斯丁上帝观典范的总体特征:"强"本体性和"弱"位格性。这是就奥古斯丁把 ousia 作为第一本体/实体,把 person/substance 作为第二本体而言的,不是说他拒绝承认上帝的位格性。以此为基础,本节将继续讨论奥古斯丁的上帝观典范,我称之为共相模式,这是相对于卡帕多西亚教父上帝观的层级模式而言。所谓"共相",是指"共同呈现"而言,奥古斯丁的上帝观始终把圣父、圣子和圣灵的共同呈现作为 ousia 的主要内容。需要指出的是,两种模式是相对而论的。卡帕多西亚教父的层级模级与位格共契的动态观念联系在一起,奥古斯丁的"共相"模式则与实体呈现的静态观念联系在一起。奥古斯丁三位一体神学的在于说明基督教上帝观关于"一性"的理解是如何地不同于其他宗教如犹太教或者宗派如阿里乌主义,卡帕多西亚教父则在于说明"三性"的位格是如何内在相关为一个上帝。在《论三位一体》中,奥古斯丁很少讨论圣父、圣子和圣灵的位格特征,重在强调三者之间如何既是有分别地存在,却又是同

---

① Augustin, *On the Trinity*, 10. 11. 18.

等"同时"呈现的三位。因此,"共相"模式进一步展示了奥古斯丁上帝观典范的"强"本体性和"弱"位格性倾向。①

这就是说,奥古斯丁的上帝观蕴含着不同的神学意图和逻辑。就卡帕多西亚教父而言,他们也肯定三位一体的上帝是从圣经启示出来的历史中形成智性直观的,然而他们并不守成于直观所达到的历史表面的位格形式,更希望获得关于位格的形而上学内容。卡帕多西亚教父的意图在于:三位格就其是某个位格而言,他需要具有怎样的内在才能形成历史中经世的特征。在基督教上帝观中运用这种柏拉图主义的传统,对于他们而言,完全是自然而然的。卡帕多西亚教父从内在三一的角度对于 ousia 和 hypostasis 作 theologia 探究,在他们看来,并没有僭越上帝的主权,而只是通过阐释位格的本体性形式,使它成为与 ousia 同一层次的术语。因此,卡帕多西亚教父虽然描述的是层级模式的上帝,所说的则是在上帝内部存在着的位格关系的永恒性所达成的如上帝经世中所表达出的自然秩序:圣父君临于旧约的历史,圣子在新约中达到了启示的高峰,圣灵在圣子之后继续启示和更新。卡帕多西亚教父倾向于认为经世和救赎历史中所显示出来的位格关联,表明圣经的启示有一个远为复杂的 theologia/神学视野。

相形而言,奥古斯丁的看法要简单得多。他在解经的过程中注意到,在上帝作为上帝、上帝作为基督、上帝作为圣灵临在于历史时,都是圣父、圣子和圣灵的共同作工。他需要在两者之间形成一种阐释。在他而言,上帝经世(oikonomia)本身就已经是圣父、圣子和圣灵的神学(theologia)。我们看到,奥古斯所

---

① 前面已经提到奥古斯丁上帝观典范的两个方面:一是"以同等性解释本质同一";二是"关于经世的超越性理解"。这里的第三方面是指奥古斯丁认为,"位格"总是同时呈现为圣父、圣子和圣灵,而不是如卡帕多西亚教父那样认为存在为层级秩序的形式。

第六章　奥古斯丁的上帝观和希腊哲学的 Being　519

采用的是德尔图良的历史神学的模式，然而他通过阐释经世事件中的上帝、基督和圣灵的工作，指出在工作的始终都是作为圣父、圣子和圣灵的上帝、作为圣父、圣子和圣灵的基督以及作为圣父、圣子和圣灵的圣灵。因此，在上帝、基督和圣灵之上，似乎还存在一个超越圣父、圣子和圣灵的本体。奥古斯丁为两者的关系提供一种认识论或心理哲学模式，从无形体性的心灵中寻找证明它们关系的根据。奥古斯丁与德尔图良之间的不同，是柏拉图主义与斯多亚主义的不同，不是三一论的不同。因着他的柏拉图主义传统，奥古斯丁在经世的上面增加了一个超越的观念（即无形体的观念，而斯多亚主义者认为一切事物包括神都是有形体的）。然而，奥古斯丁与卡帕多西亚教父的不同，则属于柏拉图主义者之间的不同，是三一神学典范的不同。

一

美国神学家 C. M. Lacugna 对于希腊和拉丁三位一体神学典范之间的不同有清晰的理解，富有启发意义。她把希腊教父的三位一体模式表达为抛物线模式（模式一），就是我所说的层级模式；把拉丁的三位一体模式表达为静态模式（模式二），就是我所说的共相模式。根据她的表述，我列图如下：

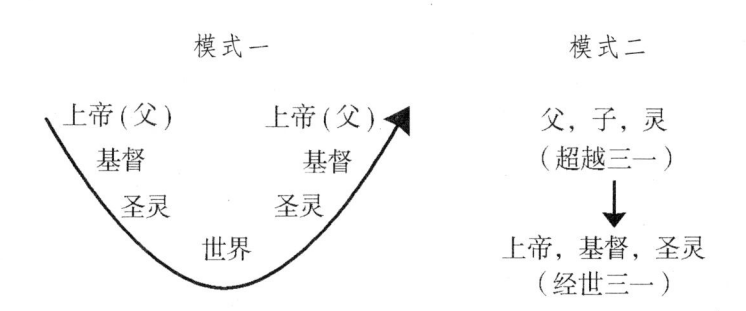

模式一

上帝（父）　　　上帝（父）
　基督　　　　　　基督
　　圣灵　　　　圣灵
　　　　世界

模式二

父，子，灵
（超越三一）
↓
上帝，基督，圣灵
（经世三一）

Lacugna认为"模式一"表达了万物源始于上帝并回归上帝的狂喜运动。"模式一"既不承认Neo-Palamite也不承认Neo-Scholastic，它们都属于将"上帝自身"和"为我们的上帝"（God for Us）分离的神学。卡帕多西亚教父的上帝观主题是，凸显道成肉身和圣灵圣化的经世中的动力性秩序：从父而出，并回归到父（a Patre ad Patrem）。在这种模式中，三一论不比圣灵论突出；内在三一不被认为是与救赎的经世相分离的实在，上帝的内在性（神学）就是经世。"模式二"描述的内在三一实际上却只是一种非时间性的经世概念，指出永恒之中的圣父、圣子和圣灵的共同体与时间（经世）中的上帝、基督和圣灵的共同体的对应关系，通过澄清圣经中关于上帝、基督和圣灵的令人误解的那些语言，显示圣父、圣子和圣灵的本质同一。因此，"模式二"的主题是作为上帝的共同体（经世）与作为共同体的上帝（内在）的关系。① 在我看来，Lacugna所谓的奥古斯丁的"内在三一"称为"超越三一"或许更妥当一些，因为奥古斯丁不仅讨论作为上帝的共同体与作为共同体的上帝的关系时是就着ousia说的，在讨论圣父、圣子和圣灵的关系时也是就着ousia说的。实际上，这都已经把ousia理解为同一个实体的不同存在形态上的关系，persona只是在说明ousia时所需要添加的逻辑关系，不是ousia的内在关系。因此，我把Lacugna的模式二略作修正，形成模式三：

我还需要对已经修正过的Lacugna的模式三再作些修正性解释才能把它用到奥古斯丁的上帝观讨论中。首先，我们不能把Lacugna的总结直接地应用于卡帕多西亚教父和奥古斯丁上帝观

---

① Catherine Mowry La Cugna, "The Trinitarian Mystery of God", see in Francis Schussler Fiorenza & John P. Galvin (eds.), *Systematic Theology: Roman Catholic Perspectives*, Vol. I. Fortress Press, 1991, pp. 176-177.

第六章 奥古斯丁的上帝观和希腊哲学的 Being

模式三

父、子、灵
（超越三一）
↑↓
上帝、基督、圣灵
（经世三一）

的对比中。Lacugna 所指出的"模式一"是基于拉纳的内在三一就是经世三一的著名观点，是对卡帕多西亚的上帝观的重新理解。"模式三"与奥古斯丁的上帝观虽然有直接的关系，然而还不能等同于他的三位一体神学模式，毋宁说是奥古斯丁之后的拉丁神学家的奥古斯丁主义的模式。其次，Lacugna 对于卡帕多西亚教父的阐释使得其三位一体神学呈现出更丰富的含义：（1）卡帕多西亚教父确实是主张内在三一的神学进路的，据此理解在启示中呈现出来的位格性共契的关系。（2）卡帕多西亚教父把内在性了解为动力性，表达为救赎关系是基于位格间的运动（内在）关系，上帝的经世是基于位格之间的这种永恒的交通性的"相互"的。因此，内在不是封闭，而是开放性的。这就是 Lacugna 所说的内在三一不被认为是与救赎的经世相分离的实在。

回到奥古斯丁三位一体神学的表达上。修正了的模式三表述了后奥古斯丁拉丁神学的上帝观模式，那么奥古斯丁的三一神学与模式三会有什么区分呢？我认为在于奥古斯丁不承认存在由超越三一决定经世三一的过程，他所主张的是经世三一在直观中呈现超越三一，相互之间不存在运动关系。在奥古斯丁看来，直观性的呈现就是救赎的光照，即人的存在由外在的诱惑性关注转向内在的三位一体形像的凝视；从外在三一中的"上帝是三"的

误解转为"上帝是一"的正解。因此,在直观呈现的理解上,可以用"模式四"代替"模式三",作为奥古斯丁上帝观的共相模式:

模式四

父、子、灵
(超越三一)
↑
上帝、基督、圣灵
(经世三一)

"模式四"和"模式三"的主要不同是,"模式四"其实悬搁了"内在/超越三一"的讨论,"模式三"则还有一个关于纯粹内在三一的思辨的层面。[①] 就"模式四"而言,超越三一的位格(圣父、圣子和圣灵)就是三位一体上帝在经世中的实存(上帝、基督和圣灵)的呈现。只不过前者强调 ousia 表述出的位格特征,后者强调上帝从 ousia 中存在出的实体特征,这是 subsist 用于"经世"的特别含义。模式四强调了奥古斯丁上帝观神学典范的呈现模式,而不是超越三一之于经世三一的决定模式。《论三位一体》的前七卷从解经的角度来讨论模式四中作为三的上帝、基督和圣灵如何是作为一的父、子和灵;第八至十卷则从心灵直观的角度讨论作为一的父、子和灵如何是作为三的上帝、基督和圣灵。因此,模式四的两个箭头不是表示运动,也不

---

① 就这个角度而言,我并不认为莫尔特曼把卡帕多西亚教父与卡尔·巴特联系起来是正确的。他批评他们都把内在三一看作是一个封闭的圈子,然而真正把内在三一看作是封闭的圈子的,是后奥古斯丁的拉丁神学,不是卡帕多西亚教父的希腊基督教神学。

是表示决定与被决定关系，而是表示相互呈现的关系。

"模式四"与"模式三"的主要共同点是上帝作为圣父/上帝、圣子/基督和圣灵/圣灵的"共相"。"共相"不单指普遍属性的意思，更指作为共时呈现和共处呈现的实体性共同体。无论是超越三一还是经世三一，上帝作为共同体都是绝对的主动者。在这方面，"模式一"与"模式四"的主要区别在于："模式一"是层级性的模式，它表明经世的历史取决于位格间动力性关联的解释；也是因为位格间的动力性关联，经世的位格才具有关联上帝和人的救赎的 ousia。因此，"模式一"关心位格间的动力性关联的特征，把救赎历史看作是上帝的作为与人作为上帝的形像的复原关系的互动，人也显示出上帝的位格性主动。基于这样的神学意图，"模式一"没有如"模式四"那样把父、子和灵表达为静态的面相。上帝的位格性在于上帝的内部关联形式，不在于所显出的作为事工的存在者特征。换言之，内在三一高于经世三一。

"模式四"和"模式一"的区别还在于：模式四极为重视位格间的关系性与作为共同体的上帝的关系，模式一则看重位格的个殊性。这里包含着"强本体性"的共同体与"强位格性"的"共同体"的不同，体现出奥古斯丁和卡帕多西亚教父上帝观的不同着眼点。在"模式四"中，作为"超越三一"的上帝和作为"经世三一"的上帝都是被静态描述的，因此位格间的分析是围绕如何由上帝的"一性"同等地构成表述共同体-上帝的救赎本质。"模式一"有所不同。位格在永恒性中的自然秩序（左边）总是对应于时间性中的自然秩序（右边），历史对于自然秩序的永恒性不能够增加或者减少些什么，然而永恒性中的自然秩序却在其时间性的施加中将自身的"所是"敞开了出来，将圣父与其他两位格的"共是"作为动力性性质的 ousia 作为"经世"敞开了出来。

还要指出的是,"模式四"和"模式一"所展示的"关系"向度的不同。模式一基于 ousia 来言说"关系",把上帝显示为一个动力性的存在。在动力性的关系中,位格间不是通过静态的模式来联结的,而是通过由 ousia 的构成性关系(相互之在/是)来联结。在这个模式中,最有趣的莫过于 ousia 如何显现为圣子和圣灵这样的实体/位格,还仍然是父的 ousia。因此, ousia 不是实体,因为位格是实体; ousia 是关系,圣父、圣子和圣灵的个殊性没有分离这种关系,因而是一位上帝。上帝之所以是上帝,乃在于他是一种"关系"共同体;他之所以是"关系"共同体,又是因为 ousia 是包含位格之充分个殊性的"关系"。从这个角度来说,卡帕多西亚教父的上帝观超越了实体论的希腊本体论,是对于关系论的希腊本体论的发挥。在模式四中, person 是"关系"。基督教的上帝不是因为 person 是上帝,是因着 ousia 是上帝,发展的是希腊本体论中的实体论哲学。

二

奥古斯丁关于上帝观的"共相"模式的分析尤其体现在爱的类比中。他关于"上帝是爱"的神学断言主要是依据《约翰一书》,"亲爱的弟兄啊,我们应当彼此相爱,因为爱是从上帝来的。凡有爱心的,都是由上帝而生的,并且认识上帝。没有爱心的,就不认识上帝,因为上帝就是爱。上帝差他独生子到世间来,使我们藉着他得生,上帝爱我们的心在此就显明了。不是我们爱上帝,乃是上帝爱我们,差他的儿子,为我们的罪作了挽回祭,这就是爱了。亲爱的弟兄啊,上帝既是这样爱我们,我们也当彼此相爱。从来没有人见过上帝,我们若彼此相爱,上帝就住在我们的心里,爱他的心在我们里面得以完全了。"(《约翰一书》,四章 7—12 节)爱的类比表明奥古斯丁上帝观的经世基础,直接从圣经并依据圣经提供支持神学分析的依据;爱者、被爱者和爱本身又清楚地体现出"共相"的关系。

在引用《约翰一书》的上述经文后，奥古斯丁又依据《约翰一书》后面的经文证明"圣灵是爱"。"上帝将他的灵赐给我们，从此就知道我们是住在他里面，他也住在我们里面。父差子作世人的救主，这是我们所看见且作见证的。凡认耶稣为上帝儿子的，上帝就住在他里面，他也住在上帝里面。上帝爱我们的心，我们也知道，也信。上帝就是爱！住在爱里面的，就是住在上帝里面，上帝也住在他里面。这样，上帝在我们里面得完全，我们就可以在审判的日子坦然无惧。因为他如何，我们在这世上也如何。爱里没有惧怕；爱既完全，就把惧怕除去，因为惧怕里含有刑罚，惧怕的人在爱里未得完全。"（《约翰一书》四章13—18节）圣灵作为爱的位格被奥古斯丁引入到三位一体神学中，与"爱"作为"关系"被引为三位一体的类比存在着相互阐释的关系。《约翰一书》四章7—12节和13—18节从圣父上帝因着爱人类差遣圣子实施救赎之爱，以及圣灵让爱住在人的里面来言说"模式四"的爱的"共相"。奥古斯丁明确指出，超越的三一对应于的人类的爱就是"相互之爱"，最能够体现"相互之爱"的是"弟兄之爱"，就是彼此的相爱，就是在爱里面看见的是别人而不是自己，这样的爱才会看见爱本身。在"自身"的"爱"中看见"爱"本身，就是在"作为位格的爱的关系中"看见"爱的实体"，就是在作为共同体的上帝中看见作为上帝的共同体。

奥古斯丁就爱的"关系"又作了两个方面的阐释：一是圣灵作为爱住在人里面；二是三位一体的上帝住在人里面。在他看来，两者之间是联系在一起的。奥古斯丁说任何关于一个位格的经文，也就是关于全部位格的指示，三位格在经世中都是共同地居住和作工的。因此，共相模式中所着重的，不是位格的个殊性之于人的救赎的复原关系，而是"共相"的上帝之爱呈现于人的悔改，如 Gunton 所言，奥古斯丁通过消解位格的个体性原理，使得"关系"的共同体更成为位格内部的象征。① 在模式四中，奥古斯丁不是要突出某个位格的事奉和作为（如模式一），而是要表现出这是作为上帝的圣灵、圣子和圣灵位格的共同作为，指明有一个实体性的 ousia，是同一个 ousia 是经世的主体。

"上帝是爱"和"圣灵是爱"不同表述角度间的互动归结为基于"从关系（位格）来说"抵达"从本质来说"的目的。奥古斯丁把"位格"的 ousia 作为共同体主体，把 ousia 作为超越于位格的共相。因此，在奥古斯丁的神学典范中，无须"共契"的观念。"共契"观念出于希腊教父的位格个体主义及维护位格结合之独特性的必要，又是出于论证位格的结合乃是同一 ousia 中的位格结合的必要。奥古斯丁和卡帕多西亚教父虽然都是从共同体的角度谈论三位一体的，然而"共相"的共同体和"共契"的共同体有相当不同的。Gunton 在描述卡帕多西亚教父的三位一体共同体的特征时有颇为精彩的论述，他说共同体的"核心观念是分有 being：诸位格不是彼此简单地进入关系之中，而是由在关系中的彼此所构成的。父、子和灵永恒地是他们之所是，是由于他们是从（from）并到（to）彼此之间。Being 和关系可以在思想中分开，但是决不能在本体上分开；毋宁说它们是本体性动力的部分。……用拿先斯的格列高利的话，我们可以说思考神圣的 being 就使我们的思想必然引出三个位格，思考这个三则不可避免地得出被分有的、相关联的 being。"② 奥古斯丁的共同体观念不是基于对 being 的动力性分析，他是在圣父、圣子和圣

---

① Colin E. Gunton, *The Promise of Trinitarian Theology* (2nd Edition). Edinburgh: T & T Clark, 1997, p. 96.

② Colin E. Gunton, *The One, The Three and The Many: God, Creation and the Culture of Modernity*. Cambridge: Cambridge University Press, 1993, p. 214.

灵或者上帝、基督和圣灵的作为逻辑关系的位格中呈现出的静态关系，所着重的是作为实体的 being 与人的关系，不是如卡帕多西亚教父所谓的作为位格的 being 与人的关系。据此，Gunton 说，"首先，奥古斯丁并不真正知道位格的概念有什么用，因此在一个众所周知的段落中说，使用它'不是为求有说的，而是为求免得没有说的'（《论三位一体》第五卷第九章第 10 节）。因为，正如他承认的，他不真正理解这个希腊词的用法（同上书，第五卷第八章第 10 节）。……因此，这一点丝毫不令人吃惊，即他试图以极端笨拙的用逻辑的范畴达成妥协。其次，这个对比的第二个显著特征是，……换言之，他否认上帝的 being 展示了诸位格的关系。"①

三

出于对上帝-共同体模式的不同看法，奥古斯丁的由经世三一呈现超越三一与卡帕多西亚教父由内在三一向经世运动所指向的意图也是不同的。不过，我还是从他们关于 oikonomia 的意识着眼来论述这个问题。

根据 Gunton 的看法，经世具有两个方面的共同点，第一，它是"一个这样的上帝观念，他活动在并趋向于本质上统一的多样化了的世界"；第二，"与此相关，因为被永恒所环绕，它是一个多样化的敞开的尘世事件的概念。"② Gunton 接着说道，"关于上帝向世界经世地敞开的教导和关于世界既向上帝敞开又在上帝内部的教导是一体两面的。因此，在广阔统一的本体思考方式内部，经世思考给我们以丰富性和多样性：我们可以说，相

---

① Colin E. Gunton, *The Promise of Trinitarian Theology* (2nd Edition), p. 95.
② Colin E. Gunton, *The One, The Three and The Many: God, Creation and the Culture of Modernity*, p. 160.

对性而不是相对主义。'经世'包含着与上帝相关的世界的 being 和与世界相关的上帝的行动。"① 在 Gunton 所描述的 oikonomia 的观念里面，being 和行动是相互关联的，不是封闭性的；内在三一也是处在被仰望的敞开状态。Gunton 又强调 being 与行动的关联是理解位格的基础；行动与 being 的关联则敞开关于 being 的本体性沉思。在这种共识的基础上，在经世的启示中，又可以引申出两种不同的神学典范。"这个概念［经世］也有其局限性。它不能被认为是关于 being 的普遍性的标志，因此不是超越性的。"② oikonomia 不直接指向 being，然而直接指向位格的探讨。以位格关系的呈现作为探讨的对象以取代 being 如何构成位格的神学是经世的视野，是以经世三一等同于内在三一；以探讨 being 的动力性本质纵深于位格的如何构成方式而不是直接寻求 being 的奥秘的是内在三一，内在三一探求 being 之于位格的构成性。奥古斯丁的三位一体神学致力于前一种的 oikonomia，致力于探讨呈现为关系性位格中的作为实体的 being。

我还是以奥古斯丁的爱的类比为文本来分析他的上帝－共同体观念。奥古斯丁根据弟兄之爱显明爱呈现时，上帝也呈现在心灵之中。他认为一个人接受上帝的爱，就是藉着爱接受上帝。藉着圣化使所有良善的天使和上帝的仆人联合在一起，使我们联合起来的，使他们和我们联合在一起，把我们联合起来置于他自身之后的，就是爱本身。当人看见爱时，他就从中看见了三位一体。当我们爱"爱"时，我们爱那"爱者"。据此，他确实爱某事物；因此那爱者在爱，爱本身也可以被爱。那不是爱的就不爱任何东西。然而，如果它爱自身，它必定爱某事物，它把爱自身

---

① Colin E. Gunton, *The One, The Three and The Many: God, Creation and the Culture of Modernity*, p. 160.

② Ibid.

第六章 奥古斯丁的上帝观和希腊哲学的 Being

作为爱。① 在爱的关系的分析中呈现出爱者、被爱者和爱本身。② 或者说，通过对于"爱"的"行动"的分析，可以呈现出爱的"关系"。这种关于"爱"的分析虽然也使 being 与"行动"联结，然而如 Gunton 所说，它所指向的只是经世中的 being，所建立的只是 being 和 oikonomia 的关系，不指向超越性的 being 的普遍标识。进一步讲就是，作为 being 的行动限于把行动作为 being，奥古斯丁把这理解为 oikonomia。

奥古斯丁以"弟兄之爱"阐释了从"爱"里面呈现的经世性质。他先引出使徒约翰关于弟兄之爱的评价，"那弟兄的就住在光里面，那里没有可以让他跌倒的。"弟兄之爱显明了完全的公义，因为"那里没有可以让他跌倒的"。在同一封书信的另一个地方，约翰说得更清楚明白："亲爱的弟兄啊，上帝就是这样爱我们，我们也当彼此相爱；不爱他看见的弟兄，就不能爱没有看见的上帝；因为上帝就是爱。"（《约翰一书》四章 11 节，19 节，16 节）奥古斯丁指出，圣经的这节话明确、充分地宣称"弟兄之爱"本身不只是来自于上帝，而且就是上帝。③ 这个观点的重要性在于指出了 being 是 oikonomia 的共相。关于上帝在人里面行动体现出的"弟兄之爱"，呈现出的如何却是上帝本身的 being 呢？根据 Gunton 所讲的，这是把"行动"与 being 看作是一体两面的。奥古斯丁把他关于基督教上帝观的洞见与释经技巧巧妙地结合在一起，指出在上帝的行动中，我们确实看见了上帝本身或上帝的 being。

反过来说，oikonomia 被当作了超越性的 being 的直观。这会引导人们误读奥古斯丁，以为上帝的 being 止于"经世"，或者

---

① Augstine, *On Trinity*, 8. 8. 12.
② Ibid., 9. 2. 2.
③ Ibid., 8. 8. 12.

说从 oikonomia 可以完成关于上帝的 being 的分析。奥古斯丁说，当我们从爱来爱我们的弟兄，我们就从上帝来爱我们的弟兄；我们爱那超越万物的存在与我们爱弟兄不可能是不同的：无论何时他们在一起时，除非这两条诫命是可以互通的，否则不可能存在。由于"上帝是爱"，那爱爱的当然也爱上帝；但是他必须爱爱，爱他的弟兄。没有看见上帝之所是的，也就不会爱他的弟兄。因为不爱他弟兄的，就不住在爱里面；而不住在爱里面的，就不住在上帝里面，因为上帝是爱。[①] 基于行动与 being 同一的观点，奥古斯丁最后说，不要让下面的问题困扰我们，即我们应该花多少爱在我们的弟兄身上，花多少的爱在上帝身上：我们是无法把花在上帝的身上的爱与花在我们自己身上的爱作比较的，但是花在弟兄上的爱应该与花在我们自己身上的爱同样多；我们爱自己有多少，我们爱上帝也就有多少。因此，我们爱上帝和爱邻人是同样的爱和同样多的爱；但是我们爱上帝是因为上帝的缘故，我们爱自己和我们的邻人也是因为上帝的缘故。[②] 奥古斯丁的论述涉及几个方面内容：一是爱爱本身，就是直观到了爱的关系，在三位一体神学中就是展示了父、子和灵的共相。二是这样的分析并不能够完成关于共相或 Being 的分析。作为 oikonomia 的 Being 当然可以显出 Being 本身，然而处在 oikonomia 中的 being（存在物）却不是共相的 Being，因此奥古斯丁讲了两个方面的 Being/being 和 oikonomia 的关系，being（人）和 oikonomia 的有限性使得 Being 在行动的经世中永远不可能被分析穷尽。

奥古斯丁不是从内在三一向着经世三一运动的角度讲 Being 的敞开，他是从行动的三位一体讲经世的直观。卡帕多西亚教父的内在三一的上帝观在于把从属论的缺点转换成自然秩序的观

[①] Augstine, *On Trinity*, 8.8.12.

[②] Ibid., 8.8.12.

第六章 奥古斯丁的上帝观和希腊哲学的 Being

念,又转换出救赎历史中位格依次作为 oikonomia 的进程,因此他们的经世三一被称为内在三一。奥古斯丁的经世三一与超越/内在三一的关系则是从共相模式来讲的,他特别强调 Being 在 oikonomia 中表现"为三"(也是真实的三),而不就是三。"'经世'三一描述了作为一共同运作的团契父、子和灵,他们共同完成诸如创世或天意的某些使命。因此,当我们提到'救赎'的三一时,我们所说的是为了将救赎带给罪人的作为一而共同运作的三。它也被称为内在的三一。"[1] "当三位一体忙于完成某件事时,三位格就被分出角色和职责。这就有了从属(subordination)。当他们一起运作导致救赎时,子和灵就从属于父。父是派遣者,子和灵都是被派遣到世间行他的意志的。"[2] "在经世三一的文本中,从属论并不向三位一体提出任何难题。父是因为他作为派遣者的存在而耶稣作为被派遣者才'大'于子。父在等级(rank)上'更大'并不在逻辑上意指他在本性上'更好'。"[3] 然而,它的不足之处也是明显的。Gunton 这样说,"所有只是经世教义的和包括倾向于将三位一体还原为经世三一的神学的一个共同弱点是,它们失去了将经世本体作为神学建构之所是的动力性:这种神学建构尽管是向为永恒所环绕的时间性敞开的。"[4] 奥古斯丁的上帝观体现了这种神学的弱点。

奥古斯丁上帝观的共相模式的特征还在于他所讨论的时间性和永恒性关系,如 Gunton 所说,内在三一的根本在于经世本体作为上帝观建构的动力性原理,而经世三一则缺乏关于 Being 的

---

[1] Robert Morey, *The Trinity: Evidence and Issues*. Michigan: World Publishng, 1996, pp. 420–421.

[2] Ibid.

[3] Ibid.

[4] Colin E. Gunton, *The One, The Three and The Many: God, Creation and the Culture of Modernity*, p. 161.

这一分析。奥古斯丁的上帝观呈现出的"关系"是普遍性的/逻辑性的"关系",不是时间性/永恒性关系的对比,而关于Being的动力性分析,必然是要与时间性建立起某种关键的联结。奥古斯丁的"共相"模式,使他即使在对于oikonomia作分析时,也失去了Being的时间性意识。这个在卡帕多西亚教父的分析中是不同的。从内在三一的角度讲,卡帕多西亚教父同样遵循关于永恒性关系的Being的分析,然而他们认为内在三一是向着经世三一运动,是伴随着oikonomia的。Being向着世界显出一种时间性,一种属于上帝的历史性,人处在上帝行动的oikonomia中。人将这种上帝的这种特殊的历史性带入到自身的自由之中,形成人在Being中寻求位格关系的主体性向度。因而,卡帕多西亚教父在讲theologia和oikonomia时,使用的是运动模式,奥古斯丁在由经世三一反推超越三一时用的是静止的/逻辑的模式。

然而,还须进一步分析奥古斯丁在经世三一和超越三一之间建立的逻辑关系,与卡帕多西亚教父在经世三一和内在三一之间建立起动态关系的不同。奥古斯丁在讨论上帝观时,是基于圣经启示中上帝的行迹的时间性分析中抽取位格关系的静态性(永恒性)的进路,没有把这"时间性"作为非逻辑的视域向着永恒性关联的运动来分析。卡帕多西亚教父所取的进路则大异其趣。巴西尔在反驳新阿里乌主义的代表人物优米诺斯的上帝观时指出,[①] 优米诺斯的错误在于他认为子一定要有一个时间的开始,把gennema(出生)作为时间性的概念进行考虑。然而,巴西尔反驳说正如我们认为上帝适合被称为父,那么为什么不适合

---

① 这里的分析和资料(注释108-109)采用 Milton V. Anastos, "Basil's Kata Eunomion: A Critical Analysis", see in Paul Jonathan Fedwick, *Basil of Caesarea: Christian, Humanist, Ascetic, A Sixteen-Hundredth Anniversary Symposium*, Part One. Toronto: the Pontifical Institute of Mediaeval Studies, 1981, p. 103。

第六章 奥古斯丁的上帝观和希腊哲学的 Being

在太初的时候就称他为父呢？上帝没有开端，也从未开始"是"（pro aionos on kai dei on），因此他从无限中就已是父，他的父性与永恒性同在。子也是一样，为什么就不可以在太初以先就已是子，为什么就不可以说子没有开始存在。因为从父到子虽然是一个连续的过程，但它没有时间的间隔，也没有分离。这正是永恒出生的意义。① 尼撒的格列高利补充说，维护子的永恒性和时间上的没有开端，对于保护父的永恒性同样重要。他同意巴西尔的说法，在父和子之间没有在先或在后之分，上帝之被称为父或子不是时间上的原因，而是因果上的。② 如果在父和子之间加入一点点的时间，那么就会出现父生子的时间支点，而时间只存在于上帝与造物之间的关系中，上帝和造物之所以有分隔，乃在于这一分隔是永恒与时间的分隔。如果把时间加入到两个都是永恒的位格中，那么永恒与永恒之间的分割如何可能呢？因为永恒本身是延续的、延绵不断的。格列高利对于巴西尔思想的补充论述有些新的看法。他并不如巴西尔那样，从位格与位格之间的关系来看子有父同样的永恒性，他更看到了子要获得与父同等位格必须从子也拥有永恒神性的角度来论证。他的论证在于指出父和子之间的绵延之所以不具有时间性的间隔乃在于子在神性上是非受造的，尽管他是受生的。因此，格列高利在论述子的位格的永恒性时，指向的是神性的非受造性（aktistos phusis）。这就清楚地指出时间性与永恒性之间的关联不是基于位格的逻辑关联，而是基于位格所根源的 being 的动力性原理。一方面，圣父、圣子和圣灵在不同的时间性中呈现出救赎的不同方式，如圣父直接干预历史、与犹太人立约，表现为启示上的特殊性；圣子道成肉身，为

---

① Basil, *Contra Eunomion* 2.12（PG29：593c）.
② Gregory of Nyssa, *Contra Secundum librum Eunomii*, 3.1.79-82. Jaeger. 2：31.26-32（517PG 45：593c-d）.

世人赎罪；圣灵引导并圣洁世人。另一方面，如果单纯地把神性的位格表达限制在这种单纯的时段性的时间观念上，那么位格的个体性无法切入到永恒性里面，时间性是单纯的过去、现在和将来的流逝，无法切换到普罗提诺所说的"永恒是"，只能是"现在是"。因此，卡帕多西亚教父强调三位格的时间性是向着 being 的永恒性绽示出来的，不是类似于奥古斯丁用圣父、圣子和圣灵的逻辑关系来类推 being 的本体关系。在卡帕多西亚教父看来，这个敞开的基础在于把位格看作是同一化了的特殊性（gnoristikai idiotetes）。①

从奥古斯丁的角度看，可以这样批评卡帕多西亚教父的上帝观－共同体模式。卡帕多西亚上帝观就其形式而论，其特点是拨付论（appropriation）。所谓拨付论，就是把上帝经世的模式分别归于各个位格，创造归于圣父，救赎归于圣子，圣化归于圣灵。然而，首先的批评是，这种归属上的论述是相当独断的，与圣经里面言说上帝行动的方式有时是矛盾的；其次还可以批评说，拨付论强调每个神圣位格的分离性和个体性甚于相互关联性和相互依凭性。② 相比之下，在奥古斯丁的神学中，在创造中的上帝的行为是三位一体的工作，即是存在于三位格中的一神圣本性的工作。准确地说，三位一体创造，三位一体救赎，三位一体圣化。③ 在卡帕多西亚的上帝观－共同体模式中，包含着远较奥古斯丁复杂的形而上学图景。奥古斯丁的上帝观模式容易使上帝的团契、统一的本性和分别的位格三者叠加在一起。当奥古斯丁用爱来涵盖上帝的本体时，就会出现无法分清位格的职责的困境。因此，在奥古斯丁的神学中，很可能出现这样的问题：谈论

---

① G. L. Prestige, *God In Patristic Thought*, p. 244.
② Catherine Mowry LaCugna, *God for Us: The Trinity and Christian Life*, p. 98.
③ Ibid., p. 97.

"位格是关系"与谈论"位格在救赎上的分别性"是没有结合点的。这与奥古斯丁所谈论的位格没有向动力性的本体关系敞开是有关系的，也就是说与没有谈论本体（being）是向时间性敞开是有关系的。

这与奥古斯丁的论证方向又有着关系。他认为爱包含关系，而不是论述爱包含位格。当奥古斯丁把爱作为三位一体的类比时，他是对"爱"作了双重的理解。他首先是把"爱"理解为一种"关系"；唯有先理解为一种"关系"，才可能延伸出作为主体性的爱的分析。奥古斯丁说，当"我"提出爱某事物的问题时，它指向三个相关的存在物——"我自身"、"我所爱的"和"爱本身"。① 显然，如果这个逻辑起点的"爱"不是一种"关系"，而是一个单纯的语词的话，"爱"是不能构造出对象性的。奥古斯丁又说，除非"我"爱一个爱人，否则不存在没有爱的对象的爱。因此，由爱的关系就得出"爱者"、"被爱者"和"爱"。② 这与奥古斯丁所强调的，要将三位一体神学分为"就关系说"和"就本质说"相呼应。这个关于"爱"的理解先是"就关系说"，但没有"就位格说"，"位格"是被加在"关系"的分析里面的。其次，由于爱的分析中的关系性构成上的复合向度，参与某一位格的，不是 Being 的原理，而是作为逻辑关系的对象性构成的分析。爱者之所以作为爱者，是因为爱里面存在一种意向上的主体性原理；被爱者之所以是被爱者，是因为爱中存在着对象性的原理。只是奥古斯丁指出，对象性的被爱者并不就是被动的，它同样是爱的关系的制定者或构成者。这样，两者之间必要的关联又构成爱自身。这样分析的目的都是要指向奥古斯丁从位格里面分析出"同等性"神性的结果。因此，

---

① Augstine, *On Trinity*, 9.2.2.
② Ibid.

虽然爱和被爱不是两件不同的事情，然而，爱和被爱仍然是两件事情。① 这固然满足了奥古斯丁所区别于形相论的要求，然而，在他的经世三一中却也存在需要弥补的内容：救赎之所要求于位格的行动的动力性如何能够从对 Being 的逻辑分析中获得呢？

从这个角度来说，奥古斯丁写作《论三位一体》时间跨度与他的上帝观思想之构成的相互补充形成一种有趣的照应关系。该书的第一卷至第四卷是从救赎历史（经世原理）中形成关于三位一体的构造；第八卷至第十五卷则是取了基督教人观的角度来分析救赎问题，或者说是光照问题。奥古斯丁说，如果爱是本体，它就不是身体，而是灵（spirit）；心灵（mind）也不是身体，而是灵。爱和心灵不是两个灵，而是一个灵；不是两本质，而是一本质。然而就它们就自身而言，每一者都是灵，两者合在一起也是灵；每一者是心灵，两者合在一起也是一心灵。那么三位一体何在？奥古斯丁说，让我们尽可能地注视，让我们尽可能地唤起永恒之光，他照亮我们里面的黑暗，尽我们之所能在自己里面看到上帝的形像。② 奥古斯丁从经世中获得的三位一体神学被还原成了灵魂之于上帝回归的三一，而不是如德尔图良那样的历史神学的三位一体模式。在奥古斯丁的上帝观典范中，新柏拉图主义的经世模式始终是一贯的：既取了新柏拉图主义的下降之路，又取了上升之路。所谓上升之路，是指心灵通过直观内在光照，因着恩典而得悔改，在心灵中看到三一形像这样的经世；所谓下降之路，是上帝为着寻找迷失的羔羊以行动来启示。奥古斯丁也修正了新柏拉图主义的从圣父（太一）藉着圣子（理智）而在圣灵（灵魂）里面的卡帕多西亚上帝观所遵循的本体论传统。对于奥古斯丁上帝观-共同体模式与经世的关系，LaCugna

---

① Augstine, *On Trinity*, 9.2.2.
② Ibid.

第六章 奥古斯丁的上帝观和希腊哲学的 Being

作了相当精彩的论述,我们权应她的话作为本节的小结:

> 奥古斯丁神学中决定性的因素首先是差遣和发出(processions)之间的本体论区别。藉着将神圣位格和救赎的经世的关系减到最低限度,它成为弱化三位一体功能的结果。与此相关的是,奥古斯丁强调神圣本体的统一性,认为它优先于位格的多元性。如果神性本体而不是父的位格被作为最高的本体性原理——那么上帝和别的万物,最终而言,都是非位格性的。卡帕多西亚三位一体教义的形而上学革命已经表明最高的原理是 hypostasis 而不是 ousia,是 person 而不是 substance:父的 hypostasis,也是万物的永生之源,甚至是圣子和圣灵之源。……奥古斯丁偏离卡帕多西亚教父的三位一体的本体论的结果远不止是教义上的。这个对上帝神学作了转变的形而上学扬择也改变了政治学、人类学和社会。
>
> 有着同样重要的决定性因素是在个体的灵魂内部寻找三位一体的形像。如果每个人的灵魂都保留着三位一体的痕迹,那么我们只要内观就可以发现上帝和上帝的 oikonomia (经世)。……在奥古斯丁的神学中,真正的经世是个体的灵魂,它的内在灵魂揭示了三位一体的实在。很难说,他的神学是完全非经世的。正如我们所看到的,他以神圣的布道和圣经救赎历史的记录开始《论三位一体》。然而,在本书的结束时,经世却被定位于每个个体的人的内面。这种对于与位格和社会关系无关的个体的关注,直接来源于以本体而不是以位格为开端的本体论。[①]

---

① Catherine Mowry LaCugna, *God for Us: The Trinity and Christian Life*, pp. 101–102.

第三节　奥古斯丁的"和子句"的神学逻辑

一

关于圣灵的讨论，可能是奥古斯丁的上帝观留给世人印象最为深刻的方面，是其共相模式的神学典范的必然结果。奥古斯丁称圣灵为爱的位格，对后世的拉丁神学家如阿奎那（Aquinas）产生了深刻影响。在圣经中，在前奥古斯丁的思想家中，都不乏把圣灵称为"爱"的。例如德尔图良，他说过圣灵是圣父和圣子在爱中的联结，[①] 在希腊教父中，奥利金的学生失明者狄地模也是这样讲的，他取了奥利金的内在三一进路，认为人藉着圣灵的作用分有爱，分有神圣本体，[②] 这是把圣灵看作人与上帝重新结合的动力来源。

奥古斯丁与他们的区别在于，他把爱作为圣灵的专门位格，不只是作泛化处理。奥古斯丁对圣灵位格的这一专门阐释，与早期基督教上帝观的数百年发展有关，也与当时的论战背景有关。一方面，继德尔图良以来拉丁基督教关于圣灵的不成系统的讨论后，尼西亚教父如阿他那修认真思考了圣灵的与三位一体神学的关系，卡帕多西亚教父更是写有许多文章专门讨论圣灵作为上帝与圣父和圣子的关联。在这个问题上，奥古斯丁还受到同时代的意大利的基督教新柏拉图主义和波提亚的希拉流的直接影响。另一方面，他回应多纳图派（Donatism）和佩拉纠派（Pelagianism）的论战，写了许多论圣灵的作品。[③] 多纳图派以圣灵的圣

[①] Tertullian, *Against Praxeas*, 8.
[②] Didymus the Blind, *On the Holy Spirit* 17.
[③] 引自 J. Patout Burns and Gerald M. Fagin, *The Holy Spirit*, p.166。本节"一"和"二"中所引的奥古斯丁有关圣灵的论述均出自 J. Patout Burns 和 Gerald M. Fagin 所选编的古代作家关于"圣灵"的资料选辑。注释中只注出原始文献的出处，特此说明。

第六章　奥古斯丁的上帝观和希腊哲学的 Being

洁与教会的圣洁为理论借口分裂教会；奥古斯丁则回应说，圣灵是教会的祝圣者，是统一性的力量，是邻人之爱诫命的典范，[①] 在《论三位一体》中，这也被提到，[②] 被运用在三位一体神学的分析之中。因此，奥古斯丁视圣灵为爱的位格，既有其上帝观神学逻辑的需要，也有上述诸种因素的影响。

在与当时基督教诸异端派别的论战中，奥古斯丁特别关注圣灵之于教会统一的作用，因为前者以论述圣灵之名行从大公教会分离之实令他心忧。在批评多纳图派的《论洗礼》这篇著作中，他引用保罗的话，"我若能说万人的方言，并天使的话语，却没有爱，我就成了鸣的锣、响的钹一般。我若有先知讲道之能，也明白各样的奥秘、各样的知识，而且有全备的信，叫我能够移山，却没有爱，我就算不得什么。我若将所有的周济穷人，又舍己身叫人焚烧，却没有爱，仍然与我无益。"[③] 奥古斯丁用非常强有力的语气说，那些不关心教会统一的就不拥有上帝的爱。正确理解圣灵的就是在大公教会中接受圣灵，圣灵并不只是接受那些行奇迹的、说方言的眼见的时间性事实，更在于对那些无形的、不可见的事情得着理解。圣灵是为着和平的缘故，被种入人的心田。奥古斯丁再次引用保罗的话，说，"因为所赐给我们的圣灵将上帝的爱浇灌在我们心里。"[④] 因此，圣灵的慈爱是遮盖罪，恩赐给大公教会统一与和平。[⑤] 作为爱的位格与作为上帝经世的统一性，圣灵是教会合一地在基督里面的作工者。

奥古斯丁把从教会事务中获取的关于圣灵的洞见融入三位一体神学中。他引证《约翰福音》中耶稣的话，"父怎样差遣了

[①] 引自 J. Patout Burns and Gerald M. Fagin, *The Holy Spirit*, p. 167.
[②] Augstine, *On Trinity*, 8. 8. 12.
[③] 《哥林多前书》十三章 1—3 节。
[④] 《罗马书》五章 5 节。
[⑤] Augustine, *On Baptism* 3. 16. 21, see in *NPNF* 1. 4, 442–443.

我，我也照样差遣你们。"并进一步引证道，耶稣在说了这话后就向门徒们吹了一口气，说，"你们受圣灵。你们赦免谁的罪，谁的罪就赦免了；你们留下谁的罪，谁的罪就留下了。"① 这里，奥古斯丁从"差遣"来讲圣灵的经世，乃是基于他与圣父和圣子共同的工作，是一个上帝-共同体的工作。"在他关于信仰的陈述中，奥古斯丁已经提到圣子的道成肉身和圣灵在五旬节的显圣。这与新约的见证是一致的：因为父的差遣，圣父和圣灵得以如此彰显。② 因此，'神圣位格的差遣'这一技术性术语，即是圣子被差遣和圣灵被差遣。"Edmund Hill 又指出"差遣"（mission）和"发出"（procession）的区别。"发出是一种永恒的活动/被动，与神圣的 being 永恒一致。差遣是一时间性的事件或诸多事件，它发生在时间中和世界中，是经世的一部分。"③ 因此，奥古斯丁从 oikonomia 的角度论述圣灵的工作是统一性的工作，是教会在上帝里面的见证。把圣灵作为一种独立的分离的 oikonomia 的力量强调出来，造成教会的分裂，是有背于一位上帝的教义的。

奥古斯丁继续从 oikonomia 的角度讲圣灵作为爱的位格与教会的关系。他说使徒们代表了教会本身，教会的和平是对于罪的赦免，教会的分裂是将罪留下。④ 那些接受上帝的人的唯一正确的方向就是不要试图分裂肢体，将信仰的心放在真理的光照中。至于是否接受了圣灵，应该去问自己的心，没有上帝的圣灵是不

---

① 《约翰福音》二十章 21-23 节。
② Edmund Hill, *The Mystery of the Trinity*, p. 66. London: Geoffrey Chapman, 1985.
③ Ibid. ,. p. 67.
④ Augustine, *On Baptism* 3. 18. 23, see in *NPNF* 1. 4, 443-444.

第六章 奥古斯丁的上帝观和希腊哲学的 Being 541

可能接受上帝的爱的。① 分裂教会的人，就是分裂基督肢体的人。基督道成肉身的目的，恰是为了把那些人聚集为一体。圣灵的工作使人们明白这一点，因为正是这上帝的灵宣称了基督的道成肉身，以爱和行为而不只是言语捍卫了这一点。②

在奥古斯丁驳佩拉纠的著作中，爱作为圣灵统一性力量的位格也有体现。奥古斯丁批评那些试图从基督的爱中分离出去的佩拉纠主义者，他引保罗的话说，"谁能使我们与基督的爱隔绝呢？难道是患难吗？是困苦吗？是逼迫吗？是饥饿吗？是赤身露体吗？是危险吗？是刀剑吗？如经上所记：'我们为你的缘故终日被杀，人看我们如将宰的羊。'然而，靠着爱我们的主，在这一切的事上已经得胜有余了。因为我深信无论是死、是生，是天使、是掌权的，是有能的，是现在的事、是将来的事，是高处的、是低处的，是别的受造之物，都不能叫我们与上帝的爱隔绝；这爱是在我们的主基督耶稣里的。"③ 奥古斯丁认为经文中提到的"主的爱"和"上帝的爱"指的就是圣灵，他由教会的统一和圣灵的经世看到三位一体同等性的表述。④ 接着，奥古斯丁引入了诸如《论三位一体》作为三位一体类比的心灵三一的说法。他说，就如在我们的心灵中所看到的，"所赐给我们的圣灵将上帝的爱浇灌在我们心里"，⑤ 因此"夸口的，当指着主夸口"⑥。那么，当我们在爱中匮乏的时候，我们就不能从我们的

---

① Augustine, *Sixth Homily on the First Epistle of John*, 10, see in *NPNF* 1.7, 497–498.
② Ibid., 13, see in *NPNF* 1.7, 499–500.
③ 《罗马书》八章 35–39 节。
④ Augustine, *Letter* 145, to *Anastasius* 5, FC20, 164–168.
⑤ 《罗马书》五章 5 节。
⑥ 《哥林多前书》一章 31 节。

匮乏来寻求他的富足,而是在祈求中寻找、寻见和叩门,① 就是经上所说的,在他那里有生命的源头,也必叫我们喝他乐河的水。② 这样,我们就在患难中也喜乐,知道"患难生忍耐,忍耐生老练,老练生盼望,盼望不至于羞耻"。不是因为我们自己能够做这些事,而是"因为所赐给我们的圣灵将上帝的爱浇灌在我们心里"③。没有人有真智慧或真聪明,或者真在计谋和勇气上非常突出,或者有着虔敬的知识,或者本着纯真的敬畏敬畏上帝,除非他接受"智慧和聪明的灵、谋略和能力的灵、知识和敬畏耶和华的灵"④。没有人能够拥有真的刚强、仁爱和谨守,除非他接受"刚强、仁爱和谨守的灵"⑤。同样,没有信心的圣灵,就不会真正地相信,没有祷告的圣灵,就没有人可以从祷告中获益。也不存在许多的灵,"这一切都是这位圣灵所运行、随己意分给各人的。"⑥ 因为"灵随着他的意吹"。⑦ 但是也必须承认,圣灵的帮助在他住在人中间之前和之后是不同的,因为在他居住之前,他是帮助人们相信,居住之后他是帮助人们成为信徒。⑧

所有这些引证表明,奥古斯丁融圣灵的讨论于经世的视野。他从圣灵与教会事务的角度,取圣经在这个问题上指明的圣灵作为爱的位格的统一作用,从经世的视野论述了圣灵与三位一体上帝的关系。他关于圣灵位格的事工方式的认识,与卡帕多西亚教

---

① 《路加福音》十一章 9 节。
② 《诗篇》三十六篇 8-9 节。
③ 《罗马书》五章 3-5 节;Augustine, *Letter* 145, to *Anastasius* 7, FC20, 164-168。
④ 《以赛亚书》十一章 2 节。
⑤ 和合本译文为"刚强、仁爱和谨守的心"。(《提摩太后书》一章 7 节)
⑥ 《哥林多前书》十二章 11 节。
⑦ 《约翰福音》三章 8 节。和合本译文为"风随着意思吹"。
⑧ Augstine, *Letter* 194, to *Sixtus* 4. 18, FC 30, 310-313.

父关注圣灵位格的产生方式的独特性的认识角度完全不同。"奥古斯丁对于神圣位格的差遣的兴趣表明,他深为关注三位一体奥秘的经世方面——因为那就是差遣的准确含义:奥秘的经世层面。"①

二

奥古斯丁关于经世三一与圣灵论的考虑不限于"差遣"和"发出"的区分,更多考虑了"发出"这个词在其上帝观中的经世本质。Edmund Hill 似乎认为奥古斯丁完全是在"超越"的意义上使用"发出",然而,更为准确的说法或许是奥古斯丁在"经世"的意义上理解"超越"。如何理解?就奥古斯丁而言,他理解"发出",不同于卡帕多西亚教父那样强调关联的具体方式,例如"受生"和"发出"与圣子和圣灵如何相关,他所关心的是因为词语的不同使用免得使人以为两个都是"子"。这种想法已是着眼于"经世"。奥古斯丁还讲"发出"基本是就"关系"说的,讲圣灵就是"爱"也是就"关系"说的。"因为爱和知不是指有别的和分离的,在奥古斯丁看来,而是在关系中的知和爱将三位一体完全联合起来。"② 这是出于圣经启示出来的上帝未有清晰地被作为"关系性"位格得到讨论之故,在奥古斯丁看来,圣经在称圣灵既是父的圣灵,也称他是子的圣灵时,里面已经蕴含了对应于"爱"的关系性。不同于卡帕多西亚教父从位格产生的特殊方式与位格特性的关系思辨圣灵"发出"的 theologia,奥古斯丁出于"发出"之联系圣父和圣子的超越性

---

① Edmund Hill, *The Mystery of the Trinity*, p. 67.
② Jmaes J. Buckley and David S. Yeago, *Knowing The Triune God: The Work of the Spirit in the Practice of the Church* Grand Rapids, Michigan: William B. Eerdmans Publishing Company, 2001, p. 142.

需要讨论圣灵的 oikonomia。

　　基于位格间"关系"对称的逻辑，圣灵的"上帝"之名必须得到确认。卡帕多西亚教父虽已把圣灵明确地称为上帝，奥古斯丁在以上帝之名称颂他时显然要更自信和自然。奥古斯丁在这个问题上的突破由此具有极重要的意义，"毫无疑问，圣灵是一上帝。这不是把圣灵增加为第三位上帝，因为父、子和灵是同一位上帝"。[①] 圣灵与奥古斯丁上帝观－共同体模式的对等性关联，是奥古斯丁形成其特殊的圣灵论的重要因素之一。在一篇《布道文》中，奥古斯丁说，"因此，藉着他们的共契，父和子希望我们与之结合，并且临在于我们中间。"[②] 爱的关系虽然是超越性的，又始终是在与救赎上相互构成。"所赐给我们的圣灵将爱浇灌在我们心里，(《罗马书》五章 5 节) 是为了实现同一位使徒说的，'爱就完了律法。'(《罗马书》十三章 10 节) 因此，'律法原是好的，只要人用得合宜'，(《提摩太前书》一章 8 节) 但是，只有理解它为何被赐予的人，只有那使他得在自由的恩典中走过死亡幽谷的人，才能用得合宜。"[③]

　　奥古斯丁所取的保罗书信和约翰书信之于圣灵的论述与卡帕多西亚教父有所不同。奥古斯丁把 Being 理解为 Be－ing，这是他把圣灵理解为"爱"的关系的一个原因。Being 指实体性的原理，Be－ing 指向结合的关系。有学者指出，"上帝的存－在 (Be－ing) 不只是显明为结合，更是自我给予的结合。神圣实在不是哲学地被断定为所有完美的纯粹活动，而是不受拘束的自我给予的展现。上帝的生命不是超越于这个世界之外的无动于衷的

[①] Augustine, *Sermon* 398. 13, see in Corpus Christianorum, *Series Latina*, 27, Turnhout, Belgium, 1953, p. 197.

[②] Augustine, *Sermon* 71. 18, see in J. －P. Migne, ed. *Patrologiae cursus completes*, Series Latina, 38, Paries: Migne, 1844－1864.

[③] Augustine, *Letter* 145. 3, To *Anastasius*. See in FC 20, 164－168.

第六章 奥古斯丁的上帝观和希腊哲学的 Being

生命,而是向着世界的实现着的自我超越。总而言之,作为在耶稣基督中的肉身和在圣灵恩赐中的显圣的神圣的奥秘'存在于爱中'(Being-in-Love)。"[1] 这位学者在论述使徒约翰的三一观念时说,"作为'存-在'(Be-ing)的上帝观念,在形而上学的角度被了解为'纯粹活动',但这必须根据圣经关于上帝就是圣爱(agape)的角度来宣称,即把他了解为在人类历史中的作为爱的神圣实在的活动。我们须越过作为全然的、无限的存在的上帝观念,而达到圣经所谓的有根有据的作为存-在于-爱-中(Being-in-love)、在基督中的肉身并被结合在灵中的上帝观念。"[2] Being-in-love 就是作为 Be-ing 的圣灵,就是上帝作为圣灵。因此,位格的"关系性"不是从 Being 中显示出来,而是在 Be-ing 中显示出来。在奥古斯丁看来,作为 Being 的圣灵上帝就他被理解为圣父和圣子的 Be-ing 时,是从超越性层面来理解的"爱";在他被理解为上帝和人的关系时,他是从经世的角度来理解的 Be-ing。在奥古斯丁解释保罗书信和约翰书信时,两者总是关联在一起的。奥古斯丁在讲到圣灵的爱的位格特征时,指出应该无形地不可感知地理解圣灵,因着平安的结合,圣爱被呼入到他们的心中,这样基督徒就可以说,"因为所赐给我们的圣灵将上帝的爱浇灌在我们心里。"(《罗马书》五章 5 节)使徒保罗还从圣灵作为 Be-ing 的角度讲了许多的运用,这些运用都是从圣灵作为爱的经世来说的,"圣灵显在各人身上,是叫人得益处。这人蒙圣灵赐他智慧的言语,那人也蒙圣灵赐他知识的言语,……这一切都是这位圣灵所运行、随己意分给各人

---

[1] Anthony Kelly, *The Trinity of Love: A Theology of the Christian God*, Wilmington: Michael Glazier, 1989, p. 147.

[2] Ibid., p. 148.

的。"(《哥林多前书》十二章7—11节)①

因此，我特别要指出奥古斯丁所谓的位格间"关系"与圣灵所担当的"经世"功能的关系。当奥古斯丁把圣灵作为圣父和圣子的统一性"关系"来强调时，是出于"经世"的观念。尽管在论述时，他又从经世的层面回到超越的角度，然而他明确了圣灵经世作为超越的内涵。奥古斯丁说圣灵的神圣统一性，或爱的统一性，或因为爱是统一的，或因为神圣是爱的，这些所要显明的是，他不是圣父和圣子的位格，而是藉着他，这两位格才得到联合；藉着他，那被生的（圣子）因着生育者（圣父）而被爱，爱那生育了他（圣子）的他（圣父）；这是藉着他（圣子）而不是分有他（圣父），是藉着他们自己的本质（substance）而不是因着任何在上者的赐予。②

奥古斯丁认为，从经世的角度看，这个存在于上帝里面的爱的关系是上帝之于人的爱的关系的基础，它被体现在由圣灵的"发出"而为"差遣"的经世的具体内涵。奥古斯丁说，"三者是一上帝，独一，伟大，有智慧，圣洁，可称颂的。但我们是从他，藉他，并在他里面蒙福；因为我们自己是靠他的恩赐合而为一，与他合为一灵，因为我们的灵魂渴慕他跟从他。我们渴慕上帝，乃是好的，因为他将毁灭凡要远离他的人。所以圣灵乃是父和子同有的。但那同有的本身，乃是父子同质的，同永恒的；假如适合的话，就让它称为友谊；但是更合适的是称为爱。这也是一本质，因为上帝是一本质，并且经上说，上帝是爱。(《约翰一书》四章16节)但这爱与父和子既是一本质，也是一样伟大、良善和神圣，以及其他凡与本质所说的；因为在上帝，不是存在是一件事，而伟大、良善等等是另一回事，这是我们在前面

---

① Augustine, *On Baptism*, 3. 16. 21.
② 奥古斯丁，《三位一体论》6. 5. 7；Augustine, *On Trinity*, 6. 5. 7.

已经证明的。因为若是爱在上帝里面比不上智慧伟大,那么我们爱智慧就少于它所当得的分;所以爱与智慧必是同等的,好叫我们对智慧有爱。但如我们所证明的,智慧是与父同等,所以圣灵也与父同等。若是在这事上同等,就在凡事上平等,因为在那本质中有绝对的单纯。所以他们只有三位:一位爱那自己所从出的,和一位爱的本身。假如这最后的一位是虚无,上帝怎样是爱呢?假如爱不是本质,上帝怎么是本质呢?"[1] 圣灵作为爱的关系,就是本质同一的意思,因为圣灵在表达圣父和圣子的同等性联合中,也表述自己与圣父和圣子的同等性联合。把爱作为本质同一的意思来讲,除了强调圣父、圣子和圣灵乃是一绝对的单纯性本质外,还在于指出他们在救赎和作为的共同体性质。

从圣灵、爱、本质同一和同等性关系的角度看,奥古斯丁对于圣灵的讨论重点还是在经世的"共相"上。在奥古斯丁的上帝观模式中,圣灵与人的关系就是三位一体的上帝与人的关系。圣父和圣子的经世就是圣灵的经世,他们不仅在本质上同等,在活动上也一样。因此,三位一体上帝的经世就是圣灵的经世,经世不因位格而异。这与卡帕多西亚教父的上帝观模式中的圣灵经世的解释有重要区分。卡帕多西亚教父在论到圣灵的经世时,在于说明上帝与人的关系是通过圣灵的活动卷入的,要借助于基督的中保,才为父所接纳。这个过程虽然体现为某种程度的"进展",然而是指三位格在活动上的不同,体现出上帝之于人的救赎的多重施加,所突出的不是三位一体上帝内部的关系性对于救赎活动的参与,而是每个位格在救赎活动中的作为。奥古斯丁所重视的是位格的对等性关系与经世行动的关联,是一个"共相"施加的模式。这说明奥古斯丁与卡帕多西亚教父在处理"经世"与"关系"的问题上存在进路的不同。有的学者指出两者之间

---

[1] 奥古斯丁,《三位一体论》6.5.7;Augustine, *On Trinity*, 6.5.7。

的这种差别形成的主要原因在于奥古斯丁的圣灵论可能是独立发展出来的。"我们也必须考虑到奥古斯丁在多大程度上意识到东方教父有关圣灵的教导。这里的关键因素是某些希腊文献的拉丁译本的获得和安布罗修(Ambrose)在这一领域的知识的贡献。然而极少有证据表明,至少是巴西尔的《论圣灵》这一富有深远意义的著作通过这样或那样的渠道曾为奥古斯丁所知。除此之外,奥古斯丁并不熟悉康士坦丁堡信经和它为了解决圣灵论危机所做出的对圣灵神性的肯定。直到公元451年,在奥古斯丁逝世后二十一年,这一信经还完全没有得到确证。"①

三

奥古斯丁的上帝观典范的主要内容,例如位格的同等性、同时呈现和本质同一等等,在神学逻辑上最后汇聚为"和子句"的结论。所谓"和子句",是指奥古斯丁认为圣灵是从圣父和圣子而出,不单是从圣父而出。这与希腊教父关于圣灵的了解是不同的,后者认为圣灵藉着圣子从圣父而出。尼西亚信经和尼西亚－君士坦丁堡信经都没有明确地说圣灵源出与三位一体秩序的关系,只是按照信条的表达方式和经世秩序,分别从圣父、圣子和圣灵来描述上帝与人的救赎关系。然而,由于尼西亚－君士坦丁堡信经是在希腊的神学背景中形成的,卡帕多西亚教父都曾有明确的"圣灵藉着圣子从圣父而出"的论证,因此就他们而言,尼西亚－君士坦丁堡信经应当蕴含希腊基督教上帝观的从属论意指。

就奥古斯丁而言,情况却不是如此。他既没有受限于希腊神

---

① Coleen Hoffman Gowans, *The Identity of the True Believer in the Sermons of Augustine of Hippo: A Dimension of His Christian Anthropology*,, Lewiston: The Edwin Mellen Press, 1998, pp. 126 – 127.

学的传统,在拉丁传统中又较少从三位一体上帝观的角度有对于圣灵的"规范性"论述,他就首先求助于圣经经文在这个问题上的启示。在《论三位一体》第一卷中,奥古斯丁以他的方式复述了他所了解的尼西亚信经。

> 据我所知大公教会中新旧两约圣经的注释者,论到三位一体的时候,都按照圣经教训人说,父、子和圣灵由于不可分离的平等和同一的本质乃是一神性(the Father, and the Son, and the Holy Spirit intimate a divine unity of one and the same substance in an indivisible equality);所以他们不是三个上帝,而是一个上帝。父生了子,因此父不是子;子是由父所生,因此子不是父;圣灵既不是父,也不是子,而只是父和子的灵,也是与父和子同等,归于三位一体。然而,三位一体中只有子,乃是由童女玛利亚所生,在本丢彼拉多的手下被钉在十字架上,葬了,第三天复活,升天。再者,这三位一体也没有像鸽子在耶稣受洗时降在他身上,而且在升天之后五旬节那天,当"从天上有声音降下来,好像一阵大风吹过"(《使徒行传》二章2节)的时候,也不是三位一体,而只是圣灵"如火焰的舌头,分开落在他们各人头上"(《使徒行传》二章3节)。再者,当子受约翰的洗,又当三个门徒同他在山上,那从天上说"你是我的儿子"(《马可福音》一章11节)的和那说"我已经荣耀了我的名,还要再荣耀"(《约翰福音》十二章28节)的,并不是三位一体,而只是父。尽管如此,父、子和圣灵既是分不开的,所以是不能分开行动的。这也是我的信仰,因为这是大公教会的信仰。①

---

① 奥古斯丁,《三位一体论》1.4.7; Augstine, *On Trinity*, 1.4.7.

奥古斯丁明确地说，"圣灵既不是父，也不是子，而只是父和子的灵，也是与父和子同等"。这已经有"和子句"的明显指向。尽管这一段表述被放在全书的第一部分，然而我们看到它却是奥古斯丁上帝观的结论。在这个既是起点又是结论的地方，《论三位一体》全书所围绕的是上帝观-共同体"模式四"所表明的，上帝是不能分开的行动的三位一体，是这里所说的"父、子和圣灵既是分不开的，所以是不能分开行动的"。奥古斯丁所引的虽然只是《马可福音》和《使徒行传》，然而他把这个神学逻辑扩展在所有相关的经文中。不仅旧约中的某个事件或者新约中的某个事件是三位一体行动的结果，而且所有启示都是三位一体行动的结果。奥古斯丁认为，在共同呈现的过程中，只不过是位格被特别显明出来的样式有所不同。在共同行动的过程中，圣父更明显地彰显在旧约之中，圣子则在福音中彰显出来，而圣灵在五旬节之后作为主角出现在前台。这与卡帕多西亚教父把圣父、圣子和圣灵的分别看作是 ousia 与 hypostasis 的不同关联方式有相当的不同。下面，我们把两个相关的信经信条引出来，以利于更进一步的论述。

我们信独一的上帝，全能的父，是天地和一切可见和不可见的事物的创造者。我们信独一的主，耶稣基督是上帝的独生子，在永久之前，为父所生（the Son of God, the only-begotten of his Father, the substance of the Father），是从上帝的上帝，从光的光，从真上帝的真上帝，不是受造的，是与父上帝为同一本质（being of one substance），万物都是藉他造的。又为我们，为了救我们他从天降下，藉着圣灵的力量，从童贞女马丽亚取肉身成为世人。为我们的缘故从本丢彼拉多手下被钉十字架受死，埋葬，根据《圣经》上的话，

第六章 奥古斯丁的上帝观和希腊哲学的 Being

第三天升天并坐在天父的右边；他将来必从荣耀里再来，审判活人和死人，他的国就没有穷尽。我们信圣灵是主。但是圣公和使徒教会谴责那些认为"曾有一个时间他不存在的人"和"在他出生之前不存在及他是从无中被造的人"，还谴责那些认为他从异于父的别的本体（hypostasis）或本质（substance or essence）来的人，或者认为他是被造并会变化的人。① （尼西亚信经）

我们信独一的上帝，全能的父，是天地和一切可见和不可见的事物的创造者。我们信独一的主，耶稣基督是上帝的独生子，在永久之前，为父所生（the Son of God, the only-begotten of his Father, the substance of the Father），是从上帝的上帝，从光的光，从真上帝的真上帝，不是受造的，是与父上帝为同一本质（being of one substance），万物都是藉他造的。又为我们，为了救我们他从天降下，藉着圣灵的力量，从童贞女马丽亚取肉身成为世人。为我们的缘故从本丢彼拉多手下被钉十字架受死，埋葬，根据《圣经》上的话，第三天升天并坐在天父的右边；他将来必从荣耀里再来，审判活人和死人，他的国就没有穷尽。我们信圣灵是主。赐生命的主，从父出来（proceedeth from the Father），与父和子同受敬拜，同受尊荣（who, with the Father and the son together is worshipped and glorified），他曾藉众先知说话。我信独一神圣大公使徒的教会，我认使罪得赦的独一洗礼，我望死人复活，并来世

---

① "The Nicene Creed", see in Philip Schaff and Henry Wace, *A Select Library of Nicene and Post-Nicen Fathers of the Christian Church* (second series), Vol. XIV, Edinburgh: T & T Clark, 1991, p.3.

生命。①（尼西亚-君士坦丁堡信经）

尼西亚信经和尼西亚-君士坦丁堡信经都没有把"本质同一"（homoousia）用于圣灵位格的表述，尽管在卡帕多西亚教父的著作中，他们已经使用"本质同一"表达圣灵与圣父和圣子的神性同一性。公元382年，在第二次君士坦丁堡会议上，这个问题被重新提出来。希腊教父坚持应该把"本质同一"用于圣灵与圣父和圣子两位格的关系。他们写了一封信给罗马的达玛苏斯（Damasus of Rome）、米兰的安布罗修（Ambrose of Milan）和其他的西方主教，宣称，"这信仰……教导我们要以父、子和灵的名相信——即是说，信父、子和灵的独一神性、权柄和本质，他们以完全的三 hypostases（位格），就是以完全的三 persons（位格）同等尊严、共同而永恒地享有尊荣。"② 在公元382年的罗马会议上，这一表述得到积极的回应。③

这里涉及两个问题。首先，尼西亚信经在有关圣灵的表述上太过简单或者缺乏"规范性表述"，它为奥古斯丁根据圣经的表述和自己的理解来下判断留下了足够的余地。希腊教父主导下形成的尼西亚-君士坦丁堡信经关于圣灵虽然有重要的补充，主要是"从父出来（proceedeth from the Father），与父和子同受敬拜，同受尊荣（who, with the Father and the son together is worshipped and glorified）"，然而如果确实如学者们所说的，直至公元451年，尼西亚-君士坦丁堡信经还没有得到西方的正式承认，那么

---

① "The Nicene Creed", see in Philip Schaff and Henry Wace, *A Select Library of Nicene and Post - Nicen Fathers of the Christian Church*（second series）, Vol. XIV, p. 164. 参看《历代基督教信条》，第20页。

② *Synodical Letter of the Council of Constantinpole*, 382. LCC 3, 344.

③ *The Tome of Damasus*, 3; 10. PL 13, 358 - 361. see in pp. J. Patout Burns and Gerald M. Fagin, *The Holy Spirit*, pp. 151 - 152.

奥古斯丁不熟悉这一补充也完全可能。对于希腊教父们来说，这个补充无疑是重要的，因为它明确地说明"圣灵是从圣父所出"，"在尊荣和敬拜上与圣父和圣子同等"。

其次在于如何理解"本质同一"。希腊教父主张把本质同一用于表述圣父、圣子和圣灵的关系，奥古斯丁更是频繁地使用这个术语。然而现在的问题不在于有没有使用或者使用这个术语的次数多少，而在于如何使用。奥古斯丁把"同一本质"理解为爱，理解为圣父和圣子的同有；又把那同有的本身，理解为乃是父子同质的，理解为一本质。这样的理解是否太过泛化了呢？我们或许也可以认为，这样的理解里面包含着"相互寓居"的意思，然而我们看到这是"共相"模式中的相互寓居，不是卡帕多西亚教父的"共契"模式的相互寓居。无论尼西亚信经还是尼西亚－君士坦丁堡信经，他们在表述这个问题时，虽然采用经世的方式，然而也可以看作是使用共契的模式来表述本质同一的。奥古斯丁却不是这样看的。在他的表述中，最特别的是他认为圣经里尽管有关于位格的各别表述，"尽管如此，父、子和圣灵既是分不开的，所以是不能分开行动的。"因此，本质同一又与共同行动联系在一起，ousia 就是"行动"的同义语了。

比较奥古斯丁和卡帕多西亚教父的圣灵论模式更能够说明问题。希腊教父的圣灵论模式渊源于奥利金，他在《论首要原理》中按照四卷不断相互在主题上循环的方式论证了圣父、圣子和圣灵三个位格依次下降的过程。在他看来，这下降既是产生和运作方式上的，也包含神性等级的下降。卡帕多西亚教父修正神性等级下降的观点，但是坚守奥利金主义中的圣灵从父发出是不可能越过子这个中介的自然秩序。在圣灵论上，他们表述了与奥利金主义同样的信念。巴西尔说，"圣灵也是一。我们只是这样简单地提到他，它是藉着子到达父（to the one Father through the one son）而被结合的，并藉着他自身成全这值得敬拜的赐福的三位一体。"① 尼撒的格列高利也讲，"根据圣经，圣灵从父而出，也是子的灵"，② 没有讲圣灵是从"父和子而出的"。格列高利把"圣灵从父而出"和"也是子的灵"分开来讲，是有深意的。首先，他认为圣灵只来自于父，尽管也是子的灵。其次，"圣灵只来自于父"并不排除"圣灵也是子的灵"，因为圣灵藉着子从父而来。藉着"子"，当然也是"子"的灵。然而，"藉着子"，并不是"和子"的意思。"从父"而来，就希腊文而言"从……""因"的意思，而"藉着"是工具的意思。③ 就希腊哲学而言，"因"是保证了第一父的尊严和权威，以及主权上的归属；就希腊教父来说，则在于要突出父的位格特性。因此，卡帕多西亚教父的圣灵论可以用下面的图表表述出来：

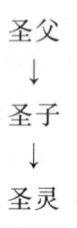

$$\text{圣父} \\ \downarrow \\ \text{圣子} \\ \downarrow \\ \text{圣灵}$$

这里的两个箭头不是要表示决定的关系，而是表示秩序的关系。卡帕多西亚教父这个从属论模式与内在三一是相一致的，关注位格的他性和 ousia 的内在性/内住性的关系。奥古斯丁所取的角度不同，他取的是经世三一，首重的是三位一体行

---

① Basil, *On the Holy Spirit*, 18. 54, NPNF 2. 8, 28–30.
② Gregory of Nyssa, *On the Holy Spirit* 2, NPNF 2. 5, 315–320.
③ 参看 Aristotle, *De Generatione Animalium* II. 1. 732a4–5；*Metaphysica* VII. 8. 1034a4–5；XII. 4. 1070b30–34；I. 4. 985a25, 27；*Physica* II. 7. 198a. 25–26。亚里士多德根据介词的用法分别提到并在不同的语境中论述了四因性。Philo 则在 *On the Cherubim* 125–127 中详细论述了这种介词的形而上学。

动的主体性。

然而有些人发现了这信仰的困难。他们听到父是上帝，子是上帝，圣灵是上帝，可是这三位一体不是三个上帝，而是一个上帝；他们就问道应该如何理解，就是说，三位一体在上帝所行的事中不能分开行动，可是父说话声音不是子的声音；降生为肉身，受苦，复活，升天的，只是子；像鸽子降下的，只是圣灵。他们想了解为什么以三位一体发的声音，只是父的声音；又为什么三位一体创造了那肉身，却只有子为童女所生；再为什么三位一体成了鸽子，而只圣灵显现。情况就是这样，否则的话，三位一体就不是不分开行动，而是父行某些事，子行另外的一些事，圣灵则行其他的事。这样，三位共同行某些事，又有所分别地行各自的事，因此并不是不能分开的。他们还感到困难的是：圣灵虽然是父和子的灵，却不是由父、也不是由子或者二者所生，他是以何种方式出现在三位一体之中的呢？[①]

奥古斯丁回答了何以尽管圣经在表述上出现的只是一位，却是三位一体的上帝本身。这种说法并不是因为上帝的道和圣灵不同等，而是因为人子与他们同在时好像是阻碍圣灵来临一样。这位圣灵不是较小的，因为它不像子一样"虚己，取了奴仆的形像"（《腓立比书》二章7节）。因此就有必要将奴仆的形像从他们的眼中除去，因为他们看见这形像，就设想只有他们看见的才是基督。……但当父和子与爱他们的人同住时，难道圣灵被排除在外么？那么上面论圣灵为何说"他乃世人不能接受的，因为不见他，也不；你们却，因他与你们同在，也要在你们里面"（《约翰福音》

---

① 奥古斯丁，《三位一体论》1.5.8；Augstine, *On Trinity*, 1.5.8。

十四章 17 节）呢？经上既论到圣灵说："他与你们同在，也要在你们里面"，圣经就当然不能被排除于那居所之外。也许有人空想道，当父和子一同来到爱他们的人那里去，与他同住的时候，圣灵就要离开那里，好像是让位给那些比他大的。但圣经本身驳斥这种属血气的观念，因为稍前曾说："我要求父，父就另外赐给你们一位保惠师，叫他永远与你们同在"（《约翰福音》十四章 16 节）。所以圣灵在父和子来到的时候并不会离开，反而永远与他们同在一居所里；因为他既不会不同着他们来，而他们也不会不同着他们来。为求指三位一体，经上将有些事各别地归于三位中各别的一位；然而称呼一位时，并不将其他两位排除在外，因为三位一体是合一的，是一本体（substance），一上帝（Godhead），父、子和圣灵。①

在论述中，奥古斯丁有两个要点关系到"和子句"的逻辑。一是为了反驳阿里乌主义，后者把圣子和圣灵列在圣父之后，认为他们在神性上也依次低等。奥古斯丁注意到圣经有类似的表述；还有一些地方，圣经在表述圣父和圣子同时居住在人里面的时候，没有提到圣灵。他认为这些都会影响到基督徒们对于圣灵的错误看法，形成如阿里乌主义这样的错误教义。在奥古斯丁看来，改变这些看法的有力途径莫过于把三位格表达为一个行动的共同体，一个始终共在于行动共同体的主体。因此，任何一个位格都是作为共同体的主体，而不只是作为位格的主体，这个观念在奥古斯丁的思想中非常强烈。只有澄清主体性上帝的这种共同体本质，神性同等的问题才能得到解决。如果说，在圣子与圣父

---

① 奥古斯丁，《三位一体论》1. 9. 18 - 19；Augstine, *On Trinity*, 1. 9. 18 - 19。

的关系上，圣子"小于"圣父的表达是就圣子"取了奴仆的形像说的"，是为了说明早期基督徒及使徒们眼中的基督不是要高于那后来未见过基督的基督徒眼中的基督，而形成基督与圣父的神性同等性理论，那么圣灵则是要通过表述他始终与圣父和圣子共同活动，是圣父和圣子共同的圣灵，才能获得同等性的观念。

二是出于奥古斯丁对永恒性与时间性的理解。在《论三位一体》一书中，奥古斯丁的全部努力在于从人的世界中呈现出"三位一体"，因此是经世的三位一体，他似乎并不真正关注三位一体如何是的问题。这个进路有些类似于普罗提诺讲三本体与世界的关系。普罗提诺讨论三本体与世界的关系时，重在于三本体如何在世界中被重新显现出来，而不在于世界如何。就普罗提诺而言，三本体被显现出来，也就是世界从沉沦中被提取了出来。因此，关于世界的分析是指向关于本体的分析的；关于本体的分析是关于呈现的分析，且重在于本体呈现为如此的独断论。奥古斯丁关于三位一体的分析中当然包含着构成的分析，然而构成的分析是相关于甚至依附于呈现的分析。这个呈现的分析主要在于保持"一"的世界如何脱离一个成为"多"的世界，因此"一"是重要的。"一"的重要性还在于它对于自身之内的多的构成性上，奥古斯丁的三个类比都是取了这个角度来看的。在奥古斯丁看来，"一"之为"一"，不仅在于它是"是/本质"，还在于这个"是/本质"在构成上要符合"均衡和对等"原理。在奥古斯丁看来，圣灵论上采用"和子句"似乎更符合这种逻辑。

四

还可以根据奥古斯丁所谓的"照着上帝的形像说"和"照着奴仆的形像说"论述"和子句"背后的逻辑。在《论三位一体》第一卷第十二章，奥古斯丁对《约翰福音》十四章28节的经文"我父是比我大的"作了重点的解释。在他看来，一方面，这节经文与其他经文在字面意义上有明显的不符,例如《约翰福音》十章 30 节的"我与父原为一"。另一方面,奥古斯丁希望所有经文都统一于圣子、圣灵与圣父完全同等的解释。由此,他提出了"照着上帝的形像说"和"照着奴仆的形像说"两种言说方式。"照着上帝的形像说",圣子与圣灵和圣父是同一的;"照着奴仆的形像说",圣子和圣灵要小于圣父。① 循此思路,他指出"上帝的形像"与"和子句"的解释之间存在密切关系。

奥古斯丁所谓的"形像"与"本质/本体"有呼应关系。他指出,关于基督,圣经有时是照着上帝的形像说,有时是照着他奴仆的形像说的:

> 照上帝的形像,圣经上说,"山岭未有之先,他已生我。"(参《箴言》八章 25 节)那就是说基督在一切崇高的受造物以先存在;又说,"在早晨之先,我已生你",(武加大译本,《诗篇》一百一十篇 3 节)那是说他在时间和世间万物之先存在。然而,按照奴仆的形像,经上说,"在主造化的起头,就造了我。"(《箴言》八章 22 节)照上帝的形像,他说,"我是真理。"(《约翰福音》十四 6 节)照奴仆的形像,他说,"我就是道路。"(《约翰福音》十四章 6 节)因为他自己是从死里首生的(参看《启示录》一章 6 节),因为他为他的教会开了一条进入上帝国和永生的路,并且作了教会的头,因而身体也是不死的,所以他是在"上帝造化的起头受造"。因为照上帝的形像来说,正如他向我们说的他是起初(参看《约翰福音》八章 25 节),在这"起初",上帝创造了天地。(《创世记》一章 1 节)但是照奴仆的形像说,"他是新郎从洞房出来"。(《诗篇》十九篇 5 节)

---

① Augstine, *On Trinity*, 1. 11. 3.

第六章　奥古斯丁的上帝观和希腊哲学的 Being

照上帝的形像说，"他是首生的，在一切被造的以先；万有也靠他而立"。（参看《歌罗西书》一章15节，17节）照奴仆的形像说，"他是教会全体之首"（《歌罗西书》一章18节）。照上帝的形像说，"他是荣耀的主"（《哥林多前书》二章8节）。由此可见，他自己荣耀了他的圣徒；因为"预先所定下的人，又召他们来，所召来的人，又称他们为义；所称为义的人，又叫他们得荣显"（《罗马书》八章30节）。因此，《圣经》论到他时，他称罪人为义。（《罗马书》四章5节）又有话论到他说，他是义的，也称人为义（《罗马书》三章26节）。那么，他叫他既然所称为义的人也得荣耀，可见叫人称义的，也就是叫人得荣耀的。因此，我说他是荣耀的主。然而，照奴仆的形像说，当门徒们问他他们自己得荣耀的事时，他回答说，"坐在我的左右，不是我可以赐的；乃是我父为谁预备的，就赐给谁。"（《马太福音》二十章23节）①

这里除了包含奥古斯丁的一贯特点，把经世和超越的作为两个相关的一体性原理指出外，我所要讨论的是"上帝的形像"与 ousia/being 的关系。由于奥古斯丁亦曾区分过"照着本质说"和"照着关系说"，这里所谓的"上帝的形像"指的是"照着本质说"，而不是"照着关系说"。在有关"照着上帝的形像说"的引文中，奥古斯丁特别强调上帝的绝对尊严和权威，在于强调"上帝是（ousia/being）"，是"永恒性"的，或者说新柏拉图主义式的"永恒是"。例如，"山岭未有之先，他已生我"（参《箴言》八章25节）；"在早晨之先，我已生你"（武加大译本，《诗篇》一百一十篇3节）；"我是真理"（《约翰福音》十四章6节）；在这"起初"上帝创造了天地（《创世记》一章1节）；

---

① 奥古斯丁，《三位一体论》1. 11. 24；Augstine, *On Trinity*, 1. 11. 24。

"他是荣耀的主"(《哥林多前书》二章8节)。因此,照着上帝的形像说,是照着上帝的"同一本质说"。学者们指出,"在《论三位一体》的最严格的论哲学部分(五至七卷),与卡帕多西亚教父形成鲜明的对比,奥古斯丁的起点是一神性本质,三位格共同分有'神性'。圣灵不是被理解为沟通上帝和世界的桥梁,而是被看成是父和子的爱的关联。"① 这表明在奥古斯丁的上帝观中,person 不具有 substance 这样的优先地位;再进一步说,"和子句"所蕴含的圣灵与圣父以及圣灵与圣子的对等性是逻辑关系的延伸。

奥古斯丁把"照着上帝的形像说"引入关于圣灵位格的分析,是"照着本质(ousia/being)"说圣灵住在父和子的共同处所。"共同处所"不是真的有形体的"处所",而是他们所住的同一个 ousia/being,就是"本质同一"。因此,圣灵就是"本质同一"。"本质同一"既是就圣灵与圣父和圣子保持同等的神性,也是就圣灵与圣父和圣子保持对等的关联面说的。从"照着上帝的形像说",奥古斯丁指出为了维护圣灵与圣父和圣子有同等的 ousia/being 和对等的关联形式,必须采用"和子句"的形式。

正如父生育,子受生,同样父差遣,子被差遣。照样,正如生者和受生者是一体,差遣者和被差遣者也是一体,因为父和子原本是一(the Father and the Son are one)。(《约翰福音》十章30节)圣灵与他们也是一体,因为三位乃是一体。正如就子而言,受生就是从父而来;照样他被差遣,就是被认为是从父而来。正如就圣灵是上帝的恩赐而言,他就

---

① Catherine Nowry La Cugna, "The Trinitarian Mystery of God", see in Francis Schussler Fiorenza and John P. Galvin (eds.), *Systematic Theology*: Roman Catholic Perspectives, Vol. I, p. 170.

第六章 奥古斯丁的上帝观和希腊哲学的 Being

是从父出来（to proceed from the Father）；同样他被差遣，就是被认为是从父出来的。我们也不能说圣灵不是从圣子出来的，因为圣灵是父和子的灵，不是没有理由的。当他向门徒们吹一口气，说，"你们受圣灵"（《约翰福音》二十章22节），我也看不出别的隐藏之意。因为那具体的气，从身体引出来，与身体接触而感受，并不是圣灵的本质（substance），乃是用合适的记号，来宣布圣灵不仅是从父，也从子出来（proceed from the Son）。因为即使是神智最不健全的人也不会说，他向他们吹一口气所赐的，是一位圣灵，他升天以来差来的，是另一位圣灵。因为上帝的灵只有一位，是父和子的灵，即在众人里面运行一切事的圣灵。（《哥林多前书》十二章6节）但是圣灵两次被赐下是意义重大的经世（significant economy）……主说，"我要从父那里差他来"，（《约翰福音》十五章26节）这表明圣灵是从父和子而来，因为当他说，"就是父所要差来的"，他也补充说，这乃是"因我的名"。（《约翰福音》十四章26节）然而他没有说，就是父所要从我差来的，而是如他所说的，"我要从父那里差他来"，这就表明父是神性之本 [the Father is the beginning（principium）of the whole divinity]。所以从父和子出来的圣灵，归因于那生子之父。①

奥古斯丁把"照着上帝的形像说"和 ousia/being 联系起来解释圣灵从"圣父"和"圣子"而出。奥古斯丁这样解释《约翰福音》二十章22节：当他向门徒们吹一口气，说，"你们受圣灵"（《约翰福音》二十章22节），我也看不出别的隐藏之意。因为那具体的气，从身体引出来，与身体接触而感受，并不是圣

---

① 奥古斯丁，《三位一体论》4.20.29；Augstine, *On Trinity* 4.20.29。

灵的本质（substance），乃是用合适的记号，来宣布圣灵不仅是从父，也从子出来（proceed from the Son）。这说明"本质同一"与"和子句"两者的关联。奥古斯丁认为，substance 在《约翰福音》中是用于质料性的内容，然而用于说明圣灵也从圣子而出是合适的记号。这里，奥古斯丁还是引入了"照着上帝的形像说"和"照着奴仆的形像说"的对比关系。"照着奴仆的形像说"是指耶稣用奴仆的形像说出一个质料性的类比，但只是个类比。它的有效性在于，奥古斯丁认为，引出了一个基本思想："这口气"与耶稣有着切身的关系，是来自耶稣的，这就解开了卡帕多西亚教父从介词形而上学建立起的圣子和圣灵的从属论关联。当奥古斯丁这样说时，他把耶稣转变成了 ousia/being，而不是作为子的位格。因此，奥古斯丁宣称尽管这口"气"不是圣灵的合适的 substance，却是合适的记号。按照类比上的对等性，这个说法也是适用于耶稣的，尽管这里耶稣被表明为一个奴仆的个人的形像，然而这是一个 substance 的记号。因此，所谓圣灵从圣父和圣子而出，不是就位格说的，而是就 substance 说的。

从奥古斯丁在"差遣"和"发出"所作的某种区别也可以透视他的"和子句"与 substance 的关系。首先，奥古斯丁确实区分过"受生"与"发出"和"差遣"的用法。"正如父生育，子受生，同样父差遣，子被差遣"；"我要从父那里差他来"和"圣灵是从父和子而来"，这些表述是把"差遣"分在"经世"范畴，而把"生育"和"[出]来"分在超越的范畴。奥古斯丁在谈到"差遣"时，他使用了"圣灵两次被赐下是意义重大的经世（significant economy）"的表述。然而，这区分不是要显示超越的三一与经世的三一的区分，而在于强调经世视野的一致性。我所关心的是，既然奥古斯丁是从"差遣"来说三位一体的 substance，这就为"和子句"铺下了捷径。奥古斯丁在此两者之间显示了某种关联。奥古斯丁说，"凡论三位一体中的一位所说的,也是论三位所说的,因为同一本体的动作是分不开的。"接着,他引圣经的话证明这一点,耶稣在论到圣灵时也说,"我若去,就差他来"(《约翰福音》十六章7节)。"他[耶稣],我们就差他来,好像唯有子而不是父差他来"。在另一个地方,耶稣又说,"我还与你们同住的时候,这些事对你们说了;但保惠师,就是父因我的名所要差来的圣灵,他要将一切的事,指教你们"(《约翰福音》十四章25-26节)。"这里又好像是说,子也不是差他来,唯有父差他来。"但是,这些都是"照着奴仆的形像说的"。[①] 然而,如果"照着上帝的形像说"(即是照着 substance 说),讲到一位就是指向三位,那么圣经里无论讲圣灵是从圣子所差,还是从圣父所差,都是指着圣父和圣子共同说的,因而圣灵是为圣父和圣子所差。由于差遣属于经世,"发出"属于超越,这两点都需要从 substance 说,那么圣灵就是既从圣父而出,也是从圣子而出。

如果说"发出"作为超越的层面是相对于"差遣"的经世来说的,那么"圣灵两次被赐下"与"发出"之间也有重要的关联意义。"赐下"这个术语具有强烈的经世意义,因为它是相对于耶稣所说的"你们受圣灵",因此,"赐下"在上帝这边体现的是上帝的主权,在人这边是救赎的领受。如果"发出"体现的是上帝的神性位格的关系,那么与"赐下"又有何关系呢?这是奥古斯丁神学中比较特殊的地方,也就是说在他的上帝观中,表面上看起来,"发出"和"差遣"之间有鸿沟,似乎奥古斯丁确实存在一个内在三一的问题,然而藉着"赐下"这个词两者之间的间隔被消解,贯穿于奥古斯丁的上帝观的还是经世的视野。"和子句"是奥古斯丁的经世三一的完整逻辑的一部分。奥古斯丁这样说:

[①] Augstine, *On Trinity* 1. 12. 15.

在三位一体本身的关系中，若是产生者在对他所产生者的关系上是起初，那么父是子的起初，因为他产生子。圣经上说，"圣灵是从父出来的。"那么父是否也是圣灵的起初，那就不是小问题了。因为如其这样，他就不仅对他所生或所创造之物是起初，而且对他的被赐予者也是起初了。这里因此产生了令人困惑的问题：既然福音书中说他是从父出来的（《约翰福音》十五章 26 节），为什么他不也是子。这是因为圣灵出来，不是生的，而是赐的；所以他不称为子，因为他既不是如独生子一样生的，也不是如被造的，如同我们一样靠上帝的恩典可得子的名分。那由父所生的称为子的，是就父的关系而言，所以子是父之子，而不是我们之子；然而那所赐的，是就与那赐予者并与被赐予者的关系而言，所以圣灵不仅是那赐予之父和子的灵，也是称为我们接受了他的人的灵……论到约翰，圣经上记着说"他有以利亚的灵和能力"（《路加福音》一章 17 节）；所谓以利亚的灵，是指以利亚所领受的圣灵说的。关于摩西，当主对他说，"我要把降于你身上的灵分赐给他们"，（《民数记》十一章 17 节）也有同一意义；那就是说，我要将我赐给你的圣灵，也赐给他们。所以如若那被赐者是以那赐予者为一起初 [Beginning (Principium)]，因为那从他出来的，没有从其他源头领受；那么我们必须承认父和子是圣灵的一个起初，而不是两个起初。正如父和子对受造者而言是一上帝，一创造主，一主宰，照样父和子对圣灵是一起初。但父、子和圣灵，就与受造者的关系而言是一起初，正如三位是一创造主和一上帝一样。①

---

① Augustine, *On Trinity* 5. 14. 15.

奥古斯丁把"赐予"既作为"超越"的原理又作为"经世"的原理提出来。从"超越"的原理说,圣灵的"赐予"是就"圣灵是从父出来的"意思说的。奥古斯丁说,正如由于圣灵是"赐予的",因此他的"出来"不是如同耶稣那样是受生的,也就不会有两个子。这是以"赐予"说明"发出",说明圣灵之不同于圣子。这个含义可以类推至圣子与圣灵的关系。因为"发出"是就"赐予"讲的,那么耶稣在五旬节所说的,"你们受圣灵"就是"赐予"的关系,是与父将圣灵"赐下",即"我要把降于你身上的灵分赐给他们"没有区别。因此,从"赐予"经世表述中,奥古斯丁也可以得到"和子句"的阐释。

与此相关,奥古斯丁还分析了"和子句"与 Beginning (Principium) 之间的关联。奥古斯丁说,"'我要从父那里差他来',这就表明父是神性之本 [the Father is the beginning (principium) of the whole divinity]。所以从父和子出来的圣灵,归因于那生子之父。"① beginning (principium) 虽被译为"本",实则是"起初"的意思,就是这节话所说的"起初"的意思,"我们必须承认父和子是圣灵的一个起初 [Beginning (Principium)],而不是两个起初。正如父和子对受造者而言是一上帝,一创造主,一主宰,照样父和子对圣灵是一起初。但父、子和圣灵,就与受造者的关系而言是一起初,正如三位是一创造主和一上帝一样"。② 把这两节话对比起来看"和子句"是非常有意思的。有学者认为《论三位一体》4.20.29 的引文表明奥古斯丁的"和子句"与卡帕多西亚教父的圣灵论没有根本区别,因为奥古斯丁也认为唯有父是神性之"起初",所以"和子"所说的与卡帕

---

① 奥古斯丁,《三位一体论》4. 20. 29;Augstine, *On Trinity* 4. 20. 29。
② Augstine, *On Trinity* 5. 14. 15.

多西亚教父的"藉着子"的意思相通。甚至,"和子"把"藉着子"的含义更清楚地说了出来。

然而,如果我们理解到奥古斯丁关于"起初"的理解是就着"经世"说的,"经世"又是就位格说的,那么奥古斯丁虽然把神性之起初归于"父",他所归于的实际上是实体意义上的 substance,而不是卡帕多西亚教父位格意义上的 substance。奥古斯丁自己说得明白,他说不要把上帝说成是一本质(substance),更应该称为一本体,"最好只用一更常用的名字来称他为本体(essence)。"① 这从两个方面对于"和子句"的表述产生了影响。一是奥古斯丁的"子也是圣灵的起初",它所表达的子对于圣灵的 Principium 的关系,是无法在卡帕多西亚教父中寻找到共鸣的。我们不能只关注一个"和"与一个"藉着"的关系,还有其他相关词的相互支持形成的复杂关系。在"藉着"这样的表述,"子"更多地表述为中保,把三位一体的主权更多地交在父的位格上,因此这就不是一个单纯作为 substance 的上帝的问题,也是作为一个 essence 的上帝的问题。奥古斯丁神学不是从这个角度看问题的。二是退一步讲,即使奥古斯丁没有后世神学家所支持的"强""和子句"的表述,那么他虽把"起初"归到父的位格上,还是最终归到"关系性"的位格上,而不是归到个体性的/实体性的位格上,因为实体性的 essence 被他更多地归到单一性的存在者上。无论哪一个方面,都不可能表明奥古斯丁本身的思想中存在着弱化"和子句"的相互冲突的逻辑。

除了就"发出"与"赐予"来论证"和子句"的逻辑外,奥古斯丁还注意到圣灵为何不能被看成是非受生的和受生的,以及它们与"和子句"的关系。奥古斯丁说,如果把圣灵说成是非受生的,我们就会质疑父的非受生,因为不可能存在两个父,

---

① Augstine, *On Trinity* 7. 5. 10.

父也不可能来自于另外一者。① 另外，圣灵之所以不能被认为是受生的，也是出于同样的道理。如果说圣灵是受生的，就是说圣灵是从圣父和圣子两者共同的"子"，这是无比荒谬的，因为除了子被称为"父"和"母"两者共同的"子"外，是不可以这样表述的。② 即使子，这样的表述也是荒谬的。因为人子不可能是由父和母同时发出的，只能说他是由父发出并进入母的腹中，不可能同时出自母。③ 奥古斯丁关于圣灵不能被看成是受生的论述，也说明他与卡帕多西亚教父的"藉着"的区别。在卡帕多西亚教父的上帝观中，圣灵不被看成是受生的，是因为会导致"两个子"，而不是如奥古斯丁神学所要遭遇到的那种荒谬，会把圣灵看成是从圣父和圣子两者共同的"子"。

　　我用很长的篇幅讨论了奥古斯丁三位一体神学的特征。整个争论的核心在于奥古斯丁的上帝观对于 substance 和 person 的独特使用。奥古斯丁并不真正理解希腊教父在 ousia 用法上的准确含义，他更倾向于它理解为实体性的原理，让圣父、圣子和圣灵作为位格性的逻辑关系而不是实体性的位格维系成 person 的用法。这种用法上的神学意义在于，奥古斯丁不认为 substance 和 person 都使用在本体论层次，而是分别对应于本体和逻辑的双重关系。这样，作为 person 的逻辑性关系就不可能让渡为 substance 的本体性关系。奥古斯丁从 substance 与上帝的一性的关系进一步推出一性乃是实体的意思。据此，他把"照着本质说"和"照着关系说"分离开来，也是把"照着 substance 说"和"照着 person 说"分离了开来。关于 substance 和 person 的这种特殊看法是奥古斯丁的上帝观神学典范的语义学基础。

---

① Augustine, *On Trinity* 15. 26. 47.
② Ibid., 15. 27. 48.
③ Ibid., 15. 27. 48.

在这个视野下,奥古斯丁阐释了他的上帝观-共同体模式,我称之为"共相"模式。奥古斯丁所谓的"照着 person 说"根据的是经世的视野。在他的释经与神学的关联中,关于"位格"的言说始终都是为了从经世中呈现出"共相",由此"共相"中形成关于三位格的意向性分析或者说逻辑分析。由于体现在经世中的 person 间的关系不是本体地而是逻辑地上升到 substance 的,因此奥古斯丁关于 substance 的理解最多也只是从超越的角度来理解的,而不导向内在三一的探讨。

基于奥古斯丁的逻辑,他在圣灵论上得出"和子句"的结论也就非常自然了。这不单是他改变了希腊基督教思想家表述上的一个"介词",而在于他完全是从不同的角度论述了三位一体的结构。他把"本质同一"作为"圣灵"的居所,也就是把圣灵作为同等地和对等地联结圣父和圣子的本体和逻辑关系的基础。

奥古斯丁偏离希腊基督教上帝观是基于一些微妙的也确实是重要的理解,在此后经过希腊和拉丁思想家不断的重新解释,却形成了两种迥然有别的希腊和拉丁的上帝观典范。我无意于在两者之间做出褒贬,尽管可能还是不可避免地有着对于希腊基督教传统的偏爱。我想要表明的是,在早期基督教的三位一体神学的塑造中,即使是对尼西亚-君士坦丁堡信经的解释,思想家们也是有多种的选择,然而它们都是推进了而不是摧毁了基督教传统。

结论

早期基督教的上帝观和希腊哲学的 Being

我用很长的篇幅分析了早期基督教思想家藉着重新理解希腊哲学的 Being，建构三位一体上帝观的复杂尝试和努力。为了能够对本书的结构和主要观点有较为清楚的扼要交代，我想，一个简短的结论或许是有必要的。

早期基督教思想家在塑造三位一体神学的时候，主要采用了两种希腊哲学的资源：柏拉图主义和斯多亚主义。希腊基督教传统主要是受柏拉图主义的影响。从奥利金、阿他那修到卡帕多西亚教父，他们持续地浸润于中期柏拉图主义和新柏拉图主义的哲学思想之中。他们的三位一体神学也都或"强"或"弱"地具有从属论的特征。如果说他们之间有什么不同，主要是奥利金和卡帕多西亚教父之间的不同，那是柏拉图主义传统之内的不同。卡帕多西亚教父采用新柏拉图主义思想家普罗提诺的本体学说，注意到三本体（太一、理智和灵魂）之间的"一"的关系，不认为在实在性/神性上也有"等级"之分，奥利金所持的则是后一个观点。因此，卡帕多西亚教父把奥利金的有缺陷的三位一体神学推进到规范的程度。卡帕多西亚教父又保留了柏拉图主义和奥利金主义关于三位一体或者说本体论理解的层级模式，把本体/位格之间关系分析视为基督教上帝观的基本进路。他们所塑造的是希腊基督教的内在三一传统。

拉丁基督教思想家关于 Being 的解释上要简单得多，然而德尔图良和奥古斯丁之间的关系要复杂些。就德尔图良而言，他是把斯多亚主义的哲学传统作为基督教上帝观的基础。斯多亚主义与柏拉图主义的主要区别有，它主张以一种历史性的存在方式来理解救赎的模式；柏拉图主义的基本思想是非历史性的，描述的是"内在的人"的灵魂的上升和下降之路。斯多亚主义认为宇宙是大火的周期性燃烧过程，神性实在/神渗透在并且是均质地渗透在四大元素（如果把以太也算为独立的元素，则是五大元素）之中，不是如柏拉图主义那样主张把现实的/现象的世界和实在的世界分离，后者从神圣实在下降/临在来理解救赎的发生。奥利金和卡帕多西亚教父依据的是这种柏拉图主义的思想理念，强调由内在而经世的发动。德尔图良则接受斯多亚主义的解释，把人在历史性宇宙中与上帝的关系看作是上帝显示为位格性存在的基本进路，上帝不是在宇宙之外而是在宇宙之中关联他自身的位格，这就是德尔图良的经世思想。他的三位一体理论完全地接受斯多亚主义的历史观，尽管关于历史本身有不同的看法。德尔图良的历史观是以圣经分旧约、新约和五旬节的不同时段为基础，阐释三个位格在历史中依次与人相遇所显现的存在特征。根据三位格的不同显现模式，德尔图良认为神圣的 Being 是存在为三个 persona 的。我们所要特别注意的是，在这个问题上，奥利金和卡帕多西亚教父所主张的就完全不同了，他们认为三位一体思考的是在 Being 内部的 hypostasis。

　　奥古斯丁在用 Being 塑造基督教的上帝观时，接受了德尔图良的经世三一模式。他也把 Being 存在为三个 persona 作为上帝观的语义学基础，尽管他生活在卡帕多西亚教父之后，然而似乎没有受到希腊基督教的明显影响。奥古斯丁的经世三一与德尔图良的历史主义模式也不是完全相同的，这缘于他使用的哲学基础是新柏拉图主义，是一种不同于卡帕多西亚教父所理解的新柏拉图主义。他使用普罗提诺的心灵哲学，在心灵分析的基础上指

结论　早期基督教的上帝观和希腊哲学的 Being

出,当我们直观"内在的人"的时候,里面总是"同时呈现""同等神性"的三个形像,如记忆、意志和理解,或者心灵、知和爱。他用这个"同等性"和"同时性"解释"本质同一",把圣灵看作是呈现本质同一关系的位格。在这一点上,奥古斯丁又回到了德尔图良的经世,后者也曾有相关的论述。

循着关于希腊 Being 的这样两种不同理解,早期基督教思想家塑造了基督教上帝观的两种典范。一种是以卡帕多西亚教父为代表的,学者通常称作为"卡帕多西亚的解决之道"。近年来,西方学者关于基督教上帝观的经典研究都是在这个领域里取得的。卡帕多西亚教父所要面对的问题来自于奥利金主义内部的挑战:以 hypostasis 为中心的三位一体上帝如何可能不被理解为是"三神论"?一个以内在三一为主张的基督教上帝观能否及如何从其自身的内在性中开出"经世"的运动,并且不是以柏拉图主义的相/理念决定现象和拯救现象的模式?在后一个问题上,如果采用柏拉图主义的观点,就会使内在三一和经世三一成为两种三一,而不是一种三一。在这个问题上,我认为我作了或许是全书中最具创造性的分析,就是指出卡帕多西亚教父以 koinonia 为中心理解 ousia 和 hypostasis 的关系。我还试图指出卡帕多西亚教父的内在三一不是如莫尔特曼所批评的那样是一种封闭的圈子,而是与经世相伴,体现着经世本质的运动。在这个观点上,莫尔特曼的现代性视野导致他抱有对早期基督教三位一体神学尤其是卡帕多西亚教父的上帝观典范之"自然神学"基础的偏见。

以卡帕多西亚教父为参照,我分析了奥古斯丁的上帝观典范。我的基本看法是奥古斯丁的三位一体神学是建立在把 Being 理解为实体而不是关系的基础的。这几乎刚好是与"卡帕多西亚教父的解决之道"相反,后者把实体的观念落实在 hypostasis 上,认为 ousia 是一种神性的"关系"本体。因此,卡帕多西亚教父是在把 ousia 和 hypostasis 都看作是"本体"的基础上来塑造基督教的上帝观的。奥古斯丁则不同，由于他把 ousia 看作是"实体"，作为位格的 hypostasis/persona 反而被看成是一种"关系"。奥古斯丁又没有从本体论的角度来处理作为关系的 hypostasis/persona，他从心理类比的意向性分析构成圣父、圣子和圣灵的关系，更倾向于把 hypostasis/persona 表述为一种"逻辑关系"。在奥古斯丁的上帝观典范中，关于三位一体的分析存在着本体和逻辑的双重使用方法。

卡帕多西亚教父和奥古斯丁的三位一体神学代表了古代甚至可以说是整个基督教上帝观传统的东方和西方的两大典范。长期以来，西方学者在信条和教义传统上都过分地依赖于奥古斯丁主义传统，而贬抑东方（希腊）传统。然而，无论是就关于 Being 的理解上，在平衡地处理 Being 和 hypostasis/persona 的关系上，在经世和内在关系的辩证性塑造上，还是更有创造性地在基督教视野内运用希腊思想资源上，希腊基督教的上帝观典范都要更加成熟和完美。在研究中，我并没有刻意贬抑西方或者拉丁的三位一体上帝观，然而我更想指出的是，注意到早期基督教上帝观的另外一支传统，伟大的希腊传统，必能够帮助我们更健全地理解基督教思想的丰富性和多元性。

参考书目

中文部分

奥古斯丁，《论灵魂及其起源》，石敏敏译，中国社会科学出版社，2004。

陈村富等著，《古希腊著作精要》，浙江人民出版社，1989。

大卫·弗里德里希·施特劳斯，《耶稣传》两卷本，商务印书馆，1993。

E. 策勒尔，《古希腊哲学精要》，翁绍军译，山东人民出版社，1992。

欧内斯特·勒南，《耶稣的一生》，商务印书馆，1999。

欧文·辛格，《爱的本性——从柏拉图到路德》第 1 卷，高光杰等译，云南人民出版社，1992。

范明生，《柏拉图哲学述评》，上海人民出版社，1984。

范明生，《晚期希腊哲学和基督教神学》，上海人民出版社，1993。

尼撒的格列高利，《论灵魂和复活》，石敏敏译，中国社会科学出版社，2004。

汉斯·昆，《基督教大思想家》，包利民译，汉语基督教文化研究所，1994。

詹姆斯·布赖斯，《神圣罗马帝国》，赵世瑜译，商务印书馆，1998。

让·布兰，《柏拉图及其学园》，杨国政译，商务印书馆，

1999。

凯利（Kelly），《早期基督教教义》，康来昌译，台湾中华福音神学院出版社，1988。

林友信，《加尔文神学》，台湾礼记出版社，1994。

马可·泰勒，《简明基督教全书》，李云路等译，中国社会科学出版社，1999。

奥利金，《论首要原理》，石敏敏译，香港：道风书社，2002。

帕利坎，《历代耶稣形象》，上海三联书店，1999。

斐洛，《论凝思的生活》，石敏敏译，中国社会科学出版社，2004。

普罗提诺，《论自然、凝思和太一》，石敏敏译，中国社会科学出版社，2004。

柏拉图，《巴曼尼得斯篇》，陈康译注，商务印书馆，1982。

柏拉图，《柏拉图文艺对话集》，朱光潜译，见《朱光潜全集》第十二卷，安徽文艺出版社，1993。

柏拉图，《理想国》，郭斌和等译，商务印书馆，1982。

特奥多尔·蒙森，《罗马史》第一卷，李稼年等译，商务印书馆，1994。

特伦斯·欧文，《古典思想》，覃方明译，辽宁教育出版社，1998。

翁绍军，《神性与人性——上帝观的早期演进》，上海人民出版社，1999。

西奥多·H. 加斯特英译，《死海古卷》，王神荫译，商务印书馆，1995。

汪子嵩、范明生、陈村富、姚介厚，《希腊哲学史》第一、二、三卷，人民出版社，1988、1993、2003。

华尔克，《基督教会史》，谢受灵等译，基督教文艺出版社，

1990。

徐怀启,《古代基督教史》,华东师范大学出版社,1988。

赵敦华,《基督教哲学 1500 年》,人民出版社,1997。

章雪富,《基督教的柏拉图主义:亚历山大里亚学派的逻各斯基督论》,上海人民出版社,2001。

章雪富,《圣经和希腊主义的双重视野:奥利金其人及神学》,中国社会科学出版社,2004。

章雪富、石敏敏,《早期基督教的演变及多元传统》,社会科学文献出版社,2003。

周伟驰,《记忆与光照——奥古斯丁神哲学研究》,社会科学文献出版社,2001。

外文部分

Armstrong, A. H, Ed.: *Classical Mediterranean Spirituality: Egyptian, Greek, Roman*. Routledge and Kegan Paul, 1986.

Armstrong, A. H.: *The Cambridge History of Later Greek and Early Medieval Philosophy*, Cambridge University Press, 1967.

Balthasar, Hans Urs Von: *Origen: Spirit and Fire*, The Catholic University of America Press, 1984.

Barclay, John M. G: *Jewsin the Mediterranean Diaspora: From Alexandria to Trajan (323BCE – 117CE)*, Bentwich, Norman: *Hellenism*, The Jewish Publication Society of America, 1919.

Chadwick, Henry: *Early Christian Thought and the Classical Tradition*, Oxford University Press, 1966.

Danielou, Jean: *Gospel Message and Hellenistic Culture*, Trans.

by John Austin Baker, Barton, Longman and Todd, 1973.

Dechew, Jon F.: *Dogma and Mysticism in Early Christianity*, Mercer University Press, 1988.

Dillon, John: *The Middle Platonists*, Cornell University Press, 1977.

Dillon John and Long A. A.: *The Question of "Eclecticism": Studies in Later Greek Philosophy*, University of California Press, 1988.

Drewery, Benjamin: *Origen and the Doctrine of Grace*, The Epworth Press, 1960.

Drummond: *Philo Judaeus*, Williams and Norgate, 1888.

Elizabeth A. Clark: *Clement's Use of Aristotle*, The Edwin Mellen Press, 1977.

Finan Thomas and Twomey Vincent: *The Relationship Between Neoplatonism and Christianity*, Four Courts Press, 1992.

Frend, W. H. C.: *The Rise of Christianity*, Darton, Longman and Todd, 1984.

Frend, W. H. C.: *The Early Church*, SCM Press LTD, 1982.

Frend W. H. C.: *Saints and Sinners in the Early Church*, Michael Glazier, Inc., 1985.

Frost Flank J.: *Greek Society*, D. C. Heath and Company, 1987.

Glover, T. R.: *The Challenge OF The Greek and other Essays*, Cambridge at the University Press, 1943.

Hadot, Pierre: *Plotinus or The Simplicity of Vision*, Trans. by Mischael Chase, The University of Chicago, 1989.

Hamell, P. J.: *An Introduction to Patrology*, Kevin McNamara, 1968.

Hamilton E. and Cairns H. Ed.: *The Collected Dialogues of Plato*, Princeton University Press, 1987.

Harnack, A. von: *Outlines of the History of the Dogma*, Hodder and Stoughton, 1894.

Henry, G. Boren: *Roman Society: A Social Economic, and Cultural History*, D. C. Heath and Company, 1977.

Hill, William J.: *The Three – Personed God*, The Catholic University of America Press, 1982.

Inge, Willam Ralph: *Christian Mysticism*, Methuem & Co. Ltd, 1913.

James, W.: *The Varieties of Religious Experience*, The New American Library, Inc., 1958.

Josephus: *The Works of Josephus*, Trans. by W. Whiston, Hendrickson Publishers Inc. 1998.

Kannengiesser Charles and William L. Peter Ed.: *Origen of Alexandria: His World and His Legacy*, University of Notre Dame Press, 1988.

Kittel, G. Ed.: *Theological Dictionary of The New Testament*, Vol. IV, Trans. by W. Bromiley, WM. B. Eerdmans Publishing Company, 1999.

Lange, N. R. M. De: *Origen and the Jews: Studies in Jewish – Christian Relations in Third – Century Palestine.* Cambridge University Press, 1976.

Malcolm, John: *Plato on the Self – Predication of Forms*, Clarendon Press, 1991.

Obstat, Nihil: *Manuel of Patrology*, Sti. Ludovici, Die 3. Decembris, 1898.

Pagels, Elaine: *The Gnostic Gospels*, A Division of Random

House, Inc., 1989.

Parkes, J.: *The Conflict of Church and Synagogue*, Macmillan Publishing Company, 1894.

Patterson, Richard: *Image and Reality in Plato's Metaphysics*, Hacket Publishing Company, 1985.

Pliny: *Letters*, Harvard University Press, 1969.

Rist, J. M.: *Plotinus: The Road to Reality*, Cambridge University Press, 1967.

Rist, J. M.: *Stoic Philosophy*, Cambridge University Press, 1980.

Robinson, James M: *The Nag Hammadi Library in English*, Harper and Row Publishers, 1988.

Runia, David, *Philo and the Church Fathers: A Collection of Papers*, E. J. Brill, 1995.

Sandmel, Samuel: *Philo of Alexandria: An Introduction*, D. C. Heath and Company, 1987.

Schaff, Ed.: *A Select Library of the Nicene and Post - Nicene Fathers of the Christian Church*, 1st and 2st series, 28 Vols., Michigan.

Scheldom, H. C.: *Church History of the Christians*, Vol. 1, Thomas Y. Crowell, 1895.

Schroeder, Frederich M.: *Form and Transformation: A Study in the Philosophy of Plotinus*, McGill - Queen's University Press, 1992.

Scott, Alan, *Origen and the Life of the Stars*, Clarendon Press, 1991.

Sells, Michael A.: *Mystical Languages of Unsaying*, The University of Chicago Press, 1994.

Simon, Marcel: *Verus Israel*, Oxford University Press, 1986.

Smith, John Clark: *The Ancient Wisdom of Origen*, Bucknell University Press, 1992.

Sordi, Marta: *The Christians and the Roman Empire*, Trans. by Annabel Bedini, Croom Helm Ltd. 1983.

Stace, W. T.: *Mysticism and Philosophy*, Jeremy P. Tarcher, Inc., 1960.

Stenzel, Julius: Plato's *Method of Dialectics*, trans., by Allan, D. J., Arno Press, 1973.

Trigg, Joseph Wilson: *Origen: The Bible and Philosophy in the Third – century Church*, John Knox Press, 1983.

Trigg, J. W.: Origen, The Bible And Philosophy in the Third – Century Church, John Know Press, 1983.

Trigg, J. W.: *Origen, The Alexandria Response to the Third – Century Potential Crisis*, University of Chicago Press, 1978.

Tollinton, R. B.: *Clement of Alexandria: A Study in Christian Liberalism*, Vol. 1, London, 1914.

Vogel, C. J. De, *Rethinking Plato and Platonism*, E. J. Brill, 1986.

Wallis, R. T.: *Neoplatonism*, Gerald Duckworth and Company Limited, 1972.

Whalen, John P., Ed., *New Catholic Encyclopedia*, Vol. IV, Catholic of University of America, 1967.

Whalen, John P., Ed., *New Catholic Encyclopedia*, Vol. IX, Catholic of University of America, 1967.

Wilson, R. Mcl.: *Gnosis and the New Testament*, Basill Blackwill, 1968.

Wolfson, Harry Austryn: *Philo: Foundation in Judaism*, Christianity, and Islam, Harvard University Press, 1948.

Wolfson, Harry Austryn: The Philosophy of Church Fathers: Faith, Trinity, Incarnation, Harvard University Press, 1976.

后　　记

　　终于完成了这项持续了四年的研究，我吁了一口长气。写作"希腊哲学的 Being 和早期基督教的上帝观"的念头始于 2001 年初，如果那时想到这会是一场马拉松式的"长跑"，我恐怕是没有勇气来担当的。这中间，我曾多次想过放弃，有过许多沮丧，不断地重新起稿。今天能够最终使这个研究暂时告一段落，虽然远非令我满意，心里却是充满了感激。没有心灵上的强有力支持和各方的鼓励，完成和出版这本书几乎是不可能的。

　　本书的写作引我回到了早期基督教阅读的原点，也是新一阶段研究的起点。我的研究越来越趋向于晚期基督教思想。西方学者们用"late antiquity"（古代晚期）的专门术语描述四世纪中叶至中世纪开端的西方思想史，这个阶段的希腊主义和基督教思想关系表现出不同的特征。在这个背景下，本书探讨卡帕多西亚教父和奥古斯丁三位一体神学的希腊主义特质。他们更为熟练且更有技巧地处理基督信仰和希腊主义的关系，是基督教神学的"规范时期"。此时所形成的两大基督教思想典范就是卡帕多西亚教父和奥古斯丁的神学。

　　本书采用历史主义的研究方式。我深感自己欠缺深层次思考的哲学思辨能力，只有退而求其次寻求思想的历史关联。或许，历史主义的进路能够更好地呈现古代基督教画卷的整体性，整全地不是取己之所需地作主观式的研究。在今天，这仍然是不可或缺的。出于这个原因，我通常会较多地引介西方学者的研究，自己的视野反倒隐而不显。这不是说我没有自己的看法，我是带着自己的关切进入这个领域的。随着研究时间的增长，关切的意识也愈强。然而，学术的客观性和问题意识的主观性之间需要维持一个平衡，历史主义可能是较好的平台。我深盼自己的介绍性研究是后来者更精深更有创造性研究的一个"好"的过渡环节，这总比什么都不做要好。我也深知自己所受训练的种种不足，本书肯定也有类似的许多问题。唯愿听到学者及读者们的批评指正，帮我完善以后的研究。

在此，我要向多年来支持和帮助我研究的机构、老师和朋友们表示感谢。

我要向 United Board 献上我的感谢。我三次的赴外进修都得到了 United Board 的支持。第一次是 1998 年 10 月 – 1999 年 6 月，得到 United Board 和维真学院中国研究部的支持，我得以作为交流学生的身份在维真学习；第二次是 2001 年 9 月 – 2002 年 6 月，我再次得到 United Board 和浸会大学宗教哲学系的帮助，在香港做了十个月的访问研究，主题正是"希腊哲学的 Being 和早期基督教的上帝观"。在浸会大学，我完成了二十万字的初稿，没有想到的却是更漫长更艰苦的后续工作。第三次是在 2005 年 1 – 12 月，United Board 了解到我学术研究上的进一步需要和出于支持一个年轻学者持续成长的愿望，慷慨地支持我在美国的 Loyola University 作为期一年的访问，使我有机会获得更多的文献资源。在我研究日趋成熟的时候，United Board 再次给了我极为宝贵的帮助。在此，我向 United Board 表示深切的感谢，向 Anne Ofstedal 女士在中国多年来不辞辛劳的工作表示无比的敬意。我所没有羞愧的是，我从来没有浪费这些访问机会，尽自己的绵薄之力奉上一点点有限的研究。

我还要感谢浸会大学宗教哲学系能够在 2001 年 9 月 – 2002 年 6 月为我提供那个难能可贵的学习机会。罗秉祥、江丕盛和关启文三位老师给我这个名不见经传的"毛头小伙"热情帮助，使我顺利地开展研究。还感谢他们在 2004 年 4－5 月再次给我进修的机会，进一步收集所需的资料。

我要感谢许多朋友和老师的帮助。感谢邓绍光博士、孙宝玲博士多年的关心；感谢林鸿信博士的古道热肠和诚挚帮助；感谢杨熙楠教授的关心和支持；感谢陈家富博士和吴国杰博士的指点；感谢赖品超教授寄给我他自己的相关论文，使我能够更好地学习；感谢陈佐人博士的真切鼓励和信心上的关怀；感谢卓新平教授再次为我的著作撰写"序言"，卓老师对于年轻人的帮助和扶掖，其拳拳之心是向为学界所推崇的；感谢包利民老师十八年如一日的支持和激励；感谢贺志勇博士不辞辛苦地为我寄送材料；感谢周伟驰博士帮我复印尼撒的格列高利的研究著作；感谢孙毅博士和游冠辉博士给予的许多鼓励；感谢孙向晨博士、游斌博士和张先清博士多年的关心；感谢浙江工商大学的石敏敏副教授撰写了本书部分章节的内容（导论中的一部分、第二章第二节、第五章第二节）；感谢解翼凌同学为本书的《圣经》（和合本）引文作了逐一校对。这些都是我灰心、失望、退却时心中的安慰。

我要向两位美国友人 Evelyn 和 James Whitehead 夫妇致以感谢。他们长期关注我的研究，给我许多无法忘怀的慷慨帮助。

特别感谢陈彪先生促成本书的出版。我还清晰地记得 2003 年"非典"的非常时期，我与素未谋面的陈彪先生通过不断的电话联系，在一个月内推动"两希文明哲学经典译丛"（由包利民老师和我主编）的出版立项，现在这批丛书的出版也将告一段落。陈彪先生对于学术的这份热情和关怀，在这个经济挂帅的时代，实在是弥足珍贵的。我也特别感谢中国社会科学出版社的领导们对于我们翻译和研究工作的强有力支持。

我还要感谢《世界宗教研究》、《浙江社会科学》、四川大学

《宗教学研究》、香港《汉语基督教文化评论》、《维真基督教评论》和《实验》等众多学术期刊发表了与本书有关的论文。感谢浙江省哲学社会科学基金将本研究项目列为重点课题,浙江大学董氏文史哲基金也提供了部分的资助,感谢浙江大学教育部基督教和跨文化研究中心的支持。感谢浙江省省级社会科学出版基金、香港明义基金和浙江大学外国哲学研究所提供的出版资助。

我把心中的感谢深深地献给父母。他们为我付出了许多,却从没有能从我这个儿子身上得到什么回报。

五年来的研究、写作和出版,如同昨天。然而迅速逝去的光阴,它的每一天何尝又都不是挑战?时间的这种"慢"和"快"的辩证常常使我从与历史中的上帝的对话中回到生命的当下直观。著述过程曾有何等的艰难,心中又更曾有何等的挣扎?对于我,生命不是在学术之外的。当光阴在我的书桌前、电脑前瞬间接瞬间地漫过的时候,我知道生命不属于自己。经常涌上心头的是《诗篇》中的那句话,"我一生的年数,在你面前如同无有。"(第39篇5节)我多想回到自己所喜爱的希腊研究上呢,然而总不能如愿。既然这如同人生的客旅已是如此,既然"我所遭遇的是出于你,我就默然不语"(第39篇9节),我也唯有盼望自己能够更加珍惜这寄居的光阴,做更多一些事情。

章雪富
2005 年 7 月